U0017456

明日城市

二十世紀城市規劃設計的思想史

Cities of Tomorrow

An Intellectual History of Urban Planning and
Design in the Twentieth Century

彼得・霍爾 ——— 著

吳綱立 ——— 譯注

目 錄

第一章　　想像的城市　　51
　　　　　美好城市的另類願景
　　　　　1880-1987

第二章　　懼夜的城市　　69
　　　　　對十九世紀貧民窟城市的反應：倫敦、巴黎、柏林、紐約
　　　　　1880-1900

第三章　　繞道公路旁多樣住宅的城市　　111
　　　　　大眾遷往郊區：倫敦、巴黎、柏林、紐約
　　　　　1900-1940

獻給柏克萊

感謝成功大學發展頂尖大學計畫、哈爾濱工業大學海外高階人才引入計畫及金門大學對於本中文繁體字譯注專書出版的協助。

導讀與評介

吳綱立

前言

　　《明日城市》是英國知名規劃學者彼得‧霍爾（Peter Hall）教授的經典著作，探討西方近代都市規劃史及都市規劃設計思潮的發展歷程，書中對歐美近百餘年來的都市及區域發展與都市規劃設計思潮間之關係有著深入的分析。該書涉及的領域廣泛，包括都市規劃設計、區域計畫、城鄉規劃、人文地理、產業區位及政治經濟學等，可作為近代都市發展史、區域計畫、都市規劃設計、都市公共行政、都市地理學，以及規劃理論等學科的基本讀物，也可作為相關專業者在了解規劃理論及西方規劃經驗時的參考讀本。作者原為地理學背景，後擴展至都市與區域規劃領域，所以書中有些論點是從人文地理學的觀點出發，再擴展至都市及區域規劃與政治經濟學的議題。本書成功地串聯了近百年來都市與區域規劃領域中的一些核心議題及論辯焦點，例如規劃的起源與核心價值、規劃的專業定位、何謂合理的規劃程序、規劃方法論與科技發展之關係、效率與公平的論辯、國家與政府的角色、市場機制在規劃上的應用、社區參與的功能與角色、都市下層社會階級的問題，以及區域與地區治理的重要性等，作者透過史料文獻及實際規劃操作經驗的論述，深入淺出地分析這些議題，實為學界及規劃專業者重要的參考資料。

　　規劃是一套引導（或管理）改變的過程（a set of process for guiding or managing changes），而都市及區域規劃則是引導都市與區域空間發展及資源分配的系列過程，此動態的過程應與地方文化、自然生態及民眾生活需求相互契合，並促進生活環境品質的提升及資源的永續利用。所以理論上，透過都市與區域規劃來引導活動、產業及城鄉空間結構的發展，有經過適當「規劃」（換言之，「有計畫的」）的地區或區域應能較公平且有效率地安排資源之分配與使用，並合理的管理城鄉空間的發展。然而，自從20世

紀「都市規劃」成為一個專業（profession）以來，都市規劃設計是否達到上述的目的，卻一直是各界爭論的焦點（Friedmann, 1987）。「都市規劃設計到底是要服務誰？」是常被提起的問題，都市規劃不過是「圖上畫畫、牆上掛掛」、「計畫趕不上變化，變化比不上長官的一句話」等常見的諷刺性描述，更反映出各界對都市規劃設計專業功能不彰的無奈與不滿。都市規劃到底有沒有理論？規劃理論又能幫我們做什麼？而在實務都市規劃設計操作時，面對複雜多元的規劃目標及時常相互衝突的價值觀與利益時，規劃專業者又當何去何從？這些問題不僅困擾著學界，也影響到規劃專業者實務工作之進行，欲解決這些問題，實在需要一些能連接理論與實務，並能洞悉規劃問題之規劃核心本質的論述，藉以促使學界及專業界做深入的省思，而本書正是具有此功能的經典規劃著作之一。本書從研究近代都市規劃學的歷史出發，回溯到自工業革命以來現代都市問題的根源（人口快速都市化、工業化、都市貧民窟、都市擴張、郊區化發展等），以及近一百多年來對於追尋理想都市願景的努力，例如都市化及郊區化的現象和其背後的社經影響、花園城市理念的萌芽與其應用上的限制，甚至是外界對花園城市理念精神的誤解；強調環境決定論之科比意式都市設計理念的負面衝擊，以及全球化與永續發展思潮的影響等。本書一方面論述各個重要規劃思潮的理念精神，讓學習者能更精確地體驗理論的基本意涵及理論發展的時空背景，另一方面也深刻的指出，理論應用時所可能發生的問題或限制，希望能讓專業者引以為鑑，知其應避免之處，這是相關論述中相當少見者。

全書以單元主題性的論述，探討都市化、都市擴張、小汽車大量使用、郊區化、科技進展及全球化對20世紀都市及區域發展的影響。由於都市及區域規劃學域的跨領域特質，書中許多論述內容與地理學（尤其是都市地理學、人文地理學及經濟地理學）、經濟學、社會學、公共行政學、環境科學及管理科學皆有密切的關係，也涉及許多近年來在政治經濟學上的核心論辯，例如規劃中的無政府主義思潮的影響、國家（state）與市場（market）的角色與功能，以及社會正義與權力結構的關係等議題，閱讀此書不僅有助於讀者了解都市與區域規劃學的發展脈絡，也利於釐清當前許多都市問題的根源。由於作者的豐富學養及深厚的跨領域知識，本書也融入了不少規劃哲

學的觀點，閱讀此書時彷彿進入一個有關近一百多年來規劃理念及實務運作的知識論博物館，而作者精準又有些帶著反諷的寫作技巧與良好的組織能力，則無疑地提供了一個絕佳的導覽，讓初學者及進階專業者皆能深入規劃知識論的殿堂，進而獲得所需的資訊。都市規劃設計近一百多年來的專業操作真的解決了都市問題嗎？到底是要解決哪些都市問題？僅靠都市規劃設計或空間規劃設計就能達到上述目的嗎？自從都市規劃設計在20世紀成為一個專業以來，這些問題一直是規劃理論與實務操作上爭論的焦點。彼得・霍爾教授這本鉅著對學生、相關專業者及都市政策決策者，應可提供一些啟示，即使沒有提出問題解決之道，但至少明確地指出了一些關鍵的問題。

這是一本城鄉規劃設計及相關領域的學生及專業者應該要讀的好書，但也是一本不太容易讀懂其內容的書。作者豐富的學養、獨特的思考模式、迂迴但深具批判性的寫作手法，讓近一百多年來的都市規劃史及相關的重要事件活躍在紙上，也引發許多值得專業者深思的問題。全書中，作者獨特的寫作手法，再配合豐富的史料，帶領讀者走進近百年來都市規劃史的時光隧道之中，這是一趟豐盛的知識之旅，但由於涉及規劃、政治、區域、社會、經濟、地理等多重面向的知識及「空間—環境—社經」複雜體系間的關係，以致使對都市與區域規劃涉入不深的讀者有時可能不易了解作者所欲陳述的核心論點，但若能讀完全書並連貫各章節的論點之後，聰明的讀者應會讚嘆作者將許多跨領域規劃知識及相關重要事件皆成功地融入本書之高度的智慧及寫作功力。

作者背景及相關著作

彼得・霍爾教授是國際知名的都市及區域規劃學教授暨都市史學者，在人文地理、應用地理及都市與區域規劃領域享有盛名。本書於1988年首次出版，是彼得・霍爾教授在都市規劃領域的代表著作之一，也是近代都市史及都市規劃思潮史的經典著作，書中對20世紀的都市及區域規劃思潮及其影響有著深入且具體的評述，對於都市計畫、區域計畫、人文及應用地理、城鄉規劃、都市史及公共政策領域的讀者均具有相當高的參考價值。此書初

版時即被許多英語系國家的城鄉規劃及地理學域列為基本讀物，在三十年後的今日，其重要性仍然不減。

　　由於都市規劃史的範疇龐大，本書以主題導向的方式（包括花園城市、區域城市、紀念性城市、塔狀城市、自力建屋的城市、公路導向的城市、理論城市、企業型城市、資訊城市等主題），詳細地介紹了從19世紀末至20世紀後期，都市規劃思潮史上重要的代表性人物及相關理念，書中以詳盡的史料來陳述各規劃思想家或重要規劃人物的觀點，並說明規劃思潮及相關事件發生的時空背景，書中也附有不少重要的文獻引述及歷史圖片。「讓史料自己說話，以便為這些規劃思潮前輩的理念來做最好的詮釋與辯解」，是作者嘗試運用的寫作手法。本書至今已再版三次，並被《美國規劃師期刊》（*American Planning Association Journal*）評定為繼劉易士‧孟福（Lewis Mumford）的《城市文化》（*The Culture of Cities*）之後，另一本規劃專業領域中的經典鉅著。

　　作者彼得‧霍爾教授生於1932年，曾獲英國劍橋大學博士，是當代世界知名的地理學家和城市規劃學家。霍爾教授的專長是區域地理與都市及區域規劃，歐洲英語系國家向來重視區域科學及殖民地發展，所以區域地理學門一直是英語系國家的重要學域，區域地理學門的學域頗廣，探討的範疇除了區位理論之外，也廣及人文地理、經濟地區、都市與區域規劃及都市設計等。彼得‧霍爾為都市及區域規劃領域的國際級大師，擁有豐富的研究教學經驗及政策研擬經驗，其曾任美國加州大學柏克萊分校都市及區域規劃系教授及英國倫敦大學建築與規劃學院的教授及院長，並曾指導多個國家的都市及區域規劃實務操作，也協助中國城鄉規劃專業的發展。基於其在都市及區域規劃領域上的卓越成就，英國女王於1998年6月特別授予其爵士的榮耀。彼得‧霍爾教授於2014年7月辭世，在他任教多年之柏克萊大學都市及區域計畫系為他所寫的追悼文中，特別推崇他不僅是一位規劃理論家、規劃教育家，更是一位努力不懈的溝通者（communicator），終其一身為他自己堅持的規劃價值觀──實踐社會公平正義，不斷地進行溝通與奮戰。

　　彼得‧霍爾教授有關都市及區域規劃的著作不少，其中有幾本廣為流傳，為歐美知名規劃學院常用的指定讀物，包括：(1)《規劃的大災難》

（*Great Planning Disasters*）（Hall, 1980）；(2)《明日城市》（*Cities of Tomorrow*）（Hall, 1988; 2002）；(3)《都市與區域規劃》（*Urban and Regional Planning*）（Hall, 1982）；(4)《文明中的城市》（*Cities in Civilization*）（Hall, 1988）。《規劃的大災難》一書深刻地指出，規劃雖是為了解決問題，但如果是錯誤的規劃或不當的規劃決策，將會造成許多難以回復的後果，此書中並指出數項規劃史上明顯的錯誤決策，對於這些規劃決策錯誤所造成的巨大衝擊，作者以「災難」一詞稱之，藉此提醒專業者進行規劃時不可不慎。《都市與區域規劃》一書介紹英國都市發展政策，以及重要的規劃思潮及規劃機制之發展，此書在臺灣已由張麗堂教授譯為中文，於1996年由遠流出版社出版，成為介紹英國式規劃體系的代表著作之一；《文明中的城市》一書則介紹近代都市發展史，並對都市化發展的背景及其所造成的社經影響有深刻的評述；《明日城市》與《文明中的城市》兩書為系列著作，除論述近一世紀來都市化與郊區化背後的政治與社經發展脈絡外，並對在此過程中的重要規劃思潮及代表性人物之理念進行深刻的剖析，其中並加入作者個人許多深入的評論，閱讀本書彷彿進入一個百年規劃思潮論辯及各國都市建設發展的時空隧道。歷史會重演，那些在近代都市發展史上所曾犯下的錯誤其實也一再地發生在世界各處，這些造成龐大社會成本的痛苦經驗，不僅見證於西方世界，也體現在現今的中國與臺灣，要如何避免規劃悲劇的重演，研究這些規劃理念與規劃事件的交互影響，應可提供當前規劃界及一些位居高位的決策者一些可供省思的經驗。

全書架構與核心觀點

本書屬敘述性論述，全書寫作以史料整理、文獻回顧及案例分析為主要的方法論，探討近一百多年來都市規劃理念及專業的發展。全書論述精闢且深刻，在批判中帶有悲天憫人的胸懷及對人道主義的關懷。書中作者以一針見血的批判性論述，闡述了他對許多近代都市史上重要規劃思潮的看法，深入淺出地描寫這些思潮的要義及其所造成的影響，並對近代重要規劃思潮發展當時的社經環境及其與都市政策的關係，提出精闢的說明，讓讀者能想像

當時思潮發展的時空環境，以便能較客觀地評論各規劃思想家的功過及其理念在規劃實務上的適用性與限制。以目前國內學生對規劃思潮發展經典著作的閱讀普遍不足的情況，本書應為一本重要的基本讀物。雖然這些西方思想家的論點並不一定能直接應用於海峽兩岸，但從這些規劃界前輩深思遠慮的創新卓見及其所努力營造出之城鄉規劃願景的啟示，應有助於都市及區域規劃知識論和專業能力的提升。更重要的是，回顧這些規劃界前輩們對於以都市規劃作為一種「志業」的使命感，以及對於建立都市及區域規劃「專業地位」所做的努力，更給我們這些後輩規劃參與者打了一劑強心針。在現今城鄉規劃專業已淪為政客的「橡皮圖章」及政治人物的技術幕僚之際，這劑強心針雖來得很慢，但或許仍不算太晚。

　　本書運用許多史料文獻，在選擇及鋪陳這些史料文獻時，作者導入了明確的規劃價值觀，以「實踐公共利益以及為各社會階層發聲」作為規劃的終極目的。誠如彼得‧霍爾教授所言，寫都市史專書的作者，難免會加入自己的價值觀與觀點，但應注意的是，需讓事實清晰正確地自我呈現。《明日城市》就是一本這樣的書，以豐富的文獻及史料，中肯而不媚俗地記載了重要規劃思潮及相關重要事件的發生背景，與其所造成的影響，藉以闡述規劃思潮的精神與要義。書中同時加入一些作者個人對規劃專業之核心價值的看法，從閱讀此書中可感受到作者強烈的規劃使命感及對社會弱勢族群的關懷，書中有不少章節論述到：都市規劃設計的一個核心目標應是要創造一個公平和諧的社會，照顧到所有需要被關懷的民眾。作者並暗示，宏偉的都市空間形塑（如大型廣場、林蔭大道等），不應只是為了彰顯好大喜功之政治人物的政績或是為了特別服務有錢有閒的人，此論點與規劃前輩特格韋爾（Tugwell）所言：「規劃的終極目的是要實踐公共利益，以提升社會集體的福祉。」有不少相通之處（Tugwell, 1939; Friedmann, 1987），此也為當前強調「需求導向」及「經濟利益掛帥」的規劃實務運作模式提供了一個深刻的反思。

　　本書的章節安排主要係考量規劃思潮發展的順序及欲論述核心議題的鋪陳方式。全書架構清楚且流暢，從19世紀末的都市貧民窟問題，推導出理想城市的願景及20世紀初規劃理念的發展背景，再以重要的都市發展主

題，分別論述各主要規劃思潮的發展脈絡，如花園城市、區域城市、紀念性城市（城市美化運動）、塔狀城市、自力建屋的城市、公路導向的城市、企業型城市等。全書章節架構的安排在編年敘述及議題導向的手法中交互運用，技巧性地避開了城市理論史寫作上常碰到的編年排列方式之問題（此乃主要由於許多理論並非以編年序列的方式發展）。更重要的是，閱讀本書可讓學術研究者、規劃設計專業者及學生了解到：重要的規劃思潮（如花園城市）為何會產生？為何會引起那麼大的迴響？甚至為何最後會失敗？對相關專業者而言，了解這些重要思潮的理念精神及發展的時空脈絡，可能會比盲目套用其形式或背誦一些教條式的內容要來得重要。為了反映近二十多年來規劃思潮的發展，本書新版中也加入第十二章的章節，特別論述到晚近規劃思潮的發展趨勢及核心議題，例如國家與市場在規劃上的角色與功能、數位資訊化發展對規劃的影響，以及亞洲和全球都市崛起的影響。有趣的是（也是作者的精闢之處），在回顧了近百年規劃思潮史的發展及其影響之後，在本書的最後一章，作者又將主題拉回到規劃中的「社會正義」議題，尤其是對弱勢團體之關懷，藉此明確地宣示出，這才是規劃專業者真正的戰場及應該努力的地方。此與本書第二章所深刻描述的都市貧民窟中居民之痛苦的哀嘆，恰好頭尾相互呼應、一氣呵成。以下將本書各章的主要論述重點，分別做一簡述。

第一章「想像的城市」（Cities of Imagination）說明本書的目的及寫作的立場，並提醒讀者閱讀此書時需注意的地方，例如：需了解規劃思潮的本質與發展背景、注意規劃事件的前後時空關係，以及注意案例解讀時需思考的地區環境差異，本章並鋪陳出一個理論論述的架構，由都市問題，導出相關的理論因應，最後並評論理論與實務的不足之處。

第二章「懼夜的城市」（The City of Dreadful Night）對19世紀都市貧民窟內的悲慘生活及其所引起的社會及政治衝擊，做了相當深刻入骨的描述。其實就是這些對當時都市中下層社會之生活環境的絕望，才激勵出20世紀之新規劃時代：一個以追求烏托邦式都市願景及推動都市環境改善相關法案之新規劃紀元的到來。本章中對都市貧民窟所遭受苦難之描述非常傳神，讓人讀後很難不為之動容，對於懷有社會改造理想的莘莘學子及規劃專業者實

應閱讀此章，應能激起對都市規劃機制改革的動機與企圖心。

　　第三章「繞道公路旁多樣住宅的城市」（The City of By-Pass Variegated）主要描述20世紀初郊區化現象的發生背景及影響。近一世紀以來，都市化與郊區化的相互影響，造成許多規劃上的問題。促成郊區化的因素頗多，舊市區的環境惡化、大量公路建設、小汽車的使用，以及政府的住宅政策與住宅融資政策，皆直接或間接的促進了郊區化發展的趨勢，而郊區化的發展則導致更多公路建設的需求及公共基盤設施的興建成本，也加速了舊市區中心的衰敗。對於這種雞生蛋、蛋生雞的現象，本書論述道：郊區化（或都市蔓延）提供了有能力者一個逃脫都市的機會，但郊區化並沒有真正解決都市問題，反而造成社會與經濟面向的城鄉落差。此外，本章並批評美國早期土地使用分區管制政策的推動方式及其所造成的影響，早期強調管制面的剛性土地使用分區管制制度，雖然在某種程度上，管控了土地的使用內容及開發密度，維持了基本的房地產價值，但也造成一些公平性上的爭議，例如造成排他性的社區開發及特定地點的土地炒作。書中並指出，在20世紀初期，西方工業國家就已面臨都市擴張、住宅品質不佳及都市人口成長的問題，有趣的是，經過了近一百年之後，目前除了人口快速成長的趨勢已經不再之外（隨著高齡少子化時代的來臨），其他都市問題卻依然存在，而且仍相當嚴重（或是更為嚴重），如果經過了一世紀的規劃理論發展及規劃專業實踐仍無助於解決這些問題，理論與專業又當何去何從呢？難怪對規劃專業的質疑與日劇增。

　　第四章「花園中的城市」（The City in the Garden）描述花園城市理念發展的時空背景，並嘗試澄清外界對埃比尼澤‧霍華德（Ebenezer Howard）本人及其理念精神的誤解。在前面幾個章節清晰地描述出19世紀末都市化、工業化所造成的都市貧民窟問題之後，本章以營造花園城市為願景開始，作為20世紀對理想城市規劃與理想城市生活之逐夢的開端，但可惜的是，這個理想城市的願景在經過一百年後，似乎仍未具體的實現。不同於其他介紹花園城市之文獻，多著重於花園城市理念的教條式規劃內容與規劃原則，本章則側重於介紹當時花園城市倡議者在宣導此理念時的奮鬥歷程，以及其所受到的支持與多方責難，藉以釐清花園城市理念精神的本質及時代意

義（Hall and Ward, 1998），這些本質在我們今日強調永續都市及生態城市規劃典範的趨勢下，具有相當的參考價值。誠如作者所描述：「花園城市不應僅被視為是一個都市實質建設的規劃樣板，其也是一個和平的都市改革及社會城市（符合社會正義的城市）之建構」，這意味著我們應重新思考如何建立一個協力互助、產業發展與健康生活共存、有適當都市規模並有集體共享之社會生活的都市發展模式。但可惜的是，在20世紀所興建的新市鎮及花園郊區社區中，只捕捉到花園城市理念的實質建設表徵，而非其理念的核心精神，而現在政府及建商打著花園城市旗幟的大規模社區開發或造鎮計畫，甚至口口聲聲說是為了中低階層的社會住宅方案（social housing projects），又何嘗不是如此。

第五章「區域中的城市」（The City in the Region）闡述區域規劃的理念精神，並揭示出「城市與鄉村」以及「城市與區域」之間的相互依存關係。本章首先介紹格迪斯（Geddes）的區域規劃理念及規劃方法，格迪斯相當重視環境調查，主張調查應在規劃之先（survey before plan），並提出規劃時應考量「人、地、工作」三者間的和諧關係。格迪斯並倡議都市規劃時應以生態區域的角度考慮都市與區域環境之間的相互依存關係及時空發展脈絡性，這些概念對後來生態城鄉理念的發展有很大的貢獻，但可惜的是，他的許多理念並未在當時實現。本章也介紹了一些早期西方綠帶社區及區域思潮的代表人物，如克拉倫斯·斯坦因（Clarence Stein）及劉易士·孟福等，這些先驅者的想法，在當時遭受不少批評，以致影響其實踐，但在邁進21世紀且強調生態城市及生態城鄉的今日，又再度獲得重視，或許就如作者所言，這些先驅者的理念在當時雖引起注意，但未曾獲得普遍的認同，一直到他們去世的幾十年後，才終於獲得歷史的平反。

第六章「紀念碑的城市」（The City of Monuments）說明20世紀早期城市設計的重要思潮：「城市美化運動」的影響。城市美化運動重視空間美學及空間幾何秩序（如軸線、端景、視覺秩序等），嘗試透過大型的都市空間形塑及都市實質環境的改造，來建立美好的都市環境。「要做就做大規模的計畫，這些計畫才有讓人熱血沸騰的魔力」，是城市美化運動大師丹尼爾·伯納姆（Daniel Burnham）的名言。透過大型廣場、林蔭大道、大型綠地等

紀念性的大型都市空間的營造，城市美化運動確實創造出令人印象深刻的都市景觀意象及宏偉的空間感，但也正如本書中所深刻指出的，在這些美麗、壯觀、宏大的都市景觀意象之背後，都市中小市民的生活需求，尤其是中下階層的生活品質並未獲得提升，而這些氣勢宏偉的紀念性都市空間或大型都市廣場，其實是在犧牲多數市井小民之生活性公共空間的代價下所營造出來的。這個一針見血的批判，在臺灣及中國目前強調推動城市美學、大型開放空間營造（如林蔭大道、都市廣場）、大型公園綠地的今日，可提供一些有用的省思。「城市美化運動」到底是為了誰？是否生活在都市中的普羅大眾才是真正的主角？

第七章「塔狀城市」（The City of Towers）介紹科比意（Le Corbusier）的城市設計理論及20世紀機能主義、現代主義的影響，並對科比意忽視城市涵構（urban context）、傳統城市空間紋理及使用者行為模式之都市設計方法論所造成的後遺症提出嚴厲的批評。科比意強調追求陽光、空氣與開放空間的城市設計理念，對近代都市設計思潮與專業運作有著深遠的影響，促成了高層建築（High-rise buildings）發展及集中留設開放空間等都市設計趨勢，多位知名的建築大師如丹下健三等，都受其影響。但這些英雄主義式建築大師的城市設計理念，是否真能解決當代都市發展及居民生活上的關鍵問題？或許建築需要大師，但城市設計與建築不同的是，城市設計真正需要的是能提升市民生活及反映地域文化涵構的共識與方案。對於科比意的功與過，本書提出深刻的評論，當然其中也有一些作者個人的主觀觀點。其實科比意的都市設計想法在其一生中也有不少改變，在其最享盛名的時期，科比意主張「住宅是生活的機器」，藉此推介強調效率、機能及國際式樣的現代主義思潮，並視都市紋理及空間涵構為都市進步的阻礙，但是在其晚年，科比意卻說「Architecture is Wrong, and Life is Right.」意指建築只是表徵，只有「人與生活」才是「根本」，回歸人本與親自然的生活，其實就是科比意晚年的體驗，在現今許多都市都面臨到如何與自然及文化融合的問題時，本章的評論提供了讀者一些思考的方向。

第八章「自建的城市（或譯為血汗產權的城市）」（The City of Sweat Equity）描述在英美都市環境改造及都市更新過程中，社區民眾自力建屋

或透過勞動來爭取基本住房權益的艱辛歷程，並介紹社區建築（community architecture）與社區設計思潮的發展及代表性人物。本章在介紹亞歷山大（C. Alexander）的社區營造理論時特別指出，找尋地方環境之無名特質及發展在地自發性空間營造模式的重要性（Alexander, 1977）。作者並對政府在社區更新過程中的角色有所建議，認為政府應扮演促成者（enablers）及協調者的角色，而非以房地產融資專家或建造商的姿態來壟斷市場。由本書來看臺灣，可發現在臺灣已逐漸重視社區營造及社區參與的今日，在社區營造歷程中要如何做到真正的「社區培力」（Community Empowerment）及「自發性的參與」，並讓民眾學習如何自力改善生活環境及適當的發聲，應是相關政策決策者與規劃專業者應共同思考的問題。

　　第九章「公路導向的城市」（The City on the Highway）說明當前都市規劃的核心問題──「過度小汽車導向的發展」之問題形成的根源及所造成的衝擊。運輸與土地使用兩者其實是相互影響、互為因果的關係，交通技術的進步增加了土地使用的可及性（accessibility），但交通技術的進步及小汽車的大量使用，也造成都市的擴張及無節制的郊區化發展，因而導致更多的運輸需求，並引發相關的環境衝擊及社會公平的問題。本章主要是描述西方公路導向發展的現象及衝擊，雖未提出明確的解答，但對西方之人口、產業、零售業的郊區化及其與小汽車使用及公路興建間的關係提出深刻的分析。美國自1960年代起的大量公路建設，雖然增加了民眾的易動性（mobility），但也造成開放空間的喪失及蛙躍式的郊區化發展。近年來許多西方的規劃思潮，如成長管理、新都市主義、緊湊都市（compact city）、智慧型成長（smart growth）及大眾運輸導向發展（Transit oriented development, TOD）等，都在嘗試解決小汽車導向之城鄉發展所造成的問題（Calthorpe, 1993；吳綱立，2006）；但諷刺的是，這些歷史教訓目前仍在一些已開發國家及新興國家中重演（包括臺灣與中國大陸），例如道路愈寬愈好或是每人平均道路擁有面積愈高，就愈代表進步的觀念仍普遍存在。在目前強調道路減量、綠色交通、近距離城市及智慧型成長的規劃趨勢下，本章對西方公路導向發展經驗的分析，恰可提供國內在進行開發管控及公共投資時一些借鏡之處。

　　第十章「理論的城市」（The City of Theory）探討近代主要的規劃理論

與思潮的發展及其與規劃專業的關係。規劃專業需要理論的指導，但需要的是什麼樣的理論呢？本章描述了都市規劃成為一門專業的歷程及所遭遇的挑戰，包括國際頂尖大學中（如哈佛大學、康乃爾大學、MIT、加州大學柏克萊分校等）規劃課程的成立、城市規劃評論學刊的成立以及規劃方法論的建立與發展，例如土地使用規劃、土地使用分區管制、系統理論的導入及都市交通等計量模式的運用，以及辯護式規劃（Davidoff, 1965）、策略式規劃等理念的發展。但作者也明確地指出，隨著這些專業學程與規劃工具的發展，規劃理論與實務相背離的問題也日趨明顯（換言之，規劃理論已愈來愈不能指導規劃實務）。對規劃理論發展而言，作者指出需建構一個能指導規劃專業的新理論典範，而此新典範需能解決都市的社會與經濟問題。本章對1970年代盛行的辯護式規劃以及新馬克思主義的影響也有一些說明，作者肯定這些當時新規劃理論的影響，但也指出其限制；然而，對於溝通理性式規劃（communicative planning）、策略規劃（strategic planning）及永續性規劃（planning for sustainability）等當時較新的思潮之內涵與應用，霍爾教授並未深入論述。策略式規劃及永續性規劃已成為目前規劃理論與實務上的主流之一（Nadin, 2007），本書對此部分缺乏較深入的評述，此乃本書較為不足之處。

　　第十一章「企業型城市」（The City of Enterprise）探討產業發展及市場機制對都市發展的影響，並對傳統「由上而下」政府主導的規劃模式提出批判，藉此強調公私合夥及善用市場機制的重要性。「市場」與「國家」的角色與功能之界定，已成為近代都市規劃及公共政策發展中的重要議題，作者以美國的波士頓、巴爾的摩及倫敦和香港的例子，說明利用公私合夥及市場機制對於促進都市復甦及都市再發展的功能，但也指出相關的問題，並說明企業特區規劃的優點與限制。企業城市理念嘗試探討如何把都市當作一個企業來經營，並強調化被動為主動，積極透過法令鬆綁及稅賦減免措施來引入民間企業，藉以創造各種可能促進都市經濟復甦的機會，此與目前流行的都市行銷理論有不少共通之處，但如何公平有效率的實踐則是一大挑戰。企業型城市追求經濟效益的最大化，但在運用財務槓桿原理來創造大幅經濟利益的同時，必須審慎的進行風險的管控；此外，更重要的是，要謹記都市規劃

的公共性角色及維持公共利益的重要性，因為規劃最主要的業主還是全體民眾，若是規劃的作法背離了民眾真正的期望及需求，只一味的傾向於財團，民眾最後會嘗試用選票來找回公平正義。企業特區是霍爾教授所提出的構想，本章特別分析資本主義化的香港特區及企業特區的運作模式，包括給予民間廠商資本稅減免及其他稅賦減免的獎勵、對於標的產業及企業家給予獎勵、放寬相關法令的限制等，企業特區的作法已運用在世界上許多地方，對於吸引投資及刺激地方經濟成長是一劑猛藥，但所造成的社會公平問題，也引起諸多批評，所以本章對於企業型城市操作模式在落實公共利益及照顧弱勢者面向上的不足，作者也很深刻的指出一些問題。

第十二章「光芒不再的美好年代城市」（The City of the Tarnished Belle Époque）探討一些曾經風華一段時間的城市為何逐漸失去競爭力，並論述1980年代以後，數位科技及全球化發展對城市發展的影響。無可諱言的，數位資訊化發展促進了國際化及全球化，重新建構出一種打破傳統地理及政治疆界之限制的新「地理—空間」關係，並造成全球都市的崛起，但值得注意的是，如同作者所深刻指出的，在全球化與數位資訊化的過程中，都市的下層社會似乎並未真正受益於這樣的發展。在此章中，作者精確的描述出在全球化發展的趨勢下，都市產業結構及生產與消費模式與以往的運作模式有著明顯的差異，各類型服務業及資訊處理產業已成為影響都市發展的重要產業基礎，如何配合這些城市產業發展趨勢的轉變，讓這種城市產業結構調整及全球化發展的過程，也能造福都市社會中一般的普羅大眾，尤其是較弱勢的族群，是我們當前一直在談減少城鄉「資訊落差」及「資源分配落差」時應注意的課題，而對這些光芒不再的美好城市而言，如何加強其城市再發展的定位，讓自己成為全球化網絡中的重要節點，並加強其不可取代性，也是該努力的目標之一。

最後一章，第十三章「永久下層階級的城市」（The City of the Permanent Underclass），作者又將讀者帶回都市規劃設計的社會公平議題（這正是作者認為規劃真正的核心目的之一）。的確，如何提升「社會公平正義」是都市規劃一直未能有效解決的世紀之謎，現代都市規劃專業因此而生，也因此而破產（始終未能解決此核心問題）。此章探討都市貧民窟的形成原因及其

所產生的衝擊，並介紹芝加哥學派在都市社會研究上的貢獻。芝加哥學派關懷都市化、郊區化、城市移民等所造成的社會問題，如城市貧民窟、城市遊民問題、黑人的行為偏差、家庭瓦解、社會解組、社區衝突等，這些研究帶動了鼓勵弱勢族群追求自我提升、解放的聲浪，以及相關規劃的思潮（如辯護式規劃）；但這些研究與都市規劃設計專業實踐的因果關係為何？如何透過都市空間規劃設計來解決這些社會問題？或是此假設是否真正可行皆有待更深入的檢視（換言之，城鄉空間規劃設計真的能解決社會問題嗎？抑或是藉此口號來滿足某些主政者及優勢群體的欲望及資源與利益的重新分配？），這些其實是我們等了一個世紀仍未看到具體成果的命題。此外，此章也藉由公共政策的分析，指出英美國家在都市政策的失敗之處，例如：忽略都市貧民的教育與培力（empowerment）、在相關立法時忽略社會問題以及違反市場運作原則造成貧民窟問題的更趨嚴重。因此，本章再一次地提醒讀者，一個好的城市規劃設計，應是讓這些都市下層階層民眾的生活能夠逐漸提升。

本書的貢獻

本書以文獻評述、內容分析與案例分析作為主要的方法，以一系列相關的主題，論述出作者對都市及區域規劃理論及專業的一些想法，對規劃理論發展而言，本書應有以下貢獻：

（一）掀開形式的表徵，釐清重要規劃理論的真正意涵

在規劃界盲目套用流行的理論（或思潮）之際，對於一些耳熟能詳的理論，如花園城市、區域主義、城市美化運動、社區主義、永續發展等，作者深刻的指出這些理論的真正意涵及核心關注問題，以釐清各界對該理論之誤解，甚至是誤用。作者並以當時重要的案例及史料來還原理論創立者的真正訴求。

（二）論述規劃理論之典範轉移（paradigm shift）的時空背景關係

本書清晰地介紹了近一世紀以來重要的都市與區域規劃理論及思潮之發展，並探討理論與思潮的轉變，甚至是典範轉移。更重要的是，作者以當時的時空背景去分析理論的興起及典範轉移的原因，這種兼顧理論要義及理論發展之時空涵構的論述方法，是建立或評論各重要理論之時代價值的重要基礎。

（三）中性的評論知名規劃理論家（或大師）之貢獻與缺失

科比意所做的「善」（好的影響），已隨其過世而去，而所做的「惡」（不好的衝擊）卻仍長存，作者以如此批判性的文字來檢視當前許多被公認為大師的理念及影響，雖然作者的論述立場鮮明，但評論內容卻相當中性（正反兩面皆有），且盡可能的對其論點提供佐證。本書的中性批判性論述，有助於我們減少對大師的盲目崇拜，進而能以更真實且務實的分析，去檢視這些建築或規劃大師的貢獻。

（四）探討城市規劃的本質與真正的價值

城市規劃是一種技術，也是一種重視溝通的藝術（需與民眾及政治人物持續地溝通）。它是一種科學性、系統性的操作，也是一種智識性、反思性的行動與思辨行為，更是一種價值觀（價值體系）的體現，反映著不同時期及不同時空背景下的價值觀及主流價值體系。這些特質明顯地影響到規劃理論的發展以及規劃的操作模式，不同類型的理論家及專業者，依據其自身的價值觀及知識論基礎，會選擇其認為適當的理論理念或實務操作模式來參與城市規劃這個不停轉動的時代巨輪之運作（雖轉動的不是很順暢），這也造就了城市規劃豐富多元的理念內涵及操作模式。但在一百多年來理論發展變遷的過程中維持不變的是，對人的關懷以及對於提升城市生活品質與整體環境品質的堅持。當一波又一波的學子及專業者踏入此領域，閱讀本書可協助其思索如何找尋城市規劃的本質與真正的價值，或許這才是規劃理論發展的真正意義。

就城鄉規劃設計實務操作面向而言，本書應具有以下的貢獻：

（一）論述城鄉規劃專業的定位及主要目的

在「規劃」與「政治」不斷交互影響的情況下，城鄉規劃是否真能獨立於政治運作之外（Friedmann, 1987）？若是規劃無法獨立於政治活動之外，那麼規劃專業者的角色及定位又應該如何界定？本書很精闢地指出：雖然城鄉規劃實務操作上很難不受到政治運作的影響，而且城鄉規劃其實就是一門重視協商與妥協的科學與藝術（換言之，會無時無刻地受到不同的價值觀與利益團體的影響），但規劃的終極目的（最重要的目的），應是實踐公共利益及民眾集體的福祉。這種對於規劃核心價值及終極目的的宣示性論述，對許多仍在各種壓力下努力掙扎及奮鬥不懈的規劃專業者而言，應可指引出一條明確的方向。另外，或許有經驗的規劃專業者會問到：規劃實踐是一個殘酷的現實、是個活生生的競爭戰場，躲到歷史中有什麼用？但其實本書在實務上最大的價值與貢獻，即是讓規劃參與者去思索與辯論規劃的定位及核心目的，儘管環境、科技及人類需求會不斷的改變，但在這快速變遷的過程中，唯有藉由歷史的教訓來刺激我們去進行相關的省思及覺醒，進而釐清規劃的定位及核心目的，並尋求決策者與社會大眾的共識，才能引導我們及後代子孫從歷史中走向未來，也才能營造具有時空延續性的城鄉環境。

（二）強調都市規劃設計與相關部門計畫或政策間之配套關係的重要性

空間計畫是落實都市規劃願景的手段與工具。都市規劃設計與產業發展及社會經濟等因素交互影響，很難釐清其中的因果關係。就規劃實務操作而言，都市規劃設計與相關的部門計畫或政策（如住宅建設計畫、交通建設計畫、社會福利政策等）和空間計畫（如中央與地方層級的國土計畫、區域計畫、都市計畫與非都市土地管控等）之間一直存在著交織的相互影響關係與競合關係。本書運用不少案例來說明其間的交互影響，此對於規劃專業者應有相當的啟示作用，其提醒著相關專業者，都市規劃設計應與相關的空間計畫及部門計畫（或政策）之間建立適當的配套關係，否則單靠都市計畫或都市設計是無法解決經濟與社會問題的。

（三）倡議城鄉互賴及區域整體規劃的觀念

　　本書雖以城市規劃設計為名，但實際上是以城鄉互賴、城鄉相互依存（或套句目前中國大陸流行的口號：城鄉一體化）的觀點來探討城市規劃設計的操作及都市化所造成的問題，此觀念在中國目前面臨快速城鎮化發展及城鄉差距日益擴大的趨勢下，益發顯得重要。其實若無城市周圍良好的區域環境資源及近距離農業資源的支持，城市本身是很難維持永續發展的。本書多處揭示出城鄉互賴（城鄉相互依存）的重要性，值得規劃者省思。城鄉各有其優點，應營造各自的特色及兩者間的互補關係，而不是放任城鄉兩極化問題的日益擴大，或是將鄉村地區都予以城鎮化，改造成制式的鄉村城鎮（城鎮化鄉村）。藉由本書的提醒，規劃專業者應該思索：若是鄉村的青壯人口持續流失至大城市、城鄉生活品質的差距持續擴大，而孕育我們的農村土地都沒有年輕人願意去耕作（中國目前的情況就是如此），那麼空有這些虛胖且不斷蔓延、不斷吃掉大量資源的大都市及超大都會，在三、四十年後我們將會面對什麼樣的後果呢？

（四）揭示出區域治理及生態區域概念的重要性

　　隨著城鎮化發展及城市間競合關係的日趨明顯，許多都市規劃（或城鄉規劃）的問題，諸如都會區交通規劃、水資源管理、流域治理、生態保護、地景風貌營造等，似乎應打破傳統行政邊界的限制，從區域治理或區域整合的角度切入，來思考問題的解決之道。例如1990年代晚期起逐漸開始流行的區域縱向剖面分析或是Transect分析（如Duany, 2002）的概念，即為從區域的角度來看城鄉環境、土地使用及建築形態應如何和諧地銜接與轉換；而在倡議城鄉永續發展的國際趨勢下，近十餘年來流行的「生態區域」、「區域生態基礎設施」及「搖籃到搖籃」（Cradle to Cradle, C2C）等理念，更揭示出應進行區域生態資源之有效經營管理及區域資源循環再利用的重要性。區域治理及生態區域營造是21世紀永續城鄉規劃設計的關鍵議題，也是加強城市競爭力的利基，有趣的是，其實這些規劃觀念，早在一百年前格迪斯的區域規劃理念中就已部分提及，其並揭示出生態區域營造時，應特別注意

城市與周邊區域環境的依存關係，以及加強不同尺度（區域、城市、地區、基地）空間規劃之相互整合的重要性。對於這些思潮的核心精神及其對規劃專業操作的影響，作者在書中都提出深刻的描述，也讓我們省思應如何傳承及發揚這些前輩先知們所留下來的規劃智慧。

（五）提醒專業者重視計畫的涵構關係及地方社會需求

城市規劃無法獨立於社經環境及政治運作之外，在各地的都市及區域規劃界仍在熱衷於複製他處成功的案例或空間形式之際（令人驚訝的是，由本書內容可驗證，在一百多年來的近代規劃史中，似乎一直在重複地做這些事，放諸四海皆然），本書深刻地指出，規劃專業者在複製或移植他處的成功規劃模式或空間形式之際，應先了解計畫之涵構（context）關係及在地的社會需求。換言之，規劃專業者應學習並體驗到：時空背景、政治與權力、政黨利益、社會接受度、集體意識、社經環境、生態與文化發展脈絡，甚至專業者本身的價值觀與角色認知，都在無時無刻地影響到規劃的作業及成果；面對如此複雜及充滿各種利益衝突的環境，專業者在研擬計畫時，應充分了解計畫的涵構關係及地方社會需求對計畫的影響，以便能因時因地制宜，來選擇對整體社會及公共利益最有利的計畫方案。面對充滿利益衝突的規劃決策環境，當規劃者在實務上遭受挫折時，他們可以選擇採用查爾斯‧林德布洛姆（Charles Lindblom）所謂的「漸進調適」的科學（更具體而言，混過去、得過且過的科學）（the science of muddling through），或是轉換環境，當然更可以從本書中那些規劃前輩所遭受的苦難中獲得一些慰藉。

閱讀本書的省思與啟示

整體而言，本書可作為地理學、都市及區域規劃、建築、景觀、公共事務管理、都市公共行政等科系大學部高年級或研究所的指定教材，書中雖加入了許多作者的觀點，但多是深入且中肯的評述。作者深具反思性的寫作風格與寫作手法，對於訓練學生批判性思考的能力也應有很大的幫助。但是，在此需提醒讀者，本書的價值應在於將其作為促使讀者及專業者對於規劃理

論及公共政策進行反思的一塊敲門磚，而不是直接理論或政策方案的套用。誠如彼得‧霍爾教授所提醒的，規劃思潮或規劃方案的引用，需考量其時空發展脈絡及對不同社經階層的影響，否則將可能造成規劃史上的災難或巨大的衝擊，這對於當前規劃界熱衷於複製空間形式及套用制式規劃模式之表徵（而非其意涵）的專業操作模式而言，應有助於進一步的省思。

　　值得說明的是，本書的主要架構與內容，於1988年本書初版時即已完成，本書雖於2002年三版時，增加了探討「光芒不再的美好城市」之第十二章，但對近十餘年來規劃模式檢討的論辯及新的都市理論卻著墨較少，例如：對生態城市、低碳城市、創意城市、策略規劃及全球氣候變遷的規劃因應等當前重要的議題或思潮，皆較少回應。所以本書應視為是偏重於都市規劃史回顧的論述，而非完整的都市規劃理論與都市規劃操作模式介紹的專書。本書論述的重點應在於規劃專業形塑初期及傳統都市規劃理論，如花園城市、區域主義、城市美化運動、都市更新及社區主義等的影響。但這些理論的最新論述如「由都市更新到都市再生」及「由社區主義到社區治理及永續生態社區的建構」（吳綱立，2009）、「由服務產業引導都市發展到以文化創意產業引導都市再發展」等，作者其實較少著墨。另外，本書中提到不少新馬克思主義及社會主義的觀點，這與本書初版撰寫時的時代背景有關，因為當時正是新馬克思主義最盛行的時代。新馬克思主義當時嚴厲的批判國家機器的運作主要是為了累積經濟與政治的資本，以利於國家及階級的統治，而非追求所有民眾的福祉，雖然如今新馬克思主義的熱潮已經退燒，但其對國家機器的批判至今仍反映不少的事實。隨著時代及環境的變遷，「國家」、「市場」、「社區」的角色與功能，以及對「計畫管制（或政策管制）」與「自由主義」適應範疇的界定，一直是規劃理論與實務論辯的焦點，尤其是在面臨全球氣候變遷及全球化衝擊（例如全球金融海嘯及互聯網時代的影響）的今日，1980至1990年代自由主義趨勢下所強調之「小而能」政府的理念，現今所獲得的迴響已明顯地減少，不少民眾真正期望的是一個「大有為」及能善用「計畫管控」的政府，至少他們可為我們保護辛苦所累積的財富及保障人民的基本生活需求。二十餘年前在歐美一流商學院中所流行之「追求個人私利是人的天性，也是促進經濟發展的主要驅策力」的觀點目前已受到不少

的質疑。社會公平及社會正義的議題，再度受到重視。在目前許多亞洲的全球都市（如北京、上海、深圳、香港、東京、臺北）都面臨超高房價的情況下，以往對於政府扮演社會住宅供給者之批評聲浪也已明顯的減弱，不少辛苦工作的大都市受薪階層，其實非常希望能有一個大有為的政府可以扮演著救世主的角色，來打敗這隻炒作都市房地產價格的「市場」巨獸。

作為一個規劃理論家及教育者，彼得·霍爾教授在本書中詳細地描述了20世紀重要的都市規劃設計理論及規劃史重要事件發生的時空背景，並提醒我們在使用此類理論時，應充分了解其發展的時空脈絡，以免因為誤用，而產生災難性的後果，這對於不少新興國家或新興地區急著套用某些西方的流行（或曾流行）的理論而言，彷如一記暮鼓晨鐘，發人深省。回顧整個都市規劃史的發展，似乎一直環繞著幾個關鍵議題，例如：都市化（城鎮化）、產業及住宅的空間分派、都市貧民窟、郊區化、小汽車過度使用的衝擊、計畫管控與市場機制的角色與功能、現代運輸及資訊技術的影響，以及規劃工具與操作模式的調整。在現今規劃思潮已由傳統「由上而下」、「命令與行動」（command and action），轉向為強調「多元參與」、「溝通理性」、「公私合夥」、「策略規劃」及重視「地方需求」與「在地發聲」的趨勢下（吳綱立，1998），閱讀這本回顧一世紀以來都市規劃設計思潮與專業發展的都市規劃史，應可提供專業者一些參考資訊，以省思未來規劃運作應如何調整。

最後，再回到本書的主題：經過了一百多年來都市規劃設計理論的發展〔或套用孔恩（Thomas Kuhn）的話——典範轉移〕及都市規劃設計專業的實務操作（或以霍爾教授的話，以民眾當作白老鼠的都市規劃設計試驗），我們真的解決了關鍵的都市問題嗎？或許有讀者會說，那要看我們怎麼去定義都市問題。若依據霍爾教授在本書中的命題與論證，答案是沒有，甚至可以這麼說，我們連對都市規劃設計的核心問題是什麼？仍缺乏共識。如果都市規劃設計的核心問題應是早期以都市規劃為「志業」之城市規劃界前輩們所主張的：「實踐社會集體的利益與照顧弱勢族群……」（吳綱立，1998），那麼在面臨全球化、全球氣候變遷及科技進展日新月異（如大數據、互聯網、行動通訊、人工智慧、無人車技術的快速發展）的21世紀，那些已存在超過

百年之久的關鍵都市問題，仍在等待著一個較好的回應。其實，無論經過多少世紀，儘管規劃方法論已從全盤理性規劃發展至策略性規劃或溝通理性規劃，儘管規劃工具已明顯地增加、計畫管控與獎勵機制（棒子與蘿蔔）也已搭配使用，但都市規劃者及民眾「所關心的」（或更具體而言，「應該關心的」）規劃問題之本質並沒有改變：如何建立「人與人」及「人與環境」之間的和諧共生關係，以及「如何透過規劃來實踐一個公平正義的社會」。對於書中所指出的一些核心規劃問題，例如規劃到底是為了誰而做（誰是規劃最主要的業主）？規劃的利益與成本該如何在時間與空間上合理地分配（例如跨區域公平及跨世代公平議題）？如何透過規劃去強化人與環境間（自然環境及人造環境）的和諧共生關係？霍爾教授其實並沒有提出一套完整的問題解決方法，甚至沒有提出初步的因應對策，但其已經點出問題之所在，有助於規劃專業者及決策者（甚至民眾）觀念與價值觀之調整。有了正確的規劃目標與價值觀之後，或許解決問題的方案就在我們的心中。

對相關領域讀者閱讀本書之建議

　　如前所述，本書適合作為相關背景的學生或專業者欲了解規劃的知識論基礎時之基本讀物，以下的建議可供初次閱讀本書之讀者的參考，但讀者當然也可以有自己的閱讀方式，第一、二章為基本背景的描述，讀者可先閱讀，當會了解作者在全書的核心命題及論述的價值觀，然後不同背景的讀者，可選擇與本身背景或興趣有關的主題章節切入，再逐步完成全書的閱讀。本書涉及近一百多年來的規劃設計理論與思潮，是一個相當濃縮的內容，讀者閱讀時如有困難，可參閱原文書的參考文獻或本導讀之後所列的延伸閱讀書單，讀時請不必硬讀，想一次看完全書。讀不懂時就放下，可上網查一些相關人物或事件的資料，如果以這樣的方式進行，不同領域的讀者，應皆可由本書中獲得一些與其專業有關的啟示。

　　對於都市與區域計畫背景的讀者而言，本書可作為規劃理論或西方規劃史的重要讀物。地理背景的讀者可嘗試從本書中了解到人文地理、經濟地理、都市地理的概念在應用到都市與區域規劃時，應注意到的議題與限制。

景觀背景的讀者可藉由閱讀本書將領域範疇由景觀規劃設計擴展到環境規劃，甚至是更大尺度的地景空間規劃與城鄉資源管理；也能藉此體會到「景觀是生活出來的」，是人與環境持續互動的結果。建築領域的學生及專業者可藉由閱讀本書了解到規劃領域之思考邏輯及操作程序與建築領域的差別，並拓展其知識論與專業技術的範疇，由建築基地尺度拓展到社區及都市尺度，並避免過於側重英雄主義的建築決定論。地政背景的讀者應會發現本書提供了許多地政相關的都市規劃設計知識，並可協助了解城鄉規劃設計中計畫管控與用地管控的差異，以及都市與區域計畫的複雜性與多元考量。至於公共行政及公共事務管理領域的讀者則可從本書中獲得都市公共政策研擬及規劃機制設計的理論與實務知識。同樣重要的是，各不同領域的讀者皆應嘗試理解到規劃是一個跨領域整合的智識性活動與反思性行動，需隨時嘗試了解其他相關領域的夥伴在想什麼、在做什麼，以及如何進行思考。最後，規劃的重點在於實踐（implemantation），如沒有行動、永遠是紙上談兵；而規劃的目的是為了人民，沒有人民的支持及共識，規劃將無法立足。

延伸閱讀書單

1. 吳綱立（1998），〈規劃思潮與公共利益概念的演變：建構一個新的規劃典範來找尋公共利益〉，《人與地》，11-12月，頁74-86。

2. 吳綱立（2006），〈從西方近代都市設計思潮的發展看臺灣都市設計專業的定位〉，《建築學報》，Vol. 55，頁111-146。

3. 吳綱立（2009），《永續生態社區規劃設計的理論與實踐》，台北：詹氏出版社。

4. Alexander, C. (1977) *A Pattern Language: Towns, Building, Construction.* Oxford: Oxford University Press.

5. Alexander, C. (1979) *The Timeless Way of Building.* Oxford: Oxford University Press.〔趙冰譯（1994），《建築的永恆之道》，台北：六合出版社。〕

6. Barnett, J. (1974) *Urban Design as Public Policy.* New York : Architectural Record Books.

7. Benevolo, L. (1963) *The Origins of Modern Town Planning.* Cambridge, Massachusetts: The MIT Press.

8. Calthorpe, P. (1993) *The Next American Metropolis–Ecology, Community, and the American Dream.* New York: Princeton Architectural Press.

9. Davidoff, P. (1965) "Advocacy and Pluralism in Planning." *Journal of the American Institute of Planners*, 31 (4): 331-338.

10. Duany, A. (2002) "Transect planning." *Journal of the American Planning Association*, 68 (3): 245-6.

11. Friedmann, J. (1987) *Planning in the Public Domain: From Knowledge to Action.* New Jersey: Princeton University Press.

12. Geddes, P. (1915) *Cities in Evolution: An Introduction to the Town Planning Movement and the Study of Civicism.* New York: Howard Fertig.

13. Hall, P. (1980) *Great Planning Disasters.* London: Weidenfied and Nicolson.

14. Hall, P. (1982) *Urban and Regional Planning.* London: George Allen and Unwin.

15. Hall, P. (1988) *Cities in Civilization.*London: Weidenfeld and Nicolson.

16. Hall, P. (1992) *Urban and Regional Planning.* 3rd ed., London: Routledge Press.〔張麗堂譯（1995），《都市與區域規劃》，台北：巨流出版社。〕

17. Hall, P. & C. Ward (1998) *Social Cities: The Legacy of Ebenezer Howard.* Chichester: Wiley.

18. Hough, M. (1995) *Cities and Natural Process: A Basis for Sustainability.* London: Routledge Press.

19. Howard, E. (1965) *Garden Cities of To-morrow.* Cambridge, Massachusetts: The MIT Press (originally published in 1898 in England).

20. Jacob, J. (1961) *The Death and Life of Great American Cities.* New York: Random House.〔吳鄭重譯（2007），《偉大城市的誕生與死亡》，台北：聯經出版公司。〕

21. Le Corbusier (1925) *Urbanisme.* Paris: Garden City Publishing Ltd.

22. Lewis M. (1961) *The City In History—Its Origins, Its Transformations, and Its Prospects.* New York: Harcourt, Brace and World.〔宋俊嶺、倪文彥譯（1994），《歷史中的城市——起源、演變與展望》。〕

23. Lindblom, Charles. 1959. The Science of "Muddling Through". *Public Administration Review* 19 (2): 79-88.

24. Lynch, K. (1981) *Good City Form.* Cambridge, Massachusetts: The MIT Press.

25. Nadin, V. (2007) "The emergence of the spatial planning approach in England," *Planning Practice and Research*, 22 (1): 43-62.

26. Tugwell, Rexford. (1940) Implementing the General Interest. *Public Administration Review*, 1: 32-49.

27. Venturi, R., S. Brown, and S. Izenour (1977) *Learning from Las Vegas: the Forgotten Symbolism of Architectural Form.* Cambridge, Massachusetts: The MIT Press.

28. Wheeler, S. and T. Beatley, eds. (2014) *The Sustainable Urban Development Reader (the third edition)*. London: Routledge Press.

29. Wu, Kang-Li (2010) 書評：Cities of Tomorrow: An Intellectual History of Urban Planning and Design in the Twentieth Century. *Journal of Geographical Science* 《地理學報》，60: 187-199.

第一版序

　　任何一位描寫規劃史的人都應該會在序言裡做一些自我防衛：當然規劃師應該要做計畫，而非退避到回憶錄中。簡單地說，我寫這本書是因為我覺得這個主題很有趣。正如其他人間事物一樣，我們實在很難理解到自己的想法和行動在很久之前別人就已經有了，我們應察覺自己思想真正的根源。好吧，停止我的辯解。

　　本書與目前流行的作法不同，本書並沒有基金的資助，所以沒有財務贊助者可以感謝。我也沒有助理，所以也沒有人可以推卸責任。因為全文都是我自己打字，所以我首先應該要感謝不知名的WordStar和WordPerfect兩個軟體的創作者，其次是查克・皮多（Chuck Peddle）與他神奇的天狼星一號（Sirius I），最後是根據邊唾福特主義的原則，而取代它的不知名的臺灣家庭加工製造者的版本。感謝羅莎・侯賽因（Rosa Husain）靈巧地將本書的參考文獻轉為注腳，也因此讓她自己陷入WordPerfect巨集的快樂與恐懼之中。

　　但是，如同以往地，我要感謝圖書館員。那些因公共服務變差而要求立法改善的人們（而且不時地催促我們加入他們）一定很少使用這些世上偉大的參考書圖書館。當我在進行本書的研究時，很幸運地能無拘束的在三大圖書館享受到許多快樂的時光：英國圖書館參考書部門（又稱大英博物館閱覽室）、英國政治經濟科學圖書館（LSE圖書館），以及加州大學柏克萊分校圖書館。我要向這三座圖書館裡兢兢業業的工作人員致上我的敬意。還有，雖然可能有點個人，我要特別向伊麗莎白・拜恩（Elizabeth Byrne）致謝，由於她的協助，將加州大學柏克萊分校的環境設計圖書館改造成如今這樣美好的場所。

　　本書有一小部分的文章是先前著作的延伸：第四章的開頭是《新社會》（*New Society*）中的一篇文章〔後來發表在《城鄉規劃》（*Town and Country Planning*），而後又被收錄在由保羅・巴克（Paul Barker）編輯的《福利國家的建立者》（*Founders of the Welfare State*）文集中〕。第九章中的一節，

在多年前曾被收錄於由理查德‧艾利斯（Richard Eells）與克拉倫斯‧沃爾頓（Clarence Walton）所編輯的《未來城市的人》（*Man in the City of the Future*）中。我想這些都是由我自己寫的，所以無須對自我抄襲而致歉。第十二章包含一段簡短的自述，一個我認為必須適當地說出來的故事，因此也很明顯地顯得不夠謙遜。

我的發行人約翰‧戴維（John Davey）對本書的出版，展現了高度的寬容，但願他覺得結果是值得的。

我要特別感謝兩位同事和朋友擔任草稿閱讀的白老鼠：在雷丁（Reading）的林恩‧戴維斯（Lyn Davies）和在柏克萊大學的羅傑‧蒙哥馬利（Roger Montgomery）。我不敢巴望能夠讓他們滿意，但我的確將他們的建議小心地記錄下來。我還有要感謝卡門‧海思‧克勞（Carmen Hass-Klau），她在最後一刻檢查出有關德國歷史的錯誤。

毋庸贅言地，本書中許多的構思與寫作是在加州大學柏克萊分校都市及區域計畫系與都市暨區域發展研究中心服務時所完成的。誠如我在那裡的同事迪克‧邁耶（Dick Meier）所言：就像所有的學術機構一樣，每個規劃學院都有它的黃金歲月。只有在這段時間生活與工作在柏克萊的人，才能體會到那段時光是如此地美好與珍貴。所以我要將本書獻給加州以及我在柏克萊的朋友，由於要感謝的人太多，在此無法逐一列出。

最後，如同以往地，我要感謝瑪格達（Magda）無可挑剔地後勤支援服務，以及除此之外，其他忘記言謝的人。

彼得‧霍爾

於柏克萊與倫敦，5-7月，1987

第三版序

　　本書最初的序言要算是在上一個年代所寫的：當時文書軟體是傳統的WordStar而電腦作業系統是CP/M，如今桌上的電腦已更新替換，許多本新版的內容是藉由上網所完成的。但歷史並沒有什麼改變，就一世紀而言，十三年並不算太長，所以本書主軸仍是那些1980年代的規劃焦點，只是現在是以不同的知識及政治濾鏡來加以分析與解讀，這些年來規劃史領域已有不少學術進展，但就規劃史的本質進行再詮釋的部分其實不多。

　　我要感謝那些使本書有足夠收益來進行再版的廣大讀者群，其中許多人告訴我，他們喜歡閱讀本書。我要特別感謝加州大學柏克萊分校及倫敦大學共約十五屆的學生，他們修習我的規劃史課程，並提出不少有助於思考的有趣觀點。也要感謝羅布‧弗里斯（Rob Freestone）費力籌辦於1999年在雪梨舉行的20世紀規劃史會議，此會議成功地吸引了全球相關的研究者，並生產出重要的會議專輯。我也要對約翰‧霍爾（John Hall）表達我私人的感謝，感謝他從其家鄉蘇雷斯尼（Suresnes）的開創性雜誌《花園城市》（cité-jardin）中提供一份精采的專刊內容。

　　本次三版所增修的內容比我在1996年所進行的舊版改寫要來得大，那次只增加了一個補充章節，但這次是更根本性的改寫。實際操作上，在維持初版的全書基礎結構下（此結構是本書組織原則的特點，目前仍適用），我也將所有相關的新文獻加入在全書適當的章節之中。如有遺誤，還請讀者告知，也便於再版時修改。

　　本書中也納入一些我先前《文明中的城市》（Cities in Civilization）一書中的一小部分章節。如該書序言所述，本書與該書可視為系列性的著作，在寫該書時，我曾避免重複，但有些部分如果不放入本書，將可能會影響到本書的完整性。

如同以往地，我特別要感謝瑪格達（Magda），沒有她的協助，本次再版及原版皆無法完成。

彼得·霍爾

於倫敦，4月，2001

推薦序

林峰田院長

翻譯是一件不簡單的事，尤其是一本城鄉規劃史的專業著作。它大概要面臨以下的一些挑戰。

首先，理論與各國經驗的時空背景。城鄉規劃的理論不是憑空捏造出來的，而是各國針對其不同時期遭遇的困難所提出的一些對策。作者雖也努力加以說明其時空背景，但畢竟對遠在地球另一邊，文化、法令、制度、習慣都有很大差異的東方，還是遠遠不足的。譯者吳博士以譯注、導讀等方式，讓此一鴻溝縮小不少，甚至加上了他個人的見解，以及評論，讓讀者能有更開闊的眼界。這已非單純的翻譯。

其次，並不是任何懂英文的人都可以翻譯。現代城鄉規劃的歷史大約一百年，比諸數學、物理、化學、生物⋯⋯，簡直還在嬰兒期。連許多被作者列為本領域「眾神」級的大師都不免懷疑這領域到底有沒有理論可言。若有人為了搞清楚這領域在賣什麼膏藥，鼓其大勇，試作翻譯，很可能只會令人更加迷糊。吳博士則無此問題。吳博士畢業自美國加州大學柏克萊分校，正是作者教過書的學院。吳博士返臺之後，除了教書及參與很多規劃案審議外，也著手執行不少規劃實務。在累積了如此豐富的實務，以及不斷的追求理論突破之餘，著手翻譯本書，自然體會甚深，精準掌握原旨。加上吳博士的行文甚為流暢，讀來相當通順，不感生硬。

最後，是否可從書本獲益，除了作者、譯者的功力之外，讀者的認知也要負一大部分的責任。如前所言，城鄉規劃尚處嬰兒期，說不清楚的地方比有條理的理論還多。更不像數學、理化等學門，條理分明，步步為營，由簡而繁，由易而難。雖然作者已經盡力爬梳條理，抓出數個主題分述，但如果初涉此領域的讀者以為可以按部就班來理解本書，大概是要大失所望的。倘若遭此劫難，我勸讀者不必太在意。除了改變原先的期望之外，看不懂就放下，不必硬啃。過一陣子，再重拾書本。研讀幾回，自身的經驗也漸累積，

自然可以慢慢理解。雖然不一定同意作者的看法，但至少可以看出門道。

　　總之，作者及譯者均有一定的功力。茲樂為之序，並極力推薦之。

國立成功大學都市計畫系特聘教授

成功大學規劃與設計學院前院長

林峰田 謹序

2011 年中秋

推薦序　追尋一個公義的都市

徐世榮教授

在臺灣的都市問題嚴重紛擾之際，欣聞吳綱立教授翻譯完成彼得‧霍爾（Peter Hall）教授的《明日城市》鉅著，內心實在是相當欣喜，這是因為這本書具有重要參考價值，可以提供都市規劃者、公共政策制定者及國人許多的省思，讓我們慎重審思都市的意義、相關重要的課題及其可能的解決之道。

只要翻閱報章雜誌、或是觀看電視傳播媒體，都可以發現臺灣的都市問題層出不窮，而且都是社會重要議題。例如，在苗栗大埔事件中，苗栗縣政府因為新訂都市計畫，動用嚴厲的區段徵收，剝奪人民在憲法上所保障的基本人權，引起了人民強烈的抗爭，這把火延燒至今尚未停熄。臺北市士林文林苑都市更新案，市府不顧王家及聲援民眾的反對，強制將王家二戶拆除，這也引起社會強烈反彈，贊成及反對都更戶至今仍在對峙，雙方衝突時有耳聞，北市府至今卻仍無解決之道。另外，不動產已成為炒作及致富的商品，吸引了許多的投機客，都市裡的房價高得驚人，高房價甚且成為臺灣社會民怨之首，為了應付強烈的抗議浪潮，主政者急忙於總統大選前推出合宜住宅，但是事實證明，它也僅只是杯水車薪，稍解燃眉之急，都市裡的房價依舊是居高不下，大多數人仍然只能望屋興嘆！

這些問題都相當嚴重，我們原本期盼經由理性專業及全盤性的都市計畫來予以解決，透過它來「實踐公共利益及為各社會階層發聲」，但是很顯然的，臺灣的都市計畫離這個目標仍然有著相當大的距離。個人以為，過去基於現代化的理念，社會問題或都市問題往往被定義為技術問題，需由專家予以解決。專業化被視為是追求完美的最佳途徑，專家們被視之為科學家一般，透過他們對於科學工具的運用，問題的解決似乎是輕而易舉。許多的專家皆相當的自負，以為他們的專業知識可用來解決任何政策的問題；因此，所謂的「公共利益」也必須是由這些少數專家及由其組成的委員會來給予詮釋及界定。

但是，這樣的理念早已經遭到了揚棄，在一個多元的環境裡，我們開始了解最困難的地方是如何去定義問題，及在複雜的因果體系中如何放置問題，尤其是當我們把價值的因素放進來一起思考之後，問題就顯得更為棘手。都市的問題其實不單純是技術問題，它們更是難纏的社會及公共政策問題，因為我們無法排除價值（value）的影響。因此，許多都市問題的定義並非是客觀中立的存在，其中包含了各方力量運作的可能性。也就是說，這中間包含了權力、利益、價值及不同的意識形態等。這些難纏的都市問題，是無法純用技術的方法來予以馴服。

上述的論點也可由知識論觀點尋得注腳，這也使得過往純然立基於技術理性知識論觀點受到相當大的挑戰，因為，知識其實是社會主觀的建構，它並不純然是由科學及技術的層次而來，人們日常生活經驗及社會實踐，也是充滿了知識，而這些知識是都市計畫及公共政策制定時必須給予尊重的。遺憾地，臺灣的都市計畫仍然無法突破上述知識論的箝制，許多都市問題，仍然是依賴由行政官僚及少數學者專家所組成的委員會來予以解決。尤其是在臺灣特殊的政經歷史環境之下，政治力強力介入，使得臺灣的都市計畫產生質變，它成為替政治菁英服務的都市計畫，臺灣的都市計畫也成為替財政赤字服務的都市計畫。

由於土地隱藏龐大利益，可以透過政治力予以創造，因此，地方政治菁英過半數以上皆是從事於與土地相關的行業，地方政治（local politics）從某一方面來看，其實就等同於土地政治（land politics）。地方的發展受到了以促進土地開發的政治菁英人士所掌控，其視土地為獲利的商品，強調的是交換價值，反對使用價值。地方政府首長及行政官員、地方派系與資本利益集團皆是其中的主要份子，這可以由臺灣都市計畫的擬定、擴大及變更，及建築獎勵容積及容積移轉的浮濫情況，來予以印證。許多學者指出，隨著臺灣的政治經濟發展，臺灣的政經結構是愈來愈走向一個由國家菁英、地方派系與資本利益集團所形成的「新的保守聯盟」，也有學者將此聯盟稱之為「新政商關係」或是「新重商主義」，彼等在立法院和正式的政策制定上，都有相當大的影響力；相對地，勞工、環保團體或民間社會的組織則是被排除於此聯盟之外，都市計畫主要是為此聯盟服務。

此外，我國政府財政問題極為嚴重，但它不僅不敢對大型資本課予重稅，竟還給予減稅、免稅及其他的優惠。那麼，所需的建設經費要從何而來？答案竟然也是都市計畫的變更、新訂或擴大，各地方政府現今紛紛進行農地變更及以土地徵收為本質的土地開發及都市計畫。地方政府的主要稅源為土地相關稅目，如地價稅、土地增值稅等，因此如何增加這些稅收便成為施政重點。由於農地不用繳稅，因此各地方政府藉由土地的開發，千方百計地要把農地變更為都市土地。此外，行政院於1990年特別發布行政命令「凡都市計畫擴大、新訂或農業區、保護區變更為建築用地時，一律採區段徵收方式開發」，這使得被徵收的農地倍增。透過區段徵收，政府還可以無償取得大面積的可建築用地（俗稱配餘地），經由配餘地的讓售及標售，賺進大筆鈔票。此外，透過土地開發，主政者也可藉機收編地方政治勢力，可謂是一舉數得。

　　相對於其他公共政策，我國的都市計畫充斥了附庸及邊緣性格，皆是為其他政策服務。最主要者，為了追求經濟的成長及資本的積累，在權力的不均衡運作之下，土地價值被嚴重窄化為經濟生產要素，僅能夠由價格及商品的觀點來衡量土地價值。但是著名的人文地理學者John Agnew（1987）認為土地至少包含了三個層次的空間意義，分別為：一、總體經濟環境下的區位空間；二、環境及自然空間；及三、主觀的地方認同空間。過去，在經濟成長、效率優先及威權政治體制底下，都市計畫之決定往往僅是局限於第一點，土地僅被視之為經濟生產要素。近年來，在環境生態保育觀點逐漸受到重視之際，第二點偶爾會超越了其他不同的觀點，不過機率卻也不多。然而，至今為止，我們卻仍然非常缺乏將第三點納入於都市計畫的考量之中，這使得藉由都市計畫來實現公平正義的理念一直無法在臺灣社會獲得充分地體現。不過，這樣的思維應該要被揚棄了，新一代的都市計畫不僅要有其相對自主的治理空間，也應該要重視多元的土地價值，如民主、人權、公平、正義與主觀認同等，把它們納入於都市計畫的決策過程之中，透過如此整全（holistic）的思維來建構新一代的都市計畫。

　　藉由彼得・霍爾教授於本書的論述，可以讓我們深度思考都市計畫原本的初衷，激勵我們對於社會弱勢及低下階層的關懷，努力追尋社會公義及

公共利益的實踐，創造一個人人皆可居住，及充滿和諧互助的都市空間。此刻，在臺灣都市問題成為嚴重社會問題的關鍵時刻，這本書的適時翻譯，實在是相當的重要及難能可貴。這要特別感謝吳綱立教授的無私奉獻！讀者或許不知，臺灣學術界對於教授的評比已經出現嚴重偏差，一切都是以追求SSCI、SCI、TSSCI期刊文章的發表，而且是偏向於量的堆砌，翻譯書籍對於教授的升等及評量幾乎是沒有幫助的，但是吳教授竟然有此傻勁，願意花費龐大時間來進行翻譯，以此嘉惠學子及眾多讀者，這個精神相當令人敬佩！

　　本書為都市計畫的經典之作，霍爾教授的用詞遣字相當的典雅，翻譯本書因此具有高難度，但吳教授不僅予以克服，抓住原文之精義，其文字表現也相當的流暢優美，實在是非常的不容易。此外，更為重要的，本書其實隱含了許多規劃理論及都市計畫的重要思辨，這部分絕非僅是文字翻譯的功力問題，翻譯者一定還要非常熟稔於歐美規劃理論及都市計畫的歷史，才能夠畢其全功。本人要說，吳教授做到了，由於吳教授對於規劃理論的高深造詣，由他來翻譯，更彰顯了本書的重要價值，本人也因此要為讀者強力推薦！

國立政治大學地政學系教授
兼第三部門研究中心主任

徐世榮 謹誌

2012 年 8 月 25 日

推薦序

趙天宇教授

　　承蒙同事吳綱立教授的邀約，欣然接受了譯注推薦序的榮耀使命，通覽全書，再次被彼得‧霍爾先生廣博的知識、寬闊的視野、敏銳的洞察力和深邃的思想力所折服。《明日城市》堪稱經典之鉅著，百餘年的城市發展在各個引人入勝的主題與生動的情節中清晰展現開來。時下盛行「穿越」，霍爾先生為我們構架了一個時空交錯的城市幻動場景，穿越其間，時而鳥瞰到百年間城市興衰的脈絡與全景，時而掠過大師和巨匠的身旁，窺見其才華與風采；奢華的、精美的、恢弘的、擁擠的、陰暗的、污濁的城市空間交織和衝突著，彷彿將抽象的政治、經濟、文化塑成了奇異的城市圖景；時而那些栩栩如生的場景漸漸淡化、抑或瞬間消失，或許你會看見霍爾先生的思想如清晰的閃電一般將視野照亮，或許你也會領悟，這樣一本近乎城市史論之著作為何以「明日城市」為題。

　　哈爾濱工業大學所在的城市是一個年輕的歷史文化名城，也是一個反映近代城市發展史的特殊案例，霍爾先生論及的思想、理論、乃至城市實踐，在這座城市中亦不難尋覓和印證。綱立教授攜大師鉅著而來，無疑給這個城市帶來了閃亮的機遇，也為這所學校的師生開啟了一道別樣城市風景的視窗。

　　中國的城市正處於空前絕後的特殊歷史發展時期，奇蹟的創造與矛盾的衝突交相呈映，問題和困境不斷湧現。《明日城市》給了我們一個難得的參讀、思考和借鑑的機會。記得印第安人有一個頗具哲理的習俗：一個人長時間的奔跑中，會不時地蹲下來安靜地等待，是為了讓靈魂跟上飛速奔跑的人。當下的中國城市發展無法停留，甚至不會放慢腳步，「跨越、超越、騰飛」表達了願望和催緊了步伐。但是，城市的靈魂或許早就被這個飛奔巨人遠遠地拋在了身後的塵埃之中。

不曾為任何書寫過序言，也不善寫讀書報告。用零零散散近二十天時間讀完了繁體字的《明日城市》譯稿。其實只想說一句話：這是一本絕對值得閱讀的好書。還想不自量力地代表未來的讀者，真誠地感謝著者彼得・霍爾教授和譯注者吳綱立教授的卓越工作與奉獻。

哈爾濱工業大學建築學院教授
中國城市規劃專業指導委員會委員

2015 年 9 月哈爾濱

推薦序　計畫與競爭的殊途同歸

陳建良教授

　　在當前這個凡事都講求跨領域和多學科的時代,「都市與區域規劃」無疑是其中最具代表性的學門;本書的作者和內容,更是在專業、學識、時間和空間上,同樣具備跨領域和多學科的最佳範例。在專業範疇上,作者以地理學背景為基礎,陸續加入經濟學、社會學、政治學、管理學、行政學、環境科學、哲學等相關學科的概念;少有學門能同時兼顧諸多其他學科的思考。從時間軸向衡量,本書跨距將近百年,標舉都市與區域規劃領域中的核心議題及論辯焦點。以空間維度來看,書中關照的例子,涵蓋從西方到東方各主要國家及城市的規劃發展歷史。作者憑藉豐富的學識與實際規劃操作經驗,回顧自工業革命以來現代都市問題的根源,以史家的深邃眼界,透析空間、環境、社會、經濟等交織混雜的因素,在規劃的主軸下,提供鑑往知來的世紀洞見。這些精闢知見不受限於規劃學門內的應用,同時也提供其他學門有用的參據。

　　誠如書中所言,規劃是引導都市與區域空間發展,以及資源配置的系列過程。所以,都市與區域規劃是經過「計畫」或「集權」(centralized)的手段或方式,引導活動、產業及城鄉空間結構的發展;目的是希望能公平且有效率地安排資源分配與使用,以達合理的城鄉空間的發展。作者認為,都市規劃設計的核心目標,應是要創造一個公平和諧的社會,照顧到所有需要被關懷的人。但是,當前規劃界的實務運作模式,似乎更強調「需求導向」及「經濟效益掛帥」的思考方式,值得規劃界更多的省思。

　　與此對照,經濟學的基本思考也是一種決策過程,目的同樣在引導資源的有效配置,追求社會全體的加總最大化;唯其是「需求導向」及「成本效益」考量,才能達到個人最適與社會最適。傳統經濟學理論中,資源配置的效率與理性,遵循的是「競爭」或「放權」(decentralized)的價格機制與市場機制;一旦有管制或計畫,市場機制往往就無法達到最適化,因而偏離最

適解。兩相對照,規劃學門強調「計畫」,經濟學門尊重「競爭」,在追求目標的手段上似乎背道而馳。

然而,規劃學門提倡「規劃的終極目的是要實踐公共利益,以提升社會集體的福祉」,經濟學門則堅信「看不見的手可以導引資源做最有效率的分派,個人最適與社會最適二者並轡而行,以此達到全體加總利益最大化」。兩個學門的立論出發點容或有異,但目標卻相當一致,都在追求社會集體利益的具體實現。書中舉出許多實際案例,說明歐美國家的發展過程如何透過規劃政策,降低社會對立,解決貧窮問題;這和晚近經濟發展政策不再獨尊人均所得增加,轉而強調包容性成長(inclusive growth)的概念,不謀而合。由此觀之,規劃與經濟兩個學門,在追求有效配置的目的上可謂殊途同歸。

本書作者一再提醒,都市及區域發展雖難免於協商與妥協的拉鋸,但規劃的最終目的,應是實踐公共利益及民眾共同福祉;現實與理想間距離的縮減,更該是每一位從事規劃實務人士的心念。究其實,哪一門與民生福祉直接相關的學科不是如此?像是政治學、經濟學、社會學、行政學等。這些個別學門的起源與發展早於規劃學門,但是現實與理想的距離,卻也絕不下於總其成的規劃學門;這是所有學門都應該謹記而致力的。本書中古往今來、兼容並蓄的討論內容,反映出另外一個學術發展的重點,亦即學門之間的對話有限。自古以來文人相輕,不僅傳統學門間彼此疏離,在他們的視界裡可能也少有規劃學門的身影。反之,屬於規劃學門的本書作者,能博採眾長地將諸多學門熔於一爐,正是其他主要學門應該努力效法的。

本書不是洛陽紙貴的一時流行,而是刊印將近三十年等同於教科書的專業著作。好的著作歷久彌新,隨著時間的沉澱更能印證作者當初的遠見。同時,這不是一本易讀的書,唯有同樣具備深厚規劃史觀涵養的學者,才能將本書內容忠實表達,讓中譯鉅著與原文經典相互輝映。本書譯者吳綱立教授,出身於規劃學重鎮柏克萊加州大學,有不少機會親炙本書作者。譯者和作者來自同一個學術殿堂,字裡行間另有一層師徒傳承的溫暖情懷。吳教授長年浸淫於此領域,是國內外規劃學界的重量級學者,同時也在兩岸和美國有許多理論踐履的經驗。本書作者明確標舉規劃的價值觀,是以「實踐公共

利益及為各社會階層發聲」為終極目的。我認識吳教授將近二十年，看到他無日不以此為目標而努力。今天吳教授完成這本鉅著翻譯，為他的理想設立一個新的里程碑。謹以此序表達我對吳教授的敬意。

國立暨南國際大學

經濟學系教授兼管理學院院長

推薦序

陳建民副校長

　　《明日城市》（*Cities of Tomorrow*）這本書是 Peter Hall 教授的大著，他在都市規劃理論和實務上做了深刻的描述，目前幾乎很少有這方面的著述可以望其項背，而且這本書也說明了許多社會和經濟問題，並在觀念上以及批判上提供了 20 世紀全球在都市計畫和設計方面諸多深入的省思。更值得一提的是，本書列舉出了許多範例，將作者本身難能可貴的經驗編織入內，豐富的內容展現了現代城市成長論述上的權威。

　　隨著人類思維和科技進步的一日千里，地球上都會化的觀念和實踐也愈來愈明顯，根據聯合國相關研究之估計，到了 2030 年將有大約 60% 的人口會住在都市。現代的都會化發展也顯現出人類在工程、設計、科技等方面卓越的成就。未來城市的重點應在發展和保存之間取得適當的平衡；也就是說，除了要在建築和規劃設計上更為精進，同時也要極力保存現有的知識和成果，更重要的是，要進一步思考如何將現代的基礎工程做彈性的規劃，以便應付未來的變化，包括天然和人為的災變等。

　　明日城市的基礎建設也必須考量到工程與更多生態方面的互相結合。這些方面應可以運用先進的科技技術來運作，以求最大的經濟效益和資源的永續利用，最終目的乃在於設法解決社區和民眾的最大需求。公私部門都要從這方面著手，除了挹注新的思維之外，還需要共同合作，在基礎建設的投資和規劃上做好傳統和科技兩方面的平衡。吾人更要不斷地評估，科技進步可能造成都市發展進程的速度不均，以致有些城市之間會形成更大的落差，因此如何在城市發展上取得一個均衡，益發顯得重要。

　　一本鉅著得之不易，而要把一個思想更廣泛的推介給普羅大眾更是不容易，尤其是提供給不同語文的讀者閱讀和汲取，所以好的翻譯顯得格外必要。本校國立金門大學都市與景觀設計學系吳綱立主任可謂是學識、實務俱豐的人才。他除了積極於校系務工作，更充分利用課餘時間將《明日

城市》譯注完成並付梓。吳主任係美國加州大學柏克萊分校（University of California, Berkeley）都市及區域計畫博士，先於國立成功大學任教，之後又負笈至哈爾濱工業大學教學，直至2015年為本校挖掘，能獲此瑰寶實屬不易，也是金門和金門大學之福。

　　本書為行政院科技部經典著作譯注計畫的成果，在吳綱立主任妙筆之下，切實達到了翻譯上所強調的信、雅、達三個主要的條件。希望本書能夠提供都市計畫、景觀設計、土木建築等專家學者，以及所有同好作為吸收新知的重要參考，並且把一個嶄新的思想融入到教學、研究、工作和生活之中。

國立金門大學特聘教授兼副校長

陳建民

譯注者序

　　在規劃大師的經典著作之譯注專書中寫序，或許是件不敬的事，但我仍必須如此做，以表達由衷的感謝，並為本譯注的困難處做一些說明。最初接觸本書是在美國加州大學柏克萊分校都市及區域計畫研究所就讀時，此書為當時博士班規劃理論的指定讀物，因為博士資格考要考，不得不讀；想不到日後，本書就一直成為我的良師益友。本書不但啟發了我對都市計畫本質及公共利益意涵的興趣，也讓我在實務規劃工作碰到挫折時，能找到一些慰藉；原來規劃就是一種融入各種政治角力及妥協協商的智識性活動；它是一種技術、一種科學，也是一種藝術或哲學；在此過程中，官僚體系與市場機制運作（甚至是人類貪婪行為）所造成的壓力，放諸四海皆然。

　　本專書為國科會（現科技部）的經典著作譯注計畫所支持的專題研究計畫，但我在實際進行本書譯注時，卻發現工作遠比想像中來得困難。原先經費預估得太少、書中艱澀的引述過多、原書作者跳躍式且隨興的文字表達、再加上本書三版時又有相當程度的改寫（本書是以國科會審查通過的經典著作譯注計畫為基礎，當時是以1994年的《明日城市》英文二版通過申請，並獲審查通過，但進行到後來時覺得應以最新增修後的三版來進行譯注，以呈現原作者完整的思想，故最後係以三版內容重新進行翻譯與譯注），這些問題都讓我在整個譯注過程中遭遇不少挫折，幾度想要放棄。在此需感謝國科會人文處魏念怡小姐一直給我很大的協助與鼓勵，甚至笑我是個傻瓜，願意以這麼少的經費去獨自完成如此龐大的譯注工作；我也要感謝聯經出版公司努力地去洽談本書中每一張圖片的版權，雖然成果有限，但其尊重著作權的精神值得肯定。其實我並非獨自一人進行此龐大的工作，有不少師友及學生在此過程中提供協助，尤其是成功大學規劃與設計學院的林峰田院長、成大都市計畫學系鄒克萬教授、政治大學地政系徐世榮教授、哈爾濱工業大學建築學院趙天宇教授、暨南國際大學陳建良教授，以及金門大學陳建民副校長的支持與鼓勵。林峰田院長言簡意賅的推薦序點出了本書的困難之處及規

劃理論對規劃專業的價值；成大都市計畫學系鄒克萬教授（成大都計系前主任）在工作環境上給予許多支持；政大徐世榮教授的推薦序中對於公平正義社會的呼喚；陳建良教授（前經建會副主委）以經濟學家的觀點為本譯注專書寫序，讓本書的核心議題能夠清晰的呈現；哈工大趙天宇教授特別深切地指出建立正確城鄉規劃價值觀的重要性；金門大學陳建民副校長則適時地強調出城鄉發展時，追尋工程、設計、生態、文化之間均衡發展的重要性，他們清晰且深刻地點出本譯注專書之核心論述的意涵，也給從事城鄉規劃教育及實踐多年，但對現況深感無力的我，打了一劑強心針。

在譯注技術層面，本譯注工作的主要困難之處在於規劃大師彼得・霍爾教授所使用的艱澀文字及迂迴的寫作手法，讓譯者在維持譯文的「信、雅、達」上，面臨到不少痛苦的抉擇。譯者雖力求忠實且完整地表達原作者的想法與觀點，然而部分句子或是因作者隨興式的英文寫作風格，或是因涉及一些難以考證的史料，譯者在不得已的情況之下，必須做出一些文字上的潤飾，此部分尚請讀者諒解。對於原文中交代不清或是容易產生誤解的地方，我也做了一些文獻查詢及以補充譯注的方式，來協助讀者閱讀。然而，較為遺憾的是，許多原文書中經典的圖片雖經多次交涉仍無法取得圖片的版權，所以在本譯注專書中只好將其刪除。

由於尚有教學和研究工作，此譯注專書的出版耗時甚久，為此要向等待本書出版的朋友及學生說聲抱歉。在此漫長的過程中，我要感謝聯經出版公司及國科會的支持，以及我先前的服務單位成功大學及哈爾濱工業大學，還有現在的服務單位金門大學的支持。本譯注專書為國科會經典著作譯注計畫經審查通過的專題計畫之一，唯國科會只補助一年的計畫執行經費、且經費相當有限，而整個譯注出版工作的進行，從原文翻譯、史料查詢、導讀與譯注撰寫、成果審查、到最後修稿至印刷出版的時間，整整超過五年。在國科會計畫結束後，後續工作蒙成功大學發展頂尖大學計畫及哈爾濱工業大學海外高端人才引入計畫的支持，才讓本書得以順利出版。我也要感謝我在成大任教時的助理鈺晶、芷玲、雅玲等人協助整理部分文稿資料；成功大學都市計畫系和研究所的俐婷、子芸、人楷等同學及哈爾濱工業大學的柏駿同學協助閱讀部分譯稿，讓我能了解到學生讀者可能會看不懂的地方；更要感謝國

科會兩位匿名的審查學者，在兩階段的譯稿審查過程中，給予許多寶貴的意見，以及我的內人幸萍，在此過程中始終給我持續的支持與鼓勵。

　　本譯注專書不僅是翻譯。在導讀與譯注部分，也嘗試提到一些由書中內容所引發之對臺灣或中國大陸規劃經驗的省思，這裡或多或少有些個人價值觀的判斷，讀者可自行判斷其適當性。2012至2015年期間，我受邀在大陸哈爾濱工業大學建築學院任教，深感本書對中國的可持續城鎮化發展應有相當的助益，值得寫一些可供大陸借鏡的評述，然而因出版時程的要求，本書對中國城鄉規劃及區域規劃的具體啟示，只得留待後續有機會再版時作補充納入了。最後，本書能夠在我的老師彼得‧霍爾教授逝世不久得以順利的出版，也算完成了一個個人的心願。感謝我的母校柏克萊大學都市及區域規劃系教育我對於追求規劃之公平正義的重要性，也特別感謝哈爾濱工業大學建築學院以及梅洪元院長和安學敏教授給我將此理念傳遞給中國學生的機會。最後，希望任何一個對都市與區域規劃有興趣的學生、專業者，甚至是規劃決策者，皆能從閱讀本書中獲得一些啟示。然而，譯注者才學有限，對於本書內容不足之處，尚請不吝指正。

國立金門大學都市計畫與景觀系副教授兼系主任

吳綱立 謹誌

第 一 章

想像的城市

美好城市的另類願景
1880-1987

接著我問道：「是否對於一件事物的堅定信念能讓其成真？」他回答說：「所有的詩人都堅信這個道理；而且，在依賴想像的年代裡，堅定的信念可以撼動群山，但很少人對事物能有此堅定的信念。」

威廉・布雷克（William Blake）

《天堂與地獄的聯姻》（*The Marriage of Heaven and Hell*，約於 1790）

基督徒說道：「先生，我是從毀滅之城來的，正要前往錫安山；站在我道路入口大門旁的那位先生告訴我，如果我呼喚這裡，你會讓我看到一些對我的旅途有相當助益的美好東西。」

約翰・班揚（John Bunyan）

《天路歷程》（*The Pilgrim's Progress*, 1678）

我們必須理解我們將成為一座山丘上的城市。所有人的目光都將注視著我們，我們如果無法妥善地進行並完成神所賦予我們的工作，因而導致他收回已賜予我們的恩典，我們將成為大家茶餘飯後的消遣話題，也會成為全世界的笑柄。

約翰・溫斯羅普（John Winthrop）

《聖徒行則》（*A Model of Christian Charity*, 1630）

……在一個巨大的山崗上，在陡峭險峻的環境中，真理轟立於面前，為了追尋真理，他必須要前往，那險峻山勢要阻擋的是什麼？是勝利者。

約翰・多恩（John Donne）

《薩提III》（*Satyre III*，約於 1596）

在凱恩斯（Keynes）的名著《一般理論》（*The General Theory*）一書的末尾有一段著名的文字是這樣寫的：「認為自己不太受任何學理所影響的實務者，往往會成為某些過時經濟學家的俘虜。」[譯注1] 他還寫道，「那些掌握大權的狂人們，自以為得天啟示，其實是從一些過時學院派作家的著作中，提煉其狂想。」[1] 對經濟學家們而言，他們可能很恰當地就取代了規劃師（planners）的角色[譯注2]。自從第二次世界大戰以來，世界上城市所發生的事情，不管是好是壞，有許多可追溯至早期一些遠見之士的想法，但這些遠見之士卻大多被當時的人所忽視或否定。慶幸的是，在他們過世後，終於在現實的世界中受到肯定，甚至或許有人會說，他們最終獲得平反。

這本書是有關於他們，關於他們的夢想，以及他們的洞見對於每日城市建設工作所產生的影響。他們的名字會矗立在城市規劃運動的萬神殿中，不斷地被後人提到：霍華德（Howard）、歐文（Unwin）、帕克（Parker）、奧斯本（Osborn）；格迪斯（Geddes）、孟福（Mumford）、斯坦因（Stein）、麥凱（MacKaye）、查斯（Chase）；伯納姆（Burnham）、勒琴斯（Lutyens）；科比意（Corbusier）；威爾斯（Wells）、韋伯（Webber）；萊特（Wright）、特納（Turner）、亞歷山大（Alexander）；弗里德曼（Friedmann）、卡斯特爾（Castells）、哈維（Harvey）；杜安尼（Duany）、普拉特-柴柏克（Plater-Zyberk）、卡爾索普（Calthorpe）、羅傑斯（Rogers）。本書的核心論述可以簡單地總結為：這些規劃先驅者雖然大多為

【譯注1】約翰·梅納德·凱恩斯（John Maynard Keynes, 1883-1946）反對新古典經濟學的自由放任思想，提出強調政府干預的經濟理論，其觀點對於1930年代的全球經濟大恐慌，提供了一個新的思維。凱恩斯主張政府應積極地扮演經濟舵手的角色，透過財政與貨幣政策來對抗經濟衰退，凱恩斯的理論及其強調政府干預的經濟政策，扭轉了當時經濟學界強調自由放任的傳統，被稱為是「凱恩斯革命」（The Keynesian Revolution）。在2008年，全球金融風暴、歐洲債信危機之際，強調自由放任的資本主義受到強烈的質疑，而20世紀之交所提出的凱恩斯主義的觀點再度引起廣泛的討論。
1 Keynes, 1936, 383.
【譯注2】由都市規劃師來主導城市規劃或是由經濟學者來主導，此兩者之間有著明顯的價值觀差異。理論上，都市規劃的終極目的是為了實踐公共利益及創造社會集體的福祉（包含對弱勢族群的照顧），所以規劃師的工作，必須同時考慮到效率（efficiency）與公平（equity）。但對經濟學家而言，最主要的目標則是追尋獲利的最大化及提升效率。由於兩者對於規劃核心價值的定位不同，作法當然也有所不同。霍爾教授在本書的開頭就點出此差異。到底規劃的核心價值是什麼？應由誰來主導？此為兩個貫穿全書的核心問題。

眼光遠大的願景家，但當中有許多人的願景卻因時機尚未成熟，而不為當代所接受。他們的願景經常是烏托邦式的，甚至有強大的吸引力。他們的想法就像17世紀清教徒設置於錫安山上的天國之城一樣，如今卻被搬到人間，並且要為一個在現實中尋求回報的時代做好準備。當這些願景最後被發掘與付諸實踐時，它們常與其創立者最初所設想之情況有所不同，通常是在非常不同的地方、非常不同的環境，並且經常是透過非常不同的機制來執行。由於這些願景是被移植到與最初假設狀況迥異的時空和社會—政治環境之中，難免就會出現奇怪、甚至有時是災難性的結果。^{（譯注3）}為了要正確地評估這些規劃先驅者所提出理念的價值，首要之務就是將那些埋沒並模糊化這些原始意念之歷史表層予以去除，^{（譯注4）}其次則是必須去了解這些思想所經歷的移植過程的本質。

規劃運動的無政府主義（Anarchist）起源

更具體而言，本書認為，在規劃理念落實於現實環境的漫長歷程中，歷史涵構常常被曲解或誤用。更令人驚訝的是，大多數（雖然並非全部）早期城市規劃運動的許多願景乃是源自於盛行在19世紀最後數十年到20世紀初期的無政府主義運動（anarchist movement）思想，^{（譯注5）}霍華德、格迪斯，以及美國區域計畫協會與歐洲大陸的許多學派都深受其影響（但科比意這樣的中央集權主義者很明顯地不在此列，而大多數城市美化運動的成員則是金融資本主義或集權主義的忠誠信徒，也不屬於此類）。這些受無政府主義思

【譯注3】作者嘗試指出規劃理論（或思潮）的誤用或不經思考地複製到不適合的環境時，將產生不良的結果，甚至造成重大的災難，此部分論述可參見作者的另外一本書：《規劃史上的大災難》。

【譯注4】作者點出我們在閱讀規劃思潮時，常受到一些歷史上錯誤解讀之誤導，而曲解了規劃理念的真正精神和目的，作者藉此提醒讀者，在分析重要規劃理念與相關事件的影響時，應充分了解理念或事件發生的時空背景與當時的決策環境，以避免造成「以今非古」或理念誤用的情況。

【譯注5】19世紀末及20世紀初，主要的都市及區域規劃思潮明顯地受到當時社會主義及反政府主義思潮的影響，這主要是針對當時工業化、快速都市化（Urbanization），以及資本主義社會所造成的都市貧民窟及資源分配不均等問題的深刻反思，這些19世紀末至20世紀初期重要的規劃思潮，除了關心住宅問題及工業區位問題之外，也主張藉由城鄉空間規劃來重新建構一個公平與共享的社會。讀者在閱讀本書時，應可體會到這些早期的思想家們的崇高理想及對城鄉規劃中社會規劃議題的重視。

想影響的規劃先驅者對於都市發展的願景，並不僅是要營造另一種實質的城市建設形式，更是要創造另一種形式的社會；這種新社會既不屬於資本主義，也不屬於官僚型社會主義，而是一個建構在人們之間自發性合作之基礎上的社會，其能讓人們工作和生活在小型、自治的共同體中。此理念不僅反映在實質的空間形式，在精神層面也是如此，就如同集居在曼徹斯特之溫斯羅普（Winthrop）的世俗型清教徒一般。然而，諷刺的是，當這些規劃思潮先驅者腦海中的理念最後被轉換成實際的城市建設時，通常是必須經由他們所憎恨的國家官僚體系來實踐。這些事情是如何發生的？誰又應該對規劃理念最後無法落實而負責，這將是本書必須探討的一個核心問題。

　　本書中的觀點或論述方式皆非全新的。無政府主義者規劃理念的起源其實已被許多學者探討過，尤其是英國科林·沃德（Colin Ward）和美國克萊德·韋弗（Clyde Weaver）的論述。[2] 不論是透過他們的文章，或是直接與他們溝通，都對本書的寫作有很大的助益。本書中規劃思潮發展背景的整理主要是仰賴二手資料，規劃史目前有極為豐富的文獻，作者已參閱許多。因此，本書應屬綜合性的論述，而非原創性的研究；然而有一項重要的例外：作者試圖儘量運用記載這些主要理念的文獻與史料，以最接近原創作者之理念精神的文字及表達方式來加以說明。

一個提醒：學習之路上的石頭

　　要寫這樣的書並不是件容易的工作。見識卓越的願景家通常傾向於用難以詮釋的奇怪言語去敘述他們的想法；這些規劃前輩們多數有著一個共同的特點（幸好並非全部都是如此），即是他們的理念缺乏連貫性，以致當他們的信徒急於落實這些理念於現實規劃工作時，有時會無法掌握最初的理念精神。這些規劃先驅者的想法，有一部分可能是源自於他人，並間接地回饋到他人的思想起源，因而產生了思潮發展上複雜且難以釐清的脈絡關係。甚至，那些提供他們發展理念構想的文化和社會環境，也已消逝許久、難以回

---

2 Ward, C., 1976; Friedmann 和 Weaver, 1979; Weaver, 1984; Hall 和 Ward, 1998。

復了：對我們而言，這些「過往」就如同一個陌生的國度，有著不同的語言、不同的社會習俗，以及對人類狀況的不同看法。

作者盡可能試著讓這些規劃先驅者去訴說他們想說的故事。為避免部分規劃先驅者不易理解的表達會讓讀者體會不到重點，作者也審慎地做了一些處理，像是刪減冗長的語句、去掉一些枝節、略過一些不需特別表達的想法，以期能清晰地表達這些規劃前輩之理念的本意。

然而，困難之處並不止於此，更難的是要了解這些規劃先驅者的想法是如何被重新發掘與再發展，以及一些被曲解的過程，因為許多對規劃史詮釋上的問題就在於此。一個目前頗具影響力及主導力的學派曾這樣地批判道：「都市規劃，不管其形式為何，其實就是對資本主義系統運作的一種回應，尤其是在資本主義國家中，這種回應主要在於解決安排生產機制上的問題，以及對於處於進退兩難的都市危機之因應。」若依此觀點，只有當制度上需要它們的時候，這些規劃先驅者對都市的願景及都市計畫的想法才會被採用。當然，早期這種互動機制的清晰性會被歷史進程中的複雜軌跡所掩蓋：馬克思主義的歷史學家也是利用適當的時機和機會才獲得重視。但是，限制是真實的；最後，驅動社會經濟系統的動力是來自於科技與經濟，並透過這樣的運作反應到政治上的安全價值。

任何有意撰寫歷史者——特別是身處於該領域有眾多資深的馬克思主義菁英正尋求舞台之際[譯注6]——必須對規劃理論核心問題的詮釋採取立場，故作者必須也表明自己的立場：歷史人物的表現確實係對他們所置身之時空舞台環境的回應，特別是對身處的環境中所遭遇到的困難。這個道理相當淺顯易懂，所以重要的規劃想法並不會從無關現實利益的情境中突然地產生。但同樣地，人類，尤其是那些特別聰穎又具創造力的思想家，幾乎都深具創意且常跳脫常軌、並時有驚人之舉；因此，都市史研究的真正旨趣，並不在於尋求自我證明，而是要發掘其背後所隱含之具有複雜性及多元性的人類行

【譯注6】此為作者撰寫本書初版（1987-1988）時的時空背景，當時新馬克思主義為盛行的規劃思潮，其對國家及政府機制運作的目的及手段（藉由都市規劃及管控來達到資本累積及維持勞動力的再生產，以穩定其政治統治的基礎），提出不少嚴厲的批判。但缺乏實際的落實機制，是後續其他理論對新馬克思主義論點的主要批判。

為反應。(譯注7) 因此，本書中所論述的以馬克思主義為基礎之歷史事件係被視為是伴隨著歷史發展脈絡而發生，欲了解其意涵亦應以此角度切入。到底是什麼東西讓都市史值得撰寫，並值得閱讀，其實就在於如何理解當普遍性的刺激連結到特定反應時，所呈現出這些多樣的回應模式。

　　另一項個人聲明須在此提出，因為本書主題涉及的範圍非常廣泛，作者必須慎重地加以選擇；對於構成各章節內容的重要主題之選擇，必須依賴一些個人的主觀判斷，而作者並無意去隱瞞自己的偏好。(譯注8) 對作者而言，不管有多麼地不切實際或缺乏連貫性，無政府主義先驅思想家們對城市文明所勾繪出的願景，確實深具意義，值得去銘記、喝采；相對而言，作為本書故事中的拉斯普亭(譯注9)，科比意則代表著與正統規劃相反的集權式規劃模式，其不當的規劃後果不時地影響到我們。讀者也許不認同本書中的這些評論，或是不同意本書論點的陳述方式，但作者必須辯解，本書並非為了求得大眾認同而撰寫。

　　另外，還有一個涉及都市史撰寫的一般性技術問題。許多歷史事件並不會遵循著一個簡明的年表順序而出現，尤其是思想史部分。人類智識的積累源自於許多其他事物，包括人類智慧的擴展、融合、停滯或甦醒的複雜狀態，都很難以一個清晰的線性發展脈絡去敘述。更糟的是，都市史實的發生也沒準備好提供任何架構性的脈絡，所以對於有意尋求一個合理都市史寫作順序的作者會發現，它們的主題其實是互相交錯，沒有一定順序且易產生混淆的。例如撰寫者會一直不斷地被老舊且過度陳述的愛爾蘭人故事所提醒：「為達彼岸，一開始就不應該從此處開始。」對此，本書採用的解決方法是分開且平行地陳述每個重要的都市史故事。對於每一個主題與思想，有時都會追溯其根源至六、七十年前。這表示著，需要不斷的回溯歷史，所以事件經常會以倒敘法與直敘法並用的方式出現。這也意味著，因為並非以編年的

【譯注7】霍爾教授很精確的指出：本書對於規劃專業者的主要意義應在於了解規劃事件與思潮的相互關係，並依規劃者身處的環境及規劃機制，因時因地制宜去思索規劃理論與人類行為的關係。
【譯注8】在本書中，作者很明確的表達出其立場，認為都市規劃思潮及規劃專業應注重對社會大眾（尤其是弱勢者）的關懷。
【譯注9】拉斯普亭是沙皇尼古拉二世及女皇亞歷山德拉的寵臣，利用君王的信任，掌握大權。

方式撰寫，讀者在閱讀本書時，章節的順序其實並不是那麼重要。說實在的，作者也盡可能地在本書章節的編排上，以不易產生困惑的順序進行，以規劃思潮的演進及其相互作用上最具邏輯性的順序來進行全書章節的鋪陳。但是作者應該提醒讀者的是：上述努力的成果似乎有限。

這個問題又被另一個問題加深了其複雜度。在實務上，都市規劃與都市問題是混雜在一起的，並融入了都市的經濟、社會、政治等問題，然後又加上該時代整個社會、經濟、政治、文化之生活面向的問題。這些問題之間的關係既沒有終點也沒有界線，儘管這麼做有些武斷，但研究者仍然必須對此加以設定，此處需提供的答案是要盡可能的說明當時的現實世界，以便充分解釋規劃的現象。馬克思思潮就是產生在當時社會經濟的基礎之下，因而成為有趣的歷史學家研究任務之開端。作者後來出版了一本有關城市創造力的通論性著作，其中包含探討那種針對於解決城市問題的特殊創造力。[3]這本較晚出版的書中，有許多相關的章節可以協助提供本書一些背景資料，甚至可當作本書的補充讀物，儘管撰寫它們的順序是不對的。

即使有了這樣的決定，卻仍然存在著幾個有關界線問題（boundary problem）的爭議。第一個爭議是關於「都市（或城鎮）規劃」〔city（or town）planning〕這個具高度彈性辭句之意涵。打從派屈克・格迪斯（Patrick Geddes）開始，幾乎每個規劃專業者都同意，這個專業名詞必須包含都市周邊區域的規劃。許多格迪斯和美國區域計畫協會理念的追隨者，還將它延伸到涵蓋到都市周圍的自然區域，例如河川流域或是有著特殊地域性文化的空間區域。而且幾乎所有的規劃師都會說，他們規劃的對象不僅是一個這樣的區域，還包括了區域之間的關係，例如，正在擴張的大都市與其周遭正面臨人口減少的鄉村之間的關係就是重要的核心議題。但是問題是，這個主題探討所應涵括的內容要在哪裡停止？此處馬上就進入了區域經濟規劃的範疇，其在邏輯上又與國家經濟規劃無法切割，且與經濟發展的一般性問題有著密切的關係，再一次地，這些不斷擴大的探討範疇似乎威脅著需涵蓋到關於整個世界的論述。因此，這裡必須有個或多或少有待主觀決定的論述界線，我

3 Hall, 1998.

將此界線設定為涵蓋到有關全國性都市和區域政策的一般性討論，但排除純粹經濟規劃方面的問題。

第二個需界定的界線問題是本書討論的內容應從何時開始。本書應該算是一本關於20世紀規劃史的專書，然而此主題始於對19世紀城市問題的回應，很顯然的必須要從那時開始，特別是1880年代的英格蘭。但這些流傳的思想至少可以回溯到1830和1840年代，甚至可以回推到1500年代。如同以往地，歷史是一個無縫的網，也是一個難解的戈耳狄俄斯之結（Gordian Knot）^{（譯注10）}，或多或少需要一些主觀且果斷的判斷，加以拆解後，才能開始本書的論述。

還有第三個需說明的界線問題：地理範圍的邊界。本書原本應該是一部全球史，卻由於很明顯地受到空間及作者能力的限制，這種努力必定會失敗，所以最後可被清楚介紹的僅有以盎格魯—美利堅（Anglo-America）為中心的歷史。當然這可以被合理化或至少有個藉口：可見如此之多的20世紀西方規劃的重要思想是在倫敦和紐約之小而舒適的俱樂部裡所醞釀發展出來的。但是這種強調即說明了本書在處理法國、西班牙、拉丁美州、俄羅斯帝國、蘇聯以及中國等其他重要地區之規劃傳統上的不足。^{（譯注11）}而作者也缺乏相關的語言與技能把那些工作做好，但這些國家一定會提供素材讓其他作者來著作論述。

最後需說明的是，這是一本關於規劃思想及其影響的書，這些思想大多

【譯注10】希臘神話中的難解之結。戈耳狄俄斯原本是一位農夫，有天趕著牛車前往城中遇到一名美麗的女祭司，遂而動心並與之求婚，當時的國王弗里吉亞去世且膝下無子，王位出缺，國人得到神諭：未來的國王與王后將駕著牛車進城，因此戈耳狄俄斯便成為了國王。為了表達感謝，他把牛車獻給宙斯，並用繩子將牛車牢牢捆住，打下一個難解之結，此即是「戈耳狄俄斯之結」。此結一直未被解開，亞歷山大大帝征服此地時，企圖解開繩結，弄了半天仍解不開，乾脆一刀砍斷。當晚，狂風暴雨，先知將此現象解釋成宙斯很高興亞歷山大以大刀破斧的方式砍斷繩結，將賜他百戰百勝，此事後來成真。此故事寓意著，對於複雜棘手的問題有時需用簡單直接的方式來解決。

【譯注11】本書主要是以英美的規劃思潮發展與應用為討論焦點，並分析歐洲幾個大都市的規劃實踐，這些大都市（倫敦、紐約、巴黎等）為19世紀末及20世紀規劃思想發展的重鎮。但在邁進21世紀後，城市規劃史的主要舞台（甚至焦點）已轉至亞洲及新興市場，但此書對亞洲及其他地區的規劃思潮發展則較少探討，作者對此限制特別提出說明。21世紀是亞洲（尤其是中國）引領風騷的時代，歐美地區的經驗是否適合直接套用到亞洲國家？這些西方有特殊時空背景的理論應用在其他國家用時應該如何進行調整，以發展本土化的理論？都市規劃史的學生及專業者在閱讀本書時應加以深思。

是規劃的核心概念、且是經常被討論的，其對現實的影響也是相當重要的，並可被當作是思想的一種體現，但是，它們有時幾乎被曲解得難以辨識。這有助於解釋本書的兩個主要的特質。第一，既然規劃思潮傾向於在規劃史發展的早期出現，所以本書大部分內容偏重在20世紀的前四十年。第二，與第一點是有關的，許多重要的實際規劃計畫是被粗糙的、或漠不關心的操作。規劃書籍應該如同其他有害的物質一樣帶有警語，而本書的警告訊息是：請勿將本書當作規劃史教科書來閱讀，它可能有害健康，尤其是在準備學生考試時。

不可避免地，以上這些說明都是一種辯詞。對於本書明顯的遺漏和混淆，批評是指日可待的。為了減輕一些可能的責難，並保障潛在的購書者免於衝動花費或在購買本書之後的不悅，作者現在必須比較清楚地設定本書論述的主要路線，以便為即將來臨的知識叢林提供一些指引。

穿越迷宮的指引

概括的說，本書認為，雖然20世紀的都市規劃可視為是一種知識性且專業的運動，但其本質上仍代表著一種對19世紀末都市問題的回應。這是一種既非常沒創意但又十分重要的論點：許多關鍵的規劃思想與概念，除非能了解當時的情境，不然是無法被適當地理解的。其次，也是關鍵的地方，本書所提到的20世紀重要的規劃思想，也僅是幾個核心思想不斷地受到呼應、循環運用及重新連結。每個思想都源自一個關鍵人物，或者頂多少數幾個這樣的人物——他們是真正的現代都市規劃之父（可惜無現代都市規劃之母；[4]對於這個結果，讀者需自行評斷）。有時這些規劃思想會互相強化，但卻也經常產生「某個人的願景是另一個人最大的敵手」的衝突。

第二章論述著一個19世紀是20世紀城鄉規劃思想之起源的觀點。它試著要客觀地呈現出規劃先驅者所關心的是源於困在維多利亞都市貧民窟中數

---

4 第二章所述的珍・亞當斯（Jane Addams）及第五章的凱瑟琳・鮑爾（Catherine Bauer）則屬除外。

百萬貧困者的苦難；雖然這不受當時的重視，但卻可理解地表達出那些注意到這些規劃先驅者訊息的人，可能為當時幾乎失控的暴力現況與暴動威脅而感到憂心。雖然這個問題及它所引起的關注，在每個西方大城市都重複的發生，但它們在1880年代中期的倫敦，一個充滿巨大社會緊張和政治騷動的都市社會中，卻是最明顯且最能被清楚感受到的，而此正是此章的主要焦點。

第三章接著提出一個核心的諷刺：即使在第一波透過計畫而產生新社會秩序的嘗試性規劃實驗已經推動之際，市場機制也正透過大規模郊區化的過程，來消除貧民窟城市的罪惡，但其代價（是具爭議性且當然是無法自我證明的）卻是創造出其他的問題。(譯注12) 再一次地，在這幾十年當中，倫敦在此過程中似乎仍引領著全世界，但是為了這麼做，它也必須引進了美國的運輸科技與企業化精神。因此，在此還是必須堅持以盎格魯—美利堅為中心；(譯注13) 但深思之後，我們要接著探問：為何巴黎、柏林與聖彼得堡如此緩慢地跟隨？

對於維多利亞城市問題的第一個、也是最重要的回應就是埃比尼澤·霍華德（Ebenezer Howard）的花園城市理念。霍華德是一位有著偉大願景和毅力且風度翩翩的業餘從事者（按照定義，未經專業規劃訓練）(譯注14)，他於1880至1898年間構思出花園城市理念，希望藉此解決（或至少改善）維多利亞城市的問題——藉由將適當比例的都市人口和工作機會由巨型城市移往一個遠離都市貧民窟和煙霧（最重要的是，遠離過度高漲的地價）之開放鄉間中自給自足的新衛星市鎮。如同第四章所將描述的，此理念被運用於世界上很多地方，並在此過程中受到某些特殊的包裝及修改，使得它有時非常

【譯注12】用市場機制來引導開發及都市發展，其原本主要的用意是要增加效率及可執行性，但卻常造成投機炒作及資源分配不公，此類問題在市場失靈的論述中已有許多討論，晚近規劃理論與公共行政理論中一些關於「國家與市場」的角色、「大有為」相較於「小而能」的政府，以及「解除管制」相較於「政府介入」的論辯皆與此議題有關，這些論辯也在本書中一再出現，其實它們從19世紀後期一直到今日，一直是城鄉規劃理論及公共政策理論上的核心爭論焦點。

【譯注13】本書論述架構之安排是以英美為主，再依規劃理念與重要規劃事件拓展到其他地區，對於國際規劃史專書的寫作而言，這是一個不錯的收斂方式，作者在此提出其對本書架構安排說明。

【譯注14】作者意指霍華德並非傳統規劃教育或規劃專業操作訓練所培養出的規劃專業者。這不一定是個負面的形容，在那個年代並沒有我們目前所謂的正式城市規劃教育，也無規劃師的認證。再者，未受學院派規劃教育的制式框架之束縛，或許反而有助於其發展花園城市理念中的創新想法。

難以辨認。這些衍生的花園城市展現形式，包括從純粹的郊區住宅城（諷刺的是，這種形式其實是霍華德所反對的），到為了加速大都市人口的離心化發展與鄉村再殖民化（recolonization of the countryside）而推動的烏托邦式計畫。這些花園城市理念的變形版本以及較依循霍華德理念的純粹型花園城市計畫都是由他的助手們所執行，包括英國的雷蒙德‧歐文（Raymond Unwin）、巴里‧帕克（Barry Parker）和弗雷德里克‧奧斯本（Frederic Osborn），法國的亨利‧澤利爾（Henri Sellier），德國的恩斯特‧梅（Ernst May）和馬汀‧華格納（Martin Wagner），以及美國的克拉倫斯‧斯坦因（Clarence Stein）和亨利‧萊特（Henry Wright），而他們也因此讓自己獲得在規劃史神殿中僅次於霍華德的特殊地位。其他相關的規劃構想則是獨立構思出來的，如西班牙的阿圖羅‧索里亞（Arturo Soria）版的線型城市，或美國法蘭克‧洛伊‧萊特（Frank Lloyd Wright）強調離心化發展的低密度廣域城市（Broadacre City）理念。這些理念及它們彼此間的相互關係，都會在近代規劃史發展的故事中占一席之地。

第二個回應則邏輯性地延續著前面的討論（如果不盡然是以編年方式呈現）：它是一個區域城市（regional city）的願景。此理念將霍華德的中心主題，在概念上和地理上拓展得更為寬廣。其認為，對巨型城市之骯髒擁擠問題的解決途徑，乃是進行一個大型的區域規劃計畫，在此計畫裡，每一個次區域都將會在其自有的自然資源基礎上和諧地發展，並且對生態平衡和資源再生有全面性的尊重。在此強調全盤性發展的計畫下，城市是屬於區域的一部分，舊城區和新城鎮同樣地是被當作區域規劃的必要部分而持續地成長著，不多也不少。（譯注15）此願景是在西元1900年後由蘇格蘭的生物學家派屈克‧格迪斯所提出，並在1920年代經美國區域計畫協會的創始會員劉

【譯注15】此觀點相當重要，就都市及區域發展而言，舊城更新與新市鎮建設（或郊區開發）必須同時考量、配套進行，方能成功，否則開發活動會自動跑到那些成本較低、較容易進行（更具體而言，較容易炒作）的地方。因此，舊城再生與衛星城鎮（Satellite towns）發展（或郊區開發）應有一個整體性的規劃與開發管控，例如在區域計畫或通盤性綱要計畫的指導下配套進行，並建立城鄉互賴的關係，如此才不會造成舊城區的持續衰敗及區域資源分派上的排擠作用。然而，以臺灣的經驗為例，受限於區域計畫的功能不彰、規劃機制設計問題及過度注重經濟利益的土地開發運作，在實務操作上，舊城區更新與新郊區開發兩者其實很難以相互協調的情況來配套進行。

易士·孟福（Lewis Mumford）、克拉倫斯·斯坦因和前面提到的亨利·萊特、斯圖爾特·查斯（Stuart Chase）、本頓·麥凱（Benton MacKaye）等人加以詮釋並推廣。（譯注16）和此一團體有關者，還有來自美國由霍華德·奧德姆（Howard Odum）所領導的南方區域主義者、羅斯福新政的首席規劃師雷克斯福德·特格韋爾（Rexford Tugwell），甚至還有間接相關的法蘭克·洛伊·萊特。這是一個豐富多元且具遠見的規劃傳統，但它最大的遺憾是：承諾的太多，而真正實踐的太少，這將是第五章的討論主體。

第三個發展脈絡則是與前兩者恰好形成強烈的對比，甚至相衝突：那就是城市規劃的紀念性規劃傳統。此可回溯到古羅馬時期維特魯維斯（Vitruvius）的觀點，並於19世紀中葉時在城市規劃大師，如巴黎的喬治-歐仁·奧斯曼（Georges-Eugène Haussmann）及巴塞隆那的伊爾德方索·塞爾達（Ildefonso Cerdà）等人的手中，強力地復興和推廣。此紀念性規劃傳統如同第六章中所描述的，於20世紀斷斷續續地重複出現在一些奇怪或不合適的地方，例如在美國曾出現充滿市民驕傲感的女侍與商業興盛主義結盟的現象；在英屬印度與非洲則出現了帝國榮耀的表述；在澳大利亞有剛贏得獨立國家榮耀的表述；在希特勒（Hitler）統治的德國與史達林（Stalin）管控的俄羅斯則成為集權主義狂妄症的表徵。同樣的情形也出現在野心較小但更具執行力的墨索里尼（Mussolini）統治的義大利和佛朗哥（Franco）統治的西班牙。或許只有在那些特殊的時間與地點下，才能允許這些規劃工作的進行（但有些延後完成，有些則擱置），此紀念性規劃傳統完成了它自己所期待的工作：那就是炫耀、權力與威望的象徵式表徵，但最後對於都市規劃中廣泛的社會目標，卻是無能為力，甚至是對立的。

還有另一個規劃傳統，它令人困惑地與花園城市規劃傳統和紀念性城市規劃傳統皆有部分的關聯性，它是瑞士裔法國建築師暨規劃師科比意（Le Corbusier）的城市設計理念。科比意認為，現代城市之困境在於其開發的密

【譯注16】西方19世紀末及20世紀前初期的區域規劃思潮及實際應用經驗，對現在永續區域及永續城鄉規劃的理論與實務之發展，具有相當程度的參考價值（尤其是早期西方區域計畫的失敗經驗及當時所提出的生態區域及區域整體規劃的概念），此對於臺灣目前的區域計畫通盤檢討及地方政府擬定區域計畫政策的推動，提供了一些可供省思的借鏡。

度過高，但是他提出的解決之道卻是強勢地要再增加密度。^{（譯注17）}科比意的解決方案，可以讓一位有權力的城市規劃師拆除整個既有的舊城市，然後再用一個在公園狀環境中配置著塔狀建築樓群的新城市來取代它，^{（譯注18）}此將在第七章中討論。不管是在他有生之年或是過世之後，科比意提出的全面性城市改造，從未真正獲得任何都市當局的支持（此點或許不難理解）。不過在某些部分還是獲得不少的支持，而且其影響至少與霍華德的花園城市理念（當時此兩理念處於競爭狀態）一樣的深遠：例如一個全新的科比意式城市在北印度的平原上崛起，不僅在正式的規模上足堪與其他規劃理念的城市競爭，也清除了勒琴斯在新德里所設立的新古典主義紀念碑；更顯著的是，其對人民生活的影響，從底特律到華沙、從斯德哥爾摩到米蘭，在這些舊城裡有數以百計的推土機式的城市局部拆除或更新案正在進行。

　　還有另外一個規劃思潮或規劃意識形態的發展脈絡（此兩者係不自覺且令人難以分辨地結合在一起）需要給予特別的關注。不過，如前所述，它其實也與其他幾個主要的規劃傳統有所關聯，既提供這些規劃傳統相關的資訊，也豐富其內涵。此規劃思潮主張，城市的建成形式（built forms）應來自其住民之手（但一般而言，實際情況常非如此）；^{（譯注19）}此思潮還主張：我們應當拒絕那種由大型組織為人民建造住房的規劃傳統，不論其為私營或公營，相對地應該發展人們可為他們自己建屋（自力建屋）的信念。我們可以發現這種信念已其實明顯地呈現在無政府主義思潮之中，此思潮對於1890年代霍華德的花園城市規劃願景，以及1885至1920年期間格迪斯的局部城市再生（piecemeal urban rehabilitation）理念都有相當程度的貢獻。

【譯注17】此說法有些過於簡化了複雜的都市問題。其實科比意主張的是增加某些地區的密度（以高層塔狀建築、集中發展的形式），藉以留出大量的開放空間，並非增加都市所有地區的密度。其作法是否會增加都市整體的密度，有待較深入的模擬分析來做評估。

【譯注18】這正是科比意城市設計理念中最受批評之處——漠視都市紋理及時空發展脈絡，其以英雄主義的態度，嘗試營造一個全新的塔狀城市。幸好科比意的城市設計理念很少在現實生活中具體的落實，否則巴黎就不再是現在的巴黎了。

【譯注19】自力營造較適用於小尺度且較單純的計畫或開發案，例如社區層級的計畫或社區營造型計畫，而非適用於所有的都市開發案或所有類型的都市計畫，例如重要的公共設施建設，尤其不具明顯投資報酬效益的鄰避性設施或公共建設，仍應由政府或非營利性組織來主導較為適當（民眾及社區團體可監督），以確保基本的服務品質及資源分配的公平性。

這種強調市民參與及自力營造的信念，也成為1930年代法蘭克・洛伊・萊特規劃理念中一個強而有力的核心要素，特別是在其「廣域城市」理念中。^{（譯注20）}再者，透過承襲無政府主義思想的約翰・特納（John Turner）的規劃工作，此信念（強調民眾參與和市民主導）後來並成為1960年代拉丁美洲第三世界城市一個主要、甚至是主導性的規劃意識形態。而且它在1960年代及之後的十年中，也為英裔美國建築理論學家克里斯托弗・亞歷山大（Christopher Alexander）在建築與都市設計上的理念發展，提供了一個關鍵的元素。最後，它甚至培育出在1970、1980年代風行美國與整個英國的社區設計運動，^{（譯注21）}並獲得皇室授予的最高榮譽。這個漫長又有點陌生的故事將在第八章作介紹。

　　另一個規劃傳統也必須一提，雖然它難以賦予一個規劃哲學上的專有名詞，也較少與任何一位主流的規劃先驅者有密切的關聯。這是透過運輸科技的進步，特別是私人汽車的發展，來達成一個讓城市具有無限易動性（mobility）的城市發展願景，這部分將在第九章中討論。此一規劃傳統始於威爾斯（H. G. Wells）在20世紀之初對英格蘭南部大規模郊區化的重要預言，而這些願景的實現則是透過後來的運輸計畫，例如1939年洛杉磯的運輸計畫，以及1955至1965年之間幾乎所有其他地區的運輸計畫，此傳統也包含梅爾文・韋伯（Melvin Webber）在1963至1964年對非場所都市場域（nonplace urban realm）概念的描述。法蘭克・洛伊・萊特的廣域城市願景也與此傳統相似，並且它也與其他許多主要的規劃傳統相關；1920年代蘇維埃反都市主義者之都市願景也與之類似，就連很久以前索里亞的線型城市概念，以及後續無數的衍生概念也是如此。在所有重要的規劃傳統中，此規劃傳統誠然是最能與幾乎所有其他規劃傳統相融合且相關性最深

【譯注20】萊特是美國20世紀知名的本土建築大師之一，也是一位都市設計思想家，其建築以有機風格聞名，強調建築與環境的有機結合，而廣域都市則為其較知名的城市設計概念，強調田園式低密度開發與民眾自發性的造屋。

【譯注21】包括美國的社會建築、社區發展、社區規劃設計及英國的社區建築（community architecture）等理念，以及後來的參與式設計思潮，此系列強調由下而上、民眾參與的社區規劃設計思潮，從1980年代起受到熱烈的討論，此系列思潮引入臺灣後，對後來的社區營造運動之推動，產生了不小的影響。

者；[譯注22]而霍華德、科比意、區域主義者對這個特別的規劃傳統，也都有他們自己的版本。雖然大部分這些理念在最初形塑時，並沒有被實現的可能性，但它們在本質上卻是這些規劃運動家和實踐者努力下的產物。

它們的創造者遲早（通常不會太晚）會放棄空談或是寫作，而轉向實際的行動；所以如果你要尋找它們的影響痕跡，就必須要仔細觀察你周遭的環境。對規劃思潮發展的任何歷史性研究而言，理解自1950年代以後發生的事是十分重要的，因為此時規劃變得愈來愈像是要透過正規教育來傳授的技能，所以它需積極地取得一個較抽象且較正式的純理論基礎。此理論中的某部分（如同其專業術語所說的），是屬於「規劃中的理論（theory in planning）：其係一種對實務技術與方法論的理解」，規劃師們總是需要它，即使他們曾經從工作中學到過。但是還有另一種理論——「規劃理論」（the theory of planning）則大不相同：此乃指規劃師們應試圖要理解他們所從事之專業實踐工作的本質，包括其存在的理由。[譯注23]而且，就在這裡（如同有此習慣一般），理論一個接著一個被提出，形成典範取代典範[譯注24]，且

_____

【譯注22】霍爾教授在本書中把運輸計畫視為是一個規劃傳統（規劃思潮），並指出其與所有其他的規劃傳統（思潮）皆有密切的關聯，但卻找不出此傳統在規劃上較知名的倡議人物，這是一個有趣的論點。譯注者認為，運輸計畫在都市與區域規劃中是一個工具或方法，是所有類型都市計畫中都必須有的一部分，但嚴格來說，它並不算是一個規劃傳統或思潮，雖然運輸計畫在交通領域也有其自己的傳統理論（例如：運輸需求理論及UTPS四段式交通規劃理論），但其與傳統規劃理論的本質及思考模式仍有所出入，所以如霍爾教授所指出的，找不到此傳統在規劃領域中的代表性倡議者，應不難理解。這也意味著，應加強運輸計畫與都市規劃在理論與實務上的連結，以及兩個領域專業者間的溝通與對話，例如最近許多政府單位及學界都積極推動的大眾運輸導向發展（Transit-Oriented Development, TOD）及永續城市，皆可視為是一個連結都市規劃與交通規劃兩領域之相關思潮的機會。

【譯注23】此部分說明了規劃理論與實踐中兩個關鍵的問題：「規劃是為何而做？」以及「規劃應如何做？」規劃理論說明前者，而規劃中的理論則主要協助我們了解後者，事實上此兩者係交互影響，對此兩者的認知與理解，也與規劃專業者在規劃體系中的職務及在決策層級中的位階有關，當然也與規劃教育的訓練有關。

【譯注24】此處所指的典範取代典範，可用湯瑪斯‧孔恩（Thomas Kuhn）的典範轉移理論（paradigm shift）來說明。此理論是孔恩在其名著《科學革命的結構》（*The Structure of Scientific Revolution*）中所提出：典範是一群人或團體在某特定時期所共同信仰的一個中心信念或理論；而典範轉移概念係用以形容一個理論或（核心信念）在發展一段時間之後，因內外環境的改變或新問題的產生，而發生適用性上的危機，因而需要尋求新的典範。孔恩並指出，社會科學的進展就在於不斷的典範轉移，將此理論驗證於建築及城鄉規劃領域可發現，其中確實存在著典範轉移的現象，例如：1960年代興起的後現代主義取代了曾引領風潮超過五十年的現代主義，而目前大家都認為永續都市及生態都市理念是引導21世紀都市發展的新規劃典範。

愈來愈快。這種現象經常令人感到困惑，有時又是潮流所趨。即使是想要從這個故事中找出部分道理，也有著立即且明顯的風險——你會陷入這整個過程或因想要了解某部分內容而被限制住了。讀者必須自行決定在第十章閱讀時要如何避開此一陷阱。

當學院派走它自己的路，現實世界卻走著另一條路。從第八章所描述的社區設計運動可間接地發展出一個信念：大多數以規劃為名所做的事，在較高、較抽象策略的層次則又與規劃無明顯的關聯性，其在眾人可看到結果的具體層面上卻又是致命的。此乃是因為經過半世紀或是更久的官僚體系運作之後，規劃已經被降格成為一個負面的管控機器，似乎是被設計來扼殺所有的主動性與創造力。這裡還有另一個歷史性的諷刺：左翼規劃思想回歸到無政府主義以及自願性、小規模、由下而上（bottom-up）的規劃傳統；右翼的規劃思想智庫則開始主張企業型的發展模式，此兩者似乎有處於衝突的危機。因此，一些國家採取了相關的行動，包括簡化規劃組織，加強規劃單位的效率，刪除繁瑣的行政程序，以及創造一個具朝氣、獨立的、企業型的文化，以避免過多態度不佳或延誤之情況的發生。在1980年代，此一信念原本的主要影響範圍是在北美洲，但卻突然出現在一些原先被認為是不會受到影響的國家，例如英國。探索這些通常很微妙又十分間接的關係，是第十一章的中心考量。

在這場主要針對內城區更新的活動爆發之後，1990年代表著一個強調整合的時期。此十年最重要的主題是追求永續性，而永續都市發展則幾乎變成眾人的口頭禪。然而，在此同時，在尋求重建經濟、以新產業取代垂死（或已死）的產業，以及重建被經濟結構巨變而摧毀的產業地景之際，都市行政官員與城市規劃師發現自己與其他城市之間的競爭愈來愈激烈。「競爭的城市」與「永續發展的城市」這兩個主題同時到來，成為都市再生（urban regeneration）的一個新焦點：也就是要打造一種都市復興（urban renaissance），這是1990年代末期一份關鍵性英國政策文件的主題，其意圖恢復城市的健康，並創造出嶄新、緊湊（compact）、有效率的都市發展形式。這是第十二章要講述的故事。

在此同時，儘管產生大量的機構與規劃行動，城市還是繼續走著它們自

己的路。自從 1960 年代中期開始，就有個令人不安的提醒：某些城市中的某些地區，或更明確地說，在那些城市中部分地區的某些人，不是變得更好，而是變得更糟（至少是相對的、甚至可能是絕對的）。隨著都市更新的努力一個接著一個地進行，太常見到的情況是其他人都受益了，但這些人卻沒有，而他們其實才是這些規劃努力當初設計所要幫助的對象。更有甚者，這些人會將他們的苦難從這個世代傳給下一個世代，以致當主流經濟與主流社會遠離他們時，他們將變得更無力追上。這些觀點雖被憤怒地，甚至是猛烈地攻擊著；但卻不會消失，因為此現象仍然明顯地存在於我們的生活中。此一論戰和引爆它的現象將在第十三章中加以分析。

所以本書有個奇特又令人困擾的地方：經過一百年來對於如何規劃城市的論戰，經過一再重複地規劃試驗（雖然有些是錯誤的或是扭曲的），以便能將規劃理念付諸於實踐，我們發現自己幾乎又回到當初的起始點。理論學家們尖銳地吶喊著要回到規劃的無政府主義起源，而城市本身再一次地被視為是一個腐敗、貧窮、社會抑鬱、市民動盪，甚至可能發生暴動的地方。^{（譯注25）}當然，這並不意味著我們什麼都沒有達成：其實，與 1900 年代的城市相比，千禧年後的城市是非常不同的，而且，不管用任何合理方式來衡量，都好了很多。但這確實也意味著，某些趨勢似乎又捲土重來，或許因為事實上它們從未離去。^{（譯注26）}

【譯注 25】從最近蔚為風潮的永續都市及生態都市的角度來看，都市發展的結果並不一定如霍爾教授所描述的這麼悲觀。以永續都市規劃的觀點來看，都市發展應可以同時達到環境、社會、經濟層面的目標，並兼顧效率與公平；以生態城市觀點，都市應可以是融合自然生態與人造環境，並創造兼顧生物多樣性及社會多元性的生命共同體與生活場所。但關鍵問題是要如何逐步達成這些理想，並讓目前及未來的世代都能看得到，也享受得到，以及應該與何種基準做比較，以便確認我們是在正確的方向上邁進。

【譯注 26】此處作者意指近一百多年來，都市貧民窟及分配不均的問題，一直沒有獲得有效的解決。在都市化、郊區化、全球化（Globalization）的趨勢下，這些問題與空間規劃設計之關係（例如是否能透過規劃行動來改善）一直困擾著不同時期的城鄉規劃專業者，也深刻地影響到廣大民眾的生活。歷史會重演，而這些問題及其所造成的恐懼（甚至是社會擾動）也一直困擾著我們，這些現象不僅發生在作者於書中所描述的美國與歐洲大城市，其實也出現在世界各地。經過了一百多年，近代規劃思潮及其實踐似乎並沒有解決社會規劃面向的核心問題（例如社會分配不均及對弱勢者的照顧），或許只是暫時遮蓋了這些問題，所以這些問題的後果會隨時攻擊著我們。

第二章

懼夜的城市

對十九世紀貧民窟城市的反應：
倫敦、巴黎、柏林、紐約
1880-1900

……地球上的大城市……已經變成……充斥著淫亂與貪婪、令人厭惡的罪惡之都；正如索多瑪（Sodom）的熔爐所散發的蒸氣般^{（譯注1）}，它們罪惡的煙霧已瀰漫至天堂之門。這些城市所產生的污染正在腐蝕並刺激著城市周邊農民的骨骼與靈魂。彷彿每個大城市都像一座火山，其噴發的黑灰就如同膿泡般的堆疊在人們與動物的身上。

約翰‧魯斯金（John Ruskin）

〈寫給佈道者有關上帝的祈禱者和教堂的信〉

（*Letters to the Clergy on the Lord's Prayer and the Church*, 1880）

　　海牙辛瑟（Hyacinth）詢問道：「你指的是什麼人？」

　　蘿絲‧慕尼門特（Rose Muniment）說道：「喔，是上流階層，那些已經擁有一切的人民！」

　　海牙辛瑟說道：「我們並不稱他們為『人民』（the people）！」但隨即感到此話說得有些輕率。

　　蘿絲‧慕尼門特邊笑邊意有所指地說：「我還以為你會稱他們為『壞蛋』或是『無賴』呢！」

　　蘿絲‧慕尼門特的哥哥接著說道：「他們所表現出來的確是如此，但並非所有的人的思想都是如此。」

　　她的女伴聽後驚叫道：「事實上不是這樣吧！他們不會這麼愚蠢吧？」「同樣的情況，我並不認為他們全部都會移居國外。」

　　海牙辛瑟問道：「移居國外？」

　　女伴接著說道：「我指的是像那些遷往海外的大批法國貴族！他們或許寧願留在家鄉奮鬥；他們或許將掀起更多的爭鬥，我想他們會爭鬥的非常辛苦。」

亨利‧詹姆斯（Henry James）

《卡薩瑪西瑪公主》（*The Princess Casamassima*, 1886）

【譯注1】索多瑪為基督教故事中的一個城市名，因其罪惡滔天，為耶和華所滅〈創十九：13〉，此名詞後遂變成「罪惡」的代名詞。

西元1880年，詹姆斯・湯姆森（James Thomson），一位即使有維多利亞時代的勤奮努力也無法補救的極度無天分的詩人，發表了一本拙劣的詩集來作為他的首部作品：這是一部過長，有著近似但丁風格的下層社會導覽。詩的本身很快就被人遺忘了，但是標題《懼夜之城》（*The City of Dreadful Night*）卻沒有。或許是因為不管白天或夜晚，維多利亞式城市的恐怖，很快的就成為那十年間的主要話題。湯姆森寫下他的開場白：

> 這是一座夜之城，或者是死亡之城，
> 但這確實是一座屬於夜的城市，
> 因為那兒從不曾
> 在露濕清晨的冰冷灰濛空氣飄來之後，
> 能有一縷清新早晨的芬芳氣息。[1]

它們也許可以充分地描述當時的倫敦、利物浦或曼徹斯特。史泰德（W. T. Stead），這位以揭露醜聞之煽情作品聞名的倫敦《培爾梅爾報》（*Pall Mall Gazette*）的編輯，在1883年一篇評論中有意無意地提到這首詩時，他評論道：「這嚴厲的佛羅倫斯人，可能因為他曾在倫敦貧民窟逗留過，因而增加了他對地獄般景象的恐怖印象。」

史泰德以「還不是時候嗎？」（IS IT NOT TIME?）為標題，並以他那被讚頌的宏亮聲調，滔滔不絕地對著激進的中產階級觀眾訴說著：「貧民窟的恐怖」，他寫道，此代表著「一個英國宗教界、人文界、政治界都一定要解決的內政問題」，透過一種記者對掌握時機獨有的敏銳感和對辨識事物成因的特別天賦，他已注意到一本由公理會神職人員安德魯・默恩斯（Andrew Mearns）剛剛出版的小冊子。由於史泰德聰明的宣傳，《被棄倫敦之痛苦的哭嚎》（*The Bitter Cry of Outcast London*）引發出一種激動的情緒。它產生了「立即且像山洪爆發般」的效果：[2]不僅引起了來自《培爾梅爾報》的正式詢問，還有來自更保守的報紙如《泰晤士報》（*The Times*）與《笨拙週刊》

---

1 Thomson, 1880, 3.
2 Wohl, 1977, 206.

（*Punch*），最後甚至是維多利亞女王本人的關注，進而導致1884年勞工住宅皇家委員會的任命。[3]該著作並成為整個英國社會改革史中最具影響力的文件之一，史泰德後來並指出，透過其對任命皇家委員會的觸發效果，導致了現代社會立法的誕生。[4]（譯注2）

痛苦的哭嚎

這並不是第一次嘗試去撼動那原本自信得意的晚期維多利亞社會，但它確實是刺破氣球的那根針。那是因為默恩斯擁有帶領他的讀者深入貧民窟的神奇能力。即使在一個世紀以後，這些描述還是令人汗毛直豎且反胃，它們有著如同電視般的效果，只有長篇的引述才能傳遞它們的影響：

鮮少有閱讀這些文字的讀者會明瞭這些惱人的人類棲息地是什麼，那裡有著成千上萬的人恐懼地擠在一起，這不禁令人想起，我們一直聽說的奴隸船上的中間走道。為了靠近他們，你必須穿越到處散亂、而且經常在你腳下流動的餿水和垃圾所引起的有毒且刺鼻的氣體。這些巷子當中有許多是幾乎沒有陽光穿透、從來沒有新鮮的空氣吹拂，也鮮少知道乾淨水滴之美。你必須登上生鏽的階梯，它們在每一個步伐之下都有斷落的威脅，而且有些真的已經掉落，其留下的空縫對粗心大意者的四肢及生命會有危害。你必須在充滿老鼠與蚤類的黑暗且污穢走道中摸索而行。若你沒有被這難以忍受的惡臭驅回，你就可以獲准進入這有著上千人聚集在一起的洞穴，這些人屬於，跟你一樣地，基督已死的種族。[5]

現在，默恩斯帶著他的中產階級讀者進入了恐怖的貧民窟內部：

---

3 Wohl, 1970, 31-3; Wohl, 1977, 200, 206.
4 Wohl, 1970, 33.
【譯注2】對於19世紀末的都市貧民窟及都市環境惡化的問題，當時主要有二派的主張：一派主張透過住宅法案及公共衛生法案的立法，來改善都市環境問題，另一派（如霍華德與歐文等）則主張建立新的理想城市，例如霍華德的花園城市。
5 Mearns, 1883, 4.

**貝斯諾格林（Bethnal Green）的
小科林伍德街（Little Collingwood Street），約1900年**

維多利亞時代底層社會階級的「體面窮人」在他們殘酷的住處，他們可能屬於布斯所謂的C階層。

（©*Mansell Collection/Rex Features/Getty*）

牆壁和天花板呈現黑色，並有著因為多年的忽視而累積的污垢附著物，它們從頭頂上層板的裂縫中滲出、從牆壁掉落，到處都是。那個還可以叫做窗戶的東西，有一半是塞著毯子或是蓋著板子以擋風防雨；其餘的是極其污穢不堪而被隱蔽，因此光線幾乎無法進入或是從外面什麼也看不到。[6]

家具可能包括「一張壞掉的椅子，一個老床板搖搖欲墜的殘餘物，或是桌子的斷片；但更常見的是，你將發現那些東西的簡陋替代品，像是跨在磚塊上的粗板、一個上下顛倒置放著的舊籃子或老舊箱子，或更常見的，沒有別的只有垃圾和毯子。」[7]

這建構出了令人心生恐懼的場景：

在這腐臭的租房裡每個房間住著一家人，經常是兩家。一個消毒員說，在一個地窖裡發現了父親、母親、三個小孩，還有四隻豬！一個傳教士在另一個地窖裡，找到一個得了天花的男人和他剛從第八次分娩中復原的妻子，而小孩們則是全身髒污半裸地跑著。這裡有七個人住在一個地下的廚房內，和一個躺著不動的小孩。在其他地方有一個貧苦的寡婦、三個孩子及一個已經死了13天的孩子。她的丈夫是一個計程車司機，日前才自殺。

在另一個房間裡住著一個寡婦和她的六個孩子，包括一個29歲的女兒、一個21歲的女兒和一個27歲的兒子。另一個房間裡住著父親、母親和六個孩子，其中兩個得了猩紅熱病。在另一個房間裡，有九個29歲以下的兄弟姊妹吃睡都在一起。而另一個房間裡，「母親在傍晚時分會將小孩推到街上，因為她要將房子留作不道德使用直到半夜之後，如果這些可憐的孩子

---

6 出處同上。
7 出處同上。

找不到其他糟糕的棲身場所，就會不識相地偷偷地爬回來。」[8]

這不可避免的結局震驚了默恩斯的讀者，正如切身經歷的恐懼一樣：

> 若問看看住在這裡的男女是否結婚了，你的單純將會換來一個微笑。沒有人知道，也沒有人在乎。沒有人期待他們是結婚的。你的問題只可能在特殊狀況下才會有肯定的回答。在這裡，亂倫是很平常的；沒有任何形式的罪惡或淫蕩會令人驚訝或引來注意……對這種集體共居生活之檢視的動機常是出於嫉妒而非出於道德。最邪惡的行為實質上是被漠視的……一條街上有35間房子，其中有32間是妓院。另一區的43間房子，住著428個淪落的女人和女孩，其中有很多還未滿12歲。[9]

對維多利亞中產階級來說，這也許是其中最令人震撼的一幕。

默恩斯爭辯道，可以確定的是，對如此極度貧困的人們而言，犯罪行為確實是有用的。在萊斯特廣場（Leicester Square）四周閒蕩的是「惡名昭彰的『四十大盜』（Forty Thieves）的成員，他們經常與該地放蕩的女子共謀，在夜晚行搶牛津街（Oxford Street）、麗晶街（Regent Street）與其他大街上的路人。」犯罪的收益是相當具有吸引力的：「一個7歲的孩子很容易就知道用偷竊，一週內就可以賺到10先令6便士，但是若他做火柴盒，只能賺到總數2先令1/4便士的錢？而在他能賺到像一個年輕小偷那麼多錢之前，他必須一週做56筐火柴盒，或是一天1,296個，不用說，那是不可能的……」[10]

問題的根源是貧民窟裡的人們實在是窮到不能再窮了。做褲子加工的婦女們一天需工作17個小時，從早上5點到晚上10點，只能賺1先令；加工襯衫者的價錢只有這個的一半，疾病和酗酒更加重了他們的困境：

---

8 出處同上，5。
9 出處同上，7。
10 Mearns, 1883, 9.

誰能想像以下這個案例背後的痛楚？在過度操勞的狀況下，一個虛耗到只剩皮包骨的可憐女人，與醉醺醺的丈夫和五個孩子住在一間單人房。被拜訪時，她正在吃著一點點的豌豆。孩子們外出去撿一些柴枝以便生火來煮放在桌上的四個馬鈴薯，而那些馬鈴薯就是這家人這天的晚餐……。在懷奇街（Wych Street）的一個樓下是海產店的三樓房間，前不久才有人來為一個小嬰兒之死來查驗死因。一個男人、他老婆，和三個小孩住在那房間。那嬰兒是第二個死掉的孩子，是被這腐爛的氣味所毒死的；而這死掉的嬰兒在他父母兄弟吃住睡的房間裡被剖開，因為該地行政區內沒有停屍間，也沒有可供進行驗屍的房間！無怪乎去驗屍的法官因為此嚇人的氣味而感到噁心想吐。[11]

對默恩斯而言，「所見到的孩童慘劇是這些發現當中，最令人痛徹心扉、驚嚇不已的；這些被發現的慘劇當中，有些常是源於醉酒且放縱的父母所造成的不幸，而體現在我們在該地常會遇見之發育不良、醜陋、令人厭惡的貧民身上」：

這裡有個3歲的孩子抓起了一小片髒兮兮的麵包來吃。我們開門進去後，發現一個12歲的女孩，「你的母親在哪裡？」「在瘋人院。」這孩子回答著，「她已經在那裡多了了？」「15個月」，「誰在照顧你？」這孩子坐在一個老舊的桌子上做火柴盒，回答說：「我盡可能的照顧我的弟弟和妹妹們。」[12]

當默恩斯思索到「應該做些什麼？」他很肯定地說道：「我們必須指出，沒有政府的介入，就沒有大規模改善的有效作法，這是一個事實。」[13]這個問題的根源是經濟因素。因為貧窮，人們需過著過度擁擠的生活，也因為貧窮，他們負擔不起其實很明顯的解決之道：就是搬離開這些住屋較便宜

---

11 出處同上，11-12。
12 出處同上，13。
13 出處同上，14。

但環境卻極差的地方。

> 這些可憐的人們必須要有地方住，因為他們負擔不起坐火車或電車到市
> 郊；而且以他們憔悴且瘦骨嶙峋的身體，怎能期待他們在為了一個先令
> 而工作了12個小時或更久之後，還要走上一趟3到4英里的路程呢？[14]

　　這是有意地要讓中產階級的人感到毛骨悚然。正如詹姆斯・葉林
（James Yelling）所指出的，這些倫敦居住區被視為是疾病、犯罪、罪惡及
貧窮滋長的「瘟疫地點」，其把具傳染性的影響散播到整個城市。[15]更糟糕
的是，它們被看作是「罪惡之窟」，是暴力與罪犯階級的巢穴；也由於它們
是不衛生的地區，所以它們必須最先消失。[16]或許這些描述都是正確的，但
這些貧民窟的居民其實大多是老實但絕望的人；他們之所以住在這裡，是因
為他們必須依賴臨時工的機會，並且因為太窮了而不能住在離工作機會較遠
的地方。[17]1913年時，西敏寺（Westminster Abbey）40%的工人階級認為，
他們必須住在離工作較近的地方。其中一位臨時工人簡單的回答：「對我
來說，到郊區與到美國是一樣的。」[18]就像約翰・伯恩斯（John Burns）所說
的，「貧民窟的產生主要是因為窮困，只要一個地方有臨時勞動的機會，就
會有窮人聚集，而骯髒頹敗必定是普遍的現象。」[19]

　　最糟糕因而需要優先著手處理的便是以馬蹄形圍繞著倫敦市區的區域，
是從聖馬丁教堂、聖吉爾斯（St Giles）和德魯里巷（Drury Lane），通過霍
爾本（Holborn）到薩福倫山丘（Saffron Hill）與克勒肯韋爾（Clerkenwell）
及聖盧克斯（St. Lukes），然後向東到懷特查珀爾（Whitechapel），並穿
過河流到薩瑟克（Southwark）。[20]在這些地區，慈善信託公司如皮博迪

---

14 出處同上，15。
15 Yelling, 1986, 20.
16 Gauldie, 1974, 267.
17 Stedman Jones, 1971, 67, 97, 171, 173.
18 Wohl, 1983, 319.
19 Wohl, 1983, 324.
20 Yelling, 1986, 25, 55.

（Peabody）與沃特洛（Waterlow）致力於拆除貧民窟，並以示範分租房街區取代。[21]但是到了1880年代，明顯地發現這種方法是無法清除貧民窟的。[22]雖然當時的法令（克羅斯法案，the Cross Act）的確有授權地方當局可購買並拆除「不合適的」住屋，但是有關重建及安置的措施卻很少，且其組織運作不但複雜、官僚化，進度更是極為緩慢。[23]此外，新建的示範住宅街區因為過度興建、缺乏綠地、外觀單調以及瑣碎的法規限制，也令人難以接受，難怪那裡的居民後來熱烈地擁抱花園城市理念。[24]再者，其房租也非一般貧民所能負擔，[25]此時，公路與鐵路的興建以及倫敦中心商業區的成長，讓清除勞動階級住屋的速度之快，遠超過新建住房的速度。[26]以拆除貧民窟為主要目標的街區重建計畫在1830到1880年之間，大約遷離了100,000人，而鐵路興建在1853到1901年間，也遷離了至少76,000人。[27]事實上，這些貧民窟清除行動不但沒有補償那些貧民的損失，反而使他們的經濟狀況更加惡化。[28]到1895年時，也就是當第一棟政府住宅於倫敦開始使用時，三個主要慈善信託組織只建造了16,950套住房。[29]事實上，這個失敗產生了一些壓力，導致要求廢止原本的大都會工作局（Metropolitan Board of Works），並為整個倫敦創造了一個直接選舉產生的政府。[30]

1885年英國皇家委員會（The British Royal Commission of 1885）

這種狀況引起了一個令人同情的共鳴。雖然有些評論家，像是索爾茲伯里侯爵（Marquess of Salisbury）以慈善信託機構的觀點，或是約瑟夫·張

21 Tarn, 1973, 43.
22 Yelling, 1986, 28.
23 Gauldie, 1974, 277.
24 出處同上，225；Tarn, 1973, 89。
25 Stedman Jones, 1971, 185.
26 Gauldie, 1974, 288.
27 Stedman Jones, 1971, 62, 169; Wohl, 1977, 26.
28 Stedman Jones, 1971, 200-2.
29 Tarn, 1973, 58.
30 Yelling, 1986, 30.

伯倫（Joseph Chamberlain）以地方政府行動的觀點，來思考當時的問題，但當時社會大眾普遍希望能看到一個真正具體的行動。[31]即便是《泰晤士報》很明顯地不贊同此作法，卻也觀察到一個「任何一個時代趨勢觀察家都很難懷疑的趨勢，那就是放任主義（laissez-faire）正被放棄，而國家干預將一個接著一個而來。」[32]（譯注3）甚至連索爾茲伯里侯爵在1884年11月一個非常重要的演講中也提出國家干預的問題。[33]接著而來的是一個富有聲望的皇家委員會之任命，它是由查爾斯·溫特沃思·迪爾克爵士（Sir Charles Wentworth Dilke）擔任主席，成員包括威爾斯王子（the Prince of Wales）、索爾茲伯里侯爵和曼寧樞機主教（Cardinal Manning）。雖然該委員會1885年的報告中確認了問題的本質，但是在解決方法上卻無法達到全體一致同意的結論。它作了如此的結論：

第一，雖然有很大的改善……但在與窮人三十年前的房屋狀況相較之下，現在過度擁擠的問題，特別是在倫敦，仍是一個公開的醜聞，在某些地區此問題也比以往更為嚴重；第二，雖然有許多立法被設計來改善此問題，但現存的法案並未施行，有些法令打從它們第一次被列入法條的那一天開始，就一直都是一堆死條文。[34]

大量的證據顯示當時在倫敦，一個家庭只擁有一個房間是很普遍的現象，而且一個家庭可能高達八口。在首都，此情況更因將房子分隔成一間間的分租房而更加惡化。這些分租房必須和別人共用供水與廁所，而且因為前門很少關閉，在夜晚時，樓梯和走廊可能擠滿著被諷刺地稱為「流浪漢」的無家可歸者。[35]房間裡，散布著易產生毒性物質的家庭式工業，像是撿碎

---

31 Tarn, 1973, 111-12.

32 節錄自Wohl, 1977, 234。

【譯注3】工業革命後，都市化發展所造成的都市環境問題（尤其是都市下層社會住居環境的極度惡化），導致近代規劃史上第一波的計畫管制及政府介入，但當時主要目的是為了避免貧民窟暴動及社會動盪。

33 出處同上，238。

34 英國紅十字會住宅（G. B. R. C. Housing），1885, I, 4。

35 出處同上，7-9。

布、做麻袋、做火柴盒和拔兔子皮，這使原本就很差的環境變得更糟。[36]在其他城市中，雖然實際情況有很大的差異，但大致並沒有和倫敦一樣有著過度擁擠的問題。[37]

對某些人，例如資深的社會改革家沙夫茨伯里伯爵（Lord Shaftesbury）而言，「這種只有一個房間的住房系統在生理上和道德上的影響是無法形容的」：

> 我要說的是，我們不敢將所知道的事全部說出，但我必須對將要談論到我所知道的細節而感到抱歉；我將用一個案例來說明這種單一房間住房系統之惡劣後果，但這還不是最糟糕情形的例子。這個案例就發生在去年，其實它在實際生活中相當頻繁地發生。我有一位任職大型學校領導的友人，走到後花園看到兩個年幼，可能是10歲或11歲的小朋友，在走廊上正準備發生性行為。他衝上前去抓住並拉下少年，而少年只說了「為什麼你抓住我？那裡有一打的人在幹這檔事。」你必須了解這並非源於性潮流，而是他們被他們所見到的景象所教育了。[38]

但其他人並不同意；皇家委員會於是下結論道：「道德標準……高過於可能原本被期望的。」[39]

那或許是一點小安慰，重要的事實是，這些廉價住房的住戶所擁有的平均空間大小遠比維多利亞政府為那些囚禁在監獄或勞動房之犯人所提供的法定空間還要小。可預見的是，平均死亡率，特別是孩童的，勢必會一直維持在警戒的高度。而那些存活下來的，經委員會計算，卻因為他們受憂鬱和傷心的困擾，平均一年中有20天是無法工作的。當所有的這一切面臨到「當這些最貧窮階級之最熱心的支持者，也不會聲稱他們普遍存在有維持衛生的

---

36 出處同上，11。

37 出處同上，8。

38 英國紅十字會住宅，1885, II, 2。

39 出處同上，I, 13。

習慣」此一事實時，則顯得更加嚴重。[40]

　　正如默恩斯所指出的，導致此一情況的根源乃是極度的貧窮，以及隨之而來的無能力搬走。缺乏技術的倫敦工人，例如沿街叫賣的小販，一週平均僅能賺到10至12先令；碼頭工人約8至9先令；克勒肯韋爾的工人可能有16先令。幾乎有一半的倫敦家庭（46%），必須將超過四分之一的微薄所得花在房租上，而且房租還在持續上漲，但薪資卻沒有。[41]貧窮問題又隨著這些低薪工作（包括那些在家工作妻子們的低薪工作）的不穩定性而更加嚴重；因此，無論房租多麼高或居住環境多麼擁擠，在這些過度擁擠的地區，有很大比例的居民仍然被迫住在接近他們工作的地方。[42]管理短期租賃的房屋仲介，無所不用其極的利用炒作房屋短缺來拉抬房價。倫敦1880年代為了推動小型奧斯曼式（mini-Haussmannization）的城市改造而進行的街區改建計畫，如查令十字路（Charing Cross Road）和沙夫茨伯里大道（Shaftesbury Avenue）的街區改建，以及因1870年實施教育法（Education Act）之後因興建住宿學校而進行的拆除改建，皆使得上述問題更加惡化。[43]

　　造成這一切的主因是一個無能又經常是貪腐的地方政府體系，它無法或是不願意行使它的權力。在倫敦之外的地區，1875年歷史性的公共健康法（Public Health Act）已經為一個比較有效率的地區政府體系提供了一些基礎；[44]但是在首都倫敦，一種古老且混亂的制度還在進行統治。此時在全倫敦38個教區委員會或地方當局之中，只有兩個曾經採取過強而有力的行動。當時稽查人員嚴重的不足，例如麥爾安德（Mile End）的一個貧窮的區域，105,000個居民才配有一位，而且那些人員幾乎無法勝任：在一個倫敦行政區，其助理稽查員是「從前在作珠寶交易業的」，該教區執事補充說道，「我並不知道這份工作需要任何特殊的訓練。如果一個人有不錯的常識，這就已是最好的訓練了。」[45]

---

40 出處同上，14-15。
41 出處同上，17。
42 出處同上，18。
43 出處同上，19-21。
44 Ashworth, 1954, 73.
45 英國紅十字會住宅，1885, I, 22, 33。

因此皇家委員會的主要建議，並不是增加新的權力，而是集中焦點在如何確保地方政府能善用既有的權力。他們建議去擁抱所謂的托倫斯法案（the Torrens Act），亦即是1868年的工匠與勞工住房法（the Artisans' and Labourers' Dwellings Act, 1868），此法案允許地方政府建設新的住房給勞動階級，以及克羅斯法案（the Cross Act），即1875年的工匠與勞工住房改善法（the Artisans' and Labourers' Dwellings Improvement Act, 1875），此法案授權地方政府可清除大面積不適合居住的地區，並可將原來的居民遷往他處，但是這兩個法案的內容大都是死條文，並未發揮什麼具體的功效。然而，它們確實提出，應該允許地方政府向財政部以最低利率來借貸款項，因而不會造成國庫的實際損失。在倫敦，他們提議教區與聯合委員會必須在住宅法案的要求下，將權力交付給大都會貿易委員會（Metropolitan Board of Trade）。[46]接著，1885年的工人階級住房法（the Housing of the Working Classes Act）則開始執行這些建議，它也延伸了沙夫茨伯里伯爵於1851年所提出之住宿住房法（the Lodging Houses Act）的考量內容——藉由重新定義法案細節，將實施範圍擴大至適合勞工階級居住的住房：這個強而有力的建議，促使維多利亞議會將市政社會主義的概念納入住宅政策。[47]但問題仍然是地方政府不願意採取動作；對此，皇家委員會只能提出建議：是到了該開始關心城市中抑鬱的勞工階級所遭受痛苦的時候了。[48]

蕭條、暴力和暴動的威脅

或許他們確實會這樣做。1884年的改革法（the Reform Act, 1884），將公民權擴展到許多城市的男性勞工階級。此階級當時正在為貿易和工業蕭條之衝擊所苦，其影響不亞於後來1930與1980年代的經濟衝擊。當時確實有一種有什麼事情即將發生的不祥徵兆：根據皇家委員會在1886年的結論，這個問題有一部分與貿易景氣循環無關，反而是與英國工業在與其他主要國

---

[46] 出處同上，40-1。
[47] Wohl, 1977, 248.
[48] Gauldie, 1974, 289.

際競爭者比較之下所顯露出來的結構性弱點有關，特別是與德國相較。德國人在生產製造方面表現的與英國人一樣好，對於保持他們正在嶄露頭角的市場之謀略上亦然。[49]但委員們警告，英國對於「發掘新市場和維護那些既有市場上」做了較少的努力，「……也有證據顯示在某些產品等級上，我們工藝的聲譽已不如以往。」[50]他們拒絕了那些將原因歸咎於「勞工就業上的法規限制，以及勞工們的罷工或類似行動」或是「工會或類似組織之行動」的建議。[51]

　　不管原因為何，其影響是不容置疑的。在1880年代中期，所有城市，特別是整個倫敦，有一個要求巨大的、甚至是暴力性的改變之氛圍正在醞釀著。比阿特麗斯・韋伯（Beatrice Webb）後來寫道，當時的問題「一方面是主政者無法了解到民眾普遍貧窮所代表的真正意涵；另一方面則是，當局嘗試把政治民主和工業民主的實踐性和渴望性作為因應廣大民眾不滿的一種裝飾，或是一種補償的手段。」[52]但這些討論是針對菁英知識分子的：「事實上，沒有勞工階層知道此祕密……社會主義的毒……在長期貧窮與使人無力的城市病兆中正被培養著，這些貧民窟的居民陷入了一種絕望式地對現實之漠不關心……。」韋伯在四十年後的回憶中提到，在維多利亞統治的時代，這種騷動聚集在某一階級裡；它包含在「一個對於罪的新意識」，也是「一種集體的或是階級的覺醒，是一種逐漸加深的不安，甚至達到定罪的程度，這個罪乃是因為這個產生了驚人租金、利息及利潤的工業組織社會，竟然無法為多數的英國居民提供一種像樣的生活和可容忍的環境。」[53]後來的歷史學家可能會懷疑這點，有人指出主要的情緒不是內疚而是恐懼。窮人「一般被想像成粗俗的、粗暴的、酗酒的和無道德的；在多年來被忽略與活在自我世界的日子裡之後，他們已經成為文明的一個不祥威脅。」[54]

　　他們的反應經常是以一種強烈的方式進行著。那些漸進主義的倡議者

---

49 英國貿易與產業蕭條（G. B. R. C. Depression of Trade and Industry），1886，xx。

50 出處同上。

51 出處同上，xx, xxi。

52 Webb, 1926, 149.

53 出處同上，154-5。

54 Stedman Jones, 1971, 285.

們，也就是比阿特麗斯・韋伯不久即加入的費邊社^{（譯注4）}，提出了一篇帶有清楚的蕭伯納（George Bernard Shaw）特色的早期宣言，並在結尾提出了強烈的主張：

> 目前執政的政府不能再稱自己是唯一的國家代表了，就如同倫敦的煙霧不能宣稱它就代表天氣。我們寧願面對內戰，也不願面對又一個像現在這樣充滿痛苦的世紀。[55]

社會民主基金會（Social Demorcratic Foundation）的領導者亨利・海德曼（H. M. Hyndman）在同年寫道，「就連在那些自稱為『社會』無用的男人與女人當中，也可以偵測到一種不安的潛流。」令人懼怕的「革命」字眼有時被開玩笑式地大聲說出，更常見的是在非常嚴肅的情況下被低語著。[56]海德曼懷疑這種騷動只限於中產階層，因為：

> 全面探討這些問題的書本、小冊子和傳單找到了進入民間工作坊和閣樓的各種管道。藉由這種經濟又易懂的方式，傳播了卡爾・馬克思博士的偉大著作《資本論》（Capital），或是德國社會民主主義和法國集體主義等的思想。[57]

但是海德曼也將注意力轉到另一個很少人能夠不注意到的現象：

> 在現代社會最醜惡的發展當中，存在著難以計數的暴徒與有組織的幫派……他們在我們的大城市裡橫行，常常彼此互毆還不夠，還粗暴地對待無辜的路人。[58]

【譯注4】費邊社（Fabian Society）是一個英國社會改革團體，在1884年由一群激進的知識分子成立於倫敦，他們對當時的都市問題尤其是政府部門的無能與冷漠，提出許多深刻的批判。

55 費邊社，1884b，2。

56 Hyndman, 1884, 3.

57 出處同上，28。

58 出處同上，25。

他指稱，依據警方的資料，單單在倫敦就有30萬名這種「危險階級」的成員。[59]海德曼認為，沒有人「想要去分析這些人是以何種方式被培養成如今這樣的殘暴。」[60]

有些人甚至不認為進行這樣的分析是值得的。在1886和1887年，利物浦上層社會的市民開始抱怨他們活在幫派恐怖之中；一位憤怒的記者於1887年2月在當地報紙中寫道，「從阿索街（Athol Street）到盧頓街（Luton Street）的那一區，這些流氓地痞大批出沒。」在同一個月，幫派中最惡名昭彰的高殲幫（High Rip Gang）在利物浦街的街道發起一場野蠻的暴行，不分青紅皂白地用刀與彈弓來攻擊男人、女人和兒童，並且洗劫當鋪。在5月20日，一個被描述為「四個外表粗暴的年輕人……工人們，因為家庭教養不良而加入」的幫派，在利物浦的審判中被控告惡意傷人、意圖造成身體嚴重傷害與暴力行搶等八項罪名。審理法官約翰‧查爾斯‧弗雷德里克‧西格斯蒙德‧戴（John Charles Frederick Sigismund Day）是一位留有翹山羊鬍子約60多幾歲的人。他對現代刑罰學理論有著高度的不信任感，對於暴力罪犯的堅定信念，就是要對其施以短而劇烈的一擊；或正如他兒子獨特的形容：「唯有透過懲罰他們的肉體，才能喚醒他們的理智。」[61]

他宣稱：「在他所有的經驗中，從來沒有聽過像他今天所聽到的那麼無恥的犯罪行為」，他做出維多利亞英國法庭紀錄中最嚴酷的宣判：除了嚴苛的勞動，這四個人每人都將受到分別三次、每次二十下的鞭刑。也因此，為了根治這個城市的犯罪問題，戴先生於11月的大審會議上，再次執行強烈手段，也就是在一天七件判處鞭刑的案件中，將偷盜半便士和一塊菸草的兩個人各判二十下鞭打。他的兒子稍後表示，雖然這些體面的市民們都受惠於戴先生（Day），但是「慈善社團以及一些其他團體，卻譴責這位『鞭刑法官』（flogging judge）出自善意的殘暴，認為他處理罪犯的方法是中古世紀的，而且是錯誤的。」[62]

---

59 出處同上，32。

60 出處同上，25。

61 Day, 1916, 120.

62 出處同上，121。

無論如何，完全沒有任何證據顯示戴先生的恐怖治理對利物浦的暴力犯罪有任何效果。奇怪的是，除了國民的恐懼之外，似乎很明顯地，在維多利亞晚期之英國的犯罪率有下降的趨勢，儘管犯罪率在這之間曾因一些暴力衝突而升高，如1880年代中期發生的事件等。[63]

儘管比阿特麗斯·韋伯覺得不一定會如此，但中間階級真正感到恐懼的是勞工階級將會發生暴動，尤其是政府對此恐懼最深。在1886年2月，他們最害怕的事情終於發生了。連續幾週，失業勞工和社會主義知識分子在特拉法加廣場（Trafalgar Square）集會。2月8日星期一，在一個大型的集會中，「一群超乎尋常、龐大數量的粗暴群眾」[64]與超過600位執行戒備的警力發生了衝突，因害怕白金漢宮被攻擊，他們將集會地點移至梅爾街區；約有3,000至5,000的暴民決定不穿越布滿俱樂部的帕爾梅爾街（Pall Mall），而轉往聖詹姆斯街（St. James's Street）及梅費爾街（Mayfair Street），他們打破窗戶並掠奪商店。一份官方調查譴責大都會警察對群眾管制不當，使得負責的長官因此被迫辭職。[65]

新上任的行政長官查爾斯·沃倫爵士（Sir Charles Warren）的手段更加強硬。在1887年秋天，緊張再度升起，大量群眾每天聚集在海德公園（Hyde Park）和特拉法加廣場上聆聽演講，並不斷地與警方發生衝突。《泰晤士報》習慣性的將此稱為「所謂失業民眾的問題」，要求政府採取果決的行動：我們相信如果這些人或任何屬於這個階級的人，嘗試要進行像他們去年所作的威脅，他們會得到他們的懲罰，不是簡單的幾個月監禁，而是嚴酷的刑罰苦役……唯一值得問的問題是，到底雙方哪一邊才是真正的強者，是將要擊碎櫥窗的暴民與商店的掠奪者，還是公共安寧的保衛者。[66]

下一幕是這樣子的。在10月23日星期日，大批的群眾聚集在廣場，舉著紅旗，聆聽著要求查爾斯爵士被解職的演講。就在下午3點前，在紅旗帶領下，暴民突然移至白廳（Whitehall），在作禮拜時間闖入西敏寺。結果就

---

63 Jones, 1982, 119-20, 123, 143.

64 英國委員會騷亂（G. B. Committee Disturbance），1886，v。

65 出處同上。

66 《泰晤士報》，1887年10月15日。

像布萊希特（Brecht）的《三文錢歌劇》（*Dreigroschenoper*）的最後一幕，或許這最後一幕正是被他們所啟發的。根據《泰晤士報》的報導，「許多是男孩、年輕人和男子，他們大多外表非常骯髒」，他們在風琴演奏獨奏曲時，突然闖進西敏寺。他們混入教堂集會的民眾中，民眾當中有些具「男子氣概的人」，「安靜地展現他們的影響力，來制止這些無恥之徒」……暴民們大喊著「資本家」的激烈字眼，似乎假設那些在西敏寺中做禮拜的人都是資本家。佳能・羅斯威爾（Canon Rowsell）試圖與他們爭辯，「暴民靜靜地聽著」，就在外面，海德曼說道：「他希望社會主義的旗幟和『人人為大家，大家為人人』的標語，被高掛在西敏寺上方，而他們應在裡面宣揚著革命主義的真理。」[67]

然後示威者又回到了廣場，在「納爾遜紀念柱（Nelson's Column）四周的每個方向，進行多場集會演講」，大批的群眾湧出廣場，分散到附近的地區。警察們驚慌到必須請求軍方來控制群眾，在混亂互毆中，有超過100人受傷，之後有兩名群眾死亡。許多的相互控訴隨之而來，一個憤怒的記者投書到《泰晤士報》，說這些集會是「一個對所有無政府主義者的號召，要他們從四面八方而來，聚集在這世界上唯一會容忍他們的偉大首都。」[68]海德曼則用另一種觀點寫道：「人們將不再飢餓。就我個人所知，目前的動盪是相當偶發性且無組織的。」

報紙社論的觀點是可以預見的：「這個首都受到暴民們的威脅，他們宣示出要以像愛爾蘭無秩序黨派的例子來獲取利益的決心，並且以恐怖主義來對向他們的主張要求讓步者進行恐嚇。」[69]相對的，史泰德的《培爾梅爾報》則以不同的觀點，指控沃倫試圖建立「警察統治」：在西敏寺暴動發生時，因為過度擁擠而造成禮拜的中斷，但失業者卻以完美且有秩序的方式離去。在弓街（Bow Street），各種各樣的人受到指控，有一些人被監禁，其他的則被罰款或拘押。後來，國會議員肯寧漢・格雷姆（R. Cunninghame Graeme）和社會主義領導者約翰・伯恩斯在老貝里（Old Bailey）被起訴，

---

[67]《泰晤士報》，1887年10月24日。
[68]《泰晤士報》，1887年10月27日。
[69]《泰晤士報》，1887年10月24日。

並遭到監禁六週，但他們卻成為受歡迎的英雄。[70]

布斯的調查：量化分析問題[譯注5]

經過這幾個月的暴力行為，至少出現了一些理性的反應。查爾斯‧布斯（Charles Booth），一位來自利物浦的船東，因受到〈被棄倫敦之痛苦的哭嚎〉文章的激發，來到倫敦東區從事後來成為第一份現代社會調查的研究。他對於像是默恩斯的「被棄倫敦之痛苦的哭嚎」文章中直覺式地描述，提出強烈的懷疑，他相信情況是嚴重的，但是「沒有清楚地感受到隨之而來的社會危險性，或是將導致革命。」[71]他認為目前所需要的是，了解失業的本質，特別是要了解在那些「不是失業但卻受僱狀況不佳」的人當中，有哪些是「不是真正想要工作的人」，他在1887年這樣告訴皇家統計學會。[72]

藉由一群年輕有為的助理之協助，包括比阿特麗斯‧波特（Beatrice Potter），也就是後來的比阿特麗斯‧韋伯（她在此愉快地開始了其學術研究工作），查爾斯‧布斯於1887年5月在皇家統計學會發表了第一份研究成果，他的第二篇論文則在一年後發表。根據布斯的調查，東倫敦的窮人約有314,000人，超過該市35%的人口；如果將此百分比按比率推導，那表示約有一百萬的倫敦人是處於貧困的狀態，而他們可以被區分成四個次群體（sub-groups）。

第一個群體，階層A，包括倫敦東區的1.1萬人，或許在全倫敦有5萬人：他們約占總人口的1.25%，此群組「包括一些所謂的勞工，遊手好閒的人、潛在的犯罪者、部分沿街小販、街頭藝人及其他的人。」其中包括許多年輕人，「年輕男性理所當然的在遊手好閒，女孩們也自然而然的會在街上

---

70 Ensor, 1936, 180-1.

【譯注5】早期的規劃操作大多是依據掌政者的指示或所謂專家菁英的意見，故個人價值觀及主觀判斷對規劃決策的影響頗大。布斯強調以實證調查的方法，來提供支持規劃決策的參考資訊，為早期的城市規劃操作提供了科學性的基礎，具里程碑般的意義；但過度依賴統計分析及數學模式推導的作法，後來也被批評為過於「工具理性」式的規劃操作。

71 Topalov, 1993, 400.

72 出處同上。

88   Cities of Tomorrow

閒逛。」他們過著「一種介於極端艱困和偶爾寬裕之間交替著的原始生活。他們的食物是最粗糙的，而他們唯一的奢侈品就是酒。」[73]布斯對於此群體是如此之小而感到樂觀：「我們總是聽說，有一群又一群的野蠻人從他們的貧民窟中走出，將在某一天壓倒現代文明，但這是不存在的。這種野蠻人是非常少的，而且其百分比正在減少中。」[74]但它仍代表著一個無法簡單處理的問題：

> 他們無法提供任何有用的服務，不能創造財富，他們更常毀滅它。他們將他們所接觸到的東西都降級，他們幾乎是沒有可能改善的個體……。我們非常希望這一階級的特性可以變得比較沒有遺傳性。[75]

「比較沒有遺傳性」：好一種怪異的構想！但是卻經常廣泛地流傳在晚期的維多利亞英國社會，以及之後的時期。「到1914年時，在希望擁有更完善的公共福利及效率的共同目標下，優生學與傳統目標（更好的住宅和衛生環境）被視為是相輔相成的。」[76]無論就全國性或地區性而言，優生學的支持者與規劃師們逐漸聚集並結合在一起；其中包括極受到尊崇的人士，諸如米斯伯爵（Earl of Meath）、派屈克‧格迪斯、西伯姆‧朗特里（Seebohm Rowntree）、卡德伯里夫婦（the Cadburys）和張伯倫等。較低位階者應該被勸阻，甚至是被強迫不要生育的那種觀念，此時還沒變成政治上的不正確（politically incorrect）；那要等到納粹時才這樣做。[77]（譯注6）

這個階級所生下來的下一代被認為是典型的維多利亞沒有價值的窮人：他們是暴民的來源、是有體面的社會階層永久的夢魘（雖然他們的人數比海德曼和其他人所說的少很多）。然而，第二個群體，階層B才是更大的問

---

73 Booth, 1887, 334-5.

74 Booth, 1888, 305.

75 Booth, 1887, 334-5.

76 Garside, 1988, 29.

77 Aalen, 1992, 38; Garside, 1988, 42.

【譯注6】有些偏激者（如納粹時期的希特勒），以優生學的角度，主張透過對弱勢人口族群的清除運動來解決城市環境惡化的問題，其認為都市中的下層社會弱勢者是沒有價值的，應透過特殊的方法予以清除。

題。一方面，他們是較大的一群：在倫敦東區有10萬人，或是在整個倫敦有30萬人，超過該市人口的11%。布斯描述他們為「得過且過的一群」，他寫到：「這些人，作為一個階層，是得過且過、僅足餬口、追求享樂，而且總是貧窮；他們在想要工作的時候工作，想玩樂的時候玩樂，那是他們的信念。」[78]他們的問題是他們收入的不穩定。他們當中包括相當多的寡婦、未婚女性，年輕人和小孩。布斯覺得解決貧窮這個問題的方法就是將「這個階層的人，在每日生存的掙扎中完全地釋放出來。」因為「他們是這個國家永遠的負擔……他們在這些城市裡的存在，對於要提高生活和健康標準，造成了一個昂貴且時常徒勞的掙扎。」[79]

就在他們之上的是階層C，在倫敦東區約有7.4萬人，或在全部倫敦約有25萬人：超過該城市人口的8%。他們形成了「一個可憐的階層，絕大部分是掙扎的、受苦的、無望的人……競爭下的犧牲者，並且特別嚴重地承受著重複發生的貿易蕭條之打擊。」[80]他們的基本問題是他們所得的不穩定性。最後是階層D，他們是那些收入雖然穩定但微薄的人，包括約有12.9萬人在倫敦東側，或全市人口的14.5%，在整個倫敦約有40萬人。這些人「非常堅毅地過著困苦的生活」，而改善他們生活的希望只能透過他們的孩子，因為「對這個階層來說，改善的可能性是極其遙遠的。」[81]因此，讓許多人震驚的結果是，東區的人口有37%窮人；但是對布斯而言，同樣重要的是，也有63%的人口不是窮人。[82]

在布斯著名的地圖上，呈現出不同顏色的街道——從代表體面階層的黃色到代表「邪惡之區」的黑色，它們都是為了展示效果而設計的；此地圖被廣泛地用於展示，首先是1888年以倫敦東區的版本展示在湯恩比館（Toynbee Hall）與牛津之家（Oxford House），到1900年的巴黎博覽會上則是展出完整地圖。在從巴黎回來時，派屈克·格迪斯對這「真實的百科全

---

78 Booth, 1887, 329.

79 Booth, 1888, 299.

80 Booth, 1887, 332

81 出處同上。

82 Topalov, 1993, 401.

書」充滿著興趣。[83]

查爾斯·布斯

由船東轉變成社會主義者，據推測（照片拍攝時）他正專心聽取其調查結果；或許現在報告的人是年輕的比阿特麗斯·波特。

（©Mansell Collection/Rex Features/Getty）

他並不是唯一對此有興趣的人，還有另一個以特別的關注去閱讀早期布斯成果的團體是費邊社組織（Fabian Society），其中耐心發掘事實的西德妮·韋伯（Sidney Webb）與筆觸尖酸的蕭伯納恰好結合在一起。費邊社最重要的經典著作《社會主義者的事實》（Facts for Socialists），在1887年第一次出版，其後被不斷地重印，八年內銷售70,000冊。兩年後同一系列《在倫敦》（In London）的研究中，研究者們發現，「在倫敦，每五個人裡面，就有一個會死於工作場所、醫院，或瘋人院。」[84]

被布斯先生所估計之處於貧窮的100萬倫敦人當中……實際上他們住的比不上一個有錢人給他的馬所住的環境。這20萬個家庭，一週所得不超過一畿尼[(譯注7)]……而且很不穩定，他們要為租一個骯髒的貧民窟分租房而每週支付3先令到7先令，而那些分租房即使是以衛生官員最鬆散的標準來看，有許多是「不適合居住的」。倫敦至少需要重建40萬個房間來讓它最貧窮的人民居住。[85]

---

83 出處同上，419。
84 費邊社，1889, 7。
【譯注7】英國的舊金幣，值1鎊1先令。
85 出處同上，25。

其結果是可預期的：英格蘭和威爾斯的貴族、上流人士、專業階級的平均死亡年齡是55歲，而在蘭貝斯（Lambeth）的工匠階級是29歲；在貝斯諾格林（Bethnal Green），嬰孩的死亡率是在貝爾瑰利亞（Belgravia）的兩倍。[86]在1891年，斯特藍德（Strand）的嬰兒死亡率是229，幾乎是在普拉姆斯特德（Plumstead）地區中產階級的兩倍。到了愛德華時代晚期，雖然嬰兒死亡率在貧窮地區〔例如肖爾迪奇（Shoreditch）〕已降低了很多，但其比率依然是較健康地區如漢普斯特德（Hampstead）的兩倍。窮人階層的嬰兒死亡率是如此普遍地偏高，因而其勞工階級的父母，只能堅強、無奈地接受此一事實。[87]

如同當時人們所見到的，問題的核心是住宅。「住宅問題是1880年代倫敦社會問題的核心」，並且「從1883年起，相關期刊和大眾媒體皆充斥著需要立即改革之警告，以紓解將要爆發的革命威脅。」[88]在費邊社的觀點中，有一個解決之道：「倫敦貧窮者的住宅安置，只有以全倫敦集體的力量才能適當地處理。」[89]在《真相》（Facts）這本小冊子第一版和第二版出版之間，此宣言變得更實際且更具可行性；依循著皇家委員會的住宅建議，1888年的地方政府法案已經將責任由大都會工作委員會轉移到另一個新成立、由民主選舉產生的組織──倫敦郡議會（London County Council, LCC），而且在1890年，另一個勞工階級住宅法案做到了1885年法案所未達成的部分：在法案第三部分，它為大區域重新開發提供了強制購買的權力，如果需要的話，可用以興建勞工階級寄宿房屋，包括「給勞工階級的獨立房屋或小木屋，不管包含一個或數個分租房。」[90]

雖然這個法案在處理地方政府之住房所有權及住宅管理的態度上相互矛盾──法案中第一部分持不鼓勵態度，但第三部分則又在不鼓勵的情況下允許它；此外，雖然其並未強迫進度落後的地方政府採取行動，但它卻為積極

---

86 費邊社，1887, 14。
87 Wohl, 1983, 39, 41.
88 Stedman Jones, 1971, 217, 290.
89 費邊社，1889, 28。
90 Wohl, 1977, 252.

的地方政府開闢一條取得控制權的可行途徑。特別是它明確地規定，在倫敦只要可以證明對長期計畫發展是有需要的，主管當局不管需要多少土地都可以去購買，不需要對每間房子都證明它已經不適合居住。[91]新的倫敦郡議會抓住這機會，立即成立一個勞工階層住宅委員會。[92] 1894年時，借貸權已被納入此法案的內容之中；至1900年，地方政府，包括倫敦郡議會及新的倫敦自治區（其取代依前一年的倫敦政府法案所設置的教區），皆被賦予在管轄範圍外購買土地之權力，以執行1890年法案中的這一章。[93]

歐洲的貧民窟城市

倫敦（而非任何其他的英國省級城市）是此都市發展歷史劇演出的主要舞台。如同皇家委員會在1885年所認知到的，那是因為該地的住宅問題很糟糕，而且，在很大程度上，就倫敦的規模而言，這只是個簡單的推算。在1890年代初期，倫敦就擁有560萬人口，沒有任何其他英國城市可以與其競爭；住宅密度、土地租賃、交通問題、空間競爭，在那裡都注定會是非常激烈。

即使以國際尺度來看，相較於巴黎區域的410萬人口和大柏林的160萬人口，倫敦無疑地是歐洲、甚至是世界上最大的城市。[94]但是這些相對面積較小且密度較高的其他城市，也都有著它們自己恐怖的故事可以提供。1891年，在巴黎這個歷史古都裡，住著245萬人，人口密度是倫敦郡議會管轄區域的兩倍。貝蒂榮（Bertillon）推估的結論是，當時有14%的巴黎窮人，約33萬人是生活在過度擁擠的房舍中，這裡窮人的居住狀況甚至比倫敦還要差。澤利爾（Sellier）計算出，在1911年時這裡的窮人有21.6萬人，另有8.5萬窮人住在郊區，他們的每個房間都住了二人或二人以上。[95]在巴黎，

91 Gauldie, 1974, 293.
92 Tarn, 1973, 122; Gauldie, 1974, 294-5.
93 Tarn, 1973, 124, 127.
94 Mitchell, 1975, 76-8.
95 Sellier 和 Bruggeman, 1927, 1-2；Bastié, 1964, 190。

1894、1906和1912年所頒發的法令，皆授權相關機關來建造適合勞工階級居住的廉價住宅，而且1912年的立法也授權地方政府設立辦公室來建造和管理這些住宅，並提供國家財政支援。然而，到1914年時，巴黎區域僅完成約1萬棟廉價住宅，與倫敦郡議會的成就相比，真是非常不起眼。[96]這個如鐵般的事實顯示，城市與國家都沒有錢去進行貧民窟清除，倒是其他大型公共工程反而優先推行（例如1880和1890年代建造學校和巴黎大學文理學院、1900至1910年十年間建造巴黎地鐵）。[97]

　　人口成長速度幾乎與美國相同的柏林（二十年內幾乎倍增，從1890年的190萬人增加到1910年的370萬人），就像巴黎一樣，是一個極密集且擁擠的城市。為了滿足快速增加的人口，其住宅配置極為密集，多為五層樓的出租公寓，圍著僅可容納消防設施的15英尺狹小的天井。這樣的設計，很顯然地是由腓特烈大帝（Frederick the Great）當初為軍眷設計住宅的構想所演變而來的，並藉由1858年警察局長詹姆斯·霍布雷奇（James Hobrecht）的城市計畫方案而普遍推廣；很明顯地，其嘗試透過設計來達到社會融合，讓富人與窮人住在同一個街廓，但實際上卻帶來痛苦的擁擠，而且這種開發模式甚至在1980年代郊區土地法令修改後，被擴展應用到新發展的郊區；[98]在計畫引導和優惠抵押貸款之促使下，開發是在投機炒作的情況下完成。[99]

　　所產生的結果是，根據英國城市規劃先驅霍斯福爾（T. C. Horsfall）在1903年的計算，1891年時的倫敦，每棟建築物的平均居住人口是7.6人，而柏林則為52.6人；[100]到了1916年，不低於79%的所有住戶只有分配到一到二間有暖氣的房間。[101]而且柏林人為租屋所付出的錢遠比在漢堡或慕尼黑的居民還要多，貧窮的人總是付出他們薪資的最大比例在租屋上。[102]此外，雖然

96　出處同上，1964, 192；Sutcliffe, 1970, 258；Evenson, 1979, 218。

97　Morizet, 1932, 332; Bastié, 1964, 196; Sutcliffe, 1970, 327-8.

98　Voigt, 1901, 126, 129; Hegemann, 1930, 170; Peltz-Dreckmann, 1978, 21; Niethammer, 1981, 146-7.

99　Hegemann, 1930, 302, 317; Grote, 1974, 14; Hecker, 1974, 274.

100　Horsfall, 1904, 2-3.

101　Eberstadt, 1917, 181.

102　出處同上，189, 197。

德國在電車系統電氣化的腳步上比英國還快，柏林的民營電車公司卻未如倫敦郡議會一樣提供城市向外擴張發展時的旅運服務，而地鐵的發展也被法律爭議所阻礙。[103] 英國城市規劃師派屈克‧阿伯克龍比（Patrick Abercrombie）在第一次世界大戰前參訪了柏林，對其與倫敦的明顯差異感到困惑。

> 柏林是歐洲最密集的城市；當它成長時，並沒有沿著既有的小街道和市郊房舍而向外擴張發展，而是慢慢的在開放的鄉村中發展出寬闊的城鎮街道和大規模的住房街廓，將鄉村一舉變成充分發展的城市。[104]

歐洲國家的首都對城市成長與過度擁擠有一個有趣的回應：在倫敦與柏林，有種恐懼正在逐漸形成，即城市人口已出現某種生物學上的不適當現象（譯注8）。在1900年前後，為南非戰爭募兵的健康數據透露出一些事實，在曼徹斯特11,000位年輕人中，有8,000位被拒絕，而僅有1,000位是適合擔任固定軍事服務的。之後，在第一次世界大戰中，弗尼委員會（Verney Commission）再次申明，英國都市地區的居民的體格已逐漸惡化，而且只能從鄉村募兵才能維持。[105] 類似的情況出現在德國，1913年只有42%的柏林人被發現是合格能服役的，相對於來自農村地區有66%是合格的。[106]

自此之後隨即出現一種主張：城市居民（最終是整體人口）將無法繁殖下去，這個論點首先是在1890年代被喬治‧漢森（Georg Hansen）在他的《三個人口階層》（*Die drei Bevölkerungsstufen*）一書中所採用，接著於1918年，被奧斯瓦爾德‧史賓格勒（Oswald Spengler）應用在他的經典名著《西方的沒落》（*The Decline of the West*）之中：「目前這巨大城市吸乾了鄉村，貪婪且不停地吞沒活力充沛的人們，直到它終於感到疲憊，在一個幾乎無

---

103 出處同上，431-3。
104 Abercrombic, 1914, 219.
【譯注8】此處的生物學是指從優生學的角度來看，公共衛生（public health）與城市規劃的結合已成為城市規劃的新議題，擁擠的環境對工作效率、身心健康，乃至於生育率與人口品質的影響已成為目前城市規劃上的重要議題，有趣的是，此問題在百年前已被關心城市的思想家所提出。
105 Bauer, 1934, 21; Purdom, 1921, 111.
106 Eberstadt, 1917, 214.

人居住的廢墟國度裡死去。」[107]（譯注9）然而在這兩個國家中，有著更廣泛的恐懼。自由黨的國會議員查爾斯・馬斯特曼（Charles Masterman）在他的著作《帝國的心臟》（*The Heart of the Empire*, 1901）中建議，倫敦民眾的情況是不穩定的：

> 英格蘭過去的情況是，保守、安靜的居民們分散居住於小鎮、村莊及農舍裡……但接下來幾年的問題是……有關城鎮居民的實質身體狀況：發育不良、胸腔狹窄、容易疲憊，但是健談、易興奮、低穩定度與無耐力，而且常從酒精、賭博，家裡或外面不尋常的衝突中尋求刺激。[108]

類似地，在1920年代的德國，《城市的恐懼》（*die Angst vor der Stadt*）一書表現出一種對社會解體的恐懼，體現在自殺、酗酒、性傳染疾病、「過度的理性」和缺乏政治穩定性。[109]

德國城市對德國人而言似乎是不佳的；但是對於來訪的英國人和美國人而言，它們倒是提供了城市應該如何的範例：不管是以舊式正式形式發展的城鎮或是新式非正式形式發展的城鎮，它們看起來都井然有序、乾淨、跟上時代，並且如圖片般的美麗。[110]而緬因河畔的法蘭克福（Frankfurt-am-Main）正是如此。美國的班傑明・瑪希（Benjamin Marsh）針對該市的分區管制制度和未開發土地的稅制，以及運用「阿迪克斯」法（Lex Adickes，以該市首長，雷克斯・阿迪克斯命名）來整合不同小塊未開發土地的作法，撰寫了大量的文章，以吸取其經驗；在英國，曼徹斯特的住宅改革者霍斯福爾（T. C. Horsfall）也扮演了類似的角色。[111]這位「德國通的霍斯福爾」，於1840年代出生在一個富裕的製造商家庭，透過他的叔叔而與德國建立關係；從

---

107 Spengler, 1934, II, 102.

【譯注9】《西方的沒落》一書對西方文明發展的失敗及早期西方代表性城市的沒落有深刻的描述，其與當時一些環境主義文獻的論點一致，認為巨型都市及快速都市化發展是城鄉環境問題的根源之一。

108 Masterman 等，1901, 7-8。

109 Peltz-Dreckmann, 1978, 62-3; Lees, 1979, 65-6.

110 Phillips, 1996, 170.

111 Horsfall, 1904; Phillips, 1996, 171-4.

1895年起，他主張曼徹斯特應該有權力購買周邊土地並進行規劃，就像德國城市做的那樣。阿爾弗雷德‧馬歇爾（Alfred Marshall）對此感到相當震驚：他告訴霍斯福爾，德國城市不但過度擁擠，其衛生環境更是不良。霍斯福爾發現此指責是真的——至少柏林正是如此，於是產生一個共識：「德國代表城鎮規劃，英國則代表鄉村村舍規劃。」[112]

事實上，第一次世界大戰之後，整個歐洲出現了一個更廣泛的共識，即為建構一個國家住宅補助的歐洲模式，此最初僅是一個權宜之計，是用於因應戰後返鄉軍人沸騰不滿情緒的情不得已作法，這些住宅方案在法國、義大利、英國實施後不久就瓦解了，或至少在1921至1922年的經濟危機中，受到大幅度的修改，但基本原則是建立了：國家在住宅建設上應扮演著一個關鍵的角色。[113]但美國倒是從一開始就與此不同了。

紐約：廉價公寓中的腫瘤

整體而言，安德魯‧李斯（Andrew Lees）在他對19世紀都市現象的具里程碑價值的研究中，曾歸納出以下結論。人們對城市的恐懼和厭惡比較是盎格魯—日耳曼（Anglo-German）的現象：「較少美國人顯現出強烈厭惡城市生活的情形，但在德文文獻中則常出現」；然而「許多人表達了對於造成美國與歐洲城市景象醜陋之道德缺失的深刻覺醒。」[114]這種恐懼在1890年代的紐約，公然地呈現出來，甚而是有些過度了。在那裡，出現一種傳統傑佛遜式（Jeffersonian）的擔憂，認為城市「對人的道德、健康和自由有如瘟疫」，對社會體系和政治體系則是一個癌症或腫瘤。這種擔憂正因受到工業化和大量移民的刺激而逐漸增強：紐約已成為世界上最大的移民城市，「它有拿坡里人口半數的義大利人，和漢堡一樣多的德國人，兩倍於都柏林的愛爾蘭人，以及2.5倍於華沙的猶太人。」[115]

---

112 Harrison, 1991, 301-8.

113 Lebas等，1991, 258。

114 Lees, 1985, 164.

115 Schlesinger, 1933, 73.

知識分子們對此結果並無異議。亨利・詹姆斯（Henry James）寫道：「紐約既醜陋又虛華，令人想要逃走，而非享受它。」[116] 很多人接受約書亞・史強（Josiah Strong）在1885年的判斷，在這個城市到處可發現威脅美國民主的各種危險：貧窮和犯罪、社會主義和貪腐、移民與天主教。[117] 艾倫・福曼（Alan Forman）於1885年在《美國雜誌》（American Magazine）中寫道：「這一大群騷動的人是如此無知、如此邪惡、如此墮落，幾乎看不出他們與我們是一樣的人種」，所以「廉價公寓居民的死亡率高於57%，幾乎是一件值得慶賀的事。」[118] 1892年，最具權威的《紐約時報》（The New York Times）抱怨這些來自歐洲「生理上、道德上和精神上嚴重受損的人」，以及「一種若沒有他們，我們會更好的人」之入侵。[119] 甚至連《美國社會學期刊》（American Journal of Sociology）也在1897年被迫對「大城市是社會腐敗與墮落的中心」這種「大眾信仰」的力量讓步。[120] 金斯伯里（F. J. Kingsbury）在1885年受到影響而評論道：「人們在讀過城市的邪惡事件之後——從古老的該隱（Cain）（譯注10）到近來紐約的選舉——終究會了解到，索多瑪（Sodom）和娥摩拉（Gomorrah）是無法在一夕之間治癒的。」[121]（譯注11）

最完整表達出這種感覺的人是雅各・里斯（Jacob Riis），一位農村出生的丹麥人，於1870年21歲時移民至紐約，七年後成為一個記者。他的《另一半人如何生存》（How the Other Half Lives）一書於1890年出版，其所造成之不尋常的轟動頗類似於七年前《被棄倫敦之痛苦的哭嚎》在倫敦所造成的影響。[122] 它也是一部優秀的新聞作品。其對廉價公寓貧民窟生活的描述，

---

116 White和White, 1962, 17, 75, 218。

117 Gelfan, 1975, 18.

118 Ford, 1936, 174.

119 Lubove, 1962b, 53-4.

120 Boyer, 1978, 129.

【譯注10】該隱（Cain）為聖經故事中的人物，是亞當的長子，殺害了他的兄弟而逃亡，此後此名詞則被用來代表殺兄弟者。

121 節錄自Cook等，1973, 11。

【譯注11】索多瑪與娥摩拉皆為聖經故事中所提到的罪惡之城（索多瑪請參見譯注1），娥摩拉充滿著犯罪及淫亂的行為，最後毀於烈火及硫磺之中。作者以這兩個罪惡之城來比喻當時西方大都市貧民窟中所充斥的各種犯罪行為，是很難在短時間內矯正的。

122 Lubove, 1962b, 55-7.

技巧地結合了兩個當時的恐懼：城市是國家軀體內的一種寄生蟲，以及移民是美國種族純淨和社會和諧的敗壞者。這些新移民「來自被打敗的種族中的被打敗者；代表著在生存掙扎中最糟糕的失敗者」，[123]他們將成為社會秩序和這個共和國未來之威脅，這令我們回憶起1863年稍早紐約市的暴動：

> 被沉重的枷鎖所困的強大人海，在廉價公寓中不安地嘆息著。這座曾經屬於我們的城市──在它能夠公平地衡量自己的任務之前，就已被賦予偉大城市的使命與責任──已經感受到殘酷洪流的侵襲。[譯注12]倘若洪水再次洶湧而來，將沒有任何人為的力量可以控制它。[124]

但是現在廉價公寓已經擴散，

> 只要有商業尚未開發之處，廉價公寓住區就會擠滿該處，它們沿著兩條河流邊而發展，就像綁在每一個街腳的鐵球和索鍊，哈林區（Harlem）滿是它們的煩躁與被壓抑的群眾，他們手中握有紐約這座城市的財富與生意，並寬恕著這段狂怒、被暴民掌控的歲月。防彈的庇護設施、大批的手榴彈及財政部紐約分庫建築裡的格林機關槍，都默認了這個事實與預期中慈悲之品質。紐約現在幾乎到處都是廉價公寓區，住著全市五分之三的人口。[125]

1894年的廉價公寓住宅委員會估計，該城市有將近五分之三的人口住在廉價公寓的房間裡，它們是如此嚴重地過度興建，以至於平均五分之四的都市土地都蓋了建築物。[126]在這些廉價公寓地區，兩個因素加在一起形成了一個尖銳的人道問題。第一，新來者窮得要命，並且因為文化和語言的

---

123 Lubove, 1962b, 54.
【譯注12】意指大量的貧困移民，有如洪水一般，由鄉村湧入城市。
124 Riis, 1890, 296.
125 出處同上，19-20。
126 Ford, 1963, 187-8.

障礙，絕望地無遷移能力。美國的規劃師暨住宅問題專家查爾斯·艾布蘭（Charles Abrams）在廉價公寓中成長的經驗，使其成為研究廉價公寓少見的權威，他後來解釋道：

> 不能怪房東，也不能怪建造者，他們的住房興建是為了迎合市場。市場是由房客能付多少來決定，至於房客能付多少則是由他們所得到的薪資來決定。[127]

　　如果貧窮的移民沒有那樣的公寓可住，他們將無處可去。而貧窮的家庭之所以擠進廉價公寓是因為它們位在步行可至工作地點的範圍內。將近75%的俄羅斯猶太人擠在三個城市行政區內，特別是第十區，它包含大多數來自（或是跟隨著父母親而來）俄羅斯和波蘭當時受俄羅斯統治之地區的人。到了1893年，此住區每英畝有超過700人，它比最擁擠的歐洲城市地區的人口密度還要高出30%；緊鄰的第十一區的某些地區，每英畝有將近1,000人，比孟買最差的地區還要擁擠，而且它幾乎可確定是世界上最擁擠的城市住區。雖然諷刺的是，在1980年代中期，香港的某些地區還遠遠地超過它。[128]

　　第二個因素是，像在柏林的一樣，他們擠入的廉價公寓乃是所謂經改良的住宅設計所造成的不良結果：[譯注13] 這個惡名昭彰的啞鈴型廉價公寓（dumbbell tenement）是從1879年一個設計競圖中發展出來的，它允許24個家庭擠在一個寬25英尺、深100英尺的街廓內，每層樓14個房間中有10個房間有著幾乎不見光的天井出口。[129] 而且這些可憐的公寓中經常是每一間擠著兩個家庭。在1908年，一個紐約市曼哈頓東區的家庭普查指出，有一半住戶是3到4人睡一間房，將近有四分之一是5個人或以上睡一間房；他們

---

127 Abrams, 1939, 72-3.

128 出處同上，187；Scott, 1969, 10。

【譯注13】此為當時住宅市場運作及法規限制下的產物，住宅的通風與採光極差，但卻可在制式的單元面積內，塞入最多的人口與戶數，其僅提供最基本的維生上的需求，完全未考慮到居住環境的品質。

129 DeForest 和 Veiller, 1903, I, 101；Lubove, 1962b, 30-1。

依靠著幾個公共的水龍頭，而固定的洗澡間在這裡是不存在的。[130] 因此一個一般的街廓可以住上4,000人，在1900年，曼哈頓42,700棟廉價公寓中共住著超過150萬的人口，每一個房子平均有將近34人。[131]

當時一個令人尊重的社團（也就是較早建立的白盎格魯新教徒公會）的反應和在倫敦的情況幾乎如出一轍。兩個接替的廉價公寓住宅委員會，在1894和1900年分別指出廉價公寓住宅生活的重大問題。第一個委員會所做的改善不多，第二個委員會則在一場大型政治爭鬥後，於1901年推動立法，此為「美國住宅史中最重要的管制法案」，該法案宣布未來啞鈴形住房的建造是非法的，並要求強制修改已有的此類住房。[132] 它的祕書勞倫斯·維勒（Lawrence Veiller）是一位二十來歲的年輕人，他勇敢地對抗複雜的既得利益，使得此法案得以實施。[133] 他的觀點是，很多城市的問題在於由歐洲農夫變成美國的都市人這個太突然的轉變，對此，他建議透過大量的遷居農村與鄉村重建來解決。但在此同時，對那些身陷在城市裡的人們，立即且強烈的行動是必須的，以便補救劣質廉價公寓生活之問題：創造更多的光線、更多空氣、新的浴室、較佳的防火設施。[134]

正如維勒對這些重大問題的描述，它們是「幾乎無法令人相信的」：[135] 在一個200英尺乘以400英尺的街廓中，擠著39棟廉價公寓建築，裡面有605個分開的單元，住著2,781個人，卻只有264個廁所，連一間浴室也沒有；其中441個房間沒有通風設施或類似的設備，另外635個房間也只有狹窄的通風井。[136] 1894年時委員會的建議，原本是要避免建造過多的建築單元，但大部分都被規避掉了。維勒寫道：

---

130 Howe, 1976, 27.

131 Glaab和Brown, 1976, 152。

132 Ford, 1936, 205.

133 Lubove, 1962b, 82-3, 90-3, 125-7, 132-9.

134 出處同上，131-4。

135 DeForest和Veiller, 1903, I, 112。

136 出處同上，112-13。

無限制的貪婪一直漸漸地將這些廉價公寓的距離拉近，直到它們已經變得那樣地狹窄與擁擠，因而家庭生活被解體了，而家庭成員們也被拋出並拆散了。父親在酒吧，年輕人成群地在歌舞廳後面有燈光的街道上以及一長排有執照的不良場所；男孩們在巷子裡成群結黨，女孩們在後院……。挽救廉價公寓居民的方式，部分在於需要重建文明最基礎的單位—家庭，給它適當的空間、自然光線與空氣，和家事生活的培養，其中之一就是個人的整潔。[137]

委員會下結語：

紐約的廉價公寓街區裡，有成千上萬人聚集在人類所可能居住的最小場所——擠在黑暗、通風不良的房間裡，其中有許多房間是陽光從未照入，且也不知新鮮空氣是何物。它們是疾病、貧窮、邪惡和犯罪的中心，在那裡，會讓人驚奇的事情是，不是有些孩子長大後變成小偷、醉漢或妓女，而是他們許多人成長為有禮且自我尊敬的人。[138]

所以，這裡有一個重大問題是廉價公寓住宅委員會所必須要面對的，其與1885年英國皇家委員會（British Royal Commission）遇到問題的一樣，他們一度同意英國皇家委員會的觀點，但是當討論到解決之道時，維勒和他的委員們對英國的方式（也是歐洲的方式）產生尖銳的意見分歧。他們看著倫敦公共住宅的發展模式，斷然地拒絕了它。他們下結論，「這樣做並達不到什麼好的目的」：地方政府興建住宅頂多只會「為特定的一小群人改善居住條件」並且「將提供一個不會比過去由私人慈善機構建房更好的，或在未來是可以倚靠的操作模式」；同時也很難決定「薪資等級的界線要如何劃定，以便能決定在何種薪資水準下應提供住房，而何種薪資水準則不該提供。」[139]此外，他們覺得，公共住宅將意味著沉重的官僚制度、政治恩惠、扼殺私人資

---

137 出處同上，435。
138 出處同上，10。
139 出處同上，I, 44。

本。所以它應該被停止：對於私部門開發商予以適當的管控，讓其來興建住宅，將是答案。1901年的法案，細分出100個詳細的章節，並對空間標準、防火設施與管線設施等提出規範。[140]或許，在那個時空條件下，那是一個較實際的決定；雖然很快地，其他住宅改革者，如伊迪斯‧愛墨‧伍德（Edith Elmer Wood）、弗雷德里克‧阿克曼（Frederick Ackerman）就開始挑它的毛病。無論哪種情況，與歐洲相比，它將公共住宅的理想倒退了好幾十年，就如同凱瑟琳‧鮑爾（Catherine Bauer）在1930年代所悲悼的一樣。[141]

這些原因一直引起歷史學家們的興趣，因為他們沿襲著美國早期經規劃住宅之操作與經規劃都市之操作兩者的區分。早期美國的都市規劃（將在第六章提到），主要受到城市美化運動的主導，而那是缺乏社會目標的規劃，甚至是累退式的（regressive）規劃[(譯注14)]：分區管制運動（zoning movement）雖深深地影響到後來美國的郊區發展的過程，但其在規劃目的與產生的影響上，也是主張社會隔離的；而區域計畫，如1931年著名的紐約區域計畫，主要關心的是為那些負擔得起的人提供較佳的住宅。[(譯注15)] 因此，「住宅雖然在美國規劃演進的三個里程碑一開始時即被宣稱為是主要的考量；並在每一個案例與其他議題結合在一起，但每一個計畫的解決之道，不是與住宅無關，就是事實上是讓那些可能產生住宅改善努力的住屋條件更加的惡化。」[142]

馬爾庫塞（Marcuse）的解釋是，讓住宅之所以會成為重要議題的三個原因，包括：火災及疾病危險等外部性因素、對社會秩序的關注，以及維護

---

140 Friedman, L. M., 1968, 33-5, 76.

141 Lubove, 1962b, 178-9, 182-3.

【譯注14】西方規劃理論及公共政策非常強調累進式（progressive）的操作，例如收入較高或獲益較多者應相對地付出較多對社會的回饋（例如：薪水較高者付較多的所得稅）。本書中，霍爾教授批評，美國城市美化運動型的城市規劃，反而是累退式的規劃，其成果主要是為了好大喜功的決策者及有錢有閒的社會階層，而貧苦的城市勞工階層反而付出的最多，其實英美住宅政策何嘗不是如此，讀者可以就此情況，與臺灣的現況作一比較，看臺灣是做得較好，或是更糟。

【譯注15】霍爾教授批評，分區管制以實踐公共利益為名，但其早期使用的主要目的，卻是為了維護房地產的價值及私人利益，而早期紐約的區域計畫（西方區域規劃法制化的早期範例）以促進區域均衡發展及維護區域民眾福祉為名，但其最大的受惠者，卻也是那些富有且能自由選擇居住區位的上層社會階層，這些重要規劃工具的使用目的及結果，似乎都偏離了其原先的理想。

142 Marcus, 1980, 38.

房地產的價值；其中前二個在1910年之後逐漸不受重視，因為公共衛生和消防控制獲得改善，而且外來移民也逐漸被同化了。因此，住宅規劃必須依賴「房地產利益團體與擁有房子之中產階級投票人的結盟」，而他們對於為窮人提供住宅的計畫並無興趣。這與歐洲的情況形成一個尖銳的對比，在那裡強大的工人階級意識正與干預主義的官僚體制相結合。[143]

在這裡，出現了一種奇怪且是美國式的現象：一種致力於保護外來移民的自發性運動，讓他們避免犯下個人錯誤或變得無節制，並協助其社會化，以便能逐漸適應美國社會習俗及都市生活。部分奇怪之處在於這個想法是借鑑於歐洲，特別是倫敦東區。在1870與1880年代，在那裡出現了一些關懷社會的努力，嘗試將基督教的道德規範及整潔習慣帶入貧民窟之中。珍・亞當斯（Jane Addams）在她22歲第一次造訪英格蘭時，就深深地受到《被棄倫敦之痛苦的哭嚎》的影響。在1888年6月第二次造訪時，她很幸運地聽到湯恩比館的事蹟[譯注16]，也就是傳教士佳能・塞繆爾・巴納特（Canon Samuel Barnett）在倫敦東區的聖猶大（St. Jude）所成立的基督教社會福利機構，而這個地區則是當時倫敦市內狀況最糟的教區。次年，她開始在芝加哥創立一個類似的社會福利機構，名為赫爾之家（Hull House）[譯注17]，位於義大利人、德國人、猶太人和波西米亞人所居住的四個貧窮移民社區的中央。赫爾之家的工作人員都是具有理想主義的大學畢業年輕人，幾乎全是女性且有著高度宗教信仰熱忱。一位報紙記者寫道：「這樣子的年輕女子原本會成為傳教士，或試圖拯救一個酗酒的丈夫，但現在卻走進社服之家。」[144]所以，有些觀察家認為那裡的氛圍令人無法忍受，托斯丹・范伯倫（Thorstein Veblen）寫道：「過於上流階層禮儀的拘謹」，及辛克萊・劉易

---

143 Marcus, 1980, 40-9.

【譯注16】湯恩比館是巴納特於1884年所創立，為社區中心早期型態之一。其設置目的在於整合並團結有識人士致力改革工業革命以來的都市社會問題，以反貧窮為主要的訴求，其取名為湯恩比館，主要是為了紀念獻身此一運動而英年逝世的學生湯恩比先生（Arnold Toynbee）。

【譯注17】赫爾之家為珍・亞當斯女士受到湯恩比館的理念所啟發，於1889年在美國芝加哥所創立的社服機構。其為美國早期社會服務中心及睦鄰組織的代表，不僅提供社區居民各種實用的服務與諮詢，也積極推動社會研究與社會改革方面的工作。赫爾之家位於赫爾大廈，為芝加哥房地產大亨查爾斯・赫爾的資產，其姪女以一個免租金的租約，將其提供給珍・亞當斯來作為當地最重要的民間社服機構。

144 Davis, 1967, 37.

士（Sinclair Lewis）的：「文化的公廁……維持著一個緊繃微笑之拘謹態度的標準。」[145]他們的業主主要也是女性，一位男性移民後來回憶道：「我們偶爾去那裡洗澡，就只有這樣。」[146]她們為早期輟學生提供繼續教育、舉辦夏令營讓孩子們得以回歸大自然，或為那些落後的孩子們提供遊戲場，也提供老人俱樂部（透過設計來打破他們對移民的偏見）、一個女孩們的寄宿會所、一個救助「沉淪女子」的計畫及一個日間托兒所。他們也有意識地模仿布斯之調查來進行社會問題之探索，並為勞工法令改革而努力。[147]最後，他們著手進行反對酒吧間的運動：

> 這種粗俗且非法的尋歡作樂，讓人想起倫敦重建時期永無止境的狂歡享樂，這絕對是那時流傳下來的──只是適當地將其商業化，並仍舊將快樂與縱慾、歡樂與縱情酒色混為一談。[148]

多年以後，經過十年的禁令已對芝加哥的街頭造成一些衝擊之後，亞當斯仍然溫暖地支持它，建議解決方式乃是卸下這些盜匪們的武裝。[149]這似乎是感人的。來自英國的訪客們〔如湯恩比館教區委員約翰・伯恩斯（John Burns）〕對這種沒有任何地方政府介入的作法而感到困惑：他們驚叫道，此處的房屋使用狀況在倫敦是不合法的──這些移民在城市中，仍依照鄉村的民風屠殺羊隻，並在地下室烤麵包。[150]但是赫爾之家計畫只不過是第一次世界大戰之前，每個美國城市都會有「特別理想主義」及「經特別宣傳」的社服機構之一個特別版本。在1891年，美國有6個這樣的中心，到了1900年有超過100個，至1910年更有超過400個。[151]其目標是要讓移民能融

---

145 出處同上，17。
146 出處同上，88。
147 Addams, 1910, 41-2, 69, 85-9, 98-9, 101, 105-8, 121, 129-31, 136, 146, 169, 198-230; Davis, 1967, 45, 58-9, 61-2, 85.
148 Addams, 1965, 87.
149 Addams, 1929, 54-5.
150 Addams, 1910, 294-5.
151 Davis, 1967, 11-12.

入城市。首先，藉由個別的道德範例；其次（如果第一種方式失效的話），則透過道德強制，甚至（有些支持者相信）應該將這些「流浪者、醉漢、乞丐和弱智者」予以隔離或是遣返回國。[152] 還有第三種方式，其必須同時搭配一個系統性的城市環境之提升，藉由公園及休憩場所的建構，甚而透過更廣泛地規劃都市公園系統〔如美國景觀建築之父弗雷德里克‧勞‧奧姆斯特德（Frederick Law Olmsted）所倡議的〕，以營造一個「協調且優美的影響……以提升禮貌、自制及節慾。」[153] 一些支持者更進一步支持以鄰里復興（neighborhood revival）作為一種恢復城市生活品質的方法〔雖然亞當斯本人並未提出這種以「地理上的救贖」（geographical salvation）來協助移民的概念。〕[154] 此想法逐漸發展成一個信念，就是城市本身會喚起市民的忠誠度，因此保證了和諧的道德秩序；而城市的實質環境外觀將象徵其道德的純淨度，這種想法成為城市美化運動的核心信條。[155]（譯注18） 至於它是否可適合成為計畫中公共住宅的替代品，卻沒有人想到去問那些直接受到影響的人。在實際上，亞當斯追隨勞倫斯‧維勒的處理方式：她在促使羅伯特‧亨特（Robert Hunter）對芝加哥廉價公寓住宅進行調查這件事上扮演了一個關鍵性角色，其結果與紐約進行的調查報告同樣重要，同樣揭示出駭人的結果，也因此導致了1902年廉價公寓住宅條款的產生。[156]

一個國際性的問題

當時的解決方法各地並不相同，但是問題及對問題的認知，在大西洋的兩岸卻是類似的。問題就是巨型城市其本身，而對此問題的認知則是，其將

---

152 Davis, 1967, 92; Boyer, 1978, 191.
153 節錄自Boyer, 1978, 239。
154 Davis, 1967, 76.
155 Boyer, 1978, 252.
【譯注18】城市美化運動強調以實質環境改造及都市空間美化設計來營造良好的都市，外界常以其未觸及社會及經濟面向的議題，而嚴加批評，作者這裡對其概念形成之時空背景的描述，可協助我們了解此理念為何如此強調都市與建築的形式與外觀。
156 Hunter, 1901，各處；Davis, 1967, 67。

芝加哥廉價公寓的生活，約於 1900 年

移民母親們與她們的孩子們等待著赫爾之家的改革者。

成為多種社會之惡、可能的生物衰退以及潛在政治暴動的源頭。從1880到1900年，或許到1914年，中產階級社會（決策者、領導型作家、時事評論者及運動推動者），一直處於恐懼之中。這種恐懼大多是被奇怪的誇大了，而有些則是被熟練的自我宣傳者有意地誇大，但其根本的真相卻是令人恐懼的，因它是源自於貧窮。透過革命，也許可以把財富分給窮人，但那麼做還是未能帶來什麼好處，因為可以做的實在太少。自從有社會以來，貧窮就一直都是地方性的，但是在鄉村它可能多多少少被隱藏起來，然而一旦集中在城市時，問題就凸顯出來了。從威塞克斯（Wessex）或東盎格利亞（East Anglia）湧入倫敦或是從義大利與波蘭湧入紐約的窮人，他們事實上過得比在以前的土地上較好。或至少，他們認為他們是過得較好，他們可能處於一個最能了解此情況的位置。

其差別在於「集中」（concentration）這個事實，在其中，數千位富人和幾百萬的中產階級，於是被安排與數百萬窮人及非常窮的人有了密切的接觸。在此情形下，工業化和都市化，正如馬克思主義者總說的那樣，的確創造了一套新的社會關係和一套新的社會感知。但是，如同第一章所描述的，這裡只提到顯而易見的部分。一直到1883至1885年在倫敦和利物浦、1900至1901年在紐約和芝加哥，城市的中產階級依然幸福地未察覺到與他們一門之隔的勞工們的恐怖命運。在那之後，可能就毫無疑問了。維勒和亨特將那種命運描述得極度生動。以下是維勒與廉價公寓裡一位家庭主婦的訪談：

> 祕書：在你的經驗裡，廉價公寓的主要難題是什麼？
>
> 米勒太太：嗯，似乎沒有「主要的」難題。似乎全部都是難題。第一個是廉價公寓運作的方式。然後通風井是主要且最大的煩心事。
>
> 祕書：通風井的問題是什麼？
>
> 米勒太太：那裡充滿了臭氣，而不是新鮮空氣。還有光線的問題，只有在頂樓才有光線，但別的地方都沒有，還有噪音，我不認為那對人體會有任何好處。
>
> 祕書：怎樣的情形？

米勒太太：嗯，在半夜被吵醒而且聽到有人大叫：「喔，在一樓，他又喝醉在講酒話了」，這樣很不好。兩家人都被那人的叫喊聲吵醒。男孩女孩們聽到這個，隔天就嘲笑那些孩子。[157]

以下是亨特描述芝加哥廉租公寓棚戶的情形：

要幫七個人做飯和洗衣，哺育一個因為太熱而哭鬧的嬰兒，又要照顧酒醉譫語的丈夫，想辦法安排七個人能睡的地方，所有這些事都在面對巷子的兩個房間裡進行，該處又熱又臭的氣味令人顫抖，而蒼蠅正在垃圾和糞肥盒上滿天飛，這簡直是在挑戰一位泰坦神（Titan）[譯注19]的耐心與力量。[158]

這些問題在當時幾乎是普天下皆同。對歷史學家而言，要探索的問題應該是，既然在1900年左右，這些工業先進國家的基本經濟結構和其所造成的社會關係是如此的相似，為何後續的城市發展結果卻是如此的不同。這個問題在接下來的章節裡將會再出現。

---

157 DeForest 和 Veiller, 1903, I, 101。
【譯注19】希臘神話中的大力神，能完成許多艱鉅的工作。
158 Hunter, 1901, 63.

第三章

繞道公路旁多樣住宅的城市

大眾遷往郊區：
倫敦、巴黎、柏林、紐約
1900-1940

而且所有的事物都是新的！它們的外觀是原始、平庸的！你知道嗎？過去幾年來，海斯（Hayes）、斯勞（Slough）、達格納姆（Dagenham）等新市鎮的景象有如氣球般突然地膨脹擴散開來嗎？這些地方到處都充斥著冰冷、鮮紅的紅磚建築；商店前面的臨時性景觀是，到處堆滿了特價巧克力和收音機零件。

喬治‧歐威爾（George Orwell）

《來此換口氣吧》（Coming up for Air, 1939）

來吧！友善的炸彈！請落在斯勞吧！
它現在已不適合人類居住，
也沒能供牛隻覓食的草地，
它所擁有的——只是一片死寂。

來吧！炸彈！請將斯勞炸個粉碎吧！
那些有提供空調且明亮的餐廳，
提供罐裝的水果、罐裝的肉類、罐裝的牛奶，以及罐裝的豆類，
也罐裝了心靈及原本自由的呼吸。

將這個他們稱為是新市鎮的雜亂景象，再搞亂一次吧！
一個塞滿了九十七位房客的房子，
而每週只有半克朗的花費，
這一直持續了二十年……

約翰‧貝哲曼（John Betjeman）

斯勞（Slough）《持續的露水》（Continual Dew, 1937）

幾乎是非常精準地，現代規劃史的鐘聲在1900年開始敲響，像是在對19世紀貧民窟城市的恐怖狀況有所回應。但矛盾的是，雖然如此，有另外一個更古老且巨大的鐘聲卻將這陣鐘聲給掩蓋過去了。初生的規劃運動最大的問題在於其急著立即改變現況。大多數規劃運動理念的創立者不斷地對擁擠的維多利亞貧民窟城市之罪惡感到困惑，這個問題一直持續至二次世界大戰，甚至到1960年代。但是這些巨型城市總是一直在改變，部分是透過立法者和地方改革者對都市問題的回應措施，部分則是透過市場機制的力量。都市開始擴張與離心化發展。新的住宅與工廠蓋在城市周邊的郊區。新的運輸科技，如有軌電車、電化通勤火車、地鐵和公共汽車，使得郊區化的過程得以發生。新的機構如建商營建公會、公營或非營利的住宅機構，則開始利用郊區化所帶來的機會大量興建住宅。廉價的勞工與便宜的物資降低了新建住宅的實際成本，特別是在1920年代晚期和1930年代初期。更為有利的是，更加詳細的計畫及開發法規改善了都市的擁擠和部分19世紀城市的單調感，所造成的結果是，對以廣大人口族群為基礎之住房標準的立即且明顯的提升，但是此改善結果在視覺效果上卻常是平淡無奇的，甚至有時是令人遺憾的——也許這對那些立即受到影響的人們而言，並不是那麼重要，但是對於自詡為大眾品味之守護者的規劃專業者而言，則確實產生了一定程度的影響。

所有的這些事情發生在當規劃先驅者在寫作和奔走，以便對政治體系施加影響之際，所產生的結果是造成了一個都市規劃史撰寫者及讀者皆無法解決的兩難：無法理解哪件事情先發生，是先有郊區化的雞，還是先有規劃理念的蛋。但畢竟，這並不重要：只有同時理解兩者發生的脈絡與邏輯，此故事才有意義。因此，儘管這是一個邏輯上的不可能，本章和接下來的章節，特別是下一章，應該同時閱讀。

郊區化的過程（特別是市場機制所引導的各種改變），在倫敦和紐約所造成的影響，比起巴黎、柏林或其他歐洲國家的首都，更為普遍且顯而易見。而且在某些關鍵面向上（例如大眾運輸的角色、低利率長期住宅融資的重要性，以及私部門與大型公共建設的關係），倫敦仍是這些年來這些大城

市之中最有趣、最具生命力、最有明顯問題的城市，所以我們的故事會聚焦於此。

倫敦郡議會開始建造

就在新世紀之初，1901年的英國普查結果顯示出倫敦交通阻塞與過度擁擠問題之嚴重性。在倫敦市內城區內的芬斯伯里（Finsbury）行政區裡，約有45%的家庭仍然住在一至兩個房間裡，但在倫敦周邊的自治區中，這種家庭[1]的比例只超過三分之一。[2]同年，查爾斯·布斯發表了一篇文章，倡議「改善運輸是邁向解決倫敦住宅困境的第一步」。布斯主張，所需要的是「一個大型且完整的地下和高架的鐵路，以及地面的軌道電車網，以滿足短程與長程的旅運需求。這是一個向目前大城市界限外擴展並延伸至倫敦周邊地區的運輸系統，只要是人口所到之處或可能會到之處，它就會提供服務。」[3]的確，布斯，一個除非在緊要關頭時，從來就不相信政府作為的人，將此視為是一個可以讓民間建造商提供解決問題的途徑。但持集體主義思想的倫敦郡議會（London County Council, LCC）的進步黨（Progressive Party）卻已朝向同一思考方向邁進。雖然1885年的皇家委員會建議要在市中心興建住宅來安置勞工階級，但這個想法在1890年代迅速地被放棄了。[4]

從1890年開始，受費邊社影響的進步黨已成為倫敦郡議會中的多數黨，進而主導了倫敦郡議會的住宅委員會（Housing Committee）；[5]在1898年，他們建議委員會自己採用1890年法案的第三章，以便在閒置的空地上進行大規模的住宅建造。在經過強烈的爭執和一次大辯論之後，倫敦郡議會終於為此政策背書。郡議會隨後發現他們不能在自己所管轄的倫敦內城區邊界之外的地區建房，郡議會於是在1900年對國會施壓，進行法令修正案，

---

1 Stepney, Shoreditch, St Pancras, St Marylebone, Holborn.

2 Wohl, 1977, 310.

3 Booth, 1901, 15-16.

4 Stedman Jones, 1971, 329.

5 Wohl, 1977, 251.

老橡樹住區，約建於 1913 年

倫敦郡議會建築部門之歐文之外的歐文式社區：根據西特（Sitte）的日耳曼地方風格的弧線和山牆牆面。

以允許郡議會可以在倫敦郡的邊界及超過邊界之外的綠地上建造給工人階級的住宅，於是倫敦郡議會立刻進行四個這樣的計畫。儘管溫和的保守黨在同年取得政權並一直執政到 1914 年，倫敦郡議會仍持續進行著大型的住宅建造計畫。在 1900 到 1914 年之間，倫敦郡議會透過重建計畫，在他們管轄區內的貧民窟清除地點內，大約興建了 17,000 間房間，並且在城市周邊地區和外圍郊區，另外興建了 11,000 間房間。

　　至 1899 年，即使在獲得議會批准的權力之前，他們已購買了位在南倫敦度汀（Tooting）的圖特爾唐區（Totterdown Fields）之土地。[6] 開發此區的方式是透過有軌電車的電氣化發展，而倫敦郡議會在幾年前就已從民間取

---

6 Tarn, 1973, 137.

得此技術。1903年5月，威爾斯王子（Prince of Wales）開發了從西敏市和黑修道士橋（Blackfriars Bridges）到圖特爾唐街（Totterdown Street）的電車路線，他也藉此參觀到第一批剛有居民入住的勞工住宅。在這十年內，工人乘坐電車的票價漲了15倍。[7]第二個城市周邊的住宅計畫是位在倫敦郡範圍以外的諾伯里（Norbury），此計畫案較為麻煩，因為倫敦郡的電車路線只開闢到城市邊界，短少了半哩。第三個計畫是位在北倫敦托特納姆（Tottenham）的白鹿巷（White Hart Lane），距離倫敦郡邊界約有2里遠處，此地區的發展在當時是一個很大的挑戰：倫敦郡議會希望能興建一條地鐵線，以作為愛德華時代中期建設的成果，但最終並未實現。[8]

在第四個基地，西倫敦的老橡樹住區（Old Oak）則比較幸運；住宅被規劃在倫敦鐵路中央線之延伸線的周邊地區，此開發案始於1913年，但因第一次世界大戰而延後，直到1920年才完成。[9]整個開發案的規模雖然不大，但卻是一個沿著城市周圍軌道運輸線所規劃的衛星城鎮之經典案例；此計畫案所實踐的，比布魯諾・陶特（Bruno Taut）於1920年代在柏林的湯姆叔叔的小屋（Onkel Toms Hüette）開發案中所做的內容還早了十多年，更晚期則有斯文・馬克柳斯（Sven Markelius）於1955到1965年之間，在斯德哥爾摩的魏林比（Vällingby）和法斯塔（Farsta）所實踐的內容。

對倫敦郡議會而言，在某個方面還是有所不足的：他們並不能像管理電車運費那樣來管理地鐵的收費。一開始，他們將電車視為是「社會政策的工具」：[10]大清早時，廉價工人們的通勤車票價格之訂定，必須確保房租加上車資，要比住在倫敦市中心的租金來得便宜。他們在1913年這樣的爭辯道：「如此才能夠在不作額外花費和甚至降低必要費用的情況下，確保空間和愉悅環境的優勢。」[11]因此，儘管「郡議會還不能放棄在市中心區建房或重新安置居民的政策……由議會訂立的政策卻經常導致那些本來可以用

---

7 出處同上，121。
8 Barker和Robbins, 1974, 78-84, 91, 98。
9 Barker和Robbins, 1974, 243。
10 出處同上，96。
11 倫敦郡議會（London County Council, LCC），1913, 113。

較低花費住在郊區，且因此對他們比較有利的勞工階級家庭，仍然被留在市中心區。」[12]至1914年，電車每天載運了26萬名乘客，相對較便宜的早班工人火車則載運了56萬名乘客。[13]就在此時，查爾斯‧馬斯特曼（Charles Masterman）描述了一個在倫敦南部發生的效應：在此郡議會軌道路線特別密集的地區，一個接著一個的家庭從原先居住的街區或擁擠的出租公寓中遷出，遷往位在海瑟格林（Hither Green）和度汀的四房小屋住宅。幾乎在每一條街上都可見到不尋常的出售或出租的標誌。[14]

所以對某些人而言，倫敦郡議會的住宅方案發揮了功效。儘管馬斯特曼的觀察相當敏銳，但他可能沒注意到這些遷入的居民其實是經過社會挑選過的，也只有那些經濟較充裕的技術性工匠才能受惠於這種遷移：倫敦郡議會興建的住房給他們的家庭提供較多且設計較好的空間，但其價錢仍比在市中心區附近租一個簡陋公寓的租金來得貴，而且在倫敦郡議會興建的住房中，轉租在當時的法令是禁止的。所以對於那些一週只能賺一鎊或低於一鎊，在購買完食物後只剩下7先令可以支付房租的人（例如臨時工、司機、市場小販及碼頭工人）來說，他們仍然必須住在市區內的貧民窟裡；在倫敦郡議會從1901到1911年投入建屋的整整十年裡，倫敦市區內過度擁擠的情況事實上是更加嚴重。[15]

但對那些可以逃離的人，其效果必然是顯著的。這些早期倫敦周邊地區的住宅開發案及為數眾多的內城區貧民窟清除計畫都可作為英國最早期大規模城市規劃的代表性案例，且兩者在建築及都市設計方面皆達到非常高的水準。此成果歸功於倫敦郡議會的新建築部門，在那裡有一群年輕且才華洋溢的建築師們，埋頭追尋威廉‧莫里斯（William Morris）、諾曼‧蕭（Norman Shaw）及藝術與手工藝運動（the Arts and Crafts movement）的傳統。但是，當遇到時間順序和組織皆有所偏差時，也產生了以下的問題（這是本書故事的第一個論點，不是最後一個）：不論在設計理念或是實際成品

---

12 出處同上，115。
13 Wohl, 1977, 290-3.
14 節錄自Barker和Robbins, 1974, 99。
15 Wohl, 1977, 266, 303.

上，這些早期倫敦郡議會所興建之住房的建築形式在很多方面都與同一時期由雷蒙德・歐文（Raymond Unwin）和巴里・帕克（Barry Parker）在約克郡（York）外的新易爾斯威克花園莊園（New Earswick Garden Village）及萊奇沃思花園城市（Letchworth Garden City）和漢普斯特德花園郊區住區（Hampstead Garden Suburb）所做的內容頗為類似，此將是本書第四章討論內容的一個焦點。

這些住房所呈現出的不同之處，至少在這些最早期的案例中，並不是由規劃理念所造成的，而是受到法規管控的影響。由於在城市之外的地方工作，再加上有時能對地方當局的傳統主義者施加一些壓力，歐文和帕克可以擺脫僵硬的地方建築法規之限制；諷刺的是，這些法規是在三十或四十年前就已制定，試圖保障勞工階層住宅之採光與通風的最低標準，但它們卻帶來制式且呆板無趣的建築與配置形式。[譯注1] 倫敦郡議會的建築師很少如此幸運。他們於1900年完成的早期計畫，位在薛爾迪奇（Shoreditch）的邦德里街（Boundary Street）的住宅案，是一個位在傑戈（Jago），一個19世紀惡名昭彰的貧民窟基地上的住宅再開發案。在此開發案中，他們達到了卓越的效果，該開發案係由數個五層樓無電梯公寓樓所組成，由不同的設計師所設計，此計畫用好幾個大型涼亭環繞著綠化的中央圓環來營造外部空間效果：創造出一種彷彿是建給窮人之皇宮的感覺，即使在將近九十年之後、甚至在地方環境已呈現衰頹的狀態下，此地區依然令人印象深刻。但是，在他們最早期之城市周邊和城市外圍的住宅開發案中，例如在圖特爾唐地區的1,261棟住宅（從1903到1909年），在白鹿巷計畫的881棟住宅（從1904到1913年），以及在諾伯里的472棟住宅（從1906到1910年），則受到制式的格子型道路系統之限制，必須在規劃設計上做一些妥協，他們所採取的作法包括：修改住宅單元的長度及整排建築退縮、對沿街建築立面做些創意性的處理，以及透過結合私人捐贈的開放空間來建造環繞著公園的優質中庭住宅社

【譯注1】這是由法規來做設計的情況（僵硬的法規決定了設計內容），此一方面顯示出設計師缺乏突破（當然實務上有很多原因），另一方面也反映著僵硬的法規可能做了過多不必要的管制（over-regulation），因而限制了規劃設計師的創意；其實此情況不僅發生在早期的英國，也常出現在臺灣的土地使用分區管制與建築設計管控之中。

區（在托特納姆）。[16]

　　直到1910年之後，他們才開始擺脫上述限制。在漢默史密斯（Hammersmith）的老橡樹住區，一塊有著304棟住宅的小型基地上，他們可以自由地發揮，第一次在曲線形的街道上營造出一種歐文式（Unwinesque）的城鎮景觀，有著舒適的角落空間、突出的山牆端景，以及可以隱約見到半遮蔽社區庭院的入口門廊。整個效果是一個環繞著地下車站而規劃的巧妙構思，面對著沃姆伍德‧斯克拉比斯監獄（Wormwood Scrubs）前廣闊的綠地而進行配置，就像是在漢普斯特德花園郊區的希斯（Heath）一樣，建構出一條永久性綠帶，將此新衛星城鎮與位於一哩之外北肯辛頓（North Kensington）擁擠的排屋住區給區隔開來。在此地，如同其他的住宅計畫一樣，倫敦郡議會的規劃師們是在嚴格的條件限制下工作：一個房間的成本需控制在50鎊以下、密度需一英畝有30棟住宅或是130人〔對這樣的條件限制，阿伯克龍比與福肖（Forshaw）在三十年後可能會說，解決方案只有興建高層建築〕，森嚴的監獄圍牆就出現在角落裡。在此地，他們創造出一個令人驚訝的世界，即使在今日，雖然該處有些凋零且滿布塗鴉，但仍令人感到驚奇。隨後，在諾伯里社區的第二階段開發（從1919到1921年），他們依據歐文–帕克傳統（融合歐文與帕克的風格）完成了一項壯舉，而且幾乎超越了大師：他們充分利用一個小山丘，為排屋住宅社區創造出一個優美的庭院，此社區聳立在依據地方法規所開闢的山坡道路上，有如一個有圍牆環繞的德國中世紀城鎮。

第一批城市規劃方案

　　在此同時，和倫敦郡議會相較，英格蘭其他大城市的政府則缺乏建樹。許多人和布斯有著相同的觀點：較佳的大眾運輸系統，配合私部門的住宅建設，可為最終解決問題提供一個主要的途徑；所以此萌芽階段之城市規劃應著重於提供一個較好的架構，讓開發商能有所發揮。這種思考邏輯促成了自

---

16 倫敦郡議會，1913, 71-6；Tarn, 1973, 138-40; Wohl, 1977, 256, 364。

由派政府的住宅政策與城市規劃政策。相關法案則在英國議會裡歷經艱苦的奮戰，二讀程序被延期不下19次，於1907至1908年的會期結束時被否決，然後再次提案，再加上經過不下360次的上議院修訂之後，最後法案終於在1909年立法通過。[17]

提案人約翰·伯恩斯（John Bums）也是地方政府委員會的主席，他以當年一度撼動特拉法加廣場（Trafalgar Square）的雄辯語調吟詠道：

> 該法案的目標是提供一個國內的環境條件，讓人們能改善他們的生理健康、道德、品性以及社會關係……。該法案關注於廣泛的架構和期望能保障家庭健康、住宅美麗、市鎮愉悅，讓城市有尊嚴，而郊區是有益健康的。[18]

對地方政府而言，該法案中所提到之促進「家園健康」的主要手段就是更大規模的貧民窟清除和提升地方政府在住宅重建上的權力：

> 在住宅方面，此法案尋求廢止、重建以及避免貧民窟。此法案要求（至少，我認為是這樣）英國下議院做點事，來掃除在英國許多地方可發現的貧民窟的惡行和阿爾薩斯（Alsatias）區的骯髒。[19]

為了實現其目的，該法案修改了1890年的立法，賦予地方政府明確的權力去保留他們在貧民窟清除計畫中所建造的住宅，而此也為第一次世界大戰後的公共住宅運動鋪路；此法案還允許地方政府委員會可以督促那些不願配合的相關當局去採取積極的行動。[20]的確，它給了地方政府委員會一種強制性的權力。當時有一個明顯與伯恩斯本人觀點相同的普遍看法是：地方議會並沒有積極地推動此項工作。因為中央干預的傳統（無疑地是基於一種不

---

17 Gauldie, 1974, 305; Brown, 1977, 144, 150.
18 Burns, 1908, 949.
19 Burns, 1908, 949.
20 Gauldie, 1974, 305-6.

諾伯里（Norbury）社區，約於1921年

另一個倫敦郡議會採用歐文式地方風格的作品——山坡庭院周邊的場景。

信任的關係）一直是一種英國城市規劃的長期特色，而此情況並延續到下一個世紀。[21]

此法案最重要的一部分是針對新的城市規劃之權力，伯恩斯對此解釋道：

> 藉由多用通案性慣例、少用僵硬的地方法規的方式，可減少所謂的法規道路（by-law streets）[譯注2]。此法案希望能排除因過度依賴地方法規所造成之單調的法規道路，這些道路因為太過制式化而缺乏賀加斯（Hogarth）所說的曲線美感。[22]

重要的是，此想法是要再回到那種民間開發商所運用之非正式卻具彈性的管控方式，這種管控方式常運用在開發商要決定是否同意建案租契的場合，像大倫敦的房地產開發案就常使用。相對地，剛性的地方法規被視為是粗糙的約束，所以囊底路是被禁止的，因為它們被視為對公共健康有害；在漢普斯特德地區，一項特殊的國會法案得以通過，以避開漢登（Hendon）地方法規的僵化管制，而此漢普斯特德案例也被視為是地方奮戰以爭取較大之規劃彈性的一個運作模式。[23]

因此，這種運作模式是一些嘗試要規避地方法規僵硬管控的計畫之整合：

> 他們只需乘坐汽車或任何其他交通工具，到巴勒姆（Balham）、米爾班克（Millbank）、邦德里街、度汀、伊林（Ealing）、漢普斯特德和諾斯菲爾德（Northfield）等地方去看修改後的城市規劃方案，是如何搭配公車、電車、火車和地鐵計畫來執行的。[24]

---

21 Herbert-Young, 1998, 343-4.

【譯注2】指依地方法規所建的制式格子狀道路，其雖滿足了基本的機能需求，但卻缺乏創意及地方特色。

22 Gauldie, 1974, 305-6.

23 Booth, 1999, 280-4.

24 Gauldie, 1974, 954.

在接受倫敦人口將持續向外成長的假設前提下，計畫目標是藉著公私部門間的合作協議來為未來做適當的規劃：「是要讓他們能夠朝向同一個計畫方向而努力，而非互相爭鬥以致造成另一方的損傷。」[25]

讓我們將伯恩維爾（Bournville）視為是窮人，伯恩茅斯（Bournemouth）視為是富人。讓我們把切爾西（Chelsea）視為是上流菁英，將度汀視為是群眾。你發現了什麼？在這四個案例中，你會發現具有公共精神的企業和具有公共精神的地主們已經動了起來，而且你會發現藉由此法案，我們在不損及任何人的情況下，可完成很多希望達成的事。[26]

媒體並沒有對此雄辯感到特別的興趣。但是最後，在1909年12月3日，該法案通過了。它最重要的成就在於允許並鼓勵地方當局可以為適合開發新住宅社區的廣大地區制定城市規劃計畫。最早獲得地方政府核准的計畫是位在伯明罕西側的三個相鄰地區：埃德巴斯頓（Edgbaston）、哈本公園（Harborne）及昆頓（Quinton），總面積為2,320英畝；另一個伯明罕東側的計畫也隨之展開，企圖要最終涵蓋整個城市的外圍地區。喬治・卡德伯里（George Cadbury）於1915年稱讚這些計畫的角色是「在降低社會動盪的出現，這是這些日子以來一個震撼人心的事情」，因為「毫無疑問地，造成現今勞工騷動不安的一個主要原因是，勞工階級的大眾們渴求獲得一個能讓他們和他們的家人可以過一個適當生活的生活方式。」[27]但是另一位著名的伯明罕工業主義者暨社會改革者奈特爾福德（J. S. Nettlefold）對這些計畫最初的構想是它們應該模仿德國的最佳城市規劃實踐經驗。他質疑這些計畫是否能達到這樣的效果：「若只是為了他們的孩子，伯明罕的這兩個計畫都不可能幫助那些極度需要協助的人們。」[28]

25 出處同上，955。
26 Gauldie, 1974, 956.
27 Cadbury, 1915, 14, 136.
28 Nettlefold, 1914, 123.

對奈特爾福德來說，同一時期在魯斯利普—諾斯伍德（Ruislip-Northwood）地區被核准的計畫更為優越。相較於兩個伯明罕計畫的4,000英畝的開發規模，此計畫的規模更大，約有6,000英畝；此計畫已劃設出道路、建築線、開放空間、商店、工廠及住宅區。在最高密度為每英畝12棟住宅的條件限制下，很多地區的實際密度其實更低。在其核心區有由蘇塔兄弟（A. and J. Soutar）所做的設計，他們也是為魯斯利普莊園公司（Ruislip Manor Company）設計知名的老橡樹住區的設計者，並在競圖中由雷蒙德‧歐文和奧斯頓‧韋伯爵士（Sir Aston Webb）評選為優勝者。[29]

今天，若在倫敦西部做一個簡短的旅行，城市規劃史最認真的學生應該可以發現三個早期的經典之作：它們是1912至1914年倫敦郡議會開發的老橡樹住區、伊林租賃公司（Ealing Tenants）於1906到1910年在附近開發的合作型花園郊區，以及魯斯利普—諾斯伍德住宅社區。上述比較對魯斯利普—諾斯伍德住宅社區其實並非一個有利的狀況。強調獲利導向的開發商，即便是對開發有先見之明者，都很難與倫敦郡議會建築部門早期優秀的計畫案相媲美，或是與歐文和帕克在伊林的小珍寶計畫案相競爭。令人有些感到遺憾的是魯斯利普—諾斯伍德計畫的建築配置之品質。該計畫的核心部分是魯斯利普莊園的方案，此方案的核心則是一個逐漸攀升的正式軸線，透過一系列的交通圓環，建構出主要的購物商店街，並在支持整個地區發展的大都會鐵道路線的下方通過，然後到達一處山丘的頂峰，由此可遠眺此計畫的北側邊緣，並有一條延伸的綠帶被保留著，主要作為休憩使用。

當然，若以依據地方法規來進行規劃的標準來看，此計畫有很明顯的進步：它具有一種較正式的協調性，開放空間的配置是寬敞且具彈性的（例如，綠楔沿著鐵道進入購物中心的邊緣），有些道路的形式也很有趣，而且由蘇塔兄弟所設計的部分也有很好的品質（其中一人後來在漢普斯特德花園郊區住區案中，接續歐文爵士的工作成為主要規劃師）。[30]但令人驚訝的是，其中卻也有著綿延不斷且近乎直線的街道，顯示出在地方法規要求下所造成

---

29 出處同上，124-8；Aldridge, 1915, 537。
30 Miller, 1992, 143.

的單調結果。因而有人覺得伯恩斯告誡性的演說，只是徒勞無功。而且，伴隨著了無新意的新喬治亞風格的購物商店街（一個在1920及1930年代於所有倫敦郊區被重複無數次的風格），其效果只是糟糕的形式主義：一個其實並不怎麼美麗的城市美化運動之結果。它為英國郊區發展的黃金時代提供了一個不祥的開場。

紐約發展分區管制

美國人在這部分做得好多了。他們19世紀和20世紀初期的郊區社區都被規劃成圍繞著通勤鐵路車站而發展，如紐澤西的盧埃林公園（Llewellyn Park）計畫、芝加哥外側的湖岸森林住區（Lake Forest）計畫和河岸住區（Riverside）計畫，以及紐約的森林山丘花園（Forest Hills Gardens）計畫，全部都明顯地有著高標準的設計。河岸住區計畫，如同我們在第四章可以看到的，幾乎就是霍華德花園城市的一個範例。為了維持具有一致性高品質的社區及合宜的住宅，這些郊區社區運用複雜的社會和實質環境管控系統。[31]而且，當美國城市快速的向外擴展其基礎市政服務時，這些在郊區社區的居民正是其主要的受益人：「他們使用有著穩定且足量供水的沖水馬桶和浴缸，他們是受益於新鋪柏油路面的單車使用者，他們還可以搭乘長途街車（streetcar）到市郊其他的社區，而只需付與市區內短程通勤者相同的費用。」[32]但問題是，到了1900年時，那裡的人卻變少了。

那是真的，特別是在紐約和芝加哥，因為城市已經龐大到無法有效地使用街車來進出，在這些地方，未來似乎必須依賴地鐵或是通勤鐵路（commuter lines）。紐約在1904年開啟了它的第一條地鐵路線，[33]且在接下來的幾年，地鐵系統快速的擴展。如同紐約歷史學家所評論的：這是對於兩個重要問題（快速都市成長及特殊的地理環境）的一種回應：紐約的人口在1900年時已達343.7萬人，是全世界第二大城市，此時紐約的都市發展已蔓

---

31 Sies, 1997, 176.

32 Teaford, 1984, 280.

33 Cheape, 1980, 90-2.

延擴展到被不利航行之水路所分隔的幾個島嶼；曼哈頓（Manhattan）的長度達13英里、但最大寬度僅有2英里。[34]所以紐約的軌道運輸系統必須要很好，而事實上它確實是如此：它是世界上第一條擁有快速軌道，可加速到時速40英里的地鐵系統（subway）。[35]軌道系統促進了59街北側大片未發展土地的開發，特別是在該區西側部分。軌道系統向北進入布朗克斯（Bronx），此為中產階級和上層階級居住的地方。[36]從1905到1920年期間，曼哈頓在第125街以北地區的人口增加了265%，布朗克斯增加了156%；從1910到1930年，居住在曼哈頓以外地區的人口占紐約市總人口的比例從51%增加到73%。[37]

但是正如公寓住房委員會（Tenement House Commission）在1900年的報告中所指出的，雖然「毫無疑問地，較好的運輸設施能使某些較積極且所得較高的廉價公寓住戶有能力為自己提供在都市外側地區的獨棟住房……但事實證明大部分的勞工階級仍繼續住在市區內的廉價分租公寓裡」；他們無法負擔得起搬遷費用。[38]雖然如此，維勒（Veiller）的工作卻有一個間接的成果——透過某些重建住宅計畫之意見領袖的努力，「人口擁擠問題委員會」（Commission on Congestion of Population）在1907年成立了，該委員會在1911年的報告，主張透過大眾運輸系統來支持分散化的城市發展。[39]

但是，正如該委員會三年前在其自辦的擁擠問題展覽會中所認知到的，也是當時市民領袖所體會到的，較好的運輸系統其實是一把雙刃劍：透過帶進更多的勞工和提升土地價格，其也將加重城市核心地區的擁擠程度。這是矛盾所在，它或許只能以一個互補的方式來解決：限制建築高度和建築量體。

該委員會的執行祕書班傑明·瑪希（Benjamin C. Marsh）是一位律師及社會改革運動者，他曾於1907至1908年其工作開始時訪問過歐洲，而且在1909年出版了一本關於城市規劃的早期鉅作，同年他也在華盛頓舉辦了

---

34 Hood, 1992, 192.
35 出處同上，195；Hood, 1995, 105-12。
36 出處同上，198。
37 出處同上，204。
38 DeForest 和 Veiller, 1900, 6。
39 Ford, 1936, 226-7; Makielski, 1966, 10; Klein and Kantor, 1976, 427-8.

第一屆全國城市規劃會議。馬歇爾和一位參訪夥伴，名為愛德華·巴塞特（Edward M. Bassett）的紐約律師，皆非常讚許德國在其城市中實施土地使用分區管制和建築高度分區管制上的成功。[40]瑪希特別提到，法蘭克福在其市長弗朗茲·阿迪克斯（Franz Adickes）的領導下，是美國城市應該借鏡的典範；瑪希同時也對杜塞爾多夫（Düsseldorf）的分區管制和沃納·黑格曼（Werner Hegemann）在柏林的規劃成果留下深刻的印象。[41]

　　所以分區管制是從德國傳到紐約的。也許這是一個過度簡化的講法：其實一般大眾的認知，美國的土地使用分區管制最初的企圖是要控制加州中國人所經營的洗衣店之擴展，在1880年代首先在加州的莫德斯托（Modesto）市實施，然後是在舊金山（San Francisco）；[（譯注3）]接著從1909年起，洛杉磯（Los Angeles）發展出通盤性的土地使用分區管制（comprehensive land-use zoning）。[42]在1916年引入紐約的分區管制制度其實是德國的分區管制模式，企圖結合土地使用分區管制與建築高度分區管制。以現代的觀點，這可謂美國都市規劃早期歷史中最顯著的一項發展。[43]而曼哈頓的案例，基本上跟美國其他地方不同：這裡的分區管制並不針對住宅區，也不著重於限制土地使用內容，而主要是針對商業活動，以及容積與建築量體的管控。這樣的分區管制受到有力的商業人士及利益團體的支持，他們認為此種管控可保護既有不動產之價值免於受到那些不受歡迎活動之入侵的影響──主要是成衣店與成衣店勞工可能侵入紐約中城（Midtown）內的那些精品店。的確，根據第五大道商家聯盟調查人員們所述，這是直接對抗午餐時間從鄰近閣樓（廉價勞工的工作地點）蜂擁而入的「希伯來人」（Hebrews）。[44]這也反映出1916年時的情況：在一個處於不動產大蕭條的時期，保護既有不動產的價值比創造新價

40 Williams, 1916, 81; Williams, 1922, 212-14; Mullin, 1977a, 11.

41 Bassett, 1939, 116.

【譯注3】美國最早土地使用分區管制的運用，是要限制不受歡迎的活動（如中國人開的洗衣店）進入該地區，以避免降低該地的房地產的價值，這其實是一種排他式（exclusive）的管制作法，並不為現代規劃理念所鼓勵。

42 Williams, 1922, 267; Bassett, 1936, 13; Walker, 1950, 55-6; Toll, 1969, 29; Marcuse, 1980, 32-3.

43 Williams, 1922, 272.

44 Schwartz, 1993, 20.

值更為重要。但是1916年法令所未能做到的是——作為一個更通盤性整體規劃的開場序曲（儘管某深具影響力且熱心的團體對此有熱烈的期待）。[45]

　　主要代表人物是巴塞特（Bassett）和他的紐約改革政治家夥伴喬治‧麥克安涅（George McAneny），巴塞特將這件事視為是他此生的一大成就。他們的機會於1911年的那一刻來臨了，當紐約第五大道服飾零售商們擔憂那些為他們供貨的製衣工廠之擴散時，他們組織成立了一個半官方的委員會來向市府施壓。此作法很快地產生了結果：1913年，紐約市評估委員會（Board of Estimate）投票通過成立一個都市計畫委員會（Committee on City Planning），它被授權可以成立一個諮詢性的建築高度委員會。同年12月，如同預期地，在該委員會的報告中，要求需設置一個基於警察權（police power）概念而設立的分區管制系統：此概念源自英國法律而後在美國發展，警察權概念說明國家有權力來管制私人財產的使用，藉此保障「社區的健康、安全、道德、舒適、方便與福祉。」[46]（譯注4）其後，允許使用分區管制的法令修正案於1914年通過，隨後一個分區管制委員會也設立，並開始準備正式的法規條款。其技巧性的利用大眾支持，解除反對的聲浪，此委員會在1916年提出報告，支持四種型態的土地使用分區管制，其中二種：居住及商業，將受到高度限制的管控。[47]

　　誠如不止一位觀察家在當時及隨後所指出的，紐約如此熱誠的擁抱分區管制是因為此作法有益於其商業發展。第五大道的商家們在意的是，移民服飾店在中午時段湧入街上的製衣工人們會破壞他們的商業特色，並且會因此威脅到他們的財產價值；他們求助於「每一個財務利益團體」和「每一位擁有房子或租賃一棟公寓的人」。建物高度委員會確認使用分區管制可以確保

---

45 Revell, 1992; Weiss, 1992.

46 Bassett, 1936, 27-8; Makielski, 1966, 21; Toll, 1969, 17.

【譯注4】就規劃理論的角度而言，土地使用分區管制的立論基礎，是透過警察權（police power）在都市規劃上的運用，來管控私人的土地開發活動與空間使用行為，以達到維護社會集體福祉的目的，所以此警察權的使用範圍應以公領域為主，並以實踐公共利益為終極目的，但是土地使用分區管制是否真正達到此目的，一直是規劃理論與實務上一個爭議的焦點。

47 Makielski, 1966, 33.

「投資的較高安全性和提供保障」。[48]正好是紐約分區管制法令通過的同一年，約翰·諾倫（John Nolen）同意一位英國作家的說法：美國的都市計畫在本質上是以不妨礙既有利益的情況下來進行市政改善。[49]而且，當分區管制運動從紐約快速地向全國傳播散布時，這就是它給人的印象。

　　這的確是一種奇怪的規劃運動。因為分區管制與都市規劃的關係是間接且迂迴的。事實是，分區管制運動在1920年代快速的擴散：1921年，美國商務部祕書赫伯特·胡佛（Herbert Hoover）成立了一個分區管制諮詢委員會（Advisory Committee on Zoning），成員中包括巴塞特和維勒。其成果是1923年的標準分區管制實施法，此法案被廣泛地採用，隨之而來的是1927年的標準都市規劃實施法，其也被許多州採用，給予地方政府法定授權去制定都市計畫的主要計畫（master plan）。[50]至1929年時，有超過650個地方政府設有都市計畫委員會，且有754個社區採用分區管制法規。[51]一系列指標性的法院判決（其中高峰點在於美國最高法院於1926年所審理之歐幾里德村（Village of Euclid）對抗安布勒地產公司（Ambler Realty）的歷史性案件）也確立了分區管制作為一般性警察權使用之法律性措施的合法性。[52]但是都市規劃通常只能在諮詢性，而非強制性的基礎上完成；在1937年時，在1,178個委員會中，至少有904個是完全沒有財務支援的。[53]而且在實務上（儘管巴塞特和其他人明確地肯定），其實都市規劃與分區管制大致上是分家的。[譯注5]但辛辛那提市（Cincinnati）的狀況則是一個例外，在該地，阿爾弗雷德·貝特曼（Alfred Bettman）的先驅性工作已為規劃委員會爭取到一些實質權力，而且，土地使用分區管制也成為都市規劃工作之臂助。[54]正如巴塞特於1936年對他的讀者所

---

48 Scott, 1969, 154-5; Toll, 1969, 158-9, 186; Glaab和Brown, 1976, 266。

49 Nolen, 1916b, 22.

50 Hubbard和Hubbard, 1929, 21; Toll, 1969, 201。

51 Hubbard和Hubbard, 1929, 3。

52 Walker, 1950, 67-77.

53 出處同上，77；Bassett, 1938, 67; Foster, 1981, 137。

【譯注5】在臺灣的情況與美國有所不同，土地使用分區管制（簡稱土管）是都市規劃的一個重要的執行工具，也是細部計畫的主要內容之一，有許多人甚至批評臺灣的都市計畫過度依賴僵化或偏向財團利益的土地使用分區管制。

54 Bassett, 1938, 75; Toll, 1969, 203.

解釋的，雖然分區管制在邏輯上是城市規劃的一部分，但一般情況，都市計畫委員會與分區管制委員會在法律上應該是分開的。[55]

在所有這些案例中，真正的重點在於，為何美國城市如此熱情的擁抱分區管制的概念？令人感到難堪的原因是，其實就是為了私人自我利益。[(譯注6)] 在實務上，以紐約為例，「分區管制成為企圖要建立與保留某些特定鄰里特質時所採行的固定程序，以保持這些地區的房地產價值，對於那些具高土地投機利潤之潛力的地區而言，通常僅實施名義上的管制。」[56] 在歐幾里德村對抗安布勒地產公司一案中，偉大的規劃師兼律師阿爾弗雷德·貝特曼後來在公聽會中所提出的簡短論述，已被證明是重要的觀點，他認為，此案之分區管制所帶來的「公共福祉」其實就是社區房地產價值的提升。[57] 但重要的關鍵點在於，到底土地是否該被劃定為工業區或是住宅區？法庭給予歐幾里德村（一個與克里夫蘭相鄰的中產階層莊園社區）的居民一個保證：他們的投資不會受到威脅。有紐約計畫之父之稱的巴塞特後來寫道：使用分區管制的一個主要目的是要防止「已開發地區的提早貶值」。[58][(譯注7)] 或者，如同後來的一位評論家所言：

> 使用分區管制的基本目的是將「他們」保持在「他們」應該所屬的範圍之內。在此之外，如果「他們」已經是如此，那麼分區管制的目的是將「他們」局限在限定的地區。「他們」的精確定義在全國各地有些許的不同。黑人、拉丁人、符合資格的窮人、天主教徒、猶太人、東方人是很多地方欲設限的標的人口族群。老人也是符合資格的，如果他們是公共住宅的合格對象。[59]

---

55 Bassett, 1936, 35.

【譯注6】作者深刻的指出，土地使用分區管制以維護公共利益為名，但實務操作經驗早已顯示，其真正使用的目的與成效皆是為了私人利益。

56 Walker, 1950, 60.

57 Fluck, 1986, 333.

58 Bassett, 1936, 25.

【譯注7】此論點與後續許多研究的結論相同，土地使用分區管制的一項主要目的與功能是要維護房地產的價格。

59 Popper, 1981.54.

的確，一本1920年代晚期的標準規劃教科書公開地倡議應推動分區管制，因為它可以保障房地產價值。該書作者指出，在每個擁有良好分區管制制度的城市，「房地產價值是穩定的，而且有很多案例顯示其會明顯的上升」。這是一個很快就被各地的金融機構認知到的事實。[60]他們指出，「分區管制及小宗土地的使用管控」正在「分享著都市計畫中最有利潤的成果之榮耀」。[61]正如同他們驕傲的在報告的標題中所聲明的，「計畫是值得的」。[62]明顯地不同於是為了那些受困在紐約和芝加哥廉價公寓中的窮人來實現偉大的社會正義，1920年代的都市規劃與分區管制機制，透過精準的設計，反而讓這些窮人無法進入那些令其渴望的沿著電車或地鐵而建造的新郊區社區。（譯注8）

倫敦：地鐵促進郊區化蔓延（Suburban Sprawl）

類似的事情也發生在倫敦周圍和其他英國的大城市，但仍有一個重要的差異。相同地，在這些地方，大規模的郊區化發展在第一次世界大戰後開始發生。如同在紐約和芝加哥一樣，在倫敦和伯明罕，促成郊區化擴張發展的關鍵正是交通運輸的發展。在倫敦及其他英國大省城，這些新的開發皆遠遠超過步行可至工作場所的範圍之內。布斯和其他人抱怨缺乏便宜的火車：儘管1844年通過了格拉德斯通（Gladstone）的平價火車法案（Penny Trains Act），但那些鐵路公司實際做得卻很少，他們有時甚至跟威靈頓公爵（Duke of Wellington）的觀點一樣，認為火車或許是「對那些下層民眾的一個獎賞，讓他們可以漫無目的在整個國家流浪。」[63] 1864年，基於其保證提

---

60 Hubbard 和 Hubbard, 1929, 188-9。

61 出處同上，188-9, 283。

62 出處同上，281。

【譯注8】土地使用分區管制是一個使用很廣但也飽受批評的計畫工具，其實其理念與操作方式也一直在調整，從早期具排他性的嚴格分區管制，到彈性放寬與條件式管制，再到後來的績效標準、浮動管控及策略式管制，土地使用分區管制的作法一直隨著規劃目的及規劃時空環境的改變，而不斷的進行修正，但最根本的問題是：如何維護土地資源使用的公平性及社會集體的公共利益，從20世紀之初到現在卻一直都是爭論的焦點，也是問題的核心。

63 Haywood, 1997, 44.

供便宜火車服務的前提下，國會允許大東鐵路公司（Great Eastern Railway, GER）將其服務範圍延伸至利物浦街（Liverpool Street），伴隨而來的是倫敦東北地區大規模工人階級郊區的發展。[64]

當時的關鍵運輸服務是市區內的電車和後來在伯明罕、利物浦和曼徹斯特等地的公車，以及倫敦的地鐵和通勤火車。最重要的是，倫敦周邊的投機住宅開始成長（在首都地區二十年內大約成長了3倍），此主要是受到鐵路運輸的支持。[譯注9]不同於英格蘭其他省城地區，倫敦的地鐵系統是由民間企業所提供，特別是在1912年併入倫敦通用公車公司（London General Omnibus Company）的地鐵集團，以及主要幹線的兩家鐵路公司（南方公司及倫敦和東北公司），它們發展出主要的通勤鐵路網。

此系統中有一個重要的部分是由美國的資本和企業所建造，但這並不令人感到意外。美國人很早就預見到隨著新鐵路或電車路線發展所將帶來之土地開發的商業潛力。1853年紐澤西西橘市（West Orange）的盧埃林公園（Llewellyn Park）計畫、1854年費城（Philadelphia）的栗丘（Chestnut Hill）計畫、1856年伊利諾的湖岸森林住區（Lake Forest）計畫，以及1869年伊利諾的河岸住區（Riverside）計畫都是早期規劃教科書中常提到的隨著鐵路建設而發展的成功郊區開發案例，因此大家都期待著一個此類型的經典英國案例——西倫敦的貝德福公園（Bedford Park）計畫（1876）。[65]此計畫離實業家們為了要開發有軌道服務的郊區而審慎地規劃鐵路路線或電車路線之理念只差了一小步——就如同波洛克斯·史密斯（Borax Smith）在舊金山灣區及亨利·漢廷頓（Henry E. Huntingdon）在洛杉磯的事業中所展現的。[66]其實，最多彩多姿、但可能也是過程最不順利的例子，應該是關於查爾斯·泰森·葉克斯（Charles Tyson Yerkes, 1837-1905）的事業生涯故事，首先發生在芝加哥，然後在倫敦。

---

64 出處同上。

【譯注9】早期英國大城市的街車與地鐵建設是與車站周邊的房地產開發緊密的結合在一起，隨著地鐵線的興建，車站地區房地產投資者也大發利市，此運輸建設與土地使用間的緊密關係，一直到小汽車與公路崛起後，才明顯地改變。

65 Stern和Massingdale, 1981, 23-4；Stern, 1986，第四章。

66 Jackson, K. T., 1985, 119-22.

葉克斯坦然的公開他的事業
經營模式：「我成功的祕訣在於
購買老舊廢棄的東西，將其小小
地加以整修，然後再轉賣給他
人。」[67]同時期的人稱他為「一
位賓州監獄的海盜」（他早年曾
因詐欺而入獄），且「不是一個
安全的人」。[68]他開發了芝加哥
的街車鐵道系統，並透過市中心
區的環線（Loop）將其連結成
一個鐵路網，進而控制超過400
英里的街車鐵道。[69]當1897年時
機來臨時，為了要擴展他的特許
經營權，他花了100萬美元去買
通州政府立法機關及市議會，第
一次嘗試成功了，但第二次卻沒
有成功，並幾乎引起一場騷亂，
於是他有先見之明地離開了芝加
哥。[70]

查爾斯‧泰森‧葉克斯
（Charles Tyson Yerkes）

芝加哥人對其的標準說法是「不是一個安全的
人」，但他卻是倫敦三條地鐵線的建造者，死於可
獲得投機報酬之前，但他的遺產仍繼續被使用。
（© *TfL from the London Transport Museum collection*）

倫敦是一個等待被召喚的天
然港都。在倫敦，就如同西奧多‧德萊塞（Theodore Dreiser）在他最後一
部小說（略帶掩飾的虛構故事）中所敘述的，葉克斯很快地就體認到環狀
地鐵線就是一個現成的市中心環線，可以藉由新的線路而加以利用，然後
再向外擴張。[71]當芝加哥聽聞到此事時，如德萊塞所寫道，出現一種「極為

67 節錄自 Roberts, 1961, 344。
68 出處同上，348, 353。
69 Barker 和 Robbins, 1974, 61-2。
70 Malone, 1936, 610-11.
71 Dreiser, 1947, 35-6, 200.

生氣的怒罵」、「這個無恥的騙徒，最近從芝加哥被趕出」，現在到倫敦去了。[72]但是他確實來到了倫敦，至1901年時，葉克斯已取得倫敦鐵路網中的大部分，不論是舊的或新的，並且將這些資源整合成立了一個新的公司，名為倫敦地下電氣鐵路有限公司（the Underground Electric Railways of London Limited, UERL），接著為了爭奪在倫敦建造新地鐵的權利，其加入一個與美國鉅亨皮爾朋‧摩根（J. Pierrepoint Morgan）的巨大爭奪戰。[73]傳奇性的葉克斯透露了其運作的關鍵：

> 或許你可以找到某些可因為我們的作法而創造出來的土地價值，或是找出在某些軌道路線服務地區的資產是否值得事先購買，就如同我們在湖景（Lakeview）和其他地方所做的一樣。[74]

然而，獲利並非直接來自新的軌道路線，建造開支非常高，卻仍無法達到倫敦建成區的邊界。他們仍然需要接駁的電車路線，並由不同的公司所提供，如同美國的模式一樣，由這些開發財團聯合來購買與出售土地。當時倫敦地下電氣鐵路有限公司（UERL）已掌握西倫敦的一條電車路線。[75]不幸的是，1905年時，當新的地鐵路線於正在建造時，葉克斯去世了。

但至少他的部分遺產在他死後仍被繼續使用，儘管此過程充滿了複雜的財稅問題。在葉克斯去世的次年，他的繼任者喬治‧吉布（George Gibb）成為UERL的主席，他聘用了一位年輕的統計助理，名叫法蘭克‧皮克（Frank Pick）。一年之後，公司面臨了嚴重的財務危機，UERL的董事們聽從他們的美國投資公司的意見，任命一位32歲，由英國遷移至美國的移民來擔任總經理，他的名字叫做亞伯特‧斯坦利（Albert Stanley），曾任紐澤西州公共服務公司經理。斯坦利〔其後成為艾士菲伯爵（Lord Ashfield）〕擁有與皮克截然不同、但可互補的人格特質，他們組成了都市公共運輸史上

---

72 出處同上，1947, 125。
73 Barker和Robbins, 1974，第四章。
74 Dreiser, 1947, 23.
75 Jackson, 1973, 73; Barker和Robbins, 1974, 63。

最偉大的管理團隊。從1933年倫敦運輸集團（London Transport）正式成立時起，艾士菲即擔任主席，而皮克則擔任副主席與執行長。[76] 1912年，當UERL接管倫敦通用公車公司後，皮克（此時為該公司的商務經理）即開始以葉克斯早期的接駁電車計畫為藍本，發展從地鐵站出發的接駁公車系統；在六個月內，在「地鐵終點即是公車的起點」的新口號下，他不只使公車路線的數量倍增，同時也擴展了5倍的服務區域。[77]

但那只是一個暫時性的開始。在第一次世界大戰後，皮克開始系統性地分析既有鐵路服務

法蘭克・皮克（Frank Pick）

（© *TfL from the London Transport Museum collection*）

和提供新服務之可能性兩者之間的落差。後來的政府，很明顯地對以公共建設投資來減緩失業狀況的構想感到興趣，因此提供了零利率或低利率的公共資金來投資公共建設。[78] 這些結果，自1927年起被皮克（經理群中最具學術思想者）陸續發表在一些論文之中，以供專業團體及學術界學習：一條平均時速25英里的地鐵線將被建造，以服務都市12英里輻射半徑的範圍；藉著擴大外部車站的空間和封閉一些城市內部的車站〔如同皮克於1932至1934年在皮卡迪利地鐵線（Piccadilly Line）所做的〕，此系統也許可以擴展到15英里，但是很少有人可以支付相當於6便士以上的車資，因此，至1930年代

---

76 Menzler, 1951, 104-5, 110-11; Barker和Robbins, 1974, 140, 142。

77 Barman, 1979, 66, 70.

78 出處同上，78, 88, 147-8; Jackson, 1973, 220。

晚期，最後一批地鐵延長線興建時，整個系統似乎到達了一個極限。[79]

軌道系統建設帶動了兩種形式的發展，兩者都是根據前瞻性的戰前示範性計畫而發展：第一種：投機性住宅建設的暴增，特別是在倫敦的周邊，有一部分仍是在都市計畫方案的架構下，其他部分則不屬都市計畫的範圍；第二種：地方政府建房的大擴張，特別在各大城市周遭地區，一般是以附屬衛星城鎮的形式出現，藉由軌道電車、公車或火車與母城市維持聯繫。此兩種形式皆因規劃的失敗而受到責難。但前者的責難是較沉默且部分性的，而後者的責難卻是近乎眾所周知的攻擊，但它在規劃史發展過程中，也提供了一個重要的驅策力：一個促進更有效城鄉規劃系統向前邁進的能量。

亞伯特·斯坦利，艾士菲伯爵

法蘭克·皮克與亞伯特·斯坦利組成倫敦運輸史上最偉大的管理團隊，並且透過對於兩次世界大戰間郊區的開發，成為現代倫敦的實際建造者。
(© *TfL from the London Transport Museum collection*)

都多爾·華德士（Tudor Walters）的遺產

至第一次世界大戰時，英國的地方政府只提供了很少數量的新建住宅：在1890年的法案下，其共興建了18,000戶的住宅，且絕大多數是位在倫敦；事實上，在1910到1914年之間，被拆除掉的住宅遠比新完工的要

---

79 Pick, 1927, 165; Pick, 1936, 215-16; Pick, 1938, Q. 3083-4, 3090-5; Haywood, 1997, 58.

多。[80]而且，雖然勞工階級住宅供給問題有持續惡化的危機，但卻沒有具共識的解決方案。有些人像是伯明罕的奈特爾福德（Nettlefold）認為，1909年法案的架構有助於釋放私人建造商的能量，其他人則認為，合作型計畫才可提供解答。[81]在戰爭期間，此問題更加惡化，發生在格拉斯哥（Glasgow）及新軍用品工廠地區的罷租運動，導致了租屋管制政策被倉促地實施。[82]其結果是，政府面臨到一個兩難的困境：它想要解除租屋管制，但除非新建住宅數量有所增加，否則不敢貿然行動，而且此作法必須透過地方政府的介入才能執行。[83]在其1918年出版，有著高度影響力的著作《我想要的家》（The Home I Want）一書中，住宅改革運動家卡本特・雷斯（Captain Reiss）如此地說道，這是「一般人都會同意，甚至是那些支持私人企業的人。在戰後，除了地方政府的建房政策外，沒有其他政策可以被立即採用」。「成千上萬的男人為了『家與國』而投身戰場，但卻無法得到一個像樣的家和一個可以感謝的國家，對我們而言，這真是一個羞辱。」[84]

所有的這一切都需要被改變，幾乎是一夜之間，興建勞工階級住宅（這個名詞從那時起甚至到很久以後，仍公然地被使用）成為一項公共責任。其結果是，在兩次世界大戰之間，共興建了超過100萬戶的地方政府住宅，大部分是獨棟式的小房，有著自己的花園，以衛星城鎮的形式出現在城市的周邊地區。透過曼徹斯特的威森肖（Wythenshawe），利物浦的斯皮克（Speke），以及倫敦的貝肯翠（Becontree）等地開發商的土地開發活動，這些地方幾乎都變成新市鎮了，儘管仍缺乏能夠讓它們自給自足的產業基礎。它們當時是英格蘭最大規模且經過規劃的土地開發計畫，讓當時真正的花園城市計畫相形失色：貝肯翠於1939年達到興建116,000戶住宅的紀錄，威森肖在1930年代晚期達成了相同目標的三分之一。

它們代表了優異的成果，雖然或許有些人會說，這是雷蒙德・歐文式

80 Gauldie, 1974, 306.
81 Daunton, 1983, 289-92.
82 Castells, 1983, 27-37.
83 Bowley, 1945, 9.
84 Reiss, 1918, 7.

優異的失敗。在這裡，並非最後一次，我們跳脫了歷史的順序。歐文早期的卓越聲譽是來自他為萊奇沃思（Letchworth）的第一個花園城市和漢普斯特德花園郊區住區所做的設計，這在第四章中將依編年的順序加以說明。1915 年，在大量的財務虧損下，歐文以城市規劃審查員的身分加入地方政府委員會，以便能影響住宅改革。兩年之後，他的機會來了：他被任命為住宅委員會的委員之一，其主席是約翰・都多爾・華德士爵士（Sir John Tudor Walters），他們在 1918 年 10 月，戰爭結束前一個月，提出了一份報告。

那份報告被證實是對 20 世紀英國城市發展影響最為深遠的報告之一。基本上，此報告提出四個主張。第一，雖然由大型雇主團體所組成公共事業協會，「應該成為地方政府建房工作的重要輔助機構」，該協會（在政府的補助下）可獨自在短期內完成建造約 50 萬戶住宅及一年約 10 萬戶住宅的任務。報告並有些鄙視地指稱，投機的建商「帶來了一個相當困擾的問題，但他們大多數確實有著他們應有的地位」。第二，地方政府必須在城市邊緣地帶便宜的未開發土地上以經濟的方式建造新屋，並謹慎地控制分期開發的時程，以便能配合軌道電車的建設，順利完成計畫，而不用負擔所增加的成本：

> 對大城鎮而言，較佳的作法是，為了避免再增加都市建成區的擁擠，新的計畫應該要在城市外圍進行，而且推動此方向的第一步就是要加快新市鎮規劃方案的步伐，並搭配具前瞻性的電車線延伸計畫或其他運輸方式。[85]

第三，在那些地點，每英畝建造 12 戶住宅的密度標準不但是可行的，而且是必需的，每一棟房屋應有自己的花園，藉著專業的設計來保證土地利用的經濟性，在此點上已有許多成功的案例。第四，為了保證高品質的設計，這些計畫必須是由建築師來做，而且必須經過地方政府委員會或它在蘇

---

85 英國地方政府委員會（G. B. Government Boards），1918, 5。

　　　　　　　　　　　　　　　　　　　　　　Cities of Tomorrow

格蘭的同等級單位之委員們的核准。[86]

　　該報告代表著歐文的個人勝利。所有在他1912年出版的小冊子《過度擁擠，一點也沒有用！》（*Nothing Gained by Overcrowding!*）中所陳述的基本想法，都在此實現：房屋之間的最短棟距應有70英尺，以確保冬日能有足夠的陽光；鼓勵小陽台的設置；每一個家庭都有花園；利用閒置的邊緣地區作為休憩空間，以及使用囊底路，以便讓孩子們能安全的玩耍。這些建議的部分內容是來自一個婦女住宅次委員會的卓越試驗，歐文似乎盡可能地採用該委員會的建議，但仍否定了一些，例如每一棟房子一定要有一個單獨的起居室。[87]

　　這份報告算是夠激進的了，值得注意的是，它立即獲得背書，事實是政府已經被嚇到了。在休戰日的隔天，勞埃・喬治（Lloyd George）發表了所謂的卡其特大選（Khaki Election）宣言，並在那個屬於慶祝性質卻總是被錯誤引用的宣言中承諾，「那些打贏戰爭的英雄們都應擁有適合的住宅。」[88]隔年2月，首相回到辦公室與部長們開會時講述了一段軼事：

　　　　一個富人和礦工們一起去參加示威抗議。其中一位有著不錯教育程度的蘇格蘭人說道：「你知道我所居住的地方嗎？」他住在那種背靠背的擁擠住房裡，所有的下水道管線都直接穿過起居室，而他的孩子也全都住在那裡。他問道：「假如你的孩子住在這樣的環境裡，你會怎麼辦？」那位富人很坦率的說：「我應該會成為一個布爾什維克黨員。」[89]

　　納維爾・張伯倫（Neville Chamberlain）回應道：「我同意我們的住宅問題已經嚴重到一個會威脅國家安定的情況。」[90]下一個月，在內閣會議中，勞埃・喬治又回到那個明顯已成為困擾的問題：

---

86 英國地方政府委員會，1918, 4-7, 13-17, 77。
87 英國建設部（G. B. Ministry of Reconstruction），1918；Swenarton, 1981, 98。
88 Swenarton, 1981, 79.
89 節錄自Johnson, 1968, 370。
90 節錄自Johnson, 1968, 371。

短時間內，我們可能會讓四分之三的歐洲變成共產主義……。大不列顛不應該如此，但唯有在人們能被給予一種信心感的情況下才能做到……。我們一次又一次的承諾他們會改革，但做到的卻很少……。即使那要花費1億英鎊，但若與國家穩定相比，這又算得了什麼？[91]

　　一個月後，國會祕書再一次地對地方政委員會強調，「我們將要花在住房建設上的錢，其實是對抗布爾什維克主義和革命的一種保險。」[92]這不僅會具體的實現在政府建房的這個事實上，還有在住房的設計品質上。「由國家建造的新住房，每一棟都有自己的花園，周圍有樹木和綠籬，其內部有中產階級家庭應有的配備，這一切都是為了要避免革命，而提供的一個可看得見的明證。」[93]

　　這個被當作是保險的政策適時地以艾狄生法案（the Addison Act）的形式出現，並以克里斯托弗・艾狄生（Christopher Addison）來命名，他是重建部與之後衛生部的部長：法案正式的名稱為1919年住宅及城市計畫法（the Housing and Town Planning Act, 1919）。此法案將調查住宅需求的責任付諸於地方政府的身上，它們的工作不只是清除貧民窟而已，還包括一般性的城市規劃與執行計畫。它同時也保證會提供一個國家性的補助，而且此補助並非取決於開發成本，而是以租屋者能負擔租金的能力而定，因此成本不會被轉移。[94]它還強制要求人口兩萬人或以上的都市地區，必須進行規劃準備。

　　同年，衛生部（一個全新的部門，但卻是由舊有的地方政府委員會所組成，負責新建住宅計畫）出版了一本有廣大影響力的住宅手冊，手冊的內容中明顯地可看到歐文的影響。該手冊的核心觀點是每英畝12棟房屋的都市密度在成本的考量上是合理的，這點是從《過度擁擠，一點也沒有用！》一書中直接發展出來的。都多爾・華德士報告中的其他關鍵觀點也在此手冊中

---

91 Swenarton, 1981, 780.

92 出處同上，79。

93 出處同上，87。

94 Bowley, 1945, 16-18.

出現，例如住宅與住宅之間的最短距離應有70英尺，此標準「已成為一個不成文的、不需要解釋的，並廣被接受的實務規劃原則。」[95]但是此手冊也重複了另一個觀點，其曾出現在歐文於1912年在曼徹斯特大學所做的一場演講中，也曾出現在都多爾・華德士的報告中：最後的發展型態應該是一種半自持式的「衛星城市」形式，而不是完全成熟的花園城市。這似乎代表著，歐文在此做出其與純粹花園城市信條分離之具絕對性與巨大影響力的決定。

在此，有一個於1919年起由另一個部門發起的挑戰：此時有一個委員會──包含擔任主席的張伯倫、喬治・佩普勒（George Pepler）（歐文時期該部門的首席規劃師）和卡本特・雷斯，負責報告不健康地區所產生的問題。其對倫敦的期中報告於1920年3月出版，報告中指出，首都倫敦仍然承受著無法忍受的住宅問題：在倫敦郡議會管轄區內約有18.4萬人是住在不健康的地區，有54.9萬人是生活在所有條件都不合格的住宅環境中。對此現象，有兩個主要的解決之道：建造新住房，或是遷移。第一個解決方法「對工人階級人口是相當不合適的，因為他們需要靠自己來提供家庭服務及照顧他們的小孩」，而且這也會讓這些住戶處於「要受到任何不受歡迎房客之擺布」的情況。衛生部的醫療官員和社工人員的證詞說明得很清楚：「對勞工階層最具有吸引力的是自給自足的住宅。」[96]所以長期的解決方案必須是興建花園城市，有些是以現有的鄉村城鎮為基礎而建造，人口大約3萬至5萬人，被綠帶圍繞著。但是欲達成此目標，問題在於如何協調住宅發展與產業發展：「唯一能脫離惡性循環的方法就是藉由國家的投資……需相當金額的資本……投資回收將需等很長一段時間。」[97]對此而言，目前最需要的是要為整個倫敦建成地區的發展研擬一個整合性的計畫。[98]兩年之後，在委員會的期末報告中，其重申且特別強調這個最後的建議，也要求政府需提供貸

---

95 Edwards, 1981, 106.

96 英國衛生部（G. B. Ministry of Health），1920b, 3。

97 出處同上，3。

98 出處同上，4。

款，以便讓這些花園城市計畫能夠真正啟動。[99]

　　那真是海底撈月（crying for the moon）[譯注10]。至1921年時，緊接著比弗布魯克（Beaverbrook）和諾思克利夫（Northcliffe）等媒體對抗政府浪費公帑的持續性活動之後，克里斯托弗‧艾狄生（該時為整個計畫的建築師，先任重建部部長，後轉任衛生部部長）因為要挽救不穩定的聯合政府而被勞埃‧喬治給做掉了。[100]他的繼任衛生部長阿爾弗雷德‧孟德爵士（Sir Alfred Mond）將此計畫大幅刪減。「重建的時代，適合英雄們的家園」就此結束了。公平地說，住房補貼又回來了，有了這些補助，大規模地方政府建房行動也開始進行：透過1923年法案（當張伯倫取代孟德擔任衛生部長職務時通過的）和1924年工黨政府的惠特利法案（Wheatley Act）（該法案有部分內容是回歸到1919年計畫的內容），在1919和1933至1934年的期間，英國的地方政府共興建了763,000戶住宅，大約占總住宅興建數的31%。[101]

　　然而，他們是根據後來歐文風格的衛星城市作法而非完整的花園城市理念來進行建設。[譯注11]倫敦郡議會在倫敦西北郊的沃特林（Watling）興建住宅安置了19,000人，在倫敦東南方的道漢（Downham）安置了3萬人，在聖赫里爾（St. Helier）新建的摩登（Morden）地鐵站周圍安置了4萬人，在貝肯翠的大型衛星城鎮則至少提供了安置了11.6萬人，此為當時世界上最大規模的有經過事先規劃，然後再進行開發的郊區住宅城，規模比許多英國的省城都還要大。[102]他們在住宅標準上做了大幅度的改進，但諷刺的是，這些改進主要是針對工匠、小商販、小職員們的需求，而不是那些無法負擔房租和通勤車資之雙重支出的真正窮人。[103]在建築方面，它們是較差的仿歐文式建築──主要依據一份缺乏想像力及激勵效果的制式營建手冊。這些建築是單

---

99 出處同上，1921, 4-5。

【譯注10】意指想做做不到的事，想要要不到的東西，類似中文海底撈月或痴心妄想的意思。

100 Minney, 1958, 176, 185; Gauldie, 1974, 309.

101 Bowley, 1945, 59.

【譯注11】霍爾教授認為，依據霍華德理念之完整成熟的花園城市（full-fledged garden cities）應具備生活所需的基本機能、共享的社會機制，以及自持的城市發展模式，此部分在本書第四章會有較詳細的論述。

102 Young, 1934, 98; Jackson, 1973, 291, 302, 309; Burnett, 1978, 231.

103 Young, 1934, 118-20; Burnett, 1978, 233.

調無趣的：整個計畫的品質好像是突然且令人遺憾地從幾年前老橡樹住區所設定的住宅標準中明顯地退步了。

就細部規劃而言，他們模仿了投機建商最糟糕的錯誤。白鹿巷計畫的擴建案，以及在漢默史密斯之渥厚特（Wormholt）的住宅開發案和聖赫里爾的住宅開發案都被大型交通幹道切割為分離的兩塊基地，這些被切碎的基地原本應屬於同一期的整體開發計畫（坦白地說，歐文和帕克在漢普斯特德之花園郊區計畫中的北部邊緣地區也犯了這樣的錯誤）。很明顯地，當時沒有人期待交通服務能為地方環境帶來什麼樣的影響。此時該地的工作機會很少，而連接到工作地點的大眾運輸服務也很差。到了1930年代晚期，服務沃特林和聖赫里爾地區之摩登地鐵（Morden tube）的過度擁擠狀況成為國會質詢的焦點，而喜劇演員馬克斯·米勒（Max Miller）也對它開了一個質疑性的玩笑；[104] 在地區地鐵線（District Line）於1932年延伸至此地之前，從貝肯翠要到查令十字（Charing Cross）的通勤者所面臨的是一個75分鐘的旅程。[105] 這些住宅區，即使是最大的，也沒有任何一個經規劃的綠地圍繞著它們，只有貝肯翠有一個不完整且非常狹窄的綠帶。雖然貝肯翠種了不少樹木，但正如社會學家泰倫斯·楊（Terence Young）在他1934年的先驅研究報告中所指出的，「孩子們是生活在不安全的環境中」，而這個世界並不是沒有暴行的，即使是在那個年代。[106]

因此，這些新的房屋並非總是受到住戶們的歡迎；位置最遙遠的貝肯翠，十年之內就有超過3萬人遷出；在1928到1929年的一年之間，有超過1萬人搬離；[107] 在倫敦西北側的沃特林，依據年輕的盧斯·格拉斯（Ruth Glass）在其1930年代晚期的調查報告，有些居民後來又遷回貧民窟了，因為他們無法負擔房租與交通費用。[108] 而另外一些人，無疑地仍嚮往著熱鬧的都市生活。

---

104 Jackson, 1973, 271.
105 Young, 1934, 140.
106 出處同上，98。
107 出處同上，210。
108 Durant, 1939, 17-18.

在1937年秋天的一個午後，在沃特林早期的社區發展史中，一個婦人大聲地槌打鄰居的門。當門打開時，她大聲哭道：「發生了什麼事？」「為什麼？」她的鄰居問道：「到底發生什麼事？怎麼了？」「每一件事都是如此可怕的寂靜。」第一個婦人如此說著，仍然怕得要死。[109]

倫敦郡議會所建的房屋也不受地方民眾的歡迎：經常有一些關於貝肯翠居民將前門拆下來當作柴燒的新聞報導；[110]在一份1930年的訪查中，有一場激烈的對話：

巴士達女士：你們已經毀了我的房子！（對著倫敦郡議會官員說道）你們這些高尚的先生們，有人住在倫敦郡議會的房子附近嗎？
（沒有得到任何回答）不，我不認為你們有。
（對著內閣的調查員）你住在倫敦郡議會房子的附近嗎？
調查員：他們剛買了一些我家附近的土地。
巴士達女士：你喜歡那樣嗎？
調查員：不喜歡。[111]

郊區的建造

當然，這個反應來自被大型住宅計畫區隔為另一個陣營的人，此類住宅計畫隨後遍及整個英格蘭，雖然強烈的反應主要發生在倫敦周圍的各郡。就在那另一邊，一個新的產業巧妙地被建立起來，正供應著新的市場。在第一次世界大戰前，整個人口的絕大多數都是租屋而居。在戰後，一些因素促使數百萬的中間階級轉向購屋而居。當時經濟結構的巨大改變正創造一個新的白領階級，其數量在1911到1951年之間，從占勞動力的20%增加至

---

[109] 出處同上，1。
[110] Young, 1934, 23.
[111] Jackson, 1973, 161.

30%；[112]而且大部分人口的實際收入有顯著地成長（特別是新白領階級和技術性的藍領工人，他們的工作主要分布在倫敦市內及其周遭地區）。一些房屋建造合作社（Building Socities）吸引了大量的資金，特別在1930年代的經濟大蕭條時期，因為當時的工業投資變得無吸引力。透過多種工具的運用〔保險擔保及發展「建屋者聯盟」（builder's pool）等〕，住房融資貸款比率可提高至95%。在1930年代的貝克斯利（Bexley），最便宜房子的押金可以是5英鎊，如果不足的話，有些房屋仲介或建商仍然願意出租。利息支付在1930年代中期達到4.5%的歷史低點。[113]

在供給面，有聲望的大型建商，如科斯坦（Costain）、克羅奇（Crouch）、萊恩（Laing）、泰勒・伍德羅（Taylor Woodrow）、沃茲（Wates）及溫佩（Wimpey）等，時常與一些仍在獲利邊緣掙扎且現金流動尚不穩定的小公司競爭，這些小公司經常倒閉，但這種激烈的競爭也使得住宅價格更具市場競爭力。而且，在一個農業大蕭條的最壞時期，土地是相當便宜的，一小塊土地便宜到只要20英鎊。[114]所以有著中等收入的家庭，例如一週賺3.5英鎊的熟練手工工人，也能負擔得起。[115]在1930年代，一週1英鎊收入者，只買得起標準的半獨立式三臥房住宅，而那些每年可以賺300到500英鎊的老師、銀行主管、公部門的執行階層，則買得起較大的住宅，或許是獨門獨院的。[116]

這樣的環境強烈地影響到最終的住宅產品。「為了要能銷售，一個具市場吸引力的住宅必須很明顯的是中產階級導向的，而如果它要適合中產階級，它就必須要便宜。」這意味著外觀要羅曼蒂克、式樣要保守、建造成本要低廉，同時又必須是社會地位的象徵。[117]諾芬住宅（Novean Homes）的廣告詞「良好教養的家庭希望購買一棟每週花不到一英鎊成本，但又能讓他們

---

112 Burnett, 1978, 247.
113 Jackson, 1973, 193, 196; Boddy, 1980, 13-15; Carr, 1982, 244.
114 Jackson, 1973, 110; Burnett, 1978, 257; Carr, 1982, 247.
115 Jackson, 1973, 190-1.
116 Burnett, 1978, 248.
117 Edwards, 1981, 127-8.

感到驕傲的房子」；[118]「每一棟房屋都不同」及「絕沒有相似的房屋」，都是當時特別受到歡迎的宣傳口號。[119]由於英國皇家建築師學會（Royal Institute of British Architects, RIBA）在1920年禁止投機性的建築執業，當時大部分這類的住宅（兩次大戰之間有將近有300萬棟）是由尚無專業資格的助手們所設計或是主要參考制式的設計圖冊或雜誌。一直到了1930年代，較大型的建設公司才開始僱用建築師。[120]

在1920年代，不管從哪一個角度來看，都市規劃都沒有對這些住宅的設計提供明顯的幫助。雖然各地的地方政府當局在1909年法案及隨後之1919和1932年法案的要求下，都爭著要仿效伯明罕及魯斯利普—諾斯伍德的經驗，但建商們卻動作緩慢，而且所有的案子都缺乏衛生部的正面指導和有經驗的在地規劃師之協助。[121]地方議會因為害怕依據當時法令拒絕核發許可而被要求賠償，所以他們逐漸接受開發商以開放空間為籌碼，以換取可讓其建造更密集且更便宜住宅的協議。[122]很多地方就像埃奇韋爾（Edgware）一樣，如同該地納稅人協會主席在1927年所說的，城市規劃方案看起來像是被土地開發炒作者給框架住了：「在這些計畫裡完全沒有看到美學的目的。」[123]因此，計畫的內容是由你能付多少錢來決定。

> 一個經仔細設計的開發案，其內容通常會有多樣的住宅形式、彎曲的道路、封閉且新月形的街巷、廣大的花園、良好的樹木綠化與草地邊緣。但投機的郊區開發卻缺乏任何整體性的計畫，許多建商沿著一條又一條的馬路進行開發，直到可建土地用完為止……。這種型態開發活動的結果，通常是沿著交通忙碌幹道旁大片單調且極相似之半獨立式住房的蔓延式發展，其後面是一塊廢棄的農地，而這些土地開發與其他日常生

---

118 Burnett, 1978, 249-50.

119 出處同上，264。

120 出處同上，1978, 253；Edwards, 1981, 133。

121 Jackson, 1973, 321.

122 Carr, 1982, 254.

123 Jackson, 1973, 255.

活所需的服務設施也相隔甚遠，如商店、學校和車站等。[124]

　　既然房屋的正面是最重要的設計考量，也是影響建築成本的基礎，那麼25到35英尺寬的小塊狹長土地，便成為最制式的土地分割原則，如此可以在相同規格的小宗土地上進行平行的房屋配置。就市場的最終考量而言，建造的速度是很重要的，所以一個鄉村地景可以在一個月內被轉變成一個新的住宅社區。所以樹木被拔起，自然景觀元素被忽略，道路呈現出漫無目的之彎曲形式或只是隨著既有的田野小徑而發展，給人一種煩躁又單調無趣的感覺。[125]其結果是一個破碎且區隔化的郊區地景，房屋的種類和密度立即就能讓人知道住在裡面的人的社會地位。而1932年的法案事實上鼓勵了此一現象，此法令賦予委員會設定不同住宅開發密度的權限，讓其可設定每5、10或25英畝有一棟房屋的密度，並不用支付補償費用。[126]

　　通常，最初的開發是圍繞在鐵路或地鐵站周圍而集中配置的商店與公寓，大多以仿都鐸（Mock Tudor）建築或品質惡劣的古典建築形式設計，一個大型電影院可能是另一個主要的元素。因此，建築開發以帶狀型態發展，一路沿著新過境幹道的接駁巴士服務路線而發展；諷刺的是，這原本是被設計來減低交通擁擠的作法，且其資金來自於兩度（1920年代早期與1930年代中期）闖關的失業補助方案。這種開發模式並沒有帶來什麼好處，直到1935年的一個管控沿街正面開發方式的法案通過後，才有所改變。這種開發方式所造成的空間型態，因卡通漫畫家歐斯伯德・蘭卡斯特（Osbert Lancaster）的傳神描繪而令人印象深刻，他稱它們為繞道幹道旁多樣的住宅：

> 在這裡有一些選自新藝術運動（Art Nouveau）風格的古雅山牆，裝置在現代主義風格之建築物的立面上；史多克布羅柯爾（Stockbrocker）都鐸風格的橫樑和鉛條窗格，與典型普蘇迪許（Pseudish）風格的亮綠色磁磚愉悅地形成對比；隔壁還有一些荷蘭蓬街（Pont Street Dutch）

124　Burnett, 1978, 249.
125　Jackson, 1973, 126-7; Burnett, 1978, 256; Carr, 1982, 247.
126　Burnett, 1978, 249; Sheail, 1981, 77; Carr, 1982, 255.

風格的赤陶飾板，使得白色木質之溫布頓過渡時期（Wimbledon Transitional）風格的門廊顯得生氣盎然，並讓它成為紅色磚牆車庫的亮麗陪襯者，帶有依稀羅馬風的感覺。[127]

鄉村化的名稱，如青草岸（Meadowside）、森林之景（Woodsview）和田野盡頭（Fieldsend），都很快的被浮濫地使用於地鐵站的命名。南方鐵路公司（The Southern Railway）在接續已有三個車站被命名為「公園」的情況下〔雷尼斯（Raynes）、莫特斯波（Motspur）和沃爾斯特（Worcester）等三個車站〕，必須謹慎地避免第四個車站也如此地被命名。[128]

結果是受到普遍的嘲笑與責難。事實是檢察官全是中上階級，而被告大多為中下階級[(譯注12)]：在一個名叫貝克斯利（Bexley）的典型郊區城鎮，其在1930年代時有1.8萬棟房屋與5.2萬人口，1951年的普查資料顯示，該地區絕大多數的人口來自社會階級中的第三級，主要為技術性勞工和初級的非勞力工作者。[129] 如同他們所經歷的，從依地方法規所建之沒有室內浴室或廁所的制式住宅中遷出至現在的郊區住宅，他們已享受到生活品質的提升，而且「無論他們在仕紳化社會體系中的位階為何，所有的郊區住區都顯示出在花園綠地中一家一屋，以及一個多多少少可遠離灰塵、噪音與都市擁擠之環境的共同特質。」[130]

但是郊區為他們帶來更多。雖然從外觀看起來，郊區住宅顯得制式且單調，對新的住戶而言，每棟房子仍有著一些小差異，不管是自建的或是購買的，因此形成一些個體化的特徵：一個有著色玻璃的窗、一個門廊、一個小廚房，甚至是一個花園的守護神。房屋本身也被設計成可展現個性化風格：因此，凸窗和角落的門，都在非常細微的地方有著很大的差異；房屋周圍大多缺乏集體活動空間，而所有的房屋都刻意地儘量不要被設計成「政府興建

---

127 Lancaster, 1959, 152.

128 Jackson, 1973, 128, 170.

【譯注12】作者以此比喻新建中下階層住房的品質，其實是受到中上階層的嘲笑與看不起。

129 Carr, 1982, 238, 241.

130 Burnett, 1978, 249; Jackson, 1973, 146.

的住宅」。[131]

　　但是建築師們並不喜歡這樣。在1930年代，他們在雜誌上及相關會議中，一再地對郊區住宅提出批判。郊區住宅的主要錯誤在於它們明顯地與當時主流的設計品味偏好背道而馳：在當時新喬治亞式（the neo-Georgian）風格仍被重點設計學校（例如利物浦建築學院）所教導，而不妥協的現代主義則被國際現代建築協會（Congrès International d'Architecture Moderne, CIAM）的年輕成員所熱烈擁護。[132]與它們不同的是，這些郊區住宅所使用的舒適的鄉土建築語彙係來自一個更古老的建築傳統——由約翰‧納許（John Nash）在布萊斯哈姆雷特（Blaise Hamlet）和西公園村（Park Village West）首先運用，其後由晚期維多利亞學派的菲利浦‧韋伯（Philip Webb）、諾曼‧蕭（Norman Shaw）和雷蒙德‧歐文發展成一種高階的藝術。或者更重要的是，前二者反對當時封閉的建築專業之全部想法，而帕克接受的則是室內裝潢師的訓練。[133]當然，產生的結果是一個混雜品，而且經常是個不成功的作品。歐斯伯德‧蘭卡斯特批評得很好，他比任何專家們更嚴厲地批評：

　　如果一個擁有強大精力、勤勉且富創造力，並有豐富結構知識的建築師，將他一生中大部分時間致力於學習如何能將不方便的程度做到最大——在一個屋頂下指定房間的形式和配置中，經由一組研究人員的協助來仔細搜尋建築史，以尋找過去所知最不吸引人的建材和建築設備，儘管這不太可能發生，但他可能已經發展出一種近似瘋狂的風格，如同那些一點都沒有花費心力的投機建商在我們主要幹道公路兩旁所創造出來的景觀……。請注意房屋配置的技巧，那種方式使得最大可能範圍的鄉村地區，可以被以最少的花費來破壞。看看每一個住戶如何被細心地提供一個可以看到隔壁鄰居最私密辦公空間的視野，以及忽視陽光方位

---

131 Oliver等，1981, 115-17。

132 出處同上，41, 50, 67-9。

133 Creese, 1966, 255; Oliver等，1981, 64。

的房間是如何被規劃出來的。[134]

建築師們的復仇行動

不論是否為酸葡萄心理，建築師們是生氣的，他們想要復仇。雖然他們帶頭攻擊，但並非是唯一的一群。他們使用的隱喻有時是戰鬥型的，有時又是科學性的。克拉夫·威廉-艾理斯（Clough Williams-Ellis）在《英格蘭與章魚》（*England and the Octopus*, 1928）一書中，將郊區化帶狀發展描述成「難看的小住屋成長得像蕁麻一樣，沿著排水管不斷的增生，或像長在條蟲上的虱子」；郊區平房住屋「從它散開發展時，就是英格蘭景觀中最醜陋的疾病，而現在又變成首要的流行病。」[135] 在1933年，他聲稱：

> 我寧願趕快回到戰時的伊普雷斯（Ypres）[(譯注13)]，在那裡待一年，也不願住在戰後的斯勞（Slough）12個月。這聽起來像是有些誇大其詞嗎？我應該解釋這只是一個渴望能快樂生活的人的小小請求。他寧願選擇冒著80%會被射殺或被毒氣殺害，或英雄式地被炸死的風險，也不願在羞恥的骯髒環境圍繞下割斷自己的喉嚨。[136]

對所有批評者〔包括貝哲曼（Betjeman）〕而言，斯勞（Slough）已成為所有錯誤的象徵。然而，當看到他的電視中所呈現出對倫敦的郊區之愛時，貝哲曼開始喜歡某些郊區住區：「在你家房屋及草地的前緣以及為狗而種的一棵樹上，多樣性的變化在每一棟房子的立面上被創造出來（如在樹木的色彩變化上）。事實上，國家已走入郊區化發展的時代。玫瑰花在郊區的土地上盛開，就像它們在廣告手冊中的一樣。」[137] 這些，就像是在

---

134 Lancaster, 1959, 152.
135 Williams-Ellis, 1928, 141.
【譯注13】比利時西部環境優美的城市，第一次世界大戰時被強烈的轟炸。
136 Williams-Ellis, 1933, 105.
137 Betjeman, 1978, 225.

薩里（Surrey）的一樣，都是好的郊區住區，居住著討人喜歡的貝哲曼型（Betjemanesque）人物，例如身材高大的山區運動型女孩潘（Pam），或是在傍晚時會坐在停放在薩里薄暮中之汽車內的杭特・鄧恩（J. Hunter Dunn）小姐。但是斯勞，就如同魯斯利普花園郊區（Ruislip Gardens）一樣，從地鐵車站起，是個相當不同的地方，已被鄉村來的中下階級掠奪者所占據了。

> 帶著一千聲的謝謝與對不起，
> 善良美麗的伊萊恩（Elaine）優美的到來。[譯注14]

　　於1926年領導成立「保存（後來改為保護）鄉村英格蘭委員會」的阿伯克龍比（Abercrombie）以一種較樂觀的觀點來看這些鄉村低矮的平房小房之問題：「嚴肅地來說，損害不大都是表面的嗎？……有很多是那些你們稱之為褻瀆的小平房嗎，會永遠的褻瀆嗎？不也多是英格蘭鄉村的處女地，不是嗎？」[138]他比較關心的是郊區帶狀擴張的問題：「這些鄉村帶狀開發地區是……在沒有社會群居的合理性之情況下被殖民出來的，也沒有考量地產開發的經濟性，或是比19世紀的工業革命時較好的鄉村設計美學。」[139]但是他也被以下理由所說服：「我們的鄉村英格蘭正遭遇一個前所未有、更突然且更全面性改化的威脅」，這是一種太過快速而無法容許自動調節的改變。[140]他充滿期望地寫出對中國風水實踐者的看法：

> 他們的工作是研究和闡述由自然的心靈力量所產生的形態，並找出所有建築、道路、橋樑、運河和鐵路應遵循的規劃原則，進而使它們的空間位置可以依據極致力量來安排；而我們自己也很難期望同樣地可以去炸掉那些爆發的鄉村小平屋或「撒旦的磨坊」（Satanic Mill），或是在我

【譯注14】這是詩人約翰・貝哲曼詩作中的句子，該詩描述由地鐵車站至郊區的景象。
138 Williams-Ellis, 1928, 181.
139 Abercrombie, 1926, 20.
140 出處同上，56。

們的心靈中燃燒掉某些鼓吹鄉村廣告的恆久性。[141]

但是，他認為他們的確指出了正確的方式。

在1938年，威廉-艾理斯（Williams-Ellis）以《不列顛與野獸》（*Britain and the Beast*）一書回到了攻擊狀況，這是由當時知名的凱恩斯（J. M. Keynes）、福斯特（E. M. Foster）、喬德（C. E. M. Joad）、特里威廉（G. M. Trevelyan）和許多其他人的論文所編輯而成的一本專書。在此書中，喬德提出了對鄉村的「人民的要求」。「對這些廣泛的大眾而言、這些自然的及新發現的地方，是一個不可能達成的期待」，就如同那些被引誘到鄉村的人，發現其實鄉村已經消失了，「五十年後，南英格蘭將既不是城市也不是鄉村，有的只是一個蔓延擴散的郊區，無止盡地從沃特福德（Watford）蔓延擴充到海岸。」為了避免此現象，「城市的蔓延擴張必須要停止，建房必須嚴格的限制在經明確指定的地區內，而且必要的住宅再發展措施以安置人口，必須在這些地區內被執行。」[142]

湯姆士‧夏普（Thomas Sharp）可能是1930年代早期在規劃問題上最多產的作家，他採取了一個在任何地方都很強硬的立場。對他而言，邪惡始於埃比尼澤‧霍華德所提出的結合城市與鄉村之觀點，該觀點被實務應用後造成了一個退化的複合現象：

> 從這些沉悶城市中寬廣的、機械性式、吵雜的主要幹道，帶狀式發展出庸俗的住房群，其中毫無秩序地穿插著簡陋的棚屋和骯髒難看的車庫。幾年前曾經圍繞著這些地區的老樹和綠籬，現在已被有著郵筒和電線桿的街道所取代，也被佈告欄和廣告標誌所取代。大部分地區，不再有著以主要道路為邊界的鄉間，有的只是沒有希望的半郊區（semi-suburbia）。[143]

---

141 出處同上，52。

142 Joad, 1938, 81-2.

143 Sharp, 1932, 4.

Cities of Tomorrow

大西路（The Great West Road）鳥瞰圖

1930年代從空中鳥瞰繞道公路（By-Pass）旁多樣的開發，在奧斯特利（Osterley）地鐵站周圍聚集，這是查爾斯‧霍登（Charles Holden）為法蘭克‧皮克（Frank Pick）所做的傑出設計之一。

（© *English Heritage.NMR Aerofilms Collection*）

而且，如果目前的思想方向持續搖擺不定，在新技術的影響下（如收音機、電視、汽車等），情況只會變得更糟。

傳統已被打破，品味徹底地被降低。沒有啟蒙式的指引或權威性的修正……。鄉村的影響使得城市被中性化。都市的影響使國家被中性化。在短短幾年內，所有的一切都會被中性化了。城市的強壯、陽剛氣概，鄉村的柔性美、肥沃、母性富饒，將被降格成一個不能孕育的雌雄同體獸性。**144**（譯注15）

此種不孕化的過程及它的出現是源於對於鄉村的幻想：

近一百年來，我們的行為就像是一位影片迷的女僕，藉著對世界不可能實現的浪漫夢想，而對我們周圍的髒污視而不見。這是一種逃避的可憐態度，將英國城鎮從一百五十年前的美麗與充滿希望，帶向今日之奇形怪狀和令人感到羞恥的狀況。**145**

解決之道將是透過「興建大型的新型公寓街區，以提供未來城鎮大部分人口居住的空間」，而且就是在鄉村，在那裡，鄉村老房子會被拆掉來建造這種新公寓。**146**因此夏普加入了科比意陣營，並決然地與花園城市的傳統保持距離。

在此時期，他與他們以及評論者所共同體驗到的是一種對安東尼·金（Anthony King）稱之為鄉村民主化（democratization of the countryside）的恐懼：一個仍被貴族和中上階級菁英所保留的地區，如今已被中下階級和勞

---

144 Sharp, 1932, 11.

【譯注15】意指雖然很多規劃操作或相關的運動，但沒有系統化的逐步落實，造成整個當時英國的城鄉環境變得「城不城、鄉不鄉」，城市失去應有的機能與效率，而鄉村也受到都市擴張發展之衝擊，失去其自然純淨之美及原有的特質。讀者可自行判斷，是否這個對近八十年前大倫敦地區城鄉環境的嚴厲批判，也適用於現在的臺灣或中國大陸。

145 Sharp, 1936, 98.

146 出處同上，107；1939, 119。

工階級侵入了。[147]喬德在他1938年的文章裡如此露骨地表達：

> 然後是一大群徒步旅行者瘋狂地在樹林裡格格的笑著，或是手牽著手在
> 夜半安靜的村落街上唱著喧鬧的歌。有一群人，只要是有水的地方，無
> 論是在海邊或河岸上，總是以衣不蔽體和骯髒不雅的各種姿勢躺著，完
> 全把他們自己當成牛排，在陽光下烘烤著自己。草地上有帳棚，女孩們
> 則穿著睡衣在一旁，隨著留聲機傳出的旋律而跳舞。周圍隨意亂丟的罐
> 頭、袋子和紙箱，成為他們一連幾週如浪潮般入侵而後又退去的證據。
> 胖女孩們穿著短褲，年輕人打著俗麗的領帶、穿著燈籠褲，而每一個街
> 角的旅館和每一個山丘上的咖啡店都成為他們流連的地方。[148]

這種態度上的衝突很清楚地被表達出來，為了保留南方丘陵（South
Downs）不要建造郊區社區，布萊頓（Brighton）提議將土地出租作
為賽車跑道，但立刻就有來自薩塞克斯丘陵人協會（Society of Sussex
Downsmen）、《泰晤士報》，以及西部與東部薩塞克斯議會和上議院委員會
對此作法的不滿表達。在二讀辯論會時，巴克斯頓伯爵（Lord Buxton）說
道：「坦白說，我並不是特別反對這條車道本身，而是因為此開發方式會為
南方丘陵帶來更多的人潮，因而會破壞了該地的環境適易性。」對此，委員
會主席雷德斯代爾伯爵（Lord Redesdale）被迫地指出：「可使用一切辦法讓
大眾不要進入丘陵，但那時你就不能說你是在為大眾而保留丘陵。至少誠實
點說出，你是在為薩塞克斯丘陵人協會和實際丘陵的居民而保留丘陵。」[149]

在當時對於英國鄉村的爭辯中，出現一些反對的聲浪。其中一個重要的
聲音是來自年輕的埃弗蘭・夏普（Evelyn Sharp）（當時為衛生部城鎮與鄉村
規劃諮詢委員會的祕書），她寫出以下的需求：

---

147 King, 1980c, 462.
148 Joad, 1938, 72-3.
149 Sheail, 1981, 107.

請記住，鄉村不是有錢有閒階級的保留地。鄉村之所以自豪，在於一個事實——自大戰以後快速的鄉村建築開發（每一個政府都盡其所能的推動此種開發），對極大多數的人而言，它的效果是創造了一個較新且較好的社會環境……尤其是對謀生工具非常有限的人。[150]

她辯說，任何想要翻轉此政策的嚴肅嘗試，將「無疑地與社區大部分民眾的期望背道而馳。」[151]的確是這樣，這位未來的常務祕書如此說道。

確實在當時，臨時開發命令（Interim Development Orders）的範圍大約涵蓋 1,950 萬英畝的土地或整個鄉村的一半，而大規模的開發正在這些地方發生。在薩里（受倫敦成長影響最大的郡其中之一），幾乎所有的地主都自願接受開發限制，以避免遺產稅和房地產稅。[152]當時的衛生部常務祕書評論道：「今日每個到過鄉村的人，皆可觀察到戰後威脅要淹沒整個南方的散亂與無秩序的開發之浪潮正在被遏止，而規劃行動已開始在英國的鄉村留下明顯的標記。」[153] 1932 年的法案，藉由提供自願協議和極低密度的分區管制，已開始產生一些作用。但並非每一個人都同意，尤其是喬德教授並不同意。

到了 1938 年，威廉-艾理斯和喬德兄弟（the Joads）有了一個新的強而有力支持者，那就是法蘭克·皮克（Frank Pick）。他在 1920 和 1930 年代，每一次面對公眾的場合時，都會對因為計畫失敗而喪失的機會而感到惋惜。在 1927 年，他指出「太多規劃，但沒有計畫[(譯注16)]……暫時的需求有時雖已被適切地滿足，但卻沒有關照到整體……不幸的是，倫敦迄今尚無一個帶頭指揮者……其尚處於動物發展的低階時期，在此階段其大腦尚未發育完全，且神經裸露遍布整個生物體，刺激那種只為維持生物生存的活動。」在

---

150 出處同上，89。
151 出處同上。
152 出處同上，16, 76。
153 出處同上，128。
【譯注16】太多規劃，但沒有計畫（too much planning, but no plan）是對都市規劃專業操作之問題的一個非常精準的批判。皮克深刻的指出，當時雖然進行了許多規劃案及相關的規劃活動，卻未能確實地實踐規劃的基本理念，而且這些規劃案也缺乏整體觀和系統性。其實此批判也適用於目前英美及臺灣的城鄉規劃專業運作。

1936年時他說道，「這樣的發展……幾乎可類比為一種癌症的成長」；在1938年時他更指出，風險是「一種無固定型態之房屋群的雜亂組合」，在其中「倫敦的鄉村將承受聚集的膿包之苦」。[154]

他的意見得到廣泛的迴響、勢不可擋。納維爾・張伯倫在1937年底成為首相，幾乎立即設立了一個負責工業人口之地理分派的皇家委員會，並由安德森・蒙塔格-巴羅爵士（Sir Anderson Montague-Barlow）擔任主席。次年，在他提供給巴羅委員會的證據下，皮克提出以下的論述：如果倫敦的成長超過依地鐵的經濟服務範圍所定出的12至15英里的神奇邊界限制時，[譯注17] 它「必定會停止成為一個原本本質上的倫敦……一個整體的概念。」[155] 所以，他爭論道，倫敦的成長應該被控制：「倫敦的成長可以是先分派（安置）工業然後是居住，然後再分派產業接著再居住，但如此無止境地建設，倫敦就不會再是倫敦了。如果都市發展將在倫敦周圍形成一大圈的工業城鎮，倫敦也將不會是倫敦了。」[156] 為了此理由，他贊成倫敦周圍要劃設一條至少1英里寬的綠帶，而且要管制新工業在倫敦邊緣地區的設立。[157]

或許皮克對規劃的熱情並非全然是無私的，他想要控制倫敦的實質成長，但並不想控制就業機會的擴展，這其實也符合倫敦運輸部報告書中所說的。他的預言性的恐懼——小汽車擁有率的成長將導致低密度的都市擴張，同時也是一個大眾運輸提倡者的觀點。[158] 但是，在他所有寫的文章中，浮現出一個具一致性，如卡通般、經有機規劃組合之巨型城市願景，在此願景中，一個整合的大眾運輸系統將為這個整體發展的有機體提供一個神經結構，而且土地使用計畫將引領這個有機體能健康地成長。皮克似乎可以肯

---

154 Pick, 1927, 162; 1936, 213; 1938，第8段。

【譯注17】最適都市規模一直是城市規劃的課題之一，其實除了交通因素及通勤成本之外，尚有其他考慮因素（如產業區位、居住區位與居住偏好等），而交通運輸科技（如高速軌道運輸）的發展也拓展了空間可及性的範圍。

155 Pick, 1938, Q. 3099, 3101.

156 Pick, 1938, Q. 3107.

157 出處同上，Q. 2999-3001, 3120-1。

158 Pick, 1936, 213; 1938, Q. 2989.

定，在1930年代，土地使用計畫仍明顯不足，而「迄今為止，隨著這個名字（土地使用計畫）而來的是閒置與無用處。」[159]

他站在一個比任何人都好的位置來了解這些情況，而巴羅委員會的委員們也接受他的說法，因此安排了一系列的事件來推動，並在1947年的城市與鄉村規劃法案時達到高峰。至少英國有一個土地使用規劃系統可以有效地形塑倫敦的成長——而且確切地在每一個都市、城鎮與鄉村的土地上。

---

159 Pick, 1936, 210.

第四章

花園中的城市

花園城市的解決方案：
倫敦、巴黎、柏林、紐約

1900-1940

忘了那六個黑煙瀰漫的郡，

忘了那工廠所噴出的蒸氣與活塞的敲打聲，

忘了那可怕的城市之向外蔓延；

想像著草原上有一群馱馬在嘶啼，

想像著倫敦變得精巧、潔白、又乾淨，

想像著清幽的泰晤士河畔盡是綠意盎然的花園綠帶。

威廉‧莫里斯（Willam Morris）

《人間樂園》（*The Earthly Paradise*, 1868）

　　讓每個早晨的黎明成為你每日生活的開場，讓每個夕陽成為每日生活的謝幕，再讓此短暫生命中的每一個時刻都留下嘉惠他人的紀錄，也留下為你自己所積累的力量或知識；如此日復一日、逐漸增強，你應當確實地善用藝術、思想及正確的意志來從事建設，對於英格蘭的教會建築，你不應該說，「要看這是何等的石頭」，而應該說「要看這是何等的人們」。

約翰‧魯斯金（John Ruskin）

《藝術講座》（*Lectures on Art*, 1870）

〔雷蒙德‧歐文（Raymond Unwin）最喜愛的引文〕

即使是易惹人非議的，但還是必須要說明：雖然面對激烈的競爭，埃比尼澤‧霍華德（Ebenezer Howard, 1850-1928）才是這整個故事中最重要的一個角色。因此，即使大多數人對他存在著錯誤的刻板印象，我們仍必須嘗試正確地了解這號人物。無論在當時或今日，總有些不正確的言論，批判著他的理念與作為。那些批評霍華德的人，在他以速記工作維生時，以「都市規劃操作員」這種貶抑的字眼來稱呼他。他們說，霍華德提倡低密度田園風格的計畫，但事實上，其所提出的花園城市需有與倫敦內城差不多的密度，才足以使其運作，而後來的規劃師甚至認為，其概念以高層塔狀建築的形式可能更容易實踐。他們將花園城市與漢普斯特德（Hampstead）和許多模仿之作的花園郊區住區混為一談，[譯注1]但實際上，霍華德的主要副手雷蒙德‧歐文，才應為此受到一些譴責。至今他們仍然以為，霍華德想要將人們移至離群索居之鄉間小鎮，然而他實際上提議的是，有著成千上萬，甚至上百萬人口的集合城市的規劃。他們指控霍華德把人們當作棋盤上的棋子，隨意地移來移去，但事實上，他夢想著建立居民能主動參與管理的自治社區。最大的誤解可能是，他們將霍華德視為是一位實質建設的規劃師，而忽略了他所提出的花園城市理念的真正意涵，是要將資本主義社會逐漸改造成為一個可永久發展的全民合作型社會。

他們不能聲稱是霍華德把問題變困難了。在他七十八年的生命當中，霍華德只寫了一本書以及它的精簡版。該書第一次是在1898年以《明日：一條通往真正改革的和平之路》（*To-morrow: A Peaceful Path to Real Reform*）的書名出版，之後經增修內容後，在1902年以《明日的花園城市》（*Garden cities of Tomorrow*）之書名再度發行。後者可能較容易引起興趣，但它卻誤

【譯注1】霍華德所提出的花園城市理念，內容相當完整，包括具體的財務計畫，並有連結各花園城市單元（衛星城鎮）的城際鐵路規劃構想，以及共享資源及集體勞作的社區集體生活模式。其實霍華德所提出的是一個新的城鄉發展模式，而不僅是規劃一個遠離都市問題的花園郊區（住宅城）而已。霍華德也懷有深遠的社會改革理想，正如霍爾教授在本書中多次指出的，霍華德的花園城市理念不僅是要透過分散化發展來建立一個具有良好實質環境的新花園城鎮，也是為了營造一個自治與共享的新社會。這對當時的社會而言，是一個很大的制度與生活上的變革，但不同於當時的激進社會主義者所提出的革命運動，霍華德所主張的是以和平方式來達成上述目標，所以其著名的《明日的花園城市》一書的次標題為：一個和平的革命。

導了人們對此信息的真實激進角色的認知，將霍華德從一位社會願景家降級為實質規劃師。

霍華德思想的起源

　　想要更清楚地理解霍華德的貢獻，必須將他放在其生活的時代背景中來加以檢視。他在1880和1890年代在倫敦發展他的規劃理念，那是一個激進動盪的時代，此在本書第一章中曾描述過。身為一位折衷主義的思想家，除了自由地運用當時普遍流傳的一些思想之外，其早期的種種經歷，也為他帶來很大的影響。[1]霍華德於1850年在倫敦市出生，在巴比肯（Barbican）重劃區邊界的一塊紀事碑上記錄著此一事實，但是他似乎一點也不喜歡這種對他的紀念性推崇方式。霍華德在英格蘭南部和東部的小鄉村城鎮成長，包括薩德伯利（Sudbury）、伊普斯威奇（Ipswich）及切森特（Cheshunt）。在21歲時，他移民到美國，在內布拉斯加州（Nebraska）從事開墾拓荒。他確定自己不是當農夫的料，所以在1872到1876年間，他來到芝加哥，開始了速記員的生涯，這也成了他重要的終生職業。或許我們對1872至1876年代所知不多，但這段時間對霍華德而言卻很重要。霍華德在開墾區從事農耕時，親身經歷了1862年的宅地法案（Homestead Act）[譯注2]，這項法案提供墾荒者大量免費的土地，因此建立了富裕農村和小城鎮的經濟與社會基礎，並藉此發展可促進農業技術和機械方式改善的教育系統。之後，他搬到芝加哥，目睹了該市1871年大火之後，整個城市從廢墟中再度站起來的偉大重建。在那個摩天大樓還沒有出現的時代，芝加哥是全球聞名的花園城市：這是霍華德為人熟知的花園城市理念的創意來源。他一定見識到當時芝加哥市9哩外，德斯普蘭斯河（Des Plaines River）旁的河岸住區（Riverside），這是由

---

1 Osborn, 1950, 228-9.
【譯注2】宅地法案是1862年美國聯邦政府頒布的土地放領法案，係針對農業發展所需，以很低的價格轉讓或無償分配國有土地的法案，此法案幫助自耕農能擁有自己的土地，也協助確立了小農土地所有制，為美國後來農業資本主義的發展創造了一些支持的條件。

景觀建築大師弗雷德里克‧勞‧奧姆斯特德所設計的河岸花園郊區住區。[2]
霍華德從未承認自己的創意是來自芝加哥，但是其規劃想法的輪廓一定是從
那裡開始的。從一本1876年出版的設計手冊中，霍華德學到一些城市規劃
的基本概念，此手冊是班傑明‧沃德‧理查森（Benjamin Ward Richardson）
所著的《海吉亞》（Hygeia）或稱《健康之城》（the City of Health）。其主要
的概念包括：低人口密度、高品質住宅、寬闊的道路、地下鐵，以及足夠的
開放空間，這些都是花園城市理念的必要條件。[3]

　　回到英國之後，霍華德與家人搬到斯托克紐因頓（Stoke Newington）一
條景觀不佳的街上，全家住在狹小的房子裡，[4]此時，他開始認真的思考與閱
讀。當時農業經濟嚴重地衰退，造成大量失業的農民遷移至城市，聚集在倫
敦的貧民窟內。[5]霍華德加入一個名為探求者辯論社（the Zetetical Society）
的自由思辨組織，社員有喬治‧蕭伯納（George Bernard Shaw）和西德妮‧
韋伯（Sidney Webb）等人，他很快地就與他們建立良好的關係。[6]其後在他
的著作中，雖然霍華德仍堅信自己獨自構思出花園城市理念的核心概念，
但他也發現自己從其他作家處取得不少靈感。當然，還有許多先賢也提供
霍華德不少有用的觀念，例如從赫伯特‧史賓塞（Herbert Spencer）那裡，
他得到了土地國有化的想法；從被遺忘的先賢湯姆士‧史賓斯（Thomas
Spence）處，他發現了一個絕佳的作法：讓社區以農地價格購買土地，隨
著城鎮發展，這些土地會增值，土地上漲的利潤就可回饋到社區資金。但
史賓斯並未解釋，民眾該如何使用這些土地，這使得霍華德轉向探討計畫
型殖民（planned colonization）的概念；此概念在米爾（J. S. Mill）的《政
治經濟原則》（Principles of Political Economy）一書中獲得支持，也得到前
馬克思主義時期的社會民主基金會和凱爾‧哈迪（Keir Hardie），以及湯姆
士‧戴維森（Thomas Davidson）等人的支持。戴維森的支持發揮了重要的

---

2 Osborn, 1950, 226-7; Stern 1986, 133-4.

3 Beevers, 1987, 7.

4 Buder, 1993, 31.

5 Beevers, 1987, 9-10.

6 Beevers, 1987, 13-14.

影響，他是蘇格蘭裔美籍哲學家，曾創立新生活聯誼會，此聯誼會後來分裂，並發展出費邊社（就如同蕭伯納別具一格的描述：有人坐在蒲公英之間，另外也有人正在組織碼頭）。[7][譯注3] 早在五十年前，愛德華·吉本·韋克菲爾德（Edward Gibbon Wakefield）便針對貧民問題發展出計畫型殖民的概念。韋克菲爾德所促成的計畫，也就是科隆奈爾·賴特（Colonel Light）為澳洲南部的阿德萊德（Adelaide）所做的著名計畫，此計畫提出了一個重要的概念：一旦城市發展到某種規模，就需發展第二個城市，並藉由綠帶與原城市隔開。此即為霍華德所承認之「社會城市」（Social City）概念的起源，雖然雷蒙德·邦克（Raymond Bunker）已經證明：在科隆奈爾·賴特的計畫中，從一開始北阿德萊德（North Adelaide）便是整個計畫中的一部分，而不是霍華德所想像的附屬衛星城市。[8] 至於詹姆斯·西爾克·白金漢（James Silk Buckingham）為一個示範城鎮所做的規劃，則成為霍華德花園城市概念圖中大多數重要元素的參考資料來源：中央綠地、放射狀大道及外圍工業區。當時鄉村地區的示範型工業村鎮〔像是利物浦附近利弗（Lever）的陽光港（Port Sunlight）〕，以及伯明罕外側卡德伯里的伯恩維爾（Bournville），則提供了如何從擁擠城市成功地推動工業離心化發展的實際範例和運作模式。

經濟學家阿爾弗雷德·馬歇爾（Alfred Marshall）在其1884年的一篇文章中提出一個觀點：「大量倫敦人口遷徙到鄉村地區，就長期而言，在經濟上是有益的──這將對那些遷居者及留下來的人們都有好處。」[9] 馬歇爾觀點的推理基礎在於新技術有助於人口分散化發展；無政府主義者彼得·克魯波特金（Peter Kropotkin）於1898年在他的著作《農場，工廠和工坊》（*Fields, Factories and Workshops*）中，也曾提出相似的觀點。這些當然對霍華德帶來影響。馬歇爾甚至對這樣的機制，提出建議：

---

7 Meller, 1990, 67.

【譯注3】原文為One to sit among the dandelions, the other to organise the docks，意指19世紀社會主義思潮下對現實不滿的知識分子之不同的作法與發展傾向，有人傾向於提出口號與批判，也有人辛苦地進行實際的運動。

8 Bunder, 1988, 66.

9 Marshall, 1884, 224.

此主要計畫將符合委員會的需求。無論此委員會是否特別為此目的而成立，皆可吸引他們於遠離倫敦煙霧範圍的其他地方建立殖民地。在看過他們在那裡購買或建造適合的房屋的方法後，他們將與部分低工資勞工進行溝通。[10]

查爾斯‧布斯（Charles Booth）在設法解決被他歸類為 B 級貧戶的問題（即社會問題的關鍵）時，提出一個類似溫和專制主義觀點的答案：藉由在倫敦以外地區，建立勞工殖民地，來將他們從城市勞動力中撤出，此為「濟貧法案（Poor Law）的延伸作法」：

> 我的想法是，這些人應該被允許在工業簇群中像家庭一樣的生活，在土地和建材是便宜的地方定居；他們擁有良好的住所、吃得飽、穿得暖；他們接受教育與技能訓練，並且可找到從白天到晚上的工作，無論是在室內或戶外，可為自己或政府而工作；他們蓋自己的房子、在自己的土地上耕種或製作衣服和家具等。政府應提供物資或其他任何需要的物品，以交換他們的工作成果。[11]

布斯承認這種解決之道是殘酷的：「這樣的生活一點也不吸引人」，而且「困難處主要在於如何誘導或驅使這些人接受一種被管制的生活」。與他同姓但沒有親屬關係的救世軍將軍威廉‧布斯（Genaral William Booth）也倡議，將窮困的殖民區轉型為有著小型工業的農業型小家庭的殖民區；這種殖民區，與倫敦保持著適當的距離，但又離其他城鎮或鄉村有足夠的遠，以避免公共住宅的影響，此乃所謂的「文明的毒樹」：[12]這是霍華德在其書中提出的一個建議，之後應用在乾旱荒涼的萊奇沃思，在那裡，彩虹旅館（Skittles Inn）販賣著檸檬茶、薑汁啤酒，提供鄉村消遣、閒聊的場所。

1892 年，佳能‧巴納特（Canon Barnett）的湯恩比委員會（Toynbee

---

10 出處同上，229。

11 Booth, 1892, 167.

12 Booth, 1890, 128.

Commission），依照同樣的傳統，呼籲「工業團體」為這些「道德低落的社會低下階層」提供「符合人性原則的強制性工作」，此成為日後費邊社積極推動的解決方案。[13]但是，霍華德承襲著馬歇爾的想法，並未將花園城市視為是那些卑微貧民的殖民區。相反地，他認為它們應被在社會階層中較上層的階層（這是查爾斯‧布斯所謂的C級社會階層——他們會因此從城市貧民窟的奴役中獲得解放）來建造與管理。所以，霍華德的方案中有不少內容是使用源自工業化鄉村推廣協會（the Society for Promoting Industrial Villages）的觀點，此協會是亨利‧索里（Henry Solly）牧師所創立，曾在1883到1889年間蓬勃發展。[14]霍華德提出的解決方案並不是專制主義的作法——至少不像某些殘存的潛在意識；其反而更堅守無政府主義傳統。

　　1880年底，霍華德搜集了所有他需要的資料，但仍無法將它們整合在一起。此時重要的關鍵是愛德華‧貝拉米（Edward Bellamy）的暢銷科幻小說《回顧》（*Looking Backward*）[譯注4]，霍華德在1888年時讀過此書，他承認曾受到此書的影響。[15]從1892年開始，他開始積極地向倫敦的革新團體，大談他的理念。[16]

　　霍華德理念中的許多想法其實都有人曾經提過，而且經常是出現過好幾次：例如勒杜（Ledoux）、歐文（Owen）、彭伯頓（Pemberton）、白金漢（Buckingham）和克魯波特金（Kropotkin）等人都曾提出過，城市應控制人口規模，並有農業綠帶環繞在其四周的想法。聖賽門（Saint-Simon）與傅立葉（Fourier）也都認為城市應該是構成一個複雜區域系統的部分元素；[17]馬歇爾和克魯波特金都預見到科技發展對工業區位之影響，而克魯波特金和愛德華‧貝拉米則認為，未來會進入一個小型工坊的時代。霍華德也受到貝拉米的小說《回顧》的影響，因而放棄其對集中化社會主義的管理及個人應服

---

13 Stedman Jones, 1971, 305-6, 334.
14 Buder, 1990, 23.
【譯注4】貝拉米為19世紀烏托邦主義的代表性作家之一，他在1888年出版了《回顧》一書，此書根據烏托邦的想法發展出社會改造的藍圖，對當時社會產生很大的影響。
15 Beevers, 1987, 18, 27.
16 出處同上，30。
17 Batchelor, 1969, 198.

從團體觀念的支持，他將此視為是獨裁主義。[18]霍華德傳記的作者羅伯特‧比弗斯（Robert Beevers）曾指出，這些主要的影響皆來自於英國的反傳統力量，其中除了克魯波特金的思想之外，皆非源於歐洲大陸。[19]

更廣泛地說，回歸土地運動（Back to the Land Movement）也必然影響到霍華德的想法，此運動是受到都市成長、都市貧民窟、農業蕭條、懷舊思潮、準宗教動機、反維多利亞傳統等因素的刺激而產生，於1880至1914年間在知識分子間流行：這在當時是一個相當不一樣的運動，在許多面向上皆與1960和1970年代的同類型運動相似。[20]當時至少可以追溯到28個那樣的十九世紀社區，除了5或6個之外，皆屬於鄉村社區；在那裡的居民包括烏托邦社會主義者、農村社會主義者、宗教狂熱者及無政府主義者等，大多數人都生存不久，雖然有時他們的住區仍被保留下來，但樣貌多已改變：赫倫斯蓋特（Heronsgate）社區，一個由一群英國憲章運動支持者，在經歷爭取政治需求失敗以後，於1848年在赫特福德郡（Hertfordshire）所建立的社區，如今已成為M25高速公路旁的智慧型股票經紀人社區。[21]在這些事件的背後，有一個更大的運動，係以莫里斯和魯斯金等作家為代表，其目的是拒絕工業化的巨大陷阱和回歸到一個以手工藝和社區為基礎的簡單生活。(譯注5) 所以，誠如霍華德寫道的，社區自力建屋的想法，已在許多地方流傳。

花園城市與社會城市

目前吾人所知的花園城市的組成成分與最初發展時有很大的差異。霍華德所主張和實踐的，如同其書中章節標題所強調的，是一個匠心獨具的提案組合。他以著名的「三磁鐵關係圖」（diagram of the Three Magnets）開始，來闡述其花園城市的理念精神。該書中圖例所呈現出的創意，今日看來非常

---

18 Meyerson, 1961, 186; Fishman, 1977, 36.
19 Beevers, 1987, 24.
20 Marsh, 1982, 1-7.
21 Darley, 1975，第十章；Hardy, 1979, 215, 238。
【譯注5】此概念有些類似生態社區及社區總體營造理念中所強調的，發展小型在地產業及互助共享的社區生活方式。

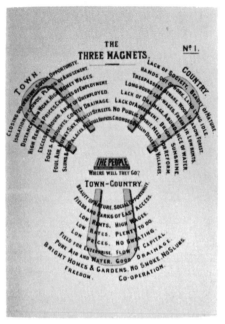

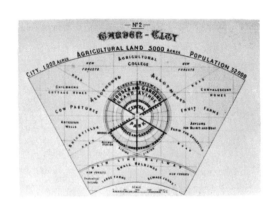

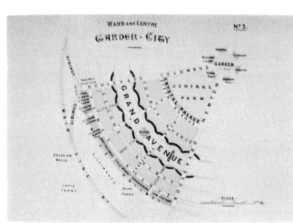

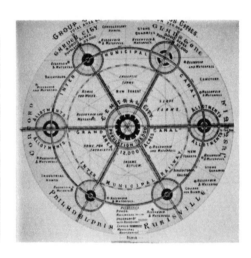

明日的花園城市

1898年霍華德花園城市專書第一版時的主要圖例,標題為《明日》。第四個圖展現了他多核心社會城市的願景,此一完整的花園城市形式展現以後,再版時就未再製作了。

古樸有趣，尤其以第一版彩色印刷本最為生動，但該書將許多複雜的論述塞在一頁（以現在的專業術語來寫，需要更多的篇幅），也影響到閱讀的效果。維多利亞時期的貧民窟城市，在很多方面確實是一個可怕的地方，但它也提供了經濟和社會發展上的機會，並提供了希望與聚集。晚期維多利亞的鄉村（人們多以感傷的觀點視之），事實上並沒有給人們太大的希望：雖然有新鮮空氣和自然環境，但也深受農業蕭條的打擊且不能提供足夠的工作機會與薪資，並且缺乏適當的社交生活。但是，也有可能創造出全新的局面，就是結合城鎮與鄉村的最佳之處，藉此發展為新的集居模式：即所謂的城鎮鄉村（Town-Country）。

為達成此一目標，需要有一群人（包括具備足夠經濟競爭力與信譽的人），來組成一個股份有限公司，以便取得貸款在鄉村興建花園城市，並遠離都市，以確保能用正在谷底的農地價錢來購買土地。此外，還必須與重要的工業家們達成協議，讓其同意將他們的工廠移到那裡，而工人也需跟著移過去，蓋他們自己住的房子。花園城市將有一個固定的規模極限，對此，霍華德的建議是：32,000人生活在1,000英畝的土地上，此大約是中世紀時倫敦城市規模的1.5倍。四周圍繞著大面積的永久性綠帶，也是由該公司擁有（霍華德建議為5,000英畝），這片5,000英畝的土地，不僅包含農場，還有必要的服務設施，例如能受惠於鄉村環境的感化院與安養院。

隨著愈來愈多的人口移往花園城市，此城市將達到計畫上的規模極限，但不遠處會有另一座花園城市開始發展。就這樣地，隨著時間的進展，有計畫地逐漸開展出一個大型且經規劃的聚合型城市（agglomeration），並無限地向外延伸。在其中，每一座花園城市將提供廣泛的工作機會與服務，快捷的運輸系統將連接各花園城市（霍華德稱之為城際鐵路），如此將為此巨型聚合城市帶來更多經濟與社會發展的機會。霍華德稱此為多核心發展願景的社會城市。（譯注6）由於相關的概念圖於第二版及後續版本中被刪除，大多數的讀者可能無法體會到這才是「城鎮鄉村」（town-country）理念的具體實

【譯注6】霍華德的花園城市規劃理念其實是多核心分散發展的概念，當時其已預見未來都會及區域發展，將呈現出多核心發展的空間型態，事實上，目前全球多數大都會的發展，確實是如此，由此也可看到霍華德的遠見。

踐，不是只是營造單獨一座的花園城市。

　　霍華德的花園城市理念並不僅是實質計畫的藍圖而已，在三磁鐵關係圖下方的文字：自由（FREEDOM），合作（CO-OPERATION），並不只是一種修辭，它們其實才是花園城市理念的核心。誠如劉易士・孟福於1946年為介紹花園城市所寫的引言中所正確指出的，霍華德真正在意的是社會發展過程，而非僅是實質空間形式而已。[22]因此關鍵是市民將會永久地擁有土地。每座花園城市及其周邊綠帶，共占地6,000英畝（2,700公頃），可以用頹靡不振的低廉農地價格於公開市場中購得：每英畝約40英鎊（每公頃100英鎊）或總價240,000英鎊，抵押貸款債券可籌得4%的金額，土地則由四個受託單位（受託人）負責管理。[23]霍華德認為，隨著花園城市的發展，土地會迅速增值，並帶動租金的上漲。[24]這就是其提案的關鍵創新部分：租金會持續地上漲，讓這些受託人可以逐步付清抵押貸款，並成立發展基金，以提供該地區所需的社會福利。[25]所有這些觀點都體現在第一版另一個彩色的圖說中，但此圖說後來被刪除了，以致造成人們不易了解霍華德所欲傳達的訊息的悲慘後果：此概念以「地主租金之消失點」（The Vanishing Point of Landlord's Rent）的標題出現，其呈現出，花園都市中所帶來的都市土地增值的利潤，終究會回流到社區。特別是，它將能「為現在被困陷在工作場所中的年老貧者儲備足夠的退休金，並趕走絕望、帶來希望，讓刺耳的憤怒聲音平息，且能喚起友愛善意的溫柔之聲。」[26]

　　霍華德因此爭辯道，他所提出的是第三社會經濟系統，是優於維多利亞資本主義和官僚集權化的社會主義的，而其關鍵在於地方管理和治理。地方當局或更有效率的委外民間部門將提供各項服務，[譯注7]其他的支援將來自

22　Mumford, 1946, 37.

23　Howard, 1898, 13.

24　出處同上，21。

25　出處同上，20-1。

26　出處同上，141。

【譯注7】霍華德的花園城市理念中相當強調地方政府的角色、社區自發性管理，以及透過公私合夥來進行花園城市的開發與管理，這些概念與近十餘年來規劃界流行的地方治理與公私合夥理念有不少相通之處。

人們自己，透過一系列霍華德稱之為支持市政的實驗。特別是，人們將以營建協會、互濟會、合作社或商會提供的資金來建造他們自己的房屋，而這些活動也相對的可促進地方經濟發展。其實，霍華德比約翰‧梅納德‧凱恩斯（John Maynard Keynes）或富蘭克林‧德拉諾‧羅斯福（Franklin Delano Roosevelt, FDR）總統早了四十年，就提出社會可以藉由公共支出來作為度過經濟蕭條的方法。

而且，無須藉由大規模的中央政府干預，就可完成這些工作。霍華德的計畫將透過數以千計的小型企業而實踐：每一個人，無論男女，只要擁有技藝就可成為一個小型企業主。根據他的說法，這些人是：極有天分的各類工程師、建築師、藝術家、醫療人員、衛生專家、造園景觀師、農業專家、調查員、建築商、製造商、商人金融家、貿易工會組織者、友善且能合作的協會，以及低技術性勞工，再加上擁有較低技術但具天分的人。[27]這是一種典型的美式願景：將自耕農的精神（the homesteading spirit），帶回工業化的英國。這將是自耕農駕馭了新技術，並建立新社會經濟秩序：這是一個偉大的願景，不只在當時開啟了現代化之路，甚至是近一世紀之後。[譯注8]

萊奇沃思與漢普斯特德：歐文與帕克

霍華德是懷有偉大夢想的夢想家，但並不只於此，他也是一位典型的實踐家。現代讀者在回頭閱讀其著作時應會感到驚訝，書中有這麼多財務計算的內容。[譯注9] 其著作不是為了那些追尋烏托邦式簡單生活的民眾而寫，而是為了那些要確保其投資能夠回收的殷實維多利亞商人而寫作。他書中的財

---

27 出處同上，140。

【譯注8】這種自耕農駕馭新技術，建立新社會與經濟秩序的理想，以及維持自持式農業生活的生活態度，也是晚近流行的永續農業理念的精神之一，例如臺灣以小農為主的農業發展歷程中，近年來已有愈來愈多的年輕人願意回到自己的農村家園，打造強調生態環保與健康的精緻農業以及一種新的強調共享的產銷與社會機制。

【譯注9】就實務操作的角度來看，花園城市理念要能夠具體的落實，必須要能吸引開發商的投資、吸引標的人口的如期進駐，以及提升財務自償率，霍華德顯然了解這些關鍵問題，因此在其所提出的花園城市規劃模式中，提供了不少財務分析與經濟面向的討論，唯受到經濟不景氣及規劃環境改變的衝擊，其理念的實踐，仍遭遇相當大的困難。

務計算內容其實是滿實用的：維多利亞後期的英國，通貨膨脹率很低，聯合公債年利率僅2%，而「慈善事業加上五個百分點」，是一個眾所皆知的概念。[28]

其計畫的特點之一，在於它可以被漸進式的達成，藉著一系列能相互支援的個別地方行動計畫。正如鄧尼斯‧哈迪（Dennis Hardy）所寫道，花園城市是一種準烏托邦，在不完美的現實世界裡，嘗試營造一個完美的城市。[29]在專書出版的八個月後，1899年6月21日，霍華德在倫敦法林頓街（Farringdon Street）紀念堂所舉辦的一個會議中，領導創立了花園城市協會（Garden City Association, GCA）來實踐他的理念，並且「根據重要的計畫方針，配合必要的修改，最終擬定實際可行的計畫」。霍華德小心翼翼地擬定計畫，不但有利於當時的兩個政黨，也廣邀製造業者、商人、金融業者、投資合作者、藝術家以及內閣官員的參與。[30]至1902年，專書第二版出書時（已刪除了那些重要的概念分析圖），會員已增加到超過1,300人，其中包括2位貴族、3位主教、23位國會議員、一些學者如馬歇爾（Marshall），以及6位實業家如卡德伯里（Cadbury）、利弗（Lever）、朗特里（Rowntree）等。知名的律師拉爾夫‧納維爾（Ralph Neville）後來很快地成為法官，在1901年時擔任議會主席，當時即抱持著實踐的精神而投入；年輕有才幹的記者湯姆士‧亞當斯（Thomas Adams）則擔任祕書，也發揮許多貢獻。[31]在1900年，年輕的花園城市協會（CGA）進行改組，成立了第一花園城市有限公司（the First Garden City, Limited），其資本額為50,000英鎊加5%的股利。兩年之後，花園城市先鋒公司（the Garden City Pioneer Company）正式註冊，資本額為20,000英鎊，該公司創立的目的主要是為了尋找具有潛力地點，以建造花園城市。[32]

---

28 Hall和Ward, 1998, 26。

29 Hardy, 2000, 73-4.

30 Macfadyen, 1933, 37; Beevers, 1987, 72.

31 Macfadyen, 1933, 37; Simpson, 1985, 2; Beevers, 1987, 72-3, 79-80.

32 Macfadyen, 1933, 37-9; Simpson, 1985, 14.

新易爾斯威克（New Earswick）

一個經典的歐文—帕克設計，圍繞著一個封閉的綠地，意圖抓住中古世紀方院的
社區品質。

先鋒公司的高階主管們依據霍華德的理念，設定了一些選址標準：土地面積需介於4,000到6,000英畝之間、要擁有良好的鐵路交通聯繫，以及需有良好的供水與排水系統。斯塔福德郡（Stafford）東側基德利堡（Childley Castle）的一處地點不錯，但因為距離倫敦太遠而被放棄。萊奇沃思，一個距倫敦34英里，農業嚴重蕭條但地價很低的地區，因符合上述條件而入選。在經過與15位地主祕密協商之後，以155,587英鎊購得這塊3,818英畝的土地。第一花園城市公司在1903年9月1日以300,000英鎊的資本額註冊，其中80,000英鎊必須立刻公開募集，再加上5%股利。[33]經過一場小型的競爭，在1904年時，歐文和帕克雀屏中選，成為該案的建築設計師。[34]

　　當時，關鍵的問題是，需要有更多企業的投入：此時第一花園城市公司由納維爾（Neville）擔任主席，共有7位企業家加入，包括卡德伯里（Cadbury）、肥皂大王利弗（Lever）、使用「伊德里斯，清涼解渴」廣告標語的飲料大亨伊德里斯（Idris），還有一位紡織廠老闆、一位報業大亨及一位鑄鐵工廠老闆。除了花園城市協會的工作之外，湯姆士·亞當斯則是從花園城市協會借調過來的兼職人員，他以輕鬆的方式來管理公司，其充滿活力、富想像力、機靈圓滑且具幽默感，但可惜缺乏管理經驗。[35]

　　當時宣傳做得不錯，在1905年夏天，有60,000人來參觀這座花園城市的開發進展。[36]但是，鄧尼斯·哈迪做了以下評論：

　　　建立花園新城需要相當龐大的資金，促得霍華德放棄了向激進改革派分子們募款並立即可募到資金的機會，這些人其實相當支持建立一個「合作型的共同體」（Co-operative commonwealth），霍華德反而更加頻繁地與愛德華時期的公司董事會及菁英俱樂部接觸。[37]

---

33 Culpin, 1913, 16; Simpson, 1985, 14-17.

34 Miller, 1992, 52-4.

35 Simpson, 1985, 17.

36 Beevers, 1987, 86, 98-100; Hardy, 1991a, 47, 52.

37 Hardy, 1991a, 47.

喬治‧蕭伯納是霍華德終生最堅定的支持者之一，也總是給予霍華德最鞭辟入裡的批評，其精準地點出霍華德的局限：

從週六一直到昨天，我們南下欣德黑德（Hindhead）。星期一，花園城市大師霍華德在欣德黑德的大會堂演講，配合著奇妙的燈光，他以小說馬丁‧朱澤爾維特（Martin Chuzzlewit）中史蓋德（Scadder）先生的方式來陳述花園城市之興盛住區的前景。儘管我非常努力地加強演講效果，嘗試幫他打破隔閡，但聽眾似乎不贊同他的演講內容。最後主席再說一遍，並搭配著一些感謝的話，這時場面變得亂烘烘的，我高高地舉起手，其他人也跟著舉起手，因此替霍華德解除了危機。我指出，雖然製造業者已經做好進駐鄉村的準備，但他們去那裡只是因為那裡有廉價的勞工。我建議六大製造業者，建造一個能提供良好薪資的郊區新市鎮，相對地，他們可從房租和店面租金，或直營肉類、麵包、牛奶產品，再把錢賺回來。此時，這些欣德黑德的無產階級們才開懷大笑，結果是我成了最了解製造業特質的專家，而大師則成為仁慈的泥沼中的一處清源。[38]

蕭伯納本來就是個非常聰明的人，所以很快地就能抓住重點。早在1901年，他寫信給納維爾，質疑資本家是否會接受限制他們自由的信託契約；資本家或許會同意5%的股利分配，但不會分配他們所有的利潤給其他人；為了實踐花園城市的理念，唯一的方法似乎就只有讓花園城市能夠如同公共道路或電信服務般的國有化。[39]不久之後，事實證明蕭伯納是對的。萊奇沃思花園城市開發案長年來都處於資金不足的困境：1903年正式運作時，預計需資金300,000英鎊，卻只募集了40,000英鎊，而且都是來自董事階層；一年以後，更證明了這個計畫無法吸引企業的進駐；當時較明顯的突破是，一家大型的出版商登特（J. M. Dent）來此設立印刷和裝訂工廠。[40]頭

---

38 節錄自Beevers，1987, 70。
39 Beevers, 1987, 73-6.
40 Jackson, F., 1985, 71; Simpson, 1985, 20, 35.

兩年只有1,000位居民搬進來，大多數是理想主義者與藝術家，他們的遷入卻意外地為萊奇沃思帶來負面的名聲：「這裡是各方異類人士得以展現自我的聚集地，但卻與我們神聖的住所僅有一線之隔。希望這座瘋狂城市能向阿勒塞（Arlesley）再移近一些。」[41]諷刺的是，阿勒塞是當地的精神病院。這種說法當然過於偏激，卻也不是毫無道理。[42]在此與外界隔絕的集居村內，居民沿著大理石噴泉的四周，搭起一座座吊床、睡在那裡，並用馬蹄壓住帆布，將空間分隔開來；他們還依照克魯波特金的理論來種植小麥，雖然予以細心照顧，但結果卻是雜草叢生。[43]

有很長一段時間，此花園城市無法建造住宅、商店、工廠和公共建築；股利也未曾發放，直到1913年才有1%的股利。[44]董事會很快就解除霍華德所有的管理職位，或許霍華德也覺得自己不適合這些職位。[45]這些董事們，在更換頻繁的情況下，都神經緊張、渴望著能迅速獲利，同時也害怕公司會立即瓦解。[46]在1905年8月，公司成立一年多之後，董事會決議以岡特（W. E. H. Gaunt）來取代亞當斯，他當時是特拉福德公園（Trafford Park）計畫的經理，其實像他這樣的人才是一開始就應該被僱用的。[47]

協會的備忘錄和規章並未提及權力將會逐步移轉到社區的法律義務，[48]而董事會對於社區會獲利的這項關鍵議題，也支吾其詞，於是產生了一個妥協的作法：租戶們可就兩項選擇中擇一，一是十年修訂一次的「霍華德租約」，另一個是為期九十九年的固定租約；當然大多數居民選了第二個租約。[49]因此，在事實上，霍華德及其所提倡的核心理念很快地就從架構中被移除，而亞當斯也可能是因為無法接受此新政策而辭職了。[50]就如羅伯特·

---

41 Macfadyen, 1933, 47.
42 Marsh, 1982, 238-9.
43 出處同上，238-9。
44 Creese, 1966, 215-16; Fishman, 1977, 71.
45 Beevers, 1987, 82, 86-9.
46 Simpson, 1985, 35.
47 出處同上。
48 Beevers, 1987, 90.
49 出處同上，93-6。
50 Simpson, 1985, 38.

菲什曼（Robert Fishman）所評論的：花園城市並未成為資本主義之外的另一種和平解決方案，反而成為維護資本主義的工具。[51]

董事會對其他事務也都同樣地持保守態度：1905年他們放棄當初提出之市鎮中心的部分內容——一座巴克斯頓風格的半月形建築，其將作為一個永久性的郊區住房展覽會場，雷蒙德・歐文於是將其精力轉向漢普斯特德的花園郊區住區。事實上，這種嘗試也是效果有限，即使建造房子的費用只要150英鎊，因而讓一週的租金可控制在22至82英鎊的範圍，但對當時缺乏足夠技能的勞工階級而言，還是無法負擔，以致他們只好在花園城市之外的地方另覓便宜的簡陋住所。更諷刺的是，媒體報導這裡是適合度週末的地方，而非為需要的勞工所提供住所的地方。《曼徹斯特晚報》甚至形容某些中產階級的婦女們興奮地說道：「這真是個小巧，又可愛的地方呀」；「喔，這是多麼的吸引人呀！」[52]多數當地早期的房子是由土地投機業者所建，是使用帕克和歐文一直想要廢除的怪異的設計手法，[53]然而，歐文依舊擔任諮詢建築師直到1914年5月與帕克解除合夥關係。普爾東（C. B. Purdom）指出：「歐文打了一場失敗的仗，然後在1906年逃到漢普斯特德的花園郊區住區……之後就很少在萊奇沃思出現了」，此說法似乎是令人感傷的誇大其辭了。[54]

很快地，花園城市中這些早期的中層階級「怪咖」，逐漸被藍領工人所取代，其實他們才是花園城市存在的理由。但諷刺的是，這些工人們並不是以合作的精神來與參與事務，反而是更加擁抱工會制度和社會主義。[55]在一個有著特殊諷刺的發展下，許多來自西克森（Hitchin）的工人們，實際上是通勤到鄰近絲普瑞拉（Spirella）的大型工廠去工作，「生產那些萊奇沃思婦女很明顯從來不穿的緊身胸衣，但她們的丈夫卻將其賣給其他城鎮教育水平較低的婦女，因而獲得可觀的利潤。」[56]

---

51 Hardy, 1991a, 47.

52 McGahey, 1990, 17-18.

53 Fishman, 1977, 71-2; Beevers, 1987, 113-14, 131; Sutcliffe, 1990, 262.

54 Miller, 1992, 75.

55 Simpson, 1985, 34.

56 Macfadyen, 1933, 51; Marsh, 1982, 234.

然而，從這些當中存留下來的是霍華德理念中被稀釋的精華部分。十年後，此花園城市開始發放股利，並持續地成長，但比當年創建者們所預期的慢了許多，1938年時人口達到15,000人，比預期的目標少了一半。在第二次世界大戰之後，受到政府補助的離心化發展計畫之助，此花園城市計畫終於得以完成，比當時規劃的規模略小一些。諷刺的是，此時它卻成為土地炒作下的犧牲品，直到1962年才被一項國會法案所解救，此法案將其管理權移交至一個特定機構的手中。[57]最重要的是，此花園城市計畫的實質建設在歐文和帕克的手上完美地實現了。事實上，幾乎是太過完美，使得歐文—帕克式的建築外衣搭配上霍華德式理念的骨架是如此地成功，令後人很難將兩者作一區分。

　　為了了解歐文與帕克在這裡，或是漢普斯特德及其他地方的傑出成就，相關討論必須先了解事件發生的地點、時間和文化上的涵構關係。歐文與帕克分別於1863和1867年出生在英格蘭北部，距離雪菲爾（Sheffield）12英里範圍內的地方。他們是半表兄弟的關係，歐文娶了帕克的姊姊。兩人都不曾接受正統的建築師專業訓練，歐文一開始是個工程師，而帕克則是室內裝潢師。他們成長於思想爆發的時代，這些思想許多是源自威廉・莫里斯，當然此也對兩人後來的工作產生影響。年輕時的歐文曾經想當一位牧師，當時白教堂區聖猶大教堂的牧師塞繆爾・巴納特（Samuel Barnett）曾問他，人類的不幸或是邪惡，哪一個令他較為擔憂。他答道：人類的不幸。基於此，巴納特建議他不應全身奉獻於教堂。[58]歐文與帕克都相信，創造力來自於對過去之富想像力的理解：諸如中古時代所提供的歷史標準；矗立在我們所站土地上舊建築的文化意涵；由人際關係緊密之小型社區所自然形成的村落；以及建築師和規劃師應如何作為社會及美學生活的守護者，以便能不斷地為未來新世代維護與提升社區的傳統價值。[59]

　　歐文早期是奉行威廉・莫里斯傳統的社會學家，曾加入由費邊社創立者——愛德華・卡本特（Edward Carpenter）所成立的雪菲爾社團，而克魯

57 Miller, 1983, 172-4.

58 Miller, 1992, 12.

59 Creese, 1966, 169-70; Jackson, F., 1985, 41, 168.

波特金則在此對技藝及創作工會講課。[60]在1900年之前，歐文的主要工作是在其居住地區為礦工村莊設計村屋。[61]由此發展出他的著作《村舍住宅與常識》（*Cottage Homes and Common Sense, 1902*），其為一本探討如何營造更好的勞工住宅的著作：「大家似乎尚未意識到，如此為數眾多的婦女，其生命中大部分的時光是用於處理其住家後院可怕的環境，這些骯髒醜惡的後院景觀，即使在四季交替、有著訴說春意的新綠及道盡秋意的落葉之下，也無法獲得改善。」所以「與其成為骯髒閒置的後院及後巷，不如將各住家的空間集中管理與使

巴里・帕克（Barry Parker）

歐文的夥伴，與歐文共同設計新易爾斯威克，萊奇沃思和漢普斯特德花園郊區住區，後來單獨負責英國真正的第三座花園城市計畫──曼徹斯特的威森肖。

用，如此可以營造出漂亮的廣場或花園」；經適當安排房屋的座向與布局，每一個村舍皆可讓主要房間能獲得充滿陽光的視野，它們將依循英國牛津和劍橋學院的風格，被規劃成圍繞著相互串聯之開放庭院的建築群落。[62]

　　那一年，帕克和歐文開始進行他們第一個主要的任務：為朗特里巧克力家族企業建造一個位於新易爾斯威克的花園莊園，此計畫並不是一件公益性計畫，而是以獨立信託的方式來進行開發，其位置是在約克（York）北邊的

---

60 Jackson, F., 1985, 17.
61 Creese, 1966, 184-5.
62 Unwin, 1902, 4.

工廠附近。計畫內容涵蓋了許多必須在萊奇沃思開發案，或是在漢普斯特德開發案等規模較大的計畫案中，才能發揮的特點。此花園莊園住區與工廠及城市之間是以一條狹長但很明確的綠帶隔開，其部分是天然林，部分是遊樂用地。莊園住宅被配置在台地之上，圍繞著社區公共綠地或是沿著步行道而配置，此概念與二十五年後雷特朋（Radburn）的配置有些類似，並在後續的設計階段中，加入了囊底路形式的街道。社區綠地與一個村民集會堂是此花園莊園之核心區的主要特色，到處都有自然的景物，樹林與小溪並被整合納入在整體設計中。此花園莊園有著被帕克和歐文稱為「第一個真正在任何裝飾性元素的形式與設計上……四平八穩的特質」：來此的訪客，不管到達時的心情為何，一來到這裡，似乎都會感受到一種不尋常的恬靜，並感受到這種不受拘束與自然不做作的景物安排所呈現出的景象。這些維護良好的美麗景緻，遵循著歐文和帕克規劃理念的初衷，讓此新易爾斯威克的花園莊園猶如一顆璀璨的寶石，即使在經歷了一百年時，仍散發出動人的光芒。然而可惜的是，它在某一個方面是失敗的：設計標準太高，以致低收入戶無法負擔得起。那的確是個一再重複發生的缺憾。

在萊奇沃思花園城市計畫中，他們碰到更大且更複雜的問題，因為工廠和住宅必須整合在一起。當時的情況是，有一條地鐵線穿越基地，將開發基地一分為二，並決定這裡要設置工業。與新易爾斯威克花園莊園的村民集會堂和商店街設計不同的是，在此處是整個城鎮中心都必須重新規劃。歐文後來在他知名的規劃教科書中寫道，他竭盡所能地分析過去的城鎮規劃方案，所得的結論是正式（formal）和非正式（informal）的規劃方式各有其優點。[譯注10] 雖然，毫無疑問地，他的品味偏向於非正式的形式，萊奇沃思計畫中有許多正式的規劃元素，呈現的形式為放射狀的主要街道、圓環節點，以及市政大樓前的大型中央廣場，但是這些並沒有很成功的被實踐。最好的非規則住宅配置方式就是像新易爾斯威克計畫案那樣，而有些環繞著大片綠地的開發案中的作法還可能更好。絲普瑞拉工廠的設計，令人感到愉悅，或

【譯注10】以建築與都市設計的語言來解釋，此處正式的（formal）規劃方式是指較形式化、較規則、較幾何或紀念性的規劃設計手法；而非正式的（informal）方式則是指較有機形式，且能隨著環境變化而調整的規劃設計手法。

許是為了避免過多的聯想，其設計手法採用了非常自由的維也納式的新藝術運動（Jugendstil）風格。但是，城鎮中心則呈現出可怕的雜亂景象，特別是那些不知通往何處的街道，兩側建築混雜著兩次大戰期間糟糕的商業新喬治風格，或是更糟糕的1960年代的俗麗風格。

重要的是，歐文承認當初在進行這些設計時，還沒未讀過卡米諾・西特（Camillo Sitte）十多年前出版的書：《藝術家基調的城市建築》（*Die Städtebau nach der künstlerischen Grundsätzen*），該書中特別介紹中世紀城市的非正式設計風格。歐文永遠記得從另外一本書學到的經驗，其為出版於1909年的《城市規劃實務》（*Town Planning in Practice*），此書是在萊奇沃思計畫後五年出版，書中最令人記憶深刻的是描繪傳統英國、法國、德國鄉鎮環境的優美線條表現圖，從這些圖中，歐文體會到建築與空間之間的關係。或者，更精確地說，歐文和帕克共同體會到這種關係：在兩人的合作之下，他們將城市設計的技術提升到一個很高的水準，相形之下，讓其他作品都顯得平庸。兩人強調，他們的作品特別重視提升美感或適意性，對他們而言，此二個概念是可以交替使用的：「特別是，我們應該要將藝術家的精神注入到我們的作品中。」[63] 但是，同樣地，他們總是充滿想像力地思考著，人們是如何生活在這些建築中，如何在他們所創造的空間中行走或遊玩。這顯示出關注細節的重要性：對他們而言，良好的建築與城市規劃是許多良好細節設計加總後所呈現出的結果。

> 一定不能在開放空間設計時忘掉對孩童的考量。應該提供符合兒童使用行為的長椅，或適合他們短腿的矮座位，草地上應有盪鞦韆或翹翹板和可以划船的池塘，以及充分保持乾淨的沙地。[64]

歐文和帕克也追求社會規劃的目標。「在進行城鎮規劃和基地規劃時，避免完全隔開不同階級的人們是重要的，這種區隔已成為現代英國城鎮的特

---

63 Unwin, 1920, 255, 9.
64 出處同上，287。

色。」[65] 但是，在愛德華時期的英格蘭，還是有一些限制。例如在萊奇沃思和漢普斯特德兩地，蓋有勞工住宅的地區，通常離中產階級住宅會有一段距離：已經夠近了，別太靠近。

對英國的花園城市運動之整體發展或是對歐文個人而言，漢普斯特德的經驗是一個轉折點。這個新市鎮，顯然不是一個花園城市，而是花園郊區；它沒有產業，高度倚賴從鄰近地鐵站而來的通勤，而且此地鐵車站在漢普斯特德尚在規劃時就已經啟用。平心而論，就歷史紀錄而言，這不是唯一，也不是第一個這種類型的計畫。伊林租屋公司（Ealing Tenants Limited）是倫敦的第一家住宅建設合作社，成立於1901年，在1902年時，該公司在夢特大街（the Mount Avenue）購置了32英畝的土地，甚至早於萊奇沃思計畫。在1906年，他們聘請歐文和帕克替他們設計一個示範性花園郊區住區，此開發案比漢普斯特德計畫早了一年。[66] 它是一個莊園型的郊區社區開發案，在規模上與新易爾斯威克計畫相差不大，但有以下不錯的特點：高品質的設計、舒適居家生活的獨特氛圍、中央社交俱樂部〔此為從新易爾斯威克計畫借來的概念，事實上是由三十年前貝德福公園（Bedford Park）附近第一個花園郊區中所學到的概念〕，以及由布蘭特河（River Brent）河畔草地所形成的自然綠帶。[67]

然而，伊林公司興建的花園郊區值得注意之處並不只是它的設計，它代表著花園城市和花園郊區應該被實踐的方式：如何將霍華德所主張的自由與合作精神付諸於行動。歐文曾在一本1901年出版的手冊中，讚揚合作型住宅（cooperative housing）的作法，他認為在這種方式下，由未來住戶所組成的團體可以用農地價格的低土地成本來興建住房：此論點也是霍華德所倡議的作法。除此之外，「透過將這些住宅組合在一起進行整體規劃設計，每一間屋子皆可擁有足夠的光線及開放的視野；也可保留部分土地不被建造，以維持舒適的視野景觀」；而且，還能提供一些公共房間來作為聽音樂

---

65 出處同上，294。

66 Jackson, F., 1985, 73；合夥租賃（Co-Partnership Tenants），1906, 70-1；Abercrombie, 1910a, 119。

67 Reid, 2000.

和一般休閒之用，甚至可當作餐廳。歐文並建議，這種簇群式住宅社區可以圍繞著綠意中庭來規劃，每一排皆有一間公共房間，這正是歐文積極想要捕捉住的典型歐洲中世紀社區精神之精華。[68]歐文也是合夥租屋公司執行委員會的成員之一，他和帕克不只開發了伊林花園郊區住區，也開發了萊斯特（Leicester）外圍的郊區，卡地夫（Cardiff），以及特倫特河畔的斯托克（Stoke-on-Trent）。[69] 1909年通過的住宅與城市計畫法允許這種「公用事業協會」，以較低的利息來借貸公共資金，至1918年時，約有超過100個這樣的計畫。[70]但是由於財政部拒絕一項條款，讓他們無法以地方當局所提供的條件使用在當地的貸款，因此限制了其在地區性房地產市場的發展。[71] 1913年，當亨利‧薇薇安（Henry Vivian）〔也就是於1901年在伊林的一間酒吧成立合夥租賃（Co-Partnership Tenants）公司的創辦人〕成為花園城市與城市規劃協會（Garden Cities and Town Planning Association, GCTPA）的成員時，此兩個運動才開始有效地融合在一起。

但是漢普斯特德花園郊區住區計畫是一個在總體上具更大影響力的計畫。此計畫的主要推手是荷莉葉特‧巴納特夫人（Dame Henrietta Barnett），她是湯恩比館主任厲害的妻子。他們兩人在漢普斯特德有間度假屋。在1896年時，他們聽聞到度假屋附近將推動一個新地鐵站計畫〔這條地鐵路線迅速成為查爾斯‧泰森‧葉克斯（Charles Tyson Yerkes）運輸集團帝國中的一部分〕，巴納特夫人於是展現出真正英國中產階級的犀利作風，她發起運動來購買土地，以促進漢普斯特德希斯（Hampstead Heath）的擴展，並重挫倡議者們在房地產投資上的野心。經過一個為期約五年的運動，在此期間她共發出了近13,000封信，最後倫敦郡議會以43,241英鎊購得80英畝的希斯擴建地；該地鐵站，在建造中被喊停，後來成為倫敦地鐵的棄用車站之一。在這段期間，有人提出興建花園郊區的想法，於是倫敦郡議會在1907年以112,000英鎊，向依頓公學地產公司（Eton Collegee Estate）再購買

---

68 Parker 和 Unwin, 1901, 96-7, 106；Hayden, 1984, 126, 129。

69 Jackson, F., 1985, 73, 109-110.

70 Reiss, 1918, 85-6.

71 Skilleter, 1993, 139.

243英畝土地，以便建造花園郊區。當時信託投資機構已成立，可投資建造8,000套住房。歐文及帕克被任命為此計畫的建築師，但這也讓他們陷入了一個進退兩難的局面，因為歐文曾於1901年所發表的著作《建造家園的藝術》（*The Art of Building a Home*）中，引述其偶像莫里斯的觀點來抨擊花園郊區的概念。[72]

剛開始時，此花園郊區計畫有著崇高的社會目標：正如一位當代學者所言，花園郊區是要營造一個場所，讓「貧者教育富者，而富者（讓我們這麼希望）願意幫助貧者去學習如何幫助他們自己」；第一個計畫包括建造大型倉庫以存放兩輪手推車。[73]但是不久，地價和房租開始上漲，而且就像之前萊奇沃思開發案及貝德福公園開發案的情況一樣，此花園郊區開發案開始有了負面的名聲，這使得巴納特夫人痛苦地反駁：這不是真的，這裡的居民絕對不是「古怪、穿著隨性、尋求自我解放的怪咖」，他們只是尋常的人們：

> 這裡，有些人請傭人，有些沒有；有的人開汽車，其他人則走路；有些人看書，有些人作畫，有些人創作音樂，但我們都在工作，都愛清潔（「不論房子多小，不會沒有浴室」——參見廣告），都有花園，種植花木……我們不汲汲於追求財富，人與人之間來往單純，社區發展係基於具深厚基礎的共同利益及共享的期望與目標。[74]

在當時提供大量住宅建設的三個獨立的大型住房建設公司中，有兩個是採用合作夥伴制的公司。[75]但其目標：「藉由日復一日的共存與合作，將加快解決社會階級的隔閡」，[76]卻因為郊區住區發展的成功而失敗了；此時，即使是工匠們所住的小木屋村舍，也被仕紳化了。

最後仍能維持的是實質環境的品質，但某些方面卻有著奇妙的轉變。

---

72 Miller和Gray, 1922, 46。

73 Jackson, 1973, 78.

74 Barnett, 1918, 205.

75 Abercrombie, 1910a, 32.

76 Creese, 1966, 227.

此時，歐文明顯的受到建築師西特（Sitte）及他自己日耳曼流浪情懷的影響，透過議會特別權力的運用，讓地方僵硬法規對社區規劃設計的限制得以紓解。[77] 所以歐文可以自由的運用幾年後在他深具影響力的設計手冊《過度擁擠，一點也沒有用！》（*Nothing Gained by Overcrowding!*）中所倡議的內容：一個適當的規劃方案，不需要太多土地，就可提供更多的可使用空間。絕竅是要減少道路面積，由40%（典型地方法規要求的）減到17%，多出來的土地可用來做花園和開放空間，將它們的比例由17%提高到55%。[78] 這種新的設計自由被運用於漢普斯特德，創造出一種典型的非正式配置型態，包括不規則的弧形街道、囊底巷與多樣化的住宅型態組合。即使早在那個年代，歐文的目的就包括透過社區設計來避免不必要的穿越性交通進入住區，所以直到今天，這個小城還是一樣的寧靜、安詳。[79] 此設計案有意識地、甚至是溫馨地，想要傳達出德國中世紀城鎮設計的特色：一道有城門的城牆限制了希斯（Heath）的擴張；在購物商店街屋旁的芬奇利大街（Finchley Road）上，歐文則參照羅騰堡（Rothenburg）的馬克斯塔門樓（Markusturm），規劃出一個高大的門樓。歐文夫人後來回憶，當第一次看到此景象時，歐文幾乎喜極而泣。[80]

若依據荷莉葉特·巴納特夫人的想法，中央城鎮廣場應該是要配置在花園郊區住區的最高點[81] 並有相鄰道路之銜接，但是歐文在中央城鎮廣場的安排上，卻完全遵照當時設計師勒琴斯（Lutyens）（兩座大教堂和鄰近的教院的設計者）的意思。其結果是一個奇怪的、依照城市美化運動傳統的過於形式化之操作：從希斯經主要大道進入此區，滿心期待的訪客，原本期望能看到仿羅騰堡（Rothenburg-ob-der-Tauber）的建築風格，並有著狹小的街道通往歐文所快樂地描繪的市集，但是與其期待極為不同的是，他們所看到的卻是一條看起來假假的、朝向新德里總督皇宮（見第六章）的儀典性大道，

---

[77] Jackson, 1973, 79.

[78] Unwin, 1912, 6.

[79] Creese, 1966, 239.

[80] Miller, 1992, 99, 112.

[81] Creese, 1966, 223.

而這整個具驚人尺度的建築規劃
概念，卻令人好奇地並未產生預
期的效果；幾乎很少人前往那
兒，整個廣場看起來就像是等候
著一個從未出現過的印度王朝。
或許，正如克里斯（Creese）所
說，這種設計的意圖並不是要娛
樂居民，或是為他們提供休閒活
動與購物的場所，而是要讓他們
感到印象深刻：的確，這個設計
或許真的如此地做到了，[82]但歐文
已讚美過它了，而且在萊奇沃思
花園郊區，他也已用過正式形式
的規劃設計元素。

漢普斯特德徹底地困惑了
花園城市理念的信徒。從一開
始，如同阿伯克龍比於1910年
所指出的，花園城市協會就有一
些目標，諸如「基於經仔細考

荷莉葉特·巴納特夫人
（Dame Henrietta Barnett）

夫人負責執行漢普斯特德花園郊區計畫，眼中充滿
道德熱情和改革熱誠。
（© *Hampstead Garden Suburb Archives*）

量的原則，在鄉村地區建造新市鎮」，還有「基於類似的原則，營造花園
郊區（Garden Suburbs），以便立即緩解目前的城市問題」以及「建造花園
莊園（Garden Villages）……為勞工在工作地點附近，提供適合的住宅」。[83]
在1906年，花園城市協會也將興建花園郊區納入其目標，在11月的年度會
議，在荷莉葉特·巴納特夫人演講之後，萊特·哈葛德（Rider Haggard）提
出一項臨時動議，並獲得對於支持興建花園郊區的無異議通過。比起花園城
市，花園郊區及花園莊園的作法似乎是較容易實踐的目標。[84]1909年的特別

---

82 出處同上，234。
83 Abercrombie, 1910a, 20.
84 Sutcliffe, 1990, 265; Ward , 1992, 8.

會議，同意將城鎮規劃提升為協會的主要目標，並將協會改名為花園城市暨城鎮規劃協會；此後，興建完整的花園城市就變成次要的工作了。[85] 在1912年一個向霍華德致敬的晚宴上，他們宣示規劃良好的花園郊區，確實會帶來許多好處，值得大家支持。[86]

然而，問題似乎逐漸聚焦到是否「好」並非「最佳」的敵人？[譯注11] 在歐文和帕克手中完成的漢普斯特德花園郊區住區，其成果是可以被接受的，甚至受到不少讚揚；所以可以假設自1901年到一次大戰期間，許多由合夥租屋公司協調進行的此類計畫案也是如此。[87] 但是協會中的「基本教義派」成員對此感到憤怒，認為事實上，「許多以花園城市為名的計畫案只是空有其名，其內容完全不符合花園城市的信條，根本是欺世盜名，在打這個名聲的同時，卻又私底下進行著投機炒作、破壞土地及偷工減料等勾當」，埃沃特・庫朋（Ewart G. Culpin）於1914年時這樣的抱怨著。[88]

戰後，花園城市協會雜誌的新編輯普爾東（C. B. Purdom）抱怨道：「幾乎沒有一處的地方議會是不主張建造花園城市的，不擇手段的建商將花園城市這個名稱浮濫地運用在他們的廣告上……當然，現在這個時間點是看不到真正花園城市事件本身（the thing itself）之內涵的，僅能在赫特福德郡的萊奇沃思和韋林花園城市（Welwyn Garden City）看到一些。」[89] 1918年，出現了一個分裂運動：由普爾東，連同霍華德、奧斯本、阿伯克龍比和柯爾（G. D. H. Cole）所領導的等人所領導的國家花園城市委員會（（National Garden City Committee）出版了一本手冊，《戰後新鎮》（*New Towns after the War*）。作者名為「新鎮人」，實際上是由奧斯本所撰寫。這使得花園城市協會有所警惕，最後並導致一個合併。[90] 甚至連韋林的狀況也

---

85 Sutcliffe, 1990, 266-7.
86 Hardy, 1991a, 61.
【譯注11】作者意指花園郊區算是可達到「好」的境界，但霍華德完整功能的花園城市遠景才是「最佳」的境界。是否達到Second Best的狀況就滿足了呢，還是要追尋花園城市理念的完整實現（包括自治共享的社會機制）。
87 Culpin, 1913, passim.
88 Culpin, 1913，節錄自Hebbert, 1992, 166。
89 Purdom, 1921, 33.
90 Hardy, 1991a, 127-9.

令人懷疑，因為，如同麥可・赫伯特（Michael Hebbert）指出的：「在最初十年，這項計畫的開發與行銷目標是要作為中產階級通勤族的住宅城，其價值是以一種霍華德所料想不道的方式來加以保護，利用鐵路系統來將工廠和週租房區隔到鐵路的更遠的另一端。」[91] 1920年代末，阿伯克龍比被指派去評估威森肖（Wythenshawe）計畫的可行性，而帕克則擔任建築師，協會將此計畫的成果稱為「半個花園城市」（semi-garden city），而事實上也確實是如此。[92]

1919年，花園城市暨城鎮規劃協會對「事件本身」採用了一個謹慎且嚴格的定義；接下來那年，受窘於69歲高齡的霍華德在韋林購買了大片土地但卻沒有錢支付，協會於是代為紓困，並幫助他開始推動第二個花園都市計畫。[93]該計畫由路易・德・蘇瓦松（Louis de Soissons）負責設計，他所採用的新喬治風格，完全迥異於歐文—帕克（Unwin-Parker）的新風土建築風格（歐文自己也做了一些改變）。此設計風格與萊奇沃思或漢普斯特德的風格相較，顯得非常正式（形式化），特別是勒琴斯風格的中央購物中心，幾乎有一哩長：一種城市美化運動風格的花園城市設計。本計畫的建築設計呈現出在正確的設計操作下，新喬治風格所能呈現的優點，並且被仔細地實踐著；這或許是一個假象，但因為不同於萊奇沃思，它不久就受到中產階級通勤者的歡迎。事實是，儘管結果出乎意料之外，仍應該要大聲地說，韋林真的比萊奇沃思有魅力多了。

兩次大戰期間的花園城市運動

在此同時，花園城市運動在1918和1919年時面臨到重大的危機。1912年，歐文做了一件對部分人士而言屬離經叛道的事：他在曼徹斯特大學的一場演講中，提議在城市附近，建造「衛星城鎮」，以便讓花園郊區的居民能利用中心城市的就業機會。1918年時，在因擔任都多爾・華德士委員會的

---

91 Hebbert, 1992, 168.
92 Hardy, 1991a, 178.
93 Purdom, 1921, 34; Osborn, 1970, 9-10.

主要成員而擁有強大權力時，歐文將上述想法納入戰後的公共住宅計畫的官方說明文件中，並在次年獲得艾狄生法案的支持，後續發展已詳述於第三章。結果是，在兩次大戰期間，地方政府當局建造了上百萬的公共補助住宅，但沒有一處是以真正花園城市的形式來建造的（除了萊奇沃思和漢普斯特德之外）。這對當時努力透過各種活動來推動公共住宅及花園城市計畫的花園城市協會來講是個嚴重的打擊。霍華德本人完全不相信政府有能力做這項工作，也不認為他們在意識形態上支持其理念，他在1919年曾告訴對他極為忠實的政府官員弗雷德里克‧奧斯本：「親愛的朋友，如果你想等政府來執行這項任務，你得先活到和瑪士撒拉（Methuselah）一樣老。」[94]（譯注12）

於是霍華德採用他自己的非傳統式作法來推動韋林新鎮之建設，此時國家還是完成了一些衛星城鎮，然而對於英國大規模新市鎮建設的理想，則是倒退了三十年。或許這是無可避免的：將大規模都市貧民遷往鄉村地區的政策，因其本身的問題，再加上大規模邊界擴張所造成的威脅，遭遇到政治上的強烈反對，就像是倫敦郡議會規劃衛星城鎮時碰到的問題，以及曼徹斯特在威森肖所碰到的困難，都充分地證明此情況。

部分問題是由於想像力的失敗。有些所謂的衛星城鎮〔特別是倫敦郡議會在埃塞克斯（Essex）貝肯翠（Becontree）的新鎮計畫〕實在太大了，比霍華德當初所設定的30,000人口的花園城市規模目標還大了好幾倍，幾乎和英國的中型城市一樣大。而且，距離其所依賴的中心城市也太遠。他們也缺乏適當的產業讓其自給自足〔雖然1928年之後，貝肯翠有了突然而來的福特達格南（Ford Dagenham）工廠〕，甚至缺乏良好的大眾運輸系統。除此之外，設計本身也有常有一些缺失。雖然住宅本身是值得的，也符合歐文的指導手冊中之原則，但整體景觀與配置卻顯得相當制式且單調。

省級衛星城鎮則是部分例外。帕克於1930年為曼徹斯特設計的威森肖新鎮，即為一個卓越的案例。但其早期的發展過程卻相當曲折。阿伯克龍比

---

94 Osborn, 1970, 8.

【譯注12】瑪士撒拉（Methuselah）為《聖經》中的長壽者，據說活到965歲。以效率與公平的角度來看，一個城市規劃計畫如果要讓民眾等上超過二十年才能看到其逐步的實現，應該算是失敗的，因其中有太多的社會及經濟成本之投入，也耗損人民對政府的期望與信任。

在其擔任市府顧問時，曾建議市府購買4,500英畝土地，結果是至1926年時只買了其中的一半。在公共調查中，歐文擔任督察員，並推薦老搭檔帕克擔任顧問。[95]1927年，帕克接受市府任命，負責擬定一個計畫。在此面積5,500英畝的土地上，他可以自由地發揮來設計心目中理想的新市鎮。接著，對於如何整合這個地區的發展，在曼徹斯特市引起了激烈的論戰，最後在1931年時，才獲得國會的支持，但此計畫仍未獲得購買所有剩餘的土地的指示。至1938年時，當地已擁有7,000家以上的公司及700戶左右的住宅，這已經比萊奇沃思或韋林都大許多了，但仍只達成原訂目標107,000人口的三分之一。[96]帕克自己在1945年時描述此案為「作為一個花園城市目前最成功的案例」，[97]可以確定的是，它畢竟不會是一個完美的計畫。此案的預定人口引入數目是霍華德建議的3倍，已接近第二次世界大戰後的兩座新市鎮的規模。雖然該開發案是以接近農地的價格來購買土地，新市鎮與中心都市之間僅被一條半英里寬、沿著默西河（River Mersey）有幾千英畝的綠帶相隔。雖然此計畫規劃有大面積的工業區（但像萊奇沃思一樣，被鐵路分割成兩塊），卻不能為該地區的就業人口提供所有的工作機會，因此需要由政府補助提供通往中心都市的快捷巴士服務。

　　此計畫的主要成就在於其引進了三項美國的規劃原則，這些原則係1925年帕克參訪紐約區域時所得到的收穫。[98]第一項是鄰里單元原則（neighborhood-unit principle），它的起源本章稍後會加以討論。第二項是「雷特朋式配置」（Radburn layout）原則，由克拉倫斯·斯坦因（Clarence Stein）和亨利·萊特（Henry Wright）於1928年發展與他們同名的花園城市時所提出，此也會在稍後討論，他們兩人早在1924年就曾與帕克討論過此種作法。[99]第三項是公園道（parkway）原則，帕克在紐約區域曾觀察到此方法，但他以更具原創性的方式加以運用。

---

95 Miller和Gray, 1992, 107。

96 Macfadyen, 1933, 115-21；英國R. C. Distribution, 1938, passim。

97 Creese, 1966, 255.

98 出處同上，261。

99 出處同上，266。

早期紐約的公園道——1914年的布朗克斯河濱公園大道（Bronx River Parkway），以及羅伯特·摩斯（Robert Moses）於1920年所發展，以作為他休閒公園開發計畫之一部分的公園道——是一種為私家車交通而設計之有限制出入口的快速道路，此類道路精心地規劃道路兩側的景觀，以提供良好的休憩經驗。[100][(譯注13)] 帕克在威森肖計畫案中發揮其天分，將前述規劃原則與另一個早期的美國園道傳統相結合。此傳統是由弗雷德里克·勞·奧姆斯特德所構思，並在20世紀初，廣為城市美化運動傳統的規劃師們所使用：其作法是以公園道作為通往住宅區的主要道路，並連接至市民公園。[101] 此構想曾被應用於英國的韋林，也於1920年代被景觀建築師莫森（T. H. Mawso）應用在布萊克普爾（Blackpool）的史坦利公園（Stanley Park）開發案，為整個花園城市的交通動線計畫提供一個主要的元素。[102] 對此，帕克嘗試避開一個1930年代常碰到的規劃缺陷，此缺陷在倫敦區域沿著公路幹線帶狀發展的開發案中常可見到，他以威森肖為例，解釋道：

> 這些道路……在公園土地上成帶狀排列，它們將不會成為開發性道路。它們被規劃作為現有公園的外圍裙帶，作為未來休憩用地、學校遊戲場、既有林地、灌木叢和樹林、規劃中的高爾夫球場、溪流河岸，以及任何可增加它們的吸引力，並協助開展至寬闊自然鄉村之空間元素。[103]

他爭辯道，這些道路應該用美國術語適切地稱為「快速公路」（freeways），而不是「公園道」（parkways），因為它們並非只限於休閒使用，而是各種車輛交通都能使用〔的確，它們類似於區隔的主要幹道之概

---

100 Caro, 1974, 10-11; Jackson, K., 1985, 166-7.

【譯注13】公園道設計的理念起源於歐洲，早期的公園道設計強調其在景觀與休憩上的功能，進入20世紀之後，隨著小汽車及公路日益普遍，公園道的規劃設計已漸與汽車交通需求相結合，但仍應加公園道的舒適性、生態性及整體景觀效果，例如避免大貨車或大型聯結車的進入。

101 Gregg, 1986, 38, 41-2.

102 Mawson, 1984, 195.

103 Parker, 1932, 40.

第四章　花園中的城市　　　　　　　　　　　　　　191

念，像是交通計畫層級系統中最高的一層，如阿爾克·崔普（Alker Tripp）在1938年所清楚指出的，而後為阿伯克龍比和福肖所採用，作為1943年倫敦市鎮計畫的一個主要元素）。但是最後，實際完成時，帕克計畫中這條南北向的主要幹道仍被命名為「公主公園大道」（Princess Parkway）。它的命運是諷刺的：原本規劃有一個匯合處來銜接同級的地方道路系統，三十年後它被運輸規劃師升級成為公路（motorway）。透過巨大的混凝結構物與城市銜接，在現在洛杉磯人的概念中，它被稱為是高速道路。至於其他已規劃的公園道，很難解釋地進行到一半就被放棄了，而公園道構想的發展，則仍停擺於未完成階段。

曼徹斯特其實並沒有友善地對待其具代表性的城市規劃設計作品。其延後許久才完成的商業中心是一個有著1960年代花俏庸俗風格的設計作品，某些戰後所建造的公寓住宅樓，亦顯得有些古怪。第二和第三代移民並不像早期的移民者那樣仁慈地對待這個地方，對於那些願意相信文明的環境會帶來文明行為的人，在這裡可能會看到牆壁塗鴉、破壞公物和小型犯罪。就算以英國特殊的觀點來看，有些地方仍是非常破舊的，就好像城市已經放棄它們了，儘管在某些面向上，它們與曼徹斯特的其他地方並無明顯的差別。但是整體而言，這些現況並無法抹滅帕克的成就。威森肖公園計畫的中央有一片廣大的綠地，幾乎把傳統的綠環概念反轉過來了（其將綠環由城市邊緣帶入城市中心），因而成就了一個綠心城市。該地的住宅設計將喬治亞風格成功地融入萊奇沃思原有的鄉土風格之中，並巧妙地配合一些小型綠地來進行建築配置。儘管部分地方仍顯得有些破舊與缺乏維護，曼徹斯特還是絕對稱得上是英國花園城市排行的第三名。

此時，花園城市仍有一些死忠的支持者。納維爾·張伯倫在其擔任公職期間，一直非常支持花園城市運動。他在任期內努力將政府補助納入1921、1925以及1932年（事實上當時財政部反對）的相關法案中。[104] 但這並沒有發揮太大的作用，1930年代衛生部的常務祕書，亞瑟·羅賓森爵士（Sir Arthur Robinson）公開承認：「剛開始時，我可以算是一位花園城市運

---

104 Macfadyen, 1933, 104; Sheail, 1981, 125-6.

　　　　　　　　　　　　　　　　　　　　　　　　　Cities of Tomorrow

動的支持者，但隨著時間的進展我的看法改變了：在理論上，花園城市的立意良好，但是在實務上，卻似乎難以實踐。目前的衛星城鎮作法應該是較好的推動方式……但是衛星城鎮是由數個地方政府的大型住宅計畫所產生的，所以發展方向會是傾向於鼓勵政府建房。[105] 等到張伯倫設法成立巴羅委員會（Barlow Commision）時，歐文在1938年向巴羅委員會提出證明，認為霍華德的偉大貢獻是花園郊區，而不是花園城市，而衛星城鎮的發展，足以遏止倫敦的繼續蔓延擴張。[106]

奧斯本對此結果提出嚴厲的批評，但徒勞無功：「在都市郊外建造勞工階級的住宅村舍，或許能夠立即帶給勞工們較好的環境，但是加諸他們身上的卻是在通勤旅途、金錢花費，精力和休憩時間等方面無法承受的負荷。這種作法也會將一個完整倫敦區域之活動場域和開放的鄉村切割開來。」[107]奧斯本在1938年時主張，「唯一的解決方式就是成立倫敦區域規劃委員會（London Regional Planning Commission），並賦予其權力去成立執行機構，來建造新市鎮或擴張現有的市鎮，並在逐漸擴大的倫敦區域內，推動工業活動與商業活動的分散化發展。」[108]當然，不同意此看法者，會強調倫敦有其獨特性：對於那些較小的省級城市而言，衛星市鎮方案〔像是曼徹斯特的威森肖或是利物浦的斯皮克（Speke）〕是完全可行的。但是奧斯本並不這麼認為：「對負責北部（the North）和米德蘭茲（Midlands）之大型城鎮和城鎮聚集區發展的地方官員而言，倫敦的命運可能可以提供他們正當的理由，倫敦人現在所承擔的，將來全英國也會被要求去承擔。」[109]巴羅委員會的成立（納維爾‧張伯倫成為首相後首先採取的行動之一）至少給奧斯本一個機會，而他也沒有錯過它。正如他毫不羞愧地向劉易士‧孟福所承認的，他為阿伯克龍比重新草擬了1940年的多數黨報告中一些關鍵章節，還有阿伯克龍比自己的少數黨報告，這些報告建議對解除對工業區位的管制，最後並在

---

105 Sheail, 1981, 126.

106 英國R. C. Distribution, 1938, Q. 7221。

107 Osborn, 1937, 51.

108 Osborn, 1938, 100-2.

109 Osborn, 1934, 5-6.

1945年正式完全立法。[110]經過多年的政治紛擾以後，花園城市的夥伴們最後走上自己的道路。

花園城市在歐洲

進入海洋對岸的歐洲大陸，花園城市理念不久就徹底地被稀釋了，或就如同那些忠實信徒所說的，它被背離了。正如史帝芬‧沃德（Stephen Ward）的說法，這些年來都市規劃的想法在各國之間不斷熱烈地交流：英國想借鏡德國在城鎮擴展、分區管制、有機都市設計等方面的經驗；德國非常欣賞英國在都市住宅以及特別是花園城市方面的成就；而法國也希望借用德國的分區管制經驗和英國的花園城市經驗。但是在交流的過程之中，許多原本的想法卻常因誤解而遭到扭曲。[111]另外，一個基本的問題就是這幾個國家都有他們自己所謂的本土花園城市理念的提出者，這些人都可以（有些已經做到）主張花園城市理念是其獨立發展出來的，儘管到目前為止，這些主張取得共識，但無論如何，重要的是，他們的觀點與霍華德的構想有巧妙且重要的差異。

第一位出現的無疑是西班牙工程師阿圖羅‧索里亞‧馬塔（Arturo Soria y Mata, 1844-1920），在他1882年發表的一篇期刊文章中，他提出了帶狀城市（La Ciudad Lineal）的構想，並在1892年將此概念發展成一個詳細的計畫。此計畫的重點，是建造一個以大城市為起點的有軌電車系統或輕軌系統，以增加線狀的交通可及性，進而發展出線型的花園城市——就如其廣告所言：「每個家庭，一個住房；每個住房，一個庭院，一個花園。」[112]但此帶狀城市的範圍從未超過通勤郊區的界限，而商業投機炒作也伴隨著城市發展而生。第一期開發計畫始於1894年，完成於1904年，其完成了原先規劃之48公里（30英里）帶狀城市中的5公里，開發基地位在馬德里東部的兩個主要放射狀快速道路之間的地區。在一條40公尺寬之主軸線的兩端，有軌道

---

110 Hughes, 1971, 271.
111 Ward, 2000b, 45.
112 Soria y Pug, 1968, 35, 43，圖表7。

街車通過（原本是以馬匹為動力，直到1909年才電氣化）。住房蓋在主軸線兩側進深約200公尺的超大街廓中，街廓正面寬度為80或100公尺。[113] 幾乎所有的建築都是以此超大街廓的形式開發。但在1934年時，馬德里城市開發當局放棄了這項不切實際的計畫。[114] 第二次世界大戰後，馬德里驚人的都市成長規模幾乎淹沒了這個帶狀城市；來自機場出發的旅客從其下方穿越時，完全不會察覺到它。只有當好奇者特地繞道過來，才會依稀看出模糊的帶狀城市痕跡。此外，地鐵也取代了原來規劃的軌道電車，地方當局並體貼地將一處車站命名為阿圖羅·索里亞（Arturo Soria），以作為紀念。雖然一些舊住宅建築仍散布在原地，但大批公寓建築逐漸取代它們，不久之後，此帶狀城市將會完全成為回憶。索里羅有著崇高的理想，企圖建立橫跨歐洲大陸的帶狀城市，1928年在他過世之後，其理想促成了一個帶狀城市國際協會的成立，由具影響力的法國規劃師喬治·伯努瓦-列維（Georges Benoît-Lévy）所主導；而其所造成的影響，可在1920年代的俄國反都市化主義運動以及1930年代科比意的思想中窺得一見。這些會於稍後再作討論。

湯尼·卡尼爾（Tony Garnier）是法國的霍華德，他是一位來自里昂的建築師。他的「工業城市」（Cité Industrielle）理念原是他在1899至1900年巴黎國立高等藝術學院學生時代的一個作品，被當時的評審們打了回票，直到1904年才第一次公開展出，之後在1917年修改成現在大家所知的版本。[115] 湯尼·卡尼爾是個特立獨行的思想家，即使在其祖國法國也是如此。他當時為一個政策委員會的成員之一，他唯一曾提到的外文書籍，是由一位比利時作家所寫的，在1918年，他向當時的市長愛德華·赫里歐（Edouard Herriot）推薦閱讀卡米諾·西特（Camillo Sitte）的著作，此時該著作的法文翻譯版已出版16年。[116] 如果當時他的想法有所謂的思想來源，絕對是來自法國經濟學家勒普拉（Le Play）及法國地理學院的區域規劃思維，這些思想都反對大都會發展，並特別強調開發地方獨特的手工藝文化之重要性。他們是無政府

---

114 出處同上，44-9、52。
115 Ward, 2000a, 29.
116 Saunier, 1999, 38.

主義者，重視公共財產，並反對代表資本階級壓迫的象徵，例如警察局、法院、監獄、教堂，以及可容納3,000人開會的大型市府中央建築。[117]

非常奇怪的是，卡尼爾計畫中的都市經濟基礎，僅係依靠一間大型冶金工廠（雖然經濟問題很快的被轉移焦點），而其實質規劃的主要內容則是一條明顯的軸線大道和長形方格狀布局的住宅配置；然而，正如雷納‧班漢（Reyner Banham）所說的，其設計作品皆有著卡米諾‧西特的有機設計風格。[118]卡尼爾的城市構想是建築師角度的願景，比起霍華德，更充滿了強烈的烏托邦色彩，並且從未被建造出來。[119]

如果卡尼爾還不算特殊的話，那麼在德國與他齊名的特奧多爾‧弗里奇（Theodor Fritsch）則就更奇怪了。弗里奇在1896年發表了《未來的城市》（*Die Stadt der Zukunft*）一書（早霍華德二年）。他一直懷疑霍華德剽竊了他的構想，雖然霍華德比弗里奇更早就獨自發展出自己的概念。[120]的確，如果單就實質規劃的用語來看，花園城市和未來城市有許多相似之處：圓形的都市型態、土地使用分區、中央綠地和外圍的綠帶開放空間、低層的住宅、周邊工業區、社區土地共享。但這些概念，在其他的理想城市理念中也都一再出現，包括霍華德特別認許的巴金漢。弗里奇提出城市思想是建構「大都市和花園城市的混合體」的概念，此思想中並未討論到推動都市離心化發展的功能，此乃霍華德花園城市理念的核心部分；反之，由於強調都市集中發展，弗里奇構想的城市明顯的會大很多，可達一百萬人口。[121]更重要的是，弗里奇對都市規劃的基本意識形態是完全不同的：弗里奇是激進種族主義的支持者，在他所規劃的都市中，每個人都立即可感受到其在系統網格中的地位，是以社會階層來區隔。[122]整體來說，弗里奇和霍華德之間，只是表面看起來相似而已；而且，正如已看到的，霍華德似乎也注意到此點。

不久之後，霍華德的思想（這也讓弗里奇煩惱不已）就飄洋過海，影響

117 Wiebenson, 1969, 16-19; Veronesi, 1948, 56.
118 Banham, 1960, 36-8.
119 Ward, 2000a, 29.
120 Bergmann, 1970, 145-7; Hartmann, 1976, 33.
121 Reiner, 1963, 36-8; Peltz-Dreckmann, 1978, 45.
122 Peltz-Dreckmann, 1978, 45-7.

到對岸的歐洲大陸。但是在歐洲，幾乎大家都立即誤解了霍華德的理念精神；早期在歐洲嘗試詮釋霍華德思想的作家中，喬治‧伯努瓦—列維發表了《花園城市》（*Le Cité Jardin*），但它卻本質性地混淆了花園城市和花園郊區的意涵，自此以後，法國都市規劃專家深陷錯誤的泥沼，更分不清了。[123] 也或許是，那些法國專家們認為霍華德純粹主義式的教條，無法解救已無可救藥的法國城市。

亨利‧澤利爾（Henri Sellier）正是協助實踐花園城市理念的人，他原是一位工會主義者，後來成為活躍的地方社會主義者及全國性政治人物，[124] 他致力於推動一個概念，此概念意圖將一般的勞力性工作者提升至能習慣資產階級的尊嚴及舒適的標準。[125] 身為公共住宅部主席，亨利‧澤利爾曾在1916到1939年規劃了巴黎周圍的十六座花園城鎮，他當然知道他所運用的不是霍華德原本的理念，而是歐文在漢普斯特德計畫推動內容之修改版；1919年澤利爾帶著他領導的建築師們，前往英國拜訪歐文，並使用歐文撰寫的教科書作為設計的基礎。[126]

他們的共同之處是皆採用了一些歐文式計畫案中的關鍵內容，儘管被翻譯成法文的術語：小巧，1,000到5,500個住宅單位；土地是以較低的農地價格，在城市外購得；密度比巴黎低，每公頃95至150人（每英畝40至60人），以及大量的開放空間。之後，由於土地和房屋成本高漲，再加上人口壓力，需做一些調整：雖然仍有寬闊的開放空間和社會服務，已納入愈來愈多的五層樓公寓街廓[(譯注14)]，密度也提高至每公頃200或260人（每英畝80至105人）。[127] 如果今日去參觀一個代表性的案例例如蘇雷斯尼（Suresnes）〔位於離巴黎市中心六英里處，離布洛涅森林（Bois de Boulogne）僅一英里，澤利爾在兩次世界大戰之間為該市的市長〕，其看起來就像是同時期倫

---

123 Batchelor, 1969, 199.

124 Gaudin, 1992, 55.

125 出處同上，63。

126 Read, 1978, 349-50; Swenarton, 1985, 54.

【譯注14】一般而言，西方國家的住宅開發強度比臺灣地區低很多，若是在臺灣都市，五樓建築可能頂多只能算是中低強度開發，但在英美當時的環境此已屬高強度的開發了。

127 Read, 1978, 350-1; Evenson, 1979, 223-6.

敦郡議會在都市內城區所規劃的公寓街廓計畫：直到漫步進入一些外圍的街道，肯定地，歐文不會是一個立即想到的名字。[128] 在 1930 年代，由於公寓街廓所占的比例大幅增加，建築師們紛紛投入現代主義運動，例如南部郊區的勒普萊西-羅賓森（Le Plessis-Robinson），而英法兩國的新鎮風格，從此就完全分道揚鑣了。

在德國，他們做得更好。一個銷售員海因里希‧克雷布斯（Heinrich Krebs）在 1902 年時至英國參訪，帶回了霍華德的書，將其翻譯成德文，並舉辦一場研討會，開始發展德國的花園城市協會。所得到的迴響是熱烈的：德國的工業家們，難以置信地都認為花園城市運動對於維持英國良好的勞工關係有所幫助。[129] 當然可確定的是，這是某種程度的醉心於德國工業主義情懷。

第一次世界大戰前，德國的花園城市代表作是位於埃森市（Essen）市郊魯爾區（Ruhrgebiet）的瑪格麗特伊侯（Margarethenhöhe）花園莊園。該莊園由克魯伯（Krupp）家族於 1912 年開發，也是自 1863 年以來，德國最新的工業住宅計畫。此開發案係為了服務克魯伯的工人們，開發初期約有 4,000 名克魯伯的白領工人居住於此，但此計畫也希望融入其他背景的居民；至 1913 年時，不到一半的居民是在克魯伯工作的人。[130] 到了 1930 年底，人口只有 5,300 人，此小工業莊園的實質環境就像是新易爾斯威克計畫的翻版。此案的建築師是喬治‧梅森多爾夫（Georg Metzendorf），他忠實地遵循歐文—帕克的傳統來建造這座神奇的小城鎮，其與主要城市間有林木茂盛的綠帶作為緩衝。此小城鎮內有經設計入口大門、中央市集廣場、中世紀風格的旅館，以及防止穿越性交通進入的狹小且蜿蜒的街道；所以很諷刺地，它似乎比歐文還要歐文，簡直是青出於藍，看起來真像是 20 世紀的羅騰堡。或許它是由德國建築師，在德國環境中工作，再配合頂尖德國規劃師梅森多爾夫與在地建築師羅伯特‧施密特（Robert Schmidt）的通力合作，所完成的佳作；它也達成了歐文一直熱切渴望達成的目標。至於是否達到克魯伯家族的目標，則是另一個問題了；但很明顯地，克魯伯家族讓工人集居

128 Ville de Suresnes, 1998.

129 Kampffmeyer, 1908, 559.

130 Petz, 1990, 6.

於一個城鎮的作法，是希望能讓他們意識到自己的社會階級。[131]

　　然而，花園城市運動（Gartenstadtbewegung）的目標更高遠：正如他們的領導者漢斯‧坎普夫邁爾（Hans Kampffmeyer）在1908年所說的，他們想要一個德國的萊奇沃思。[132]他們從未真正的得到它，雖然他們已經很接近了。在赫勒勞（Hellerau）的花園城市，係位於德勒斯登（Dresden）外8公里（5英里）處，就像瑪格麗特伊侯一樣，它在本質上只是一個位在鐵道線終點的花園郊區，但就像早期的萊奇沃思新鎮推動時的情況一樣，那是個令人狂熱的年代，整個城鎮充滿著新生活運動的思維：不只反映在住宅上，連飲食、衣著和生活型態都變得簡單純樸，省掉了一些19世紀生活上的繁瑣細節。赫勒勞也有德國手工藝的工坊，甚至還有一個應用韻律學會。

　　後期的朝聖者來到此地，會覺得宛如走入了另一個時空。它與城市隔離開來，在一個有著天然綠帶的空曠原野與城市遙遙相對；它一度是紅軍的訓練基地，那不時發出的恐怖爆炸聲，破壞了原來田園生活的恬靜；現在此地終於又恢復應有的寧靜。GDR政府因缺乏資源來對此地有所作為，任其自然發展的結果，反而保留了其特殊的古樸風貌；直到兩德統一後，花費大量經費將其恢復成國家性的紀念地。海因里希‧特塞諾（Heinrich Tressenow）的長排住屋和半獨立式住宅，忠誠的展現著歐文—帕克的傳統，帶有一些時光流逝的味道。甚至還有「雷特朋」風格的步行環境配置，比美國的雷特朋新鎮還早了二十年。它也形成小工坊型態的工業，此長期以來是一種人民擁有的企業，現在恢復其原來的管理型態。市集廣場令人聯想到瑪格麗特伊侯的風格，力圖達成歐文和帕克在萊奇沃思和漢普斯特德就想要做、但卻沒完成的目標。這個奇妙的小城，真是極為珍貴與特殊。

　　赫勒勞花園城鎮代表的是一個被稱為是左翼思想的德國花園城市運動，但總是也有著另一翼的思想，正隨著時間的進展，變得更加的堅定。它起源於對於巨型都市的恐懼，訴說著在巨型都市中種族在生態學上的衰退，以及重新移民到日漸式微的鄉村地區的重要性，特別是在德國與斯拉夫接壤的

---

131 Peltz-Dreckmann, 1978, 50; Petz, 1990, 7, 9.

132 Kampffmeyer, 1908, 595.

瑪格麗特伊侯（Margarethenhöhe）

喬治‧梅森多爾夫（Georg Metzendorf）遵循西特傳統為克魯伯家族所作的巧妙設計，地點在埃森外圍：德國工業溫和專制主義的精髓。

（©*Fried Krupp Gmbh Historical Archive*）

邊境地帶。很明顯地，在第一次世界大戰中期，生存空間（Lebensraum）一詞已被使用，此意味著對有損及「國家品質」之人口的清除。[133] 這些主題在1920年代成為納粹思想的重要元素。

　　但這些猜測仍僅出現在知識分子的思維範圍內，在真實世界裡，第一次世界大戰後，發生與英國相似的情況：懼怕革命。或許德國有更健全的國家基礎，能避免革命的發生。在法蘭克福，一個由工人與和軍方所組成的委員會在1918年停戰之後掌控政治力量達一年之久。最後，社會民主黨重新奪回城市的政權，他們在市長路德維希‧蘭德曼（Ludwig Landmann, 1924-

---

[133] Bergmann, 1970, 169-71.

1933）的領導下所發展出的策略是，嘗試透過一個明確的勞資關係協議來重建社會和平，這是第一次世界大戰後，在創立福利社會過程中，又再次被提出的主題。其主張保留法蘭克福的中心商業區（CBD），將其提升為德國的主要金融中心，並同時在緬因（Main）河岸地區開發高科技工業；但為了滿足勞工的需求，城市也必須立即實施積極的住宅政策。

　　蘭德曼邀請具有建築師及規劃師雙重身分的恩斯特‧梅（Ernst May）加入他的團隊，恩斯特‧梅藉由其替布萊斯勞市（Breslau）所做的計畫而建立良好的聲譽。由於戰前的法蘭克福市長，弗朗茲‧阿迪克斯（Franz Adickes）高瞻遠矚的政策：以很低的農地價格，購買了廣闊的鄉村土地，因而使得這個城市擁有足夠的腹地[134]。因此，當1925年恩斯特‧梅接受此工作時，他已有所需要的土地來開始這項創新的開發計畫。

　　恩斯特‧梅，如同巴黎的澤利爾（Sellier）一樣，也深受花園城市運動的影響；他在1910年與歐文曾一同在萊奇沃思和漢普斯特德工作過，兩人一直保持密切的聯繫。他原來的想法是要建造真正的花園城市，由相距20至30公里（15至20英里）的數個新市鎮所組成，並以寬廣的綠帶與中心城市相隔。但此作法被證實在政治上並不可行，他於是做出一些退讓，改成建造衛星城鎮（Trabantenstädte），僅以一個狹長的綠帶，或一個「人民公園」（people's park）來作為衛星城鎮與中心城市之間的緩衝空間，此衛星城鎮在就業及商業（鄰里性購物除外）上必須依賴中心都市，並以公共運輸作為與中心城市間的主要連繫。[135]這些衛星城鎮就像公共住宅計畫一樣，都是由都市當局負責開發；但需注意的是，可與本案做比較的是英國在1919年法案後的住宅計畫，而不是與早期英國的花園城市或花園郊區。

　　在另一個重要的面向上，梅完全打破了歐文和英國在1920年代時的規劃傳統：他的衛星城鎮係完全是以現代建築的形式來設計，以一種有屋頂花園的長形平頂屋形式呈現，人們可以在那裡吃早餐、做日光浴、蒔花弄草。但這些差別只是表面上的：在他對於要建獨戶有花園的住宅之堅持下，此計

---

134 Yago, 1984, 87-8, 94, 98-9.
135 Fehl, 1983, 188-90.

畫仔細地配合日照方向來調整住宅的座向與配置，在此部分梅真可算是歐文的高徒。梅與沃爾特‧葛羅培斯（Walter Gropius）都是CIAM會員，1929年在法蘭克福的一場會議中，兩人對某些住宅規劃議題的意見不同：格羅佩斯偏好十層樓高的高層鋼構建築，而梅則偏好較低矮、三至四層樓高的預鑄混凝土建築或磚造建築。[136]

整個計畫的規模並不算大，共有15,000戶住房，雖然已包括在1925至1933年期間建於此城市的大部分住房；此計畫並沒有按照所有原先規劃的內容來完成，最後經費用盡，社區會所也沒有蓋成。其他個別的計畫，在當時與隨後的名聲是微不足道的，它們大多數被配置在城市周圍的小型基地上；只有一些沿著城市西北側尼達河（River Nidda）河谷而延伸發展的開發案，最能代表這種經典的衛星城市，即使它們的規模都很小：普勞海姆（Praunheim）有1,441戶住宅，羅馬城（Römerstadt）有1,220戶。[137]它們令人難忘的地方是，房屋沿著河流布局，綿延地排列成長條狀，學校和幼稚園配置在地勢較低處，並利用山谷作為分隔城市及開發區的天然綠帶，開發區內有不同機能的服務：如物資配給站、運動場，花園式商業建築、花園般的年輕人學校，甚至有露天展覽場。[138]在此處，梅與馬克斯‧布魯姆（Max Bromme）合作，努力保留山谷，以作為自然開放空間，而廣大的中央盆地也被保留作為休閒、運動及戶外教育的場所：

擁有廣大的綠地，周圍環繞著森林、梯田式排屋、運動設施和菜園，尼達河谷已成為西北部新開發地區中一處良好的休憩場域。植物園和學校的花園取代了制式的花園，而那些新型的休閒設施也豐富了整個住區的生活，它們包括：孩子們的淺水池和沙地、游泳池、體育館、陽光普照的陽台及更衣間，此外還有散落在樹林裡，為大人而設的吊床等。負擔不起去海邊度假的勞工階級家庭，自家後院就成了最好的度假去處。[139]

---

136 Fehl, 1987, 204, 206.
137 Gallion 和 Eisner, 1963, 104。
138 Fehl, 1983, 191.
139 Henderson, 1994, 208.

1930年6月，孔特·亨利·凱斯勒（Count Henry Kessler）帶著法國知名的雕塑家阿里斯蒂德·馬約爾（Aristide Maillol）來參觀法蘭克福森林區的體育場，當他看到正在活動民眾之裸露身體時，他說道：「這是一個強烈希望生活在可享受陽光、快樂、和能讓身體健康之環境中的民族，這不應該只局限於一小部分的人或特定族群，而是所有德國年輕的一代都應熱烈響應的社會運動。」[140] 這裡正是如此。從公開的宣傳圖片中可以看到，在一棟新房子的屋頂花園裡，一對年輕夫婦正享受露天的自由時光；女生有著那個時代「新時代女性」的典型清爽短髮，穿著寬鬆的衣服和短裙。[141] 我們幾乎可以肯定，尼達河谷上的這個住宅區根本是為了她與她的姊妹們所建造。

戰後，法蘭克福粗暴地對待了它的這個傑出的小型新鎮：兩條都市公路，切過這座河谷，其中一條將羅馬城切成兩半，周圍的衛星城鎮也完全被另一個又大、又雜亂且缺乏特色的衛星城鎮（名為西北城）所吞沒。但是，憑藉著想像力與信念，人們還是可以感受到它過往的風華及值得記憶的地方。如今這裡已被完全地仕紳化了，只有11%的居民是藍領階級（此城鎮原先是為他們而建）；但美麗的環境仍被良好的維護著；經過超過半個世紀，草木已長成，讓它成為梅心目中的花園城市。在夏日的陽光下，奶油色長排房屋生硬的輪廓線被樹叢和花朵給柔化了，綠意幾乎淹沒了這些建築；跨過河谷，工業活動所產生的藍色薄霧營造出奇妙的效果，讓新形成的高聳城市景觀看起來像進入了一個奇幻的世界。

然而消失的是它的精神，那是現在已經無法想像的。梅在許多事情的看法上與另一位德國威瑪時代偉大的規劃師不同，他是柏林的馬汀·華格納（Martin Wagner），但他們兩人都相信勞資之間能建立新的社會夥伴關係，而且工作與生活能夠重新融合。這些是他們與霍華德及歐文共同支持的信念，但是也存在一個絕對重要差異之處。梅-華格納（May-Wagner，梅結合華格納）的理念是一種集體主義的思維，與強調無政府主義及合作思想的霍華德—歐文傳統，有明顯的不同：用梅自己的說法，其計畫嘗試達到「生活

---

140 出處同上，211。

141 出處同上，199-200。

元素的集體秩序化」。[142]對梅而言，一個規劃良好的居住環境應能與在工作場所的追求效率發揮互補作用，而且，再次引用梅的說法，「規格化、長盒形狀的屋頂花園象徵著統一風格的集體生活之概念，就好像蜂巢形的蜂箱，象徵著其居民制式的生活狀況。」[143]

這些聽起來十分完美的內容，就像一篇馬克思主義博士論文的原始素材：資本主義政府透過加強對地方城鎮的規劃，以保障勞動力的再生產。但是無論如何，霍華德和歐文都對此感到厭惡；一點也不奇怪的是，或許因為歐文徹底地排斥現代建築[(譯注15)]，才讓他變得不受歡迎。而同樣不令人訝異的是，離開法蘭克福之後，梅到了蘇聯，進行模範城市的設計；聽來諷刺，沒有一個計畫是成功地按照原規劃內容去建造，因為當時蘇維埃城市風行史達林精神。

華格納，如同梅一樣，當時正在協調一項主要的住宅與規劃計畫，但規模較大。華格納與梅主要的差別在於，兩人對於新開發區的角色、特質和區位在看法上有所不同。華格納完全不相信衛星新鎮，他主要的目標是要建設工業住宅區（Siedlung），此概念和用詞是由德國魯爾區的煤炭與鋼鐵大亨們首先提出的，住宅圍繞著工廠而進行組織與布局，但沒有獨立（或半獨立）於城市而存在。[144]較理想的就是西門子城（Siemensstadt），是由德國電子巨人公司於1929至1931年之間在城市西北部地區圍繞著其複合式工業基地所開發的巨型工業住宅區（Grosssiedlung），其為一個超大型的工業住宅集居區開發，一個複合型的計畫，規劃與建造都是以揮霍的空間尺度來進行。每一個1920年代的德國建築名字都代表著一些涵義，這裡是一處供人朝聖的地方，聯邦政府後來將這裡所有的建築物，都以歷史古蹟的方式進行保存與修護。朝聖者抵達西門子大道的地鐵站，經由一條忙碌的都市林蔭大道，只需花20分鐘就可到達西柏林中心，該處是都市發展的開始地點。但是，只要幾分鐘，人們就可到達另一個世界：在此處，夏龍（Scharoun）、巴特寧

---

142 Fehl, 1983, 186.
143 出處同上，190。
【譯注15】此處的「現代建築」指的是現代主義形式的建築。
144 Uhlig, 1977, 56.

（Bartning）、哈林（Häring）、葛羅培斯（Gropius）等建築大師，將他們設計的四到五層樓的公寓樓建在一處巨大的花園裡，此花園（就像羅馬城的兩層樓排屋住宅一樣）經幾十年成長，看起來幾乎要包住這些建築了。[145]

就像英國任何一個花園城市一樣，這裡最令人印象深刻的，就是平靜祥和的氛圍。任何相信集合式住宅公寓意即貧民窟生活的英國或美國的懷疑論者，任何相信公寓型花園城市根本是一種自相矛盾之說的人，應該到西門子城參觀後，再重新思考。所得到的反思應該會是以下：首先，現代公寓街坊，只要維持適當的樓高及水平秩序，就能給人如同現代住宅（或傳統住宅）般的安靜祥和感（一種歐文—帕克式住宅的品質）。第二，在住宅周邊提供高品質的花園空間是很重要的。第三，維護管理是關鍵所在：西門子城的成功關鍵就像與羅馬城一樣，全憑完善的維護管理。

柏林還有另外兩處同屬華格納時代的傑出大型開發案：在城市西南側之策倫多夫（Zehlendorf）的大型住宅開發——柏林湯姆叔叔的小屋（Onkel-Toms-Hütte, 1926-1927）以及南邊的布里茲（Britz, 1925-1927）。兩者皆是由葛哈哥（Gehag）公司所開發，這是在1924年由擁有工會基金的數家建屋協會和柏林社會住宅協會合併而組成的大型住宅開發公司，負責許多柏林地區及第二次大戰後受聯邦補助的公共住宅：這種公司組織的運作方式，其實正是霍華德一直想要，卻始終未能達成（諷刺的是，戰後的接任者，到了1980年代時都醜聞纏身）。[146]此兩者皆是純粹的花園郊區，位於城市的周邊，隨著地鐵系統路線而逐漸開發。

1926到1931年建造的柏林湯姆叔叔的小屋，自稱是一個森林住區（*Waldsiedlung*）。它給人的第一印象正如其名，巨大高聳的樹林，有如軍事般整齊劃一地橫跨了整個地區；樹林下方是二至三層樓的房子，大部分由布魯諾・陶特（Bruno Taut）與雨果・哈林（Hugo Häring）所設計，有著1920年代不妥協的現代主義風格，例如柔和色系的粉刷，沿著較長的彎曲道路或較短的筆直街道，可看到一排排房子伸展開來。[147]同樣地，最令人驚訝的一

---

145 Rave 和 Knöfel, 1968, 193。

146 Lane, 1968, 104.

147 Rave 和 Knöfel, 1968, 146。

羅馬城（Römerstadt）

西門子城（Siemensstadt）

點（尤其是對那些一向習慣英國議會住宅規定的思想僵化人士），就是房屋維護水準之高：這些房屋仍為住宅協會所有，令人幾乎難以置信的是，房屋看起來好像是全新的樣子。由布魯諾‧陶特和馬汀‧華格納所設計的布里茲社區，形式較為正式：二、三樓的排屋住宅群圍繞在哈菲森工業住宅區（*Hufeneisensiedlung*）的四周，在那裡，四層樓的公寓建築環繞著湖，形成一個巨大的馬蹄形。[148]在周邊街道上，維持著良好狀況的住宅，呈現出預期之外的不同風格：由布魯諾‧陶特設計的房屋，呈現出保守的風格，而由馬汀‧華格納所設計者，則有如迪士尼樂園般的奇幻。一座地下化的地鐵站連接到此住宅區的每個端點，住區東側則面向科寧斯亥德（Köningsheide）廣大的開放空間。

湯姆叔叔的小屋（Onkel-Toms-Hütte）

現代運動的大師嘗試重新詮釋花園郊區，梅（May）在法蘭克福，葛羅培斯和陶特在柏林設計住宅社區：他們證明透過機能主義，就連四層樓公寓，也很適合人們居住。

---

148 出處同上，79。

這兩個開發案都是非常傑出的案例；兩者也諷刺地代表著花園城市在實踐時與理念精神相左的地方。吾人可以爭論道：法蘭克福的梅，就如同曼徹斯特的帕克，是以一種有別於倫敦之都市規模的方式來處理霍華德所謂的典型現代城市的問題；兩者皆是典型的中型省城都市，擁有約50萬到75萬的人口，所以興建衛星城鎮可能是可行且較適切的方案。然而，這並不表示對柏林也是如此，1920年代中期的大柏林地區，已有大約400萬人口，可算是歐洲的第二大都市，其考慮面向當然更為複雜。而且事實是，受到缺乏資金和政治現實的折磨，威瑪共和的規劃師們已不再認為建造自給自足的花園城市是值得奮鬥的目標。[149]

遠方的花園城市

花園城市運動最令人驚訝的地方是其輕易地從它的發源地向國外地區輸出，而其轉換與運用的過程又是那麼地不尋常。

日本人與其他國家一樣地，也曾熱烈的擁抱花園城市理念，1910年代在東京及1920年代在大阪，鐵路公司都曾在都市周邊地區興建花園城市。日文 *den-en toshi* 的意思即是指綠油油的稻田、寧靜的鄉村和輕柔的和風。這些特質，就如同恬靜鄉村中的綠洲，吸引著由農村遷徙到充滿污染的工業都市的移民。當然，這些花園新城多只是服務通勤族的花園郊區而已，沒有任何社會規劃的目的；此處的開發利益不會回饋到社區，而是大筆鈔票進了鐵路公司的帳戶。[150]

花園城市運動來到澳洲，就和英國一樣，其與1914至1918年戰後興建「英雄之家」的構想緊密的綁在一起。[151]位於米查姆（Mitcham）之阿德萊德郊區南部的萊特上校花園住區，其實並不是一個霍華德認為可展現其花園城市規劃正確原則的範例，因為其只不過是個有電車系統服務的花園郊區而已。但是從過去到現在，它卻一直都是一個非常出色的都市設計案例，其主

---

149 Hartmann, 1976, 44.

150 Watanabe, 1992, 69-84.

151 Hutchings, 1990, 15.

要特色是：擁有寬敞的公園空間，從正式的公園，到作為網球俱樂部的鄰里公園都有；其層級分明的道路系統避免了不少穿越性車輛交通的進入，而該地的社區設施也相當完備。[152] 萊特上校花園住區是紐西蘭人查爾斯‧康普頓‧里德（Charles Compton Reade, 1880-1933）的傑作，里德曾擔任倫敦GCTPA的助理祕書，然後成為南澳政府的城市規劃師，他負責這個新花園郊區的設計，其係大都會通盤發展計畫的一部分。[153] 從各方面來看，里德可說是一個不輕易妥協且悲劇性的人物，1921年，明顯地受挫於獲取都市計畫法案立法通過的政治鬥爭，於是他離開了澳洲，轉而擔任馬來聯邦政府部門的規劃師，但是在那裡經歷了官僚政治的鬥爭之後，最後他在非洲約翰尼斯堡的一間旅社內舉槍自盡。[154]

美國的花園城市

　　跨越大西洋，花園城市的傳統並沒有以霍華德所期望的方式去發展。但這並不表示，沒有人嘗試在美國推廣花園城市理念。在1920年代，美國區域規劃協會不只以此神聖寶藏（指花園城市理念）的守護者自居，更以教派改革者的姿態出現——在推廣教義的同時，也改寫教條，將霍華德的思想以更純化且拓展的方式傳遞出去。他們所信仰的神其實是個二人組：霍華德—格迪斯（意指霍華德與格迪斯理念的結合），而他們的信條也涵蓋著整個區域規劃的範疇。此部分很重要，所以值得本書另闢一章，於第五章中詳述。在此，讓我們先撇開時空背景涵構的干擾，專注於討論他們對花園城市的貢獻；這雖然有點困難，甚至有些不合邏輯，但就全書連貫性的考量而言是必須的。

　　這個小型且優秀的團隊中的建築師是克拉倫斯‧斯坦因和亨利‧萊特。他們兩人對花園城市運動有特殊的貢獻，即是透過所謂的雷特朋配置原則，有效地處理交通及人行動線的問題，這是他們在1928年為當地花園城市做

---

152 出處同上，18-19。
153 Garnaut, 2000, 56-8, 63.
154 Home, 1990, 28-9.

設計時所發展出來的構想；但是為了給予一個完整的評論，另有一個人物不可不提，他就是特立獨行且與美國區域規劃協會（RPAA）沒有什麼關係的規劃師，克拉倫斯·佩里（Clarence Perry）。

佩里是那種平民出身、規劃師兼社會學者的一個早期例子，他從1913年起直到1937年退休為止，都一直擔任以紐約為基地的羅素·賽奇基金會（Russell Sage Foundation）之社區規劃師。在此工作之前，他就開始對一項明顯地是由珍·亞當斯（Jane Addams）在芝加哥的作法所衍生的運動產生了興趣，這項運動企圖藉由學生父母的參與，將地區性學校發展成社區中心。佩里也深受美國社會學家查爾斯·霍頓·庫利（Charles Horton Cooley）的著作所影響。庫利強調「主要群體」（primary group）的重要性，其特色為「密切的面對面交流與合作的群體」，他堅信這些是「形成社會本質和個人思想的基礎」，這對於擁擠但又高度疏離的現代都市生活，顯得特別重要。[155]

這正是這些移民區住宅運動的領導者們所強調的主題，他們主張「推動一個對於建構社區活力之偉大的信心重建，以作為政治與道德的基本單位」的時代已經來臨了，特別是那些「組織混亂的社區……它們已經失去可靠的社區領導」，因此「生活水平低於標準，且生活在缺乏資源的環境中的婦女們……可以透過接受技能訓練來完成她們的工作」，並可以藉由「公立學校系統的技職推廣教育」來改善「失去生產力」的問題，[156]而解決移民家庭與其子女的社會化問題，即是明確的目標。[157]還不只這些，作為一位羅素·賽奇基金會於1911年所開發的模範花園郊區——森林山丘花園住區（Forest Hills Gardens）的實際居民〔森林山丘花園住區是一處鐵道郊區，離曼哈頓約有9公里遠，是格羅夫納·阿特伯里（Grosvenor Atterbury）仿效芝加哥河岸住區與倫敦貝德福公園所發展出來的花園郊區住區〕，佩里也體會到良好的設計對發展社區精神的重要性。[158]其社區設計的精神是源自歐文和帕克在

---

155 Cooley, 1909, 23, 408-9.

156 Woods, 1914, 17-18, 20-1.

157 Lubove, 1962b, 205.

158 Perry, 1929, 90-3; 1939, 205-9, 217; Mumford, 1954, 260; Lubove, 1962b, 207.

漢普斯特德的準日耳曼風格，而實際規劃操作則是參考瑪格麗特伊侯和赫勒勞的經驗，但具體作法卻又超過了它們，以致創造出一種類似好萊塢世界的通俗化風格。超級諷刺地，在美國設計潮流的影響下，阿特伯里使用了有內鑲電線的預製板，並將此材料運用到他的實驗性都鐸式住宅中。[159] 但是，如同以往所有夢想中的郊區環境，從納許（Nash）的布萊斯哈姆雷特（Blaise Hamlet）以後，這種設計作法似乎是有效的：當此堂皇華麗的劇院式場景呈現在民眾眼前時，懷疑的批評就立即暫停了。

但劇院式設計被賦予嚴肅的目標。森林山丘花園住區的生活方式，讓佩里發展出鄰里單元（neighborhood unit）概念；此概念的首次提出，是在1923年12月16日，美國社會學學會和國家社區中心協會於華盛頓特區所舉辦的會議中，後來在1929年佩里為紐約區域計畫所做的專題報告中，有更詳細的發展與說明。紐約區域計畫是由羅素·賽奇提供財務資助，佩里在此該計畫中，扮演著主要社會規劃師的角色。[160] 鄰里單元的規模設定是以地方小學的學區為考量基礎，並也由人口密度來決定；它的核心元素是地方小學及鄰近的遊戲場，距離不超過步行半英里範圍；地方性商店位在住宅區街角，分布在四分之一英里的步行範圍內；而且，有鼓勵社區活動的會所設在社區的中心地或公共的地方：

> 廣場本身是適合的地點，可以設立旗竿、紀念碑、露天音樂台或景觀噴泉。對社區公共生活而言，廣場功能是作為舉行地方慶典活動之場所。獨立紀念日那天，廣場裡旗海飄揚，人們朗誦獨立宣言，而滔滔不絕的演說家們將以精采的演講來激勵出市民的愛國行為。[161]

這種鼓舞是對的：這是珍·亞當斯對整合新移民之期望的一種重新詮釋。現在，美國出生的移民後代子孫，脫離都市貧民窟，搬到新郊區住宅。

---

159 Radford, 1996, 33.
160 Perry, 1939, 214; Lubove, 1962b, 207.
161 Perry, 1939, 65.

這裡存在的理由應屬社會文化層面的考量，但佩里在1920年代末提出「汽車的威脅」已讓盡快界定鄰里單元之定義勢在必行，真是所謂的「因禍得福」。[162] 鄰里單元規劃的幹線道路，寬度需足以承載所有的穿越性汽車交通，因此提供了合理的社區界限；而社區內部的街道路網則應被設計成有助於內部動線循環，並需阻隔穿越性交通。[163]

在1929年的報告中有一幅著名的圖表，只是缺了一項要素：缺少清楚地說明如何徹底的防止不必要汽車交通的進入。佩里自己知道，這是森林山丘花園住區計畫中唯一的真正缺陷，[164] 但是，在沿著同一條鐵路運輸線、距離曼哈頓約幾公里處，斯坦因和萊特已經試驗性地找出解決的方法。1924年，一位成功的開發商，亞歷山大‧伯因（Alexander Bing）受斯坦因之激勵，成立了一間都市住宅公司（City Housing Corporation, CHC），以建造美式花園城市為目標。他們於1924至1928年間所完成的第一個作品即為向陽花園城（Sunnyside Gardens）：位於一個離曼哈頓只有5英里遠，一個約有77公頃未開發土地的基地。其設計係以禁行汽車的超大街廓為基礎，以便能規劃出大型的內部花園空間，但其結果卻和歐文在英國所面臨到的一樣，因嚴格的地方法規限制而受到挫敗。[165] 劉易士‧孟福，曾是此開發案的第一批居民，他很久以後證實那裡在實質與社會面向的生活品質是不錯的，[166] 然而它並不算是真正的花園城市。

在初試啼聲之後，他們轉而嘗試真正的挑戰。在紐澤西距曼哈頓15英里遠的費爾勞恩（Fairlawn）自治市，進行一項開發計畫（該處為一片素地，沒有土地分區管制規定，也沒有既有的道路計畫），都市住宅公司（CHC）購買了2平方英里的土地，斯坦因和萊特在這塊土地上規劃出三個鄰里單元。[167] 他們運用的技巧是使用向陽花園城的超大街廓作法，避開紐約市制式的網子形路網的限制，並以簇群住宅的方式來進行規劃，如此一

---

162 Perry, 1929, 31.

163 出處同上，34-5。

164 Perry, 1939, 211.

165 Stein, 1958, 21.

166 Mumford, 1982, 411-21.

167 Stein, 1958, 39-41; Schaffer, 1982, 147.

來，不只是可以限制穿越性汽車交通，也能將所有的車輛交通都排除在社區之外。對於該案，其中一位設計顧問曾評論說，「我們放棄後院，而改成前院……我們蓋的房子沒有背面，但有兩個正面」，[168]這是萊特在愛爾蘭農民住宅中所留意到的建築特色。[169]有趣的是，主要影響係來自歐文：伯因曾派遣斯坦因和萊特兩人在1924年時前往英國去學習新市鎮規劃和住宅設計；他們在韋林見到了霍華德，也至歐文在漢普斯特德希斯的住家去拜訪他。歐文一定有帶他們參觀過鄰近的花園郊區住區，其有著一些類似雷特朋式配置的元素（如囊底路）；1928年造訪雷特朋新鎮之後，歐文也深深地對這樣的設計感到興趣。[170]第二次世界大戰過後幾年，亞瑟‧琳（Arthur Ling）在考文垂（Coventry）的威倫霍爾‧伍德（Willenhall Wood）開發案中，也設計了第一個英國的雷特朋式配置，藉以完善相關的經驗。[171]

似乎在規劃史中存在著某種一般性的通則，即第一次往往是最好的。新易爾斯威克和萊奇沃思的花園郊區計畫即是如此。同樣地，雷特朋新鎮也是最佳的雷特朋式配置的呈現，其道路層級的設計，非常自然且方便使用，這也是第一次使用（雖然帕克幾乎立即地將此模式複製在威森肖開發案中）。這裡的房子外表簡樸，沿著收集道路分支出來的囊底路，舒適地以簇群方式聚集在一起，斯坦因坦率的承認，這個構想是直接參考歐文和帕克在漢普斯特德的作法和新易爾斯威克後期的開發內容。[172]在紐澤西夏日茂盛植栽的遮掩下，這些房子看起來彷彿是從土地上長出來一樣。中央寬敞的開放空間，搭配著蜿蜒的人行步道和從鄉間路橋下穿過的自行車道，形成一種無拘束的自然感，看起來與感覺起來真是棒極了。

要營造出這種感覺，是要付出一些代價的。雖然有一個雷特朋新鎮協會負責控制和管理這些空間，許多屋主還是對外求售；而且，儘管希望達到社會融合的目的，到1934年時，至少五分之三住戶的家長是中階管理主管，

---

168 節錄自Schaffer, 1982, 156。

169 Stein, 1958, 48.

170 Parsons, 1992b, 184; Miller, 2000, 21.

171 Parsons, 1992b, 191.

172 Stein, 1958, 44.

完全沒有藍領工人。更糟的是，房地產業者排斥猶太人和黑人。[173] 從一開始就發現，該地區太小無法提供適當寬度的綠帶。經濟蕭條造成後續的發展停滯，人口數目也停在 1,500 人左右：遠遠低於標準，導致原先精心設計的許多社區方案和服務項目無法進行下去。就連此新鎮開發的公共部分之維護，雷特朋新鎮協會也都需依靠都市住宅公司（CHC）和卡內基補助款的支援。結果證明，此新鎮很難吸引產業進駐，因此，為了維持足夠的現金流動，都市住宅公司必須放棄建立一個真正花園城市的所有期望，而對外宣傳那只是一個單純的通勤族郊區住區。許多住戶被迫出售他們的房子，最後連都市住宅公司也因承受不住沉重的土地持有成本，而陷入激烈的法律訴訟。[174] 後來，斯坦因在二十年後反省說道，雷特朋的經驗顯示出，一間私人企業頂多只有很小的成功機率來營造一個全新的新鎮。[175]（譯注16）

雖然如此，另外還有兩個雷特朋式新鎮陸續開發，皆是由斯坦因擔任顧問：一個是匹茲堡（Pittsburgh）的查塔姆村（Chatham Village, 1932），距離金三角只有 2 英里遠，其是最早提供便宜租金住房的開發計畫；另一個是洛杉磯的鮑德溫山丘莊園（Baldwin Hills Village, 1941），兩者的財務都算是成功的。在鮑德溫山丘莊園，規劃師明顯地修正了配置的方式，以集中式停車場取代一些囊底路，並將三個相互連接的中央開放空間中的部分空間，改成有封閉感的私人空間，以節省維護成本。[176] 但原先規劃的購物中心和三座兒童照護中心因預算刪除而被取消了，而第二期開發也一直沒有啟動；最諷刺的是，雖然此計畫最初的目標是為了加強種族融合，但十年後卻有許多白人家庭遷出，並不斷抱怨其他問題家庭所造成的困擾；在 1970 年代，一個救援團體將出租房屋改為公寓房，並禁止 18 歲以下孩童入住，且最後並厚

173 Schaffer, 1982, 173-4, 177.
174 Stein, 1958, 39, 41, 68-9; Schaffer, 1982, 149-50, 160, 186-7.
175 Stein, 1958, 69.
【譯注16】此說法以現在的土地開發觀點來看不一定正確，其實民間部門也可營造出良好品質的新市鎮，例如早期台北郊區的大台北華城即是一例，關鍵問題是，公部門要提供哪些誘因及管控機制來引導民間的開發行為，以及民間開發部門在考量獲利情況的同時，如何發揮提升環境品質的社會責任。
176 Stein, 1958, 189-90, 193, 198.

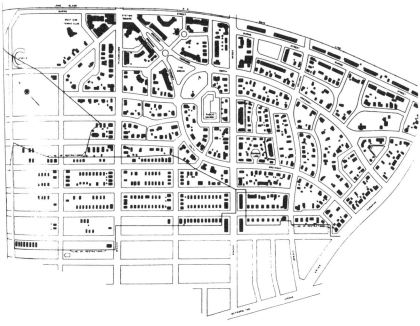

森林山丘花園住區 Forest Hills Gardens

紐約通勤族的花園郊區住區,克拉倫斯・佩里(Clarence Perry)在此發展出鄰里單元的原則。

顏無恥地將此新鎮改名為「綠色小鎮」（The Village Green）。[177] 今天，雖然鮑德溫山丘莊園仍有優良的實質環境品質，但因其鄰近一個低收入公共住宅社區，也給這個主要居民為銀髮族的社區造成一些不安的感覺；在夜幕低垂的夜晚，當摩托車巡邏守衛著社區時，似乎在嘲諷，這就是當初設計師一心要維持的高品質生活。

斯坦因—萊特的雷特朋式新鎮，無疑的是美國對整個花園城市傳統上所做出的最重要貢獻；但事實上，若以嚴苛的標準來看，就像歐洲的同類型的花園城鎮一樣，它們卻未能達到期待的標準；如今這三個花園新鎮在郊區化蔓延的情況下已被淹沒，而要找到它們正確的所在地，除了要有一張有用的地圖之外，還需要某種程度的決心與毅力。但是作為一個花園郊區，它們代表著在設計上的顯著進展，超越了歐文和帕克所訂定出的水準。然而，它們並非美國新市鎮開發唯一的案例。大多數其他的新鎮都是單一案例，各有特殊的發跡起因，如田納西的諾里斯（Norris）的新市鎮開發，是區域計畫下TVA運動中的一部分，此將在第五章做簡短的說明。但是雷克斯福德‧蓋伊‧特格韋爾（Rexford Guy Tugwell）在富蘭克林‧德拉諾‧羅斯福新政（New Deal, 1935-1938）早期，任職安置管理局時所主導開發的綠帶城市（Green-belt Cities），應該得到個別且特別的注意。

這些新鎮的起源與霍華德理念的發展有奇特的歷史平行性：兩者都是在經濟蕭條最嚴重時被發展出來的，此時失業的農場工人聚集在被貧窮打擊，以致無法提供他們工作的城市之中。到了1933年，大量失業人口就聚集在華盛頓市中心令人困窘的簡陋貧民窟裡。羅斯福最初的想法是要推動一個回歸土地運動（back-to-the-land movement）；特格韋爾，哥倫比亞大學經濟學者，也是羅斯福智庫中最具創新想法的成員之一，說服羅斯福總統，此方法是行不通的。[178] 特格韋爾的想法是「離開人口聚集的城市中心區，尋找便宜的土地，建立完善的社區，然後吸引人口搬遷移至此。然後再回到城市，拆掉所有貧民窟，將其改造成公園。」[179] 特格韋爾以辭職作為威脅，迫使羅

---

177 Hayden, 1984, 10-11; Moore 等，1984, 282。

178 Myhra, 1974, 178-81; 1983, 231.

179 Jackson, 1985, 195.

雷特朋（Radburn）新鎮

斯福在1935年4月成立安置管理局，明快地解決了土地和貧窮的問題；根據1935年的「緊急救濟撥款法」（the Emergency Relief Appropriation Act），此單位也獲准使用強制土地徵收（eminent domain）。[180]（譯注17）

「就在城市之外」（just outside the cities）是關鍵的用辭：其本質上的意圖是要自給自足，這些綠帶城市必須要能夠提供通勤至中心城市的可能性，所以位於郊區邊緣的地點是重要的；這也代表著當時的人口趨勢。[181]特格韋

---

[180] MacFarland, 1966, 221; Arnold, 1971, 24-6; Myrha, 1974, 181; Weaver, 1984b, 228.

【譯注17】Eminent domain是使用於美國的一種強迫徵收土地或財產之手段，稱為國家徵用權，其基本概念是土地的最高使用權係歸國家所有，所以為了社會集體的福祉，必要時可使用此作法。此作法類似臺灣的強制徵收，但以美國的情況而言，國家徵用權必須非常審慎的使用，以免牴觸憲法保障的私人財產權利。

[181] Conkin, 1959, 307; Arnold, 1971, 26, 201.

綠帶新鎮（Greenbelt）

第一個應用雷特朋式配置到所有鄰里的新鎮，在綠帶新鎮中，如同早期的德國威瑪，功能性建築成功地與花園城市（花園郊區傳統）結合在一起。

爾原本希望建造3,000個綠帶城市，但在名單的前二十五名中，專案資金只能提供補助給前八名；後來國會再削減名額至前五名，其中兩名（在紐澤西，且在聖路易之外）又遭法律行動而凍結。所以最後專案只包含3個綠帶城市：馬里蘭州華盛頓城外的綠帶新鎮（Greenbelt, Maryland）、俄亥俄州在辛辛那提外的綠色之丘新鎮（Greenhills, Ohio），以及威斯康辛於密爾沃基（Milwaukee）外的綠色山谷新鎮（Greendale, Wisconsin）。[182]由於被一個對建築師的偏見所說服，特格韋爾在嚴格時程控制的壓力下，為每一個新城計畫皆僱用了不同的團隊：因此綠帶新鎮和綠色山谷新鎮有雷特朋風格的超大街廓，綠色山谷新鎮有著傳統街道和傳統建築。但全部都是非常低密度的

---

182 Conkin, 1959, 308; Glaab 和 Brown, 1976, 277。

城鎮，每公頃只有4至8棟房屋。[183]三者中最大者──綠帶新鎮，是由RPAA的建築師翠西・奧格爾（Tracy Augur）所設計，並由斯坦因擔任諮詢顧問，呈現出經典的雷特朋式配置：房屋建造在五個超大街廓，沿著中央開放空間形成一個巨大的馬蹄形，每個街廓都有人行步道直接通往公園、商店及社區設施。[184]不同於雷特朋新鎮的建築設計，此處的建築是採用較不妥協的現代主義風格，而整體效果是1920年代最佳德國城鎮計畫的重現：就好像在美國馬里蘭的鄉間出現著法蘭克福或柏林風的城鎮。

　　沒多久，新鎮專案補助計畫就告一段落了。作為羅斯福新政的首席規劃師，特格韋爾成為保守黨國會議員、媒體、營造商、房地產業者以及銀行的主要攻擊目標，對他們而言，這些「特格韋爾新鎮」（Tugwelltowns）代表著社會主義掌權的開端，他們抱怨道「將人們從原來的地方移到特格韋爾認為他們應該去的地方。」[185]美國上訴法院於1936年5月，判決1935年通過的「緊急救濟撥款法」的條款無效；雖然該判決只適用於紐澤西的綠溪地區（Greenbrook）預期開發的新市鎮，但似乎很少人會懷疑這代表著特格韋爾的這條路已走到盡頭。[186]專案補助的新鎮建設在1938年中期完成，此時3個新鎮被移交聯邦住宅管理局接管；在1950年代時，它們被銷售一空。[187]在綠帶新鎮（當時三者中規模最大者），原來開發的核心部分後來由一個合作型住宅協會接管，其嘗試維持它的完整性；在經過1979到1983年期間運用大量聯邦貸款所進行的廣泛且昂貴的更新再發展之後，綠帶新城現在被列為國家級的歷史城區。但是廣大基地的其餘部分則被多條主要的高速公路切割，且由不同的開發商一小塊、一小塊的零星開發，一點也沒有風格上的連續性。[188]而1945年以後漫無限制的都市擴散發展更打亂了原先計畫性分散發展（planned dispersal）的整體概念：綠帶新鎮和1945年之後的其他知名案例〔哥倫比亞的瑞斯頓（Reston），由私人開發商建造但開發經費是由聯邦政府擔保

183 Myrha, 1974, 183-5; 1983, 241.
184 Arnold, 1983, 199.
185 Arnold, 1971, 31, 97, 209.
186 Myrha, 1974, 185.
187 Conkin, 1959, 322-5.
188 Arnold, 1983, 201-2, 204.

的融資來提供〕皆陷入新一波區域新城市的大量、無限制的擴張之中。[189]

若純粹以開發數量的角度而言，綠帶新鎮幾乎不算什麼大事件：「僅能替2,267個家庭提供具吸引力的居住環境，實在發揮不了什麼顯著的效益。」[190]而且，就作為城市規劃的實驗性案例而言，這些計畫案是很奇怪地過於謹慎了（如羅斯福總統常做的）：黑人被排除於外；租金雖然合宜，卻排除最貧窮者；單位成本相當高；缺乏在地工作機會；與中心城市的大眾運輸連結通常很差；住房、停車場、商店全都規模太小，無法滿足富裕美國民眾的需求。[191]

事實上，這些新鎮的實際建設內容，並不如其象徵意義來的重要：它們的發展完全受到聯邦政府的控制，越過所有的地方政府；因此，特格韋爾可全憑他自己的判斷來選擇開發地點、強制性的購買土地；營建由同一單位控制；甚至，因為土地是聯邦政府的，地方政府也無權徵收財產稅。這些在隨後的二次世界大戰之間，英國政府從來不敢做的事，卻被特格韋爾等人給做了，並為戰後新市鎮建設提供了一個運作模式。[192]無怪乎幾乎每個人都反對他們。

因此，特格韋爾等人也為花園城市運動的前四十年，提供一些應算是例外的案例。回顧整個花園城市推廣經驗，雖然私人機構主動發起建造兩座真正的花園城市（萊奇沃思、韋林），雖然有時市政當局建造衛星城鎮（威森肖、羅馬城），但沒有一處是政府主動介入來玩真的。有點諷刺的是，這全都發生在美國，幾乎沒有人認為美國會是發生這種事情的國家。所以，一點也不出乎意料之外，結果當然是失敗。

英國的新市鎮：國家接管

毫不令人驚訝地，第二次世界大戰後歐洲再度取得領導地位，並且是

---

189 Fishman, 1992, 153, 158.

190 Glaab和Brown, 1976, 278。

191 Stein, 1958, 130; Arnold, 1971, 143-4, 153; Wilson, 1974, 159-60; Arnold, 1983, 202.

192 MacFarland, 1966, 219-23.

由國家接管新市鎮規劃工作。即使是在那時，這仍是一項充滿挑戰與風險的任務。當時新上任的英國勞工部長劉易士・席爾金（Lewis Silkin），意識到其同僚們可能不願意推動此一任務，便於1945年10月成立了一個委員會，來告訴他應如何進行新鎮建設。席爾金任命芮斯伯爵（Load Reith）擔任該委員會的主席，芮斯曾是英國廣播公司（BBC）前任董事：其作風強勢積極，曾得罪許多位英國主要的公眾人物，以致最後幾乎沒有企業願意聘用他。奧斯本也是委員會成員之一，其他還有伯明罕的卡德伯里（L. J. Cadbury），倫敦郡議會的摩尼卡・費爾頓（Monica Felton），這兩位都是新市鎮的提倡者。

不出所料的，在這樣的組合之下，新組成的委員會在短短的三個月內，就提出中程建議書。但委員會需要面對三個組織：地方政府、介於公私部門之間的非營利組織（萊奇沃思和韋林已有前例），以及追求利潤的民間開發公司。當時此委員會運作，發現可能有一個已存在的偏差，因為委員會中只有兩位代表民間部門的委員。大型營造商，如泰勒・伍德羅（Taylor Woodrow）、約翰・萊恩（John Laing）、沃茲（Wates）等，表示可以簽署合約來建造新市鎮，而金融機構也同意了，但在當時委員會的組成結構下，最終得到的結論是：新市鎮的規模應該在20,000至60,000人之間，就如城市與鄉村規劃協會（Town and Country Planning Association）一直所主張的；新市鎮建設應由相關的公營機構負責，每一個公營機構負責一個新市鎮，並直接由國庫提供財務支援。在某些特定的情況下，一個或一個以上地方政府可負責此任務；而且，由於住宅協會可能缺乏法定權力和能力，特別設立「經授權的專責機構」來達成某些特定目的，應是適當的措施。所以委員會對霍華德的理念只是口頭上支持而已，公營公司才是「負責單位的首選」。[193]因此很諷刺地，委員會一下子就解決如何為新市鎮提供資金的老問題，但卻也破壞霍華德計畫的中心意旨，也即是資助去成立自治的地方型福利政府。由上而下的規劃（top-down planning）戰勝了由下而上（bottom-up）的規劃；而英國所謂的花園城市，也徒具霍華德花園城市理念的軀殼，

---

193 英國城鄉規劃局（G. B. Ministry of Town and Country Planning），1946, 11；Hebbert, 1992, 172。

而沒有實現其真義。

　　無論如何，在英國政府開始發展新市鎮時，奧斯本還不會比瑪士撒拉（Methuselah）老。1946年8月1日當新市鎮法案得到皇室的同意時，奧斯本是61歲；在同年11月11日，第一座新鎮——斯蒂夫尼奇（Stevenage）已被選定。[194] 從該時起，一直到1950年，英國工黨政府共選定了十三個新市鎮：八個在倫敦，兩個在蘇格蘭，兩個在英格蘭東北，一個在威爾斯，以及一個在英格蘭中部。這再次強調了在1940年代就如同1890年代一樣，英國都市問題的核心仍然是在於倫敦；雖然新市鎮計畫曾積極地考慮在曼徹斯特、利物浦和許多其他城市實施，而且也都曾經審慎地考慮過曼徹斯特的莫伯利（Mobberley）以及柴郡（Cheshire）的康格爾頓（Congleton）兩個地點，但最後都遭到拒絕。[195]

　　八個倫敦新市鎮中有四個是位於同一個郡，赫特福德郡（Hertfordshire）；其中三個新市鎮形成一個新鎮群組，沿著大北路公路（the Great North Road）和倫敦北側的平行鐵路線而發展。斯蒂夫尼奇新鎮是此群組中第一個被選定開發的新市鎮，不久之後韋林花園城市（Welwyn Garden City）也開始開發，其與隔壁的哈特菲爾德（Hatifield）係共同由開發公司管理，在哈特菲爾德有個緊急的需求要解決，即是一些圍繞著一個大型飛機工廠的雜亂發展。除了這三個新鎮之外，雖然萊奇沃思是獨自發展，它也有效地成為此新鎮群組中的一部分。所以很獨特地，在這裡學生們可以看到霍華德社會城市願景的真實呈現。每一座花園城市各自有綠帶環繞，所以每一個看起來都像是一個背後有著廣大農地資源的獨立城鎮。這四個新市鎮是藉由現代化鐵路而連結在一起，就和霍華德花園城市理念中所提到的城際鐵路一樣，電氣化的通勤火車則加強了這些新市鎮與倫敦市中心的連繫，此外一條高速公路在1980年代中期也接近完成。從一個新市鎮進入另一個只需幾分鐘，在此短暫的時間，你將由喧囂的公路進入一個寧靜的綠色世界；這些新市鎮到現在也都成為舊市鎮了，如今樹木茂盛的覆蓋著它們，讓當時在預算考量下

---

194 Cullingworth, 1979, 29-30.
195 出處同上，95-101, 112。

過度簡單的房屋線條變得柔和，許多景觀看來似曾相識，更確切地說，景觀和感覺非常像霍華德《明日城市》書中最後一章所描述的。

然而，這種花園城市發展的方式，可能是霍華德所無法認同的。在它誕生的土地上，花園城市現在是國有化且官僚化的，就如同煤礦和鐵路一樣。這並不令人驚訝，艾德里（Attlee）政府承諾要維持那種特殊的社會主義多樣性，而芮斯相信他的英國廣播公司（BBC）是上帝為傳播理念而設計的，可靠著它來將相似的處方應用在新鎮建設或其他機構。但這其中也存在著一些智慧：如果倫敦持續存在的住宅問題經過半個世紀仍然如阿伯克龍比的大倫敦計畫（Greater London Plan）所說的一樣嚴重的話，而且如果兩次世界大戰間的所犯的明顯錯誤不想再被重複，那麼某種非常強而有力且具回應能力的機制就必須被建立起來，如果有必要，甚至可以鐵腕壓制地方的利益團體。幾乎是立即地，那些出現在斯蒂夫尼奇新鎮計畫範圍之外的醜陋排屋建築證明了此點。在1951年之後，新上任的保守黨政府抗拒指定更多的新市鎮開發，其所形成的緊張與壓力使他們在接著的十年內嘗試翻轉相關的決定。[196]

當然，馬克思主義的評論者再度擁有讓他們活動的機會了：再一次地，資本主義政府要管控此系統讓它能被大眾接受，於是新市鎮建設成為福利國家管理的重要工具，其主要目的是為了保障技術勞動力的再生產（特別是為了那些熱衷於遷移至該處的高科技產業）。但是，如同以前的情況，這些現象與推論忽略了決策過程的高度複雜性。當時執政的是立場鮮明且激進的新工黨政府，其取得政權並不是靠資本主義機制運作，而是透過人民的投票，這註定了一個全新的開始，新市鎮建設成為工黨意識形態中重要的一部分；艾德里政府自己就曾表示他支持全國性的城市與鄉村規劃，[197]在奧斯本的領導之下，花園城市的宣傳機器已開始行動；而奧斯本，不同於他過去的導師，為支持國家主導的新市鎮建設整整奔走了四分之一個世紀。當然，這些人都可能僅是整個制度運作中的木偶及代理人；但困難的是，每個認識奧斯本的人，也都如此地看待他。

---

196 出處同上，27-31, 127, 165。

197 Wilde, 1937, 24.

可能確定的是，在這整個過程中，有失也有得，但得大於失。這些新市鎮得以建成，在這不完美的政治環境中，是一項奇蹟：八座新市鎮圍繞著倫敦而建，幾乎都依照阿伯克龍比的規劃構想，而且大致配合預定的時程表進行。的確，一開始時，不贊同新市鎮的人士，經常這樣地批評：新市鎮的建築很無趣，它們缺乏都市感；由於倫敦太擁擠而遷進新市鎮的居民，需忍受過時的商店服務和不佳的其他服務，他們正為「新市鎮憂鬱症」所苦（最後這項是一個特別的社會學上的問題，此現象並不是在一個新市鎮被發現，而是在一個被倫敦郡議會不當規劃和倉促建造的衛星市鎮中所發現的，然而媒體不是不知道，就是不想知道其中的差別）。的確，新市鎮只能吸引400,000人左右，這僅是1950至1960年期間，倫敦外環區域人口成長的一小部分；即使是阿伯克龍比所建設的所有新鎮加起來，其實也無法容納因嬰兒潮而劇增的人口。

無論如何，這些新市鎮是依當初規劃內容而建，也是根據霍華德教義下的芮斯式（Reithian）修正版；到目前為止，他們似乎做到了他們支持者一直期望他們做的。馬克·克拉佩森（Mark Clapson）曾指出，與某些社會學觀點之詮釋不同的是，受薪階層家庭為尋求較好的住宅環境而搬入新市鎮，如果能得到他們想要的房子，他們就能快樂的定居下來，然而他們並沒有隱居在門簾之後，不積極參與社區組織與活動。所以，克拉佩森的結論是：「認為他們受苦於郊區恐懼症或新市鎮憂鬱症的煎熬……是種誤導。就大部分的人而言，要遷移及定居在新市鎮，必須處理的問題就是，需克服作為一個外來者，在面對新環境適應上的種種困難，以追尋新的生活。同時需嘗試在住家、更廣闊的家庭關係，以及郊區新鎮所能提供的社會和物質機會之中，找到一個有意義的平衡點。」[198]當1979年，米爾頓凱恩斯（Milton Keynes）的社區電視台以將整個新市鎮夷為平地來作為一個愚人節的笑話時，有一位觀眾宣稱他不願再回到倫敦：米爾頓凱恩斯給了他一座花園，這是一個他從未擁有過的東西，如果他現在要放棄它，必將會受到譴責。[199]這

198 Clapson, 1998, 197.

199 出處同上，104。

【譯注18】是否資本主義及後工業社會是造成花園城市理念無法落實的主因，仍有待系統性與客觀

些新市鎮依然是適合居住和工作的好地方，據說其最棒的地方是，在第一座新市鎮建立後的半個世紀，仍然完全沒有新聞價值，不會招人注目：媒體只有在特殊情況時（例如要寫一個沒有問題的地方時），才會注意到這些新市鎮。

　　但是，以更寬廣的視角來看，霍華德最初的願景仍未達成：徒具表象，但真實的本質並未實現。這些新市鎮並不是由崇尚自由的勞工們所建立的無政府主義的自治福利社區；在這裡看不見產業與土地之間的連結；而代表中世紀傳統之互助合作式生活，在此也很少看到。也許從一開始，這一切只是個夢想；或者這一切不過是個渺茫的希望，而後資本主義經濟和後工業社會的現實，最後讓此希望破滅了，^{（譯注18）}但是，為了做出更好的判斷，必須要進一步了解，以及更積極地思考，此需要另外一章再詳加討論。

性的分析，但目前的城鄉發展與規劃環境已與花園城市理念提出時的狀況有明顯的不同，進入21世紀，在全球化及全球環境變遷已發揮全面性影響之際，是否新的城鄉發展（或城鄉再發展）動力來源，如新通訊與運輸技術、知識經濟、創意經濟、文化產業、綠領工作及城市與社區夥伴關係等，能為花園城市理念的實踐，提供一些新的機會，則有待吾人持續的努力。在本書中，霍爾教授似乎一直想看到霍華德之純粹花園城市理念的落實，但在全球化及數位化的時代，自給自足、自持式的花園城市概念，是否真的適合當今的社會與文化環境，值得我們思索，因此也有學者主張，以強調夥伴關係的互助型社區或是夥伴城市網絡來取代自給自足的花園城鎮。

第五章

區域中的城市

區域規劃的誕生：
愛丁堡、紐約、倫敦
1900-1940

於是朝聖者就朝著大門的方向走，現在你必定注意到這座城市是坐落於一座巨大的山丘上。他們輕易地爬上了這座山丘，因為有兩個人攙扶著他們上山；他們將世俗的衣服留在身後的河中；雖然他們穿著世俗的衣服渡河，但在離開時還是將其脫下。脫下這些束縛之後，他們的行動變得靈敏與快速，即使這座城市所在的山丘比雲還高；他們愉快地聊著天通過了天空中的疆域，他們舒適地通過這段路途，因為在榮耀的夥伴之陪同下，安全地渡過了河。

約翰・班揚（John Bunyan）

《天路歷程》（*The Pilgrim's Progress*, 1678）

當明月高掛時，那些無關緊要的房子便慢慢地消逝，直到我逐漸意識到這個當年為了吸引荷蘭水手之注意而以鮮花裝扮的古老島嶼——這充滿清新綠意的新世界。它那些已消失了的樹林，那些因為讓路給蓋茨比（Gatsby）別墅而被砍伐的森林，曾經一度迎風低喃著所有人類之最後也是最偉大的夢想，在這短暫且令人陶醉的一瞬間，在面對這片土地時，人們必須屏住呼吸，以便讓自己墜入一個既不能理解也不能渴求的美的沉思中，這幾乎是人類歷史上在面對此般景象時，其驚訝能力所能承受之極限。

當我坐在那裡憂思著那古老而未知的世界時，我想到蓋茨比第一次看到位於戴西碼頭末端之綠光時所感受到的驚奇。他長途跋涉才來到這片藍色的草地，他的夢似乎就近在眼前，讓他幾乎不可能抓不到。他並不知道那個夢已經在他身後，就在這城市之外那片無垠的混沌中某處了，在那裡，共和國的黑暗疆界正在夜幕中向前拓展。

史考特・菲茨傑拉德（Scott Fitzgerald）

《了不起的蓋茨比》（*The Great Gatsby*, 1926）[譯注1]

【譯注1】又譯為《大亨小傳》，為美國知名的中篇小說，由菲茨傑拉德於1925年發表。小說以20世紀20年代的紐約市及長島為背景，描述了年輕神祕的百萬富翁蓋茨比執著地追尋其夢想中的愛情之過程，最後幻夢破滅，留下無限的遺憾，也為當時許多人所追尋的美國夢，提供了一個警惕。

如果花園城市理念是從美國傳到英國，那麼無疑地，區域城市理念是從法國，經蘇格蘭再傳到美國。區域規劃始於派屈克・格迪斯（Patrick Geddes, 1854-1932），他是一位很難明確區分其領域的博學之士，在經歷連續四次申請大學教職皆失敗之後，正式地在鄧迪大學（University of Dundee）教授生物學（但另一種說法是，他除了生物學，其他什麼都教）。[1]格迪斯曾對印度官員提供如何經營城市的建議，並嘗試將生命的意義寫入長篇著作中。在新舊世紀交替之際，藉由與法國地理學家的接觸，格迪斯吸收到法國以自治區的自由邦聯為基礎，所發展出的無政府共產主義思想。在1920年時，格迪斯遇到了同時兼具社會學家與記者身分的劉易士・孟福（Lewis Mumford, 1895-1990），經由這次會面，孟福協助格迪斯整合其理論，明顯地提升其思維的連貫性，而格迪斯的理論也因此傳到了紐約，在一群規模雖小，但聰明且勤奮的都市規劃師之間流傳。透過孟福極具說服力的寫作，格迪斯的理論成功地融入了霍華德的理想，並在美國及世界各地流傳，產生了相當大的影響，特別是對1930年代富蘭克林・德拉諾・羅斯福執政時期的新政，以及1940到1950年代期間歐洲一些國家的首都規劃都有所影響。但諷刺的是，在這段過程中（就像霍華德所經歷的一樣）中，格迪斯理念的真正本質卻被蒙蔽了，而且有超過一半以上的精華也漏失了；(譯注2)在現今世界上沒有一處我們可以看到真正值得注意的美國區域規劃協會的觀點——此係源自格迪斯透過擷取普魯東（Proudhon）、巴古寧（Bakunin）、雷克呂（Reclus）和克魯波特金（Kropotkin）等人的精華，所完成的真正傑作。

格迪斯和無政府主義的傳統

故事必須從格迪斯開始說起：這是一件困難的事，因為他總是在漸增的

---

1 Meller, 1990, 6.

【譯注2】作者意指許多當時所進行的區域規劃案，其實只捕捉住區域主義的形式，而非其精神。區域規劃的精神，尤其是格迪斯自然區域理念的精神，在於維持人造環境與自然演替過程中所呈現出的和諧關係，讓人造環境與城鄉發展能融入生生不息的自然區域中。

循環裡不停的打轉。一位最有資格進行評論的祕書曾說道：「格迪斯必須被人們接受……如同一個好的天主教徒以開放的心，毫無保留地接受傷痛，如果他應裨益那些因他之存在而受折磨的人的話。」[2]他是位典型的滑稽教授：「他從未精通那種讓聽眾接受自己的表達技巧——不論在講台上或是在其他更接近觀眾的地方」；他「總是忘了開會，或是在同一時間訂了兩到三個會議」；他的論文與專書，大多沒有成形，內容通常不拘泥形式，也沒有被完整的記錄下來」；[3]「在他寫的文章中，他總是在開始時，不斷地重複著他的觀點」；[4]他和阿伯克龍比是同一類的，「總是安定不下來，一直不停的說著、說著……關於所有的事情。」[5]格迪斯有如著魔地在一張張印有「九宮格」的紙上（這是他的工具）發展自己的思想，在其中填滿了他無止境的直覺構思。但如此自我中心式的思考模式，也造成溝通上的障礙，以致當他在進行主要演講時，記者拒絕報導其活動的新聞。[6]一個記傳作者曾這樣子說他：

> 格迪斯對學術性社會科學的貢獻，就最好的方面來看，只有邊際性的啟示作用，但在最糟的情況下，則是會產生反作用……由於他的許多個人特質，他讓自己和其思想都給人狂放不拘的印象，但他仍視此為現代學術。[7]

早期，格迪斯便已經「開始走上個人特質之路，讓其偏離主流學術生涯，最後由自然科學轉到社會科學。」[8]透過跟隨赫胥黎（T. H. Huxley）短暫的學習，他進入了不列塔尼（Brittany）的羅斯科夫（Roscoff）海洋站工作，藉由工作之便，在1878年時，他第一次造訪巴黎，並學會流利的法

---

2 Mumford, 1982, 319.

3 出處同上，321, 326, 331。

4 Meller, 1990, 3.

5 Meller, 1927, 323.

6 Meller, 45, 49, 55注釋64。

7 出處同上，122。

8 出處同上，19。

語。[9]在巴黎，格迪斯發展出他的核心思想：他主張「蘇格蘭文化的核心與充滿活力的傳統一直與法國文化的傳統有密切的關係。」[10]格迪斯的中心思想來自法國地理學之父艾里塞・雷克呂（Élisée Reclus, 1830-1905）和保羅・維達爾・白蘭士（Paul Vidal de la Blache, 1845-1918），以及早期法國社會學家弗雷德里克・勒普拉（Frédéric Le Play, 1806-1882），當時他們的新學術理論已在法國獲得尊重，比在英國與美國早了許多年。[11]勒普拉是位工程師、一位實事求是的社會學家、也曾是拿破崙三世所信任的顧問。他在1867年巴黎博覽會中，扮演主辦者的關鍵性角色，將主題圍繞在工作與社會生活。在隨後的1878年博覽會中，格迪斯首次接觸到勒普拉的理念——場所、工作及家庭，三者一體的關係：其強調家庭在環境涵構中是社會的基本單位。[12]在勒普拉死後，他的門徒為其作品建造了一個展示館，珍・亞當斯就是在這裡遇見了荷莉葉特・巴納特夫人。[13]

從上述先驅者的理念中，格迪斯發展出自然區域（natural region）的概念，其中最好的說明就是他著名的山谷剖面（valley section）[譯注3]，此係以雷克呂的構想為基礎所發展出來的。[14]很明顯地，格迪斯也和這些學者一樣，偏好研究較單純的自然區域，而非複雜混亂的大都會區：

> 有關具體的城市調查，我們應該從何處開始呢？……倫敦自可標榜其之前的非凡成就。然而即使在最好的一面，這座世界上最大的城市不也或多或少僅是一座充滿煙霧的迷宮，讓其周邊區域（包含著若干小市鎮）只能被模糊地描述。……對於我們更一般性及比較性的調查而言，

---

9 出處同上，31-2。

10 Defries, 1927, 251.

11 Weaver, 1984a, 42, 47-8; Andrews, 1986, 179.

12 Meller, 1990, 35.

13 Meller, 1995, 296-8.

【譯注3】格迪斯提出的山谷剖面概念與目前城鄉規劃界所強調的區域縱向剖面（Transect）的概念相似，皆強調營造地景類型特色及城鄉整體環境的和諧轉換，此為目前西方先進國家城鄉規劃操作的重要方法，而格迪斯早在近百年前就已提出。

14 Meller, 1990, 40.

較簡單的開始是比較好的……清楚的外觀、對某特定地理區域較全景式的視野，就像我們在山上度假時俯瞰所能看的景象……如同一個地理學家所指出的，河川水文系統對嘗試了解城市及文明的研究者是很重要的。因此，為了對我們的主題真正有系統且比較性的探索，必須以地理學調查方法來作為基礎。[15]（譯注4）

格迪斯認為，規劃必須從調查自然區域的資源、人類對它的回應，以及文化景觀發展的複雜結果開始：在所有他的教學中，他最一貫強調的就是調查方法。[16]這也是他從維達爾（Vidal）和他的追隨者的研究中所發展出來的，如同他們的「區域專題」所嘗試作到的。[17]在著名的展望塔〔一座依然聳立於愛丁堡（Edinburgh）皇家里（Royal Mile）盡頭的遺跡〕中，格迪斯為其希望在各地都能看到的地方調查中心發展出一個操作模式：一個地方調查中心，在此各種背景的人們皆可以了解勒普拉提出的「場所—工作—人群」（Place-Work-Folk）三者間的關係。[18]他堅持城市研究者必須先研究這些自然區域：「一系列現存河川谷地的調查……將提供最完整的城市研究資料……有助於研究者們持續地找回城市的基本概念與自然主義的觀點，這是很重要的，甚至對最偉大的城市也是如此。」[19]

乍聽之下，這似乎是簡單的讓人感到困惑；但是，正如偉大的英國規劃師派屈克・阿伯克龍比（Patrick Abercrombie）曾說的，事實上，城市調查是「一個具謀略性且複雜的工作」，因為它必須更廣泛的涵蓋整個區域，甚

---

15 Geddes, 1905, 105.

【譯注4】在城鄉規劃尚未成為一個專業領域之前，規劃調查方法常沿用地理學的調查方法，故格迪斯以此為其區域規劃的基礎。格迪斯的名言：「擬定計畫前先做調查」，或我們目前常說的都市規劃應建構在實地調查的基礎之上，已成為專業者皆能琅琅上口的口號，但受限於規劃資源、計畫時程壓力及調查技術，真正能作到全面性的生態與人文調查的計畫案實在少之又少，所以如何透過公私部門的合作來進行較完整的區域調查，以及加強區域調查資料的累積與分享，實為推動區域城市規劃時重要的課題。

16 Mairet, 1957, 216.
17 Weaver, 1984a, 47.
18 Mairet, 1957, 216.
19 Geddes, 1905, 106.

至全世界。[譯注5]然而，阿伯克龍比相信，在1920年代初期的英國，「國家重建工作所犯下的主要錯誤，是因為對於格迪斯學說的忽略。」[20]

對於這個偉大的工作而言，格迪斯經常爭論道，規劃師一般使用的地圖是沒用的。他說：理想上，你必須以雷克呂提議的大地球儀開始，但是它並未被建造出來；退而求其次，你必須畫出大尺度的區域縱向剖面，「從山區到海洋的剖面，如同我們在現實世界上所能看到的」，在此操作時應可以「隨時調整尺度與比例，以顯示特殊或有特色的區域，如山丘、斜坡和平原等。」只有這樣的「山谷剖面圖（如我們通常所稱的），才可以讓我們生動地體會到氣候的影響，以及伴隨著它的植被和動物生態……這種對於地理學家所謂的『區域』之本質已經在那裡正等著被發掘與研究。」[譯注6]更仔細地檢視可發現，它「標示出所有自然職業的空間分布」，有「獵人和牧羊者，窮困的農民和富有的農民，這是我們最熟悉的職業型態，當我們降低海拔高度可依序地看出變化，這也顯示出社會歷史的變遷。」[21]這相對的意味著：

> 各式各樣的人們來此開發他們自己的房屋或是小村莊，以維持他們特殊型態的家園、生活習慣，甚至制度；不僅僅是蓋房子建立家園，還能各自展現獨特的建築風格。如此一來，他們的村莊有著各種型態，從漁港到森林和山徑，從低處的花園田野到礦場和砂石場。[22]

而且，此區域的中心有著「城市中的谷地」，在此「我們必須回溯性

【譯注5】這裡所指的世界尺度調查可能會讓讀者感到困惑，其實規劃工作所需的調查，依尺度的不同，可有不同的細膩程度，區域規劃通常強調地區、都市、次區域及區域等尺度的調查分析與整合；尺度愈大，通常考慮的調查內容也愈宏觀，不需作太細微的調查。阿伯克龍比在這裡所指的關於世界尺度的調查，應是指要以全球的角度，來檢視區域都市的角色定位及其與全球政經體系的關係。

20 Defries, 1927, 323-4.

【譯注6】這種縱向的區域剖面分析對於規劃養成教育的訓練其實非常重要，它讓學生了解到區域自然演替及區域涵構對規劃的重要性，以及如何維持區域地景的整體性與和諧轉換，例如：如何讓山變為海的戀人，如何讓小水滴由山區順利地流浪到海洋，再回到其山區的家。

21 Geddes, 1925c, 289-90, 325.

22 出處同上，415。

地探索城市的發展歷程，到它最早的過去，現在的城市就是建構在這些雖然褪色但仍偉大的基礎之上，因此我們必須了解它，並想像一下當年的景象。」[23]

　　基本上，許多內容是熟悉的，甚至是老生重談的；這句每個新手規劃師都知道的格言：「做計畫前先調查」（Survey before Plan），就是來自於格迪斯。這是從傳統區域地理學所衍生出來的，它在許多教科書中都被提到，甚至因為太平常了，早已被捨棄不提了，但卻就此錯失了它那真正關鍵的意涵。對於維達爾和他的追隨者而言，如同對格迪斯一樣，區域研究可以讓人了解一個「有生命力且可體驗的區域環境」，此即為「人類發展的驅策力；而人類彼此之間和人類與環境之間所產生的感知互動效果，幾乎是人類全面性自由發展和文化進化之原動力的基礎」，但這種關係卻會遭受到中央集權國家機制和大型機械工業的打擊與侵蝕。[24]（格迪斯認為女人的功能是藉由教養孩子來塑造文明。）[25]所以，區域調查的特質就是要強調出傳統職業和歷史的連結，而不是過於突然的轉變[(譯注7)]。就像格迪斯嘗試透過化妝舞會和露天表演活動來再度捕捉住過去民眾的常民生活一樣，[26]對他而言，那是一個相當有意識的慶典活動，是歐洲文化最高的成就。

　　這雖然有一點神祕，但具有非常激進的目的。對於格迪斯而言，就像對維達爾一樣，區域不只是一個調查的對象，它也提供了社會與政治生活之完整重建的基礎。在這裡，格迪斯特地再一次的感謝地理學與法國先賢的傳統。艾里塞·雷克呂（Élisée Reclus, 1830-1905）和彼得·克魯波特金（Peter Kropotkin, 1842-1921）兩位皆是地理學家，同時也是無政府主義者。來自俄國的克魯波特金先是遭受到祖國的流放，後來又被法國和瑞士驅逐，

---

23 出處同上，396。
24 Weaver, 1984a, 47.
25 Meller, 1990, 81.
【譯注7】一個良好的都市及區域計畫應該就像是一張張見證時空發展背景之複寫紙重疊後所呈現出的結果，在此應顯示出時空發展的涵構關係，一個好的城鄉或區域環境應是具時空延續性的整體，而非斷層式、片段式、碎裂式的發展；諷刺的是，目前許多地方的城鄉發展，卻正是這種片段式、破碎化的模式。
26 Boardman, 1978, 234-40.

最後受到布萊頓（Brighton）的庇護，在那裡生活了三十年；[27]雷克呂則事實上因為在1871年為巴黎公社的擁護者而戰，因此被法國驅逐而過著流亡的生活，但奇怪的是，他後來卻被委託去設計一個用於1900年世界博覽會的大地球儀裝置，此博覽會主要是要傳遞一個世界公民的概念。[28]他們兩人的想法都立基於皮埃爾・約瑟夫・普魯東（Pierre-Joseph Proudhon, 1809-1865）這位法國無政府主義者的理念上，他以他的「財產就是竊盜」宣言而聞名。諷刺的是，普魯東的著作卻是致力於要證實相反的觀點，他提出的論點是，個人財產所有權是自由社會的基本保障，只要沒有人是過度擁有的即可。他相信，這樣的社會，能夠單獨地為在聯邦政府中建構一個去中心化、無階級差異的系統提供所需的基礎，[29]此一想法也獲得俄國無政府主義者麥可・巴古寧（Michael Bakunin, 1814-1876）的支持，他在1872年海牙（The Hague）第一次國際會議上被卡爾・馬克思（Karl Marx）擊敗並被驅離，此為社會主義歷史上一個決定性的事件。[30]

　　雷克呂和克魯波特金是這一個傳統的繼承者；他們在1880和1890年代曾與格迪斯多次碰面。雷克呂最重要的著作是一部多冊的研究論述，名為《人與地球》（*L'Homme et la terre*），[31]在這項研究著作中他指出：與自然環境和諧相處的原始民族之自然形成的集體主義小型社會，現在已卻被殖民主義破壞或扭曲。克魯波特金發揮更大的影響力，因為他發展了無政府主義哲學，並利用這個思想來詮釋20世紀早期的狀況，透過克魯波特金，無政府主義對霍華德和格迪斯產生了巨大的影響。克魯波特金的信念是「無政府共產主義、沒有政府的共產主義，即是自由的共產主義」；[32]社會必須在自由個體相互合作的基礎上來進行自我重建，此情況甚至可在動物社會中自然地被發現；他相信，這代表人類社會正在前進的邏輯方向。[33]

---

27 Woodcock, 1962, 181-96.

28 Mairet, 1973, 89; Meller, 1995, 300.

29 Edwards, 1969, 33, 107.

30 Lehning, 1957, 71, 169, 236.

31 Reclus, 1905-8.

32 Kropotkin, 1906, 28.

33 出處同上，90; 19712, 96。

除此之外，克魯波特金發展出一項令人矚目的歷史命題：在12世紀，歐洲發生了一種「地方自治主義」的革命，使得歐洲文化免於受到神權政治和專制統治的壓迫。這種革命發生在地方的村莊，以及數以千計的城市互助會和行會裡。在中世紀晚期的城市裡，每一個分區或是教區即是一個自治會的管轄區域，城市則是這些自治區、街道、教區和行會的組合，其本身是一個自由城邦。[34] 他更提出以下的論點：

> 在那些城市裡，在透過自由協議和自由行動的激勵而獲得的自由權力之庇護下，一個全新的文明已在成長，並以前所未見過的方式在進行擴張。除了古希臘的輝煌時期（同樣是自由城市）之外，從沒有一個社會有過這樣的進展。在過去的二、三個世紀裡，人們從未經歷過如此巨大的變革，也未曾這般擴張其權力，以至於發展到超過自然的力量。[35]

　　但這些成就卻被16世紀的集權國家給摧毀殆盡，這代表著克魯波特金所稱「羅馬帝國專制傳統」的勝利。但現在他相信，這項傳統相對地再次受到其對手的挑戰，那就是民粹式聯邦自由主義運動。

　　克魯波特金認為理由就是，科技發展的勢在必行：新的動力來源——水力、特別是電力，意味著不再需要一個大型中央動力單位來供應動力；主要依賴技術工人的工業不再有規模經濟的效益；當時可觀察到的現象是，新的工業傾向於小規模發展。因此，大型的工業聚集只是純粹的歷史慣性：這種非常態的狀況，完全沒理由讓它繼續持續下去。工業必須散布到世界各地；而這些文明國家的工業分散，將必須伴隨著工廠在其國家領土上的進一步分散發展。[36]

> 這種工業的全國分散發展——以求將工廠帶入田野，會使農業獲得那些因與工業結合而產生的所有利潤……而生產出一種結合工業與農業的

34　Kropotkin, 1920, 14-17.
35　出處同上，18-19。
36　Kropotkin, 1913, 357.

綜合性產品——將必然是下一步……這一步是為「生產者為自己而生產」之必要性而實施的，其所以實施，乃是基於每個健康男女花費其生命中的部分時間來從事在自由空氣中之體力勞動的必要性。[37]

　　這是格迪斯從克魯波特金所得來的最重要見解之一。早在1899年，應該就是在讀完第一版的《田野、工廠和工坊》（*Fields Factories and Workshops*）之後，格迪斯將工業分散化發展的新時代，命名為「新技術時代」（neotechnic era）；[38]次年，他在大型巴黎博覽會的展覽中使用「舊技術」（palaeotechnic）和「新技術」（neotechnic）這兩個名詞。[39]他後來寫道，「我們可以予以區分，將較早、較粗糙的工業時代產物歸類為舊技術的，將較新且處於創新發展階段的產物稱為新技術的。」[40]只有在新技術時代（他直接依循克魯波特金的說法），我們才會「將我們建設性的技巧和具活力的能量用於公共資源的維護，而非對資源的個人消耗；並用於進化，而非破壞其他的生命。」[41]

　　從向雷克呂和克魯波特金、甚至是普魯東取經後，格迪斯也表明了他的立場——社會的重建不能藉由雷厲風行之政府措施，諸如廢止私人財產，而是需要透過數百萬人的努力：「新技術秩序」意即「城市接著城市、區域接著區域，一同努力來建造烏托邦。」[(譯注8)]他反對費邊式集權主義的作法，因而讓他免於涉入該時的主流政治辯論；他尋求能馬上執行的解決方案。[42]第一次世界大戰後，他相信，國家聯盟應該是城市的聯盟——而非各國首都（它們曾為戰爭機器的中心）的聯盟；國家聯盟應是大型省會城市的聯盟，

---

37 出處同上，361。
38 Mairet, 1957, 94.
39 Kitchen, 1975, 188-9.
40 Geddes, 1912, 177.
41 Geddes, 1912, 183.
【譯注8】格迪斯的區域規劃理論，除了重視調查方法之外，也納入社會規劃的考量，其希望透過區域規劃來營造良好的社會機制與區域治理機制，此處他強調區域及都市間的協力關係，其與目前規劃界所強調的區域治理理念，有不少相通之處。
42 Meller, 1990, 67-8.

它們將重獲過去的獨立性，並會自發性地以瑞士模式來形成邦聯。[43]這個想法引發出一個特別的論述，需要有延伸的引述，雖然用格迪斯的話來說，這只是一個片段：

> 自然優生學的核心就在於每個家庭，年輕人出外打拚建立新的家庭，這些家庭再建構出村莊、市鎮、小城市及大城市；所以未來的優生學家，就必須在這基礎之上工作，以便使他們變得更好。應該聯合所有的家庭，以形成合作互助的鄰里。聯合這些已組織的家庭，以形成更新且社會化的地區（或者是教區）；如此地，假以時日，我們將擁有更好的國家與世界。……每一個區域和城市都可以學習如何管理自己的事務——建造自己的家園、培養自己的科學家、藝術家和老師。這些開發中的區域已有商業關係，難道它們不能依其需要來建立夥伴關係和組織邦聯嗎？……這可能就是以賽亞書（Isaiah）所預示的時代……「當這一刻降臨時，我將集結所有國家和各種語言的民族，且眾人將會前來」，並且「那裡將有一個新的天空和新的土地……過往的事將會被遺忘……人們將建立住宅並安居下來……而我將以真理指導他們的工作。」[44]

當茫然的疑惑者試著請格迪斯解釋時，他回答道花朵以盛開來表達它自己，而不是藉著貼標籤。[45]

事實上，還有更多、更多的觀點值得一提。有一些主題，最先是由和格迪斯一樣散漫的共同研究者維克多‧布蘭福德（Victor Branford）所發展出來的：那即是，教會和大學的角色與市民社區的實際關係；[46]以及「優生學和市政學」與「城市規劃和社會福利」在市民教育系統中之結合；[47]「在市政

---

43 Defries, 1927, 268; Boardman, 1944, 382-3.

44 Defries, 1927, 218-19, 230-1.

45 出處同上，231。

46 Branford, 1914, 294-6, 323.

47 Branford, 1914, 283.

領域內，婦女及她們的朋友、藝術家、詩人和教育學者等的影響力將逐漸增加」，以便滿足「為婦女們提供這種文化環境的需求，是必要的……因為她所有的尊嚴將成為一種精神力量。」[48]重複且迂迴地，而且經常是模糊的想法傾巢而出：它們是尚未完成的論文的原始資料。但有一個更深的概念，是格迪斯區域規劃理論之核心觀點中有關社會重建的部分。

格迪斯於1915年出版《進化中的城市》（*Cities in Evolution*）一書。此書將他的觀點以最具連貫性的方式呈現出來，集結了他在美國期刊《調查》（*The Survey*）中近十年所發表的文章（這些文章是依據他在1923年的演講，花費兩年時間才整理完成）。[49]在此書中，他提出一個引發大家注意的事實，新技術時代的新科技（電力與內燃機）正在導致大城市的疏散化發展，然後再重新組合：

> 對這些城市區域及這些市鎮的聚集，確實需要一個名稱。我們不能將其稱為星座，叫它們為城鎮聚合體（conglomerations）了，唉！目前聽起來算是滿接近的，但好像又不大容易被接受；那就叫做『組合城市』（Conurbations）如何？[50]

在英國，格迪斯指認出一些組合城市：克萊德-福斯（Clyde-Forth）、泰恩-威爾-蒂斯（Tyne-Wear-Tees）、「蘭卡斯特」（Lancaston）、西賴丁（West Riding）和「南賴丁」（South Riding）、「米德蘭頓」（Midlandton）、「威爾斯頓」（Waleston），以及大倫敦；在歐洲的「世界城市」（World Cities）中，他指認出巴黎、法國的里維埃拉（Riviera）、柏林和魯爾區；在美國則指認出匹茲堡、芝加哥和紐約-波士頓。[51]這預示出戈特曼（Gottmann）半個世紀之後在其知名的研究著作《巨型都市》（*Megalopolis*）中所指出的：「這不是荒謬的期望，在不久的將來可實際見到沿著大西洋海

---

48 Branford和Geddes, 1919, 250-1。
49 Boardman, 1944, 412.
50 Geddes, 1915, 34.
51 出處同上，41, 47, 48-9。

岸長達500英里的巨大型都市地帶，且延伸到許多地點，其總和幾乎可以容納好幾百萬人。」[52]（譯注9）

問題是這些分散發展的城市仍是糟糕的舊技術時代秩序下的產物，他將其視為是，「在機器和追求財富的法則下，所出現的資源與能量的浪費及壓抑的生活，以及在失業和不當就業、疾病和愚笨、邪惡及無情、懶惰和犯罪等情況下，依據特殊結果的一種實踐。」既然「城鎮的孩童、婦女、工人們雖然能來，卻很少來到鄉村」，[53]那麼第一步，應該是「我們因此必須將鄉村移到市鎮旁邊」，「讓田野可以靠近道路，而不是只有是讓道路可通到田野」；[54]「市鎮現在必須停止像暈開的墨漬或油污般的擴散」，而應像植物般的成長，「開著綠葉在金色陽光下搖曳生姿」；[55]城市裡的人們將因此而能在鄉村的環境與氣氛中成長。

就某種意義上，這其實就是霍華德曾說的那一種感覺；但格迪斯卻在一種整體區域城市的層級上來談論它，這也是構成他理念的創新之處。在他的著作《區域調查及其應用──鄉村發展、城市規劃、城市設計》（*Regional Survey and their application—Rural Development, Town Planning, City Design*）中，格迪斯總結道（譯注10）：

---

52 Geddes, 1915, 48-9.

【譯注9】巨型都市（Megalopolis）在20世紀末已經成真，以亞洲的大都市為例，目前中國的上海、深圳、天津、北京與重慶等大都市，以及日本東京及韓國首爾，皆已遠超過一千萬人，許多甚至還在持續的擴張中。所以我們現在所面臨的棘手規劃問題，不光是都市蔓延擴張（urban sprawl），還包括巨型都市的擴張（megalopolis sprawl）所造成的資源競合問題及環境與交通上的衝擊。

53 Geddes, 1915, 86.

54 出處同上，96。

55 出處同上，97。

【譯注10】霍華德主張讓城市與鄉村結合，而格迪斯則主張讓城市與自然區域結合。相較於霍華德強調的城市與鄉村的互利共生，將自然帶入城市之中，格迪斯的生態區域觀點所論述的空間尺度更大、範疇更廣，其強調應在自然區域內妥善地考量都市與區域環境間的依存關係，讓自然區域（生態區域）作為都市發展的基礎與維生支援系統，並讓生態區域的自然性、人文性及基因多樣性，能滲入都市與鄉村聚落。此外，就規劃實務的角度而言，一些跨行政區的區域規劃問題，如生態資源保育、水資源維護管理、流域治理、國家風景區管理、環保設施及鄰避性設施的區位選址問題，以生態區域規劃的觀點切入，應較能適當的處理。

這些注定將成為未來世代的主流思潮及實踐願望，不亞於商業、政治及戰爭對於過去及目前人們的影響……而對世界各地正在思考的地理學家、藝術家和工程師以及城鎮規劃師而言，新技術時代秩序不僅將被識覺到，並將被普遍化，形成綜合性的地理學技術；而它的藝術和科學將被評價為較不屬於知識性的樂趣、成就或特徵，反而較屬於某種實際的方法，以便能將其組織後納入地理服務之中，藉此促進鄉村與城鎮的區域性重生。[56]

在1980年代，將地理學視為是城市規劃的重要基礎，聽起來並不是非常激進的觀點，在三十年前可能也不令人驚訝。但在1915年，當大多數人仍然將城市規劃視為是城市美化運動時，這卻是相當革命性的論調。而麻煩之處就在於，儘管是革命性的論調，但它也特別缺乏一致性；相對於格迪斯所寫的其他上千個引文而言，那樣的引文使得那本402頁的書顯得太有特色了。相較於寫作，格迪斯在舉辦展覽上的表現可就好得多了，他曾經為重要的1910年倫敦城市規劃會議舉辦過一個展覽會，會議中特別強調勒普拉的社會學及自己的進化論觀點，這顯然影響了許多當時重要的人物，像是歐文和阿伯克龍比。[57]就在這個時候，格迪斯也開始影響到同儕，尤其是在利物浦大學的剛開始學術生涯的派屈克·阿伯克龍比。規劃實務者，特別是建築師們，開始注意到他，因為對於某些重要問題，他似乎都已經準備好了答案。[58]阿伯克龍比於1927年時曾寫到：

也許這樣說較適當，如果不是因為有了格迪斯，這個國家的現代城市規劃實踐，或許會簡單多了。曾經有一段時間，似乎只要將德國的城鎮擴張計畫、巴黎的林蔭大道和景觀，以及英國的花園莊園塞入一個瓶子中搖一搖，即可產生一種機械式的混合規劃模式，可以廣泛地應用在這個國家中的每個城鎮；所以，若依據最新的概念，這就是「經規劃的城

---

56 出處同上，400。
57 Meller, 1995, 304-5.
58 Meller, 1990, 156, 181.

市」。請幻想一下這美好的規劃願景吧！來自寒冷北方眺望塔的格迪斯是首先打破這個幻想的人，並帶來一些具複雜性的靈夢，此被展示於1910年偉大的城鎮規劃博覽會的愛丁堡展示廳中。[59]

四分之一世紀以後，在一個慶祝格迪斯百年誕辰的會議中，他的學術繼承者，威廉‧霍爾福德（Willian Holford）引用了一段描述柏拉圖的希臘短句：每當我走進我的內心世界，我見到格迪斯歸來了。但他需要一個理念的記載者，這也是為何孟福及他在美國區域計畫協會的同事們會成為其思想傳遞的關鍵者。孟福寫道，格迪斯「提供我一個思想的架構：而我的任務是在原本空洞抽象的架構上，增添內容讓其變得有血有肉。」[60]在1938年他所出版的最重要也最具影響力的專書《城市文化》（*The Culture of Cities*）的序言中，他痛苦地承認這一點。

孟福和格迪斯的初次相遇發生在1923年的紐約，這彷彿是一場由命運安排的相遇，那真是一場災難：在初次碰面時，格迪斯向孟福哭訴：「您就像我第二個兒子一樣」，然後繼續把孟福當作新手而非合夥人對待。他完全占據了孟福的時間，命令孟福作這作那，把他當學生般使喚，甚至在黑板上強迫孟福去構思他那複雜的圖說及分析圖中的基本內容，[61]孟福試著適應此新工作，經過了幾天，他拒絕離開，並決定整個暑假都留在那裡，整理整棟樓的文稿，並將結果記錄在格迪斯事先就寄過來的論文稿紙上。[62]

格迪斯要求這位即將28歲的後起新秀擔任自己的助理。孟福對於稱格迪斯為師傅並不覺得尷尬，以後他都一直這樣稱呼，他對格迪斯相當崇拜，但他發現這位長者好像在找一位超級助理，要求他將「廢紙般」論文及格迪斯個人化的用詞變成完整連貫的著作。當時孟福自己的作家專業生涯才剛開始，所以沒時間也不願意扮演此角色，因此在之後的九年，兩人之間的互動逐漸生變：格迪斯感覺生活愈來愈無趣；而孟福則一直在尋找合理的藉口，

---

59 出處同上，157。
60 出處同上，325；Boardman, 1978, 345。
61 Miller, D. L., 1989, 220.
62 出處同上，220-1。

以拖延其計畫中的歐洲之行。[63]

孟福在掙扎於嘗試了解格迪斯的著作時，發現他有一項基本的缺陷，但當初兩人相遇時他顯然沒發覺這項缺陷：「格迪斯將其大部分的思想限定在其有限的且需依賴圖說的表達語言中，因此除了基於其豐富生活經驗的即興演講之外，他在表達能力方面是相當無能的。」[64]當其80歲時，孟福在他最後的幾篇文章其中一篇，為他的「師父」寫下了這篇動人的墓誌銘：

> 格迪斯惠我良多，最重要的是，他為我開啟了生命之屋（House of Life），從開闊天空下的屋頂到迷宮般的地窖。但我不能忘記，這生命之屋中仍有許多房間，即使我們到了生命的盡頭仍無法穿越，[(譯注11)]也無法忘記，即使經過濃縮與電腦化，沒有任何一種生命、文化、哲學或宗教、時代、科學和技術組合的產物，能夠耗盡人類生命的無限性及無法預測的創造力之呈現。天地萬物和人類皆需努力，順天道而行，以傳遞生命的意義與價值。是誰首先教導我這些呢？那正是派屈克·格迪斯。但我在他所有的說明圖中並沒有發現這些。[65]

然而，格迪斯並未發覺在其與孟福的漫長與苦澀的書信交往中，已為自己的教義找到了作者。

美國區域規劃協會

孟福在自傳裡，回憶起美國區域規劃協會（Regional Planning Association of American, RPAA）成立的始末。早在1917年，當他只有22歲時，他寫了一篇有關工業分散發展和花園城市的文章《迎向新時代的花園文明》

---

63 Novak, 1995, 243-7, 259-63, 275, 283, 288, 313-5, 323, 325, 339.
64 Novak, 1995, 368.
【譯注11】意指格迪斯開啟了他的眼界，讓他看到開闊世界的廣泛知識寶藏，即使窮其一生的精力，也無法全然掌握。
65 Novak, 1995, 372.

（*Garden Civilizations in Preparing for a New Epoch*），但並未出版。1922年秋天，孟福遇見了建築師克拉倫斯·斯坦因。美國區域規劃協會最初是由孟福、斯坦因、本頓·麥凱（Benton MacKaye）〔他對於阿帕拉契山徑（Appalachian Trail）的規劃提議，後來被斯坦因發表在1921年的美國建築師學會期刊〕和查爾斯·哈里斯·惠特克（Charles Harris Whitaker）等人在一個偶然的機會下而成立的。在1923年3月初時，其他創始成員還包括經濟學家斯圖爾特·查斯（Stuart Chase）、建築師弗雷德里克·李·艾克曼（Frederick Lee Ackerman）與亨利·萊特，以及開發商亞歷山大·伯因。凱瑟琳·鮑爾被任命擔任美國區域規劃協會的執行主任和斯坦因的研究助理。[66]這是一個小而多元的團體，會員始終維持在20人以內，主要以紐約為基地，但不以此為限。此團體沒有特別的主導人物，核心成員有孟福、斯坦因、萊特、艾克曼和麥凱等人。[67]1923年6月，在格迪斯訪問紐約期間，美國區域規劃協會採用一個包含有五個面向的計畫，包括：在一個區域計畫中建立花園城市；發展與英國規劃師間的合作關係（特別是格迪斯）；推動區域發展計畫及方案，以發展阿帕拉契山徑地區；與美國建築師協會（AIA）的委員會在社區規劃上合作，以宣傳區域主義；以及進行主要地區的調查，特別是田納西溪谷流域。[68]

美國區域規劃協會成立於1923年4月，組成分子都是20世紀都市規劃運動中知名的人物，甚至是享有歷史盛名者。美國區域規劃協會成員出身背景各不相同，個性也有相當的差異。本頓·麥凱是蘇格蘭裔新英格蘭人，父親是劇作家，他是知名的哈佛地理學家戴維斯（W. M. Davis）的學生，是一位崇尚鄉間小鎮與荒野田園生活的保守主義者。克拉倫斯·斯坦因是一位崇尚大都會主義的猶太裔社會學家，也是都市暨社區規劃師；亨利·萊特是知名的建築師，曾與斯坦因合作過幾個案子；孟福是都市規劃評論家。最後是房地產大亨亞歷山大·伯因，他在1923年被推選為美國區域規劃協會的主席，其在將協會的構想由理念轉化為實際行動上，扮演著非常重要的角色。

---

66 Dal Co, 1979, 231; Mumford, 1982, 337-9; Goist, 1983, 260.

67 Lubove, 1967, 17; Mumford, 1982, 339-40.

68 Dal Co, 1979, 232.

美國區域規劃協會（RPAA）宣言

由劉易士‧孟福編輯，這本彙編的專刊是此小型紐約團體(RPAA)之規劃哲學
的明確聲明，它後來被證實是城市規劃史上最重要的文獻之一。

亞歷山大‧伯因所成立的都市住宅公司，也曾為美國區域規劃協會的兩項重要規劃案提供抵押貸款保證：它們是皇后區的向陽花園住區計畫和紐澤西州的雷特朋新鎮，此兩案都是有考慮到勞工階級負擔能力的開發案。上述知名人士個個都身懷專長，甚至都是天才型人物，但都能在這樣充滿創意的小團體裡互相合作。他們成為好友，互相交流構想，他們的想法最後發展成「區域城市」（regional city）的概念，是一種「烏托邦式的都市型態」（utopian urban form），在區域城市中，可見不同類型的都市社區，座落在大片連續的綠地景觀中，有農場、公園和天然荒野。此概念是從霍華德的花園城市及花園綠帶構想衍生而來，而美國區域規劃協會更進一步將其發揚光大。[69]

美國區域規劃協會相信，當時的新科技（電力、電話與汽車）是增進人類自由生活的利器，可讓家庭及職場生活能夠脫離19世紀城市的束縛。這樣的概念來自格迪斯的舊技術時代和新技術時代經濟，孟福並有效地將其運用在他1938年的代表作《城市文化》（The Culture of Cities）一書中。[70]後來第二次世界大戰以後，美國出現了大量使用汽車所產生的問題，孟福開始懷疑並排斥原先的想法。但至1920年底，汽車仍然被視為有利於都市發展的科技。

這些想法在亨利‧萊特為紐約州住宅暨區域規劃委員會草擬的州政府計畫中被整合在一起，當時克拉倫斯‧斯坦因是該委員會的主席。他們譴責過去的規劃趨勢導致了80%的人口擁擠地居住在只有15%的州政府土地上，特別是在400英里長、25英里寬的哈德森—莫霍克走廊（Husdon-Mohawk corridor）。萊特指出，擁擠的城市和荒涼的鄉村之間已形成極強烈的對比，並提議對全州的人口與就業機會進行經過規劃的長距離的疏散。這成為美國區域規劃協會的信條：呈現在他們的對應方案及他們針對亞當斯所提之維持現況方案的激進替選方案中。不幸的是，計畫贊助人阿爾弗雷德‧史密斯（Alfred E. Smith）州長停止了對他們計畫的支持，他將目光放在白宮，因此而轉而支持羅伯特‧摩斯，而摩斯正是美國區域規劃協會及規劃師們的死對頭。[71]

69 Parsons, 1992b, 466-7, 470, 475; Spann, 1996, 20-4.

70 Parsons, 1992b, 478.

71 Simpson, 1985, 220-2.

兩年後美國區域規劃協會的第一個重要的機會來臨了：當時《調查》（The Survey）雜誌（一個在自由派知識分子間有著很大發行量以及與社會工作運動有特殊聯繫的雜誌）邀請美國區域規劃協會為「國際城市規劃和花園城市協會」（International Town Planning and Garden Cities Association）在紐約的大會製作一本特刊。由麥凱負責構思，孟福負責任務編組和編輯。[72] 該特刊停版了半世紀，後來才在卡爾・蘇斯曼（Carl Sussman）的《規劃第四次遷徙》（Planning the Fourth Migration）一書的出版而再印，這本特刊是美國區域規劃協會除了《城市文化》之外，另一本重要的宣言刊物，也是這段規劃史上最重要文獻之一。

這是孟福獨特的開場白：

這是《調查》雜誌的區域計畫專刊。它將區域計畫基本概念的發展歸功於這位留著長鬍的蘇格蘭人，他的好奇心讓他無法停下來，直到他在愛丁堡的展望塔上清楚地看見人類文明對於孕育他們的土地之騷擾，但不管人類怎樣愚蠢的擾動，這塊土地仍然滋養著他們。

這個專刊是由一群反動派（包括建築師、規劃師、營造商及重建者）所發行，他們曾試圖以傳統方式來改造城市，但卻發現他們是在進行一項西西弗斯的苦役（a labor of Sisyphus）（譯注12），因此將他們的信念大膽的轉向區域規劃的新概念上。[73]

孟福了解大家要的是什麼：至少他可以讓格迪斯欲傳達的信息為大家所理解。「第四次遷徙」（The Forth Migration），這篇區域規劃運動重要的開

---

72 Mumford, 1982, 344-5.
【譯注12】「西西弗斯的苦役」的隱喻係出自希臘神話，西西弗斯是希臘科林斯（Corinth）的建城者和國王，因洩漏了宙斯的祕密，導致後來悲慘的命運，他被罰每天要把一塊沉重的大石頭推到非常陡峭的山上，但每到快完成時，此大石頭就會滾出山腳下面，因此西西弗斯要永遠地、不斷地重複著此辛勞工作。此隱喻意味著，正在進行一項經不斷努力卻永遠無法達成的工作。
73 Anon, 1925, 129.

場文章正是由孟福所寫。他提到兩種美國：「移民定居的美國」（在1850年以前開發的沿海和平原地區）和「遷徙的美國，第一批遷徙，清理出阿利根尼山脈（Alleghenies）以西的土地，並打通了這個美洲大陸，此乃土地開墾先鋒者的工作；第二批遷徙，形塑出新的空間紋理與型態，包含新的工廠、鐵道和灰暗的工業城鎮，此乃是工業先鋒者遺贈給我們的資產；而最後是……第三次遷徙的美國，人力和物資流入我們的金融中心與城市——其中建築物和利潤不受束縛地急速成長，如金字塔般的不斷往上攀升。」[74]但是現在，「我們再次又處於另一個流動的時期」，此即第四次遷徙，它是立基於「發生在過去三十年的科技革命——一個使目前城市布局和人口分布隨著新的機會而改變的革命。」提供汽車與可讓卡車通行的公路打開了市場和供應的來源。「汽車發展的趨勢……在一定限度內是要分散人口而不是集中人口；而任何盲目地將人口集中於大都市區域的規劃案，都將減弱汽車所打開的機會」；電話、收音機、郵件包裹以及電力都有同樣效果。[75]第四次遷徙和前三次不同的是，這一次我們已有能力來引導此一運動。「我們很幸運，第四次遷徙還只是個開始：我們可以讓它以一種如早期遷徙般不良的方式來運作，也可以藉由將其導入新的途徑，而轉換為較好的結果。」[76]

　　克拉倫斯・斯坦因在隨後的文章中，繼續討論孟福提出的主題：幾乎每一個居住和工作在城市裡的人都不了解，新科技正在讓紐約、芝加哥、費城、波士頓和其他大城市都變成「恐龍城市」（Dinosaur Cities）[(譯注13)]，其將因過度擁擠、無效率和攀升的社會成本之壓力而分解，甚至最後是徹底地實質崩潰。結果是這些城市將很快的變成在產業分派上最不合邏輯的地方。好像是在1925年一個重要預言所指出的，斯坦因寫道：

---

74 Mumford, 1925a, 130.
75 出處同上，130, 132-3。
76 Mumford, 1925a, 133.
【譯注13】以恐龍城市來形容因應緩慢的巨型城市是個很有趣的比喻，當時的巨型城市，就如同恐龍一樣，踢一下、才動一下，對都市問題及環境改變的回應極為緩慢，最後會因無法適應巨大的環境變革而滅亡。其實真正的關鍵是這些巨型城市中的人們，包括決策者及群眾，如果大家仍像燒杯裡的青蛙一樣，對於局部的環境改變缺乏適當的覺醒，等到巨大災變發生時想要逃離，可能已經來不及了。

當地方的經常開支無法被轉移，以及當較規模小的地方中心，儘管它們的金融和商業設施較差，卻能夠讓外界感受得到它們的產業優勢，此時大城市的產業就會遷移，或者宣告破產。目前還不到最後一刻，我們仍有時間；然而估計那一天即將到來；而它讓我們有期待的必要。[77]

美國區域規劃協會的經濟學家斯圖爾特・查斯，更進一步提出其論點：許多美國的經濟發展係依賴運送「煤到新堡」（coals to Newcastle）的作法，這些根本不需要被運送的物資，卻從美國一端載運到另一端。他問道：

現在是怎麼回事？能源，特別是運輸能源是在哪裡被浪費掉了？而經規劃的社區要如何降低這種浪費，以便幫助那些貧困的人，不致落後社會太多，或者作一些新的努力來協助他們能有一些基礎，以減少生活成本的負擔。

這裡指出了一個重要的爭論點上的移轉：不只是必須追隨科技改變潮流，如孟福和斯坦因所主張的，還必須透過干預以修正更大的系統無效率。我們需要的「國家計畫」（National Plan），應涵蓋「以自然地理實體為基礎而界定出的區域」；「盡可能讓食品、衣物和房屋原料在本地生產與製造」；「儘量減少跨區域產品交換，除非這個產品在本區域無法經濟地生產」[譯注14]；再加上區域性發電廠，短距離卡車運輸，以及「人口的分散化發展」：[78]

社區導向的區域規劃將消除不經濟的全國性行銷、解決城市的擁擠及末端的浪費、平衡電力負荷、降低鐵路運煤量、減少牛乳和其他配送的重

---

[77] Stein, 1925, 138.
【譯注14】此構想與生態城市及生態社區理念所強調之「鼓勵地方產業、近距離農業以及使用地方產品等概念」相近，希望透過在地生產與消費的整合，減少跨境物資輸送的發生，並鼓勵地方產業的可持續發展。
[78] Chase, 1925, 144.

複性，以及減少以往那些不經濟的操作，例如鼓勵當地果園以自行生產方式，來取代將太平洋岸的蘋果運送給紐約的消費者、發展在地林場並控制西部木材拖運到東部工廠的數量、將棉花工廠設置在棉花田附近、製鞋廠也搬到皮革生產地區附近、鋼鐵工廠移至距離鐵礦床的可行距離內、將食品製造廠設在小型巨能發電廠的服務區域內，並接近農業生產帶，如此摩天大樓、地鐵與孤寂鄉村之必要性就不存在了！[79]

再次預示的是：一個要求保育的論點，在羅馬俱樂部（Club of Rome）出現的前半個世紀就已被提出。但它牽涉到一個計畫及後續對私人企業的干預，那是明顯的社會主義作法；查斯說得好，幾年之後，「我們將是溫和的社會主義者，雖然不是共產主義者；我們是自由派，但願意放棄廣大的自由市場來支持計畫經濟。所以，我們不是教義派的社會主義者，我們是開明的、費邊社類型的社會主義者。」[80]

美國區域規劃協會提出建議案時，清楚介紹了上述觀點。孟福現在回到剛來臨之新技術時代的選擇：我們的社會可讓這些已經過度成長的城市愈來愈大，「以格迪斯教授譏諷的話語來說，其實是愈來愈差、愈來愈壞了。」[81] 如何避免這種情形繼續下去，我們需要區域規劃：

區域規劃的重點並不在於探討一個區域在大都市的庇護下，能發展到多大，而在於探討如何分派人口和市政設施以提升及激勵一個具有活力和創造力之人民生活的整體區域——一個在氣候、土壤、植被、產業和文化上具有一定程度的整體性的地理區域。區域主義者試著規劃這樣的區域，使它所有的基地和資源，從森林到城市，從高地到海平面，都能夠健全的發展，並且可讓人口合理的分布，以便能利用自然資源的優勢，而非造成資源的閒置或破壞。區域主義將人們、產業和土地視為是一個整體。它也嘗試要確定出在這些新的城市中心應配置什麼樣的設施，而

---

79 出處同上，146。
80 節錄自Sussman, 1976, 23。
81 Mumford, 1925b, 151.

非藉由一次又一次令人絕望的政策躲閃，來讓擁擠的都市中心之生活變得只是稍微可以忍受。[82]

這就是格迪斯一直在不斷地掙扎，努力嘗試透過文字所要訴說的。這也是格迪斯學派所要的，其目的是：新技術時代的科技不只是作為要提升機械性效率的工具，其同時也要：

讓區域裡的每一個地方，都有較完善的生活品質。沒有任何一種將快樂從生活中去除的工業發展形式或城市型態是可以被接受的。如果在社區裡，求愛必須是偷偷摸摸的、嬰兒是不受歡迎的殘障者、教育系統又普遍缺乏與自然接觸和實際操作，每個人每天的生活只是僵化無趣的例行操作，而人們只能在方向盤上尋求刺激，只能靠將心靈從每天生活中脫離才能獲得快樂，像這樣生活的社區，其實根本無法證明我們在科學與創新上的現代進展。[83]

這也正是霍華德的切入點，因此如果說區域規劃提供了一個架構，那麼霍華德的花園城市理念則提供了「城市目標」（civic objective）：[84]「花園城市所欲營造的不是城市民暫時的避風，而是生活與文化的永久居所，它保有城市生活的優點，並維持永遠的鄉村感受。」這也意味著「規劃目標（aims）和被規劃的場所（places）兩者都必須被改變」：「我們的花園城市代表著人文與科學的更完善發展——包含生物學、醫學、精神病學、教育、建築……這一切對現代機械化的城市發展都是有助益的，但所有這一切也都只是片面的存在，就像第5世紀的雅典或是13世紀佛羅倫斯所擁有的東西，儘管在物質上是生硬未成熟的，但卻讓人著迷。」[85]

在此處，克魯波特金的觀點又浮現了，或許用「比克魯波特金主義還要

82　出處同上。
83　出處同上。
84　出處同上。
85　Mumford, 1925b, 152.

比克魯波特金」來形容更為貼切，甚至超過了格迪斯：另外還有一個流派，是關於美國的主題。

> 區域計畫是一種新保護主義——同時維護人類價值與自然資源……以永續農業來取代農村的土地破壞，以永續林業來取代林木砍伐，以永續的人類社區及致力於生活、自由與快樂追求來取代隨地紮營或違章聚落；以穩固的建築建造來取代目前社區中使用簡陋材料與支架的危險建築——這一切都可在區域計畫裡實現。[86]

本頓・麥凱在其「新探險」（The New Exploration）文章中特別探討這個美國的主題。就某種層面來看，這是相當格迪斯式的觀點：以不同尺度的山谷長向剖面進行分析——從麻薩諸塞州北部的伯克郡（Berkshires），往下到波士頓和廣闊的海洋；再至沿著上迪爾菲爾德河（Upper Deerfield river）的薩默塞特山谷（Somerset Valley）。其為薩默塞特山谷而擬定之計畫的主要目的是要達到區域生態平衡，此為是維達爾和他的追隨者在法國的屯墾區域中所發現的道理。差別之處在於，在這裡這些是經規劃的：是基於「森林文化而非森林砍伐」[譯注15]，單憑這個理由，「將使薩默塞特山谷維持在一種真正的穩定狀態」[87]對美國這塊較新開墾的土地來說，必須同樣地學習如何掌控開發的時間—尺度（time-scale）關係，以及如何透過良好的屯墾來維持可讓自然再生的承載量，這些良好的農事方式在歐洲是透過農民世代相襲所流傳下來的。這種訴求可追溯到19世紀幾個不同流派的美國思潮：早期哈佛物理地理學家納撒尼爾・謝勒（Nathaniel S. Shaler）以及威廉・戴維斯（William M. Davis）提供了「結構、過程、階段」（structure,

---

86 出處同上。

【譯注15】此概念對目前許多地方過度消費地方資源的情況應可提供一些省思。地方資源的真正價值不只是在於其給人使用的價值，還包括在文化及地方環境之可持續發展上的價值，所以地方資源的使用，應強調資源利用的永續性及資源使用與地方文化間之關係，否則過度消費地方資源，或過度商業化資源，將加速區域資源的消耗殆盡，例如有人批評目前我們沿海漁村的產業發展，只有海鮮文化，沒有海洋文化，即是一例。

87 MacKaye, 1925, 157.

process, stage）的概念；更早期的地理學家喬治・帕金斯・瑪希（George Perkins Marsh）則提出關於生態和資源規劃上的觀點；而大衛・梭羅（David Thoreau）對於回歸到自然的生活和對自然平衡的強調，也具有啟發作用。[88]此外，還有一群較新的知識運動出現在蕭條的南方鄉間的一些大學之中：納什維爾郡（Nashiville）之范德堡大學（Vanderbilt University）的保守派南方農業學者，拒絕了北方的工業主義，並倡議中世紀的鄉村發展模式及早期的新英格蘭經濟。[89]在強烈的意識形態對立下，有一群以霍華德・奧德姆（Howard Odum）為首的南方區域主義學者，強調財富和權力的分散化發展，並認為區域對其已被嚴重濫用的豐富自然資源遺產，應予以均衡的再生，這些南方區域主義學者，在北卡羅萊納大學（University of North Carolina）開始發展他們的思想，但到1930年代才開始展現主要的成果。[90]

這些正在發展的思潮（雖然有時並不一致）被綜合陳述在麥凱為了宣導他的美國區域規劃協會哲學而整理的完整論述中，發表於《新探索》（*The New Exploration*）。[91]在此，他發展出兩種鮮明對照的美國概念：一個是鄉土的美國，「代表原始和殖民時期的組合體」，另一個是大都市的美國，「代表城市和全世界工業的組合體」。區域規劃師的工作是辛苦地去重建和保留那些傳統的本土美國環境、原始的荒野、早期新英格蘭的莊園社區，以及「能補足現存鄉村不足之處的真正的城市」。[92]但這將是困難的，因為：

> 在這個國家裡的競爭將發生在大都市美國和鄉土美國之間。兩者現在是面對面的對立，不只在心理層面，也在物質和地理層面。大都市世界……是一個機械化、鑄造化的工業結構，它在……谷地地區最強力的發展，而在山脊上則是最脆弱的。鄉土世界的發展策略則恰好相反，在沿著阿帕拉契山脈構成屏障之山脊道路的自然環境中，它依然是強大

---

88 Lubove, 1963, 91-6.

89 Ciucci, 1979, 341-2.

90 Odum, 1936; Odum和Moore, 1938; Kantor, 1973c, 284-5；Friedman和Weaver, 1979, 35-40。

91 MacKaye, 1928.

92 出處同上，64。

的……在較好鄉村的一些區域，它也是強大的，雖然這裡的農場和村莊已經破舊，但物質上和精神上的資源仍然存在，隨時可復建與更新發展。[93]

問題是「關於連繫到鄉土美國的大都市美國之重塑，要如何進行？」鄉土美國就是孟福所謂的殖民定居的美國，而大都市美國則是遷徙的美國。[94]而孟福的第四次遷徙是一種「回流」，「一種對於第二次和第三次遷徙所帶來之人口和產業的重新安置」，其就像潰堤的洪水，源源不絕地傾洩而出。[95]區域規劃的問題因此在於「怎樣的河堤……可以在下游建造，以防止洪水氾濫成災。」[96]

麥凱的解答是一種典型的美國區域規劃協會的策略：要掌握新科技，但又要控制它對自然環境的衝擊。大都市環境將透過「公路」而擴展延伸；在公路之間，山丘地區將被保留作為原始（或接近原始）的「荒野地區」，「以達到作為公共森林和公共遊樂場的雙重目的」。透過開放的道路系統，「一個被規劃將實際用於原始生態旅居及戶外生活的區域」，將被作為「控制都市洪流擴張之緩衝區域」：它將區分（或傾向於區分）都市洪流成為分隔的「流域」，藉此嘗試阻止它們完全匯聚到一起。[97]此外，「作為公路系統的附屬物」，城鎮間區域（intertown）將隨之出現：「一系列的開放道路或地區，跨越連續城市與鄉村之間的公路之上」，並且不受所有不合宜的空間結構和土地使用的影響。[98]此種情況與作為都市洪水問題之具體表徵的「公路城鎮」（Roadtown）正好相反。[99]它將不會失去建築，「害怕嗎？我們並沒有要敲響城市晚鐘的想法」，這些建築不會被「塞在一起」，它們將透

---

93 出處同上，73。
94 出處同上，75-6。
95 出處同上，170。
96 MacKaye, 1928, 178.
97 出處同上，179-80。
98 出處同上，182。
99 出處同上，186。

過良好的規劃，而「組織」在一起。[100]況且，在發展此想法的兩年後，麥凱有了「無城鎮公路」（Townless Highway）的構想：一個圍繞著波士頓的限制進出的道路，中途有服務站，但沒有其他出入口。無怪乎約四十年後，劉易士・孟福把現代高速公路的發展歸功於麥凱；然而，正如我們在第九章將提到的，這並非完全正確，但無論如何，這是美國區域規劃協會創始者卓越的先見之明的一個合理的見證。[101]

在規劃實際操作上又是如何呢？可以從亨利・萊特為紐約州住宅暨區域規劃委員會所作的地圖和圖表看出：「第一個時期（1840-1880）」是「全州性的活動和交流」，緊跟著是「第二個時期（1880-1920）」，人口沿著主要運輸動線而集中。但在「第三個時期」我們看到「可能的未來狀況，每一地區皆提供自己邏輯性的功能以支持有益健康的活動和良好的生活。」放大尺度來仔細檢視「這個理想的區域發展剖面」，可發現它就是熟悉的格迪斯式剖面分析圖在伊利湖畔的應用：森林和水庫在高地，乳牛農場在邊界高地，兩條平行的公路在肥沃平原上之高速公路與鐵路的外側，城市和鄉鎮就像一串的珠子一樣巧妙地散布著。[102]

在1920年代的美國，上述很多構想並形成實際的政策；甚至到1926年高等法院判決之前，分區管制是否符合憲法都受到人們的質疑。[103]的確，作為紐約政府的首長，羅斯福至少採納了斯圖爾特・查斯的方案，運用乳品健康法規，成功地保護了紐約的酪農，以對抗外州的競爭者。[104]而且，透過亞歷山大・伯因的機制，美國區域規劃協會成功的將兩個實驗性花園郊區計畫付諸實施，其為紐約市向陽花園住區開發計畫和紐澤西市的雷特朋新鎮（如第四章所述）。但最重要的是，美國區域規劃協會是在行銷人類長遠的夢想。

---

100 出處同上，186-7。

101 MacKaye, 1930; Mumford, 1964; Guttenburg, 1978.

102 Smith, 1925, 159-60.

103 Fluck, 1986.

104 Roosevelt, 1932, 484.

美國區域規劃協會相較於紐約的區域計畫

在一場美國區域規劃協會的成員與當時政策的重大衝突中，他們遇到了一位不像對手的對手——湯姆士・亞當斯（Thomas Adams, 1871-1940）。他曾是現代英國城鎮規劃的創始人之一，萊奇沃思花園城市開發的第一位總經理，第一位規劃的審核專家，也是第一屆市鎮規劃學會[105]的創始成員暨主席（雖然不太適任）。[106]當亞當斯到了北美後，在美國區域規劃協會成立前四年，他特別強調「現代城市規劃面向中最重要的一點，就是要引導並控制那些新產業正在形成之鄉村與半鄉村地區的發展方向。」亞當斯主張：「都市規劃必須考慮到都市周邊區域的整體發展，若未能作到這點，規劃是不會令人滿意的。」[107]所以，當查爾斯・戴爾・諾頓（Charles Dyer Norton）〔其為芝加哥商業俱樂部前主席暨伯納姆（Burnham）計畫的委員，以及當時羅素・賽奇基金會（Russell Sage Foundation）的財務長〕找亞當斯來主持一項為整個紐約區域而作的龐大調查計畫與區域計畫時，他幾乎無法拒絕地立即接受了。諾頓逝世之後，繼任者弗雷德里克・德拉諾（Frederic Delano）於1923年7月任命亞當斯為區域調查與規劃委員會的主席。[108]

亞當斯極重視團隊合作，他建議紐約區域計畫案應由一個團隊來負責，其成員包括一位工程師、一位建築師、一位律師，以及一位可擔任協調角色的區域規劃師。此外，當時還有一項理由顯示亞當斯是最適合的領導者：因為這是一項與商業發展密切相關的計畫，核心推動者是前芝加哥的商業領袖，此計畫的全部花費將超過100萬美元、預計將歷時超過十年。[109]而當時五十幾歲的亞當斯正是商業規劃方面的專家，經多年專業歲月，他的「規劃思考模式儼然已定型」。亞當斯相信，規劃應是實現一切可能性的藝術：「區域計畫不應運用革命性的方法，而應是透過對於自由發展模式的溫和公

105　Simpson, 1985, 67.

106　出處同上，191。

107　Scott, 1969, 178-9.

108　Hays, 1965, 7-11; Simpson, 1985, 136.

109　Kantor, 1973a, 36-7; Wilson, 1974, 136.

共管控來提升都市效率，並抑制市場濫用，同時增設非爭議性的公共利益設施，例如開闢道路、公園與休閒海灘。」[110] 不用說，這是解決正處於幼兒時期之美國區域規劃協會的理想主義者間之衝突的一個方法。

問題不在於此規劃的地理範圍過大，因為諾頓要求一個廣大的範圍：「以市政廳畫一個圓，必須涵蓋以下區域：亞特蘭大高地（Atlantic Highlands）和普林斯頓（Princeton）；其背後的迷人的澤西（Jersey）山丘地區；莫里斯敦（Morristown）和塔士多（Tuxedo）；無與倫比的哈德森（Hudson），甚至到紐堡（Newburg）；威徹斯特（Westchester）的湖泊和山脊，布里奇波特（Bridgeport）地區，甚至還超過此處，以及全部的長島（Long Island）。」[111] 結果是，整個區域超過了5,000平方英里，有將近900萬人口，此空間規模遠勝過之前的任何計畫。[112] 他們所使用的調查方法也都沒有錯：亞當斯組織了一個無可匹敵的團隊，其詳細的計畫內容涵蓋了一些重要規劃文獻中的經典資料，而且其結論也與孟福、查斯及斯坦因等人的學說相互呼應。在此計畫中，羅伯特・莫瑞・海格（Robert Murray Haig）提出關於都市經濟的議題，[113] 顯示出許多活動已外移，因為這些活動設置於城市中心區的必要性已逐漸降低，他們並主張，分區管制必須考量到其負面的外部性衝擊：「分區管制的經濟合理性在於它是一個有用的工具，以大致確保成本之公平分配，並迫使每一個個體自己負擔一些成本。」[114] 計畫也有關於人口和土地價值的內容，其指出問題是：運輸設施的過度集中，將造成經濟性活動的過度集中，進而造成更嚴重的擁擠，然後是更大的經濟上的浪費。[115] 接著也有章節討論到分區管制和土地使用計畫，其批判紐約的高地價是城市建築高度與容積管制的直接結果。[116] 另外，還有內容是關於佩里的鄰里單元（neighborhood unit）概想，認為在汽車的推波助瀾之下，自然地創

---

110 Simpson, 1985, 135.
111 Scott, 1969, 177.
112 紐約區域計畫（Regional Plan of New York），I, 1927, xii; Kantor, 1973a, 39。
113 紐約區域計畫，I, 1927, 23-8。
114 出處同上，44。
115 紐約區域計畫，II, 1929, 25-6。
116 紐約區域計畫，VI, 1931, 102-3。

造出一個個的細胞都市（cellular city）。[117]

問題的關鍵不在於以上這些，而是亞當斯與所有委員會成員所共享的規劃哲學，它是一種信念，認為實際上區域是有固定形式的，只有漸進式、邊際性的調整才是可行的。此信念可以透過上百種的方式來表現自己：可表現在現有公路計畫的可接受作法上，僅有「繞道幹道和環帶道路⋯⋯能允許區域內主要次區域間的自由流通」；或是表現在能連接到曼哈頓的輻射狀通勤火車的昂貴投資上；[118] 還表現在如科比意般主張在公園中以寬闊間距來配置摩天大樓的規劃原則上（雖然科比意的名字並沒有被提到）；[119] 最重要的是，表現在建議「當問題涉及到區域內集中化工業與商業之發展時，其關鍵點並不在於分散化發展，而在於如何調整集中化發展的方向，以便能讓所有的中心及次核心能擁有健康與高效率，並免於擁擠」；[120] 而最終的建議是「將工業和商業重新集中在區域內的那些次核心，應可減緩擁擠狀況」；[121] 它也表現在拒絕以興建花園城市作為通論性的解決方案，「除了那些可以遷移到新中心的非常小部分工業和人口」；[122] 也表現在拒絕任何更大規模的政府單位來規劃所有的區域。[123] 綜合而言，它是基於一個被動性的假設：區域會繼續成長，也許到了 1965 年時，人口將從 1,450 萬人增加到 2,100 萬人，但計畫中對於如何處理這些增加的人口，卻缺乏具體建議；[124] 而其基本目標是「將紐約分散化發展與去擁擠化，以便讓它能繼續以傳統的方式運作。」[125]

此計畫引起許多痛苦的反應是可想而知的。孟福在一篇著名的評論中，對此計畫的所有內容進行嚴厲的批判。他指責道：就空間架構而言，它的空間架構看起來很寬廣，但仍然太狹窄了；它接受了成長是不可避免的觀點，但忽視了規劃對成長的影響力；它沒有考慮到其他可能的替代方案；它允許

---

117 紐約區域計畫，VII, 1931, 30。
118 紐約區域計畫，III, 1927, 126-32。
119 紐約區域計畫，VI, 1931, 103-5。
120 紐約區域計畫，II, 1929, 31。
121 出處同上，Hays, 1965, 20; Scott, 1969, 262。
122 紐約區域計畫，VI, 1931, 25。
123 紐約區域計畫，II, 1929, 197。
124 出處同上，1929, 35。
125 Wilson, 1974, 137.

市中心地區的繼續過度建房。孟福並譴責靠近曼哈頓的最後一塊開放空間
——哈肯薩克草原（Hackensack Meadows）被用於開發，他指責此計畫將花
園城市理念看成是虛浮的烏托邦。他還批評此計畫的其他內容，包括：包容
郊區地區的填入式發展；拒絕公共住宅原則，讓貧民住在很糟糕的住房中；
以及支持對通往曼哈頓之通勤線路的更多補助，因而創造出更多的交通擁
擠；此外，他認為計畫中的高速公路和捷運提案其實是取代社區建設計畫的
替選方案，而不是支持社區發展的工具。整體而言，此計畫的核心錯誤是它
看起來似乎支持每一件事：集中化發展與分散化發展、計畫管控與炒作投
機、政府補助與利用市場機制，但是，儘管看起來是相反的，其真正目的是
為了實行更集中化的發展。[126] 以下是孟福的結論：

> 總而言之：這個「紐約及其環境規劃」是個差勁的計畫，就像是一塊構
> 思很糟的布丁，其製作時被放入很多成分，有的還不錯，更多是令人存
> 疑的，卻通通混在一起：廚師想要滿足每一個人的胃口和品味，在製作
> 這道布丁料理時，他心中思考的想法是如何將布丁「賣」出去，尤其是
> 對那些付錢的顧客。也正因此，這個混雜著多種成分的料理在整體上是
> 難以消化且味道很差的，但是從其中還是可以找出一些好吃的葡萄乾，
> 或是一大塊香櫞。就長期發展而言，我們希望這個布丁的經驗能被記
> 得。[127]

亞當斯很明顯的是被激怒了，他決定向格迪斯求援，以反擊孟福的批
評：

> 這就是孟福先生和我，以及孟福先生和格迪斯在觀點上的主要差別所在
> ——也就是我們應該停頓不前，只談論理想，還是勇敢地向前走，在這
> 樣必定不完美的社會，以實際行動來盡可能地實現我們的理想，並針對

---

126 Sussman, 1976, 227-47.
127 節錄自同上，259。

問題來提供不完美的解決方式。[128]

　　這似乎是一個永遠無法建立橋樑之規劃理念哲學上的巨大鴻溝：就如亞當斯所言的：「到底是停頓不前，只談論理想，還是勇敢地向前走，在這樣必定不完美的社會，以實際行動來盡可能地實現我們的理想，並只針對問題提供不完美的解決方式。」[129]他認為，孟福這種「準備讓願望變成思想之父」的作法是極為不對的[譯注16]，亞當斯嘲笑地說：「如果我能做到同樣的事情，那我會有多高興！」[130]

　　這次不尋常的交流就此結束：「亞當斯和孟福兩人都是改革主義者，如今像夜晚航行的兩艘船，互相交錯而過。」[131]諷刺的是，不久以後，小汽車促成了擴張的城市，這是雙方同樣都不認同的。[132]

　　在此存在著很多的矛盾。亞當斯也相信紐約太大，且「從經濟或健康的觀點，我們應該盡可能的讓更多的人口和產業，由市中心遷往花園城市。」[133]但亞當斯爭論道，花園城市目前已發展得如此成功，減少了以其為解決方式的需要：「解決的方法不在於毫無差異的分散化發展過程，而應是同時考量經良好規劃之分散化發展的花園城市以及經同樣良好規劃之分散化發展的都市區域。」[134]但是孟福的替選方案則不是那麼的直接了當。他寫道：

　　找到解決之道的先決條件是：（1）重新調整都市商業區集中化發展的趨勢，來減少曼哈頓地區過度擁擠的壓力；（2）設置新鎮，同時將紐約的外移人口，吸引至紐約附近地區的新鎮，而這意味著需仿照英格

---

128 節錄自同上，263。
129 Simpson, 1985, 158.
【譯注16】讓願望變成思想之父（let the wish to become father to the thought），其批評孟福讓空想主宰了思想。
130 Johnson, 1988, 181.
131 Johnson, 1996, 193.
132 Fishman, 1992, 122; Simpson, 1985, 158.
133 Adams, 1930, 142-3.
134 出處同上，146。

蘭、德國與俄羅斯，建立對城市建設和住房更多元的國家補助系統；以及（3）推動都市衰頹地區的重建，並透過廣泛的都市內部殖民之方法，將部分人口遷入重建後的都市衰頹地區，以控管都市整體人口的增長速度。[135]

這似乎不是大多數讀者所認識的孟福：他反對遷移都市衰頹地區的人口到都市外圍地區，主張將這些衰頹地區清除重建，發展成新的鄰里社區，以更高開發強度但增加更多可用的開放空間之方式來發展。在這裡，他如科比意般的對於這種掃除式更新展現出一股的熱情：他估計這些衰頹地區應可再容納500萬的人口，其中包括最近開發的皇后區（Queens），必須完全重建。[136]這是因為「建設適合培育下一代的住宅必須依賴一種能讓生產與分配直接受控於生物技術消費標準的方式，並讓整個社區都能享用。」[137]1934年，即紐約市住宅管理局（New York City Housing Authority, NYCHA）成立的那一年，住宅研究協會團隊〔孟福、萊特、梅爾及卡羅・阿羅諾維維（Carol Aronovivi）〕進行了一項研究，其結論為，昂貴的土地價格，使得高層建築成為紐約最具經濟效益的建築形式。研究團隊並同時回顧了紐約市住宅管理局於1937年頒布聯邦住宅法後所執行的第一項計畫案，即布魯克林區單調、低成本的二十五層樓的紅鉤大廈（Red Hook Houses）。孟福雖然曾批評其建築形式過於單調重複，卻認為其品質仍「遠高於其他商業公寓建築的產品」。[138]

孟福與亞當斯在很多事情上都是分道揚鑣的。亞當斯試著維持持續的對話，但孟福僅保持禮貌上的友善，批評卻更加嚴苛。[139]透過商業菁英領導下的區域規劃協會及各地區都市規劃委員會的協助，紐約區域計畫持續的進行著：它在高速道路、橋樑和隧道的提案上非常成功，主要是因為有偉大的都

---

135 Munford, 1932, 150-1.

136 出處同上，151。

137 Mumford, 1938, 470-1.

138 Mumford, 1995, 22, 25.

139 Simpson, 1985, 155.

市建設家羅伯特・摩斯在負責。[140] 此時，孟福提出的替選方案——州政府補助的新鎮建設和對衰頹地區的大規模重建，卻仍然只是紙上談兵。[141]

新政規劃（New Deal Planning）

這似乎是個奇怪的結果；因為在1933年羅斯福就任總統時，新政（New Deal）才剛開始。羅斯福明確地承諾要遵循純美國區域規劃協會路線的方式來進行規劃。1931年，羅斯福腦海中浮現出大型回歸土地的構想，其藉由提供人民住房、少量的土地、資金，以及工具，來達成回歸土地的目標；他更借用了美國區域規劃協會的概念，主張電力和卡車正在協助將工業發展分散到小型社區或農村地區，而電子產品、收音機、電影院，以及包裹郵件，將為鄉村地區帶來都市般的生活品質；羅斯福特別提議成立一個處理鄉村住房議題的州政府委員會，以建立「為共同福祉的合作規劃」為基礎的計畫。[142] 幾個月後，他要求幕僚提出「一個具體的計畫，以期能經由工業自身的力量，將部分公司……遷移出失業率較高且擁擠的市中心，並搬到距離主要食物來源較近的小型社區。」[143] 就在1932年大選之前，羅斯福問道：「是不是如果沒有這個區域計畫，我們將不能在不久的將來處於領導全局的位置，並基於人口分散原則，採取實驗性措施。」[144] 羅斯福的叔叔弗雷德里克・德拉諾曾主導紐約的區域計畫，讓羅斯福對此議題一直保持高度的興趣；1931年時他說，區域規劃會成為全國性政策的一部分，這一天不會太遠了。[145]

羅斯福說到做到：他聽從雷克斯福德・特格韋爾的建言（其諮詢顧問為斯圖爾特・查斯），並透過國會，於1933年6月推動了一項公共就業法案（Public Works Bill），提撥經費2,500萬美元來重新安置居民，因此給予人們

---

140 Hays, 1965, 25-31, 36-40; Sawers, 1984, 234.
141 Sussman, 1976, 250.
142 Roosevelt, 1938, 505, 508-9, 510-11, 514.
143 出處同上，518。
144 Roosevelt, 1932, 506.
145 節錄自Lepawsky，1976, 22。

機會「透過新開發的土地，來保障他們一度於過度擁擠的工業城市中所失去的永久性工作」；[146]但結果並不如預期，人們不願意去那裡。[147]所以，1935年安置管理局只得提出綠帶市鎮計畫作為因應，此在第四章已經提過了：是一項光榮的失敗，幾乎沒有什麼可以展現的東西。

美國區域規劃協會的理想完全破滅了，這個團體一直以來組織鬆散且非正規行事，或許正是過於鬆散而缺乏效率，於1933年終於停止運作。[148]美國區域規劃協會之所以落到理想破滅的結局，其來有自。儘管有新政及羅斯福總統的支持，美國區域規劃協會已經感受到政治慣性實在太強了；也或許他們是筋疲力盡了，一點也不想再費力與亞當斯繼續爭辯。此時，孟福與凱瑟琳·鮑爾之間的關係愈來愈惡劣，[149]因此便與長期受苦的蘇菲（Sophie）一起搬至紐約近郊的阿美尼亞，並在當地撰寫完成其鉅著《技術與文明》（*Technics and Civilization*, 1934）和《城市文化》（*The Culture of Cities*, 1938）。《城市文化》一書讓孟福聲名大噪，他加強對於「無感的都市」（Insensate Metropolis）和「巨型都市」（Megalopolis）的批判，他認為它們根本就是罪惡的淵藪：「因戰爭而聚集興起，這些大都市的政治制度與家庭與城市的功能相對立：它讓生活受到組織性的破壞，因此讓現實的生活及文化，變得更拘謹、並受到種種壓迫與限制。」[150]孟福將上述情況對比於「有機的秩序」（the organic order），其係奠基在「生活的首要性，以及作為生活載體之自主與永遠相互依存之有機體的首要性」，在其中「為了維持其生命型態，此有機體就必須藉由建立與環境間的良好關係來不斷地改變與更新。」[151]但為達成這樣的目標，必須在新技術時代之後，推動一個新的「始技術時期的秩序」（eotechnic order）[(譯注17)]之建立，並且需要以一種社會主義

---

146 Gelfand, 1975, 25.

147 出處同上，25-6；Schaffer, 1982, 222。

148 Parsons, 1992b, 462; Sapnn, 1996, 41, 82.

149 Oberlander 和 Newburn, 1999, 73。

150 Mumford, 1938, 278.

151 出處同上，301。

【譯注17】孟福曾致力於技術史與文明發展的研究，在其知名著作《技術與文明》一書中，他將技術發展史分為三個「互相重疊且滲透的階段」，分別是：始技術時期（The Eotechnic Phase, 1000-1750），

的，或至少是社會民主的秩序，來取代美國的資本主義：

> 集體主義勢力的抬頭、地方政府和聯邦政府公共住宅之增加，合作型消
> 費者與生產者協會的表現，以及貧民窟拆除和優質勞工社區的興建，這
> 些跡象都顯現出這個新的生態技術的方向。[152]

　　事實上，當1932年孟福到巴納德學院（Barnard College）對學生演講時，他似乎正在思考一種全面性社會主義形式的巨大改變；孟福不相信羅斯福，他認為羅斯福是某種政治上的瑪麗·貝克·艾迪（Mary Baker Eddy），是一個政治信仰的鼓吹者，但從來不能真正的治病，因為他不相信必須的手術。[153] 誠如羅斯福自傳的作者唐納·米勒（Donald Miller）所強調的，羅斯福的問題是他始終相信心靈更甚於物質，其早年並無心於政治，所以缺乏需採取有效政治行動的概念。而「孟福所謂的共產主義是他自己想像出來的」，[154] 孟福一生奉行伊拉斯謨主義（Erasmian），保持超然離群的態度，拒絕與政治沾上邊。[155] 唐納·米勒深具說服力的證明，終於讓《城市文化》成為一件完美的失敗作品；正如鮑爾談到孟福後來的另一本書《人類的狀態》（The Condition of Man, 1944）時所言，他不斷地追尋著救世主的降臨，以期能得到心靈層面的改造。這樣的評論是如此地一針見血，因而深深地刺傷了孟福，並引起他強烈的回應；接著，他又花了許多年的時間重寫《城市文化》，拿掉其中描述性的部分，將此書重新命名為《歷史中的城市》（The City in History），並於1961年再次出版。在孟福與弗雷德里克·奧斯本（Frederic Osborn）的長年聯繫下，兩人之間的意見差異是很明顯的：奧斯本

古技術時期（The Paleotechnic Phase, 1750-1900）和新技術時期（The Neotechnic Phase, 1900年至今）。他認為，不同技術發展的歷史階段會形成不同的「技術複合體」（The Technological Complex），此技術複合體的基礎是社會所利用的能源和原始材料，他認為始技術時期主要使用的是水和木材，古技術時期是煤和鐵，而新技術時期則是電與合金，此材料與能源的使用形式會影響到文化與文明的發展。

152 出處同上，464。
153 Spann, 1996, 164.
154 Miller, D. L., 1989, 288.
155 出處同上，291。

責怪孟福沒有創設一個美國城市與鄉村規劃協會，而孟福的解釋是，他需要靠記者工作餬口。[156]

斯坦因是區域規劃協會的實際推動者，也擔任特格韋爾主導的重建管理局及綠帶新鎮計畫的顧問，他對於推動計畫的期望，因羅斯福無法克服國會根深柢固的反對聲浪而很快地破滅了。從斯坦因出版的書信中，[157]可看出他非常敬佩羅斯福的智慧與魅力（同時也暴露出他不喜歡旁人插嘴的習慣），但同時他也對羅斯福是否具有接受其他人不同意見的能力深表懷疑。這項失敗對斯坦因帶來不幸的後果：1930年中期，斯坦因罹患抑鬱症，這種疾病在接下來的十年逐漸影響他的生活。此情況不僅源於他在規劃實踐運動中失敗和尋求專業委託工作的不順，也部分是因為他和舞台劇及電影女星愛琳‧麥克馬洪（Aline MacMahon）緊張的婚姻關係：他們雖於1928年結成連理，她卻因為工作的關係，長居於美洲大陸另一端的好萊塢。但身為國際規劃運動導師的他，逐漸擺脫這個中年危機——除了與一些老戰友，如本頓‧麥凱及劉易士‧孟福保持聯繫之外，他也與奧斯本，戈蘭‧西登布拉德（Göran Sidenbladh）和戈登‧史蒂芬森（Gordon Stephenson）等國際通訊夥伴保持聯繫；他並協助戈登‧史蒂芬森設計其1950年代的開創性作品，即斯蒂夫尼奇（Stevenage）的徒步城鎮中心計畫。斯坦因一直活到94歲才去世。[158]

但是斯坦因的書信也證實了美國區域規劃協會的學生多年來的懷疑：麥凱、孟福、奧斯本、西登布拉德與史蒂芬森等人實際上是紙上談兵的社會主義者，他們欣賞俄國的規劃模式（斯坦因在1920年晚期曾造訪俄國），但對於是否將這種思想引進美國，卻感到猶豫不決。當然，在經濟大蕭條時期，大多數西方民主國家的自由主義人士，都極力擁護社會主義式的城市規劃：斯坦因及孟福，還有他們的同僚，也是如此。當時他們陷入進退兩難的困境。他們期待羅斯福能夠有所改革，不受由美國聯邦體系傳承下來之強大保守派力量的影響。而最後悲劇性的結果對這個由菁英分子組成的美國區域規

---

156 Hughes, 1971, 145, 148-9.

157 Parsons, 1998.

158 出處同上，passim。

劃協會組織而言，只能說他們身處的時間與國家皆不對。

　　這種局勢在孟福與亞當斯進行意見交流時，顯得更加明顯，他確定在現行的秩序下，無法產生任何一個有效的計畫：

> 只要土地價值和私人企業依舊被視為神聖而不可動，現階段就沒有辦法進行全盤性規劃，以改善生活條件，這是一個誠實的說法，但總比畫著夢想中的公園草圖，規劃著永遠不會開啟的兒童遊戲場設施，或是談論著始終缺錢建造的花園城市，要來得更為有效率與實際。[159]

　　由於此區域計畫避免針對土地或房地產價值、建築物或人類機構進行有效的公共管制，因此不會帶來太大實質性的改變；也因此，整個計畫必須被檢討。[160]其重點在於，不應如亞當斯所作的那樣，輕易地妥協於大都市的現況，而是要與之戰鬥；「因為如果依造目前大城市的發展方向繼續前進，將會增強其造成傷害的能力。」[161]

　　凱瑟琳・鮑爾是美國區域規劃協會團體中唯一的女性成員，但她卻是個明顯的例外，是個極有效率的行動派。[譯注18]她用自己的獎金到歐洲去進行第二次的職業性考察旅行，此行拜訪了當時頂尖的德國規劃專家，例如梅（May）和華格納（Wagner），[162]回國後她寫了一本關於現代住宅的書，此書讓她一夕成名。她的論點是歐洲的經驗已達成幾項突破性的成果：現代住宅應強調使用更重於創造收益；現代住宅是經綜合規劃之鄰里的一部分，除需擁有公共設施外，同時需具備現代化風格。但是否該地的居民欣賞此現代化風格，就不得而知了。[163]

---

159 Mumford, 1932, 124.
160 出處同上，154。
161 出處同上，150。
【譯注18】鮑爾是美國公共住宅史上的重要人物，其倡議提供可負荷住宅給低收入住宅，並為此理念而奮戰不懈。她1950年代成為加州大學柏克萊分校建築系的教授，並協助該校環境設計學院的發展，使其日後成為美國社會住宅的頂尖研究機構之一。
162 Oberlander 和 Newbrun, 1999, 61, 74, 86。
163 Radford, 1996, 76-7.

她很快地就被延攬加入新政的住宅工作：在孟福的鼓勵下，她擔任費城勞工住宅聯盟的首席顧問暨執行祕書，在那裡她也與首席設計師奧斯卡·史多諾羅（Oscar Stonorov）發生戀情。除了積極進行遊說，她也全力投入了寫作之中，因此不常回到紐約。[164]此時，鮑爾也開始批評孟福和美國區域規劃協會效率太差的缺點，「沒有一個社會能期待其孤立的知識分子（每個知識分子就像一個『個體』一樣，單獨寫作和獨自向社會喊話），能對政策與行動提供直接的領導或發揮直接的影響。」[165]在1934年，就在《技術與文明》（*Technics and Civilization*）一書出版前，鮑爾與奧斯卡發生爭執而分手；因此鮑爾並無時間去閱讀那本書，甚至是其中的一部分。[166]

以費城為基地，經長達三年的遊說，雖然其中也遭遇許多挫折，但鮑爾最後仍成功促成1937年的聯邦住宅法案。[167]她獨自結識各種政治勢力，同時斡旋其中，但如同一位美國最偉大的學院派規劃師在臨終前所說的：鮑爾能讓身邊所有男士衷心喜愛，而且願意聽從她的所有要求。[168]另一位美國住宅運動的主要推動者——查爾斯·艾布蘭曾寫了一首詩來頌揚鮑爾：

有一位名叫鮑爾的年輕小姐，
她決心讓住宅運動蓬勃發展，
她搏鬥著、她奮鬥著，
卻毫不驚慌失措，
沒有任何權力能讓她屈服——這就是鮑爾。[169]

除此之外，新政政策對於區域規劃雖然生產了大量的文件與報告，但真正落實的卻不多。國家資源規劃局（National Resources Planning Board）及其以其他名稱已存在十年（1933-1943）的前身機構，被稱為是：「美國有

---

164 Miller, D. L., 1989, 333.

165 出處同上，334。

166 出處同上，335。

167 Oberlander和Newbrun, 1999, 118-56。

168 Lloyd Rodwin，個人談話紀錄，劍橋，麻薩諸塞州，October, 14, 1999。

169 Oberlander和Newbrun, 1999, 118-56。

史以來幾乎組織最完善的綜合性國家規劃機構」；[170]當它在1933年以國家規劃局（National Planning Board）的名稱成立時，其成員包括美國都市規劃界最重要的三位人物：弗雷德里克‧德拉諾（Frederick Delano）、查爾斯‧梅里厄姆（Charles E. Merriam）及衛斯理‧米歇爾（Wesley C. Mitchell）；他們總共完成了約370份書面報告，厚達43,000頁。[171]然而，實務上卻很難從這些書面資料中找到已落實的成果。國家資源委員會（National Resources Committee，當時的名稱）1935年的報告，即《國家規劃中的區域因素》（*Regional Factors in National Planning*），建議以一定數量（大約10至12個）的主要區域中心來重新組合不同聯邦政府當局的所轄地區；但此作法所形成的區域規劃委員會將沒有區域執行權力，因此需要有「一個連接到現有執行單位管道」，一個國家規劃機構（National Planning Agency）。[172]但其結果卻沒有顯示什麼實際完成的成果。他們於1937年發表的報告《我們的城市：它們在國家經濟中的角色》（*Our Cities: Their Role in the National Economy*），雖然成功地讓大家注意到衰退、投機行為、社會隔離、犯罪及都市公共財務等當時正在毀壞美國城市的關鍵問題，但在區域面向上卻未提出具體的建議；至於在集中化發展相較於分散發展的這項重要議題上，他們也只抱持著觀望的態度，陳述道：「最適合城市居民居住，以及最能將人力及物質資源有效運用的理想環境，就是介於這兩種極端之間。」此報告對於其計畫目標的結論其實也相當模糊，僅表達「應疏通那些人口過度集中的中心地區，以創造較離心化發展的都市型態。」[173]毫無疑問的，這是一個亞當斯與孟福都能確定可以接受的說法。然而，羅斯福和國會對此卻顯得興趣缺缺，而這份報告也被置入政治冷宮之中。[174]

---

170 Clawson, 1981, xvi.

171 Karl, 1963, 76; Clawson, 1981, 7.

172 美國國家資源委員會（US National Resources Committee），1935, IX；Clawson, 1981, 168。

173 美國國家規劃董事會（US National Planning Board），1937, VIII-XI, 84; Clawson, 1981, 162-4。

174 Gelfand, 1975, 97.

田納西河流域管理局（TVA）

　　相對於堆積如山的規劃文件，還是可以找到一個引人注目的實際完成案例：在新政規劃中，田納西河流域管理局（Tennessee Valley Authority, TVA）可謂是最成功的案例。而且，這也是美國區域規劃協會及南方區域主義者皆認同的激進理念之實踐（至少大家是這樣流傳著）。在1932年最後一次在美國區域規劃協會會議所作的演講中，羅斯福總統提出田納西河流域管理局的構想，希望以此作為區域規劃的一個範例；對於此構想正如他慣用的語言一樣，「是使用模糊、不明確的用詞，以致幾乎可適用於任何項目，但就因是如此模糊不清的概念，所以不需要做出什麼特別的承諾。」[175] 事實上，田納西河流域管理局確實作了許多事：改善馬斯爾蕭爾斯（Muscle Shoals）的航運狀況，以發展電力；提供戰備用生產設施以及洪水控制；羅斯福主要的成就在於以鄉村規劃及區域發展的理念，將上述工作整合在一起，並取消武器生產。[176] 但這些重大的考量，被證明與當時為促使法案通過而進行之實際協商的內容相去甚遠；此外，各主席對於該規劃內容中所強制要求或允許的內容範圍，皆無明確的概念。[177] 羅斯福並沒有提供任何指導，或許因為他也不知道。[178]

　　田納西河谷的地理環境也讓此田納西河流域管理局的案例注定會成為一個區域性、以河川為基礎的特殊區域規劃範例。田納西河長650公里，流域範圍和英國一樣大，區域中的氣候、資源、種族，以及文化形態各地皆有所差異。[179] 但有一個共同點就是貧窮：東阿帕拉契山有一半地區可能是美國最貧窮區域中的最貧窮部分，上千戶家庭一年收入低於100美元，[180] 此情況因有著多元目標的水壩工程而好轉，該水壩工程本身就是一項對傳統工程智慧的挑戰，隨著這項工程連帶有一系列的專案，以便能有效地利用區域裡的自

---

175 Conkin, 1983, 26.
176 出處同上，20。
177 出處同上，26-7。
178 Tugwell和Banfield, 1950, 47。
179 Lowitt, 1983, 35; Conkin, 1983, 26.
180 Morgan, 1974, 157; Lowitt, 1983, 37.

然資源。至少,在通過的法案和田納西河流域管理局早期的政策中,已經隱含上述目標與想法。[181]

然而,不久之後,田納西河流域管理局就出現了分裂。羅斯福任命三人管理田納西河流域管理局,但此三人團隊是一個徹底不相容的組合。他任命亞瑟‧摩根(A. E. Morgan)擔任主席,亞瑟‧摩根為安提學院(Antioch College)的校長:一位烏托邦式的禁慾主義者及神祕主義的幻想家,雖然他既不相信社會主義,也不是基督徒,卻與早期的烏托邦共產主義者有著許多相似之處。[182]亞瑟‧摩根將這份工作視為是在他的人生中可實現其在文化與實質環境方面見解的一個機會:一個他深信羅斯福也同樣擁有的願景。[183]第二位成員是公共電力開發專家大衛‧李林塔爾(David Lilienthal):一位雄心勃勃、有活力,並且愛搶鋒頭的年輕人。[184]第三位成員是哈考特‧摩根(Harcourt A. Morgan)(他與主席並無任何親戚關係):身為田納西大學的校長及范德堡(Vanderbilt)保守農業利益團體的代表,他執著於發展鄉村推廣服務的構想,尤其是磷肥專案計畫的方案,而他對這種想法的狂熱也很快地影響李林塔爾(Lilienthal)。在團隊成立後的五個月內,大衛‧李林塔爾和哈考特‧摩根兩人,對於亞瑟‧摩根主席宏大的設計方案中所強調的「變化」(後來改稱為「難以預測的變化」)大加撻伐。[185]不到兩年,亞瑟‧摩根主席在公開的書面媒體上,批評自己的同僚:此作法後來被證明是一個重大的策略上的錯誤。[186]

不久,李林塔爾和哈考特‧摩根透過投票擊敗主席,並且劃清權責:李林塔爾負責電力發展,哈考特‧摩根負責農業擴展工作。從那時起,這些就成為田納西河流域管理局真正的工作:亞瑟‧摩根對於區域規劃管理局的設想(對許多人而言,此為田納西河流域管理局真正的使命),[187]就這樣終結

---

181 Neuse, 1983, 491-3; Ruttan, 1983, 151.
182 McCraw, 1970, 11; McCrae, 1971, 38-9.
183 Morgan, 1974, 54-5, 155.
184 出處同上,22。
185 出處同上,55。
186 McCraw, 1970, 95, 107.
187 Selznick, 1949, 91-2, 149.

了。農業主義者是政府土地細分部門人員不共戴天的敵人，前者輕蔑地稱呼後者為「地理佬」；他們各自運用權力來爭奪水庫周邊的公有土地，讓水庫逐漸縮小到其極限。[188]反對農業主義者的一方則認為支持農業主義的是一些「狂熱分子」，其認同地方利益而反抗主管當局。[189]最後，經過兩年痛苦的猶疑不決——在這段時間內亞瑟‧摩根和李林塔爾都飽受焦慮煎熬——在1938年羅斯福以「不合作和拒不服從」為由，解僱了亞瑟‧摩根；據說「拒不服從」一詞是羅斯福特意從字典裡找出來的，採用它是希望其他人可能會查不到；不久之後，國會委員會證明亞瑟‧摩根是無辜的。[190]因此，儘管李林塔爾於諸多廣為傳閱的官方文件中，堅持其政策是基於「團結的原則」，[191]但明顯地長久以來，他們的決策除了受到不斷激烈爭吵的影響之外，並未基於其他什麼事實。

這就是作為一個區域規劃機構的田納西河流域管理局，給人印象深刻的結局。本頓‧麥凱是這些痛苦爭鬥中的一位犧牲者。早在1921至1924年之間，在他進行紐約規劃案之前，他就開始撰寫探討關於阿帕拉契亞區域發展的文章，並創造出「新政」這個新名詞。麥凱提出阿帕拉契亞區域的願景，是以水力發電為基礎，以便為新工業革命創造新資源，並藉此發展2,000英里長的線型都市（Linear City），其中並將他著名的荒野小徑的構想納入。他於1932年發表的文章中，曾描述他對於田納西河谷的構想。當時他與另一位美國區域規劃協會的支持者，建築師暨規劃師翠西‧奧格爾（Tracy Augur）一起受僱於埃勒德‧拉波（Earle Draper）的區域研究部門，[192]負責一項區域總體規劃案，稱之為「美國區域規劃大憲章」（the American Magna Carta of Regional Planning）。[193]本頓‧麥凱在田納西河流域管理局工作的那兩年，從1934年春天到1936年夏天，他很快地成為「在大部分由建商與官僚主義者所把持的現實世界中，一位不妥協的在地哲學家」，始終如一地堅

---

188 出處同上，152, 186-205。

189 出處同上，211-12。

190 Creese, 1990, 9; McCraw, 1970. 108; Lowitt, 1983, 45.

191 Lilienthal, 1944, 51.

192 Creese, 1990, 57-60; Spann, 1996, 153-4.

193 Spann, 1996, 155.

持維護一般性的原則；[194]不久，他便被邊緣化，當亞瑟‧摩根離開之後，他在這裡所能發揮的角色也就結束了。[195]因此，「除了針對諾里斯水庫的一些行動計畫之外，田納西河流域管理局的區域規劃理念是說的比作的多」；[196]而當麥凱意識到其構想無法變成實際建設的藍圖後，也毅然離去。不過，他還是激勵了年輕一代的田納西河流域管理局的規劃師們去接過此火炬。[197]

但對當時外界世界而言，田納西河流域管理局卻是個象徵「草根民主」（grassroots democracy）的成功案例。李林塔爾的論點是，那是「一個由法律修正出的政策，是聯邦區域規劃局和地方及州政府共同合作的成果。」[198]但實際情況卻似乎是「保護性的意識形態」，其允許田納西河流域管理局以地方機構和地方利益的勝利者之姿態而出現。為了將田納西河流域管理局的自治權合理化，並消弭來自具影響力的地方團體及個人的反對，田納西河流域管理局將農業計畫轉交給一個有組織的學術機構——贈地學院（the land-grant college），因而對其在作為保育單位的角色上已有所退讓。塞爾茲尼克（Selznick）對田納西流域管理局的研究，酸味十足地評論道：「要獲得民主化管理的方法，就是要透過組織一個夠強的中央政府開始，以去除那些讓我們生活變為較不民主的各種狀況。」[199]

然而，就某方面而言，田納西河流域管理局反對范德堡大學的鄉村基本教義派（rural fundamentalists）的意識形態。鄉村基本教義派仍記得他們與美國區域規劃協會曾擁有同樣的理念，即土地開發應放慢腳步，甚而應停止開發活動，而羅斯福看起來似乎也是支持鄉村基本教義派的。然而，在實務上，在李林塔爾與哈考特‧摩根的結盟之下，田納西河流域管理局變得愈來愈像一個能源生產的主管單位，致力於建立一個大型工業化城市的基礎：正如特格韋爾所言，「從1936年開始，田納西流域管理局就應該被叫做田納西

194 Schaffer, 1990, 8.

195 Creese, 1990, 57.

196 Schaffer, 1986, 39.

197 Schaffer, 1990, 11, 40.

198 Lilienthal, 1994, 153.

199 Tugwell 和 Banfield, 1950, 54。

流域發電和洪水控制公司。」[200]到了1944年，它已經是美國第二大電力生產者，產出1941年整個國家所需電力的一半。[201]然而造成這個現象的理由卻極為諷刺：核能當局為了生產原子彈，在橡樹嶺（Oak Ridge）建立鈽製造工廠，電力需求因而大幅增加。[202]這個原本被羅斯福從田納西河流域管理局方案中刪除的項目——軍火生產，現在卻成了促進田納西河谷經濟發展的因素。

就像伏爾加河（Volga）和第聶伯河（Dnieper）的那些水壩一樣，田納西河谷的水壩及水庫必須讓來朝聖的遊客認為是美觀的，這是左翼的參觀者在1930年代末期感到相當欣喜的地方。但是作為一個區域規劃——尤其是美國區域規劃協會所支持的激進規劃案——其中還有一些不易察覺到的殘餘價值：社區發展、衛生和教育服務，雖然它們只占了總預算的微小部分；[203]而田納西水壩旁的諾里斯（Norris）新鎮，則是由美國區域規劃協會成員翠西・奧格爾所規劃，並被本頓・麥凱讚譽為邁向區域社區發展的第一步——或更貼切的字眼，即田納西河流域管理局規劃主管所精確地形容的，是一個「鄉村莊園」。[204]亞瑟・摩根對諾里斯新鎮也懷抱著一種理想——一個貧富共同生活，並結合農業及手工業的村落——但可惜這個理想並未實現。這個倉促建造且缺乏財務支援的小鎮，只有1,500人口，幾乎被隱沒在茂密的樹林之中；其配置非常不規則，看不出原先的規劃邏輯。[205]其原本的設計構想是要在4,500英畝的土地上配置1,000棟房子；但最後僅建294棟房子，平均每英畝2.7棟，完全隱沒在樹林之中。[206]這是經過仔細思考的作法：建築形式是反都市的，是要「自由的、田園的、放牧的、可以奔跑的。」[207]諾里斯新鎮是「大型規劃模式的小型操作」，[208]為花園城市史作了個有趣的注

---

200 出處同上，50; Ruttan, 1983, 151-2。

201 Lilienthal, 1944, 17.

202 Hewlett和Anderson, 1962, 77, 105-8, 116-22, 130；Allardice和Trapnell, 1974, 15-17。

203 Ruttan, 1983, 157-8.

204 Johnson, 1984, 35.

205 Schaffer, 1984，各處；Creese, 1990, 248。

206 Creese, 1990, 240, 262.

207 出處同上，251。

208 出處同上，249。

腳，相較於美國區域規劃協會宏偉的願景，這只不過是滑稽的小老鼠。而其真相為美國（甚至是新政時期的美國）在政治上還沒有準備好來落實這個願景。[209]摩根的兩位夥伴告訴他將不會再有第二個諾里斯了，他們感受到國會已開始堅決地反對公共住宅。[210]不久之後，鮑爾的遊說會改變了此狀況，但卻是在不同的地理涵構下。

願景的實現：倫敦

因此，就像規劃史中許多的諷刺一樣，真正孟福、斯坦因、查斯、麥凱等人的影響，不是在他們自己缺乏對規劃熱忱的國家，而是在歐洲國家的首都，倫敦就是個最好的例子。整個1920和1930年代期間，英、美規劃師持續且密切地進行橫跨大西洋的雙向交流。從1911到1938年，湯姆士·亞當斯幾乎每年都會跨海到對岸，有時一年去三到四次；斯坦因和萊特在1923年與霍華德和歐文在英格蘭會面；格迪斯於1923年與美國區域規劃協會碰面，歐文與霍華德也在1925年碰面。[211]所以經過這個意志消沉的年代，有一個小型的專業規劃團體已經在不同的英國都市中應用美國的規劃想法。

諷刺的是，其中最成功的一個案例卻是美國區域規劃協會最討厭的。在湯姆士·亞當斯進行紐約區域計畫期間，他同時是亞當斯（Adams）、湯普森（Thompson）和夫瑞（Fry）規劃事務所的一位合夥人，他們在1924至1932年期間，完成了倫敦周邊新興地區之12個諮詢性區域計畫中的8個。在這些計畫中，亞當斯引進了許多美國的規劃理念：例如在西密德塞克斯（West Middlesex）和莫爾河谷（Mole Valley）的園道概念，以綠色腰帶和綠楔來限制都市蔓延。[212]其規劃哲學就如同在紐約一樣，是盡可能讓規劃成為一種創造各種可能的藝術：規劃應維持其諮商的功能，不該想要達成比所需之邊際改變（marginal change）更多的東西，且必須在現有的權力限制內運作。

---

209 Schaffer, 1982, 224-5, 230.

210 Creese, 1990, 261.

211 Simpson, 1985, 193; Dal Co, 1979, 233.

212 Simpson, 1985, 174-5, 181, 193.

其他四個計畫也一樣名聲響亮：它們是由戴維奇（Davidge）、阿伯克龍比（Abercrombie）和阿希巴爾德（Archibald）合作所進行。萊斯利‧派屈克‧阿伯克龍比（Leslie Patrick Abercrombie, 1829-1957）是一個曼徹斯特商人的第九個小孩，但他卻投身於貧民窟新聞報導的工作。阿伯克龍比的職業生涯是從作一名建築師開始，並藉由利物浦大學所提供的研究獎學金，轉向城市規劃；這個獎學金是由陽光港（Port Sunlight）的創辦者肥皂大王威廉‧赫斯凱斯‧利弗（William Hesketh Lever）所設置，獎學金來源為控告媒體誹謗勝訴的賠償金。由於阿伯克龍比的表現優異，當史坦利‧阿謝德（Stanley Adshead）（利物浦大學的第一位都市設計教授）調職到倫敦之後，阿伯克龍比就理所當然地成為了他的接班人。[213]阿伯克龍比透過擔任《城市規劃評論》（*Town Planning Review*）的編輯，總是能先取得很多世界城市規劃的第一手資料。在第一次世界大戰前，他贏得都柏林（Dublin）市鎮規劃獎，在此案中他強調都市應放在區域涵構下來考量，此係源自格迪斯的想法。[214]其後，阿伯克龍比日增的聲譽讓他於1920至1922年間參與一個唐卡斯特（Doncaster）地區的區域規劃示範計畫，然後是1925年肯特東部的一個規劃案：一個新的煤田計畫案，座落在英格蘭的田野中，在此案中，阿伯克龍比大膽地嘗試運用格迪斯派的理念，其主張即便在新技術時代，舊技術時代工業產物也可以融入於地景之中。阿伯克龍比提議建造八座小型的新市鎮，讓其中每座市鎮都置身在延續的地景中，背景是綿延不斷的綠帶：[215]這是他對大倫敦發展所提出的預示性策略，就好像是很準確的預言一樣，在十八年後於大倫敦計畫中實現。這份被廣泛評論的報告，雖然以實務的角度來看是一項失敗，卻讓他在區域規劃的專業生涯得到發展，最後進入大倫敦計畫的決策層級。

雖然計畫實踐上的失敗具有指標性意義：倫敦和其他都市一樣，區域計畫僅是建議性的，它們必須依賴許多較小行政區規劃當局之間的合作，而這種情況通常不會主動發生。這種情況在限制郊區蔓延的計畫上最為明顯，

---

213 Dix, 1978, 329-30.

214 出處同上，332。

215 出處同上，337。

這在當時是英格蘭南部非常令人感到頭痛的規劃問題（第三章）。在東肯特（East Kent），阿伯克龍比認為，就算使用既有的規劃權力來約束，地方當局仍有可能購買土地來建設新的城市，北米德爾塞克斯聯合委員會（North Middlesex Joint Committee）也倡議建設衛星城市，[216] 但這些地方都沒有什麼具體的成果。除此以外，亞當斯和阿伯克龍比的計畫皆尋求由鄉村的分區管制來進行管控，也即是非常低密度的分區管制，但關於此作法的執行成效，卻意見不一。即使如此，根據一項統計，此十二個計畫加總在一起可提供足夠的土地，可讓1,600萬人在那時普遍可接受的密度下，皆有房可住。[217]

事實是這些計畫儘管報告書或書面資料看起來不錯，然而在實踐上卻只能達到局部改善性的效果。事實上，它們比起亞當斯為紐約所作的計畫，較不具明顯的成效，主要原因是，英格蘭的組織化企業皆無太大的影響力。以美國區域規劃協會為代表的激進派區域規劃想法，如果要在英國實施的話，需靠政府透過立法賦予全然的權力來規劃一個完整的區域，包括限制都市擴張的權力，但關於此部分，如同在第三章所看到的，到1939年為止並無任何蹤跡可尋。這很清楚地呈現在雷蒙德·歐文委員會（Raymond Unwin's Committee）的悲慘故事中。

1927年，納維爾·張伯倫利用其衛生部長的職位，設立了大倫敦區域規劃委員會，以便支持區域規劃工作，其規劃範圍以倫敦市中心為基點，以半徑25英里向外延伸，涵蓋約1,800平方英里的面積。該委員會的成員包含來自地方政府當局的45位成員；1929年，當張伯倫從衛生部長職位退休時，雷蒙德·歐文被委派擔任委員會的技術顧問。[218] 他於同年大倫敦區域規劃委員會的期中報告中，提出一個完全顛覆當時規劃傳統的建議：他指出，與其讓規劃當局保留部分土地，來作為開放空間，倒不如在假設所有其他剩餘土地都可作為開放空間的前提下，開放某些地區來建造房屋。比起只靠綠帶來抑制倫敦市區擴張，這是更積極的作法，此構想早在1892年，就由米斯（Meath）郡的第十二世伯爵雷金納德·布拉巴宗（Reginald Brabazon）

216 Abercrombie, 1926, 39-40; Cherry, 1974, 91.
217 Beaufoy, 1993, 201, 204, 212; Simpson, 1985, 176, 180-1.
218 Miller, M., 1989b, 24; Miller, M., 1989b, 18-19; Beaufoy, 1997, 150.

在參觀美國公園道之後提出，而極具影響力的倫敦學會（London Society）也在1915年採用布拉巴宗的想法。[219] 這需要一個具有實際執行權力的聯合區域規劃局，以便處理廣大區域的規劃事務，包括預留土地以供建設；其認為地方政府當局應該能夠拒絕沒有提供回饋的開發計畫，但是能由土地所有者的集體價值而獲得補償——這個源自雷蒙德・歐文的提案，卻被內閣認為不切實際。[220]

同一時間，在1930年的一場重要演講中，歐文更詳細地說明了他對區域規劃的想法：「區域規劃方案應有效率地制定，」他認為「……不能剝奪區域內地方政府當局為該地區訂定城鎮計畫的自由。」他接著說，「區域計畫的主要目的，是要讓人民的居住場所、工作地點和遊憩地點皆獲得最適當的空間分派，而分配方法應採用較便利的方式，於維持一定數量之受保護的開敞土地的背景下執行。」[221]「如果可將開發引入合理且自給自足的生活圈，形成不同大小、具吸引力的城市簇群，並在有足夠開敞土地的環境中發展，該區域即可有充足的空間來容納任何合理期待的人口增長，並仍能保留大部分的地區，作為開敞的土地。」[222] 但是現在，「所有土地皆為潛在的建築用地」；任何人可以在任何土地上建造房屋，所以零亂散布的建築開發及帶狀擴展的現象將會持續。[223]

1933年委員會提出最後的報告，又回到同一主題：大倫敦已開發地區周邊應該有一個綠色腰帶（綠帶），以提供休憩場所和開放空間；透過此作法，可在都市外圍營造出環狀的公園道。在它的外側地區，「應盡各種的努力，透過城鎮與鄉村規劃法的授權，來限定此區域的發展……其可允許建築開發，但應確保有足夠開敞土地的背景，以便需要時可從中獲得公共開放空間。」[224] 新的工業區應該規劃在距離大倫敦地區不超過12公里的自持式衛

---

219 Aalen, 1989, 141-3; Miller, M., 1989b, 18-19; Beaufoy, 1997, 150.
220 大倫敦區域規劃委員會（Greater London Regional Planning Committee，以下稱GLRPC），1929, 4-7；Jackson, F., 1985, 147。
221 Unwin, 1930, 186.
222 出處同上，189。
223 出處同上，186。
224 GLRPC, 1933, 83.

星城中，或是在12至25英里距離的花園城市中。委員會在1933年的報告中指出，工業家和土地開發業者，都可以從這樣一個明確的空間計畫中受益；但問題再次浮現，就是必須補償那些土地未能開發的地主，而此部分的補償則需透過立法。[225] 所有這些措施的有效推動都有賴成立一個新的且經特別指定的部門，並賦予其足夠權力去購買與管理土地和開放空間，以及協調所有相關的地方規劃計畫。作為一個替代性的地方規劃單局，此專責機構可以購買其所轄地區的未開發土地，但購買土地的補償會出現許多問題。[226]

當委員會的最後報告被提出時，因政府支出預算削減，它很快地就被打入冷宮了。[227] 其實早在1931年時，歐文便對於委員會的未來感到憂心：「我建構偉大綠帶的時機已經過去了……而我預期我們區域規劃的工作，今年將被縮減三分之一或四分之一。」[228] 不過，最後結果證明歐文很大程度上是錯的：勞工黨1934年3月掌控倫敦議會，勞工黨領袖赫伯特·莫里森（Herbert Morrison）是一位支持者，經過長期的公開質詢之後，報告終於在1935年獲得核准。[229]

這只是場小勝利，隨後卻有一個重大的失敗。「城鄉規劃法」在1931年的議會舉開之前成為了大選的犧牲品；到1932年又復活、獲提案通過，但卻是一個較弱的內容。歐文痛心疾首，覺得要制定出一套良好的法案，還需要等上個好幾年；[230] 他的感覺是正確的，因為一直到1947年，歐文的委員會才獲得所需的權力。漸漸地，歐文放棄了英國；1936年他接任亨利·萊特的工作，擔任哥倫比亞大學的客座教授。[231] 歐文於大戰爆發前抵達美國，原欲參加一場國際研討會，但後來該會議取消了；不久大戰爆發，歐文夫婦倆因而被困在美國；在病了兩個月之後，歐文於1940年的6月28日，因黃疸

---

225 出處同上，95-9, 101-2; Crow, 1996, 405-9。

226 Miller, M., 1992, 202.

227 G. B. R.C. Geographical Distribution, 1938，第68-70段。

228 Miller, M., 1989b, 35.

229 Miller, M., 1989b, 37; Miller, M., 1992, 205.

230 Jackson, F., 1985, 154.

231 Miller, M., 2000, 23.

而病逝於其女兒位於康乃狄克州老萊姆鎮（Old Lyme）的家中。[232]就在他逝世的幾個禮拜前，他位於懷德斯（Wyldes）的老家遭到砲彈攻擊，其許多著作文稿皆毀於一旦。[233]這對熱愛德國城鎮的歐文而言，真是一個既悲傷又具諷刺意味的結局。

然而，歐文還是達成了一件事：至少，對未來區域規劃提供了一個清晰的願景。歐文提出的並非全是新的：好奇的學生可能會發現，他與霍華德的構想一樣，皆擁有喬治·佩普勒（George Pepler）於1911年所發表的「綠色腰帶（綠帶）」和與其搭配的公園道等規劃元素；或是奧斯汀·克羅（Austin Crow）於同年所提出的，在距離倫敦市中心約14英里的地方，建造十座「健康城市」的構想。[234]此外，當然還有霍華德社會城市的理念，霍華德社會城市的示意圖幾乎提供了所有後續計畫的理論基礎。[235]但是歐文的方案卻比這些理念更容易完整地實施；此外，歐文的計畫和阿伯克龍比1944年的計畫之間的關聯性也是很清楚的。就某種意義而言，這也是歐文為了彌補其於1918至1919年間之背叛的一種補償；當時的他離開了花園城市的想法，轉向以郊區衛星城市的概念來推動英國的城市發展；這是當時的趨勢，甚至在多年之後，就連奧斯本也認為，在當時大眾意見的情況，他可能也無法避免此趨勢。[236]

自從歐文發表最後報告和阿伯克龍比提出其計畫的十一年後，正如第四章所描述的，泰晤士橋下已不知流過多少河水。納維爾·張伯倫成為首相後，立即創立巴羅委員會（Barlow Commission），阿伯克龍比被任命為主席，並在弗雷德里克·奧斯本的審慎操作下，完成了關鍵報告及異議備忘錄，要求設置一個全國性的規劃架構，以強化規劃單位對工業區位的決定權及區域規劃的制定權。[237]芮斯（Reith）任第一任規劃部長後去職，而阿伯克龍比則與倫敦郡議會的首席建築師福肖（Forshaw）在大倫敦計畫中合作。

---

232 Miller, M., 2000, 25.
233 Miller和Gary, 1992, 108。
234 Pepler, 1911, 614-15; Crow, 1911, 411-12.
235 Hall, 1973, II, 52-5.
236 Hughes, 1971, 62.
237 出處同上，271-2; Dix, 1978, 345-6。

對孟福或奧斯本這樣的純粹主義者而言，阿伯克龍比於郡議會計畫案中，對人口密度及分散化發展議題的讓步是不可以被原諒的：「我太相信阿伯克龍比了，」奧斯本寫給孟福信中提到：「我不斷地責備自己，沒有在市政廳上好好的監督阿伯克龍比，就像我在巴羅委員會會議上一樣地看著他。但我真的不敢相信，身為規劃師的他，居然會在分散化發展的細節上討論這麼久，然後提出一個完全無法解決問題的計畫：完全無法讓多數人擁有一個合適的住房。」[238]一年以後，當阿伯克龍比可以完全不再受倫敦郡議會之影響的情況下，他的大倫敦都市計畫採用了較接近奧斯本觀點的作法，人口密度維持在每英畝70到100人，後者（每英畝100人）可讓每個人都有住宅可住，前者則只提供80%的住宅；除非他們自己願意，家庭可以不必非住在公寓不可。但是對奧斯本而言，倫敦郡議會太在乎選票壓力及地產課稅價值，才會勉強採用奧斯本戲稱的「象徵性」分散開發策略，僅疏散略超過100萬人左右。[239]

當然，奧斯本的批評有些過於主觀，對阿伯克龍比不一定不公平，阿伯克龍比與倫敦郡議會官員一起工作時，必定深刻地感受到規劃本身就是一種創造各種可能性的藝術。而且，在審查完兩大冊報告所呈現的半個區域計畫的內容之後，可發現郡計畫（County Plan）有著符合美國區域規劃協會成員要求的良好品質。首先，它採用了格迪斯所主張的區域調查方法，藉以分析大倫敦地區雜亂的社區結構，即由許多村莊構成的大城市。然後，計畫中呈現出佩里的鄰里單元規劃原則和斯坦因與萊特的道路層級設計原則的巧妙結合〔如同一個蘇格蘭花園交通警察阿爾克‧崔普（Alker Tripp）在其兩本有影響力的書中所描述的〕，[240]藉此為倫敦建立一個新的空間秩序：在計畫中，快速的公路不只解決了交通壅塞問題，還為被它們所區隔開的重建社區，賦予了新的定義和空間型態，並藉著滲入鄰里社區的綠帶，讓倫敦擁有更多的開放空間。這種重新建立秩序的發展，讓倫敦在喬治及維多利亞時代即面臨到的一些重大問題，例如擁擠、陳舊過時、缺乏秩序及綠化不足等，

---

238 Hughes, 1971, 40.

239 Yelling, 1994, 140; Hughes, 1971, 40；更詳細說明請參見第七章。

240 Tripp, 1938, 1943.

能夠一次改善，並讓這座全世界最沒有秩序的大城市，變得井然有序，而且是以一個如此自然而沒人注意到的方式來進行。[241]

　　特別地，郡計畫使用新的道路系統來建立一個細胞網格狀的倫敦：一種隱含著有機發展的新秩序。[242]在這裡可以清楚看到格迪斯對阿伯克龍比的影響，還有佩里透過衛斯理‧道吉爾（Wesley Dougill）所傳達的理念。道吉爾是阿伯克龍比的助理和利物浦的舊同事，也是倫敦鄰里單元規劃原則的積極倡議者，他在計畫接近完成時去世。[243]重點是，從郡計畫到大倫敦計畫，阿伯克龍比一直保持相同的有機結構。首先，是以同心圓狀的環帶為基礎，向外逐漸減低人口和活動的強度：內圈地區（面積比郡大一些，沿著倫敦中心形成一個內圈層），接著是外圍地區或郊區，再來是綠帶及外側的鄉村。然後，再一次的，每個區域都被環狀道路劃分清楚，就像是製造細胞的層級系統：最內部的A環包括了中央地區；主幹道B環有效地劃分了倫敦內部的邊緣；C環穿越市郊，以及主幹道D環包圍市郊，公園道的E環則是綠色環帶（綠帶）的主要特色，且協助界定出最外層圈地區的起點。[244]

　　再一次地，大倫敦計畫以開放空間作為空間結構的重要元素。在這裡，阿伯克龍比彌補了他對歐文的歉疚：

雷蒙德‧歐文爵士首先針對倫敦外圍地帶的擴張提出另一種解決方案：一種作法是在可自由進出的連續區域裡建造不同密度之通用建築（其中部分是低樓層的高級小區），間隔性地插入綠地空間（公共開放空間），此在實務上，是利用建商建房後留下來的農地嵌塊體；另一種作法則是發展以大片綠地為背景的開放式鄉村，並在適當的地點進行緊湊的建築開發。我們毫不躊躇地於城鎮的兩個外環地區，採用了歐文所提倡的第二種作法。[245]

241 Forshaw 和 Abercrombie, 1943, 3-10; Hart, 1976, 54-87。

242 Hart, 1976, 58-59, 78-79.

243 Forshaw 和 Abercrombie, 1943, v; Perry, 1939, 79-80。

244 Abercrombie, 1945, 7-10.

245 出處同上，11。

那裡將有「一個巨大的綠帶圍繞著倫敦的建成地區」，並特別強調戶外休憩活動；但那裡也應當有「較小的綠環帶，以作為舊社區和新社區間的區隔；如果外側即是開敞的鄉村農地，則作為區隔的綠帶將不必太寬。」最後，綠楔會從綠環帶向內延伸而進入建成區的倫敦心臟地區。[246]

倫敦內城地區的重建與再發展將造成103.3萬人需要新家，其中12.5萬人會遷到城市綠帶之外的地區：64.4萬人會搬到外圍的鄉村地區（38.3萬人到新市鎮，26.1萬人到舊市鎮的延伸地帶），綠帶以外及距離倫敦50英里的範圍內，將會有16.4萬人，更遠一點的地方則會有10萬人。將有八座新市鎮陸續被開發，最多可容納6萬人，大約距倫敦市中心20到35英里的距離。[247]重點是在於這些地區，有機發展的結構將被維持著；但它將被裡外反轉（譯注19）。不同於以往係是由公路和狹窄的公園綠帶來界定出社區單元，現在基本的元素是綠色背景（指廣大的綠資源），在此基礎之上是個別的社區，每一個就像在倫敦一樣，包含較小的單元或鄰里，有如都市發展結構中的島狀單元。

這就是美國區域規劃協會的願景，最後終於實現了。孟福在一封寫給奧斯本的信中，稱其為「最佳的規劃文件，霍華德書中的每個面向都作到了；事實上，此幾乎可視為是最初花園城市雛型（即《明日的花園城市》最初理念）發展至今最成熟的有機型態。」[248]「讓此完美構想實現的初步工作已被執行了。」奧斯本接著說，「現階段的主要工作，就是巧妙的運用政治方法，將這個夢想有效地實踐。現在的我們還未到達此階段……而我擔心我們目前尚不成熟的結果一旦戰後的建房潮發生……開始進行吧。」[249]

新一代的學院派規劃師解構了阿伯克龍比的構想。麥可·海伯特（Michael Hebbert）提出一個強而有力的質疑：目前這樣混雜的空間結構基本上就是大倫敦的空間特色，對這些有著不同傳統建築風格的村落組合，其

---

246 出處同上，11。

247 出處同上，14。

【譯注19】意指將綠資源由都市外圍帶入都市之中，並滲入都市內的建成區。

248 Hughes, 1971, 141.

249 出處同上。

實只需讓這些還不錯的地方能維持下去就好了。[250] 其實阿伯克龍比的願景中已經納入這些，而且還做得更多：他的計畫強化了區域空間結構，因為這些城市村落會被他所規劃的高速公路更清楚地界定，而巴士也將行駛於連接至購物中心的放射狀道路，不受其他混亂交通的影響。阿伯克龍比深愛著倫敦，它是實踐其理想的城市。因此他的計畫絕對不會傷害這座城市。

「政治方法」很快地就被採用了。市鎮規劃部的新任部長劉易士・席爾金（Lewis Silkin）很快就通知規劃當局，要以阿伯克龍比的計畫作為區域中程發展的指導方針。[251] 甚至在此之前，如第四章所描述的，席爾金已接受新市鎮發展原則，並指派約翰・芮斯去領導一個委員會來告訴他要如何建造這些新市鎮。委員會也以同樣快的速度給了他一個答案：以合夥開發公司的形式來成立所需的規劃官方機構，以便能繞過當地步履蹣跚且充滿複雜性的民主政治運作。從計畫工具運用的角度來看，此種作法被證明是對的：新市鎮法於1946年夏天獲皇室的同意，阿伯克龍比提出的八個新市鎮計畫案在1949年獲得批准（雖然並不完全是阿伯克龍比提議時的地方），預計在1960年代中期可順利地完成。至於負責該計畫中其他主要內容（既有城鎮的擴張）的機構，則皆需要較長的時間來成立，甚至需更久的時間來付諸實踐：相關的市鎮開發案於1952年通過，卻直到1960年代才有第一批顯著的成果。

這些新市鎮最後都成為阿伯克龍比式地景的主要元素。即使在1950和1960年代，計畫的執行受到無預期的人口成長及倫敦內部及周圍地區持續的工業發展之衝擊，迫使在1960年代的後半接階段，必須開始進行三個更大的新市鎮計畫。其中有個特殊的發現就是，事實證明阿伯克龍比的基本規劃原則當面對壓力及限制時，具有迅速的回應能力。這的確很奇怪，因為美國的評論家唐納德・弗利（Donald Foley）注意到，阿伯克龍比的計畫中最引人注目的特質，就是其固定且具一致性的品質，「其強調努力追求一個正面陳述的未來空間形式，以作為實質環境目標之產物。而此規劃是為了一個假設未來中的某特定時間點或時間階段所提出來的。」[252] 然而，如同弗利

---

250 Hebbert, 1998.

251 Hart, 1976, 55.

252 Foley, 1963, 56.

也注意到的，阿伯克龍比的計畫，會能很快地被吸入與之對立的中央政府的政治和經濟過程之中：這是一種適應性的作法，可逐漸調適而無需立即作決定，其承認政治和經濟決策在規劃流程中的重要性。[253]而且，在此特殊的涵構背景中，這是可運作的：它被證明是能夠變曲（調整）而不斷裂的。不久之後，規劃案的細節必須作一些修改：阿伯克龍比在翁加爾城（Ongar）的新鎮計畫被取消了，而在皮齊萊恩登（Pitsea-Laindon）地區則出現了另一個新鎮；倫敦西邊的懷特沃爾瑟姆（White Waltham）新城鎮計畫也被終止，附近的布萊克內爾（Bracknell）取代了懷特沃爾瑟姆；[254]後來，政府組織更換，整個政策都受到質疑，似乎一切還未成熟就要被結束了。[255]但是，無論如何，它存活下來了，倫敦區域最終成為一個世上少數可以看見霍華德、格迪斯及孟福的願景被實現的地方。

但最後，懷疑依舊存在。其中之一便是，政策確實完整地存活下來，因為在一個既複雜又保守的社會，它——肯定不完美地——能在極度不同、矛盾、政治化的意見中尋得共識。自由社會主義派的理想主義者可聯合保守的地方政治勢力來支持一項計畫，其既可保存英國鄉村的特色和傳統英國鄉村生活方式，同時又也提供模範社區建設來消除英國傳統的階級制度障礙。這個脆弱的結盟存活下來了，至少持續到1970年晚期，直到它因受到人口變化和經濟不景氣的影響而被犧牲了；但結果卻遠離了創立者最初設想的願景，而此願景在這個過程中也變得模糊了。斯蒂夫尼奇和布萊克內爾的居民肯定是新技術經濟時代的一部分，但他們並不是如克魯波特金所設想的，會在田野中度過他們的部分時光。

阿伯克龍比的計畫也沒有顯示出任何跡象，要去挑戰西方民主中一個最中央集權和專制的官僚體系之自治：相反的，其實施過程事實上反而強化了它，而且在巴西爾登（Basildon）或克勞利（Crawley）計畫中所呈現之文明的品質，尚無法喚回西元5世紀時的雅典或是13世紀時的佛羅倫斯之榮耀；甚至，即使其規劃系統確實保存了鄉村，卻沒有產生如查斯和麥凱所夢想的

---

253 出處同上，173。

254 Cullingworth, 1979, 53, 82-6, 89-93.

255 出處同上，147。

整體性的區域發展；伯克郡（Berkshire）和赫特福德郡（Hertfordshire）鄉間的人們，吃的是由747飛機由世界各地載運來，並經由倫敦批發市場處理後的蔬菜，而被拆除的灌木林和工業化的農場建築皆證明，對英國農民而言，是由帳簿在作最後的管控。

第六章

紀念碑的城市

城市美化運動：
芝加哥、新德里、柏林、莫斯科
1900-1945

不要做小計畫，這些小計畫沒有讓人熱血沸騰的魔力，而且它們本身可能很難實現。要做大計畫，目標要宏大，期望要高，謹記，一個崇高且合理的計畫一旦完成，就會持續地發揮影響、永不停息。而在我們生命結束許久後，這些不朽的計畫作品將會屹立不搖，並用日益增強的主張來表現自己。記住，我們子孫將來的作為可能會讓我們大為驚訝。讓你的口號成為你的秩序和你那標誌性的美感。^{（譯注1）}

丹尼爾・伯納姆（Daniel Burnham）

《芝加哥計畫》（*The Plan of Chicago*,1909）

　　為何總是要做最大的？我做這些事是為了恢復每個德國人的自尊。

阿道夫・希特勒（Adolf Hitler）

〈對建築工人的演講〉（Speech to Construction Workers,1939）

【譯注1】伯納姆是城市美化運動的最佳代言人，也是當代都市設計大師。他強調都市設計一定要營造出震動人心的空間秩序與雄偉的氣勢，此觀念確實鼓舞了許多空間規劃設計的專業者，也營造出一些令人印象深刻的都市設計作品，但在這些雄偉、壯觀的建築與都市空間設計作品的背後，都市中小市民的生活真的改善了嗎？要做就做最大、最壯觀的，是許多掌握權力之決策者的迷思，在臺灣積極推動城市美化運動及都市空間改造之際，伯納姆式都市設計所受到的批評，值得決策者省思。

城市美化運動（City Beautiful Movement）是從19世紀開始，歐洲各大首都的林蔭大道和人行步道是最早的城市美化運動成果：拿破崙三世時期巴黎的奧斯曼（Haussmann）重建，以及幾乎在同一時期的維也納環城大道（Ringstrasse），皆為城市美化運動的經典範例。然而，20世紀城市美化運動的代表作品卻是在其他地方和文化中出現：例如在美國中西部的大型商業城市，市民領袖以大型建設來克服「集體自卑的複雜情緒」，並藉此推展商業；在大英帝國本土外新殖民地新設立的首都，英國政府公務員被外派到這些新城市，負有制定展現強烈帝國統治與種族排他意圖的規劃。然而，諷刺的是，城市美化運動繞了一大圈後又回到其地理與精神上的原點：在歐洲於1930年代達到最高峰，極權統治者嘗試利用首都的建設來強化其自大狂的尊榮願景。[譯注2] 儘管表面上各城市的涵構有著極大差異，但結果卻有著奇怪的相似性，充滿著一種令人不安的意涵。

伯納姆與美國的城市美化運動

每個偉大的城市規劃運動都有其代表性的提倡者，城市美化運動也不例外。美國城市美化運動的先驅者是丹尼爾·哈德森·伯納姆（Daniel Hudson Burnham, 1846-1912），是伯納姆和魯特（Burnham and Root）芝加哥建築事務所的合夥人。伯納姆是芝加哥1880到1890年代期間幾棟早期經典摩天大樓的設計者，也是哥倫比亞世界博覽會展場的建築總監，哥倫比亞世界博覽會是重要的世界博覽會之一，在1893年時於哥倫比亞舉行。從事商業建築設計工作所賺得的利潤，讓伯納姆能以只收取微薄報酬或免費服務的方式，接下城市規劃的工作，這股推力也使得這位年輕建築師成功地轉型為中年的城市規劃師，他的其他成就還包括設計位於密西根湖畔迷人的白城（White City）：如果一個像伯納姆這樣的平民菁英分子，都可以運用其專業技能，創造一個可立即美麗的城市，哪怕只能持續一個夏天，那麼這種作法對於

【譯注2】作者指出城市美化運動並沒有深化到帶動居民生活品質的改善，也沒有達到社會與經濟面向的目的，其所達成的只是空間形式的美感效果，只是為了彰顯統治者的權威而已。

美國其他商業都市，應該也屬可行，並能維持更深遠的影響。[1]

這樣的想法激起許多迴響；如第二章所述，原因是1890年代是一個美國城市居民積極內省的時代。對許多具有市民想法的中產階級而言，當面對日益升高的種族與文化衝突，以及強烈失序的威脅時，他們開始關心如何維護都市社會紋理（urban social fabric）的問題。銀行家和房地產界的知名專家亨利‧摩根索（Henry Morgenthau）在一個1909年的會議上明白的表示：城市規劃師的主要目標應是要消除「疾病、道德敗壞、不滿及社會主義」[2]得以滋生的溫床。這些問題在芝加哥最為嚴重，1880年代可怕大暴動的場景在近乎暴動的緊張氣氛下，因處決了暴民領袖才終告結束。

丹尼爾‧伯納姆（Daniel Burnham）

提出不做小型計畫觀念的都市設計師，看來頗具大將之風，更展現權威感。
（©*The Art Institute of Chicago*）

1909年的芝加哥計畫（The Chicago Plan of 1909）是伯納姆最偉大的成就。他經歷過其他地方一些成功與失敗的經驗後，回歸了自己的城市。剛開始時，他的工作進行得相當順利，那是1901年開始的華盛頓特區林蔭道重建的長期奮戰。伯納姆對1791年的朗方（L'Enfant）案重新研擬計畫時，他遵循著喬治‧華盛頓（George Washington）的原始構想，嘗試著將朗方規劃成一座寬400英尺、長度超過一英里的大型公園，從國會大廈（Capitol）到波多馬克河（Potomac），然後一直向東延伸至白宮的前庭。但此計畫一

---

1 Wilson, 1989, 66.
2 節錄自 Boyer，1978, 269。

直沒有完成，帶狀的土地仍是一片被商業土地使用入侵的草地；到了1870年，最後乾脆直接建造一條鐵路穿越此地區。對許多人而言，無論是國會內或國會外，難看的林蔭道成為了美國都市建設所犯錯誤的一個象徵。[3]

1901年，在建築師查爾斯‧摩爾（Charles Moore）的促使之下，身為密西根州參議員同時也是哥倫比亞特區委員會主席的詹姆斯‧麥克米蘭（James McMillan），成功的提出了一項研究該公園系統的決議案，內容也包括相關專家的指派。不久之後，伯納姆成為一個三人委員會的組長，其他的成員有小弗雷德里克‧勞‧奧姆斯特德（Frederick Law Olmsted, Junior）和紐約建築師查爾斯‧麥金（Charles McKim），後來還有一位雕塑家奧古斯都‧聖高登（Augustus St Gaudens）也加入他們。伯納姆堅持所有成員都要到歐洲去學習最好的城市規劃典範，但諷刺的是，他忽略了許多歐洲城市建設的典範是由令美國人反感的專制政權所建立的。之後，伯納姆提出富含華麗詞藻的長篇報告，以便獲取媒體及建築同儕的充分注意。[4]

結果是，原先朗方計畫的構想被放大了，一個寬度加倍到800英尺、長度增加約一倍的林蔭道，被建在波多馬克河的洪水平原上，並與兩條主要的橫貫公園條帶交叉。此計畫案獲得許多讚許，但無可避免地也招致不小的反對聲浪，有一段時間此案幾乎要停擺。最後整體計畫還是照伯納姆設想的方式，與林肯紀念堂的揭幕一起在1922年完成了。[5]這是純粹布雜藝術（Beaux Arts）設計風格的試驗，在它的背後，仍然有大片的貧民窟不斷地擴張。[6]

就如同所有人所一致認為的，華盛頓是一個特別的城市：不同於其他美國的都市，它必須展現其紀念性與象徵性兩個面向的意義。這個特點其實也是如紐約、費城、巴爾的摩、克里夫蘭以及丹佛等城市想要僱用建築師來營造的。[7]很明顯地，城市美化運動也在美國中西部和西部如堪薩斯、丹佛和西雅圖等大型商業城市紮了根；[8]城市美化運動的熱衷分子大多為男性與中

---

3 Hines, 1974, 140-1.

4 Hines, 1974, 150-1。

5 Moore, 1921, passims; Hines, 1974, 140-55, 354-5; Gutheim, 1977, 133-4.

6 Green, 1963, 132-46; Scully, 1969, 74-5, 140.

7 Wilson, 1989, 69.

8 出處同上，292。

產階級，通常是大型企業老闆或主管（報紙編輯、工廠經理及零售業鉅頭等）；這些人透過同業公會、商會，或各種特別組織，舉辦密集的公開推廣活動。[9]伯納姆開始將目標移向積極的企業，嘗試將已失落的市民秩序帶回美國的工業城市和港口城市。伯納姆首先規劃的是克里夫蘭，它是一個缺乏合宜環境條件的俄亥俄州湖岸城市，一個工業主義毫不控制其擴散的地方，整個城市同時被污染、勞工動盪與暴力所摧殘。伯納姆於1902年受聘擔任一個規劃委員會的主席，該委員會於次年提出報告。這份報告提出預測性的建議，要建造一個全新的市政中心，中心內六棟主要的市政建築係以群組的方式被安排在一系列連接的公園中，沿著湖濱配置，右上角處有個大型的林蔭道，這些內容加在一起，在該城市遷建的火車總站前形成一個令人印象深刻的開放空間，很明顯地，克里夫蘭係仿照華盛頓的城市規劃，也包含遷址後的聯合車站。克里夫蘭需要清除面積超過100英畝的密集且殘破的貧民區，包括城市的紅燈區。城市領導階層讚許此計畫，並積極的支持，只有依賴相互競爭鐵路公司間之競標協議的車站沒有建成。顯然沒有人真的關心貧民區裡居民的命運，可能就由市場機制決定他們的命運吧。[10]

但克里夫蘭在本質上，就彷彿是伊利湖畔的華盛頓；雖展現雄心企圖，但其仍只是一個單純的市中心計畫。1906年，伯納姆為舊金山市提出了更宏大的計畫。於此，一個全新的市政中心複合式建築，被策略性地配置在城市中主要商業集聚的市場街（Market Street）與范尼斯大道（Van Ness Avenue）的交匯處。市場街是舊金山市區的主要商業街道——許多放射狀的大道皆匯集在這裡，次要的放射形道路也自此向四面八方延伸；如此，城市規則的格子狀道路系統，藉由另一種有角度鄰接和自然不規則性的邏輯（可用於創造林蔭大道及正式建築的基地），形成了一種「不可思議、秩序化的平衡狀態」。[11]其中一個放射狀道路形成連續的公園地帶，延伸至都市西側的金門公園。主導城市西南方的雙子峰（Twin Peaks），也進行了正式規則化的建築處理，以一座雅典娜神廟與紀念雕像來面對太平洋。

---

9 出處同上，75。

10 Hines, 1974, 159-68.

11 Manieri-Elia, 1979, 89.

諷刺的是，儘管嚴重的地震與火災等重大災害為舊金山清出了一些可供執行計畫的土地，[譯注3] 但商業開發的壓力最後還是破壞了舊金山的整體發展；實際的都市發展是零碎的，市政中心的選址不佳，被設置在並非伯納姆所想要的地方，以致只發揮了部分的重要紀念性建築之功能。今日，許多舊金山人對於伯納姆的宏偉林蔭大道及街道端景設計沒有破壞舊金山為配合山丘起伏地形所開發的格子狀道路系統，以及沿著道路建造的維多利亞式薑餅屋狀的房子，而大大的鬆了一口氣，因為這些皆是舊金山獨特的景觀風貌。[12]

當時的芝加哥確實是依據伯納姆的計畫而發展的：尺度宏偉且深具震撼性，雖然看起來明顯地有些怪異。它基本的概念是要宏偉堂皇，即使實施的手法是少見的模糊不清：「它會恢復城市失落的視覺與美學上的和諧，因此提供了建立和諧社會秩序的實體建設基礎」；[13] 快速成長和過分複雜種族混合所造成的混亂城市，將藉由建設新交通幹道，遷移貧民窟，以及擴建公園，而重新恢復良好的秩序。[14] 很明顯地，混淆的社會目標與純粹的空間美學手法是伯納姆計畫的特質，此特質獲得支持進步運動（Progressive movement）上層及中層社會階層的喜愛。[15]

在介紹計畫案時，伯納姆對於比較的標準深具信心：那就是偉大的歐洲都市。「相對於奧斯曼為巴黎所做的城市改造工作，我們也應該為芝加哥做類似的事。」[16] 但是，因為支持者主要是商人（首先是商業俱樂部的商人，然後是商人俱樂部的商人），因此當時出現了一種論調：拿破崙三世的城市美化運動被證實是很好的投資。[17]「拿破崙三世的城市美化運動提升了巴黎的知名度，結果造成全世界許多有錢有閒的富豪，都習慣來巴黎消費，而巴黎人每年從觀光上所賺到的收益，超過拿破崙三世重整巴黎所花的費用。」[18]

【譯注3】舊金山曾經歷過大地震及都市大災，這些災難也成為促進都市再發展的契機，清理掉一些原先規劃不佳的地區，促使舊金山重建為更適合居住的城市。

12 Hubbard 和 Hubbard, 1929, 264; Burnham 和 Bennett, 1971, passim; Hines, 1974, 182-95。

13 Boyer, 1978, 272.

14 出處同上。

15 Peterson, 1976, 429-30.

16 Burnham 和 Bennett, 1970, 18.

17 McCarthy, 1970, 229-31.

18 出處同上，102。

所以芝加哥也應該如此：（譯注4）

> 我們離開家鄉，來到開羅（Cairo）、雅典（Athens）、里維埃拉（The
> Riviera）、巴黎（Paris）及維也納（Vienna），因為家鄉的生活不如這
> 些時尚城市一般的舒適。因此小城鎮的資源一直不斷地外流。沒有人估
> 算過在芝加哥賺了幾百萬，然後在其他地方又花費多少，但總金額一定
> 很大。若這些錢能在這裡流通，那麼對家鄉的零售業的影響會是什麼
> 呢？……如果城市是如此的愉悅，以至於密西西比河谷以及再往西部
> 地區之財務獨立的人們皆來芝加哥生活，這對我們的繁榮發展將產生什
> 麼樣的效果呢？大家是否應毫不遲疑地，進行城市美化的工作，讓我們
> 的城市對於我們自己及那些期待的觀光客更具有吸引力。[19]

　　他更進一步評論伯里克利（Pericles）在古雅典的「投資」仍需依靠
觀光收益來回收成本。伯納姆確實相當了解芝加哥的社會精神，雖然可
能有些誇大不實，但他知道如何在適當的時機行銷自己的計畫。藉由粗略
地展示實際的計畫，他展現出計畫背後潛在的巨大經濟價值。湖區（The
Lake Front）將被重新整頓，改造成有公園道穿越的公園。其中一條街道
─國會街（Congress Street），從公園呈直角出發，將成為新芝加哥的主軸
線，包括一個300英尺寬的公園帶。在內側約1英里處，在主軸線與哈伯街
（Hubbard Street）相交之處，從擁有巨大圓頂的市政中心，有寬廣的斜向大
道（diagonal avenues）向外延伸：這是整個規劃案的焦點，但諷刺地，此部
分及少部分的其他特色，並未實際建造完成。芝加哥河岸與哈伯街之間，與
湖流平行的地區，被拉直和重新開發，並與新的街道及新的建築群維持一定
的秩序性。大型公共建築被蓋在公園帶的重要地點上，那裡將有「一棟氣派
的白色博物館，座落在湖岸的大露台（The Grand Terrace）之上，俯視周遭

【譯注4】實施城市美化運動的城市，例如巴黎、芝加哥及舊金山等，確實都獲得不錯的觀光收益，
此點是城市美化運動較受都市規劃史研究者肯定之處，後來也成為城市美化運動式都市設計的主要目
的之一。
19 Burnham 和 Bennett, 1970, 102-3。

的一切事物；草地、噴泉、紀念碑等空間元素都被安排與這棟特別的建築有所關聯，世上再也沒有比此更尊貴的空間安排了。」[20] 那裡有一條7.5英里長的濱湖道路，經過7座高架橋從內陸來到這裡，還有一個長達30,000英尺的潟湖。伯納姆如此感性地描述它：

> 潟湖的兩岸應該妝點著適合本地氣候的樹木與矮灌木，特別是那些會盛開花朵的蘋果樹、梨樹、桃樹、馬栗樹、野栗樹、梓樹、蟹木、丁香、紫丁香、相思樹和山茱萸等。五月和六月的日子應該是水上嘉年華時光。春、夏、秋季到潟湖泛舟時，應注意盛開的花朵美景。河堤上應該種植甜荊棘、向日葵、木犀草、野甜草，讓空氣中充滿著青草的芬芳。[21]

然後，伯納姆總結他對未來芝加哥的願景：

> 走到湖邊，在我們面前呈現的是一片高大的樹木、有樹蔭的草地和道路。相對於此，閃亮的潟湖向北延伸。在柔軟湖岸的後方，匆匆一見的火車穿越搖曳的柳樹叢。後方最遠處，可以看到台地上圍牆，爬滿了藤蔓並有著雕像的裝飾，在清淨草坪的襯托下，輕輕地擁抱著可愛的家園。

> 美麗的湖泊已對我們吟唱了許多年，一直等到我們有所回應。寬闊的湖面，微風輕拂激起陣陣漣漪，湖上划動的船槳，映射出閃爍光芒，紅色風帆反射著微光，呈現航行時快速滑行的景象。賽舟急馳而過，古銅膚色的運動員們奮力向前。水花濺起的聲響，伴隨著年輕人的笑聲，音樂飄揚在潟湖上，慢慢地減弱，直傳到矮灌木林後，才寂靜無聲。一輪下弦月高掛西方夜空，暮色漸深時分，微弱月光灑在我們的身上。

---

20 Burnham 和 Bennett, 1970, 105。
21 出處同上，109。

我們沿著草地移動，有如天鵝形狀的別墅，座落在台地之上，薄暮中彷彿可見白色欄杆和森林仙女。傍晚時，無數彩色光芒閃爍，充滿在水蓮花香的空氣裡，大自然包圍著像是快樂孩子般的我們。[22]

這如詩如畫般的美景，是城市規劃史上珍貴稀有的畫面。朱爾斯·格林（Jules Guerin）以令人難忘的粉彩畫呈現出此偉大城市從空中所見的景象，放射狀的大道，像是最後一道閃光，朝向伊利諾大草原延伸，開創不同於以往的城市新願景。輕柔的平淡色彩，反射亮光映照在潮濕的人行道路面上，這些如夢般的景象勾起了對惠斯勒（Whistler）的回憶，但是惠斯勒也沒有實現過這樣完整的全景。（譯注5）

當然，這一切也是為了建立優良的公共關係。但最後，這到底是為了誰呢？伯納姆的回答將我們殘酷地帶回到現實世界：「不只是為富人（或主要是為了富人），因為富人可以自己照顧自己」，這是為了普羅大眾；然而「一般大眾不也需要依賴手中流通的大量現金嗎？而這些現金不也需要依賴大批的富人來提供嗎？」[23] 這是一種緩慢回饋到社會大眾的都市發展模式，其中隱含的意涵，就是一種城市經濟的概念，這種經濟模式則是被當時托斯丹·范伯倫（Thorstein Veblen）所譴責的歐洲有錢有閒階級的炫耀性消費習慣所引導。

要嘲笑這也太容易了，大量的批評隨之而來，從傳統左派自由主義者到需要一個簡單個案研究的馬克思主義者，都有了批評的機會。在1922年，當此計畫已付諸執行時（由計畫委員會的執行委員會來協調，此執行委員會由商會成員主導，花費超過3億美元），[24] 劉易士·孟福批評伯納姆的規劃方式僅為「城市化妝」（municipal cosmetic），之後他並將此計畫結果與專制

---

22 出處同上，110-11。

【譯注5】伯納姆的聲名遠播，不僅是由於他優異的都市設計能力，他也是一位深具個人魅力的都市行銷專家，他總是為自己的作品，營造出虛幻但又非常吸引人的願景。但問題是，這些堂皇華麗的遠景有多少能夠實現，而實現的成本又是多少？

23 出處同上，111。

24 McCarthy, 1970, 248; Hines, 1974, 340.

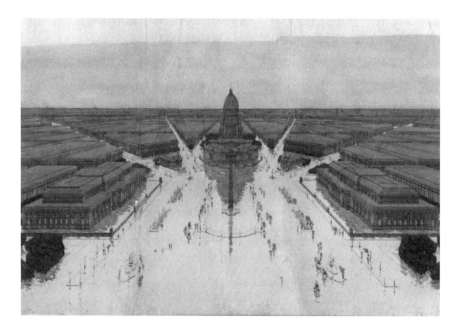

芝加哥市政中心

朱爾斯‧格林（Jules Guerin）令人難忘懷的畫呈現出一個奧斯曼風格之壯麗芝加哥願景的想像圖：建築與空間有著正式且對稱的秩序，但卻缺少較宏觀的社會規劃目標或內容。諷刺的是，中央主體部分從未完成。
（© *The Art Institute of Chicago*）

政權的計畫作一比較；[25]當時每個人都批評伯納姆的計畫忽視了住房、學校及衛生設施。伯納姆辯稱他曾說過芝加哥可能會採用倫敦的作法，由政府補貼住房的興建，但是會以較溫和的方式來進行，所以很清楚地，此議題並不是其計畫中所關心的重點。[26]對於阿伯克龍比在1933年的規劃教科書中所提到的三個計畫目標，[27]伯納姆認為最主要的目標就是城市美化，其次是商業便利性，但涵義廣泛的城市衛生情況，對伯納姆來說，似乎較不重要。後來的評論者則較為溫和：像是商業俱樂部的菁英分子們只抨擊19世紀後期美國城市的醜陋外觀，他們認為：美麗的城市能使其居民變成更好的市民，雖

25　Lubove, 1962b, 219; Boyer, 1978, 289.
26　Hines, 1974, 333; Schlereth, 1983, 89.
27　Abercrombie, 1933, 104-9.

然他們的想法屬於一種社會控制的運動，但他們並非權威主義者，因為他們的言論與行動常常相左。[28]

更微妙的是，芝加哥計畫如同先前的舊金山規劃與克里夫蘭規劃案一樣，可以被稱為是強調核心發展的中心主義（centrocentrist）：以市政中心與商業核心為整體發展基礎，並沒有考慮在城市其他地區提供商業擴張的機會。[29]如同梅爾·史考特（Mel Scott）所說，「伯納姆所規劃的芝加哥，是過去美國從未想像到的都市發展」，是為了商賈鉅子所建的貴族城市。[30]在那個角度下，芝加哥的發展策略就和其他類似都市將出現的發展策略一樣。但即使如此，芝加哥仍有一個基本的矛盾，如同赫伯特·克羅利（Herbert Croly）在當時紐約的《建築紀錄》（*Architectural Record*）雜誌中所指出的：即使芝加哥有著不錯的品質，但市區的房地產開發卻無法配合，因其需要過度開發與高度擁擠。[31]

伯納姆的夢想在美國的本土實踐上並沒有成功。在1909年第一次城市規劃與擁擠的全國會議上，許多規劃師與企業贊助人齊聚一堂，討論城市美化運動的烏托邦式需求是否比民眾願意付出的還要更多。城市美化運動立即屈服於都市機能主義（以土地使用分區管制的方式來實踐），此為伯納姆計畫中很少討論的議題。[32]

伯納姆在1912年聲望達到巔峰時逝世了。其所提出的都市計畫的執行工作，就交由深獲伯納姆信賴的副手艾德華·班尼特（Edward E. Bennett）來負責。班尼特是船長之子，1874年出生於布里斯托，16歲時移民到美國加州。班尼特先向富有想像力的建築師伯納德·梅貝克（Bernard Maybeck）學習貿易，後來透過威廉·倫道夫·赫斯特（William Randolph Hearst）母親提供的獎學金之贊助，前往巴黎國立高等美術學院（École des Beaux-Arts）深造，班尼特從1903年起為伯納姆工作，[33]伯納姆很快地就接受這位

28　Wilson, 1989, 78-81.
29　Schlereth, 1983, 89.
30　Scott, 1969, 108.
31　Kantor, 1973b, 171.
32　Walker, 1950, 273; Klein和Kantor, 1976, 430-1。
33　Draper, 1982, 7-8.

「腳踏實地的詩人」，[34] 先讓他參與舊金山規劃案，然後是芝加哥規劃案。[35] 因此，自然而然地，班尼特就成了伯納姆的接班人，1913年擔任芝加哥規劃委員會的顧問建築師，直到1930年為止。[36] 班尼特設計了規劃案中的主要建築元素，特別是聯合車站、芝加哥河上的跨河大橋以及裝飾性的格蘭特公園（Grant Park），他一直以顧問的身分與其他專家合作，從未主持所有工作，他也未能完成規劃案中的關鍵部分，即為市政中心，它在1930年因受到城市工程師修・楊（Hugh E. Young）的反對而停止興建，此時，班尼特也很快的被辭退。[37]

與此同時，即使伯納姆已逝世，他的聲名依舊遠播：歐洲傳回對他的城市設計之讚揚。伯納姆激勵了芝加哥人，「作為一個人民，如果我們有能力，就應該為我們自己去做那些在其他地方需要一位專制統治者要求才能完成的事。」[38] 但在柏林，依據《芝加哥紀錄前鋒報》（*Chicago Record-Herald*）駐柏林記者的報導，德國統治者已經任命委員會準備進行類似的規劃，但遺憾的是，柏林建造得太堅固緊實了，很難重新改建，而且也缺乏像芝加哥那樣的湖岸風光。[39] 這項提案似乎就胎死腹中了；但在四分之一世紀以後，同樣的提議又復活了。

英屬印度時期的城市美化運動

在城市美化運動回歸到它歐洲的家鄉之前，這項運動已經在世界各地傳播，而其最壯觀的作品是發生在1910到1935年期間，在英國統治的最後興盛期出現於英屬印度（British Raj.）。這並不是個意外：尋求推行城市美化運動的原因經常是為了利於掌控統治基礎尚未穩固的新殖民地，所以他們急著要營造出可見的權威和代表主權的象徵，以及為統治官員們提供他們所習

---

34 出處同上，10。
35 出處同上，8, 13。
36 出處同上，17。
37 出處同上，21, 24。
38 Burnham和Bennett, 1970, 111。
39 Hines, 1974, 344.

慣的生活方式。因此英屬印度辦事處與殖民地辦公室發現，必須聘請專業顧問在世界各地建立速成的首都城市。

經濟大蕭條時期受限於吃緊的財政，許多城市只能進行適度的城市美化；經費拮据，使得一切都只能從簡；但有一個例外，其有如鑲嵌於皇冠上的珠寶。1911年印度諸侯的加冕典禮，英皇喬治五世盛大地宣布，英屬印度首都將從加爾各答遷到德里：德里有適合的地理位置，其交通方便、氣候適宜，是具有政治上重要地位的歷史首都，對一個因印度教與伊斯蘭教衝突而分崩離析的國家而言，它具有重要的象徵意義。所以對於缺乏紀念感的人民而言，新首都建設應是一個偉大的紀念性作品：「一個盎格魯印度的羅馬……比現存的大一倍。」[40]德里花了二十年造城，但風光地發揮其角色的時間卻只有十六年。

這項歷史性任務所選定的規劃師與建築師從許多方面來說都是一個奇特的組合。赫伯特‧貝克（Herbert Baker, 1862-1946）早期主要設計屬於帝國主義風格的建築物，從普利托里亞（Pretoria）火車站到南非聯邦政府大樓，貝克的建築理念是「民族主義和帝國主義，象徵性和紀念性」。[41]印度總督哈廷（Hardinge）希望貝克能主持新德里的規劃設計，但在倫敦當局的施壓之下，只得選擇了另一位建築師艾德文‧勒琴斯（Edwin Lutyens, 1869-1944），勒琴斯在當時是以設計鄉村農莊聞名；勒琴斯明白自己無法獨立完成所有工作，便要求與貝克合作。[42]貝克與勒琴斯第一次見面時，貝克欣賞那種「早期成功在勒琴斯身上所顯現出之隨興的名家作用」。[43]但貝克樂意接受挑戰，並回信給他：

這是世界史和建築史上的大事件，統治君主應該要有能力和領悟來做正確的事。這樣的帝國都市建築，現在只有在君主政治制度下，才可能實現，雖然在某天，它也可能在民主政治下實現。……它必定不是印度

---

40 Hussey, 1953, 237, 240.
41 Stamp, 1982, 34.
42 Baker, 1944, 57-63; Irving, 1981, 278-9; Stamp, 1982, 35.
43 Baker, 1944, 64.

的，也不是英國的，或是羅馬的，但肯定是帝國的。在兩千年裡，必定有一個帝國的勒琴斯傳統出現在印度建築上……為專制君主統治歡呼！[44]

然而，在設計團隊中還有第三個高級的夥伴，即是總督哈廷本人，第一個證實他是關鍵人物的事情就是有關選址的問題。在1911年時，德里是由二個城市所組成：一個為高密度的「本土城市」（native city），約有23.3萬人，擁擠地居住在僅約1.5平方英里的土地上，另一個為英國的「市民線城市」（civil lines），與西北邊維持一定的安全距離；在它附近還有個軍事「訓練營地」，自1861年起就一直空著，但仍保留作為軍事用途，成為歷史性印度接待廳（Durbar）的場景。[45]基於傳統與情感上的理由，很多人希望首都能設於這個軍事營地。[46]但總督卻認為其腹地不足以提供一個10平方英里的新城市和15平方英里的兵營，因而採取了以下的行動：

我然後騎上馬並問海利（Hailey）……德里的地方首長，陪我去選擇新的基地，我們馳騁過平原到達具此地有一段距離的一個山丘。從山丘頂上，宏偉景觀在我們眼前展開……我對海利說，「這裡就是總督府的基地」，海利立即同意了。[47]

這真是太棒了，但從歷史的角度，又有些被簡化了。其實在1912年6月，建築與規劃委員會建議的地點是位於德里市南方的萊西納（Raisina）；哈廷最初偏好西邊山頂上一處可以俯瞰下方的基地，但在11月的時候同意最後的選址。在此期間，勒琴斯和貝克在1913年1月收到正式任命，他們將此結果視為理所當然，並開始進行設計工作。他們做出一個重大的決定，將總督府和祕書處大樓蓋在與山丘頂端相同的同一個高度上，總督起先對此公

---

44 節錄自 Hussey, 1953, 247。
45 King, 1976, 228-30.
46 Baker, 1944, 65.
47 Hardinge of Penshurst, 1948, 72.

然冒犯的事件感到很生氣，但後來被說服了。[48]

　　1913年2至3月期間，當局迅速地完成了關鍵性的決定，將新首都建在萊西納的選址決定於3月7日被批准，計畫大綱也在3月20日被確認。萊西納高地上將有一座雅典衛城，從衛城往下，向東的主軸線一直延伸到茵德瑞派特（Indrapat）古都，如委員會於報告中所指出的，這象徵著「印度帝國統治的基石」。另有兩條主要的放射狀軸線道路，在城市美化運動的影響下，會由此「基石」扇狀般的向外延伸，另一條連接南邊新英格蘭教堂和北邊的火車站的放射軸線將與它們相交。[49]最後的計畫成果反映出勒琴斯對規則幾何形式的熱愛：祕書處大樓和大戰紀念拱門都有著7條放射狀道路，而鐵路車站前的大型圓形廣場則有不少於10條；所有的主要道路皆與連接至三個節點的放射狀道路形成30度或60度角，而且所有的主要建築都被配置在六角形路網的中心點、交角處或中央兩側。幾年後貝克才了解這與華盛頓的朗方計畫竟有不可思議的相似之處。[50]（譯注6）

　　建築物和道路有時看來頗為配合，但更經常是不相稱的。大型建築的確非常宏偉，勒琴斯所設計的總督府，是一個給高層官員辦公的地方，彷彿就是一座宮殿，在英國統治的末期，共有2,000名以上職員在此上班。[51]此外，總督府旁邊是貝克所設計的祕書處大樓：長度有將近四分之一英里，這座大樓設計給人的印象是「一個為印度市政服務之場景所營造的雄偉的舞台，這個小型的地方首長團體統治著超過全球四分之一的人口……這是一般說法中的天賦君權。」[52]在它們中間是道路上的一處隆起，反映出貝克和勒琴斯路線的分離，而此作法在基礎上動搖了大英帝國。

　　在計畫的早期就已經知道，這兩位建築師同意總督府與祕書處應該位於同樣的高度。但對勒琴斯而言，整個規劃的核心與重點則是，東西向放射狀

48 Baker, 1944, 65; Hussey, 1953, 261-2; Irving, 1981, 46, 51, 67-8.

49 Irving, 1981, 6-78, 71, 73.

50 出處同上，79, 84。

【譯注6】這兩個計畫顯示出城市美化運動思潮下的都市設計常用手法，包括：軸線、節點、圓環、放射狀道路、端景、幾何學的空間配置及視覺秩序性等。

51 出處同上，227。

52 出處同上，280。

軸線應該以固定的傾斜角度來對向萊西納，如此祕書處大樓的兩翼都應可看到總督府，在1913年3月時，勒琴斯疲憊不堪、生病（幾乎確定是得了痢疾）且憂慮地，回到了英國，並簽署一份備忘錄，同意最後決定的建築傾斜角度，可以遮住視野。貝克認為勒琴斯知道最後的結果；勒琴斯卻聲稱，他被設計圖的透視技法所誤導了，那是1914年5月展示在皇家學院的設計圖，當時以離地約30英尺高度的想像視點來繪製設計圖。[53]勒琴斯在1916年建築工程已進行許多時，發現了此一錯誤，他要求進行更改，但委員會以那將花費2,000英鎊為理由而拒絕了他。勒琴斯愈來愈相信是繪圖技法誤導，因而深感困擾，並到處請願，包括冷漠的總督，並至少向英王喬治五世陳情了兩次。有人覺得勒琴斯應該向神明請願（包括印度教、回教和基督教），只要想得到的辦法，都得試試。但一切都徒勞無功，貝克曾寫信問他為何不去找印度當局，勒琴斯後來說他遇到自己的貝克魯（Bakerloo）。[54]（譯注7）

　　問題還不只這些呢。總督發現貝克的計畫是「值得讚許的」，且在預定的成本限制之內；但勒琴斯的計畫則是「雖然華麗，但毫不考慮成本。」[55]公共工程處相當不滿由外界所延聘的建築師取代了他們自己的工作，他們要一個屬於印度風格的建築；哈廷也有同感，哈廷在正式任命勒琴斯前，曾寫一封信給他，信中強調，基於政治原因，德里應該要展現強烈的印度風格。雖然勒琴斯原先仍堅持正式古典風格的計畫方案，但最後只得同意大家的觀點。[56]但勒琴斯也非簡單的人物：有一次，皇家委員會對勒琴斯提出一個問題，勒琴斯認為是個愚蠢的問題，據說他的回答是：「答案是要考慮很多層面，而且它們跳躍不定。」之後，貝克也表達他與勒琴斯在個人特質上有很大差異：勒琴斯是抽象幾何主義的熱衷者，缺乏人文關懷；而貝克則比較在乎國家與人類的情感。貝克嘆息道，「如果我們真能互補地搭配在一起，可能成就會更高！」[57]

---

53 Hussey, 1953, 286-7, 323; Lutyens, 1980, 126; Irving, 1981, 143-50.

54 Hussey, 1953, 355-6, 363-6, 410-12.

【譯注7】意指自己是遭他人設局陷害。

55 Hardinge of Penshurst, 1948, 96.

56 Hussey, 1953, 260, 265, 268, 300; Stamp, 1982, 37-8.

57 Baker, 1944, 68-9.

而且，或許需要更多資金的投入。對於大部分的軸線大道，大家並沒有爭議；這些大道與一層樓高的洋房成直線排列。[58]在六角形的道路網格中，住宅被依照種族、職業及社經狀況所設定的複雜公式來進行布局：「上至總督、總指揮官、執行委員會的成員、高級官員，下至監督人、勞工、掃地工和洗衣工，就空間提供與實際空間距離而言，是小心翼翼地將分層的空間秩序與對城市社會階層的區隔結合在一起。」[59]他們聰明地設計出精密的社會結構，然後在空間規劃中予以落實，這項成果可說是高度抽象式規劃的勝利；它與印度傳統的「市民線」（civil line）空間結構無關，並非正式地演化成一種非常英國化的規劃形式。[60]

這是我們時常看見後殖民時期的城市景象，至今仍是如此：建築風格和住宅標準仍然沿用殖民時期的舊法規，政府補助制度多偏向高所得族群，貧富之間存在令人難以置信的嚴重差距。[61]過去處理的方式相當不尋常，安東尼・金（Anthony King）於1970年拜訪康諾特圓形廣場（Connaught Circus）購物中心時，音樂商店仍裝飾著哈利・羅伊（Harry Roy）、傑拉爾多（Geraldo）、埃弗蘭・萊爾（Evelyn Laye）和亞伯特・桑德勒（Albert Sandler）的照片。[62]事實上，很難改變統治的方式。

而且不只在印度；在南非和東非等英國移民政權較晚到達且沒有久留的地方，英國在這些國家也建立了許多速成的迷你首都：索爾茲伯里（Salisbury）〔後來的哈拉雷（Harare）〕、盧薩卡（Lusaka）、奈洛比（Nairobi）、坎帕拉（Kampala）。這些城市的規劃顧問們，憑其想像來擬定計畫，好像這些城市是為白人而建，並將印度市場區控制在一定的距離外。在這裡，非洲人不是被假設為不存在（因為他們一般被認為應該是農民），就是透過大規模的放逐和轉送制度，只能待在環境惡劣的保留區內。[63]在1932到1947年之間，奈洛比市一年只花費1,000到2,000英鎊在2萬名非洲

---

58 出處同上，79。

59 King, 1976, 246.

60 出處同上，264。

61 Bose, 1973, 184-5.

62 King, 1976, 259.

63 Van Zwanenberg, 1975, 261, 267, 270-1.

人身上，約總收入的1%到2%。[64]

　　衛生學是規劃的基礎：政府的醫療服務起源於軍事的醫療，其對規劃系統有相當大的影響。英國移民對熱帶疾病的反應就像九柱戲般地被打擊的東倒西歪，他們必須搬到山上，盡可能地保持隔離，並居住在極低密度的平房裡，即使這意味著需要付出高額的基礎設施成本和長距離交通。[65]一般的情況，以奈洛比為例，歐洲人居住的地區是最好、也是地理上最高的地點，印度人居住的地區次佳，非洲人只能居住在剩餘的地區。[66]在這裡，菲德姆委員會（Feetham Committee）於1927年建議嚴格控制「土著進入」，以防止「閒蕩、邪惡、犯罪」等事件的發生。[67]1926年，來自金柏利（Kimberley）的沃爾特·詹姆森（F. Walter Jameson）〔一般大眾稱其為賈卡倫達·吉姆（Jacaranda Jim）〕與貝克提出了一個市鎮計畫。1948年，一家南非工程顧問公司提出另一件市鎮計畫。完全不令人意外地，此兩件計畫案都接受且強化早已存在的種族隔離觀念。[68]南非工程顧問公司雖察覺到一個事實：政府已不再進行白人與亞洲人的隔離，並評論說許多人希望這樣做，但卻仍以「此規劃原則的措施是基於人性與技術之需求」為理由，私下繼續庇護這樣的規劃作法，亦即是進行檯面下的種族隔離。雖然非洲人的人數最多，但也是最短暫的民族，他們被排除了，都市計畫中甚至沒有顯示出非洲人的居住區。[69]

　　在盧薩卡（Lusaka），官方的計畫也一樣的對寬敞的歐洲區與原始的非洲區之間做了明顯的區隔，在非洲區，大多數地方都缺乏最基本的公共設施。[70]1931年，史坦利·阿謝德教授直言不諱地道出他的看法：「把非洲人民當作歐洲人一樣，這是不對的……提供非洲人民從未享受過的生活舒適，以及讓他們適應白人世代相傳的生活習慣，是愚蠢的作法」；[71]就像坎

64 出處同上，268。
65 Southall, 1966, 486; King 1976, 125; King, 1980b, 211-15.
66 Halliman和Morgan, 1967, 106。
67 Hake, 1977, 44.
68 出處同上，56-7。
69 Thornton White等，1948, 21和圖。
70 Davies, 1969, 10-12.
71 節錄自Kay, 1967, 114。

帕拉一樣,儘管出現相反的證據,此計畫仍以非洲人具有遷移民族天性的說法來支持其種族隔離論點。[72]在歐洲區的住宅被分成三等級(雖然史坦利‧阿謝德教授注意到這種分級會引起一些反對);在官方的報導中,最高等級的住宅區緊鄰山脊上的政府辦公樓,被稱為史諾伯山丘(Snob's Hill)。[73]在接下來的二十年中,史坦利教授認為,原本已是低密度的地區將更加人口稀少,他最偉大的規劃概念,就是沿著山脊建造一條400英尺寬的大道,以作為三個距離遙遠之花園郊區的連接。[74]

這些規劃案的共同點就是土地使用及住區結構。它們皆有一個中央政府辦公區為地區的服務據點,周邊緊鄰著商業辦公區;附近並有一個中心購物區。所有這些設施都依幾何形式的道路系統而配置,有著寬廣的道路在交通圓環處相會。極低密度的歐洲住宅區圍繞在服務設施的外側,歐洲住宅區內多為獨棟別墅式的房子,隱密地建在寬闊的私人土地上,在盧薩卡和其他地方,這就是他們所謂的「花園城市」風格,但其運用的方式,恐怕會讓剛過世的埃比尼澤‧霍華德從墳墓裡跳出來抱怨。[譯注8]至於非洲住宅群,從名稱就可看出其所代表的意思;相較之下,空間狹小,且清楚地被隔離在城市之外,藉由明顯的實質障礙(如鐵道等),盡可能地將非洲住宅群與歐洲住宅區遠遠地隔開。在非洲住宅區內或其周邊可能有個舊購物區,但即使是購物也會執行種族隔離制度。總而言之,有趣的基本假設是:除了必要的家僕之外,非洲人根本不被視為是存在的。

然而,這裡與新德里有一些主要的不同之處,不只是經費的問題。這些建築顧問們所設計的非洲首都計畫,雖然他們嘗試在歐洲區的中心及郊區,進行某種程度的規則化空間組構,但從未意圖以達到勒琴斯的幾何上的複雜形式為目標。雖然市政建築總被賦予一種高貴且尊榮的地位,但卻也根本比不上有著精心雕琢偉大結構的萊西納;可能這裡較少人需要營造出一種令人

---

72 Collins, 1980, 232.

73 出處同上,119。

74 Collins, 1969, 17-19.

【譯注8】霍華德的花園城市理念,具有社會規劃、產業發展及開發財務等面向的考量,這些模仿品卻只做到景觀與綠化的效果。更諷刺的是,它們卻嘗試推動排他式的社會區隔,而非霍華德所強調之共享共治的社區生活,這其實是霍華德最反對的,難怪作者說他會從墳墓中跳出來抱怨。

震撼的城市印象，或是在這裡令人感到震撼較為容易。儘管盧薩卡有三個等級的種姓制度，它的城市規劃並沒有反映出細分的職業和社會層級，其原因或許是統治肯亞或北羅得西亞（Northern Rhodesia），並不需要做到如此精細的區隔。

盧薩卡與其他地方一樣，殖民帝國統治的結束，也帶來對它自己的諷刺：新獨立國家的統治者，發現自己如同舊殖民時代的官員一樣，在面對新開墾地的移民時，正面對著同樣的問題，而他們的回應作法也是一樣。1970年，盧薩卡的內閣閣員稱新移民為「9萬名不速之客」，地方報紙憤怒地抗議：「如果居住在如此惡劣地區的人民，能夠採取更多積極主動的行動，而不是從一個他們沒有什麼貢獻的城市中吸取什麼好處，那麼他們就不需要忍受離鄉背井的痛苦。」所以，有時推土機式的更新被採用了，甚至建議通過相關的法案。[75]奈洛比政府在1969年開始有系統地執行貧民區的拆除，而且市長艾薩克‧盧加諾（Isaac Lugonzo）還主張，對於貧無立錐之地的失業移民，政府應該阻止他們遷移到都市。[76]

當然在這兩個地方，相關政策是由新搬入殖民者所空出來房子的非裔菁英所決定：「才過不了幾天，你們就忘了灰塵味道嗎？」一位奈洛比市府官員說：「我的父親與我之間的鴻溝比我與一般歐洲人之間的鴻溝還要大。」[77]1978年馬卜貢杰（Mabogunje）報告指出，在歐洲人曾經居住的地區，官員們對於舊建築的標準，心知肚明，即使他們無法找到原始的殖民文件，[78]為了爭取信任感，他們後來改變了政策：例如推動奈洛比的環境改善及盧薩卡的環境改善和自力建屋。[79]同時，新德里甚至擴建了許多違建的棚戶區，有些甚至位在勒琴斯沿著他的儀典性街道所慷慨提供的空間內。[80]

---

75 Van Velsen, 1975, 295-6, 307.

76 Hake, 1977, 99, 123.

77 節錄自同上，74。

78 Mabogunje, 1978, 64.

79 Hake, 1977, 164-70; Martin, 1982, 259-61.

80 Payne, 1977, 138-9.

坎培拉（Canberra）：城市美化運動的特例

當應用到殖民時期或前殖民時期的時空背景時，城市美化運動也出現了一些瑕疵。雖然長期以來大部分城市美化運動的主要構想都停留在紙上作業，但仍有一個特別的例外，那就是坎培拉（Canberra）。坎培拉早期的歷史，活像一齣鬧劇。新澳洲政府在1901年元旦成立後，就立即開始在雪梨半徑100英里外的新南威爾斯內尋找設置新首都的地點，1908年，澳洲政府選擇了坎培拉作為澳洲的首都特區；1911年，澳洲政府舉辦坎培拉城市規劃的國際競圖。但是由於獎金實在太少了（僅1,750英鎊），英國與美國建築學會群起杯葛這項競圖：例如阿伯克龍比、伯納姆、奧姆斯特德等人都沒有報名。當時共有137位建築師參加，包括一大堆想賺獎金的學生。沃爾特‧伯利‧格里芬（Walter Burley Griffin, 1876-1937），一位曾在法蘭克‧洛伊‧萊特（Frank Lloyd Wright）的事務所工作過的美國學生，與他的妻子馬里恩‧馬奧尼（Marion Mahoney）共同贏得此競圖。然後政府指派一個委員會負責報告格里芬夫婦設計的情況；委員會報告此方案不切實際，並迅速的自己做了設計，然後開始執行，此情況讓輿論對格里芬所提出的規劃案反應冷淡，甚至在格里芬背後加以批評；例如英國的阿伯克龍比說：「這是一個不夠專業的作品，設計者還得學習更多的基礎原理。」[81]

接著澳洲換了新政府；1913年，格里芬被任命為聯邦首都設計與營建局的局長。在隨後的七年中，當他的努力遭到系統性的破壞時，他幾乎要發瘋了，計畫偏離正確的方向，自己的圖紙也從桌上消失，直到三十年後才重新出現。到了1920年，格里芬放棄了，同時他也被解除職務。議會做了許多嘗試要廢止這個規劃案，最後終於被修改定案，但卻沒有執行。此時郊區開始以典型澳大利亞式的方式向外擴張，也可以說是在完全缺乏計畫管控下的蔓延式擴張。最後，在1955年，下議院的諮詢委員會提議成立一個新的中央主管單位來負責規劃、建設與開發。1957年，從英國來的威廉‧霍爾福德（William Holford）提出了規劃修正案，次年約翰‧歐佛爾（John

---

81 Boyd, 1960, 13; Manieri-Elia, 1979, 112.

Overall）被任命為國家首都發展區域主席。[82]幾乎令人難以置信地，在格里芬提出計畫的四十五年之後，此計畫才開始成形，直到千禧年，它才有效地完成。

但是完成後的建築，不是格里芬原先的設計；只有建築物的布局才是。「坎培拉」（Kamberra）為原住民用語，意思是「開會的地方」：此地點如格里芬在該計畫中所提議的，將營造成一個不規則的圓形露天劇場，以提供政府大型戲劇活動之用。在今天的觀光客地圖中，其方位是上下顛倒的，這樣反而正確：這正是格里芬所構想的觀眾們觀看的方式。東北部山脈形成後方的長廊，平緩的遼闊大地好像大禮廳；參觀者面向西南方，身後陽光照射，俯瞰下方，直到盆地最低處，空間向下延伸形成有如古羅馬競技場的空間感覺；於盆地後方的土地，拾階而上，形成一座舞台的樣子，站在舞台上，可以看到具有重要象徵意義的澳大利亞聯邦政府大樓，展現向上攀登的崇高氣勢：向上可見法院及議會大樓，最後在盆地中山丘的最高處是國會大廈。

為了凸顯這個計畫案的戲劇性效果，舞台和競技場構成一個三角形，國會大廈作為後面的頂端，這些都在水岸臨觀眾的一側，軍事設施和市場中心在左前方，國立大學和市政中心則在右前方（在此處，雖然規劃案想營造的戲劇性空間效果是失敗的，但飲料與冰淇淋在此地販賣，其仍將成為一個商業中心），前述兩者藉著寬闊的跨湖快速道路，一直連接到後方最高處，將三角形切成兩半，靠觀眾這一側，有一條寬大的中央步道朝這方向而來。在舞台後方，近處的山丘與遠方藍色山脊，形成「具戲劇性的整體背景風光」。[83]

近年來，對於此規劃案的詮釋認為，這樣的規劃其實具有頗深的泛宗教意涵，其是由海倫娜・布拉瓦茨基夫人（Madame Helena Blatavsky）的通神論運動（theosophical movement）所衍生的，據說勒琴斯曾受其影響：「這袋形氣泡內包著兩個三角形，可解釋為東方與西方宇宙論的象徵性重新組合；在同一宇宙下的世界內，它與占星術和印度幾何學有明顯相似之處，也

---

82 Boyd, 1960, 14-15.
83 澳大利亞聯邦（Commonwealth of Australia），1913, 3。

與英國史前巨石陣文化、格拉斯頓伯里（Glastonbury）文化，以及新耶路撒冷神祕預言之各種實現方式有相通之處。」[84]或許吧！這整個空間營造就像是傳統幾何學運算的一個實驗。

明顯地，這劇本全部完成了，演員沒多大的變動[(譯注9)]，只是劇本有所改寫，並將議會的角色改寫得更為重要。1988年澳洲建國二百週年時，議會被遷至國會山的新址。一個優雅的紀念性藝廊與國家圖書館在舞台前方與法院相連。就視覺效果而言，三角形的右邊成為最具主導性的視覺特色：它將人們的視線從市政—商業中心拉回，穿過交通圓環，藉由穿越伯利‧格里芬湖（Lake Burley Griffin）上的寬廣快速道路，往上到達新國會大廈，低徊半掩著進入山丘，這是一個低調的政府。湖本身有著明顯裝飾性的垂直景觀元素〔最左邊有一座鐘樓，近中間軸線處有大型的庫克船長（Captain Cook）紀念噴水池，最右邊是電信大樓〕，這也界定出舞台的空間架構。強烈新古典風格的紐澳軍團慶典大道（Anzac Parade）（一處極具早期地方特色的第一次世界大戰紀念性空間）形成一條通往大會堂的中央慶典大道。最值得注意的是，由於實際建造發生得很晚，建築都是1970和1980年代的風格：具有國際化現代建築的形式。但是這裡的建築風格，卻缺乏尼邁耶（Niemeyer）的巴西利亞熱情（見第七章的描述），也缺乏紀念性建築的誇張。坎培拉計畫呈現出宏大、莊嚴、優美但也很平穩的建築風格〔帕克—歐文（Parker-Unwin）的講法〕；不久，坎培拉與華盛頓並列為世界最偉大的紀念性首都之一。坎培拉其實是一個慢工出細活的有力證明。

最值得注意的是，格里芬在設計郊區住宅時，做了一些創新的突破。其實他不是忠誠派的城市美化運動規劃師：格里芬欣賞花園城市運動和格迪斯的作品。[85]在佩里開始進行新鎮規劃之前十年，格里芬已先一步開始規劃鄰里單元，他寫下這段話：

---

84 Proudfoot, 1996, 251.
【譯注9】劇本全部完成了是指規劃結束了，演員沒多大的變動則是指空間及建築元素沒太大的改變，霍爾教授在此做了一個有趣的比喻。以都市設計的角度來看，好的公共空間設計及都市設計，其主角應該是空間使用者及人民（普羅大眾），但這些城市美化運動的經典案例，其主角卻是建築物或景觀元素，可見不同的設計價值觀，會造成不同的都市空間營造結果。
85 Manieri-Elia, 1979, 113.

被一般交通動線所區隔出的不同土地區塊，不僅提供了合適的住宅興建地點，也為較大的家庭組成了社會單元……鄰里群體（neighborhood group），在每個鄰里群體皆應為孩子們就近提供一所或一所以上的地區性學校，還有地方遊戲場、遊戲場地、教堂、俱樂部，以及其他社會服務設施，這些鄰里性的服務設施不需穿越汽車交通動線即可到達，如此也可避免那些來自商業街區的惱人誘惑，因為這些鄰里性活動被安排在社區內部的地理中心，是適合大家舉辦活動的場所，也能有效地將社區家庭聚集在一起。[86]

這聽起來好像是雷特朋新鎮鄰里單元規劃概念的初期版，其原先的構想圖是以六角形的空間單元進行規劃，帕克後來將此六角形空間結構，用在威森肖（Wythenshawe）的雷特朋新鎮空間配置中。[87]在1980年代的鄰里社區規劃中，此概念開始受到重視，其生活模式的想像為：慢跑者清晨從住家前門出發，經由一條小徑穿過線型公園，然後到達一個由數個運動場所構成的大型社區中央活動場地，形成一個約一公里且無交通阻礙的環狀活動路徑。這些鄰里單元和協助它們向外伸展的新鎮，就像珠子一樣地串連在穿越與環繞它們的交通系統上。所以坎培拉經過艱苦的工作，終於成為城市美化運動的最後一個範例，也發展成世界最大的花園城市。坎培拉甚至以自己的方式，成為少數實現霍華德的多核心社會都市理念的實際案例之一：對於一個經過漫長時間而都未能發展的城市而言，這樣的成就不可算不大。因此，不像一些其他城市美化運動類型的例子，實踐城市美化運動後的坎培拉是令人喜愛的。

城市美化運動與偉大的獨裁者

城市美化運動回歸歐洲並不那麼受到歡迎。這時的歐洲是偉大獨裁者統

---

86 澳大利亞聯邦，1913, 3。
87 Creese, 1966, 266-8.

治的年代，就像是一場劇場秀：卻是差勁的情節劇。墨索里尼（Mussolini）的羅馬計畫算是開場熱身秀：「墨索里尼是法西斯政治系統的首席建築師，在1928到1940年期間，他在義大利的確推動為數眾多的建設計畫，包括13個新市鎮及超過60個鄉村殖民地的開發。」[88] 對墨索里尼而言，大型公共工程建設不但要喚醒羅馬帝國時期與中世紀義大利的光榮過去，他更要超越前人。[89] 法西斯理念與納粹主義對於都市的看法大多很接近：其認為：只有鄉村家庭生活才是真正健康的生活方式，大城市是萬惡之源，是發生勞工暴動和社會主義思想的地方。[90] 諷刺的是，一個不久就在佛朗哥的西班牙被複製的經驗，在墨索里尼統治下的城市中出現，並帶來前所未見的蓬勃發展，這證實了法西斯主義對商業是有利的。墨索里尼的應對之道是分別於1928與1939年，以立法的方式來控制移民，諷刺的是，這種作法一直到第二次世界大戰以後，才變得有效，[91] 其也透過執行公開的鄉村土地回收計畫來作為配套的作法，例如羅馬南邊的彭甸沼地（Pontine Marshes），透過此種方式協助建造出五座新市鎮。在此處，相同地有一個可追溯到羅馬帝國榮耀的規劃傳統。法西斯的城市計畫係參考羅馬的模式，以調整後的正交方格網為空間架構，通常有四個象限和一個作為市民活動中心的長方形廣場。[92] 花園城市規劃模式在此被拒絕，法西斯利用象徵性目的之高塔建築所營造出的天際線，喚起人們對中世紀的記憶：就結果看來，法西斯將中世紀時期的天際線建構在當時羅馬的空間計畫上。[93]

　　然而在大城市，規劃所扮演的角色，仍是創造紀念性：為了重新找回羅馬的輝煌歷史，規劃當局拆除累積了兩千年的都市發展軌跡。墨索里尼在1929年指示羅馬地區住宅與城鎮規劃聯盟的議會代表：

---

88 Ghirardo, 1989, 24.

89 出處同上，25。

90 出處同上，39。

91 Treves, 1980, 470-86.

92 Calabi, 1984, 49-50; Ghirardo, 1989, 27, 65.

93 Ghirardo, 1989, 66.

我的構想很清楚，我的命令也很明確；在這五年內，羅馬應該以令人驚嘆的姿態出現在全世界人們之前——恢宏氣勢、秩序、強大，就如同奧古斯都（Augustus）帝國時代一樣……各位代表應該在馬賽拉斯（Marcellus）劇院、卡比托奈山丘（Capitoline Hill）及萬神廟（Pantheon）四周，創造出宏偉的空間。長久以來在此景觀四周的頹廢景象，我們必須將其清除。[94]

事實上，1931年立法通過的新計畫案其內部有互相矛盾之處：拓寬道路及改造威尼斯廣場（Piazza Venezia）為紀念性廣場，將會掩蔽或摧毀帝國時期的羅馬，而不是重現羅馬帝國的光榮。但這似乎無關緊要；儘管擁有絕對的權力，儘管投入大筆資金，儘管領袖親自下令核准，羅馬仍然維持過去愜意的生活型態。當主要計畫的更新內容最後轉變成細部計畫時，寬廣的林蔭大道和開闊的廣場，神祕地被變成建築用地；傳統模式的吵鬥、妥協、賄賂等舊手法，反而救回了羅馬城，免於遭受主要建設者的蹂躪。[95]

納粹與法西斯對於城市建設的看法，有著類似的內部矛盾。在1920年代末期，納粹黨的理論派是強烈的反都市的，其爭論道：日耳曼民族是典型的農民，從來沒能成功的建立城市，而且幾乎被城市所摧毀。納粹的報紙《民眾觀察報》（*Volkische Beobachter*）將大城市描述為「所有邪惡的熔爐……娼妓、酒吧、疾病、電影、馬克思主義、猶太人、脫衣舞孃、黑人舞蹈，以及所有令人厭惡的，所謂『現代藝術』的產物。」[96]在納粹掌權後不久，他們政策（借用威瑪共和政權的想法來制定）的重點，強調大城市周邊的小型居住區，如在柏林外圍的馬林菲爾德（Marienfelde）、法爾肯塞（Falkensee）和法爾肯貝里（Falkenberg）；隨後，將重點又移至鄉村地區，但當時納粹因需重整軍備而不得不縮減整個計畫的規模。[97]

---

94 節錄自 Fried, 1973, 31。
95 出處同上，35-9。
96 節錄自 Lane, 1986, 155。
97 Peltz-Dreckmann, 1978, 102, 122, 144.

戈特弗里德‧費德爾（Gottfried Feder）於1939年發表的《新城區》（*Die neue Stadt*）是納粹對都市政策的明確聲明，它對於花園城市理念（*Gartenstadtbewegung*）提出一個奇特的呼應，此聲明強調發展小型自給自足的鄉村城鎮，人口約2萬人，此種村鎮在經濟及社會上嘗試結合都市和鄉村生活的特色，同時減少任何可能隨之而來的缺點，[98]或許也不是那麼的奇特，如我們在第四章所見，在德國，花園城市運動有其強烈的保守的一面。依照1920年代所發展的構想，這些花園城市不應該被建在主要都會中心的附近，而應該分布在低人口密度的農業地區，例如具鄉村生活的梅克倫堡（Mecklenburg）和東普魯士（East Prussia）。納粹的規劃師借用當時西方流行的規劃概念，將其修改後應用於德國：他們引用了美國的鄰里單元概念，藉此發展出有如細胞般的鄰里單元（Die Otsgruppe als Siedlungszelle），是一種結合國家、社區、血緣、鄰里及準軍事的同袍情誼之空間單位。[99]

所有的這些概念，不論在文字或圖像上，似乎都與希特勒和它的建築總監亞伯特‧施佩爾（Albert Speer）正在規劃的柏林重建有著極大的差異。他們採用違反尋常規劃邏輯的方法，來進行柏林的重建：德國的城市，特別是柏林，必須要能發揮心理上、準宗教上，甚至作為大型公共儀典活動人潮聚集上的神奇功能，而產業生產的人口則可被移往鄉村地區。[100]因此，柏林重建計畫必須進行前所未有的拆除工作，拆掉中世紀的老舊市鎮中心，這樣騰出來的空間，可用來建造儀典性的軸線大道、集會區、大會堂、塔狀建築，以及複合式的行政機關建築，而此將花費超過1,000億馬克。[101]很具諷刺性的結果是，納粹雖然推崇鄉村生活的優點及尺度適當的小型中世紀城市，並且嚴厲地批評大城市，但最後卻仍嘗試營造充滿遊行和大場面活動之完全機械化且反人性的大城市。[102]

---

98 出處同上，194。

99 Schubert, 2000, 128.

100 Thies, 1978, 422-4.但是在納粹政權之下，多數規劃案持續進行傳統貧民窟清除與都市更新的政策：Petz, 1990, 185。

101 Thies, 1978, 417-18.

102 Schorske, 1963, 114.

然而，柏林的發展背景完全不同於羅馬：除了一個19世紀的商業藝術之外，柏林沒有等待修復或重建的歷史性建築及舊城區。進行整修的藝術維護專家提出明確的看法：希特勒無法進入維也納學院去學習藝術，卻總是一次又一次的向施佩爾說：「我真希望能成為一名建築師。」[103]他對維也納和巴黎早期城市美化運動規劃的了解程度令人驚訝；希特勒知道香榭大道的詳細尺寸，著魔似地堅持柏林應該要有一條東西向軸線大道，長度是香榭大道的2.5倍；建築物的配置，都要宏偉且具紀念性；建築物之間要有寬廣的空間，這一切讓希特勒回想起他幼年時期對維也納圓環（Vienna Ring）的記憶。[104]希特勒向施佩爾展示兩幅1920年代的素描，表示他想要一棟650尺高的圓頂建築和一座330尺高的拱門的規劃夢想：「在沒有絲毫希望能夠建造代表勝利之紀念建築物的情況下，希特勒已開始規劃代表勝利的紀念大樓。」[105]「為什麼一定要做最大的？」他在1939年以講究修辭地的聲音詢問一位建築工人聽眾：「我這麼做，是為了要恢復每一個德國人的尊嚴。」[106]

　　希特勒對紀念性建築的執著，讓他忽略其他更大層面的問題：「希特勒看著這些計畫，但其實只是快速一瞥，幾分鐘後就厭倦地問道：「你的這些計畫裡，雄偉的大道在哪裡呀？」[107]在兩個規劃中的中央火車站之間，放一座有著726尺高、850尺寬跨度之大圓頂的人民大會堂，就位在中心點，這條南北向的雄偉大道的紀事碑上刻著：「德國的政治、軍事和經濟力量。」德意志帝國的絕對統治者坐在中央，用來展現帝王最高權力的就是圓頂大會堂，它是未來柏林最具領導性的建築物。[108]每次希特勒看到這些計畫時，就會一直重複地說：「施佩爾，我唯一的希望就是能看到這些建築物。這可讓我們在1950年舉辦一個世界展覽會。」[109]

---

103 Speer, 1970, 80.

104 出處同上，75-7; Larsson, 1978, 42-3。

105 Speer, 1970, 70.

106 出處同上，69。

107 出處同上，79。

108 出處同上，138。

109 出處同上，141。

這些曾令施佩爾感到厭煩的計畫將城市美化運動的規劃原則拓展到城市邊緣及更遠的地區；施佩爾很欣賞華盛頓及伯納姆的哥倫比亞博覽會，他心中也牢記著伯納姆的名言，不做小的計畫。[110]其提出的計畫中，有17條放射狀的快速道路，高大的建築物被允許可沿著它們一直蓋到城市的周邊，快速道路與四條環狀道路相交，此環路系統一部分係依照原來道路改建而成，另一部分則是新建的。[111]城市北側和南側各有大型的衛星城；較大的南城，將有21萬人口及10萬個工業工作機會。儘管納粹偏好獨棟住宅，南城普遍出現的主要住房型態卻是熟悉的柏林出租公寓的新式樣：圍繞著一個大院的封閉公寓樓。[112]就像市中心，這裡的規劃非常規則有秩序、強調幾何線條及紀念性特質，好像設計目的就是為了從空中俯瞰一樣。[113]就基本規劃原則而言，施佩爾在南城所要展現的是一些傳統規劃的品質：不相容的土地使用被區隔開來，穿越性交通動線被排除在住宅區之外，住宅區內通風良好、光線充足且有寬敞的空間，說實在，除了建築風格之外，很少有國際現代建築協會（CIAM）成員會反對這樣的設計。[114]

這樣的執著，鐵定花費不貲。根據施佩爾個人估計，單單柏林的總建設成本，就要40到60億馬克，以現在的幣值看則需50到80億。[115]納粹的重整軍備造成柏林計畫的延宕，在建造東西向軸線大道時，有許多地方已準備好而等在那裡，此工程於1937年開始動工，到1939年僅部分完工；令人幾乎無法置信的是，主要計畫項目的是從1941年才開始。[116]最後，所有上述的建設其實都是基於要營造一個整體性的宏偉願景，在東西向軸線上建立一個儀典性的都市空間，以及在城市外圍以落葉林和針葉林混合栽種來重新打造具歷史意義的環狀森林綠帶。[117]這些建設並未實際完成，有一個一針見血的

---

110 Helmer, 1980, 317, 326-7.
111 Speer, 1970, 78; Larsson, 1978, 33-6.
112 Larsson, 1978, 86-7, 94.
113 出處同上，95-6。
114 出處同上，112-13。
115 Speer, 1970, 140.
116 Larsson, 1978, 32-3, 53
117 Speer, 1970, 78; Helmer, 1980, 201.

諷刺是，反而是蘇聯人於戰後在其國境內完成了東西向軸線大道，並將其命名為史達林大道。

納粹時的柏林原本可以成為最徹底的城市美化運動案例。柏林城市美化運動的靈感來源，甚至最細節部分，係來自於伯納姆的圓頂市政中心以及勒琴斯設計的圓頂總督府。[118] 但即使是處於最有利的環境下，柏林還是無法完成這些建設，而且這樣做也會搶走鄉村地區許多的現有資源。奇怪的事實是，一個更貧窮的首都，在同樣極端偏執的獨裁者……約瑟夫·史達林（Joseph Stalin）的統治之下，卻在短時間內完成許多希特勒只能作夢，但無法實現的夢想。

蘇聯城市規劃的第一個十年，值得寫一本書。如同在其他許多領域一樣，這是一個進行瘋狂實驗的時代，也是一個可以讓不太可能實現之理論的支持者進行激烈辯論的時代。都市主義者主張興建高樓來容納都市居民，科比意很自然地就成為他們崇拜的對象及志同道合者，此部分將在第七章詳加討論。然而，激進的反都市主義者，則認為應該將都市民眾疏散到鄉村地區的移動房屋去居住，最後甚至拆除莫斯科城；反都市主義者的核心概念相當接近萊特的理念，此將在第八章將討論（本書不只一次提到，規劃邏輯與規劃事件發生的時序常不會並肩齊步）。支持與反對都市主義的兩派人馬，都向國外專家求助；如同預期的，恩斯特·梅（Ernst May）果然倡議衛星城市方案，而科比意則建議在新的地點重新建造一個塔狀建築形式的莫斯科市。[119] 在1931年6月的中央委員會的會議上，激烈的辯論有了一個突然的結果。[120] 全體會議代表宣告要停止採用外國的城市規劃理論，特別是科比意和萊特的理念，他們並呼籲要立即為莫斯科制定一個五年發展計畫。[121] 莫斯科確實需要一個有用的計畫。它的人口，在1917年俄國革命後的混亂年代中快速地減少，到1926年又攀升回到革命前的水準，達到超過200萬人；到

---

118 Larsson, 1978, 116.

119 May, 1961, 181-2; Simon, 1937b, 382.

120 Svetlichny, 1960, 214.

121 Machler, 1932, 96; Parkins, 1953, 30-1.

了1931年，人口可能會超過300萬人。[122]莫斯科的實質都市環境和設施都相當的簡陋與老舊：莫斯科的建築主要為一或二層樓的木構造房子；1926年的人均住房面積是每人約89平方英尺，其後更逐漸減少。歐尼斯特・賽門（Ernest Simon）1937年的報告指出，曼徹斯特（英國當時貧民窟最多的城市之一）當時因不適合居住而被拆除的貧民窟所提供的居住環境，也比莫斯科九成以上的家庭來得好。[123]而且莫斯科的供水、下水道系統及電力供應也都極度短缺。

或許我們能理解，為何在1931年之後，莫斯科就沒有再邀請國外規劃專家來訪了。莫斯科的都市計畫在1935年7月公布，計畫要求對都市未來成長進行管控，並積極地推動現代化。他們希望將莫斯科發展成一個具整體性的城市，其都市重建是建構在建築物組合之整體性與和諧性的基礎下：[124]如此一來，莫斯科也推動了它自己所謂的城市美化運動。

這些行動背後的驅策力當然是來自一種對國家的驕傲：在1937年時，莫斯科每一個與賽門談過話的人都這麼說：「最要緊的是兩層樓高的舊房子一定要拆掉，這樣莫斯科才能成為真正的都市，城市裡的建築要配得上全世界最偉大國家的首都。」[125]為了達到此目標，整個莫斯科都成了建築工地。許多地方不讓觀光客參觀，以便能全力推動最醒目與最著名的建設計畫：包括有著華麗吊燈車站的三條地鐵線、沿著主要街道興建的住宅、公共建築、體育場、廣場及公園等。[126]重要的是，於1939年興建的公寓住宅，其中有52%是沿著主要交通路線而建造。[127]之後住宅計畫進度落後的情況愈來愈嚴重，或許是因為莫斯科計畫有許多不同主管單位，卻很少協調溝通，[128]也有可能是，這些規劃師想要使大眾留下深刻的印象，也或許是（最有可能的理由）大家只是努力地想討好大統帥。

---

122 Harris, 1970a, 257; Simon, 1937b, 381.

123 Simon, 1937a, 154-5.

124 Parkins, 1953, 36.

125 Simon, 1937a, 160.

126 Ling, 1943, 7; Parkins, 1953, 42, 44-5.

127 Berton, 1977, 235.

128 Parkins, 1953, 44-5.

史達林很清楚自己喜歡什麼。「從今以後，建築必須是有表現力的、具有代表性的且能述說一個故事。每棟建築不管其機能是如何的單純，都應表達出其紀念性的價值。」[129]史達林親自審批了興建主要建築的那些規劃設計案，有一次建築師曾提出兩個設計版本，史達林兩者都要，其後膽戰心驚的建築師遵從史達林的命令，蓋出來一個左右不相稱的結構。[130]史達林也想建造希特勒式的圓頂大會堂的社會主義版本：1,300英尺高的蘇維埃宮（Palace of the Soviets），並將巨大的列寧雕像設置在宮殿中。其實際動工後，碰到了結構上的問題，並導致地基下陷。或許是一個幸運，此計畫後來被終止了。[131]但綜觀整個莫斯科市，其形似婚禮蛋糕的建築物仍令人想起史達林的品味與奇想。

所以1930年代的莫斯科是一個某種形式的波坦金村（Potemkin village）。就如同伯納姆設計的華盛頓與芝加哥，也很像奧斯曼的巴黎，沿著寬廣的公路，一長排新建的建築立面形成了一道屏障，遮蔽住後方大片的老舊貧民窟。即使是1960年代，在莫斯科的後街還是可以看得到尚存的舊式木造房屋。但無疑地，新建築立面還是讓大統帥很高興；規劃師們終於可以較安穩地入睡了。

當時，奇怪的事實是，對於城市美化運動所造成的現象，似乎找不到任何容易的統一解釋。有超過四十年的時間，城市美化運動在不同的經濟、社會、政治及文化環境中發揮其影響：其被作為金融資本主義的女僕、也被當作帝國主義的代理人，或成為左翼或是右翼個人極端主義的工具，以上皆為城市美化運動被貼上的標籤。雖然有些例外，這些城市美化運動不同的作法及用途卻有著一個共通點（有些達到，也有些例外），即其將重點完全強調在於紀念性與外觀形式，並以建築作為權力的象徵；相對地，也完全缺乏實現廣泛的社會規劃目標之意圖。城市美化運動之主要目的是為了要展示，其以建築作為展現特殊效果的劇場，而城市設計主要是為了讓人們感到印象深刻。只有某些可能易受取悅的群體才能感受到其效果：這些群體包括，追求

---

129 Kopp, 1970, 227.

130 Berton, 1977, 235.

131 出處同上，223-4; Kopp, 1970, 223。

揮霍快感的新富階層、卑躬屈膝的殖民地臣民與小行政區的傲慢統治者、遷移到大都市的農村移民，以及沮喪且無依靠但仍期望重拾過去光榮的中產階級家庭。對所有的這些群體而言，如果幸運，他們會喜歡這場戲碼（城市美化運動的推動），但其實對許多人來說，他們寧可去看1930年代好萊塢的表演，因為其至少可以讓他們逃離痛苦的現實世界。而且至少好萊塢的秀可以按預定時程表如期演出，而且不會讓觀賞者落得破產的下場。^{（譯注10）}

【譯注10】不少城市美化運動計畫的願景是在預定計畫時程之後多年才實現，或是根本就沒有實現。一個規劃案如果要讓民眾等上超過十五年，甚至二十年以上，是否是太久了？其中所衍生的社會成本及民眾對計畫信心的幻滅，又該由誰來承擔。

第七章

塔狀城市

科比意式的光輝城市：
巴黎、昌迪加爾、巴西利亞、倫敦、聖路易
1920-1970

朱利葉斯之塔樓^{（譯注1）}，倫敦長久以來的恥辱，
是一處污穢及午夜兇殺案得以滋長的場所。

湯姆士・格雷（Thomas Grey）

《吟遊詩人》（*The Bard*, 1757）

　　最簡單的解決方法為建造公寓；如果人們都要在一個大城市裡生活，他們必須理解到，有人必須住在別人的頭頂上。但是那些來自北方的勞動者似乎無法接受公寓的生活型態，甚至在公寓普遍出現時，他們仍輕蔑地稱公寓為「廉價的分租房」；幾乎所有人都會告訴你，他們想要一個「屬於自己的房子」，而且顯然地，對他們來說，一個位於一百碼長且有著許多連棟房屋中的一間小房子，與位在半空中的公寓相較，似乎讓他們更有「擁有自己房子」的感覺。

喬治・歐威爾（George Orwell）

《通往維甘碼頭的路》（*The Road to Wigan Pier*, 1937）

　　英國大城市住宅問題的解決辦法並不在於提供巴比肯高層建築或帕丁頓高層建築計畫。興建及提供更多大樓作為住屋或許在實質上及理論上是可行的，但對於那些被期望住在這些高層建築的居民而言，這完全不符合他們的生活習慣及品味。

哈羅德・麥克米倫（Harold Macmillan）

《住宅與地方政府部門首長之內部備忘錄》

（*Internal Memorandum as Minister of Housing and Local Government*, 1954）

【譯注1】朱利葉斯塔樓（Towers of Julius）是倫敦的地標之一，係古羅馬政治家朱利葉斯（Julius Caesar）所造。

科比意（Le Corbusier）所造成的惡事在他死後仍繼續發揮影響；^{（譯注2）}但他所完成的善事卻可能與他的著作一起被埋葬了，他的著作大部分是難懂的，也因為這個簡單的理由，它們鮮少被閱讀；但我們仍應努力去了解他在著作中所表達的理念（應該這麼說，他著作中的圖片有時是有趣的，因為它們呈現出繪圖者的想法），因為它們對20世紀城市規劃的影響相當深遠：含糊並非溝通的障礙，至少是一種溝通的方式。1920年代巴黎知識分子間所凝聚出來的想法，被應用在雪菲爾（Sheffield）和聖路易（St. Louis）的勞工住宅規劃，以及1950與1960年代上百個城市中，但其結果在最好的狀況下是令人質疑的，在最差的狀況下則是災難性的。這是現代規劃史上的重要事件，探討其所造成的影響以及事件為何會發生是相當有趣的問題，也深具省思意義。

關於科比意生平最重要的事實可能是他不是法國人，而是瑞士人，而科比意也並非他的真名。1885年，他出生於納沙泰爾（Neuchâtel）附近一個名為拉紹德封（La Chaux-de-Fonds）的地方，出生時的名字是查爾斯-愛德華·強納雷（Charles-Edouard Jeanneret），他一直到31歲才定居巴黎。瑞士人是一個井然有序的民族，就連最不敏銳的觀光客都可以察覺得到：瑞士的城市是乾淨整潔和自我約束的典範，沒有一片草皮或一束頭髮是在不適當的位置。事實上，所有的科比意式的城市也都是如此。老巴黎的混亂，奧斯曼的城市改造將它完整地保存在新建築立面的背後，因此經常被新崛起年輕建築師之喀爾文主義（Calvinist）習俗所詛咒。科比意將他的專業生涯致力於改造巴黎以及其他雜亂難以駕馭的城市。

第三個關於科比意的重要事實是，他來自一個鐘錶匠家庭（科比意這名字是他1920年代開始寫作時所用的筆名，取自於外祖父）。他的宣言為他帶來極大的名聲，科比意著名的宣言「住宅是一個生活的機器」（a house is a machine to live in）在那時第一次出現。¹在其《邁向新建築》（*Vers une*

---

1 節錄自Fishman，1977，186。

科比意（Le Corbusier）與居住單元（公寓，Unité）

科比意提出「住宅是一個生活的機器」的概念。
（ © Popperfoto/Getty ）

architecture）一書中，科比意堅持，建築必須完全如機器一樣且需具有機能性，並要藉由工業大量生產的方法而產生[2]（這種強調機能且簡潔風格的概念，在1960年代工業化的住宅中清晰可見，這並不只是因為政治壓力或準備不足所造成的結果，它們其實代表著一種一致性的政策，所以如果這種設計模式有錯誤，此錯誤應從當時的時空背景來評斷）。因此，並不令人意外地，在科比意另一本著作《城市規劃》（Urbanisme）中，工程的勝利如同偉大的建築一樣皆受到他的讚揚。

科比意認為，那是很自然的：將數以千計的微小組成元件放入一個有計畫及秩序的整體中，這是來自一個世代相襲的鐘錶業傳統[譯注3]。但人們不

---

2 Le Corbusier, 1998.
【譯注3】作者在這裡，藉由對科比意出身鐘錶家庭的描述，暗示出科比意的成長背景其實多少影響到他的都市設計觀，他把城市設計的空間組構關係視為是鐘錶內部結構及機械性運作關係的放大，但

是鐘錶擺輪，而社會也不會被簡化到如鐘錶般秩序性運作；所以，以人性的角度來看，這種機械性的規劃嘗試是不適當的。雖然，當時有一個異數：侏羅州（Jura）的製錶業者是當地機械性運作傳統的捍衛者，並因而受到普魯東（Proudhon）和克魯波特金（Kropotkin）的推崇，但科比意似乎很快地就遺忘了此事。

如果說瑞士給了科比意世界觀，巴黎則為他提供了原始的素材和建構理想城市秩序的願景。正如同要了解埃比尼澤‧霍華德的理念就必須從19世紀晚期倫敦的都市涵構著手，或如同探索劉易士‧孟福的理念需從1920年代紐約的背景開始一樣，所有科比意的想法都必須被視為是一種他對從1916到1965年期間在其過世前曾居住和工作的城市現況的一種回應。[3] 巴黎的歷史，是一種在生氣勃勃、混亂、經常骯髒的日常生活力量與一種集中化且專橫秩序的力量下而持續掙扎的歷史。在1920與1930年代，很顯然地，前者是贏家，而後者則長期撤退了（意指混亂擊敗了秩序）。在巴黎的城市表象的背後，其實這城市已被貧民窟和疾病所盤據。第三共和的城市政府甚至幾乎放棄去完成最後的奧斯曼式城市改造之嘗試，更遑論採取新的主動行動，例如清除最糟的貧民窟。[4]

年輕的科比意下結論道：巴黎只能靠「有強烈意識、無悔的」偉大君主（*grands seigneurs*）之介入才能獲得解救：像是路易十四、拿破崙及奧斯曼。[5]他們「偉大的開創」對科比意而言，是「典範創造之信號般的範例，在那樣的精神下才能控制和驅策民眾」。[6]他利用一張路易十四親自指揮建造巴黎殘老軍人院（Invalides）的圖片作為他早期著作《城市規劃》的一個結尾。他為此寫下以下的說明：

這種機械主義和機能主義型式的都市設計觀，其實也忽略了都市環境中的複雜性，以及社會—經濟—政治間的互動關係。

3 Fishman, 1977, 29, 101, 114, 183-4.
4 Sutcliffe, 1970, 240-1 257; Lavedan, 1975, 492-3, 497-500; Evenson, 1979, 208-16.
5 Fishman, 1977, 210.
6 Le Corbusier, 1929, 293.

路易十四（Louis XIV）指揮巴黎殘老軍人院（Invalides）的建造

此為科比意喜愛的建築大師在工作的願景：「我們想要它」，但不幸的是，他從未找到他的太陽王（Roi Soleil）。

向一位偉大的城市規劃師致敬——這個領導者構想出這些偉大的計畫，並將它們實現。在整個國家，他偉大的工作令我們充滿敬仰。他有能力說，「我們想要它」或「那是我們的榮幸」。[7]

科比意畢生追尋當代的太陽王（Roi Soleil）[(譯注4)]，可惜從未找到。

科比意式的理想城市

當時，科比意必須和資產階級的資助者合作。他於1925年為巴黎所提出的伏瓦生計畫（Plan Voisin）和鄰里單元構想無關，那只是以一位資助的飛機製造商來命名[8]（這有助於對該計畫的解釋：飛機可以不受空中交通管制，飛行於科比意派的摩天大樓之間）。此計畫中18座相同的700尺高的塔狀建築，將使得大部分塞納河（Seine）北岸最具歷史的巴黎城區遭受到被拆除的命運，僅有少數歷史性紀念物被保存，有些則被移往他處[(譯注5)]；凡登廣場（Place Vendôme）被保留下來，因為科比意認為它是一種秩序的象徵。[9]很顯然地，科比意相當不能理解為何此計畫會在市議會遭到強烈的抗議，在那裡他被稱為是野蠻人。[10][(譯注6)]科比意總認為，十三世紀歐洲哥德式天主教堂的建造者，透過他們僅一百年的努力，「新世界就像花朵一樣在廢墟中開放」，他們必定同樣地在那些早期「當天主教堂是白色時」的年代中被人誤解。[11]

---

7 出處同上，310。

【譯注4】太陽王是法國君王路易十四，其開創性的作法建立了不少豐功偉績，科比意希望20世紀的法國也有這樣強烈意識的城市建設領導者。

8 Fishman, 1977, 211.

【譯注5】1925年，科比意提出巴黎伏瓦生計畫（Plan Voisin），意圖剷平大部分的巴黎市區，僅保留羅浮宮和凱旋門等重要文化遺址，依照他的「Plan Voisin for Paris」之原則，來重建嶄新的現代巴黎城。幸好他的計畫沒有實現，不然巴黎現在就不是目前的樣子。

9 Banham, 1960, 255.

10 Everson, 1979, 54.

【譯注6】此乃批評科比意蠻橫自大的都市設計作法，就像野蠻人一樣對待一個具悠久歷史的城市，完全不考慮城市歷史文化及居民集體生活記憶的重要性。

11 Le Corbusier, 1937, 4.

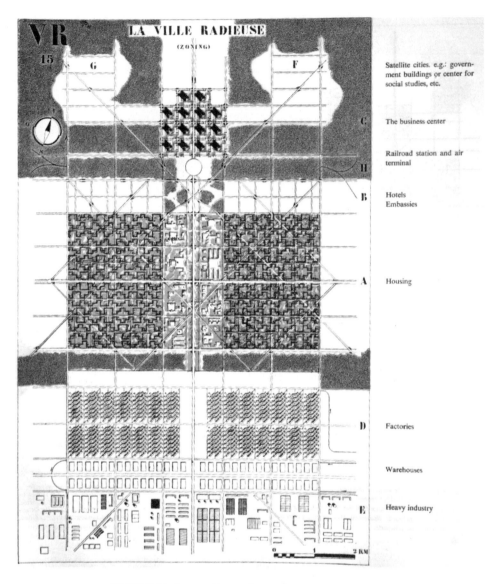

光輝城市（La Ville Radieuse）

科比意提出的完全幾何式城市發展的願景：城市是居住和工作的大型機器。

（© FLC/ADAGP, Paris and DACS, London 2011）

科比意並未因此被威懾住：「城市設計太重要了，以至於不能交給市民來做。」[12]他發展他的城市規劃原則，大部分呈現在《現代城市》（La Ville contemporaine）（1922）和「光輝城市」（La Ville radieuse）（1933）這兩個計畫中。關鍵是其著名的悖論：我們一定要藉著增加密度將市中心去擁擠化。除此之外，我們必須改善交通動線循環和增加開放空間的數量。這個自相矛盾的觀點，可藉由在全部土地面積的小部分地區，建造高層建築來解決。[13]科比意並特別強調：「我們必須在乾淨的基地上建造（譯注7）！今天的巴黎已呈垂死狀，因為它不是以幾何形式而建造的。」[14]而且基於現代的交通需求也需要全面性的拆除與重建：「統計數字告訴我們，商業活動已在市中心進行，這意味著寬廣的道路必須穿過我們的市中心，因此現存的市中心必須拆除。為了要解救它自己，每一個偉大的城市都必須重建它的中心。」[15]這是此類概念的第一次被提出；三十年後，此概念被徹底地接受了。但是正如同哈利‧安東尼（Harry Anthony）所指出的，在那個時候，並未考慮到停車問題及因交通所產生的噪音及空氣污染問題，這些問題在當時是被忽略了。[16]

科比意認為，達成新的城市結構的方式並不是要將整個城市都以統一的方式來建造：當代城市（the Contemporary City）要有一個清楚區隔的都市空間結構，此空間結構需對應到一個特殊、經區隔的社會結構，其中個人的居住地點應與其工作地點有所關聯。[17]科比意強調，在城市中心區應是其伏瓦生計畫中所提出的摩天大樓，那裡預計作為菁英階層的辦公室：包括企業家、科學家和藝術家（想必也包含建築師和規劃師）；其中24座塔狀建築會被興建在1,200英畝的土地上，提供40萬到60萬個高階人士的工作機會，並保留95%的土地作為開放空間。[18]在此地區外的住宅區有兩種型態：一為提

---

12 Fishman, 1977, 190.

13 Le Corbusier, 1929, 178.

【譯注7】意指清除原有的建築與都市紋理。

14 出處同上，232。

15 Le Corbusier, 1929, 128.

16 Anthony, 1966, 286.

17 Fishman, 1977, 199.

18 Le Corbusier, 1929, 215; Fishman, 1977, 195.

供給核心菁英人士的六層樓的豪華公寓，以所謂的建築退縮原則進行設計，有85%的地面層土地為開放空間；另一則為適合工人居住的住宅區，圍繞著中庭而建，座落在統一的方格狀街道網格中，其中約有48%的土地為開放空間。[19]

這些公寓會被大量生產，以提供集體生活之用。科比意並沒有時間營造任何個別的風格；他把它們稱為是「細胞」（cell）：

> 在我們所進行的計畫中，我們一定不能忽視這種完美的人類「細胞」，此細胞與我們的生理和情感上的需求完美地呼應著。我們必須達到「住宅是一個生活的機器」[譯注8]的目標，這必須是一個可行又能滿足情感需求的作法，且是為持續遷入的住戶所設計的。「傳統住屋」及營造地方性建築的想法將會消失，因為勞工將會依實際的需要而必須遷移，他們必須準備好要搬移的袋子和行李。[20][譯注9]

不只這些住宅單元是制式的，還包含相同的標準家具，科比意承認：「我的計畫……剛開始時可能會造成一定程度的恐懼與反感」，[21]但建築配置的變化和大量植樹綠化，很快地將會克服這些。不只這些「細胞」單元是大量製造的，對於資產階級的菁英而言，他們也將集體地被服務：「雖然仍可能有一個女僕或一個專屬的保姆，或是一個家庭僕人，只要有此需要」，在「光輝城市」計畫中，「僕人的問題會被解決」：

> 如果你渴望在半夜的時候帶些朋友回家吃晚餐，譬如說在看完一場戲劇後，你只要打通電話，就能找到有人幫你將餐桌準備妥當等著你回家

---

19 Le Corbusier, 1929, 215, 222-3.

【譯注8】「住宅是一個生活的機器」是科比意的名言，意指住宅不需太多的裝飾，它們必須能被快速且大量的生產，以解決勞工基本的居住問題，此概念的提出，有其時空背景，主要是針對當時都市勞工居住環境惡化及勞工住宅嚴重短缺等問題，所提出的一種因應對策。

20 出處同上，243。

【譯注9】意指他們隨時會被遷到新的勞工住宅中，過著被集體服務的生活。

21 出處同上，243, 250-2。

——有一個不會生悶氣的僕人。[22]

明顯地，現代城市的核心是屬於中產階級的地方，在辦公中心中間地點，科比意建造了一個可滿足中產階級需求之娛樂與文化活動的複合式建築，讓菁英人士可在此聊天與跳舞，在「離地600公尺高之非常寧靜的地方」。[23]

當然，藍領工人和一般職員們不會過著這樣的生活。科比意在衛星城市為這些人提供了花園公寓。在這裡一樣地有許多綠地，也有運動設施和娛樂活動，給那些每天需辛苦工作8小時的人。不同於1920年代的巴黎，當時富人與窮人係住在緊密相鄰的環境裡，科比意所規劃的「現代城市」則是個完全階級區隔的城市。

到發展「光輝城市」計畫時，雖然科比意教派的基本教義維持不變，但在理念上卻有重要的轉變。科比意對資本家失去了信心，這可能是因為在經濟大蕭條時期，他們失去贊助他的能力。現在，科比意相信，中央集權式規劃的優點，不只是在城市建造方面，還包括生活的每一面向。要達到這個目標的方法是透過工聯主義，但不是無政府主義的那一型：這將會是一種有秩序的、層級性的系統，與左派義大利法西斯主義有些類似。事實上，許多法國的工聯主義者確實於1940年加入維琪（Vichy）政權；科比意相信「法國需要一個國父，不管是誰。」[24]在這個新系統中，每一件事都將由計畫決定，而計畫將「客觀地」由專家產出，人民只能談論誰來管理它。^{（譯注10）}

和諧的城市必須首先由了解都市科學的專家來規劃。在進行計畫時，他們完全自由地不受黨派的壓力和特殊利益團體的影響；一旦他們的計畫

---

22 出處同上，229。
23 節錄自Fishman，1977，198。
24 出處同上，237, 239-40。
【譯注10】科比意強調應由設計菁英主導都市規劃，所以他說：因為都市設計太重要了，以至於不能交由民眾來做，基於此信念，他認為在進行都市設計計畫時，當然不能讓民眾來參與，而民眾也應該充分相信設計專家，他們（她們）只需被告知就好了。

擬定好，它們必須毫無反對地被執行。25（譯注11）

在1938年，科比意設計了一個「可容納10萬人進行集體慶典活動的國家中心」，領導人可以在此向民眾發表演說；它就像是一個希特勒的圓頂大會堂的露天版本。26

但是新的工聯主義城市在某個關鍵的方面是不同的：現在，每個人將同等地被集體化管理；每個人將住在被稱作基本單元（Units）的大型集合公寓中；每一個家庭將得到一戶公寓單元，其公寓單元的分配並非根據家計負責人的工作，而是根據嚴格的空間配額；沒有人將得到任何多於或少於為有效生存而設計的最小配額值；煮飯、清掃、兒童照護都將改為集體性的提供，不用個別家庭來負擔。因此，不只是幸運的菁英階級，現在每個人都可享受到集體的服務。（譯注12）

很明顯地，在這段期間科比意已去過蘇聯；而且，在1920年代，一個重要的蘇聯建築師團體（稱為都市主義者），已經發展出非常接近他的想法。他們想要在開闊的鄉村地區建造新的城市，在此每個人都將住在巨大的集合公寓街廓中，其個人空間也會被降至絕對的最低需求，只足夠放進一張床，那裡將沒有個人或家庭的廚房和浴室。在一種規劃版本中，生活將以分鐘來管制，早上6點早點名，7點準備出發到礦場；另一個都市主義的規劃師則設計了一個單元，其採用大型交響樂來引導失眠者入睡，以掩蓋住其他人的打鼾聲。27由這個團體的一些成員〔包括在列寧格勒（Leningrad）的伊凡諾夫（Ivanov）、特爾金（Terekhin）及斯莫林（Smolin），以及在莫斯科的巴爾希（Barshch）、弗拉基米羅夫（Vladimirov）、亞歷山大（Alexander）和

---

25 出處同上，239。

【譯注11】由此可以看出，科比意仍以狹隘的菁英決定論及建築決定論來處理複雜的都市規劃問題，他這種過於單純且主觀的想法，一旦置身於充滿權力角力及各種價值相衝突的規劃環境中時，難免會遭受到巨大的挫敗。

26 出處同上，241。

【譯注12】科比意所提出來的都市設計方案不僅包括建築形式及都市空間設計的內容，也反映出他強調社會主義之集體生活的傾向。

27 Hamm, 1977, 62-3; Berton, 1977, 210.

維斯寧（Vesnin）〕所擬定出的計畫，內容幾乎都是相同的，甚至包括一些計畫細節，它們和在光輝城市計畫中所提出的空間單元（Unité）和1946年在馬賽實際建造的，也是相似的。[28] 但是，在1931年之後，蘇維埃政權（如同幾年後義大利的法西斯政權一樣）拒絕了科比意的建議。

到了1940年代，科比意再次調整他的觀點，雖然如同以往地，只有在細節上做了些調整。他在大戰期間成立「建築營造與創新建築組織」（Assemblé de Constructeurs pour une Rénovation Architecturale, ASCORAL），倡議著「放射與集中交換的城市」（*Les Cités radio-concentriques des échanges*）的理念，其主張，依循著舊科比意理念而設計的教育與娛樂中心，應該與線型城市理念（*Les cités linéaires industrielles*）相結合，建設出沿著運輸走廊發展的連續工業發展軸帶。[29] 科比意停止其對大城市發展的樂觀看法，他相信巴黎的人口應該從300萬人減少至100萬人。[30] 此想法與1920年代蘇維埃反都市主義者的看法類似，雖然科比意曾嘲笑他們。科比意的觀點與蘇維埃反都市主義派有一個明顯的差別：他提出的是集中化的「綠色工廠」，以區隔的方式，那裡的工人是固定地住在垂直發展的花園城市裡，每個城市有1,500到2,500名工人，當然也有不可或缺的集體飲食與服務，[31] 但他依然反對花園城市的想法，如同追隨他的法國規劃師們一樣，他們誤解了花園城市的概念，將花園城市與花園郊區視為是一樣的。[32]

這些計畫最後都沒有實際被建造完成，關於科比意值得注意的事實是，他是一個理論家，但在計畫實踐上卻是非常的失敗。他遊遍歐洲及歐洲以外的地方，發展出其宏偉的都市願景；在他《光輝城市》（*The Radiant City*）著作中，他一頁又一頁地描述著他的構想，並以阿爾及利亞（Algiers）、安特衛普（Antwerp）、斯德哥爾摩（Stockholm）、巴塞隆納（Barcelona）及北非的內穆爾（Nemours）為例。但這些都只是紙上建築，從未實現。在第

28 Kopp, 1970, 146-7, 169, 171.
29 Le Corbusier, 1948, 48; 1959, 103, 129.
30 Sutcliffe, 1977, 221.
31 Le Corbusier, 1948, 54.
32 Le Corbusier, 1937, 255, 258; 1948, 68.

二次世界大戰時，隨著維琪的貝當（Pétain）傀儡政權之成立，他認為他的時機終於來臨了。他被邀請去主持一個負責住宅和規劃的研究委員會，他為一位領導眾多建築師與工程師團隊的菁英城鎮規劃師團體擬定了一個計畫，以便能管控所有的操作介面。他們的領導高層將是一個「管控者」，一個執掌全國營建計畫的建築管理者。這次科比意還算謙虛，沒有為此職位指定他想要的候選人。[33] 事實上，他在維琪政府也沒有完成什麼具體的建設成果，他單純的自大和他對政治的天真，使得他難以理解自己的失敗；在戰爭結束時他的夢想都幻滅了。

昌迪加爾（Chandigarh）的規劃

諷刺的是，科比意唯一真正的實際規劃成就，除了馬賽公寓（Marseille Unité，一個複合式建築的單一街廓開發計畫）之外，都未能完成；而另外兩個在法國和一個在柏林以同樣概念複製的計畫，也是在他死後才完成。

印度政府為了政治上的理由，決定要在昌迪加爾為旁遮普（Punjab）建造一個新的首都。他們雇用亞伯特·梅爾（Albert Mayer）作為規劃師。他依據歐文—帕克—斯坦因—萊特的傳統，[34] 制定了一個頗有價值的計畫。印度政府通過了這個計畫，但決定引進一個最有聲望的現代建築師團隊——科比意、他的兒子強納雷（Jeanneret）、麥斯威爾·夫瑞（Maxwell Fry）和珍·德魯（Jane Drew），來落實此計畫。夫瑞描述不愉快的第一次會議過程，當時梅爾還是遲到的：

> 科比意手拿著蠟筆，以其習慣的方式說道：
> 「這裡是火車站，」他說著，「這應該是商業街，」接著他畫出昌迪加爾新計畫的第一條道路。「這是城市的頭部，」他繼續說道，指著梅爾左邊一處高地。我已經向他指出上述作法的不良效果。「這裡是胃，城

---

33 Fishman, 1977, 247-8.
34 Evenson, 1966, 13-14.

市中心，」然後他畫出數個大面積的區塊，每半個區塊就有四分之三英里長，而且以這些發展區塊填滿介於河谷之間的平原，一直延伸到南邊。

此計畫在焦慮的亞伯特·梅爾加入團隊時是進展得很好的……但他在任何一方面都不符合扮演一個決定性推動者的角色。

我們在午餐後坐在一起，在一陣死寂中，強納雷打破沉默與梅爾說話：「先生，你會說法語嗎？」梅爾回應道：「是的，我會。」一個禮貌但也招致不幸的回答，使他在後來的討論中被排除在外。

我們繼續下去，我們提出一些細微與邊際性的建議，科比意也一直不斷地表達其想法，直到確定計畫能完成，並未偏離方向。[35]

接下來是建築師和城市規劃師之間的爭論，緊接著是建築師們之間的爭論，夫瑞和強納雷抱怨科比意想要全盤掌控的方式，包括細部的配置和設計。相當天真地，他們說想要在國際現代建築協會（CIAM）的分工合作精神下工作。其成果是值得注意的：一個工作上的分工，其中科比意只短暫地負責複合式的中央行政建築。[36]但是實際發生的事更為重要：從規劃風格轉向建築風格，意即「一種以視覺形式、象徵主義、想像和美學優先的概念取代了對印度人民生活基本問題的關心。由於過度側重於提供印度建築師適合第二機械時代的空間形式，使得既存的印度環境現況則相對的被全然忽視了。」[37]

其結果招致諸多諷刺。科比意發現他的後殖民政府的資助者正沉湎於英國殖民統治的專制傳統中。他為他們發起了一個以現代建築外觀為基礎的城市美化運動，這就是後來的新德里（New Delhi）。在那裡有服務快速交通的格子狀道路系統，該作法已於馬賽（Marseille）和波哥大（Bogotá）的計畫中被實行過，但當時此處的汽車擁有率甚至未達到1925年代巴黎的水準。街道和建築的關係是全然歐式的，完全沒有考慮到惡劣的印度北方氣候

---

35 節錄自Sarin，1982, 44。
36 出處同上，45。
37 出處同上，47。

及印度在地的生活方式。[38]他所設計的建物形式對社會組織運作及社會融合沒有任何幫助，各分區也沒有發揮鄰里的功能。[39]整個城市明顯地被收入及市政服務等級上的差異而區隔成數個不同的區塊，讓人回想起科比意的《現代城市》（*La Ville contemporaine*）計畫，不同的社會群體有著不同的居住密度，造成一個因計畫所造成的階級隔離。[40]而且各階級生活區間的環境差異是相當明顯的：

> 當民眾在旁遮普大學（Punjab University）宏偉的校園散步時……（大多數的教室和辦公室一天只用三小時），可以看到高聳的校園圍牆外有上千人住在貧民窟裡，完全沒有供電和供水。[41]

到了1970年代，15%的人口是住在違章或半違章的建築區內；超過一半的商販是以兩輪手推車和擺攤來進行非正式的商業活動，[42]因為他們與主要計畫所意圖營造的都市秩序願景相衝突，官方不斷地企圖要騷擾和制止他們。商販們以一系列相當於印度版本的舊伊林（old Ealing）式喜劇的公共事件來回應。在錫克教（Sikhism）分離主義發揮影響的敏感時期，每次為了慶祝一個新的非法市場的落成，他們都會安排一系列神聖的錫克教宗教事件；當執法人員抵達時，錫克教商販宣告，想要停止這些活動，就必須先將他們粉身碎骨，後來這些商人還為剛過世總理策畫一起盛大的葬禮儀式，因此吸引了大眾的注意。[43]

所有這些全是印度生活精采豐富一面的片段，與科比意的計畫無關。的確，大部分的問題只是間接地呈現在他面前；他在那時過世了，而在他過世前的最後幾年裡，他專注於位於中央的紀念性複合建築和一般性的視覺象徵

---

38 Evenson, 1966, 92.

39 出處同上，95。

40 Gupta, 1974, 363; Schmetzer, 1974, 352-3.

41 Gupta, 1974, 368.

42 Sarin, 1979, 137.

43 出處同上，152。

效果，這是計畫中做得最好的部分。[44] 而這才是重點：就如希特勒在柏林夢想著他那無望的夢一樣，在科比意生命的最後一刻，他真正關心的仍是紀念性的部分。他是最後一位城市美化運動的規劃大師[譯注13]。剩下的部分沒有進展，但就某種意義來說，那已經無關緊要了。至少，昌迪加爾的住宅比人們以前所知的要好多了，甚至可能還好過他們曾希望的。但當科比意的信徒最後將他的主要理念應用在西方城市時，情況就相當不同了。

巴西利亞（Brasilia）：準科比意（Quasi-Corbusian）城市

巴西利亞是另一個徹底的新科比意城市，雖然科比意並沒有設計它。巴西，如同許多其他開發中國家一樣，是以圍繞著其海港城市而發展的，而此海港城市順理成章地就成為巴西的首都。至1940年代，儘管有部分重建的嘗試，但里約熱內盧（Rio de Janeiro）仍然擁擠不堪。長久以來巴西一直有一個在內陸建造新聯邦首都的計畫構想；1823年「巴西國父」約瑟夫·博尼法西奧·德安德拉達·席爾瓦（José Bonifácio de Andrada e Silva）建議提出此計畫並為其命名；1892年一個委員會完成開發基地選址；1946年一個新的民主委員會為開發計畫而做準備；1955年另一個委員會重新進行開發基地選址。同年，儒塞利諾·庫比契克·迪·奧利維拉（Jucelino Kubitschek de Oliveira），一位魅力十足的政治家，在總統競選期間，堅定的承諾要建造它，並且勉強地打贏了這場選戰。[45] 多年來，巴西一直有一個政治傳統，就是能在極不可能達成的短時間內建造大型公共工程建設，而巴西利亞就是個很好的例子。[46] 當時里約的媒體就預見性地批評道：「這是極度瘋狂的行為！他們是一個沙漠中的獨裁政權。」但是庫比契克並未受到

---

44 Evenson, 1966, 39, 94.

【譯注13】指在所有城市美化運動的都市設計實踐家中，科比意應算是最後一位有巨大影響力的人物，但可惜的是，嚴格來說，科比意幾乎沒有完成任何完整的都市設計計畫，他的都市設計作品雖具明確的理念及震撼的空間形式，卻未能深化到提升空間使用者的生活品質，也缺乏社會規劃方面的考量。

45 Epstein, 1973, 36, 42, 45; Evenson, 1973, 49, 108, 112-13.

46 Epstein, 1937, 36.

影響。[47]

　　庫比契克去找他的老朋友，建築師奧斯卡・尼邁耶（Oscar Niemeyer）。巴西建築師學會對此提出抗議：「一定要舉行一個競圖。」尼邁耶當然在評委之列；僅僅三天的競圖審議評委會就做出決議，將20世紀最大的城市計畫之一的競圖首獎頒給了盧西奧・科斯塔（Lúcio Costa）。科斯塔是另一位巴西現代建築運動的先驅者，他參賽的作品是由有著徒手畫的五張中等大小的卡片所組成：沒有任何專業的人口預測、經濟分析、土地使用時程、計量模型或是機械式的製圖。[48]評審們喜歡它的「宏偉壯觀」：「很明顯地，從一開始巴西利亞就是屬於建築師，而非規劃師的城市。」[49]

　　計畫內容被多元地描述成，像是一個機場、一隻鳥或是一隻蜻蜓：身體或機身是包含主要公共建築與辦公樓的一個紀念性軸線，翅膀是住宅區及其他地區。（譯注14）首先，規格一致的辦公大樓直線排列後形成一條寬廣的中央林蔭大道，一直通向複合式的政府建築群。其次，制式的公寓樓被建造於科比意式的超大街廓中，面對著一個大型的中央交通動線；此計畫精確地遵循著科比意「光輝城市」中的規劃原則，每個人，從常務祕書到看門警衛，都住在相同形式街廓中相同形式的公寓裡。

　　但是，如同詹姆斯・霍爾斯頓（James Holston）所爭論的，巴西利亞呈現出現代主義思潮中一個非常激進的社會與政治意圖：藉由建構新的集體社會秩序來取代資本主義。雖然庫比契克是一位拉丁美洲民粹主義者，而尼邁耶則是公開的共產主義者。根據霍爾斯頓的說法，這個計畫是現代主義的最終政治成就，「這是一個展現CIAM理念的城市……一個以CIAM宣言中建築與規劃原則所建造出來的最完整的範例」；[50]（譯注15）此

---

47 Evenson, 1973, 114.

48 Epstein, 1973, 49; Evenson, 1973, 145.

49 Evenson, 1973, 117, 142-3.

【譯注14】這是科比意都市設計提案中少數真正有被實際建造的案例，它是個非常圖像化的都市設計案，整個都市設計及建築配置，就好像人在空中，在大地上畫出的圖案一樣。此計畫確實為巴西營造出一個新穎、現代化的都市，但整個都市好像永遠少了點什麼，其實少的就是人文氛圍及文化特質。

50 Holston, 1990, 31.

【譯注15】CIAM強調機能主義，不重視都市涵構。CIAM的基本規劃理念即是都市可以是像機械一樣組合與發展，並主張以「居住、工作、交通、娛樂」四大都市機能來進行都市規劃及土地使用規

計畫將達成現代主義先鋒者努力奮鬥卻始終無法達成的目標。它背後所欲達到的目的是，要創造出一個全新的建築形式，以作為新社會的外殼，而且其與過往歷史是沒有關聯的：過去已被徹底的廢除了。他寫道，「巴西利亞被營造為不只是要作為新時代的象徵，它的設計和建造其實是一種手段，希望藉由改造巴西的社會來創造一個新的巴西。」[51]巴西利亞計畫案完美地將現代主義運動的一個關鍵前提具體的呈現出來，「完全地去涵構化」（total decontextualization）[譯注16]，在那裡，一個烏托邦的城市未來變成衡量現代需求的工具，在這裡不需要有任何歷史涵構的感覺：有如在一塊乾淨的石板上創造一座新城市，而完全不用參考過去。[52]在這個新城市裡，以往嚴重階級化的傳統巴西社會將被一個強調平等主義的新社會所取代：在制式化的公寓群裡，總督和大使將與看門警衛和勞工比鄰而居，公共空間與私人空間之間的傳統劃分將被廢除；這些公寓大樓將是集體公共生活的機器。甚至這些傳統街巷（作為公共和私人生活之區隔的傳統空間介面）也必定會消失；因此造成社會區隔而非社會整合之巴西利亞的八線道快速道路，也將如此。

即使在巴西這樣充滿驚奇的國家中，巴西利亞的建造仍是一個傳奇。一個美國人寫道「它就像西方的開放被耽擱了一百年，然後又著急的以推土機方式趕工完成。」[53]因為首都建設必須不計任何代價地在庫比契克的四年任期終止前完成，也就是在1960年4月24日之前要完工，庫比契克頒布命令，在其任期最後一年必須24小時連夜趕工。巴西利亞的順利建造，「代表

劃，此概念深刻的影響到西方國家早期的土地使用規劃及全盤理性的都市規劃操作（例如土地使用分區與人口及產業的分派），但其理論中對於都市機能過於簡化的分析，也受到許多都市理論家的批評。其實目前的都市機能已不止此四項，諸如資訊、生態、感知等，也皆是現代都市需考慮的都市機能，而且相容、多元機能環境的營造（如相容性混合使用）已成為都市規劃設計的考量重點。

51 出處同上，3。

【譯注16】巴西利亞是現代主義在大尺度都市設計上的代表性案例之一，現代主義主張國際式樣的設計，以便能快速且大量的生產，並能大量複製，此概念不僅反映在建築，也反映在都市空間設計上。所以基本上，現代主義是不重視空間紋理及都市涵構的，甚至主張去涵構化，以便能去除空間紋理及歷史文化的包袱，進而建造全新的都市；此外，部分現代主義者也認為空間涵構與資本主義社會之階級壓迫有關。

52 出處同上，9。

53 Evenson, 1973, 155.

了一個國家機器管理上的勝利，而非行政效率上的成就；它代表了在一個傳統上不尊重時程表的社會中，卻能嚴守時程表而完工的特例；它也代表著一群被認為會拒絕努力或持續工作的人之長期努力持續工作的結果。」[54]（譯注17）這個都市建造的傳奇有著非常豐富的故事，而且全部都是真的：卡車司機一天運送砂石許多回，排版工人被當成地形測量員；數磚塊工人被當作會計人員。[55]此計畫最不需要考量的就是成本（換言之，它完全不顧成本），評審團成員威廉・霍爾福德（William Holford）曾說，沒有人知道總花費是多少；新市鎮開發單位諾瓦凱佩公司（NOVACAP）的總裁也說，此開發完全不會被財務所困擾；尼邁耶告訴英國建築師馬克斯・洛克（Max Lock），他對總統府的營建花費毫無概念：他不經意地反問「我怎麼會知道呢？」[56]愛波斯坦因（Epstein），兩本關於此城市歷史之知名著作其中一本的作者，做了一件令人叫好的事，他將其著作獻給為巴西建造新首都巴西利亞的工人們，以及為巴西付出代價的工人們。[57]

難以置信地，6萬名工人將此城市建造的主要工作完成了。一天之內有2,000盞路燈被立起；一夜之間有722戶房屋被漆成白色。在計畫預定完工日，總統府、行政大樓、國會大廈、最高法院、十一個內閣部門、一間飯店和94棟公寓大樓矗立在巴西中心區的開闊基地上，在陽光下展現其建設成果。當然這都只是外表，大樓內部仍未完工，在慶典之後，許多官員搭乘飛機回到里約熱內盧。但甚至在庫比契克下台之後，此城市因為實質建設花費太多而無法回收，在接下來的十年，整個政府機構真的移到那裡去了。

在一陣風潮之後，巴西利亞開始運作了。隨著小汽車擁有率的增加，寬大的高速公路和立體道路交叉處塞滿了汽車交通；由於此計畫並未嘗試解決行人與車輛間的衝突，每天都有許多行人在穿越有高速行駛的汽車道至中心購物商場時，面臨到死亡的威脅。但這只是個細節問題，如同在昌迪加爾一

---

54 出處同上，155。

【譯注17】意指巴西利亞的營造是在中央極權強勢壓迫下完成的特例，只有在非常強勢的領導且順從的人民之時空背景下才能如此。

55 Epstein, 1973, 63.

56 Evenson, 1973, 155.

57 Epstein, 1973, n.p.

樣，真正的失敗是一個沒有規劃的城市在此經規劃的城市旁成長，差別是，這個城市的規模更大。

巴西的貧民窟，如同其他開發中國家一樣，是其都市景觀中一個熟悉的景象：其中最為知名的一個貧民窟就在里約知名的科巴卡巴那海灘（Copacabana beach）後面的山丘上。但是作為現代化都市象徵的巴西利亞，就沒有這些景象，因為貧民窟在那裡已被處理掉了，[58]它確實是被處理掉了，但卻是以眼不見為淨的方式處理掉的。在新首都城市建造階段，一個被稱為自由城鎮（Free Town）的新市鎮必須被建造，不久之後，因大量的違章建築聚而創造出鄰近的塔瓜廷加（Taguantinga）貧民聚落區，在新首都交接典禮後，政府當局試著摧毀此貧民聚落區，但引起一些騷動；1961年，令建築專業者沮喪的是，一個法案被通過了，允許貧民窟被保留下來。到了1960年代中期，官方估計聯邦特區人口的三分之一，約有10萬人是住在「低於標準的住區」；不久，居住在此種住區的人口已超過聯邦特區全部人口的一半。[59]政府當局對遷入者的回應是設定基地與服務的最小地塊；愛波斯坦因對此過程的報導，呈現出一個特別的諷刺：

> 在諾瓦凱佩公司一名工頭的監督之下，真正的地塊分配和新街道配置工作其實是由兩個人完成的，其中一位是文盲。他們皆未受過正式的都市規劃、社會工作或調查之訓練，他們畫出了一個直角交叉的格子狀的街道系統。[60]

這就是在一個富人和窮人總被區隔的國家中，嘗試創造一個無階級區分的都市社會之夢想的最終結局。如果有差別的話，相較於其他老城市，在巴西利亞，他們是被更無情的隔離：一條衛生警示線（Cordon Sanitaire）被劃設在窮人區和具紀念性、象徵性的城市之間，因此窮人永遠不可能破壞那些刻意營造出的都市景觀或都市意象。政府單位的公僕們仍然住在超大街廓

---

58 出處同上，57-8。

59 出處同上，75-6, 79, 119; Cunningham, 1980, 198-9。

60 Epstein, 1973, 121-2.

巴西利亞（Brasilia）

現代化與衛生的首都城市之景象，此係基於盧西奧·科斯塔（Lúcio Costa）
在五張索引卡片上的速寫所營造出來的。

塔瓜廷加，巴西利亞（Taguantinga, Brasilia）

從一個營建工棚開始發展而成，它是第一個大眾住宅安置區，代表了大多數
首都地區人們生活的真實面：不可能被清除，最後只好接受，但忽視它。

裡，諷刺的是，他們被局限在狹小的空間裡，這比他們在傳統公寓的生活空間還要糟糕。巴西長久以來的種族階層問題此時再度重現。在當時，尼邁耶自己說此計畫已經被扭曲和背叛了；他認為只有一個社會主義的政權才可能執行它。[61]科比意在他的一生中承受同樣的感受：在民主和市場機制交混的時代中，要營造一個城市美化運動理念的都市環境是很困難的。

「科比意教派」來到英國

　　儘管他們努力嘗試過，科比意及他的信徒在已開發世界中的表現也只是稍微好一點而已；達到這些目的的手段是CIAM（Congrès International d'Architecture Moderne）的影響力，它是由一群「信守新信念的信徒」在邀請瑞士領導者希格弗萊德．吉迪恩（Siegfried Giedion）[62]加入後，於1928年所成立的。這種與瑞士的連結關係，在五年後吉迪恩於倫敦主動創辦現代建築研究小組（Modern Architectural Research Group, MARS）時又再度呈現。至1938年時，科比意長篇大論地談論著英國人的忠誠：

> 新建築的效益不應被局限在那些享受品味和金錢特權的少數家庭裡。它們應該被廣泛地散布著，以便照亮所有的家庭，並擴及到數以百萬計工人的生活……它自然地反映出我們這個年代最關鍵的議題：一個讓個別單元組成之整體國家進行理性再整備的偉大運動。[63]

　　科比意向那些信仰他理念的人宣講，但這樣的信仰者為數不多。在1930年代，儘管大多數地方政府官員曾有些海外的參訪旅行，但他們仍認為公寓是不必要的，而且只有二個計畫實際在進行，一個在倫敦，另一個在里茲（Leeds）知名的采石山（Quarry Hill），那是由兩位議員到維也納參訪

61 Evenson, 1973, 180.
62 Esher, 1981, 37.
63 節錄自同上，37。

後所提出的，它們甚至打破了以往不得超過五層樓的建築高度限制。[64]當時的海外移居者——瑟奇·希馬耶夫（Serge Chermayeff）、艾爾諾·戈德芬格（Ernö Goldfinger）、伯納德·魯貝金（Bernard Lubetkin）、彼得·莫羅（Peter Moro）及尼古拉斯·佩夫斯納（Nikolaus Pevsner）——在宣導由歐洲大陸所移入的新建築理念上扮演著重要的角色。[65]在1938年於倫敦舉辦的MARS團體展覽中（原預期於1935年舉辦，但不斷地延期），呈現出一個訊息，郊區是令人討厭的東西，而公寓房則代表進步的現象。[66]

七年後，所有一切都改變了。那裡有一股巨大、被壓抑的政治力量生成。到戰爭末期，一個真正的革命已經發生了：英國的政府以一種在1930年代無法想像的方式擔當起維護人民福祉的責任。[67]伴隨著此現象的是一種不尋常的觀感，認為英國必須被重建，而貧民窟必須被掃除。在普利茅斯（Plymouth）（被轟炸最慘的城市之一），市長阿斯特伯爵（Lord Astor）與一群委員們接待了工程部部長約翰·芮斯；那晚，芮斯見證到一個非比尋常的一幕：

> 兩千個民眾在露天跳舞——此為華爾道夫·阿斯特（Waldorf Astor）的主意。在他們下面，正散布著最近衝擊到他們城市的可怕浩劫，在隔海不遠處的是敵人。當他們在夏天從傍晚跳舞至午夜時，我看到一支海岸艦隊從他們的德文波特（Davenport）停泊處以單一直線向前行駛；那裡有他們要做的事，且他們可能會做的比在普利茅斯所看到的更好。[68]

阿斯特告訴他，這一次會面之後，所有對計畫構想的反對都不見了。在倫敦，阿伯克龍比和福肖（Forshaw）以一張圖來公開展示他們的倫敦郡計畫，十年後從紙上跳出，烙印在人們眼裡：它展現出一條倫敦東區貧窮的街

---

64 Ravetz, 1974, 133, 140, 144; Daunton, 1984, 140-2.

65 Gold, 1997, passim.

66 出處同上，360, 365。

67 Titmuss, 1950, 506.

68 Reith, 1949, 428.

道，環境相當破敗，可憐的人們將全部家當放在卡車上。在圖片的前方，孩子們瞪著相機，如同無聲的控訴。在照片下面是一段摘自溫斯頓・邱吉爾（Winston Churchill）的話。

> 最痛苦的是許多工人居住的小屋被摧毀了……我們會將它們重建，這些將是我們的榮譽，我們會做的比以前還要多。倫敦、利物浦、曼徹斯特和伯明罕可能還會承擔很多痛苦，但他們會從斷垣殘壁裡再站起來，而且，我希望，是以更健康、更美麗的方式……在我一生當中，我從未被那些遭受至多苦難的人們如此仁慈地對待過。[69]

在倫敦，最大的問題是倫敦東區。早在1935年這裡就制定了一些計畫，企圖清除與重建一個龐大的地區：一個總面積有700公畝的舊城區，位在斯特普尼（Stepney）、薛爾迪奇（Shoreditch）和貝斯諾格林（Bethnal Green），形成了一個約一又四分之三英里長、四分之三英里寬，介於倫敦港區（Docks）和攝政運河（Regents Canal）之間的廊帶。[70]在此地區，嚴重的貧民窟問題中最關鍵的是，港區受到轟炸，顯示倫敦東區遭到嚴重的損壞：至1940年11月，斯特普尼有40%的住宅被摧毀或嚴重損壞，伯蒙德塞（Bermondsey）有75%的住宅毀損。它們大多數是在1944至1945年間的空襲中被破壞的，當人們開始遷回來時，住宅問題則顯得更難處理。[71]

阿伯克龍比和福肖向大眾展現此任務是多麼的艱鉅。他們認知到「有大量的證據顯示……有小孩的家庭偏好獨棟住宅勝過公寓。他們將私人花園和後院與住宅的主要房間配置在同一層，以符合英國人的偏好。」[72]但是如果每個人都要住在住宅裡，那就意味著有三分之二或四分之三的人口將必須遷到其他地方，所以他們的偏好以每英畝100人的密度，一半興建住宅，一半興建公寓，但即使這樣，過剩人口的問題仍然嚴重，而且由於問題太

69 Forshaw 和 Abercrombie, 1943，標題頁。

70 Yelling, 1989, 293.

71 Bullock, 1987, 73-4.

72 Forshaw 和 Abercrombie, 1943, 77。

嚴重了，他們認為應將相等數量的工作機會移出，以取得平衡。依據以往的研究，他們於倫敦內城區設定出著名的每英畝136人的密度標準，依此標準，可讓三分之一的人口居住在住宅中，約60%的人口住在八到十層的公寓裡，而大約有一半擁有兩個孩子的家庭會住到公寓裡，但即使這樣的密度，仍意味著接近十分之四的人口需外移出去。為了解決此問題，住宅區公寓大樓樓高不得超過80英尺的嚴格法規限制，應用更具彈性的法規系統來取代，[73]所有這些都適當的呈現在1951年的法定發展計畫中。

整個世代都在等著被召喚：從部隊退伍的年輕人進入英國的建築學校，他們決定要創造一個全新的世界。弗雷德里克・奧斯本在1952年寫給劉易士・孟福的信中談到科比意在英國建築聯盟（the Architectural Association, AA）中所受到的崇拜：「受他影響的年輕人完全不考慮經濟或人的因素……就如同我年輕時質疑耶穌基督的神性一樣。我有著同樣的動物般非理性之感受。」[74]正如同一位編年史作家所寫的，那裡有一個「新的傳統……一個前衛派不尋常思想的特別組合」，它「可以透過AA而持續地追蹤。因為它是一個以英國為基地的國際性組織。……AA總是開放給那些不尋常、不妥協及具文化省思傾向之在倫敦的外國人」，[75]讓他們進入到這個文化溫室裡。

> 為了快速的成為合格的建築師，戰後的第一代充滿了對追求技術的熱情。……為了營造一個更好、更特別的世界，傲慢是沒有意義的，真正需要的是傳承……。不久之後他們有兩個激勵的來源——科比意和密斯（Mies）[譯注18]……光輝城市和馬賽公寓案例提供一個操作模式，可以將良好且堅實的社會主義原則應用在良好且堅實的現代主義都市素材之上。[76]

---

73 出處同上，79-83, 117-19。

74 Hughes, 1971, 205.

75 Cook, 1983, 32.

【譯注18】兩人都是現代主義的第一代大師，密斯的設計名言是「簡潔就是豐富」（less is more），但後來被後現代主義者批評為「簡潔就是貧乏」（less is poor）。

76 出處同上，33。

隔了沒多久，或許也只有AA才能如此，它變成科比意之外的科比意了。到1954年時，出現了羅納德・瓊斯（Ronald Jones）的生活結構（Life Structure）：一艘長2,360公尺、高560公尺、寬200公尺的地上船（land-ship）：

> ……透過漩渦體去獲取從2,900公里深的熔岩所流出的熱能，可將人們釋放出來，讓其在核能地球船上進行一個奇幻的旅程。……每個單元城市將有機能中心、行政管理機構、選舉產生的政府、藝術和創意中心、大學、專業學院、研究機構、運動和休閒館、視聽電影院、醫院、大賣場，以及市民購物中心。核心地區將被水平、垂直及對角線的自動步道連接……每一個大都會城市和城鎮將以第一、第二、第三、第四向度來規劃，以滿足人們的環境需求。[77]

如同許多依循貝德福廣場（Bedford Square）的地下樓而來的概念，它在當時是非常純淨且新生的幻想。問題在如同庫克（Cook）仔細地描述的，以及AA自己的回顧檔案中所顯示的，用不了多久，當一批又一批的學生畢業進入現實社會後，幻想又將回到了真實。瓊斯自己創作了香港和上海的銀行（雖然它的建築師沒有在AA學習）；為柏靈頓（Paddington, 1956）所做的高密度住宅計畫變成了雪菲爾的公園山（Parkhill, 1961）和在伊斯林頓（Islington）的衛斯登萊斯（Western Rise, 1969）；一個改建倉庫（1957）成為萊斯特（Leicester）大學的工程學系（1963）；1961年的住房變成了1975年的米爾頓凱恩斯（Milton Keynes）。在那時，更進一步幻想之旅的飛行仍然在布盧姆茨伯里（Bloomsbury）的跑道上蓄勢待發：一個由甜鬆餅包裝紙所建的房子，或是如1971年的一項「沙堡計畫——一個撒哈拉沙漠中為油礦工人服務的妓院……由裝滿砂的連續塑膠管所建造，形成一連串連接的穹頂。」[78]在那時，「強調全盤理性的都市主義」已不再是一個可接受的

---

77 出處同上，33-4。
78 Cook, 1983, 41.

對話主題：歐洲的思潮方向已經改變。[79] 但由歷代 AA 畢業生所創造出的代表性作品，已散布到整個英格蘭的都市地區。

《建築評論》（*Architectural Review*）引導著早在1953年就已開始的攻擊，理查茲（J. M. Richards）所寫的社論開始抨擊早期新鎮的缺乏都市性（urbanity），譴責其密度太低以及城鎮與鄉村規劃學會所造成的不良影響。[80]《建築評論》在1955年出版了《暴行》（*Outrage*）刊物，伊恩・奈恩（Ian Nairn）在刊物中抨擊英國都市設計的品質，其對英國的知識分子有著特別的影響；它宣稱：

> ……這是一個厄運的預言：如果被稱作是「發展」（development）的東西是允許以現在的速度來大量複製，那麼到了本世紀末，英國將由一群在沙漠裡保留紀念建築的隔離綠洲所組成，那裡有電線、混凝土道路、舒適的小塊土地和平房建築。城鎮和鄉村將沒有真正的差別……對於這種新的英國城鄉環境，《建築評論》以「鄉村都市化」（SUBTOPIA）的標籤來描述它。[81]

接下來的結論是無情地：「我們的工業系統愈複雜、人口愈多，我們的鄉村就應該更大更綠，而我們的城鎮就應該更緊湊且潔淨。」[82] 因此，兩年後編輯們發動了反擊，展開一場反對鄉村都市化的運動。[83] 同時，英國皇家建築師學會（Royal Institute of British Architects）於1955年對都市高層公寓發展舉辦了一場相當有影響力的研討會，由住宅部和地方政府的常務祕書埃弗蘭・夏普夫人（Dame Evelyn Sharp）主持開幕，他引述一首詩來讚頌傳統鄉村的美麗。[84]

他們還有許多盟友。農業遊說團體主張回歸到探討鄉村土地利用的

---

79 出處同上，40。
80 Richards, 1953, 32.
81 Nairn, 1955, 365.
82 出處同上，368。
83 《建築評論》（*Architectural Review*），1957。
84 Dunleavy, 1981, 135, 165.

1942年史考特報告（Scott Report）[85]中所提到的基本原則：試圖挽救每一塊可能成為最後一英畝農地的農業土地。社會學家則偏重於以麥可‧楊（Michael Young）和彼得‧威爾莫特（Peter Willmott）所寫，有巨大影響力的〈倫敦東區的家庭和親屬關係〉（Family and Kinship in East London）一文來表達他們的觀點，該文質疑，將人口從倫敦移出至都市周邊的住宅區，規劃師們其實是在摧毀一個獨特的工人階級日常生活的多元型態[86]（調查顯示大部分的人想要移出去，尤其是年輕的家庭。唯一的例外是貧窮的自有住宅住戶）。[87]農業經濟學者吉拉德‧韋伯利（Gerald Wibberley）指出，相對於國家需求而言，農地已經過剩了，但此論點並沒有引起多大的注意，而彼得‧史東（Peter Stone）計算興建高樓實際成本的分析，[88]也影響不大；奧斯本不屈不撓地展開反對給予高層公寓補貼的活動也沒有發揮多大的作用。[89]因為政治沒有站在他們這邊，政府想要進行都市成長管控（urban containment），並不計成本地要停止新鎮建設。

　　所以對都市規劃史的學者而言，關鍵的問題是：現代主義建築師的承諾能維持多久，以及它在其他方面的影響有多大？修正主義學派建議此問題的答案是複雜的。在1943年，倫敦郡計畫在執行時，當時團隊中最偉大的規劃師兼建築師阿伯克龍比正身處困境，而奧斯本則肯定地認為他已經完全地被倫敦議會的勢力所控制（見第五章）。他的1943年規劃解決方案是：

> 聰明地整合與調整兩股源自歐洲大陸的既存影響力，隨後再發展出一個英國的「傳統」。首先，納入德國對於城鄉空間發展之三度空間組構的想法，包含孟德爾頌（Mendelsohnian）的動態論（dynamism）及國際現代主義對於不同空間維度的排屋線型配置原則，再融入瑞典運用荒野美學自然景觀概念的建築設計理念；在另一方面，明顯的不同之處是，

---

85 大不列顛建築與規劃部（G. B. Ministry of Works and Planning），1943。

86 Young和Willmott, 1957。

87 Yelling, 1999b, 10.

88 Wibberley, 1959; Stone, 1959, 1961.

89 Osborn, 1955.

其強調對於城鎮和街道空間的欣賞方式，其偏好具圍塑感及被切割的空間，而非全然的開放空間，這些想法是西特（Sitte）的概念經由歐文的詮釋所發展出來的，在戰後，這些概念被以城市景觀（townscapes）的標籤而加以整合。[90]

但是還有另一個受到懷疑的地方，即是由地方同僚於1942年所成立的達德利委員會（Dudley Committee）。當時已有清楚的證據顯示出人們的偏好：對絕大多數的人而言，他們要的是房子而不是公寓，但是該委員會卻建議了一系列的密度標準，從較開闊之城外地區的每英畝30人，到較擁擠都市地區的每英畝100至120人。他們無疑地是受到當時引起各界注意之阿伯克龍比—福肖的分析所影響；該分析建議每英畝136人的密度標準，意味著有超過60%的住房必須建成高樓，[91]但是相對地，布洛克（Bullock）爭辯道，主要的證據係來自於負責社會服務的國家社會服務委員會（National Council of Social Serveice, NCSS），他們對鄰里社區的研究影響到阿伯克龍比和福肖。衛斯理·道吉爾（Wesley Dougill）曾於1942年在NCSS團隊裡工作；住宅改革運動者伊莉莎白·登比（Elizabeth Denby）也扮演著關鍵的角色，她曾造訪歐洲大陸，並欣賞它們的計畫方案。[92]

在當時及後續發展中，倫敦郡議會的官員及委員們扮演著關鍵性的角色，他們對於去中心化發展感到恐懼，因為其對選舉及政府財政將造成衝擊：這較可能發生在工黨占絕大多數的自治市鎮裡，其工業外移將影響地方的稅收。奧斯本很清楚的了解此點：他寫道：「倫敦郡議會是由中產階級議員所主導的，不太受大眾意見的影響，但是……他們害怕課稅價值的降低或支持他們的貧民窟選民因此減少。」[93]

所以最具影響力的人物是估價師與審計官。對他們而言，任何對於理想密度的承諾（如花園城市倡議者所建議的）都是一種詛咒，因為其將造成資

---

90 Horsey, 1988, 168-9.
91 Bullock, 1987, 74, 76, 82.
92 出處同上，78。
93 Garside, 1997, 34.

Cities of Tomorrow

本成本的增加，並將導致住宅區可課稅價值的損失。[94]選擇適當地區來進行通盤性再發展的關鍵在於，藉由限制人口郊區化及引入商業活動到先前為住宅區或工業使用的地區，藉此增加其可課稅的財產價值。[95]甚至重工業都應盡可能的保留，如同奧斯本以獨特觀點所論述的，此選擇仍將是介於是要做「一隻在籠子裡的松鼠或是一隻在火車上的老鼠」。[96]問題是，雖然1947年法案處理了補償金和環境改善金的問題，但它還是無法處理可課稅資產價值的問題；[97]儘管厄思沃特報告（Uthwatt report）試圖處理這個問題，但處理現有土地價值問題的機會已經流失了，[98]而且尚缺乏一個中央機制，可讓城市的課稅損失可藉由遷建地區所增加的收益來補償。[99]

葉林（Yelling）指出，建築師部門的規劃師們企圖為計畫的尊嚴而辯護，以對抗審計官與估價師，他們其實是要更多的公寓大樓。[100]財政部對昂貴土地的補助只補貼給公寓，而其計算係以每公畝要有35棟住宅來作為收支平衡的門檻標準；只有一小部分的例外，可允許房子被建在已充分發展的地區。[101]在實務操作上，估價師贏了：[102]在1945到1951年10月期間，倫敦郡議會建造了13,072棟公寓，同期間只蓋了81棟住宅，地方自治市鎮建造了13,374棟公寓，相較於2,630棟住宅。24個自治市鎮中有15個其實只建造公寓。[103]估價師繼續要求較高的密度，而且被賦予建房責任，因為這是優先考慮事項，而且郡外機會太少了。雖然遭到城鎮規劃主席反對，[104]羅漢普頓（Roehampton）被規劃為每公畝有30棟住宅，而非原先預想的每公畝20棟。[105]

---

94 Garside, 1997, 22.

95 出處同上，23。

96 出處同上，31。

97 出處同上，32。

98 Yelling, 1994, 143.

99 出處同上，143。

100 出處同上，146。

101 出處同上。

102 出處同上，142。

103 Bullock, 1987, 93-4.

104 Yelling, 1994, 147.

105 出處同上。

偉大的重建

因此每一件事情似乎都碰到一起了：一個在建築師間私下的運動起了重大的影響，因為它撥動著帶有同情心的政治和弦。1955年保守黨政府在住房部長鄧肯·桑迪斯（Duncan Sandys）的帶領下，發起了一個約將進行二十年的主要貧民窟清除計畫，並同時鼓勵主要城市周邊地區的地方政府劃設綠帶，以控制都市的擴張。然而，由於該年出現一個無預期的出生率大幅成長，不久便導致土地預算估算的無法平衡。[106]計畫土地取得成本大幅上揚，特別是在1959年法令調整之後。許多大城市不再反對留住其都市人口，也不再嘗試將他們外移到新的或擴張的城鎮，這些現象呈現出城市將建造更密集、更高的樓房之訊息，[107]大型建商準備要進入了，而且嘗試透過配套銷售方案來解決城市的住宅問題。[108]儘管有來自城市與鄉村規劃協會（Town and Country Planning Association, TCPA）主要成員奧斯本的一個抗議行動，政府仍熱切地給予建商們從事建房工作所需要的特別補助：從1956年起，建造十五層樓公寓所獲得的補助是建造一般住宅的3倍之多。[109]實際情況是，公共住宅計畫中的高樓興建百分比逐年提高：五層樓以上的房屋在1950年代晚期約占全部的7%，到1960年代中期已達26%。[110]

在所有這些重建工作中，存在著相當多的矛盾，即使在個案之中。理查·克羅斯曼（Richard Crossman）是桑迪斯近十年後的繼任者，其帶頭加速工黨政府的貧民窟掃除和住宅興建計畫，他在日記中寫道，他不喜歡人們住在高層住宅公寓中，但是也幾乎同時又鼓勵著更大的拆除計畫和工業化的住房建設：

在談話中，我問為何只有750棟住宅被建在奧爾德姆（Oldham）；為何

---

106 Hall等人，1973, II, 56-9；Cooney, 1974, 160。

107 Cooney, 1974, 161-2.

108 出處同上，168；Dunleavy, 1981, 72, 114。

109 Dunleavy, 1981, 37; Cooney, 1974, 163.

110 Cooney, 1974, 152.

不重建全部？那樣不是會對萊恩（Laing）建商有幫助嗎？「當然，會有幫助！」奧利弗（Oliver）說道，「而且這將可能對奧爾德姆也有幫助……。」我開車回內閣……感到溫暖且興奮。[111]

　　倫敦郡委員會有個頗具聲望的建築師部門，先是在羅伯特·馬修（Robert Matthew），然後在萊斯利·馬汀（Leslie Martin）的領導下，他們於早期提出了一個規劃模式：它有著不尋常的自由規劃權限，因為內閣的經常性支出審核並不適用於此部分。[112]它首先建造出「偉大的科比意式的板樓建築」，於1950年代末期在西奧爾頓（Alton West）與羅漢普頓達到興建的高峰，這是科比意「光輝城市」理念在世上較具體的實踐；然後開始「塔狀建築的時代，較細長的、較少壓迫的，而且當然是獲得較多補助的建築」：[113]總共有384棟此類建築，在1964到1974年間完成。在1965年的行政重組之後，新的自治市鎮自己在這方面做出了特殊的貢獻，像是在北佩克漢姆（North Peckham）的薩瑟克（Southwark）的大型開發，之後成為倫敦最有問題的街區之一。建築師們並非完全同意以上作法，甚至在倫敦郡議會內部，也出現不同的聲音：[114]從1950年早期開始，自封的人本主義派與形式主義派之間產生了意見分歧，它們是以東奧爾頓（Alton East）的斯堪那維亞之新經驗主義（New Empiricism）與西奧爾頓（Alton West）科比意教派之間的區別為代表；科比意教派逐漸在1950年代占了上風，如同我們在其帶狀計畫裡所見到的，例如在1950年代中期之拉夫堡道路（Loughborough Road）和邊沁路（Bentham Road）上所見到的大廈陣列式建築景觀。[115]

　　少數英國的省城城市嘗試著在聲望上競爭，兩個AA的畢業生帶領著一個團隊開發了公園山（Park Hill），該處有著甲板通道之公寓建築的高牆，就像堡壘般地凸顯在雪菲爾的中心，但是，必須公平地說，它在吸引

---

111 Crossman, 1975, 81.

112 Dunleavy, 1981, 170.

113 Esher, 1981, 129.

114 Bullock, 1987, 93.

115 Horsey, 1988, 169.

倫敦東區的大重建

1965年重建工作約完成一半時的照片：舊的兩層樓平頂房屋在左邊，倫敦郡議會建造的塔狀高樓和難以形容的自治市板樓在右邊。

住戶方面是相當成功的；格拉斯哥（Glasgow）雇用巴茲爾‧史賓斯（Basil Spence）為高伯斯（Gorbals）在城市邊緣建造大型塔狀建築；在這裡，所有住戶都住在一種非英國傳統的高密度出租公寓中，此處的住宅設計較少出現一般性的問題，除了對那些有小孩的家庭之外，這並不令人訝異，因為有五分之四的孩童住在四層樓以上，[116] 但是有許多其他地方，建築師做得太平庸了或是根本是缺乏考慮，而房客則發現他們自己被放在系統化建造的速成公寓樓裡，缺乏設施、良好環境及社區生活；事實上，除了天花板和四面牆之外，幾乎缺乏任何東西。

---

116 Jephcott, 1971, 140.

但是基本上，正如同格倫迪寧（Glendinning）和穆特修斯（Muthesius）在他們具有歷史性意義的著作中所指出的，倫敦是一個與其他英格蘭和蘇格蘭城市相當不同的城市〔很奇怪地，威爾斯（Wales）從來沒有出現對高樓建築的狂熱〕。在倫敦，頂尖的建築師們主導著每件事；首先這是出現在倫敦郡議會建築部門的全盛期，以及在一些較小的倫敦郡議會時代的都會自治市鎮〔例如，在芬斯伯里（Finsbury）、魯貝金（Lubetkin）及泰克頓（Tecton）依循著他們戰前在海格特（Highgate）的海波因特（Highpoint）之作法，繼續進行工作〕，然後發生在1965年之後的少數自治市鎮，在那裡倫敦郡議會的一些中堅份子仍繼續努力著。高層大樓建設在倫敦因此成為一個巨大且刺激的建築運動：將現代運動的本質引入英國，因而讓整個國家從一潭死水轉變成先導者。但是在其他的省和在蘇格蘭，它仍維持一般的狀況：在那裡，建築師無力對抗住宅部門的眾多累積力量，而且目標是在最短的可能時間內達成最大數量的住房單位（常見的慣用語）。[117]

　　難以否認的是，在那些城市裡，1950年代的住房狀況是難以想像地糟糕。在格拉斯哥，如同一個可怕的圖片所呈現的，在高堡的貧民窟中，九位成員的家庭全住在一間寬11英尺乘以8英尺的房間裡。[118]當你看到那個狀況時，你將了解為什麼政治人物及所謂的專家會誓言要清除貧民窟，而且為什麼高層公寓會代表著從19世紀邁入21世紀的大躍進，那也就是為什麼巴茲爾·史賓斯的高堡高層住宅於1933年在電視上播出其壯觀的拆除情景時，彷彿進入了一個新世界。

　　到底是哪裡出錯了？格倫迪寧和穆特修斯認為，就如同對高層建築的狂熱本身一樣，一股知識的潮流驅動著對此建築風格的抨擊：對此抨擊的反擊之內涵與其原本神話式信念的基礎一樣的薄弱。更具體的說，兩者皆是由不具體的流行社會學所引導與支持，因此，我們仍然無法確切地理解，為什麼有那麼多高層建築的開發最後會被視為是失敗。前述兩位作者建議那是一種災難性之自我毀滅及自我辯解的動態關係：1968年以後突然出現住房過剩

---

117 Glendinning 和 Muthesius, 1994, passim。
118 出處同上，178。

的現象，問題家庭遷入這些高層住宅，其他家庭接著遷出，很快的有些發展被貼上問題地產的標籤。也許整本書中最具啟示性的部分，就是關於一位愛丁堡住戶所經歷過程的描述：一開始是一群友善的人住在美好的公寓大樓裡，但最後的結果卻是發條橘子（Clockwork Orange）中的可怕景象。^(譯注19)一位名叫安德魯‧巴爾德斯頓（Andrew Balderstone）薄金屬板工人，在約翰‧羅素宅第（John Russell Court）的出租房間住了二十年，這是在愛丁堡重點街廓的一棟二十層的公寓大樓，他從大樓興建完工後即搬入，一直住到1984年大樓被清空與改建：

> 與這棟大樓本身無關，真的，是居住在那裡的居民及他們的行為改變了。當我們第一次進去，我們被介紹給看門的警衛，他是一位退休的水手，對他的工作非常有熱忱。大樓完工進駐最初的五到十年，事情真的非常好，每一個人都保持整棟大樓的整潔，你真的會以有一個如此棒的新公寓而感到驕傲……
>
> 問題開始出現在五到十年之後，當他們開始讓一些不一樣的居民搬進來時……這是公司住房管理部門的主意。「管理」——這是多麼令人作嘔的笑話！他們有一個瘋狂的想法，把不好的居民遷入於一般居民之中，你將可以把這些居民提升到較高的水準，但結果卻是相反的，特別是像它這麼大的大樓裡，其實他們帶領我們向下沉淪！
>
> 它就像是一種癌症。首先你會嘗試保持你自己的標準，但你很快地體認到那是在浪費時間……
>
> 嗯，看門的警衛無法處理全部這些事，所以他離職了，接著愈來愈多的鄰居因無法忍受而搬走了——而住房部門所能做的就是讓單親家庭遷入來填滿這些空出來的公寓房，而且愈快愈好。當他們開始讓吸毒者進

【譯注19】發條橘子是一部引人爭議的暴力電影，被譽為1970年代最具影響力的電影之一，電影改編自同名小説，名字取自英式俚語queer as a clockwork orange，意指像是上了發條的橘子一樣地奇怪。電影故事描述一名無惡不作的超級罪犯，在犯下許多重大的惡行後因被朋友出賣而入獄，經政府施以古典制約理論的厭惡療法získ釋放出來，雖失去作惡的能力，但也沒有變成好人，之後陷入人性的痛苦掙扎，此電影中充滿了直接的暴力畫面。霍爾教授以此為例，暗指單靠良好的住宅品質，實不足以改變原本不良習性之居住者的行為。

來，大約在1970年代後期，暴力破壞公物的行為和非法入侵的行為真的開始了，一群通宵進行派對的白痴在凌晨3點使用垃圾滑運道將一堆瓶罐砸下，那是一段瘋子突然往外砸東西的時間⋯⋯

這一切似乎是個可怕的浪費——它們其實是很好的住宅，如果委員會費神地照顧它們一下的話，而不是把它們當成一個垃圾場！[119]

　　所以格倫迪寧和穆特修斯的專書下結論道，不要接受一般新聞報導的刻板說法：如果有好的管理，絕大部分的高樓大廈是適合居住的好地方，並被住在那裡的居民所喜愛。

　　格拉斯哥是一個很特殊的案例，它總是有非常高比例的家庭住在租賃的廉價公寓裡。[120]阿伯克龍比的1946年克萊德山谷計畫（Clyde Valley Plan）建議要設立四座新鎮：其中東基爾布賴德（East Kilbride）和坎伯諾爾德（Cumbernauld）最後有興建，另外兩個則沒有；即使這樣，他們只有將50萬人口的三分之一從格拉斯哥分散出去，其餘人口中至少有一半則被安置在城市的周邊。「格拉斯哥公司」（Glasgow Corporation）的許多住區後來很不情願地被迫接受這些外移的人口；[121]他們想要「留在格拉斯哥內工作與生活，以便保持房地產的課稅價值，並讓自己留在國家的第二大城市」；在1950年代後期，藉由補助制度改革之助，他們贏了，強力通過一個持續建造高層公寓的計畫。[122]

　　重要的事實是，到底要花多久，才能讓人看出它是個錯誤。為了要了解原因，必須做些努力讓出生在1960年以後的人能夠想像當時的狀況，以便能體會到被塔狀公寓所取代的密集成排的貧民窟的環境到底有多麼糟。後來推土機開始清除一些完好及尚稱完好的房屋，可能使兩者皆不適當的真相顯得更加模糊不清了。如同萊昂內爾・埃舍爾（Lionel Esher）所說的，「即使是保護主義者將大量的維多利亞式『窳陋地區』視為是可犧牲的。六年的

---

119 Glendinning和Muthesius, 1994, 323。
120 O'Carroll, 1996, 56.
121 Wannop, 1986, 211.
122 Horsey, 1988, 179-80.

戰爭已將倫敦和大型省城的這種地區變成骯髒罪惡的地區，令人想起《荒涼山莊》（*Bleak House*）最漆黑的過去。」[123]以瑞維茨（Ravetz）的話來說，「整整二十年……所有城市貧民區清掃規劃所造成的社會不利與它的城鎮轉型，隨著時間流逝而過去了，除了那些怪人之外，只有少數人有著1940年代殘存的想法，或是因為藝術上的因素而哀悼昔日景象之消逝。」[124]其實，最遭受被抨擊的不是清除式規劃的事實，而是它們的執行方式。

羅南點（Ronan Point），一個倫敦東區系統性建造的塔狀大樓，在1968年一次天然氣爆炸中不幸崩塌了，此事被媒體大幅報導，批評聲浪不久變成震耳欲聾。事實上，政府財務補助系統在前一年已重新做了調整，且地方政府當局已經停止他們的高樓興建計畫。此時，每件事突然都不對勁了：大樓漏水、空間變擁擠、大樓破裂、電梯壞了、孩子們任意破壞房子、老太太生活在恐懼中。所有這一切有一些基本原因：從1959到1974年負責替倫敦郡議會和大倫敦議會（Greater London Council, GLC）進行房屋設計的肯尼斯‧坎貝爾（Kenneth Campbell）列出了此類住房的三個主要的失敗之處，電梯「太少、太小、太慢」、孩子「太多」、管理「太少」。[125]安東尼‧格林伍德（Anthony Greenwood）1968年的白皮書《從老屋到新家》（*Old House into New Homes*）中揭示出一個很大的反對反應，[126]結果1969年的住宅法案很有效率地把重建拿掉，改為維護改善。在十年之後，當經濟不再成長，事實證明不可能再回到那個推土機式的都市更新年代了。[127]

在這段短暫的時期裡，實際發生的是，規劃觀念上的重大改變。二十年之前，在歷史性的1947年法案中，一個為了保存而彙整列出建築物名單的要求，在最後一分鐘被提出，但當時住宅部部長和地方政府並未將保存與規劃視為是相關的事情，一直到1960年代中期，當韋蘭‧肯尼特（Wayland Kennet）變成副部長，並負責都市保存時，才與克羅斯曼建立起密切的關

123 Esher, 1981, 45.
124 Ravetz, 1980, 89.
125 Esher, 1981, 129-30.
126 Yelling, 1999a, 14.
127 出處同上，16。

Cities of Tomorrow

係。鄧肯‧桑迪斯以部長身分成立了公民信託（Civic Trust），並在普通議員法案（Private Members' Bill）的投票中獲得第一名。克羅斯曼說服他去採用一個法案來加強所需的權力，以防止名單中需受保存建築之遭到拆除，他的部門並提供相關的協助。克羅斯曼寫道：

> 肯尼特是真的了不起的精力旺盛，雖然他有點惹惱我，因為他想要接管每件事，我高興他是這樣的一個人。他將盡其所能的保護歷史建築，而且他將受到鄧肯‧桑迪斯法案的幫助，也會得到一個讓工作團隊在我所選取的五個城鎮繼續工作之決定的支持。[128]

後來他透露他必須與他的上級公務員長官抗爭，她是厲害的埃弗蘭‧夏普夫人（Dame Evelyn Sharp）：「她將自己視為是一個現代的反傳統主義者，她用極度知識淺薄的觀點，認為有一個介於『現代』規劃與『復古』保存之間的明確衝突。在我當部長期間，在一場又一場的演講中，我嘗試打破這個不正確的二分法，以便建立規劃和保存之間一種新的且合理的關係。」[129]後來，他的職位在1966年被安東尼‧格林伍德所取代。格林伍德是「一個軟弱的部長，讓有些人覺得他除了對自己的形象之外，對任何事都提不起興趣」；[130]他心甘情願的將大部分的工作交給副部長們，這為肯尼特開了個門，他留下來工作直到1970年大選，並做出非常正面的貢獻。肯尼特後來回憶道，在那些年當中，在「一個盲目的年代」之後，大眾的意見已有所改變；[131]之後歷史建築議會將七分之一的預算撥給軍方使用，[132]但是桑迪斯法案靠著兩個政黨的支持而通過了，而且肯尼特透過一個有力的書面公告，積極地推動此項工作，這個公告鼓勵了地方政府「先指認，然後再思考，廣義地說，這就是他們過去所做的。」[133]約翰‧德拉豐（John Delafons），一位

128　Delafons, 1997, 60, 87, 89, 90, 93.
129　出處同上，93, 94。
130　出處同上，94。
131　出處同上，95。
132　Delafons, 1997, 96.
133　出處同上，100。

規劃官員後來變成一位規劃歷史學家，曾評論道：「那些人想知道當保存的大門打開時，只需檢討是否符合53/67公告即可。」[134]到1972年時，肯尼特可以記錄出有1,350個保存地區已經被大約130個地方政府所指認，而二十年後總數目超過了6,500個。[135]

所以，科比意式的偉大重建已經結束了，[譯注20]但是，為了對科比意派公平起見，有些事情必須要提到。首先，雖然有一些倫敦地產直接受惠於科比意理念的啟發，但是有些則表現的有如設計上的災難，至於許多其他遍及英國各地的相關建設，則因地方政府太懶散或是缺乏想像力，而沒有雇用他們自己的建築師或規劃師，以致只是制式的操作。克羅斯曼早在1965年時就參訪了維根（Wigan），他評論道，科比意派「巨大的建築計畫」是「一種駭人的暗淡且單調，而且我害怕他們會將維根建設成在2000年時看起來會像以1960年代的眼光所看到之1880年的老維根一樣的差。」[136]其次，科比意從未提倡將人們（與工作不同）安置於塔狀建築內；他的無產階級住宅看起來像是曼徹斯特大型的休姆村（Hulme Estate），這是歐洲曾進行過最大的都市更新案，包含中等高度的建築群，但最後證明也是一個設計上的災難。事實上，在高層塔狀建築時代之後的建築風潮下，新提倡的低層高密度發展，在第二次世界大戰之後也立刻在格拉斯哥被證明是個失敗，[137]且後來被嚴苛批評為：低層高密度建築在實際上即意味著孩子群在磚房的後院聚眾滋事，而聚眾滋事代表著故意破壞公共建設，這些地產後來變得「難以租售」，也就是，只能售予（或租給）最窮和最失序的家庭，他們沒有汽車可停放在法規要求所設置的地下室車庫裡，而他們的孩子將破壞他們所擁有的少數一切。[138]

諷刺的是，這其實是一個科比意式的解決方案。其中欠缺的是真實的批評，以了解問題的所在：它的設計方案並沒有考慮到民眾的偏好、生活方

---

134 出處同上，101。
135 出處同上。
【譯注20】指大掃蕩式、推土機式的拆除重建。
136 Crossman, 1975, 341.
137 Armstrong和Wilson, 1973。
138 Esher, 1981, 134.

式，或使用者的習性；再者，如同媒體所樂於發現的，這些建築是由自己本身住在迷人的維多利亞式別墅中，而非實際住在塔狀大樓的建築師們所設計的。雖然後來有些建築師確實住在他們所設計的地方，如拉爾夫‧厄斯金（Ralph Erskine）的駐點建築師弗農‧格雷西（Vernon Gracie）住在新堡（Newcastle）的貝克沃爾（Byker Wall）公共住宅，但這是一個評論上的問題。對於這個失敗的主要後果，科比意和他的追隨者都要負全責的是，這些中產階級的設計師對於勞工階級家庭的生活方式並沒有真實且深刻的體驗。在這些設計師的世界裡：

> 母親並沒有與嬰孩一起待在家中，她是在哈洛德（Harrods）購物。當孩子年紀小時，由保姆帶到肯辛頓花園（Kensington Garden）。到了8歲時他們上預備學校，到了13歲上公立學校，學校都在所住的地區。在假日時他們不是到鄉下，就是從事冬季運動、滑船等等：在柔和的清風和夏日的陽光中，他們的皮膚被曬成金黃色和棕色。他們絕對不會在土地上閒蕩或是玩垃圾箱的蓋子。[139]

有一個關於科比意在馬賽著名的第一個公寓（Unité）設計之驚人事實：它與其他眾多的忠實的複製品相當不同，這並不是因為它是由大師自己所設計的，而是因為它被一群相當不同的住戶所占據。它是一群中產階級專業者的領土，他們明顯地喜愛住在法國最偉大的建築遺址之一（而事實的結果，他們收到了前所未有的鉅額公共補助，用於維護整修），從高雅的門廳到令人高興的屋頂游泳池，它更像一個中等品質的旅館，而不像一個1960年代英國郡議會所建的公寓樓（或者，這只是巴黎郊區一處住宅區的情況，假如讀者想為英國獨一無二的醜陋難看尋找一個解釋的話）。事實是，從一開始到最後，科比意都不了解人們其實不像他自己。

所以，有錢人總是可以在高密度的住房裡過得很好，因為他們有各種服務；這就是為何那些科比意受到他人引用的觀點總是如此的吸引人，但對一

---

139 Ward, 1976, 51.

般的民眾而言，如同沃德（Ward）所說的，郊區有著極大的優點：高私密性、免於噪音干擾、讓你自己可以製造噪音的較大自由。而在高密度住區要獲得這些是需要付出昂貴代價的，在公共住房則是普遍不可能的。最重要的問題之一是小孩：「除非他們有機會在他們的童年盡情的玩，否則他們長大後必定會做出一些麻煩事。」[140]此點對於那些住在高密度的高樓建築中，其小孩之教育水準較不佳的家庭來說，尤其正確，如同傑夫考特（Jephcott）在1971年所下的結論：「地方當局應停止使用這種住房形式，除了為少數仔細選擇過的房客或處在極端壓力的情況下。」[141]當然，科比意很幸福地不知道這一切，因為他是中產階級且沒有小孩。[142]

美國的都市更新

美國人甚至比英國人更早發現這些，探討為什麼會是這樣一件有趣的事。原因之一是他們起步較早。美國的都市更新計畫始於1949年的住宅法案以及1954年的修正案，而且甚至有更早的起源：那是1937年國家資源規劃管理局都市委員會的報告——《我們的城市：它們在國家經濟中的角色》（*Our Cities: Their Role in the National Economy*），此報告強調出，因過時的土地利用而導致都市衰敗，再加上1941年由阿爾文·漢森（Alvin Hansen）和蓋瑞·格雷爾（Guy Greer）所發行相當有影響力的小手冊中所提出的論點，強調透過聯邦援助來購買衰敗的地產是必要的措施，而城市相對的必須擬定計畫以重新發展，[143]此行動促成了1949年的法案，代表著保守與激進的利益團體之間一種奇怪但成功的結盟：聯邦金援於是可以被運用在都市更新，但主要還是在住宅區的部分；然而充分的住宅重建工具卻尚未提供。[144]

---

140 出處同上，54。
141 Jephcott, 1971, 131.
142 Anthony, 1966, 286.
143 Greer和Hansen, 1941, 3-4, 6, 8。
144 Salisbury, 1964, 784-7; Lowe, 1967, 31-2; Mollenkopf, 1983, 78; Fox, 1985, 80-100.

為了要了解原因，就必須更深入的洞察這個原本不太可能發生的結盟關係。國會在1937年通過了一個重要的公共住宅議案，名為「華格納法案」（the Wagner Act）。這是在強大的利益團體之間一個苦痛且長時間掙扎下的產物；一邊是包括凱瑟琳‧鮑爾的自由主義住宅專家們，其與營建工會站在一起，另一邊則是國家不動產局協會（National Association of Real Estate Boards, NAREB）以及它的附屬研究單位——都市土地研究所（Urban Land Institute, ULI）。國家不動產局協會（NAREB）和都市土地研究所（ULI）都支持聯邦的融資抵押保險，一個他們在1934年成立聯邦住宅協會時就贏得的原則。他們都反對公共住宅。最終所產生的妥協方案是設置公共住宅，以作為對需要援助窮人的一種暫時性措施：他們通常是新的失業者，當經濟復甦時，將有機會購買自己的住宅。此作法排除了年老的窮人：絕大多數是黑人，是真正窮苦的低下階級。歧視的工具在於法案的資金運用：聯邦資金將支付土地取得費用及開發費用，但不包含營運成本，營運成本必須由租金收入來支持，真正窮困的家庭因此無法入住。[145] 在1940年代後期，這個障礙被排除了：福利家庭開始獲得專案協助，但是，由於財務安排仍然不變，最終的矛盾不久就產生了災難性的後果。[146]

1949和1954年的法案代表了另一個國家不動產局協會—都市土地研究所（NAREB-ULI）遊說團體的勝利。他們的目標不是興建廉價的住宅，而是以匹茲堡在金三角成功的再發展案例為典範，來進行市中心邊緣衰退地區的商業再發展。雖然與國家不動產局協會處於痛苦的對立，公共住宅運動與其在都市更新上所能達到的期望目標卻是不謀而合。[147] 事實上，雖然都市更新被視為是一種手段，以保障「為每個美國家庭營造優質的家及合適的生活環境之目標的實現」，都市更新與公共住宅是分開的，且是在住宅與住宅融資局的管轄之下。該局立刻減少低租金住宅的興建，並轉而鼓勵商業再發展。在1949年的法案條文規定中，那些應該被「重點性再發展」的地區卻

---

145 Friedman, 1968, 104-9.

146 Meehan, 1977, 15-16, 19.

147 Weiss, 1980, 54-9, 62.

是逐漸地衰敗了。[148]正如查爾斯‧艾布蘭（Charles Abrams）所深刻地指出的，使用權力將貧民窟清除，以提供土地作為有著政府補助私人開發者的土地來源，這些城市尋找其「合適的頹敗地區」。[149]一個接著一個的城市，包括費城、匹茲堡、哈特福（Hartford）、波士頓、舊金山等，被清除的地區是位在中心商業區旁的低收入黑人區；而對他們所承諾的替選住宅方案並未實現，因為「公共住宅，就像是《奧賽羅》（Othello）中的摩爾人，在辯護都市更新之合法性上已完成其任務，所以可以離去了。」[150]

都市更新的代理人是「開發聯盟」（growth coalitions），成員通常包含年輕的企業家、銀行業者、開發商、營建公司、房地產經紀人和零售商。但他們並不只是這樣而已，因為如果他們是如此的話，大概就會失敗了；他們之中還包括自由主義—技術治國論的市長〔如紐哈芬（New Haven）的李（Lee），芝加哥的戴利（Daley）〕，而且他們也受到勞工委員會、營建商委員會，好政府運動團體、專業規劃師和其他人，甚至公共住宅遊說團體的支持。[151]他們之中，也納入了一個雖小、但卻相當有影響力的專業都市更新執行專家團體，包括紐約的羅伯特‧摩斯（Robert Moses）、紐哈芬、波士頓及紐約的愛德‧羅格（Ed Logue），以及舊金山的賈斯汀‧赫爾曼（Justin Herman）。[152]誠如凱瑟琳‧鮑爾（Catherine Bauer）所言，「難得有這麼一個由許多不同背景之未來天使所組成的團體，嘗試在一個針尖般的空間上一起跳舞。」[153]

結果當然是，聯盟被推往不同的方向，而且它經常分裂。一個由開發商和他們的盟友所組成的團體，想要推動大型的再發展案，以圖利那些設於市中心區的公司，同時也引入外界的商家，但這使得他們與地方利益相衝突。如果可以的話，他們也想要透過行政安排來繞過地方利益。但漸增地，經過

---

148 出處同上，67。

149 Abrams, 1965, 74, 118; Bellush 和 Hausknecht, 1967b, 12; Arnold, 1973, 36; Frieden 和 Kaplan, 1975, 23; Kleniewski, 1984, 205。

150 Abarms, 1965, 82; Kleniewski, 1984, 210-11.

151 Mollenkopf, 1978, 135-6; Weiss, 1980, 68-9; Kleniewski, 1984, 212-13.

152 Mollenkopf, 1978, 134; Hartman, 1984, 18.

153 節錄自 Mollenkopf, 1983, 5。

1950年代且特別是1960年代，他們冒犯了其他的團體：地方居民要保存且捍衛他們的鄰里，而小型商業在面臨關閉的威脅下，組織了反更新聯盟。[154]那樣的故事不斷地在美國的城市中重複地出現。

　　紐約是特別的案例，在羅伯特・摩斯的領導下，紐約總是如此。在他將近五十年的多種公職任內，他無庸置疑地是「美國最偉大的建造者」，以1968年的貨幣值計算，他負責了總額高達270億美元的公共建設。[155]摩斯建造了公園道、橋樑、隧道及高速道路，而且，當都市更新的水龍頭開始流動時，他也建造公共住宅。從1949到1957年期間，紐約市在都市更新上投入了2億6,700萬美元，而所有美國其他的城市總共才花了1億3,300萬美元。當他於1960年從都市更新局局長的職位上辭職時，如果以已完成的公寓計算，他已建造了比所有其他地方加起來更多的公寓。[156]他的此項成就以及他以往所做的貢獻，都是基於他從早期專業生涯中所學到的兩個特質的成功結合：首先，是他對於「由不貪腐且具公眾精神的公僕來從事『由上而下』式都市規劃」的堅定信念（此已由他非常敬仰的英國規劃體系做了美好的體現），其次是，他也很早就痛苦地發現到，至少在美國的都市叢林裡，「政治關係也是很重要的」。[157]在公僕精神及利用政治關係這兩個基礎上，他建立了一個結合權力與影響力的運作體系，此幾乎使他可影響任何人——市長、州長，甚至到總統：[158]「透過誠實的利益交換、背書、競選獻金，羅伯特・摩斯提供了這個政治機器所需要的一切。結果是，他運用此機器來達到他的目的，並在他所推動的計畫之背後操控此機器的權力和影響力。」[159]

　　在第二次世界大戰期間，摩斯有效率地推動史岱文森鎮（Stuyvesant Town）的規劃，此為「大都會生活公司」（Metropolitan Life）巨大的東區（East Side）計畫，它清除了11,000名的勞工階級承租戶，以便讓8,756個中產階級家庭能夠入住。在戰時的狀況下，如果沒有左翼的支持，他是不

---

154 Fainstein 和 Fainstein, 1983b, 255。

155 Caro, 1974, 9-10.

156 Lowe, 1967, 48; Caro, 1974, 12.

157 Caro, 1974, 52-5, 70-1, 85.

158 出處同上，427-31。

159 出處同上，740。

可能成功的。[160] 果然，不出所料，1946年新市長威廉‧奧德懷爾（William O'Dwyer）任命摩斯為紐約市建設的總協調者，[161] 到了1945年1月，摩斯已經草擬了一份由國家資助的大型住宅計畫，幾乎全部都建構在「不在空地上建造公共住宅」此一的理念基礎上，所以他將住宅建設集中於下東城區（Lower East Side）、東哈林區（East Harlem）、海軍造船廠（Navy Yard）附近的布魯克林（Brooklyn），以及布朗斯維爾（Brownsville）等貧民窟。在他的想法裡，這些住宅計畫已清楚地依種族而分類好了，他談到：「布朗克斯（Bronx）有色人種的計畫。」[162]

1949年所頒布之住宅法案的第一條款給了他一個機會，而且令人驚奇的事實是「一個在種族問題上領導國家的城市，卻要領導國家來推動『移走黑人』這個最終手段」：[163] 在十年之內，紐約市剷平了曼哈頓和布朗克斯的大部分地區來建造17個引用法案第一條款的住房項目，共移走了10萬名低收入居民，被移走的人中有將近40%是黑人與西班牙裔居民，他們其實有中等收入的職業，此作法同時至少迫使5,000個商家遷離，其中主要為家庭型的小型商家。[164] 摩斯仿效一個地方政府不負責安置的城市傳統，如同第一條款所規定的，政府不需為重新安置那些人負責，甚至在紐約的自由黨議員也都在爭取公共補助給民間的開發商：他們同意，工人階級在紐約內城區內是沒有特定棲身地點的。[165] 每一個人都支持摩斯——就連特格韋爾都稱他為「紐約曾發生過的第二或第三好的事情。」[166]

諷刺的是，他最後做得太過分了，這也是造成他垮台的主因：「民主並沒有解決建造大規模公共建設的問題，所以摩斯藉著忽略民主來解決此問題。」[167] 的確，他畢生都用心去建立一個龐大且複雜多元的利益團體聯盟：

---

160 Schwartz, 1993, 84.

161 出處同上，108。

162 出處同上，113-15。

163 出處同上，第15章。

164 出處同上，第15章，295。

165 出處同上，143, 297。

166 出處同上，61。

167 Caro, 1974, 848.

包括尋求土地的醫院和大學、文化團體和商業促進團體，甚至是對興建合作式住宅有興趣的公會，還有那總是支持的《紐約時報》。[168]他輕忽了都市再生的真正意義：「他們認為我們應該……用橡皮筋、膠帶和小提琴來修理。」[169]

但最後，一些市民組成的小團體開始抗議；摩斯試圖強勢的打壓他們，但是發現他做不到，在他們之中有一個在西格林威治山莊的家庭主婦兼建築記者珍・雅各（Jane Jacobs），當她發現摩斯計畫要拆掉她所居住的社區時，她動員了地方民意，[170]最後取得了勝利，而且此經驗提供一個觸媒，讓她後續完成了20世紀規劃史上最具影響力的專書之一。在那時，摩斯已不再負責都市更新計畫；而且當摩斯於1968年以79歲的高齡在其辦公室正式辭職之後，他已不再是偉大的都市建設師。[171]

紐哈芬，另一個率先且充分利用新權力來推動更新的城市，提供了另一個典型的示範：其市長理查・李（Richard Lee）係來自該市的天主教勞工階層，但卻能輕易地穿梭於包括耶魯大學當權派在內的不同社會層級；他對社會大眾意見的改變是極度敏銳的，且是個處理公共關係的高手。[172]他與他的都市發展部主管愛德華・羅格（Edward C. Logue）及再發展部主任莫里斯・羅蒂瓦爾（Maurice Rotival）建立了一個緊密合作的團隊；在此團隊中，「用一個稍嫌過於簡略的說法，市長的任務是去獲取城市裡主要的政治利益，都市發展部主管的任務是保證開發者的參與，而再發展主管的任務則是贏得聯邦機構的同意。」[173]李的聯盟包括民主黨領袖、共和黨的商人、耶魯大學的管理基層與教授群、種族團體和工會；市民行動委員會——一個經由李深思熟慮所建立的團體，「幾乎將反對意見徹底剷除」。[174]結果是剷除了一個主要的貧民窟地區（其中黑人愈來愈多），來建造一些市中心區的辦

---

168 Lowe, 1967, 86-8.
169 出處同上，92。
170 出處同上，101-3。
171 Caro, 1974, 1144.
172 Dahl, 1961, 118-19.
173 出處同上，129。
174 出處同上，133。

公建築，其經費來自用以建設市中心區交通分流系統的聯邦公路基金。[175]

匹茲堡代表另一個先驅性的案例，甚至早在1949年以前（事實上，這是同一型故事）。經過幾十年停滯不前的地方領導，一位新的商業菁英階級決定城市必須採取行動以避免經濟崩潰。早在1943年，匹茲堡就成立了阿勒格尼區域發展委員會（Allegheny Conference on Regional Development, ACRD）以建立一個聯盟來活絡市中心區，但結果卻成為一個由共和黨籍公司老闆群和民主黨籍政治大老所組成的極脆弱結盟。1946年，一個都市更新管理機構被設立，該機構在以沒收房產來達到都市計畫目標的方面，獲得前所未有的權力（此作法雖遭挑戰但卻合乎憲法）。「第一波文藝復興」計畫（如同其所得到之稱呼）被推動了，其本質上是個民間開發之運作，伴隨著公部門扮演輔助的角色，且與主要行政當局間有著密切且重疊的成員關係，包括阿勒格尼委員會、都市更新局以及規劃委員會。在接下來的二十年中，他們提出的計畫共重建了超過四分之一所謂的「金三角」，移走至少5,400戶低收入家庭，主要是黑人家庭，新引入的開發內容主要為辦公樓，將此地區改變成一個朝九晚五的通勤辦公區。[176]

舊金山是另一個典型的例子。要求都市更新的聲浪來自透過灣區議會所組織的商會、一個1944年成立的私部門區域政府，以及1956年成立的布萊思-澤勒巴克委員會（Blyth-Zellerbach Committee）。1948年舊金山再發展當局，在1949年法案前一年，技巧性地提前運用它的權力；1958年，舊金山再發展當局在布萊思-澤勒巴克委員會的促進下重新改造。就如同「聖賈斯汀」（St. Justin）之於市中心商業團體，以及「白魔鬼」（White Devil）之於西岸郊區和隔鄰南方市場區低收入居民，賈斯汀·赫爾曼於1959年成為再發展當局的領導。他相當重視更新地區的衛生狀況，這意味著居民必須搬遷。如同一位商務贊助者善辯地說道：「你必定不能期望我們在一個地區中豎立起一棟5,000萬的建築物，而那裡仍有骯髒的老人四處走動，且讓我們

---

175 Lowe, 1967, 406, 417; Fainstein 和 Fainstein, 1983a, 40.

176 Lubove, 1969, 87, 106-11, 127-31, 139-40; Lowe, 1967, 134, 140-1; Stewman 和 Tarr, 1982, 63-5, 74-6, 103-5。

的祕書小姐們看見。」[177]

事實上，切斯特・哈特曼（Chester Hartman）爭辯道，「貧民區」（skid row）的標籤是個精心營造出來的形象，以便使更新能夠合理化。市場街（Market St.）的南邊地區是個住宅飯店區，一個退休或無工作能力的人壓倒性地占多數的區域，但是他們卻組織起來了，而且找到一位80多歲的工會運動領袖，喬治・伍爾夫（George Woolf）來當他們的領導人。在一個英雄般的法律爭訟中，伍爾夫強迫更新局在1970年同意建造低租金的單位，被激怒的赫爾曼，稱這位住戶們的律師為「一位聰明的、財務狀況良好的、有才能的、被救護車追著跑的律師」，一年後，他死於心臟病突發。

更多的法律訴訟在接下來的十年出現且持續地發生著。當那些事情發生時，都市更新基金被社區發展補助金（Community Development Block Grants）所取代，它在全城許多地方發放資金；更新局失去了它獨立的資金來源，且市長辦公室掌握了更大的控制權。但就在同時，辦公大樓更加蓬勃發展。到1980年代晚期，經過了三十年的對抗，市場街南邊地區的再發展項目已接近完工。舊金山的市民，現在高度組織起來，以保護他們的社區，最後終於通過了一個嚴格的管控措施，以限制在城市內到處隨便進行辦公大樓開發。[178]

事實上，在那些年裡，這些聯盟令人震驚的特色是它們在推動明顯違反選民利益的政策上是進行的如此成功。波士頓的西區（West End），一個已開發很久且環境不錯的義大利式社區〔一個都市莊園，如果用赫伯特・甘斯（Herbert Gans）的話來說〕就是個典型的例子。在土地開發融資銀行家的建議下，清除計畫延伸至一些非頹廢地區。一般大眾都認為這整個地區是個貧民窟，因為媒體這麼說。但當地人深信那裡並非貧民窟。開發商想得到土地以建造高級住宅，而城市當局卻也對他們同聲附和。[179]後來，弗里德（Fried）發現西區的人，特別是傳統的工人階級，深受此經驗的衝擊，猶如失去一位

---

177 節錄自Hartman, 1984, 51.
178 Fainstein, Fainstein和Armistead, 1983, 216, 266; Hartman, 1984, 185, 309-11。
179 Gans, 1962, 4, 283-90, 318.

所愛的人一樣。[180]

　　但最後所有好的事情似乎都結束了。到了1960年代中期，對都市更新的批評變得震耳欲聾。查爾斯・艾布蘭指出，許多被清除的地區〔包括紐約市的華盛頓廣場南邊、洛杉磯的邦克山（Bunker Hill）、舊金山的鑽石高地（Diamond Heights）〕都像波士頓的西區一樣，「以房地產的觀點來看，根本不是貧民窟」；它們之所以像，只是因為官員們說它們像。[181]馬汀・安德森（Martin Anderson）計算出到1965年末期，都市更新將逐出100萬人，他們大多住在低租金公寓；其中四分之三重新安置他們自己，十分之九搬到不符合標準但租金更貴的房子。整體而言，到了1961年3月，更新計畫摧毀了比已經興建還多4倍的房子；典型的結果就是，土地被閒置了，因為計畫平均需要十二年才能完工。將近有40%的新完工建設並非用於住房；而且在替代的住宅單元中，大部分是私人所興建的有著居高不下租金的高樓公寓。[182]因此，在法案推動後的前十年，受補助的所有區域中有85%在再發展之前是住宅區，但後來只剩下50%是住宅區了。[183]或者，如同史考特・格雷爾（Scott Greer）所言，「在花費超過300萬美元的之後，都市更新局（URA）成功地大幅減少美國城市的低成本住宅之供給。」[184]切斯特・哈特曼更堅定地下結論說：該計畫的成效是使富者更富，貧者更貧。[185]甘斯將這整個事件的荒謬之處深刻的描述如下：

　　　假設政府認定老爺車對公共安全是一種威脅，且是破壞美麗公路景觀的元凶，因此要把它們從駕車人的手中奪走。然後，在補充汽車的供給之後，給這些駕駛每人100美元去購買一輛好的二手車，同時也給通用汽車（General Motors）、福特汽車（Ford Motor）和克萊斯勒（Chrysler）等汽車製造商特別的補貼，以便能降低凱迪拉克（Cadillac）、林肯

---

180 Fried, 1963, 167-8.
181 Abrams, 1965, 118-22.
182 Anderson, 1964, 54-67, 73, 93.
183 Grigsby, 1963, 324.
184 Greer, 1965, 3.
185 Hartman, 1964, 278.

（Lincoln）和帝國（Imperial）等品牌汽車之成本（雖然不一定是其價格）達數百美元。這聽來或許可笑，將老爺車換成貧民窟住宅，如我所描述的（或許加了一點文學味）──這個聯邦計畫中被稱為是都市更新的第一個十五年。[186]

這是怎麼發生的？許多批評強調出，事實上那些憤世嫉俗的解釋並不一定是正確的：雖然有些人已受益良多，「有一個可被稱作市民愛國主義的東西」，其與「金融利益團體漂亮的結盟」。在開發聯盟裡，許多成員有著清楚的動機：「市長們關心中央城市的課稅基數；市民領袖帶著愛國精神渴望使我們的城市中心更美麗；商人們想要促進市中心的地產發展；再加上那些相信政府應該在公共利益議題上推動革新的人」，他們一起做出了「一個獎勵強者但懲罰弱者的計畫。」[187]該計畫只能地方性的被執行，而且就地方而言，大多數城市都想要振興市中心，吸引中產階級從郊區回來。[188]

的確，某些最惡劣的都市更新操作模式後來被避免了：更多地區被重建作為住宅使用、有更多的低租金住宅，更多黑人被重新移居安置。[189]而且很清楚地，因為重新移居安置是計畫在前十五年中最後須達成的事項之一，多數美國都市更新的錯誤，不能被推到科比意的頭上，但科比意派和美國都市更新方案都有著被馬汀・安德森具體地稱為「聯邦推土機式」的粗劣手法。從美國的批評文章中浮現的是，放棄貧窮者可能真的是較佳途徑。格雷爾引述一個地方官員所言：「所以我們在談什麼呢？一個寡婦要嘛就是每個月靠兩美元來生活，不然她就必須根據既定原則住在低標準的住房裡。那些我們稱作次級住房的房屋有實際需要的，而且如果我們宣告不得使用它，我們將奪走那些人負擔得起的住房。」[190]如將拆散舊社區所造成之社會心理成本也算在其中，這個例子就顯得更強而有力了。

---

186 Gans, 1967b, 465.

187 Greer, 1965, 94, 122.

188 Grigsby, 1963, 323.

189 Sanders, 1980, 106-7, 112.

190 Greer, 1965, 46-7.

迎頭反擊：雅各（Jacobs）和紐曼（Newman）

　　美國都市更新的失敗，以及對於英國的都市更新漸增的懷疑，幫忙解釋了為何珍・雅各的《美國大城市的衰亡與誕生》（*Death and life of Great American cities*）一書會在這兩個國家造成如此重大的影響，此書於1961年在美國出版，快速地成為都市規劃歷史上最具影響力的著作之一。它是「在正確時間提供正確訊息」的典型案例。雅各打擊到都市計畫在前半世紀賴以為基礎之偉大的正統思想。花園城市運動亦因它的「解救城市的處方就是將城市納入」之立論基礎，也即是以「健全的住房必須有郊區的實質環境品質及小城鎮的社會品質」來定義的概念，而受到嚴厲的攻擊；為了有效的評量，其「將城市規劃視為在本質上是溫和父權主義作風的，如果不是獨裁主義作風的話。」[191] 科比意派被批評為是自我中心主義的：「無論其設計是多麼通俗或笨拙，開放空間是多麼的沉悶且無用，近觀的視野是多麼的無趣，一位科比意式的模仿作品會呼喊道：「看看我所做的！」像是一個偉大、看得見的自我，在訴說著某人的成就。[192]

　　雅各爭論道，重點在於提高都市人口密度是沒有錯的，只要他們不會導致房屋的過度擁擠：傳統城市內城區內的鄰里社區像是紐約的布魯克林高地，費城的里頓豪斯廣場（Rittenhouse Square）和舊金山的北灘（North Beach）都是很好的居住區，雖然它們的人口密度很高。[193] 她主張，一個好的都市社區事實上需要每公頃有100棟住房，或等同於每公頃200到300人，此即便是對紐約而言，也算是高密度的，且比1945年後倫敦任何地方都要高。但這可以藉由減少開放空間來被達成：

> 對於主張城市需要高居住密度和高淨地面覆蓋率[譯注21]的講法（我個人也是這樣認為），一般的觀念會認為其比袒護食人鯊還要低劣。

---

191 Jacobs, 1962, 17, 19.

192 出處同上，23。

193 出處同上，202-5。

【譯注21】指建築覆蓋率（net ground coverage），類似臺灣都市計畫常用的建蔽率。

但自從霍華德看到倫敦的貧民窟，並下結論，若要解救這些人們，都市生活必須被放棄之後。事情已有所改變。[194]

　　雅各的處方為，內城地區的鄰里社區應或多或少的維持在規劃師介入之前原有的狀態，她認為鄰里社區應該有多樣的功能及混合的土地使用，以滿足人們不同的目的，以及讓許多設施能在不同時間能適當的被使用；鄰里社區應在短小的街廓上有一些傳統的街道，讓不同年代和狀況的街廓可以混合在一起，包括相當比例的老舊街廓，而且人口應該較密集且集中，不管其目的為何，包括居住人口的密集和集中。[195]

　　這對她主要的中產階級讀者而言，聽起來很棒。但如同人們在二十年後所指出的，諷刺的是，其結果卻造成城市的雅痞化：

都市主義被證實與現代主義一樣易受影響，其脈動易受制於上層中產階級的消費興趣……它花了超過四十年的時間，從第一個包浩斯宣言演變到目前的四季酒店（Four Seasons）；但它只花了二十年時間，便從珍‧雅各神話般所頌揚的地方街角雜貨店，演變到成為早安（Bonjour）、牛角麵包（Croissant）和所有類似的替代品。[196]（譯注22）

　　當時，尚有一位中產階級評論家對珍‧雅各的觀點不是很贊同，他就是劉易士‧孟福。孟福向奧斯本承認，他已壓抑他的怒火達一年之久，「但是我不能假裝我未曾享受在她（雅各）軀體脆弱處給予一記重擊，而其脆弱處是她自己粗心大意所暴露出來的」。[197]此處正如同倫納德‧菲斯曼（Leonard Fishman）所爭論的，的確令人感到奇怪：雅各與孟福都認同自由的願景，

194　出處同上，218。
195　Jacobs, 1962, 152, 178, 187, 200.
196　Muschamp, 1983, 168.
【譯注22】指精品化、雅痞化的風潮及生活模式取代了珍‧雅各所強調的平民化、多樣性的地方生活模式。
197　Fishman, 1996, 4.

兩人也皆討厭郊區化蔓延，但對雅各而言，大城市是解放的場所，然而對孟福而言，則恰好相反。[198]在這個時間點，孟福已屬老派且幻想破滅之人：他相信大企業的力量已擄獲美國，而且可以摧毀雅各所想要保存的都市紋理。當然，後來事實證明他是錯的，而格林威治村的仕紳化現象亦僅屬一個後來影響每一美國城市之過程的先兆。但是，奇怪地，有個明確相反的現象同時發生了：一個白人中產階級逃離與放棄都市的過程。[199]其中存在著千禧年時代幾乎每一美國城市都有的矛盾：充滿活力的市中心區和高尚的中產階級領地就位於衝突地帶的旁邊，猶如在不同國家，甚至是不同星球中占據著兩個截然不同的城市。就某種可怕的角度來看，他們確實是如此。

普魯伊特—伊戈（Pruitt-Igoe）的炸毀

然而，無論後來的啟示為何，都市主義說明了聯邦推土機式都市更新的宿命，但不只那樣而已。雖然依照英國的標準來看，美國建造太少的公共住宅，不過它仍然還是建造了一些，而且某些最大且最有影響力的城市是遵循著科比意的模式而發展，例如聖路易、芝加哥、紐瓦克（Newark）等。到了1970年代晚期，這些城市正在考慮放棄，因許多地方達到30%或40%的空屋率。最經典的案例就是普魯伊特—伊戈（Pruitt-Igoe），一個位在聖路易曾於1955年獲獎的開發案，因為其在建好後的第十七年被炸掉而全球聞名，拆除當天的過程被拍成影片保留給後代子孫，讓它成為早期都市更新錯誤操作的經典案例，不只是對美國，也是對全世界。[譯注23]

---

198 出處同上，4-5。

199 Fishman, 1996, 8, 9.

【譯注23】普魯伊特—伊戈個案是規劃史上的經典案例，其有多重的意義，它代表著專家導向都市更新的失敗，也代表著規劃設計理念發展上的重大轉捩點，例如它協助宣告了強調機能主義及國際式樣之現代主義之失敗，它也促進美國公共住宅政策的轉向，由政府建屋（提供公共住宅），轉為透過融資補助來鼓勵民間開發商來建房。雖然此曾得獎的社區建築在眾目睽睽下被炸毀，令許多建築專業者感到惋惜，然而其背後所代表的意義可謂深遠。

普魯伊特家園（Captain W. O. Pruitt Homes）和威廉・伊戈公寓（William L. Igoe Apartments）在1950年揭幕時[譯注24]，這個由傑出的日本建築師山崎實（Minoru Yamasaki）所設計的實驗性高層住宅，呈現出許多現代建築師倡議的設計手法與元素：板樓及連棟公寓被設計成不同的高度組合；板式長排公寓有著寬闊的走廊，兼具遊戲區、門廊、曬衣空間等多重的功能[譯注25]；雙併大樓有隔層一停的電梯，以及蜿蜒穿過整個基地的河流開放空間，此為由哈蘭德・巴薩羅繆（Harland Bartholemew）提出的概念。《建築論壇》（*Architectural Forum*）稱讚此開發案是1951年「最好的高層公寓」。然而，在1949年聯邦住宅法案的要求下，最低標準的設計原則被運用到最多的地方，而且聯邦官員並要求所有建築物要蓋成統一的11層樓。[200]33棟相同的公寓大樓，包含超過2,800間公寓，在1955至1956年完工，它們位在一塊面向穿越性交通的空曠基地上。為了控制在預算成本的限制內，在建造期間，營造經費遭大幅且任意地削減。公寓內部空間，特別對給占大多數之大家庭的單元空間被大量的縮減，「被削到骨頭，甚至骨髓」。[201]門鎖和門把手在第一次使用時就壞了，有的還沒住進去就已經壞了，窗戶外框裂開，一座電梯在開幕那天就故障了。「在它們完工的那一天，普魯伊特—伊戈的這些建築幾乎只是一堆由鋼筋和水泥牆構成的大雜院，設計不良、設備差、尺寸太小、位置不佳、沒有通風設備，且實際上很難維護管理。」[202]那實在是糟透了。除此之外，住進來的房客也並非當初設計的對象，此設計

【譯注24】普魯伊特—伊戈案例包括兩個相鄰的公寓大樓，分別為普魯伊特公寓和伊戈公寓，一般統稱為普魯伊特—伊戈（Pruitt-Igoe）公寓，其是1954年首次出現在美國密蘇里州聖路易斯市的公共住房項目。普魯伊特公寓原設計為白人的住所，伊戈公寓則為由非裔族群所設計，後來刻意打破種族的空間區隔，改為混合居住的公寓樓。普魯伊特—伊戈的生活條件在1956年完成後不久就開始下降，到了1960年代的後期，這個複合式公寓樓因為充滿了貧困與犯罪而變得國際臭名昭彰，1970年代中期，全部33座建築物全部被炸毀，被炸毀時，有居民流淚的說，噩夢終於結束了。

【譯注25】這些多功能的平台與走道空間原為該案建築師的創意之一，希望多元的社區活動能夠在此發生，不同的族群能在此交流（建築師原先優美的透視圖，對此多功能外部空間的未來使用，曾勾繪出美好的願景），但最後卻成為最常發生犯罪的不安全空間（以專業建築術語而言——無防衛性空間）。

200 Mumford, 1995, 34-5.

201 Meehan, 1975, 35.

202 Meehan, 1979, 73.

就像1950年代大多數公共住宅一樣,是為了需幫助的窮苦人家而做,其大多數的戶長應是就業男性。在1951年時,聖路易是個有著明顯社會區隔的城市:普魯伊特宅原本的住戶全是黑人,但在公共住宅計畫被高等法院判定需要避免造成社會分化之後,政府當局就試著整合伊戈,一併調整兩個集合住宅的人口組成,但是沒有用,白人搬離了,更多的黑人搬進來了(包括許多依靠福利救濟且以女性為戶長的家庭)。到了1965年時,超過三分之二的住民是未成年者,其中70%小於12歲;女性是男性的2.5倍;女性負擔家計的家庭占62%;38%的家庭裡沒有人就業,只有45%的家庭,就業是其唯一的所得來源。[203]

很快地,普魯伊特—伊戈計畫的發展成為災難的代名詞。普魯伊特的入住率在1956年時是95%,六年後掉到81%,1965年時再掉到72%;伊戈的入住率一開始時就低於70%,且一直維持在此水準。使用不久後此開發案的狀況就開始惡化:輸送管破裂、瓦斯爆炸。到1966年,駐地貧窮計畫工作者記錄了這一幕:

> 玻璃、瓦礫和碎片散落在街道上,堆積的相當驚人……廢棄的汽車被丟在停車場,破玻璃是無所不在的,罐頭到處都是,被雨淋濕的紙塞在變硬碎裂的泥巴中。普魯伊特—伊戈看起來就像是個災區。破掉的窗戶在每棟樓都清晰可見。路燈壞了……當參觀者接近大樓的入口時,髒污和碎片散布的情況更嚴重了。大樓裡廢棄的房間變成垃圾的回收場。老鼠、蟑螂及其他害蟲在這些空間裡孳生……
> 聲名狼藉的、隔層停留的電梯對那些自認為有心理準備的人來說,仍是個相當恐怖的東西;油漆從電梯的牆上剝落,尿臭撲鼻,電梯裡流通的空氣根本就不存在……當來訪者從黑暗、充滿惡臭的電梯裡走到其中一棟大樓的展示樓層時,他進到了一個有著灰色混凝土之瘋人收容所的景象中。制式的灰牆配合著制式的灰地板。褪色的屏簾遮掩著沒有玻璃的窗戶。在許多大樓中,一度用來給公共藝廊供暖的散熱器也已從牆上

---

203 Rainwater, 1970, 13.

普魯伊特─伊戈（Pruitt-Igoe）

世上最惡名昭彰的高層住宅建案在 1972 年被拆除的那一剎那。
（© St. Louis Post Dispatch）

掉落。焚化爐因太小以致無法容納大量垃圾而滿出來，垃圾和廢物堆滿在地板上。燈泡和房間內的配備壞了；裸露且發熱的電線經常從壞掉的插座裡暴露出來。[204]

在 1969 年，有長達九個月的租戶拒繳房租，這是美國公共住宅史上最長的一次。其中一個重點是，全區 34 座電梯中有 28 個不能動；到 1970 年，該計畫案有 65% 的空房率；在 1972 年，地方當局決定接受這無可避免的結果，將它炸毀。

---

204 節錄自 Montgomery, 1985, 238。

許多學院派觀察者提出一個問題：它是怎麼造成的：就在十年內，一個設計獲獎的示範性作品怎麼會變成美國最差的都市貧民窟之一？其實，有著與觀察者人數同樣多的解答。

很清楚地，第一個罪犯^(譯注26)就是設計。如同奧斯卡‧紐曼（Oscar Newman）在他著名的分析中所提到的：

> 建築師所關心的是，將每一棟建築都視為是一個完整的、獨立的、正式的個別實體來加以設計，他沒有考量地面層空間的機能性用途及大樓與地面層空間之間的關係（此地面空間可能與其他大樓共享）。建築師似乎只扮演著雕刻家的角色，且將建築物所置身的基地外部空間看成不過是一個表面；在此表面上，他正努力著將一系列的垂直元素安排在一個組構起來討人喜歡的整體中。[205]^(譯注27)

或是，誠如雅各所說的，它代表著一個建築師的自我表現。特別是，普魯伊特─伊戈被設計為以4到12個雅各所建議之尺度的普通街廓所組構而成的超大街廓（superblock）為基礎（如同1950年代早期美國公共住宅的科比意式配置），在此超大街廓內，高層建築（以普魯伊特─伊戈個案而言，係十一層樓高的板樓，每英畝上平均有50個單元）可被任意地置入於地景之中，相同之處是他們皆從地面進入、而不是從街道進入。[206]這個特色，加上長型的高樓高架出入平台，創造出如紐曼所稱（以令人難忘的措辭）的無防衛空間的最大可能區域：這個平台原先在建築師1951年的設計圖中是個充滿了孩子、玩具和母親（白人）的公共場所，如今卻很快就變成遭人破壞且

【譯注26】意指導致環境破壞及使用上不方便的嫌疑犯，這雖然不是設計師的本意，但可能因為設計師對於環境行為及民眾需求的忽視而產生此類問題。

205 Newman, 1972, 59.

【譯注27】在這裡，如同許多早期建築師在進行都市設計時所犯的錯誤一樣，他們太側重於建築物本身的設計，而將外部空間視為是建築物完成後所留下來的剩餘空間，僅給予一些基本的景觀處理，因為其不是設計的重點（諷刺的是，此現象在大學建築系學生的作業中就可發現）。但是從都市設計的角度來看，其實建築物內部的空間（the space in buildings）與「建築物和建築物之間的空間」（the space between buildings）（都市外部空間）是同樣重要的，所以在都市設計時應給予整體的考量。

206 出處同上，56。

令人恐懼的地方。[207]

　　如同其他觀察者所發現的，這個問題與華盛頓當局所實施的財務管理原則混在一起了。由於租金必須包括維護費用，當房客付不出租金時，城市就要削減維護管理費用，而這樣房客就更不願付租金了：在1969年，當四分之一家庭需以其所得一半以上來付租金時，他們開始拒繳房租，並遊行抗議。[208]而諷刺的是，這種不進行維護管理的非政策性措施被應用到那些建造成本極為昂貴的公寓上：以1967年價格而言是每戶2萬美元，它們只比頂級豪華公寓的造價稍微便宜一點。[209]

　　藉由較深入的分析，紐曼發現，問題的根源是建築教育的失敗，以致無法強調出需了解到現有建築物的成功與失敗之處，以便能改進設計；「這整個悲劇最大的意義是——它讓我們體會到，最著名的建築師往往就是那些產出最戲劇化失敗結果的人。」[210]而且，相對地，因為當時現代建築有兩大陣營，「社會方法論主義者」和「形式形而上論者」；但美國似乎只引進了第二種——即是科比意派的傳統。[211]這個結論受到一項研究發現的支持——傳統的低樓層建築，即便有著類似的租屋者人口組成，也沒有發生類似的問題。[212]

　　但是，紐曼痛苦的指出，設計不是唯一的甚至不是必然的禍首。最差的住居環境惡化是發生在1965年，當時住宅與都市發展部修改了它的公共住宅規則，允許許多來自鄉村背景的問題家庭進駐公共住宅：「在推動此政策介入的七年裡，他們所入住的高層公寓建築經歷了系統性的大破壞」；[213]不只是普魯伊特—伊戈，還有其他相似情況的街區〔例如費城的羅森公寓（Rosen Apartments）和紐瓦克的哥倫布之家（Columbus Homes）〕也同樣被放棄。根本的原因是這些非常窮的福利家庭，且又帶著太多的小孩，當面臨

---

207 出處同上，56-8。

208 Meehan, 1979, 83; Montgomery, 1985, 232, 238.

209 Meehan, 1975, 65; Meehan, 1979, 73-4.

210 Newman, 1980, 322-3.

211 Newman, 1980, 294-5.

212 Meehan, 1979, 86.

213 Newman, 1972, 188.

到全然無力改造他們環境的宿命時，他們不能適應這樣的建築，而這樣的建築也不能適應他們。如同一位社會學觀察者李‧倫瓦特（Lee Rainwater）所觀察到的，普魯伊特—伊戈居民的理想和抱負與其他人並無太大的差別，但問題是他們不能實現它：

> 這些普魯伊特—伊戈計畫理念的實現並沒有產生一種與其他勞工階級生活有所區分的生活模式，不管是白人或黑人。而且似乎要維持這樣的家庭生活所必須的資源，就得要有高階勞工階級的所得穩定性和所得水準，而此所得水準又比大多數普魯伊特—伊戈的家庭之所得要高出50%，甚至高出100%以上。[214]

中等或較高所得的家庭，其有小孩的家庭所占比例不超過50%，有監護人或至少有父母之一擔任監護的家庭，可以很舒適地住在這樣的環境中；但「一般中產階級家庭在不同類型住宅建築中的行為表現，不會差異太大，可是福利家庭的表現，則被證明會明顯地受到實質環境的影響」。科林‧沃德（Colin Ward）確切的說道，對這些福利家庭而言，「高樓公寓建築是絕對要避免的。」[215]（譯注28）

科比意的遺產

諷刺的是，科比意的塔狀城市，對於那些想在他所倡議的「現代城市」（La Ville contemporaine）中過著高尚、優雅、大都會生活的中產階級居民而言，或許可以完全滿足他們的需求。它可能對格拉斯哥那些堅定且刻苦的傳統廉價公寓居民而言，亦屬可行，對他們而言，從某個高伯斯（Gorbals）

---

214 Rainwater, 1970, 50.

215 Newman, 1972, 193.

【譯注28】普魯伊特—伊戈的例子顯示出，若建築師只重視自我設計風格及創意的表現，將可能會因為漠視使用者需求及忽略空間使用行為與社會發展間的關係，而付出慘痛的代價。例如晚近環境行為學的研究發現，塔狀高樓公寓建築並不一定適合所有的使用者，尤其是對有幼兒的弱勢家庭可能並不適合。

後端的貧民窟移到二十層樓的公寓中似乎就像是升上了天堂。但是，對一個出生於喬治亞簡陋木屋的福利家庭母親，帶著一群難以管教的小孩來到聖路易或底特律的弱勢家庭而言，那被證明是一個相當大的都市災難。因此，科比意及其信徒們所造成的罪惡不在於他們的設計，而在於他們缺乏思考的傲慢^(譯注29)，以致將其主觀的想法，強加在那些無法承受，也不可能被期望去承受的苦難人民之身上。

最後的諷刺就是，在世界上的城市中，此作法被譴責為「規劃」的失敗。在一般的觀念中，「規劃」意指一個有序的行動方案，以便在已知的限制下來達成既定的目標。然而，規劃有時卻恰好不是如此。但是，如同喬恩‧萊恩（Jon Lane）所指出的，它確實屬於城市設計的一種類型：與實證主義的典範不同的是，實證主義尋求從先前運作良好經驗中找出一些運作原則，而它的作法則是依據建構在抽象概念上的理性主義典範，[216]^(譯注30)但不幸的是，這些理念係以人類當成實驗品進行測試，其中的經驗，將給後來世代的規劃師們一個值得深省的借鑑。

【譯注29】這段文字評述對於科比意此類抱持建築唯物論觀點的設計者最後為何會失敗，做出了很好的注解。

216 Lang, 2000, 84-5.

【譯注30】嚴格來說，科比意的城市設計理念及手法，與傳統強調邏輯性及系統性的規劃操作模式（如全盤理性規劃模式）有明顯的不同。科比意的作法與形式主義的城市設計師相似，皆強調其主觀的構想與理念，但相對的，則忽略了環境涵構及環境行為學的重要性。

第八章

自建的城市

自治社區：
愛丁堡、印多爾、利馬、柏克萊、馬可萊斯爾德
1890-1987

藝術曾是全體人民皆可擁有的尋常物品；中世紀手工藝品的製造是普遍精美的……在今日，人類世界所謂的繁華是如此粗俗醜陋……我們坐在自己的金堆中，在這個麥德斯（Midas）點石成金的時代中，挨餓著。

威廉‧莫里斯（William Morris）
《對下一世紀的預測》（*Forecasts of the Coming Century*, 1897）

城市規劃運動（The Town Planning Movement）一方面是來自於農民與園丁的一種反動，另一方面則來自市民的反動。這些反動由地理學家統整，並在他們的主導下加入工程師的協助。只有當工程師的機械能量與城市其他面向的發展相互配合，並整合運作以為生活而服務時，才可使城市規劃運動這個難以駕馭的巨人變成造福人群的海克力斯。

派屈克‧格迪斯（Patrick Geddes）
《達卡規劃報告書》（*Report on Planning of Dacca*, 1917）

如果我們要改造這個世界，使其變成更好的生活場所，辦法就是不要去談論有關政治性質的關係，因其有著無可避免的二元性，充滿了主體和客體以及它們之間的複雜關係，或是充滿了其他人要完成事情的計畫……只有在個人價值觀正確時，社會價值才會正確。要改善這個世界首先從我們的心靈及雙手開始，然後透過雙手操作的親身實踐。當其他人想談論如何拓展人類的命運時，我只想談論如何修好一台摩托車，我認為我必需要說的具有更持久的價值。

羅伯特‧梅納德‧波西格（Robert M. Pirsig）
《禪與摩托車維修的藝術》（*Zen and the Art of Motorcycle Maintenance*, 1974）

對於科比意式塔狀城市的許多反動，促成了深受早期花園城市運動及區域規劃所影響的無政府主義式規劃思潮之遲來的勝利。所以，區域規劃開創者派屈克・格迪斯對於規劃史的影響仍未停止。他對於以下規劃理論與思想上的貢獻遠比任何人都要來得大——此即他認為人們可以創造屬於自己的城市，脫離大量工業化的影響，回歸到手工藝活動的世界，在那裡，所有的事物皆因適當的製造而顯得美麗。此一思維隱約可見於克魯波特金的思想中，而這也是威廉・莫里斯（William Morris）及愛德華・卡本特（Edward Carpenter）的思想中被彰顯的核心部分。在規劃史中占有一席之地的歐文，其規劃哲學就是立基於莫里斯，而他也是位於雪菲爾之卡本特社會主義組織的早期成員，他還聆聽過克魯波特金針對智識工作與匠師工作之結合所作的演講。[1]

儘管許多人曾提出無政府主義式規劃，但格迪斯才是真正奠定其方向的人。1905年，他與歐文在萊奇沃思的一個廉價村舍展中相遇。[2]克魯波特金在1886年寫給雷克呂的一封信中如此地描述格迪斯：「他剛新婚，正遷離自己的舊房子，搬到與工人相鄰的簡陋公寓中，該處到處都是破舊的建築。他所作的事情是一種覺醒，此事將來的發展方向會是如何呢？」[3]格迪斯在其生涯的晚期，以完全格迪斯式的寫作風格來描述這件事：

> 當時，我和妻子強烈地感受到社會良心在整個城市中激盪著，如此更加深了我們的決心。因此，在一個美麗的房子待了一個冬季之後……我們搬到舊城的詹姆斯巷（James Court）廉價出租公寓樓中，我們抱持著全新的態度來適應周遭環境，這樣一來，我們才能承受、面對及處理比目前愛丁堡貧民窟還要糟糕且充滿著塵埃、擁擠和無秩序的環境，並開始進行可能的改變，但這些改變也造成我在科學上、技術上及生活本質上的一些問題，且影響我伴侶愛好的音樂。[4]

---

1 Jackson, F, 1985, 13-14; Creese, 1966, 169-73.

2 Jackson, F., 1985, 102-3.

3 Boardman, 1978, 87.

4 出處同上，86。

格迪斯與妻子從最簡單的事情開始：

我們從自己能力可及的範圍開始，我們為無趣的窗戶擺上花盒，也為無趣的牆漆上色彩（對城市改善來說，沒有比這更好、更簡單及更聰明的開始了），我們很快地在勞恩市場（Lawnmarket）、城堡山丘（Castle Hill）、拉姆齊花園（Ramsay Garden）這一帶進行較全面的環境清理與維護整建，甚至差一點就要進行更新了；當然這都要歸功於那些逐漸成為我們好鄰居的學生及市民的支持與配合。[5]

他們的作法帶動更多的社區參與：

一個接著一個的社區居民開始投入他們自己的時間來從事格迪斯教他們去做的工作，包括清掃、刷白及園藝；這些居民一旦在他身邊工作、聽他說明目前的工作以及未來還能做的事的一連串想法，都會被格迪斯滿懷希望的精神所感染。生平第一次，居民覺得他們可以做些事來改變周遭環境。[6]

當代觀察家詹姆斯・梅弗（James Mavor）認為，「格迪斯的理念與莫里斯的想法是一致的」：格迪斯與妻子帶頭示範，利用優美的18世紀蘇格蘭的家具來裝潢他們的廉價公寓，藉此讓大家體驗到「在工廠大量生產系統將手工藝術自產品製造過程中抽離出來之前的良好生活環境」；但與莫里斯不同的是，格迪斯相信所有事情都可以漸進式地來完成。[7]

十年之後，伊斯雷爾・贊格威爾（Israel Zangwill）對格迪斯的成果作如下的描述：

---

5 Boardman, 1978, 86-7.

6 Mairet, 1957, 52.

7 節錄自Boardman, 1978, 89。

到處都是不良的建築物，我們躡手躡腳地踩在頹圮的樓梯上。有些兩排的房屋已被拆除，形成死巷中的死巷；座落在暗巷後是看不清的房屋，院落的直徑寬度甚至只有數碼……在那些沒有陽光的院落、只有針眼般縫隙大小的出入口，周邊排滿了可怕的、瀰漫惡臭的簡陋房屋，貧窮和色情進駐於此，這裡比最糟的倫敦貧民窟還要糟。……「你是否懷疑愛丁堡竟以醫學院聞名？」教授嚴肅地問我們。[8]

贊格威爾的評論是具啟發作用的：「格迪斯的拆除在本質上是保守的，其目的在為了保護建築的古老回憶，以便在骯髒的環境中能恢復一個乾淨古老的愛丁堡。」[9]其實格迪斯是在遵循著一個傳統：身為環境協會創始成員之一（此組織成立於1884年，不久後成為知名的愛丁堡社會聯盟），格迪斯服膺其傳統，強調短期目標應是盡快提升環境標準，而非等待相關的立法；格迪斯使用一些與佳能·巴納特（Canon Barnett）及奧克塔維亞·希爾（Octavia Hill）類似的方法。格迪斯於1886年曾與希爾在倫敦碰面，[10]他非常欽佩希爾在馬里波恩（Marylebone）貧民窟所作的事情；可附帶一提的是，希爾另有一位仰慕者叫安娜·莫頓（Anna Morton），她後來成為格迪斯的妻子，改名安娜·格迪斯（Anna Geddes）。[11]

在愛丁堡舊城的廉價公寓地區，格迪斯利用其植物學家的訓練，發展出自己的城市調查方法。[12]並以法蘭克·米爾斯（Frank C. Mears）（後來成為格迪斯的女婿）的3D空照圖為基礎，發展出一些簡單的規劃邏輯關係。在此地，中世紀用來保護城市的城牆，後來反而成為都市發展的限制，造成市區裡住房不足、租金昂貴和高地價，使當時的愛丁堡成了一個擁擠的城市。而惡名昭彰的環境污穢則是因為位於丘陵地區的差勁供水系統所致。[13]格迪斯也是一個狂熱的組織運動者，透過組織一系列的魯斯金式（Ruskinian）

---

8 節錄自同上，146。

9 出處同上。

10 Meller, 1990, 71-3.

11 Leonard, 1999, 34.

12 出處同上，34。

13 出處同上，38。

的協會來實踐社會重建的工程，其中包括：藝術家協會、教育課程、娛樂委員會、公共開放空間委員會以及住房協會。社會聯盟分支之一的住宅協會，則藉由為屋主管理房地產及透過自願者來安排租金的收取，並成立了一個基金，以這筆基金去協助發展大學宿舍。[14]

　　然而這些所費不貲，在1896年時，即使格迪斯曾擔任年薪200英鎊的兼職教授多年，但他所購置資產的總值卻超過53,000英鎊。為了使他免於破產及他的妻子不會精神崩潰，那年他的朋友們成立了城市與學者聯盟有限公司（Town and Gown Association, Limited），開始接手這些組織，並以企業經營的模式來處理它們。[15]不過幾年後，格迪斯卻控告董事會的行事膽怯且保守。[16]

格迪斯來到印度

　　在1914年，已經60歲的格迪斯坐船到印度，準備在馬德拉斯（Madras）舉辦他的城市展覽——其曾於1910年在倫敦的國際城市規劃大會首次展出。但這次的印度之旅卻是個災難：載著展示品的船被德國軍艦擊沉了，[17]所幸格迪斯並沒有因此而意志消沉，他仍繼續在兩個月內旅行了2,000至3,000公里，為印度的城市改善工作擔任顧問。[18]在此次與後續兩次訪問印度的過程中，他發展出「保存型手術」（conservative surgery）[譯注1]的規劃概念，後

---

14 出處同上，42-4。
15 Boardman, 1978, 146-7.
16 出處同上，164-6, 232-3。
17 出處同上，253。
18 出處同上，254。

【譯注1】有些關於格迪斯的介紹文獻將conservative surgery譯為保守手術。本書譯注者認為，譯為「保存型手術」可能更能抓住此概念原本的意涵。一般而言，在都市更新的實務作法上，有所謂的「動大刀的手術」及「局部性的手術」，前者是指科比意式的掃除式更新重建或1960年代推土機式的清除重建，而後者則包括維護整建或局部保存、局部整建（亦即本書此處所提的保存型的手術），後來還有所謂的針灸法——選定適當的觸媒點進行改善，藉以帶動整體的地區發展。通常局部手術式的更新與針灸法的更新，阻力較小且成本也較低，適用於地區環境改善計畫或社區營造型計畫，但也有其限制，例如無法達到全面性、大氣魄的改造（如本書第六章所述），所以規劃者應因時因地制宜，選擇合適的方法。

來的術語稱作都市修復（urban rehabilitation）[譯注2]。[19]關於此概念的報告，至少有24或30份，其中有些尚未被發覺，有些則以特別的複製本方式收藏在倫敦印度大使館的圖書館中。報告中有許多內容是在極短的時間內完成的，這也包括了格迪斯生涯中最好的作品。[20]

格迪斯第一次訪問印度時，便開始了猛烈批評：

> 有一場新的戰鬥正等著我參與，如同在德里對抗其住宅環境一樣，在馬德拉斯我要對抗的是當地的政府衛生機關，挑戰他們將要命的奧斯曼式發展（Haussmanising）及粗劣的工業地方條例，視為是一種現代化的規劃作法，並予以立法與實施。……自從不久前才見識過頑固且高傲的德里城市官僚之後，我現在必須解決的是馬德拉斯官方自以為立意良好的環境衛生措施，此也許是一個更艱難的任務。[21]

他將這種戰鬥從一個城市帶到另一個城市。事實上，在印度的英國人熱衷於排水系統的程度遠勝於英國本土；印度此時正處於叛亂時期，其因疾病而喪失的人口仍比因戰爭喪失的還多。1863年的皇家委員會宣告：「要將健康問題（與軍隊有關）與當地居民的衛生狀況分開是不可能的，此兩者緊密地連結在一起，特別是與流行病發生有關的部分。」委員會還提出警告，「當地人的習慣就是這樣，除非被密切的管控，否則他們會讓整個鄰里環境充滿髒污。」[22]

事實上，格迪斯所面對的是一個強悍且龐大的官僚體系，他堅信自己所做的決策即是最佳的決策。當時，「一批新的衛生專家在這個東方帝國

【譯注2】原文為urban rehabilitation，譯為都市修復，其為廣義都市更新中的一種。都市更新概念自從1950年代正式被提出後，已衍生出不同的作法及名詞，如都市復甦（urban revitalization，見本書第十一章）、都市再生（urban regeneration）、都市再發展（urban redevelopment），雖然官方或大眾常通稱為都市更新，但不同名詞的背後也代表著不同作法與規劃理念。都市修復與早期掃除式都市更新不同的是，其強調衰頹地區現有資產的維護整建及活化再生。

19 Mairet, 1957, 180; Boardman, 1978, 264-5.
20 Tyrwhitt, 1947, 102-3; Geddes, 1965a, vi-vii; Geddes, 1965b.
21 Mariet, 1957, 161.
22 Harrison, 1980, 171, 173.

出現，將疾病的高死亡率歸因於『此亞洲族群不衛生與不道德的生活方式』。」[23]依照著威廉・約翰・瑞奇爵士（Sir William John Ritchie）的描述〔他原是加爾各答地方政府的首任衛生局長，後來擔任倫敦大學（University College, London）衛生與公眾健康系的教授長達二十八年〕，種族隔離成為殖民地衛生管理的一種普遍政策。[24]傳奇性的奈及利亞殖民地總督盧格德伯爵（Load Lugard）在1919年如此寫道：

> 第一個目標……是隔離歐洲人，使他們免於受到蚊蟲攻擊，這些蚊子因叮咬過當地人而帶有傳染瘧疾和黃熱病的細菌，尤其當地兒童的血液中常帶有這些病原……最後，此隔離措施可以舒緩歐洲人的不方便感，避免他們的生活安寧被當地原住民所喜愛的鼓聲或其他噪音所打擾。[25]

1864年的第二十二軍事營地法（The Military Contonments Act XXII），是英國為印度所建立的第一部全盤性公共衛生法規，其明文規定在歐洲人與印度人之間建立實體隔離牆，以防止「瘴氣」的傳播。[26]

格迪斯在1914年10月抵達印度時，他發現了所有的這些事情：載著他的城市建設展覽品的沉沒貨船中，還有「要交付給馬德拉斯商店的聖誕貨品、給議員及少數特權者的汽車，以及給總督府的當季新酒。」[27]他立刻批判當局關於開闢寬闊馬路穿越舊城區聚落的政策，此舉當然使得相關當局很討厭他。[28]在孟買，專制的英屬印度市政官員邦帕（C. H. Bompas）被任命為「改善信託」（Improvement Trust）的主席，成為「至高無上的主管」。在獲取大量基金後，改善基金會開始在商業區附近的高人口密度地區進行違建清除工作（此地區人口密度平均一英畝達333人，只有5%道路面積）。邦帕表示那裡的違章住戶是「要移往加爾各答的暫時性移民，因此要遷移他們

---

23 Home, 1997, 43.
24 出處同上，43-4。
25 節錄自同上，117。
26 出處同上，125。
27 節錄自同上，14。
28 出處同上，148。

並不會造成太大困難。」[29]

半世紀以來，印度住房部門的衛生局和衛生委員們致力於擴建排水系統，並為老舊擁擠的印度城市建造公共廁所。早期的印度城鎮規劃教育大多由部隊工程師來負責，[30]但格迪斯卻認為其規劃作法完全不對。1917年在巴拉姆布爾（Balrampur），他批評道：「排水系統是因應城市的需求而設，而非是為了要排水系統才建造此城市，如今這種城鎮規劃是為工程建設而服務的情況有必要加以扭轉，應從城市環境改善的一般性問題開始著手，不可諱言地，下水道系統是眾多要考慮的因素之一。」[31]（譯注3）

工程導向的規劃手法造成一些荒謬的結果，例如提供比房子貴兩倍的廁所。[32]格迪斯反對當時「要使個別住戶和城市符合衛生的改善方式，只能從後面，或是從地底下往上開始（由下水道系統開始）」的普遍信念，他認為這是「最令人沮喪的現代迷信行為之一」，格迪斯建議道：「為何不使用一個能處理廢棄物的大型推車，其可定時且輕易地由人力來推動；或是在較寬敞的場所，使用有著明亮粉刷的推車，將其放在一個容易保持乾淨的水泥平台上，而平台可設置在居民容易到達的街角呢？」[33]他認為該遵循的法則「……絕對不是19世紀歐洲城市所普遍使用的『一切皆歸於下水道系統』的萬靈丹……適用於印度的格言應該是使用鄉村地區的傳統方法，即是讓『一切歸於大地』。」[34]（譯注4）而且街道清道夫應該變成園丁，將廢棄物帶離城

---

29 出處同上，172-3。

30 King, 1980b, 215.

31 Geedes, 1917c, 3.

【譯注3】早期印度是以工程的觀念及作法來進行城市設計及相關的建設，其工程背景的城市設計師認為，下水道系統是現代都市的重要基礎，所以都市規劃應依據下水道系統的工程要求來進行都市空間的規劃設計，這種工程導向的規劃觀念後來受到許多規劃學者及專業者的批評，批評者指出，工程是要解決問題，但不應該限制規劃理念及創意的發揮；規劃前輩格迪斯早在20世紀之初，即勇敢且深刻的指出此問題，因而挑戰到當時印度官僚機制的普遍信念。

32 Geddes, 1917b, 17.

33 Geddes, 1917c, 37-8.

34 Geddes, 1918, I, 73.

【譯注4】格迪斯的想法相當符合生態城市的理念精神，他認為都市下水道系統不是解決都市的排水及環境髒亂問題的萬靈丹，應鼓勵就地處理、循環再利用的方式，以解決部分廢棄物處理與雨污水排放的問題。對於此類作法，目前生態城市理念中所倡議的就地處理方法包括：生態草溝、多孔隙生態

市送到新的郊區，並照料房屋之間的都市空間使其成為「翠綠且茂盛的花園般的環境」。[35]

當然，這類建議及其堅稱大多的道路拓寬和違章街區清除是不必要之言論，也讓工程師們討厭他。在拉合爾（Lahore），格迪斯表示，當他聽到一個歷史地區已被提案要全部拆除時，「驚訝到幾乎站不穩」，此地區讓他回憶起「蘭開夏郡（Lancashire）一些城鎮的後街……約在1860年開始陸續地被衛生官員和工程師清除」，一直到1909年的英國規劃法案頒布實施後，這類清除行動才停止。他認為「既存的道路和巷弄是過去實際生活的產物，代表著過去的活動與經驗[譯注5]」，因此它們只需要被改善即可。[36]同樣地，對於巴拉姆布爾（Balrampar）的舊市場區的改造，他建議只需清除一些破敗的房屋、增加開放空間及多種些樹即可：「當這些殘破且蕭條的舊寓所一個個重新開放，那些融合著私人簡約性與神聖華麗性的傳統莊園生活將會再現，它們只不過需要一些更新（renewal）而已。」[37][譯注6]這種舊城區更新的作法係搭配擁有花園和露台的新郊區住宅社區開發案一起推動，此開發案將由工程師們與當地社區協力來完成，工程師們負責處理分配基地、興建道路與排水系統，以及集水井工程；這些郊區將發展成「一系列擁有各自中心的莊園群落。」[38]

同樣地，格迪斯對印多爾的工業城鎮如此建議：

這種防腐和保存的手術法，簡單地說，就是清潔整理，然後再清潔整理。……如此馬哈拉斯（Mohallas）和巴加斯（Bazars）地區的傳統生活就可以以它既有的方式持續發展，而不需作太大的變動……藉由我們在細節上的局部拆除、矯正、開放，以及重新種植，一個有著潔淨且

水岸營造、礫間淨化、人工濕地等，但有些強調自然循環的淨化設施（如人工濕地）在實際運用時，仍應與住家保持適當的距離，以免影響生活品質。

35 出處同上，76。

【譯注5】好的城市設計應強調維護城市發展的時空延續性及集體生活記憶，這與格迪斯此處所提出的觀念是一致的。

36 Geddes, 1965a, 6-7.

37 Geddes, 1917c, 41.

【譯注6】這裡所指的「更新」是維護修繕與環境清理的意思，並非拆除重建。

38 出處同上，34, 77。

合宜的里弄、小街道、開放場所，甚至花園的網絡系統，都將隨之成形，這些事物是令人愉悅的，而我會自信地說它們有時是美麗的。[39]

格迪斯努力地強調，他所提出的方法不但成本低，在降低疾病和死亡率方面亦能帶來立即的明顯改善：「這是再確切不過的了……這些後來學院派的城市規劃師們只在真正有需要的地方及需要的方向才會仔細地去建造街道；他們是為城市和市民荷包著想的實踐者、真正的實利主義者與經濟學家。」[40]在他早期一份為馬德拉斯轄區之坦焦爾（Tanjore）所作的報告中，格迪斯預估他的計畫之花費只需要工程師們的方格網計畫的六分之一。[41]但他也承認：

這種維護保存型的方法也有其困難之處。它需要長期且有耐心的研究。此工作無法在辦公室裡用直尺和平行尺來完成，計畫必須經數小時的辛苦的現勘之後，在現場畫出──通常是在難以忍受的視覺景象和充滿異味的環境中，就連婆羅門人和不列顛人都受不了……這種工作也需要有豐富細節和高度精確的地圖，比政府法令規定的地圖更詳細……即使累積了大量的操作經驗，規劃者仍然發現自己……很容易受影響，就像一個沒有耐性的西洋棋手一般，將擋路的棋子掃除。[42]

但諷刺的是，格迪斯在印度從未親自執行過任何一次詳細的調查工作，反而是依賴任何可獲得的當地調查結果。[43]在孟買轄區中他走訪了六個城鎮，梅勒（Meller）描述：「他對這六個城鎮的參訪報告都很簡略，但他想傳遞的訊息倒是很明確。」[44]同樣地，格迪斯對於勒克瑙（Lucknow）的報告也沒有提出較新的概念，甚至沒有對此城市提出一個綜合性的計畫；「格迪

39 Geddes, 1918, I, 161.
40 Geddes, 1965a, 15.
41 Tyrwhitt, 1947, 41.
42 出處同上，44-5。
43 Meller, 1990, 210.
44 出處同上，243。

斯總是太忙而無法親自執行系統性的調查。」[45]如同以往，格迪斯只是在促進這些事情：「當格迪斯知道自己的社會生物學方法是適合印度的狀況時，他的自信心就大幅地擴張了。」[46]他深信其立論基礎：清除政策是「在公共衛生史上最災難性和致命的政策之一」；其所造成的結果是將人們擠到比以前更糟的住房中。[47]

格迪斯在1918年為拉合爾所作的報告中解釋道，維護保存式手術法應用在其他地區時，應藉由在城鎮周圍建造「花園莊園」（Garden Villages）的配套措施來執行，這些新村莊也將吸引產業移入，[48]而舊城中數以千計的居民，也會被吸引而移往該處，「如此一來，舊城區內的多坑位的公共廁所將失去其存在價值」，昂貴的下水道系統計畫也因此可以省掉了。[49]花園村莊建設將立基於住戶互助合作的原則上，如同歐文和帕克已在漢普斯特德和伊林，以及其他地方所實行過的，但在此處，格迪斯依據印度的情況提出經調整後的在地化模式：國家僅需提供適當租期的土地，然後「簡化建築過程，從一個合理的最小數量開始建造，但加上可促進改善的誘因」。[50]房屋結構可使用龜茲（kucha）（一種暫時性建材），而「勞動力來源通常是（或至少部分是）由當地工人自己提供」，國家則可以提供建材援助。[51]格迪斯強調整個計畫必須由市民「真正且積極的參與」來實現，他並警告，「地方政府由上而下來執行之危險」，其將會使「此計畫脫離公共和民眾的感受，不久後將脫離公共和民眾的需求和效用」。[52]

格迪斯在結論中，強調自己為印多爾所作的報告是「我目前所知所有城市計畫中最完整且最仔細的一份」；它「是最好的，因為有我作為城市規劃師生涯中最好的機會。」[53]其原因基於以下事實：

---

45 出處同上，247。
46 出處同上，240。
47 Tyrwhitt, 1974, 45.
48 Geddes, 1918, I, 40.
49 出處同上，64。
50 Geddes, 1918, I, 70.
51 出處同上。
52 Geddes, 1918, II, 104.
53 出處同上，187, 190。

既然城市生活，就像有機體和個體生命一樣，需要在所有器官功能的和諧運作及所有的器官皆可為生命需求而隨時調整的情況下，才能夠生存與發展。欲達圓滿城市生活的努力，不僅需要個別專業的投入，更需要專業合作，以實現更好的整體城市生活。……在每一門科學和技術教育的初期階段，我們習慣以個別的方式去分析、看待及處理事物；而目前所需要的進階階段應是將它們視為是一個相互關聯的整體，藉由重新調整而整合在一起。過去由於我們的想法被局限在初期學習階段，那些巨型且需整合的計畫，如先前的供水和排水計畫，才會快速地失敗且形成浪費。[54]

如果格迪斯還健在，他完全可以這麼說，早在1918年他便期望眾人實行直到半個世紀後的1960年代才盛行的規劃哲學，但當時的現實世界是尚未準備好的[(譯注7)]。他在一些報告中顯示出其對印度殖民官員的強烈不認同，[55]印度政府各階層的官員也都沒有因為格迪斯的預見而感謝他。勒琴斯（Lutyens）在其1914年的報告中，如此描述，「海利（Hailey）、蒙莫朗西（Montmorency），以及所有來自H. E.的官員」對格迪斯都沒有好印象，事實上，他們對他感到憤怒：

格迪斯教授確實是來此地講授城市規劃的方法〔他要展現的城市展示品隨著埃姆登號（Emden）沉沒了〕，他似乎以一種侮辱的方式來亂說話，並且我聽到他將要攻擊我！他是一個不知道自己所談論之主題的怪人。他說了很多、失去了自我控制，然後開始發脾氣。[56]

---

54 出處同上，187。

【譯注7】格迪斯主張以鼓勵民眾自力建屋的方式來解決貧困移民的住宅短缺問題，此作法在1970年代起曾流行於第三世界國家一段時間，格迪斯早在五十年前，就提出此概念，但當時的決策環境仍是中央及專家主導的時代，其所受到的阻力可想而知。

55 Geddes, 1965a, 51.

56 Hussy, 1953, 336.

在格迪斯發表其重要報告的十多年後，一本由林頓．柏格爾（J. M. Linton Bogle）（利物浦大學工程學士、土木工程學會成員、城市計畫學會成員及勒克瑙改善信託基金會的首席工程師）所撰寫的印度城市規劃實務的標準手冊中，仍然建議「一個設計良好的街道計畫」，其街道應有100英尺寬。不用說，派屈克．格迪斯的名字根本沒被提到，[57]看樣子格迪斯或是他的鬼魂，必須要再等候一段時間才能得以平反。但是在勒克瑙地區，格迪斯帶著一群印度助理一起工作，並碰到一位開明且充分信任他的基金會主席喬普林（L. M. Jopling），他的想法終得以實現。[58]

皮斯哈文（Peacehaven）之人民的阿卡迪亞（Arcadia）

在此同時，一些從未聽過格迪斯的人們已開始動手建造自己的房屋，如同他們過去的作法一樣。在1920到1930年代，他們在南英格蘭許多地方自力建造住屋，尤其是在沿岸地區：在肯維島（Isle of Canvey）和謝佩島（Isle of Sheppey）、靠近布萊頓（Brighton）的皮斯哈文、靠近克拉克頓（Clacton）的傑維克沙地（Jaywick Sands）、肖勒姆海灘（Shoreham Beach）和帕格漢海灘（Pagham Beach）及其他二十多個這樣的地方。這些自力建屋者大多是窮人，他們利用自己的雙手和一些從工業活動廢料場所拆下來的廢棄材料來建屋，其中報廢的電車車廂就是最受歡迎的素材；[59]他們廉價地建造，因為他們不得不如此。其中有一位婦人是於1932年從借來的1英鎊開始，她說她為現在的年輕夫婦感到抱歉，因為他們無法得到她曾有過的機會。[60]

這些自力建造的結果，並非都具有歐文在《城市規劃實務》（*Town Planning in Practice*）一書的插圖中所形容的令人愉悅的鄉土特質。這些自

57 Bogle, 1929, 24, 27, 60.
58 Home, 1997, 173.
59 Hardy和Ward, 1984，各處。
60 出處同上，201。

行建造的住屋有時是粗俗的^{（譯注8）}，而且通常屋主無能力負擔一些昂貴的基礎設施；最大的自力建屋區係位於埃塞克斯的萊因敦（Laindon）地區，共有約8,500間房屋，其中四分之三沒有污水管線，半數沒有電。[61]這些房屋在1930年代成為建築師和其他人指責鄉村被掠奪的眾矢之的，這在第三章已有說明。第二次世界大戰更幫助了這些批評者：軍方以防止敵人入侵為理由拆除了許多這類的房屋。在那之後，新掌權的地方規劃當局的規劃師採取一系列法律和準法律的行動來干擾這類自力建屋活動，例如在其中某處建造了一個鄉村公園，在另一處則建立一個完全為私人企業所擁有的新郊區，甚至在萊因敦建了一整個新城鎮。[62]但是執政者依舊無法徹底消滅這種自力建屋活動；英格蘭的自力建造區及其住民仍舊生存下來了，也為人民自己親手為自己而建屋的輝煌時代做出了見證。

　　但仍有少數人體認到且景仰自力建屋行動的價值。其中一位是在1950年代早期開始為無政府主義雜誌《自由》（*Freedom*）寫作，並發表文章讚揚自力建屋原則的科林·沃德（Colin Ward）。在那之前不久，他曾簡短地參與在倫敦建築聯盟（AA）的一次重要的思想論壇。倫敦建築聯盟學院一向被視為是科比意式誇大幻想在英國的根據地，但其在1948年卻做了一件反常的行動：邀請了義大利無政府主義建築師吉安卡羅·德·卡洛（Giancarlo De Carlo）。德·卡洛對當時義大利貧民的艱困居住狀況印象深刻，他說此情況與「西元前三世紀的奴隸生活狀況或是羅馬帝國時平民的生活狀況幾乎沒什麼差別」。[63]地方政府的社會住宅並不是有效的解決方案，它只意味著「骯髒簡陋的棚屋被單調重複地排列在我們城市裡」。[64]因此他

【譯注8】設計有兩種美學：專家美學及參與式美學，專家美學強調傳統學院派所教的美學原則及手法，如比例、尺度、協調、韻律、平衡、對稱等；參與式美學則強調輕鬆、隨興的風格及民眾創意的發揮；但以專家美學來看，常常是粗俗或是奇怪的。自立造屋與草根性的社區營造需以參與式美學的角度來欣賞，雖然並不完全符合傳統美學的原則（因參與者可能沒受過制式的專業訓練），但在過程中，參與者可體會到個人的成長，且因為親身參與，也會對其成果具有較高的認同感及親切感。

61 出處同上，204。
62 出處同上，211-30。
63 出處同上。
64 出處同上。

主張「住房問題不能用由上而下的方式來解決。它是人民的問題，除非人民自己有堅強的意志和行動，否則它不能被解決或被勇敢地面對。」[65]

規劃有助於解決此問題，但唯有在「有公民合作的具體表現」的情況下才行，在此基礎上，「規劃將致力於解決人類的真實生活的需求，以建立與自然環境、工業及人類活動之間的和諧關係」。[66]

此主張引起一位自軍隊退伍之AA的學生之共鳴。這位學生名為約翰·特納（John Turner），他與同年代大部分的人不同，他不是科比意的光輝城市之崇拜者。特納後來回憶道：

> 為了處罰我在英國公立學校所犯的小過錯，一位長官命令我閱讀及摘述劉易士·孟福的《城市文化》書中的一章。孟福引用了其老師派屈克·格迪斯的話，這個名字也在此後被記在我心裡。在閱讀過格迪斯的作品後，使我懷疑當時所受的專業訓練之價值何在，而當我逃脫到真實世界後，他的思想仍舊引領著我的再學習與再教育過程。[67]

在部隊服務時，特納已讀過《自由》這本雜誌，並且已轉向無政府主義。所以當德·卡洛來到倫敦的AA演講時，他至少教化到這一位半無政府主義者聽眾。特納回歸到應用格迪斯的方法，「非常清楚的，此方法是讓自己盡可能地靠近那些涉及的人民，尤其是那些因城市功能的不彰與障礙，而承受諸多苦難的居民。」[68]但讓一位年輕專業者放手一搏的可能性「在一個像英國這樣全然制度化的國家，似乎微乎其微」，因此當他有一個機會，與愛德華多·內拉（Eduardo Neira）在祕魯一起工作時，他欣然接受了。[69]

---

65 出處同上。
66 出處同上。
67 Turner, 1972a, 122.
68 出處同上，124。
69 出處同上。

特納前往祕魯

從1950年代中期到1960年代中期，特納在利馬的巴里達斯（*barriadas*，貧民區的意思）工作，此地區的人口在1958年到1964年的六年之間，從10萬成長到40萬。[70]當時正統的觀念認為非正式的貧民窟居住區是「各種犯罪、邪惡、疾病以及社會和家庭瓦解的溫床。」奧斯卡・劉易士（Oscar Lewis）所出版的一本談論貧窮文化的經典著作更強化了此觀點。[71]因此即使到了1967年，一位麻省理工學院傑出的專家仍然如此描寫貧民窟的居民：

> 很典型地，他們的孩子不上學、不找工作（除了最卑微或沒有報償的工作之外），也沒有任何都市文明的習慣與禮節（除了染上大城市常有的青少年犯罪之外）。……即使這種可悲的生活條件，仍需花費大量的資源來維持他們的存活……更多的警察和消防隊員，更多的醫院和學校，以及更多的住宅和相關的活動。[72]

可以確定的是，以上代表了眾人對劉易士所提出觀點的極大誤解；如同其他許多著名的學者一樣，劉易士似乎只被那些不願意花心思去閱讀他著作的人所引用。他曾寫道，貧窮是「一種生活的方式，其係穩定且持久地，藉由家庭脈絡而由一代傳給下一代」。[73]但是，他在一項探討墨西哥農夫移居到墨西哥市的早期研究中，也強調：

> 墨西哥農夫遠比一般美國農村家庭更容易適應城市生活。幾乎很少發生家庭組織破壞或崩解的事，也很少有發生文化衝突或是不可化解之世代衝突的證據……家庭凝聚力和延伸的家庭關係在城市中持續茁壯；只有少數分居或離婚的案例，既沒有被拋棄的母親或小孩，也沒有個人獨

---

70 Turner, 1965, 152.
71 Ward, 1976, 89.
72 Lerner, 1967, 24-5.
73 Lewis, 1961, xxiv.

居或無關係的家庭生活在一起的狀況。[74]

接著，他努力地強調「貧窮文化」（culture of poverty）這個概念：

是個容易抓住眾人目光的字眼，並也經常在目前文獻中被誤用……貧
窮文化不只是被剝奪或無組織的問題，或是一個標示著欠缺某些事物的
術語。它在傳統人類學的意義上是一種文化，其提供人類一種生活的設
計，具有一套可解決人類問題的現成方法，因此它發揮重要的調節功
能。在論及「多重問題」家庭時，科學家們……經常強調他們的不穩
定性、缺乏秩序、方向及組織。然而，當我觀察這些家庭，他們的行為
似乎有清楚的模式且能被合理地預測。我經常為他們那種無法改變的重
複行為及民風中如鐵一般的頑固而感到震撼。[75]

劉易士進一步強調，並非所有窮人都會被限制在貧窮文化之中；唯有在
符合某些特別條件的情況下才會如此，這些條件包括：伴隨著高失業率的現
金經濟制度、缺乏任何可為窮人提供服務的組織、缺乏延伸的親屬關係，再
加上認為貧窮歸因於個人不努力的主流價值系統。[76]在他對波多黎各的貧窮
和娼妓問題所進行的研究中發現，他主要的研究對象拉維達（La Vida）在
被說服離開貧民窟而搬到一個較偏遠的公共住宅時，其經歷到一股強烈地撤
出的感覺：

這個地方已經死了，俗語所說的是真的，「願上帝將我從寂靜的地方
送走，我可以在混亂的地方防衛我自己……」在這裡甚至連我的聖徒
們都會哭泣！他們看來如此悲傷，認為我在處罰他們……也許我在 La
Esmeralda（公共住宅）會過得較好。但若搬到那裡，你必須為一些在
這裡能獲得的舒適而付出代價！聽好，我非常緊張且非常焦慮，因為在

---

74 Lewis, 1952, 39-41.
75 Lewis, 1966, 19.
76 出處同上，21。

這裡如果你只要有一次沒有付房租，下個月就會被踢出去。[77]

　　雖然劉易士對相反的情況做了很好的說明，但是人們仍然斷章取義，只願意相信他們想相信的話：非正式住宅（informal housing）地區就定義而言是個貧民窟，因此就如同其定義，它應該是一個充滿犯罪、社會瓦解及普遍社會抑鬱的地區。因此在1960年代早期，即使是在貧民窟長大、比一般人有較少錯誤觀念的自由派傑出學者查爾斯・艾布蘭，仍會懷疑居民自助（self-help）的價值，特別在都市地區，因為有著組織困難、拖延、不良建設品質、缺乏大量生產等問題的存在，而且自助的結果通常會出現安全和健康上的危害。[78]

　　特納是第一位發現傳統主流思想有誤的人，此發現被後來的社會學和人類學研究所證實。事實上，形成這些巴里達斯的貧民入侵過程是高度組織化、有秩序且和平的。配合這些社區的形成，隨之而來的是大量的住宅投資；它們的就業、工資、閱讀能力和教育水平都勝過全國平均，更不用說與現有的城市貧民窟相較了。[79]

　　以祕魯及利馬的標準來衡量，大多數利馬的巴里達斯（貧民區）的人口並不算非常貧窮，而且他們的生活比起之前都有所改善，不論他們是從城市貧民窟搬到巴里達斯，或是從鄉下村莊搬到城市的貧民窟。[80]

　　關於巴里達斯（以及其同義詞，巴西的法沃拉斯（favela）、墨西哥的科洛尼亞・普羅列塔利亞（colonia proletaria）、委內瑞拉的蘭喬（rancho）〕算不算貧民窟，「有非常大的認同差異，有人認為此說法一半正確，有人認為完全不正確」[81]這些貧民區的住民擁有土地，擁有一棟（或至少是部分）

---

77 Lewis, 1067, 592-4.
78 Abarms, 1964, 22, 172.
79 Ward, 1976, 89.
80 Turner, 1965, 152.
81 出處同上。

第八章　　自建的城市　　　　　　　　　　　　　　　　　　401

建造不錯的房子、安全、社會地位，以及他們在社會發展及政治穩定上一種交織的利益；[82]其居民「可以生活得像工業化世界任何城市中建屋互助會的郊區購屋者，儘管比他們貧窮得多」。[83]而這些非物質面向其實非常重要，儘管官方機構尚未認知到這些，但住宅不只是物質產品，它亦提供居民生活必要的品質，諸如認同、安全和機會，而這些將有助於改變一般人的生活：[84]

> 在像利馬這樣城市中的大量都市貧民，可以透過賦予其房屋所有權的方式來改善其狀況，如此雖然以現代的標準來看，他們仍然非常貧窮，但這也是他們維持樂觀的原因所在。如果這些窮人被困在都市內城區，如同北美城市的窮人那樣，他們可能會放火摧毀房屋，而非動手自力建屋。[85]

特納進一步發現，人民最清楚地知道自己要的是什麼：當他們第一次來到城市，未婚或剛剛才結婚，他們偏好住在市中心的貧民區中，以便能靠近工作地點和廉價食物市場；然後，孩子出生後，他們在乎空間大小和安全問題；[86]在此情況下，如果他們可不受限制的自由遷徙，他們會選擇住在有較大空間之未完成的房屋或甚至是大型棚屋之中，而非已建成的小房子：「如格迪斯半世紀前在印度所寫下的：『我必須提醒所有關切此事的人，第一，對於一個住宅和家庭的基本需求是空間，第二，住宅和家庭的基本改善是提供更多的空間。』」[87]人們將住房及社區服務如市場、學校及警察等放在第一順位考量，其他服務（也許除了電力之外）排在第二順位，因為他們知道自己終究會得到這些。[88]

---

[82] 出處同上。
[83] Turner, 1968a, 357.
[84] Turner, 1972b, 151-2, 165.
[85] Turner, 1968a, 360.
[86] Mangin 和 Turner, 1969, 133-4。
[87] Turner, 1970, 2.
[88] 出處同上，8-9。

問題是官方機構拒絕承認以上現象。利馬自1915年實施的土地細分規定及1935年起實施的最低住房標準，皆將這些潛在的購屋者排除在市場之外：在合法的市場上，人們支付房屋的錢占其收入的比例，高於其祖父輩在1890年代的收入比例，卻獲得更糟糕的住房。[89]因此特納下結論道「自治的都市居住區（指自力建屋住區）……是因為官僚化社會所供給的住宅無法符合這些居民的需求而導致的產物」；[90]因此我們可以看見，社會中管理機構的價值觀與人們順應其生活環境所發展出的價值觀之間有一道巨大的鴻溝。[91]

特納在祕魯阿雷基帕市（Arequipa）的早期工作，是假定專業者的角色是要組織自力建造的過程。然而他發現居民不但清楚地知道該建什麼，還知道要如何建造：因此對於「認為所有地方自治組織都是具有破壞傾向的自由派獨裁主義觀點」，他感到相當內疚。[92]而確實地，他們正破壞那些所謂專業菁英的權力。因此，他歸納出其根本性的發現：

當居民享有主要決策的主導權，可以發揮自己的貢獻來設計、建造及管理他們自己的房子，這種過程及所創造出來的環境將有助於加強個人與社會整體的福祉。然而，若居民對於住房建造過程的主要決定沒有主導權或責任歸屬時，居住環境將成為個人成長上的障礙及成為經濟上的負擔。[93]

住戶自力建屋只花費一般承包商要求的一半費用，卻創造出約等同其年收入4到5倍的收益：是一般傳統建造住宅可獲得最大收益的兩倍。[94]相對地，若將居民移入政府的公共住宅，對於要阻止劉易士所謂的貧窮文化之循環，只有很微小的作用。[95]

---

89 Turner, 1972b, 149.

90 Turner, 1969, 511.

91 Turner, 1971, 72.

92 Turner, 1972, 138.

93 Fichter, Turner，和 Grenell, 1972, 241。

94 出處同上，242。

95 Mangin 和 Turner，1969，136。

那麼政府和城市規劃的角色是什麼？它們是否應該離開、留下人民而不管呢？一點也不！特納認為，規劃的角色是提供一個可以讓人民自由發揮的架構。政府應該停止作為住宅融資者或實際建房者，反而應轉型成自力建屋理念的推廣者和協調者。人民仍然需要幫助，因為他們並不一定要擁有自力建屋的技術，因此仍需要專業者的協助；[96]他後來強調，認為自力建造的房子由於自我建造而花費低廉的說法只是一個迷思，因為很少有屋主提供超過一半以上的勞動力；其實，此類住房較為經濟的主因是屋主就是自宅的承包商，自行發包比較便宜。[97]因此，政府可以透過協助小型承包商或合作組織來提供建材或特別服務，以發揮其角色與功能。[98]另外，政府的重要功能還包括提供最靠近就業市場的土地、提供先進的基盤建設，以及當自力建屋居住區各方面準備就緒時，提供一個法制化的發展架構，以便居民能有遵循的原則。[99]（譯注9）

即使有這樣的自力建屋居住區之興建，特納和他的團隊發現，問題仍然存在；但至少某些問題在建造過程中獲得減輕。這些位在許多拉丁美洲城市的大型自建居住區（依估計這類自建居住區在1990年時約占利馬600萬人口的四分之三，相較於1940年時只占該市60萬人口的5%）意味著許多居民必須為了通勤及維修房屋而付出更高的支出；而且，這些居住區普遍以低密度的方式建造，也對居民產生了一些影響。[100]此類型住宅的屋主需要有某種最低收入門檻，這條件是許多人都無法達到的（對拉丁美洲是如此，非洲更困難）。[101]如果低所得階級在現有住宅區的周邊搭蓋違章建築，他們可能會影

---

96 Turner 等，1963, 391-3。

97 Turner, 1976, 86.

98 Payne, 1977, 198.

99 出處同上，188-91, 195, 198。

【譯注9】此觀念與1990至2000年代盛行的公私合夥（Public Private Partnership, PPP）規劃模式的理念精神相近。依據公私合夥的精神，政府在鼓勵民間（或私部門）參與自力建屋時，並不是放手不管，什麼都不做；相對地，政府反而應該訂出具體且可執行的原則，並積極的扮演協調者、推廣者、教育者，以及制度建立者的多重角色。

100 Turner, 1969, 523-4.

101 出處同上，519。

響到想要改善其居住環境的努力。[102]之後許多世界銀行及其他地方的專家們也發現一個問題：其居民可能會受困於土地投機活動，但相對的，他們也可能會在他們住宅價格狂飆時受益。[103]

在此同時，學術研究成果和實務經驗皆顯示自力建造住宅是「希望的貧民區」，查爾斯·斯托克斯（Charles Stokes）在1962年第一次使用這個措辭，[104]但如今許多地方的研究皆支持其結論是一般適用的，例如弗里登（Frieden）在1960年代中期對墨西哥城的研究、[105]羅曼諾斯（Romanos）對雅典的研究，以及愛波斯坦因對巴西城市的研究，皆得到類似的答案。[106]賈尼斯·帕爾曼（Janice Perlman）在其1976年所執行的里約貧民窟研究《邊緣性的迷思》（*The Myth of Marginality*）中亦顯示：

> 主流觀念是完全錯誤的：貧民窟居民和郊區居民並非如主流價值所推斷的具有邊緣團體的態度和行為。在社會方面，他們具有良好的組織力與凝聚力，並有效地運用都市周邊環境與制度。在文化方面，他們高度樂觀且致力於提供孩子更好的教育及改善房屋狀況。……在經濟方面，他們努力工作、與其他人共同消費產品……而且他們建造……在政治方面，他們不冷漠亦非激進者。……總之，他們有中產階級的抱負、先鋒者的堅忍不拔及愛國者的價值觀念。他們唯一欠缺的是一個機會，一個可以實現他們抱負的機會。[107]

帕爾曼建議的結論獲得許多其他研究的支持，她認為主流迷思之所以會持續下去，是因為它有助於維持不平等現狀，並讓國家想採取的行動可以被合理化，包括剷除貧民窟的行動。[108]事實上，1970年代早期的一個移除里約

---

102 Turner, 1970, 10.
103 Dubkerley等，1983。
104 Stokes, 1962, 189.
105 Frieden, 1965, 89-90.
106 Romanos, 1969, 151; Epstein, 1973, 177-8.
107 Perlman, 1976, 242-3.
108 出處同上，249-50。

都市中心區貧民窟行動造成居民極大的困境，因為他們被迫移入位處市區邊緣的住宅，離工作地點遙遠，且完全缺乏社區感。[109]

　　受到這類研究的支持，到了 1980 年代特納的政策得到極高的推崇，當時世界銀行（the World Bank）亦熱烈地擁抱其政策[譯注10]。當它成為正統思潮，可預測地一個反特納思想的學派也正慢慢醞釀發展。反特納派認為自建型住宅事實上相對地營建花費較多，表面的經濟效益只是因為未記入屋主參與建造工作的成本；土地所有者成為最大獲益者，而住戶可能要負擔高昂代價來成立法定租約。[110] 還有一種說法是，雖然特納的結論可以應用在許多地區，但非適用於所有地區，例如加爾各答的貧民窟就不適用。[111] 儘管反對特納作法的人如此說，有趣的是，當時加爾各答發現傳統的貧民窟清除行動徒勞無功，正準備開始一個大型改善計畫。[112] 當然也有些高舉馬克思主義旗幟的批評者，認為自力建屋者仍然只是資本主義的一個工具，他們說：「特納的建議完全代表了資本主義者利益的傳統嘗試，以各種不影響原有利益運作的方式來緩和住房短缺的問題。」[113]

　　儘管明顯地受到這些批判的困擾，特納仍認為住宅是支撐社會變革的槓桿。不管怎樣，吉爾伯特（Gilbert）和沃德（Ward）在墨西哥市對自建住宅居民的調查發現，居民聲稱高度滿意於現況：

> ……低收入團體認為他們從建造過程中獲得利益，即使他們需承受長期的租約不安全性、不充分的服務、為了建屋和改善鄰里而喪失的個人休閒時間，以及為土地、法規、稅務和賄賂等而支付的高昂成本……但最終，居民能擁有一小塊土地可讓他們作為抗拒通貨膨脹之屏障，並

---

109 出處同上，230-3。

【譯注10】特納的政策建議及當時興起的社區草根運動發揮了不小的影響，自力建屋成為當時一種示範性的新規劃操作方式，在此趨勢下，世界銀行（the World Bank）贊助了不少此類的計畫，並以民眾參與的程度，當作計畫評估的主要指標。

110 Connolly, 1982, 156-63.

111 Dwyer, 1972, 211-13.

112 Rosser, 1972a, 189-90.

113 Burgess, 1982, 86.

構成實體的權益，而且可用於出租或分租，以產生收入。[114]

在英國和波哥大，他們建議，資本主義階層和低所得族群皆已從中獲益；而任何團體要控制此運作系統的能力是受限於選舉的程序：[115]

結構主義能夠解釋獨裁的政府壓制下勞工階級所受的壓迫以及貧民的生活改善狀況。但既然沒有排除什麼，那就無須解釋什麼。[116]

事實上政府規劃當局已經幫助了貧者，同時也藉由穩定社會而幫助了他們自己。[117]

中國的上山下鄉

在這幾年中，在另一端的第三世界中，有一個更大膽的規劃實驗正在發生：這可說是20世紀規劃史上最激進的一頁。中國在1949年共產主義革命時期，是之後所稱「不均衡發展」（uneven development）的最明顯案例。(譯注11) 中國十分之九的工業基礎建設是集中在沿海100個「條約通商港口」(譯注12)，光上海就占大約五分之一。在這些外國人控制的城市裡，中國人發現，自己變成家鄉土地上的陌生人，被殖民主義粗魯的陷阱所羞辱：在上海的一個公園，臭名昭著的標示牌上寫著：「狗和中國人禁止進入」。[118] 所以毫無疑問地，在外國列強離開後，新當家的共產主義統治者在意識形態上是反都市的，雖然許多共產黨員本身係來自都市，且依賴都市無產階級的支持，但他

---

114 Gilbert 和 Ward, 1982, 99-100。
115 出處同上，118。
116 出處同上。
117 出處同上，120。
【譯注11】指在國土空間上的不均衡發展，其通常是由於資源及開發行為過於集中在某些特定的地區所造成。
【譯注12】指八國聯軍時期所設定的通商口岸。
118 Murphey, 1980, 27-31; 1984, 197.

們在鄉村升起革命的旗幟，且堅定地相信這裡有著原始的、未腐敗的中國價值的源頭。[119]

另外有死硬的理由說明為何他們應該要回歸鄉村發展：因為別無選擇。在革命完成後的前幾年裡，人們從落後且經戰爭摧毀的鄉村湧入了城市，但城市無法負荷大量移民所帶來的問題。[120]要去逆轉這股移民潮流的真正原因，則是國家需要推動鄉村工業化，[121]於是中國實行了有名的「上山下鄉」政策，受過教育的年輕人前進到山區和鄉村地區，幾百萬位畢業生從城市送往鄉村，以提供鄉村發展所需的指導。此政策的推動在1950年代晚期及1960年代晚期尤為顯著，其分別是災難性的大躍進時期及文化大革命期間。[122]它包括兩個要素。其中一個非常重要，但大部分人並不知道，是要在內地城市如蘭州和新疆等地，發展大型工業，以作為對於那些條約通商港口發展之平衡措施。另一個眾人皆知的，是透過土地改革、農地改良及小型鄉村工業來達到鄉村自給自足的發展。[123]

這在當時是英雄式的作為，後來卻成為所謂由下而上式規劃的一個模式。[124]但問題是它並不像它所看起來的那樣，而且它失敗了。它從未真正的由下而上，因為規劃總是由中央主導，即使後來因為實際需要必須交給地方管理。[125]主要的元素（包括：基本需求設施的提供、地方對農業的管控、小型工業型企業，以及增強地方的自給自足）皆是透過一個全國性的規劃架構來確保其能安全地實施，此架構係利用賦稅和價格政策來支持鄉村部門。[126]但因為地方公社無能力管理整個系統，此規劃成為重複性、甚至災難性的失敗（例如大躍進時期的情況）。[127]這些鄉村工業如1950年代眾所周知的後院

119 Murphey, 1980, 30; Kirkby, 1985, 8-9.
120 Murphey, 1980, 43; Kirkby, 1985, 38.
121 Kirkby, 1985, 14.
122 出處同上，10。
123 Murphey, 1980, 46-7, 49-50, 60-1.
124 Stöhr, 1981.
125 Wu和Ip, 1981, 155-6.
126 出處同上，175-7。
127 出處同上，162-3。

大煉鋼爐，被證明是以非常高的成本在運作。[128]整個結構維繫於約1,500萬位來自都市的專業人士身上，這些人皆希望回到城市（其對現況不滿，經常與農民發生衝突）；於是他們之中不少人變成移往香港的難民，而後變成協助香港如流星速度發展的主要力量。[129]

1970年代晚期和1980年代早期的鄧小平政權時期，一方面保守地遵循著正統毛澤東主義原則，另一方面則開始推動一些較激進的作法，此時原本那些失敗的政策大部分被廢止了。其效果不大。那些當年的條約通商港口如今仍是中國最大的城市，且是工業生產的關鍵所在；小型鄉村工業只使用了鄉村勞動力的3%，城市仍然在成長。在共產主義統治的四分之一個世紀裡，整體人口分布並沒太大的改變。[130]然而相對於其他第三世界國家，中國大城市的數目仍相對較少^{（譯注13）}，超過100萬人口的有25個、200萬以上人口的只有6個，而都市的成長基本上都是順應著整體的人口成長。[131]因此或許可以說，中國偉大的實驗終究達到了一些影響。但它是真能代表著由地方發展、地方自治及由下而上式規劃所贏得的勝利（有人衷心地如此相信），這又是另外一個問題了：畢竟缺乏真實的紀錄證明，結果尚不能評斷。

第一世界的自治社區：從萊特（Wright）到亞歷山大（Alexander）

自治、自建的風潮在第一世界只獲得少許迴響；1968年，有一群住宅專家被要求從第三世界的非正式住宅營建經驗中為美國尋找可資借鏡之處，但他們能找到的卻又非常少。[132]但是仍有少數人，在這些年來仍在不停地思索著此一主題，其中最有名的就是法蘭克・洛伊・萊特，他被認為是公路城

---

128 Aziz, 1978, 71; Murphey, 1984, 20.

129 Murphey, 1980, 105-7; Murphey, 1984, 200.

130 Murphey, 1980, 146; 1984, 198; Wu和Ip, 1981, 160.

【譯注13】這是十多年前的情況，目前中國已有許多大城市，北京、上海、深圳、重慶、廣州都超過1,000萬人口，甚至其大都會區已達到2,000萬人口。除了一線城市之外，許多二線城市也快速的發展。其實，中國許多大城市係以流星般的速度快速地成長及都市擴張，中國已不再只是世界的工廠，也成為世界上最大的市場。

131 Asiz, 1978, 64; Murphey, 1984, 198.

132 Goetze等，1968, 354.

市的主要倡導者（如第九章所述），但萊特的廣域城市（Broadacre City）之意涵並不只於此：它是一個由自己住民使用大量生產元素所自力營造出的城市。[133]萊特如此地描述：

> ……為了開始建造家園，他應該要先購買現代化、標準化及便宜的廁所。那個文明的「廁所」如今是一個預先在工廠製造的完整浴室，作為一個單一的物件運送到家（他的車或冰箱也是如此），接著只要連到城市的供水系統和一個15元的水箱或一個40元的污水池就可以使用了。照著操作手冊的說明，他將這第一個物件放入其所屬的位置，便可以開始建造他的家了。其他同樣便宜且專為便利生活所設計的物件，可能很快地就被加進來。[134]

事實上，萊特規劃理念中的許多觀點，不論是有意或無意地都與美國區域規劃協會所提倡的觀念相似：無政府主義、科技解放論、自然主義、農業主義及宅地運動。然而他們幾乎像其他人一樣，也攻擊萊特，且在城市機構中也沒有人真正留意自力造屋行動。[135]如同在都市規劃歷史中不斷重複發生的諷刺，最終實現萊特想法的行動者是萊維特斯公司（the Levitts），它是一家商業建設公司，其在第二次世界大戰後構思出利用標準工業組件來建造廉價房屋的作法，讓屋主可以在閒暇時繼續擴建與改造自宅，關於萊維特斯的勝利將留到第九章詳細討論。但在當時的美國建築和規劃學校中，自力建屋的概念尚無人注意，一直到三十年過後才重新出現在柏克萊，在克里斯托弗‧亞歷山大（Christopher Alexander）的文章中。

亞歷山大出生於維也納，幼時移民到英國，並在劍橋大學建築學院接受折衷的教育，之後他移民到美國。幾乎從一開始，他便致力於探索其所謂建築中的「無名的特質」（the quality without a name），他在一個訪談中如此描述：

---

133 Fishman, 1977, 130.
134 Wright, 1945, 86.
135 Grabow, 1977, 116-17, 121.

一個建築就像一個人臉上的笑容一樣，是那麼的真實與適切，並不是我們言語所能描述的……在那一瞬間，建築事物本身是極有秩序且和諧地存在環境之中，絕對不是我們稱之為美麗的那種矯飾的感覺，那是一種不可思議的簡約和直率，同時又具有深度與神祕感。[136]

　　為了尋找這種特質，亞歷山大在1960年代提出其理論，認為這種建築中無名的特質是可以客觀地被認定的。但他卻看見當時的現代建築否認了這種建築本身獨有的特質，他指出：現代建築思潮中所呈現之「如硬紙板般」的建築形式，其實是因為害怕展現建築真實的特質與感覺。真正的「有機的次序」亦即「建築的無名特質」，是可以在傳統建築上被發現的，就像劍橋大學的學院建築的空間關係，或是一條英國村莊街道所呈現出來的；如果建築師真的體驗過這種特質，他們就不會設計出當今這種的建築。[137]（譯注14）

　　亞歷山大所認同的建築特質似乎正是摩爾、歐文和格迪斯所追尋的品質，儘管他們並不是以這樣的方式來表達：歐文和帕克在新易爾斯威克或萊奇沃思所做出最好的住宅便具備這樣的特質。但當時，大約1972年，他開始認為營造建築之無名特質的理想「不足以修補因分區管制法規之限制所帶來的問題，因為法規的實際原則（管理著整個過程）其本身實際上又是由分區管制被管理的過程所產生的。」[138]他於是發展出人們的群體應可以改變自己周遭環境的想法，而部分資金可由官方補助：「個人不只要照顧他自己的需求，還要……為其所屬團體的需求做出貢獻。」[139]在「人民重建柏克萊」（People Rebuilding Berkeley）計畫中，亞歷山大嘗試發展「自我維持、自我

136 Grabow, 1983, 21.

137 出處同上，57, 68-9, 83-6, 100。

【譯注14】當時的建築設計主要是受到現代主義思潮的影響，在現代主義的影響下，建築設計嘗試呈現出簡潔、反裝飾的國際式樣風格，再配合現代建材及新的構造方式，就出現了如書中所指的「如硬紙版般」的建築形式。此形式的產生有其時空背景及建築史上的意義（例如為了要符合大量生產、快速建造、反裝飾、強調空間流動性等現代主義教條），但在建築的深層意義方面，如建築背後所隱含的文化及情感上的意義，則未能彰顯出來。

138 出處同上，139。

139 出處同上，155。

治理」的鄰里社區。[140] 但此作法依然不能算是成功，因其在某種程度上又回到傳統的主要計畫之規劃路線。

幻想破滅後，他開始構思另一個理念，「為了讓事物變得更加的美麗及有生命力，人們必須直接參與建造工作而非僅是紙上談兵。」[141] 所以在一個墨西卡利（Mexicali）的自力建屋專案中，他實際參與並協助墨西哥人建立屬於他們的家園。其成果是一系列與眾不同的建築，他坦承「比我本來期望的多了一些奇怪的效果」，而參與建造的居民也相當喜歡它。[142]

在1970年代，柏克萊並不是人們回歸到自助和社區參與想法的唯一城市，但因為亞歷山大的名氣，使它成為此風潮中最重要的案例之一。在英格蘭，拉爾夫·厄斯金（Ralph Erskine）是一位出生於英國，並曾在瑞典工作多年的建築師，他又回到英國的泰恩賽德（Tyneside），在該地推動著名的貝克沃爾（Byker Wall）社區再發展計畫。這是一個少數能在設計過程中與地方居民進行持續對話的公共住宅計畫，居民最初的疑慮，隨著計畫的逐步落實而消逝了，「最後，追求社會活動的數量和品質這句話已經成為貝克地區人人掛在嘴上的格言，這雖然是當地的一個笑話，但它代表的是此計畫的勝利。」[143] 而其成果是全世界最非凡的社區建築之一，一般公共住宅機構的住宅建設成果根本望塵莫及：「偉大的牆面本身，在其較冷的一側，顯得高大、簡約和抽象，它逐漸彎曲、升起、下降、突起，在1.5公里之處，漸漸地降低。在較低的向陽面，你可以感覺到複雜、破舊、看似權宜搭建的屋舍，如同強烈具有人性化品質的香港棚戶區。」[144] 此地的主要居民是老人，他們給予此計畫極高的評價，他們說那像是西班牙的布拉瓦海岸（Costa Brava）。[145]

居民喜歡它，但他們並沒有建造它，貝克地區確實營造出一種擁有特殊建築風格的空間氛圍。在此期間，1969年英國一份每週發行的社會科學期

---

140 出處同上，157。
141 出處同上，222。
142 出處同上，170。
143 Esher, 1981, 186.
144 出處同上，187。
145 出處同上。

刊《新社會》（*New Society*）中出現了一個具開創性的宣言，由雷納‧班漢（Reyner Banham）、保羅‧巴克（Paul Barker）、彼得‧霍爾和塞德里克‧普立斯（Cedric Price）等人共同執筆，其提出的論點是：

> 規劃的所有概念（至少像城鎮和鄉村規劃此類的）已經走得跌跌撞撞。……不知為何，每件事都必須被盯著看；沒有一件事被允許可偶然的「發生」。連很平常的住屋建造也是如此：每一個計畫都必須被評量、經過規劃及詳細的審核，然後才能建造，人們最後才發現這些程序毫無用處，而結果當然也就尋常見慣了。[146]

所以這個團體建議：

> 推動一個精準且經仔細控制的「無規劃的計畫」之實驗……以找出少許在鄉村地區的有開發需求的適合地點，將它們視作無規劃計畫的示範平台。在最壞的狀況下，至少我們在此實驗中可找到什麼是人們想要的；最好的狀況則是，我們能發現20世紀中期英國潛藏的都市風格。[147]

這篇文章中提出三個實驗地區：諾丁漢郡的舍伍德森林（Sherwood Forest）、由倫敦向北到未完成之M11公路的廊道地區，以及在南邊海岸的索倫特（Solent）地區。此文章以大膽的主張作為結束：

> ……除了一些我們想要保留作為活生生的博物館的保留區之外，實質規劃師無權將它們的價值判斷加諸在你或是其他人的身上，並藉此來反對你們的價值觀。如果無規劃計畫之實驗真的可行，人們應該被允許建造任何他們所喜歡的住宅形式。[148]

---

146 Banham等，1969，435。

147 出處同上，436。

148 出處同上，443。

此主張當然投向一片裝聾作啞的沉默中；由科林・沃德和大衛・洛克（David Lock）所領導的城市與鄉村規劃協會中的一個團體花了近十年的時間，欲以第三代花園城市的提案，來實踐霍華德的基本觀點：由想要住在那裡的人們來規劃，且部分由居民建造。經過長時間與米爾頓凱恩斯的新鎮協商而受挫之後，他們最後在1984年特爾福特（Telford）新鎮的賴特摩爾（Lightmoor）開始進行一個自力建造的社區。[149]

同一時間在美國，有一個珍・雅各所帶領的運動正在進行。事實上，雅各早在1961年，便開始其「瘟疫在你們兩家的房子裡」（plague-on-both-your-houses）運動[譯注15]，以此對科比意派和花園城市派的規劃師展開抨擊，她訴求回歸到傳統未經規劃城市的居住密度和混合土地使用的生活模式。[150] 1970年理查・森尼特（Richard Sennett）以《無秩序之運用》（Uses of Disorder）一書來聲援珍・雅各，書中比較兩種生活，「一種生活是，即使人們在生理上已長大成人，但富裕城市的種種制度，仍把他們鎖在青春期」，另一種則是「營造一種可能性，讓一個高密度、無組織控制的城市之富裕性與結構，可以在人們成熟時，鼓勵人們敏銳地去理解彼此的感受。」他指出這「不是一個烏托邦的理想；這種都市能對社會物質做較好的安排，而非像今日這樣地令人們窒息。」[151]他認為一個年輕女孩對於現今城市生活的想像，可能是如下情景：

> 她或許生活在一個城市廣場，其鄰里內有餐廳和商店出現在其住家附近。當她和其他孩子們出外遊玩時，他們不是去乾淨和空曠的草地；而是進入人們在工作或購物的場所中、或是與她無關的鄰里之中。她父母與鄰居相處交誼的內容並不是直接以她或社區裡其他兒童為中心。鄰里會議討論的問題主要是鄰里的干擾，諸如如何管制一間吵鬧的酒吧……她的父母在外面大半天，只是想知道他們的鄰居是誰，以及觀

---

149 Gibson, 1985；同時參照Hughes和Sadler，2000。

【譯注15】意指鄰里共同的問題。

150 Jacobs, 1962.

151 Sennett, 1971, 189.

察當衝突發生時可以有什麼樣的調解。[152]

他認為能解決此困境的方法是「將城市從規劃的控制中解脫，讓人們變得更有自制力且更能加強相互間的了解。」[153]

反都市更新的偉大戰爭

珍·雅各和森尼特同樣地描述出，美國城市由上而下式規劃結果的幻夢已經破滅，而電視直播的聖路易市普魯伊特—伊戈（Pruitt-Igoe）社區被炸毀的景象就是最好的印證（如第七章所描述）。[154]當然此理想的破滅並非意指要以鎚子與釘子來重建城市的無知渴望，其所表達的是，訴求地方社區能夠在營造（特別是重新營造）其鄰里時，能有更多表達意見的空間：此主張強烈地反映在1964年後，美國都市更新政策的改革中，亦反映在1960年代晚期和1970年代早期，歐洲城市中心一些都市重建案的代表性衝突之中。

到了1964年，當白宮的詹森（Johnson）總統正為競選連任而動員時，對都市更新的批評已達到震耳欲聾的地步（見第七章）。在那個夏天，暴動在一系列城市的黑人貧民區發生，促使總統將心思聚焦在能盡快採取行動來解決政治需求的措施上。[155]模範城市計畫（The Model Cities Program）因此成為詹森總統的都市政策之核心部分，它是專為平息批評聲浪所設計的。此政策欲藉由整個鄰里環境的一次性提升，來向一些關鍵的貧民窟宣戰，它將增加（而非減少）低成本住房的供給，並協助貧者。[156]

官方宣布此計畫將以全新的方式進行：廣邀地方社區團體參與更新過程，藉此將貧民窟居民的憤怒與精力轉化成建設性的力量。在每一個目標地

---

152 出處同上，190。
153 出處同上，198。
154 Fishman, 1980, 246.
155 Haar, 1975, 4-5.
156 Frieden和Kaplan, 1975, 45, 52-3。

區，都有一個社區發展組織（Community Development Agency, CDA），以獲得最廣泛可能的民眾參與以及地方的主動投入。[157]當1966年此計畫的立法在國會獲得通過時，其彰顯的是詹森政府從早期「對貧窮的戰爭」中所學到的痛苦經驗，而這些經驗也在1964年的經濟機會法案（the Economic Opportunity Act）中被奉為圭臬。此計畫最著名（很快就惡名昭彰）的要求是，管理計畫的社區行動組織必須「達到最大可能的居民及所服務對象的參與」，這段話之後被譏諷為「達成最大可能的誤會」，並被用來作為形容地方行動者和市政府間衝突的一則笑話；模範城市計畫機警地靠邊站，以確保社區發展組織能在市長的控制之下。

此計畫最初的想法是由倫納德·杜爾（Leonard Duhl）和安東尼亞·蔡斯（Antonia Chayes）所提出，最早出現在1964年他們為詹森政府特別委員會製作的報告附錄裡，當初只建議三個「示範」計畫；但是國會的政治分贓過程，卻無法阻擋地把數目愈變愈大，從3個變成66個，最後變成150個，其結果是僧多粥少、每個示範地區所能分配到的資源有限。[158]（譯注16）當經費由華盛頓的中央政府撥下來時，雖然有階段性的管理，各種衝突和矛盾還是都爆發了。地方政府當局對於要與社區活動者分享權力而感到不滿，在某些地方，他們刻意規避掉此要求。[159]華盛頓中央政府的指導原則相當天真且模糊，其內容文字「更適用於大學課堂上，而非用於市長辦公室或居民會議之中」。[160]此結果證實，不同的聯邦局處間的協調是很困難的，部分原因是它們對新成立的住宅與都市發展部感到不滿而不想與之協調。華盛頓中央政府協商的複雜程度，讓一個專案委員會的成員幻想著他死後將轉世為另一個委員，繼續進行協商。[161]聯邦冗長的審議程序，再加上地方的反對意見，

---

157 Fox, 1985, 201.

158 Frieden 和 Kaplan, 1975, 47-9, 215-17; Haar, 1975, 218。

【譯注16】這是公共政策執行時常碰到的情形，臺灣都市規劃的實務操作也常出現類似的情況，亦即所謂的「將餅作大，通通有獎」。但這種在政治妥協下，將公共補助的建設齊頭式擴大的作法，在有限的資源下，常無法達到預期的建設效果，最後常淪為畫餅充饑、通通無獎。

159 Frieden 和 Kaplan, 1975, 88-9; Haar, 1975, 218。

160 Frieden 和 Kaplan, 1975, 139。

161 出處同上，232, 236。

讓這些實驗城市只能使用將近一半的補助資源。[162]隨著暴動威脅的減弱，此計畫已失去了政治急迫性，亦缺乏全國及地方的共識；[163] 1968年，尼克森（Nixon）總統嘗試去除此政策，雖然它當時是僥倖地存活著。[164]查爾斯‧哈爾（Charles Haar）在十年後評估此計畫，認為其沒有實現「自己頗具雄心的承諾」。[165]

　　哈爾指出，諷刺的是，促進地方參與是該計畫的最終目標，但實際卻造成了歷史上「專家主導風格的最盛時期」：它的決策過程中充滿了「規劃領域的專業術語」，例如：有順序的、理性的、協調、創新、目標以及標的，「所有努力不是在引導城市的行動，反而像是一場規劃課程的調整。」[166]因此其所呈現出的是，傳統規劃的失敗，而非新方法的成功，事實上，其是將極度中央集權式的決策包裹在社區參與的糖衣下。但老實地說，或許那才是此政策真正的意圖。

　　當時的某些回應並不令人感到意外，有些人建議規劃專業者應做到真正的謙卑，他們只須作為人民意願的代言者，這就是第一次被正式記載的社區設計操作的精神，其係由1963年成立於紐約哈林區的建築更新委員會（the Architectural Renewal Committee, ARCH）在對抗一項羅伯特‧摩斯高速公路提案中所實踐。這也代表著當時辯護式規劃（advocacy planning）運動的精神[(譯注17)]。社區設計及辯護式規劃皆是對於傳統由上而下式規劃模式的反動，傳統規劃以狹隘的技術操作標準為基礎，當時的都市更新和高速公路計畫皆是如此規劃作業模式很好的代表。而具理想性的年輕規劃人員與地方社

---

162 出處同上，229。
163 出處同上，257; Haar, 1975, 254-6。
164 Frieden 和 Kaplan, 1975, 203-12。
165 Haar, 1975, 194.
166 Haar, 1975, 205.
【譯注17】辯護式規劃係由知名律師兼城市規劃師保羅‧大衛朵夫（Paul Davidoff）於1960年代初期提出，其主張規劃者應該放棄傳統規劃教育中認為規劃應該理性及中立的立場（其批評傳統理性為工具理性），轉而為其堅持的價值觀及所代表的群體（尤其是弱勢群體或地方社區團體）而辯護。辯護式規劃的興起與西方1960年代社會的不安及許多當時由上而下、全盤理性規劃政策的失敗有很密切的關係（詳見譯者在1999年發表於《人與地》雜誌的文章，「規劃思潮與公共利益概念的演變：建構一個新的規劃典範來尋找公共利益」）。

區聯手，持續地反對這種傳統規劃方法的產物以及其他的成果，例如紐約市的庫柏廣場（Cooper Square）更新計畫、舊金山的耶爾瓦‧布埃納（Yerba Buena）計畫都是經典的抗爭戰場。但可惜的是，這個作法的結果經常是個災難：因為參與者的意見不一致，專業人員過度主導過程，而且沒有人知道如何有效地達成任何任務，因此很少有具體的成果實產出。[167]

於是，社區設計在1970年代轉移了焦點。規劃專業者變得講究實際、更趨向於企業經營的方式、更專注於集中火力於某項工作並完成它，他們也變得更關注於賺錢生活。如今他們服務小型的社區組織及需要相關建築服務的小型商業組織，這些組織通常能支付一些酬勞（其獲得聯邦或州政府的補助）。然而，其專業風格已經明顯地改變，其強調客戶需求而非產品的本質，且運用不同的方法將解決方案修改成符合需求的內容。在此過程中，他們完成更多具體的成果，且給客戶和專業者一種他們能成功完成工作的感覺。[168]

同時，或許整個運動正在反思，都市更新計畫的重點也一直持續地改變，不再崇尚推土機式的大型都市清除，反而傾向都市修復（rehabilitation）及小規模的點狀清除。當波士頓惡名昭彰的西區（West End）計畫執行全面式的清除（如第七章所述）以及將當地原有的低租金住宅轉換成中高租金的住宅時，較後期的市中心水岸再生計畫僅清除了該地區24%的面積，就達到了所需的淨住宅開發收益（當然必須承認，新增加的住宅大多是豪華公寓）。[169]挑剔的評論者可能會說，產業發展其實已經決定了市中心的基地將更有利可圖，並可較便宜的進行都市再生，但這種說法有些不盡公平，從1964到1970年期間，全國的所有都市更新計畫中，住宅區更新的比例急速上升。[170]它們在都市再生計畫中所占的比例也是相同的情況：在費城，住宅區的更新所占的比例從22%攀升到68%，明尼亞波利斯是從34%增加到

---

167 Comerio, 1984, 230-4.

168 出處同上，234-40。

169 Sanders, 1980, 109.

170 出處同上，110-11。

50%，而巴爾的摩則從15%增加到24%。[171]

　　但僅從這些數據，我們仍無法看出是由誰來執行都市再生。在某些城市是由當地居民在推動，有些獲得市政府的補助、有些則沒有；在其他城市則是由較高層級、年輕的都市專業中產階層來執行，他們大部分來自都市內城區的其他地方，而非郊區。[172]根據住宅和都市發展部的研究報告，因為都市再生計畫而被迫離開居住地的居民，主要包括老人、少數族群、租房者及工人階級。[173]在許多案例中，推動都市再生事實上促進了仕紳化（gentrification）的發展過程：血汗股權（sweat equity）[譯注18]——一個巴爾的摩更新時使用的名詞，用來描述更新計畫中，所採用的宅地授予計畫（homesteading programs）與店鋪授予計畫（shopsteading programs），其將頹敗的建築實際上轉移給潛在的更新者——可代表某種資產的累積，就像以其他形式累積在中產階級銀行之儲蓄帳戶中的產權一樣。但是，公平地說，很少參與的年輕中產階層在此過程中卻感到失落感或流離失所，這或許就是，藉由將頹敗的城市再還給精力旺盛的雅痞，此政策似乎達到了所謂的柏拉圖最適化的解決方案（Pareto-optimal solution）：無人感到損失，且很多人受益的結果。而且，可以這麼說，這些第一世界的年輕中產階級更新者，以一種奇怪的方式，在仿效那些在第三世界中里約和利馬貧民區裡不屈不撓奮鬥的環境改善者。

更新的戰火延燒到歐洲

　　在此期間，歐洲首都城市出現了一個奇怪的現象：地方社區活動者開始對抗市政府所提的大型市中心更新案，此衝突中較新的地方是，他們抗議推土機式的都市更新的基本想法。一直到1960年代中期，規劃者和被規劃

---

171 出處同上，113。
172 Cicin-Sain, 1980, 53-4.
173 出處同上，71。
【譯注18】血汗股權的作法為將頹敗的房屋交給潛在的居民或房客，這些居民或房客透過勞力付出，將這些頹敗的房屋修復，變成可用的建築，而他們可獲得該房屋的部分（或全部）產權作為回饋。

的居民共同接受的規劃理念為：大區域的綜合性開發是一件徹底的好事，其將掃除老舊過時的建築、改善交通循環，將人行系統與車行交通分流。的確，早期最著名且為時最久的爭議之一就是倫敦皮卡迪利圓環（Piccadilly Circus）更新計畫，此爭議源於當時的反對者要求此地區需進行綜合性的重新規劃；諷刺的是，經過十三年攻防，倫敦規劃當局決定採取局部式重建。[174]

當皮卡迪利圓環更新的爭論正如火如荼地進行中，一場更大的爭鬥鬧劇在1英里以外上演，那就是柯芬園（Covent Garden）的更新計畫。柯芬園曾是倫敦的蔬果市場，自17世紀以來亦是倫敦劇場中心之一；但如同其他城市一樣，長久以來，它已經變成一個無效率且製造擁擠的非正常地區。1962年，一個新的柯芬園市場管理單位接管此區，並準備於1974年將蔬果市場搬到另一處。1965年，一個地方政府的財團開始對原有市場及附近更廣泛的地區研擬一個再發展計畫，涵蓋面積超過96英畝，包括大約3,300位居民及1,700家公司，公司大部分是小型商家。規劃單位於1968年擬定再開發計畫草案，並於1971年完成最後方案，計畫內容包括保存市場及周圍的歷史核心區，並在此區周邊進行大型的再開發，一方面藉由再開發案的利潤來支付整個計畫的經費，另一方面則希望重新規劃後，可舒緩當地交通擁擠的現象。[175]

當時柯芬園規劃團隊的副領導人是布賴恩·安生（Brian Anson），他是一位來自默西塞德郡（Merseysider）的激進派分子，正秉持著自己的良知與各界勢力抗爭。在1968年的計畫公開展示會中約有3,500人參加，但只有350人表示意見；在此之中又只有14人是當地居民，而他們全都反對該計畫——他們的意見大多帶著謾罵的言語。安生漸漸地被說服，並確信此計畫真正的受益者和煽動者是地產開發商，當他將此疑慮向地方社區領袖表達後，隨即被大倫敦議會（Greater London Council, GLC）調職。他的去職在當時媒體的報導下成為轟動事件。[176]

---

174 Cherry 和 Penny, 1986, 176-91。
175 Christensen, 1979, 10, 20-9.
176 Anson, 1981.

1971年的公開調查（public inquiry）中，每個人都反對該計畫，包括地方的柯芬園社區協會、歷史建築保護協會、喬治亞集團，維多利亞社團、市民信託基金會、城鎮與鄉村規劃學會等。社區團體的明星證人就是布賴恩·安生，他說道：[177]「相對於美國加州柏克萊市的『人民公園』（People's Park）[譯注19]社區運動，倫敦現在有了自己的版本，⋯⋯對於AA學生、倫敦政經學院學生、辯護式規劃型的規劃師們，以及從各地而來的行動者來說，柯芬園是一個近在咫尺的戰場。」[178]民間抗議聲浪日漸加大，因此即使公開調查的督導長向上呈報，贊成此計畫，部長仍然做出計畫無效的重大決定。[179]歷經了地方社區團體和大倫敦議會論壇間的攻防協商，計畫修訂版終於在1976年產生，儘管修訂計畫在大部分的社區論點上作了讓步，但地方團體仍然持續地批評它。[180]

這個柯芬園傳奇有兩個非比尋常的特點。第一個是（借用一位受挫的官方規劃團隊領導者的話來說），1968年前後是「一個全國性的精神崩潰」。

整個大不列顛在那時捲入了保存維護的風潮。在1960年代，改變被視為是好事，因為它改善了城市，提供了新設施、開放空間、新的住宅，以及人們想要的任何東西，然後改變所產生的利潤可以用來支付這些所需。但幾乎一夜之間，改變成為一件壞事，從盲目開發到不要碰觸任何一物⋯⋯這整件事是瘋狂的。[181]

---

177 出處同上，37-8。

【譯注19】人民公園（People's Park）位於美國加州大學柏克萊分校南側，是由市民主動透過社區運動爭取興建，並自發性進行維護與管理的公園，為紀念其市民性，並將其命名為「人民公園」。但可惜的是，由於柏克萊市的社會福利補助較佳，因而吸引了許多無家可歸的遊民，部分遊民來此公園以後，便不走了，一天之中有不少時間（包括夜晚），公園內都聚集了遊民，因而影響到其他的公園使用者。1990年代初期柏克萊市政府想驅離這些遊民，但遊民卻說：他們才是「人民」，「人民公園」是屬於他們的，因而開始了長期的抗爭。「人民公園」的人民到底所指為何，後來引發很多公共政策上的爭辯。

178 Esher, 1981, 142.

179 出處同上，46-8。

180 出處同上，53-72。

181 節錄自Christensen, 1979, 96。

另一個特點是：即便結果如此，社區已迷失了[譯注20]。如同埃舍爾（Esher）所說的，「規劃在此變成了房地產管理，將當地原有的東西做最好的利用。」[182]但事實上那可以是非常好的：到1979年時，房地產開發商發現修繕的成本低於重新開發成本的一半，但可以產出幾乎一樣的租金，於是地方性商店被精品店和手工藝品店所取代，柯芬園變成如今全球知名的流行購物觀光區。[183]多年後安生寫下這段故事，並做出評論：「一個工人階級的商店或住宅街廓，可以被推土機之外的其他事情所摧毀。……社區的麵包店變成專業工作室、便宜的咖啡店變成時髦餐廳、飛鏢遊戲從酒吧裡被移走、酒吧漸漸地賣起許多琴酒和蘇打水。」[184]

照理說，柯芬園故事應該只會發生在像英國這種遭遇全國性精神崩潰的國家。但較不為人知的，相同的劇本也在穩重的斯德哥爾摩上演。那裡所造成的爭議以斯文·馬克柳斯（Sven Markelius）在1945到1946年時所進行的神聖計畫最為顯著，此計畫是教科書皆會提及的社會民主規劃之啟蒙範例。馬克柳斯的計畫目標是將城市的中心商業功能集中在下諾爾馬爾姆（Lower Norrmalm）的一個相對較小的地區，圍繞著將成為該城市新交通網絡中心的地鐵站。該地區二十年來一切皆按照計畫進行，這是典型的瑞典風格。在1950年代中期，流行的俗話是「此時不可能參觀斯德哥爾摩，因為此城鎮已全部關閉，進行整修。」[185]地鐵線被建造，道路系統環繞著一個新的環線以很高的成本重建，步行者在地下樓層可直接通到地鐵站，此外還建造五棟相同的大型辦公大樓及一個新的徒步購物中心。[186]這個計畫力求提供更多空間給銀行保險產業及工業集團作為企業總部，同時亦為百貨公司、飯店及娛樂產業提供商業空間。[187]

【譯注20】儘管當時的再發展規劃以社區參與及社區自主為名，但社區的角色在此過程中仍然迷失了，甚至淪為房地產開發的助手，也讓許多具地方特色的地方型商業或產業，以及鄰里共同生活經驗，逐漸被雅痞式的商業行為及生活模式所取代。

182 Esher, 1981, 146.

183 出處同上，86, 133-4。

184 Anson, 1981, 103.

185 William-Olsson, 1961, 80.

186 Sidenbladh, 1965, 109-10; Stockholm, 1972, 92-4; Hall, 1979, 188-93.

187 Markelius, 1962, xxxvi.

然後，在1962年，斯德哥爾摩市政府公布一份針對其餘地區所作的計畫。它並非全新的計畫，只是一份綜合先前提案、加以重組而成的大雜燴。此計畫立刻遭到批判，三位年輕建築師投書《建築》（*Arkitektur*）雜誌，「抗議此計畫決定了我們城市的形式」，[188] 其理由是此計畫案太過商業導向，且沒有為居民提供充分的保護。相關攻擊亦在兩份主流報紙上出現，但它沒有成為地方選舉的議題，因此議會在1963年晚期通過此案。1967年該地區的細部計畫完成，係基於一個競圖優勝的設計案，細部計畫在1968年獲得核准。[189]

此時，如同倫敦一樣，各種反對的意見都紛紛出現了。此計畫的主要重點是一間國際旅館，它在越戰（Vietnam War）高峰期成為反美情緒的起火點，反美情緒並在瑞典各地持續延燒。投資公司撤離，留下了一個待補的大坑洞。由於計畫停滯不前，1975年市政府同意了一個妥協計畫，大馬路拓寬及停車場工程繼續，飯店則停止興建，改成一個封閉式購物中心，許多現有的建築被保存下來。[190]

傳統的都市政治分析，特別是馬克思主義觀點的分析對了解這些案例並未提供太大的幫助。在倫敦，大部分的行動者皆同意這些爭議並非主要由政黨政治所造成。[191] 在斯德哥爾摩，是社會民主黨員在支持一項計畫，該計畫企圖遷移地方居民、減少就業機會，並以大型零售業、銀行、金融服務和顧問公司來取代原有的地方性商業和小型商店。[192] 就如在倫敦一樣，參與的規劃師們驚訝於反對力量之強大，他們為自己辯護說，為了成功的吸引開發商來投資，他們必須維持規劃過程的持續進展，並且必須提供開發商們想要的大型新建築。[193] 但結果似乎是這些全能的、技術導向的專業規劃師們錯了，而那些迷戀於一個較大規模的城市將意味著更多的稅收之想法的政客們，此

---

188 Edblom, Stromdahl 和 Westerman, 1962, xvi。

189 Hall, 1979, 194-202.

190 出處同上，204-6; Berg, 1979, 162-3。

191 Christensen, 1979, 101.

192 Hall, 1979, 215, 220.

193 Westman, 1967, 421.

時也無力前進了。[194] 在此案例中，大型企業根本沒有如規劃者所預測的進駐到為他們所準備的辦公室空間中。[195]

巴黎的抗爭是個更豐富多彩的事件，其進行的時間很長，所牽涉的範圍非常大也非常複雜，參與人員的層級很高，似乎每一位法國重要人物都在此行動中扮演一角。在1960年，中央政府提議具有長久歷史的批發食物市場——巴黎中央菜市場（Les Halles）應該移出市中心，兩年後，此提案被一個法令確認。市議會於1963年設立中央菜市場地區市民治理研究組織（Société Civile d'Études pour I'Aménagement du Quartier des Halles, SEAH）來規劃該地區的重建，並聘請一位建築師來為巴黎市中心一塊470公頃的大型基地研擬更新計畫，四年後，另一個組織——中央菜市場地區經濟管理公司（Société d'Économie mixte d'Aménagement des Halles, SEMAH）被委任執行該計畫。

同年（1967年），市議會邀請數位建築師為一塊圍繞著市場、規模較為適中的32公頃的基地進行規劃，一年之後，市議會將計畫內容全部否決了。一個委員納悶地問道：「納粹時期已經過去二十年了，難道我們仍在執行希特勒的命令嗎？」[196] 1967年，另一個名為巴黎城市主義工作室（Atelier Parisien d'Urbanisme, APUR）的單位在該地核准了一個新計畫，要興建一個中央轉運站，以作為區域快速鐵路（Regional Express Rail, RER）的轉運中心，1969年7月，在巴爾塔（Baltard）具歷史意義的玻璃市場棚被清空後的數個月，市議會接受了APUR所提出的建造大型地下商業中心及世界貿易中心的設計案，並同意拆除舊市場建築。1970年，儘管建設部大臣提案要保留舊市場建築，議會還是表決通過拆除它們，且在1971年夏天，當時整個巴黎社會仍沉浸在假期氣氛中，在歷史建築維護者與警察之間的衝突下，開發單位終究把舊市場建築拆除了。[197]

---

194 Hall, 1979, 217, 220, 223.
195 出處同上，223。
196 Anon., 1979a, 12.
197 出處同上；Anon., 1979b, 7-8。

巴黎中央菜市場的未來，成為所有法國政客們都愛討論的全國醜聞。1973年市議會核准了世界貿易中心的建築許可，工程隨即開始。但第二年，瓦勒里·季斯卡·德斯坦（Valéry Giscard d'Estaing）就任總統後，立即宣告建築許可無效，並將部分完工的結構物拆除，此舉後來被一個委員會估計其損失高達6,500萬法郎。新政府意圖將此地改造成一個公園，政府與建築師宣布了一個新的顧問案。1975年三個計畫方案在市政廳被公開展示，儘管人民的意見偏好其中某一案，但卻是另外兩案被選中〔包含加泰羅尼亞（Catalonian）的後現代主義建築師里卡多·博菲利（Ricardo Bofill）的作品〕。經過多次有關補助細節的討論之後，博菲利為部分地區所做的計畫在1977年公開展示，但巴黎建築師聯合會主席立即發起活動來反對此計畫。雅克·希拉克（Jacques Chirac）在1976年被選為市長後，也加入反對陣營，某次刻意假裝漫不經心說出「洛菲爾？菲爾波？啊！是的！博菲利」。幾個月後他將博菲利免職，宣稱他自己將「平穩且順利地」承接「巴黎中央菜市場改建之總建築師」的這個工作。

博菲利的建築有著「希臘—埃及風格及佛教的傾向」，一點也不吸引希拉克，希拉克說「它是被質疑的，而且絕對是有問題的。」[198] 他又發表言論：「這些建築上的奧林匹克競賽已經持續了很久，十年已經足夠了。」而龐畢度中心（Centre Pompidou）「是一個20世紀末足以代表建築幻想的明顯地標。」希拉克的決策立即受到許多來自不同建築潮流之國際級建築師的抗議，包括詹森（Johnson）、范裘利（Venturi）、尼邁耶（Niemeyer）、斯特林（Stirling）、克羅爾（Kroll），還有許多其他知名的建築師。然而法國《今日建築》（Architecture d'Aujourdhui）雜誌卻支持他，可能是出於其資金枯竭。博菲利上訴要求700億法郎的賠償金。在十年內，至少有70個專案計畫提出後又被終止，提案計畫的基地面積從32公頃，包含摩天大樓和高速公路的計畫，縮減到只剩15公頃，其中主要是公園。此時科比意已經去世了，德斯坦和希拉克現在正開啟一場爭戰，關於公園的特色應該要走法國風

---

198 節錄自Dhuys, 1983, 9。

格還是義大利風格。[199]

　　在此同時，生活持續進行著。關於巴黎中央菜市場真正的關鍵點是其經歷了與柯芬園相同的開發過程。它被仕紳化了：居民搬離、地方性商店也搬走，由精品店和餐廳取代它們的位置，但市政府並沒有介入此過程。巴黎中央菜市場案的爭戰並不代表任何地方社區的勝利，它其實是法國中央政府和巴黎市政府這兩個宿敵之間的戰火。同樣地，它也不能算是巴黎工匠嘗試用自己的雙手來重建城市的運動。但是巴黎中央菜市場案的爭戰，就如同柯芬園和下諾爾馬爾姆的爭戰一樣，代表了對大型都市更新在態度上的歷史性轉折。社區主義行動者如今認為他們可以與都市推土機對抗，而且會贏。

英國開始發展社區建築

　　英國是研究社區建築最好的例子。在這裡，社區建築一開始就以企業經營的方式來執行。1971年一位年輕建築師羅德·哈克尼（Rod Hackney）正在曼徹斯特大學寫他的博士論文，因為手頭不太寬裕，他付了1,000英鎊買了位於曼徹斯特南邊小工業城麥克爾斯菲爾德（Macclesfield）的布拉克路（Black Road）第222號，一棟有一百五十五年歷史、沒有任何基礎設備的小排屋。當他申請補助來改建房屋時，他發現自己和另外300戶鄰居已被排入拆除工程中，於是他組織鄰居發起一項反對運動，且於1973年說服地方議會改變其決定：議會同意其中34間房子將作為一般改善區，亦即屋主可以獲得補助來改善他們的房子。哈克尼以他在的黎波里（Tripoli）為貧民設計房屋時所學到的技術，主張他只需使用原拆除和遷移計畫三分之一的時間及三分之一的成本，便能達到與原計畫相同的改善成果。議會同意了，而哈克尼的計畫在1975年榮獲環境部的優良住宅設計獎。[200]

　　那只是一個開始。哈克尼之後在布拉克路的辦公室裡，為全國各處的社區做類似的計畫。受到其成果的影響，1974年的住宅法案將資金轉移到都

---

199 Anon., 1979c, 11-12; Anon., 1979d, 7-10; Anon., 1979e, 4; Anon., 1979f, 1; Anon., 1979g, 8.
200 Knevitt 1975, 1977.

市再生的計畫。到了 1980 年代早期，他已經擁有 8 個地區辦公室、雇用超過 30 人。哈克尼對於社區建築運動表達了他的觀點：

社區建築意味著嘗試去了解居民群體的需求，然後在居民的要求和引導下，與他們協力工作，以便能了解居民的實際情況，並清楚地轉述給擁有資金或擁有同意與否定權的組織……身為建築師的我們卻在 1960 年代完全弄錯了其意義。社區建築將幫助建築師回歸建築專業整合，以便在這十年和未來能正確地做好我們的工作。[201]

這是令人頭痛的東西，但媒體喜歡它，因為其代表大衛（David）對抗巨人（Goliath）的故事，而且哈克尼本人也深受媒體的喜愛，他從一個工作移到另一個工作，最初開的車是薩博（Saab），後來是一台訂作的路虎汽車（Range Rover），它有汽車電話配備，這可是當時別人都沒有的新玩意兒，他也是媒體獲得簡潔幽默之引述的來源。[譯注21] 年輕建築師也喜歡它，因為它代表輕蔑那些令人厭惡的官方建築，並提供年輕建築師有趣的個人工作機會。

哈克尼的年輕建築師團隊及他們的業主獲得一些引人注目的成功。在利物浦，一個被 1950 年代市議會密集清除貧民窟後大量興建的住房所主導的城市，有 25,000 間住房（總數的三分之一）在 1980 年代是根本租不出去的。自由黨占多數的議會決定鼓勵社區設計的方式，住戶沒有被要求要參與設計，他們是被納入整體管制中。住戶可選擇建築師、基地、配置、室內空間設計、立面、磚色，以及庭園造景，建築物完成後將交由居民來經營管理整個計畫。建築師們不久後發現，住戶的首要考量是其房屋不能看起來像是「Corpy」住宅[譯注22]。當地一位 34 歲目前失業的砌磚合作社主席表示，「議會所建的公共住宅是有史以來最糟糕的住宅，那是無趣的、可憐的、無人性設計的，像是某人走進建築師的部門，然後說：『我要 400 間房子，帶著設

---

201 節錄自 Wates, 1982a, 43。

【譯注 21】此案例經驗顯示，行銷及形象塑造很重要，規劃政策如能與時尚相結合，並配合適當的行銷管理，應有助於計畫的推動。

【譯注 22】意指公部門以複製（copy）方式，所大量興建的公共住宅。

計圖在三點半前過來」，那不是真正人民要的房子。」[202] 最後結果出現的是圍繞著庭院的小型磚造房屋，簡約且有功利主義風格。參與的建築師們認為這是很艱難的工作，但卻也是他們做過最值得的工作；居民將它命名為韋勒廣場（Weller Court），以曾令他們苦惱的城市工程師為名。[203]

社區建築運動逐漸獲得更多的支持。它的成員在英國皇家建築師學會內創辦了一個社區建築小組，其在領導權方面受到日益增加的抗爭。在1984年5月，查爾斯王子（Prince Charles）在漢普敦宮（Hampton Court Place）為皇家建築學會一百五十週年紀念會議致辭時，猛烈抨擊當時建築設計的品質低落，讓在場學會領導階層大感驚愕。查爾斯王子表示，國家藝廊擴建案就像是他一位朋友臉上的一個巨大的癰，他宣稱社區建築才是當今建築的答案，並提到哈克尼的名字。兩年半後，哈克尼擊敗官方候選人而成為皇家建築學會的主席，那時他已擁有20個地區辦公室和200名員工，企業年營收400億英鎊。社區建築的時代終於正式的來臨了，他自信地宣稱，社區建築將成為「後工業時代的政治建築」。

1987年6月，哈克尼剛就任建築學會主席，與查爾斯王子並肩坐在英國皇家建築學會倫敦總部的平台上，由王子頒發當年的傑出社區建築獎。首獎頒給城鎮與鄉村規劃學會在德福新鎮（Telford New Town）的賴特摩爾（Lightmoor）專案。在其演說中，王子對媒體傳達了另一個值得記憶的引述：我們須克服「像義大利麵肉醬一樣黏膩的官僚主義繁文縟節」（spaghetti bolognese of red tape），以彰顯一般民眾致力於營造其周遭環境的偉大作為。當一個接著一個的電視節目都大幅報導社區建築推動者與官僚體系之間的爭戰時，此似乎顯示出霍華德、格迪斯、特納和無政府主義者在規劃領域終於贏得其應得的尊敬。

---

202 Wates, 1982b, 52.
203 出處同上。

似乎很少人注意到的諷刺是，推崇社區建築的是激進的右翼政府，現在如同在利物浦一樣，他們與無政府主義者聯合起來，以反對官僚社會主義精神。在那年秋天，柴契爾夫人揭示出其右翼革命的主要政策：將100萬戶公共住宅銷售給住戶之後，政府將會尋求將剩餘的公共住宅交給住戶組織來協力管理，藉以移除官僚之手的介入。作為巴古寧（Bakunin）和克魯波特金的學生，格迪斯這位長期對抗英國殖民政策的鬥士，想必會感謝這奇怪的歷史扭轉。

第九章

公路導向的城市

汽車郊區：
長島、威斯康辛、洛杉磯、巴黎
1920-1987

區隔汽車交通大概是近十年才開始發生的事……當此汽車道路在英國土地上仍屬試驗性質及特殊交通方式之際，毫無疑問地，文雅有禮的英國人會在1910年代有著圖片的流行雜誌上看到，在美國、德國，甚至許多其他國家已有長達數千英里的汽車道路正在興建；因此，在愛國心的驅策下，汽車道路在英國將會逐漸普及並串連成網。

威爾斯（H. G. Wells）

《機械及科學進步對人類生活與思想之影響的預測》

（*Anticipations of the Reaction of Mechanical and Scientific Progress upon Human Life and Thought*, 1901）

拉斯維加斯（Las Vegas）與其他美國城鎮一樣，但卻有著其他城鎮所沒有的夢幻般燦爛的感受，其讓貧苦的勞工階級民眾有一種介於在石板上漫步及生活在有自動電梯的市中心區之間的短暫感覺，這種感受透過將其擴大、美化、修飾，逐漸成為一種機制。如今，拉斯維加斯是世界上唯一由標誌（Signs）來建構城市地景的城市，其地景並不像紐約那樣是由高層建築所構成，也不像麻薩諸塞州的威爾布拉漢（Wilbraham）那樣，是由茂密的森林所形塑，而是由各種城市標誌所建構出來的：所以從一公里外的91號公路向拉斯維加斯放眼望去，看不到建築與樹木，映入眼簾的只有廣告招牌等標誌。這些標誌在城市中如高塔般被高築著，它們轉動與擺動著，強烈地展現出一種現代藝術言語所無法形容的空間形式。

湯姆・沃爾夫（Tom Wolfe）

《康堤汽車旅記》（*The Kandy Kolored Tangerine Flake Streamline Baby*, 1966）

對於「郊區」（Suburbia），一個20世紀初於郊區長大的小孩後來回憶道：「郊區是一個依鐵道而生的狀態……一種步行幾分鐘就可到火車站、步行幾分鐘就可到商店，以及步行幾分鐘就可到達田野的狀態。」[1]如同在第三章所描述，此種「依鐵道而發展的狀態」持續地向外延伸，形成了20世紀早期倫敦的城市擴張，並因而導致後來對於都市成長管制（urban containment）的要求。在美國也是如此，早期的經典郊區，例如紐澤西的盧埃林公園住區（Llewellyn Park）、芝加哥外側的湖岸森林住區（Lake Forest）和河岸住區（Riverside），以及紐約的森林山丘花園住區（Forest Hills Gardens）都是圍繞著火車站而規劃的。[2]這反映出一個赤裸裸的事實：儘管汽車生產在1900年左右已成為可行的技術，但受限於高昂的售價，在當時只有極少數人能夠擁有。直到1913年，亨利·福特（Henry Ford）在位於高地公園（Highland Park）的工廠改良了磁力線路的技術，才使得汽車大量生產成為可能，並帶來了劃時代的汽車技術革命……這些技術原先是散落在各地、各自發展，但在這裡被整合，使得汽車的普及成為可能。[3]但即使在那時，汽車的主要技術，以及對汽車而言更重要的道路狀況，都明顯地限制了汽車的使用。在汽車出現的第一個十年中，T型車（Model T）是福特依當時情況所構思出來的：它是一個供農夫使用的車子，是家庭所用之馬與馬車的後繼者。[4]

威爾斯的預言實現了

但當時一位有遠見的夢想家預見了未來的發展，威爾斯（H. G. Wells）在他1901年第一次出版的《期望》（*Anticipations*）一書已經想到一種未來的可能性：「與郊區鐵路競爭的公共汽車公司將會發現，汽車的長程行駛速度會被道路上較慢的馬車所妨礙」，因此他們需要「確保自己擁有建造新型

---

1 Kenward, 1955, 74.

2 Stern和Massingdale, 1981, 23-34; Stern, 1986, 129-35。

3 Nevins, 1954, 471; Flink, 1975, 71-6.

4 Flick, 1975, 80.

私人道路的權力，讓他們的汽車能以其可能的速度自由地行駛。」雖然威爾斯書中的許多預測並不正確，但以下這個預測卻是出奇地吻合後來世界的狀況：「不知不覺地，某種高獲利的長程汽車路線將會被連接起來」，雖然在這方面美國人和德國人比保守的英國人走在前面。他並預言：「這些道路將只限於讓有軟性輪胎的運輸工具所使用；而裝著馬蹄鐵的馬匹、容易產生污垢的馬車，以及使用笨拙硬性車輪的裝載車等運輸工具都將不能使用」；「這些道路必須非常寬敞」且「其對向交通將被嚴格地區隔」；「交通分流的地方不再是平面道路而是經由橋樑」，而且「一旦此類道路出現時，即可測試車輛大小與馬力完全超越我們目前道路所限定規格的新型車輛（此時一般道路的寬度完全是看馬車棚的大小而定）」。[5]

威爾斯值得注意的預言並不止於此，他不只預測到汽車道路時代的來臨，還預測到其所將帶來的影響。在《大城市可能的擴張》（*The Probable Diffusion of Great Cities*）書中，他預測：「實際上，藉由道路匯集的過程，整個英國高地的南側似乎注定要成為⋯⋯一個都市區域（an urban region），此區域將被鐵道、電報網，以及我們所預測的新型汽車道路所聯繫著」，同時也包括「一個密集的電話網、包裹運輸路線，和其他像神經動脈般的連結系統。」他認為最後會創造出的地景是：

> 一個令人好奇且多樣化的區域，遠比現在英國世界還來得豐富，在此稀疏的區域內，無論如何會有一些樹木，或許會有一些茂密林木，此區域將不斷地形成公園和花園，到處可見散布的房屋。⋯⋯寬闊的新型道路將穿越多樣化的鄉村地景，在此處切過山頂，在另一處則像導水管般穿過山谷，道路上將出現眾多明亮、快速的（不一定是醜陋的）機動車輛；在田野和樹林間，可見電纜線從一根電線桿延續到下一根電線桿。[6]

如同在其他場合一樣，威爾斯對技術變革速度的預測有些過於樂觀，但

---

5 Wells, 1902, 17-19.
6 Wells, 1902, 61-2.

他卻正確地預測到美國是汽車革命的先鋒。由於1950年亨利‧福特帶來的技術革命，美國成為當時世界上唯一具有高汽車擁有率的國家。其汽車產量在1927年時占全球的85%，造就了每五位美國人有一輛車：幾乎是每兩個家庭就有一輛車的汽車擁有率水準。[7] 在此之後，全球經濟大蕭條及世界大戰爆發，限制了其汽車擁有率的成長達二十年之久：一直到1950年代早期，汽車擁有率才超過1920年代晚期的水準。

結果是，大規模的汽車化在1920年代中期就開始影響美國城市，而其他國家則直到1950或1960年代才出現此現象。至1923年時，交通壅塞在某些美國城市已經是非常嚴重的問題，以致甚至有人提議禁止汽車行駛市中心道路；至1926年時，湯姆士‧皮茨（Thomas E. Pitts）不得不關閉他位於亞特蘭大市中心主要十字路口的雪茄店和飲料吧，因為交通擁擠使其無法做生意。[8] 但在同一個十年，也有人看見商機，西爾斯（Sears）和羅巴克（Roebuck）以及後來加入的蒙哥馬利‧沃德（Montgomery Ward）正在規劃他們第一個以服務汽車使用者為主的郊區商店。[9] 1920年代末期，當林德夫婦（the Lynds）進行其經典的社會學研究「中城」（Middletown）時〔事實上，研究地點是印第安那的曼西（Muncie）〕，他們發現，受汽車擁有率增加的影響，工人已可以住在離他工作地點較遠的地方。[10] 而且那時在某些城市，例如華盛頓、堪薩斯城、聖路易等地，至市中心區的汽車通勤者已經超過搭公車通勤者的數目。毫不令人驚訝地，在1920年代時，戶口普查員們已首次注意到該時期郊區人口成長的速度比中心城市快得多：郊區的人口成長率為39%，增加的人口數超過400萬，而同時期城市的人口成長率卻只有19%，增加了500萬人。在某些城市，郊區化的趨勢更為明顯：紐約市郊區與市區的人口成長比例是67%比23%，克里夫蘭是126%比12%，聖路易則是107%比5%。[11]

---

7 Flink, 1975, 142-3; Jackson, K., 1973, 212.

8 Flink, 1975, 163, 178.

9 Dolce, 1976, 28.

10 出處同上，157。

11 Tobin, 1976, 103-4.

值得注意的事實是，某些美國規劃師開始泰然地、甚至是熱烈地擁抱此一趨勢。在1924年的全國都市規劃師研討會中，一位洛杉磯的規劃師戈登‧惠特納（Gordon Whitnall）驕傲地宣布，西部規劃師們已經從東部規劃師的失敗經驗中記取教訓，且將開始引導未來都市發展走向水平發展的城市型態（the horizontal city）[譯註1]。在1920年代期間，當大眾運輸系統首次出現搭乘率下降及獲利減少的情況時，底特律和洛杉磯政府考慮大規模金援大眾運輸，以維持市中心區的繁榮，但發現其選民並不支持此政策。[12]

為了容納既有城市道路上持續增加的汽車流量，拓寬道路及加強道路升級成了必要的因應措施。但是到1920年代晚期，美國並沒有幾條公路系統有做相關的改善措施（包括地下穿越或高架道路等措施）。[13]但紐約市則是明顯的例外，它在1920年代選擇了一個特殊的規劃方法——以公園大道來進行發展（此為傳統作法所衍生的，在第四章已有描述）。公園大道首先被奧姆斯特德（Olmsted）應用在他於1858年為紐約中央公園所作的設計上，之後又被景觀建築師廣泛地使用在公園規劃和城市中新住宅區的規劃中，例如在波士頓、堪薩斯和芝加哥等地。[14]從威廉‧范德比爾特（William K. Vanderbilt）的長島汽車公園大道（Long Island Motor Parkway, 1906-1911；可被稱為是世界上第一個有限制進出的汽車公路）開始，後來有總長16英里的布朗克斯河濱公園大道（Bronx River Parkway）（1906-1923），接著是1928年的哈琴森河公園大道（Hutchinson River Parkway）以及1929年的索‧米爾公園大道（Saw Mill Parkway）等陸續被建造完成。這種特殊的美國創新作法被迅速地加入了一個新的功能：連續地延伸10至20公里一直通到鄉間。而且有時候，如同布朗克斯河濱公園大道之建造，是為了清除都市頹敗地區……公園大道現在成為從擁擠的城市中心區到新開發的郊區和鄉村及海濱休閒區的便捷路徑。[15]

【譯註1】意指隨著公路發展，產生了的沒有明顯的城市中心的擴散式都市發展形態，洛杉磯就是很好的例子。

12 Foster, 1981, 80-5, 88-9.

13 Hubbard和Hubbard, 1929, 208。

14 Scott, 1969, 13-15, 22, 38-9; Dal Co, 1979, 177.

15 Rae, 1971, 71-2; Dolce, 1976, 19; Jackson, K., 1985, 166; Gregg, 1986, 38-42.

促使此轉變的精神動力為紐約市的偉大都市建造家（master-builder）——羅伯特·摩斯[譯注2]。他運用一個自己在1924年所草擬的州政府法案，因而獲得前所未有的權力來處理土地分配。他所設計的公園大道跨越了長島當地多位富豪（包括菲普斯家族、惠特尼家族、摩根家族、溫斯洛普家族等）昂貴的地產，以便讓紐約人能更方便地到達海灘。如同摩斯做過的其他事一樣，他這樣做是為了最高的公共精神動機，此作為也讓他獲得廣大的民意支持基礎，之後他更藉著執掌三區

羅伯特·摩斯（Robert Moses）

紐約規劃界巨擘，亦是自我行銷的專家，善用一些他所主持的計畫，奠定自己的民意基礎，摩斯推土機式建設（Moses Bulldozer）一經啟動便勇往直前，不會停歇。
（© *Museum of the City of New York*）

大橋（Triborough Bridge）和隧道管理局之際，技巧性的將他的公園大道系統銜接起來，並連接至曼哈頓和布朗區擁擠的廉價公寓地區。[16]

但事實上，此種公共精神並非所有人皆能享用：摩斯刻意將公園大道之橋樑建得很低，以便不利於卡車或巴士通行。於是，他將公園大道末端所建立的宏偉海水浴場保留給中產階級汽車擁有者所使用；而剩下的三分之二的人口，只能搭地下鐵到康尼島（Coney Island）。在1930年代，當摩斯將他

【譯注2】在近代西方規劃史上，摩斯是實務導向規劃（或更具體而言，政治導向規劃）的代表性人物，他認為規劃就是要讓計畫能夠落實（完成建設），所以他盡可能的運用各種規劃中的權力關係及政治運作，來完成他所主導的計畫，因此被稱為規劃史上最偉大的都市建設家。但回顧其整個規劃專業生涯，可謂「成也政治、敗也政治」。
16 Caro, 1974, 143-57, 174-7, 184-5, 208-10, 386-8.

的系統延伸到曼哈頓島（Manhattan Island）的西邊，以便建造亨利·哈德遜公園大道（Henry Hudson Parkway，世界第一個真正的都市高速公路）時，他運用了相同的手法：刻意地規劃出一個專為汽車通勤者服務的高速公路系統。[17]

我們需特別注意摩斯這些超大型公共建設的重大影響：不論它們表面上最初的目的為何，一旦由三區大橋連結這些公園大道之後，它們組成了一個巨大的都市快速道路網，使得遠從20英里、甚至30英里以外地區通勤到曼哈頓的辦公室成為可能；此範圍是地鐵系統之有效服務幅員的3至4倍。這造成一個立即的效果：由這個新道路系統所服務的威徹斯特（Westchester）和納索郡（Nassau）的人口在1920年代增加了35萬人。[18]但公路系統對於規劃的全面性影響，一直到第二次世界大戰後郊區建設潮中才完全顯現。其中最著名、最能代表整個過程的案例，就是位於摩斯所規劃的旺托州公園大道（Wantagh State Parkway）交流道旁的萊維特鎮（Levittown）。此公園大道是二十年前建造，以作為通往瓊斯海灘（Jones Beach）州立公園的路徑之一。

此時已有一些規劃師開始熱衷於以新道路系統來作為新都市發展形態之基礎的規劃構想。美國區域規劃協會創始人之一的本頓·麥凱（Benton MacKaye）發展了無城鎮公路（townless highway），或稱汽車公路（motorway）的概念（見第五章）。他以另二位區域規劃協會的忠實支持者：克拉倫斯·斯坦因和亨利·萊特所規劃的雷特朋新鎮計畫為基礎，發展其無城鎮公路的概念，並將其應用至區域計畫尺度。

> 無城鎮公路就是一種汽車公路，其沿線每個城鎮與公路之間的關係都是相同的，如同雷特朋新鎮住宅區囊底路與主要交通幹道的關係一樣。雷特朋新鎮在地方社區設計上所達成的良好效果，也將被應用在無城鎮公路所服務的社區上。……不同於連結大城市之間公路旁的孤立貧民窟，無城鎮公路將鼓勵在距離主要幹道適當距離的地點建造理想的社區。[19]

---

[17] Caro, 1974, 318, 546-7.

[18] Dolce, 1976, 25.

[19] MacKaye, 1930, 94.

這個概念是清晰且一致的：

> 除特定地點之外，通往主要公路的其他路徑都將被廢除；以公共擁有或
> 透過嚴格的分區管制來進行有效的公共控制，管控臨道路路權側的前
> 院……推動基地前院的景觀管理，包括提供遮蔭樹木、嚴格的電話電
> 燈管線設施管理，此外，還有對於公路服務站開發的嚴格管制。[20]

當然，所有的這些主張都實現了，但卻是先在其他地方，很久之後才出
現在美國。而此主張的其他部分，如美國區域規劃協會的終極夢想——「激
勵具地方特色社區的成長，緊湊的空間規劃和社區規模的限制，就像以前的
新英格蘭莊園或現代的雷特朋新鎮社區」[21]……則仍未在其發源地實現。

除了美國之外，其他地方的汽車革命尚未來臨。這無疑地在歐洲是事
實，直到第二次世界大戰時，歐洲只有極少數、至多10%的家庭擁有汽
車。莫里斯的工廠在1934年裝設了英國的第一條汽車組裝線，比在底特律
的福特晚了二十年。[22]德國雖然也是另一個建造公路的先鋒，但汽車革命也
來得相對較晚。因為阿道夫‧希特勒（Adolf Hitler）對德國民眾承諾將生產
國民車，故在1937年於沃爾夫斯堡（Wolfsburg）的大型工廠開始生產機動
車輛，但後來卻被轉為軍事用途，國民車一直到第二次世界大戰後才真正普
及至一般民眾。儘管如此，德國其實仍可以駁斥美國擁有世界第一條真正
的汽車公路（motorway）的這個說法：因為最早的公路是出現在德國，那
是一條6英里長結合賽車道和郊區通勤路線的道路，稱為阿瓦斯（Automobil-
Verkehrs-und Übungs-strasse, AVUS），興建於1913至1921年間，穿越柏林的
格呂內瓦爾德（Grunewald）。雖然曾有一個私人公司在1924年提出一個計
畫，要在德國興建總長將近15,000英里的汽車公路，並在1920年代晚期，
另有一間公司提議建造一條長550英里，連接漢堡、法蘭克福和巴塞爾的公
路，但德國在1933年希特勒掌政之前，只有一條連接科隆至波昂的短程城

---

20 MacKaye, 1930, 95.

21 出處同上。

22 Flink, 1975, 32.

際公路被實際建造完成。

　　納粹政府最初對威瑪共和所有留下的計畫皆持反對態度，之後卻因為理解到興建高速公路（Autobahnen）可有效地減少失業人口，且具有軍事上的重要性，而迅速改變立場。他們直接接掌了所有既有的公路興建計畫，並使用德國國家鐵路的特別補助，快速地落實計畫。在「帝國公路公司」（Reichsautobahnen Gesellschaft）督察長陶德博士（Dr. Todt）的領導之下，於1935年夏天完成了第一條從法蘭克福到達姆施塔特（Darmstadt）的公路。該日發生了一件致命的意外，讓他的名字變得具有象徵意義。至1934年時，公路建設的營造隊伍高達25萬人，其工程的達成率極高：1936年完成超過600英里、到1938年有1,900英里，到了第二次世界大戰開打那年，其完成的長度更達2,400英里。[23]

　　公路的建設持續地進行著。以後來的工程標準來看，這些早期的汽車公路（現今已很少看到，因為統一後的德國拆除了舊政權體制所遺留下來的基礎設施及文物）幾乎是令人驚訝地接近原始的形式：他們像雲霄飛車般在地景的起伏中奔馳，幾乎沒有挖填方技術的配合，也沒有加速與減速車道，這些要求可能並未被考慮到，或以當時的汽車行駛而言是非必要的，此外，上下高速公路的匝道也過於侷促。然而，即使形式如此簡陋，德國的公路卻創造出了一個讓世界上每個城市都競相模仿的新公路景觀。而且，諷刺的是，這正是麥凱這位典型的自由主義社會民主黨員，在其1930年之文章中所想像的景觀：分開的車道、立體交叉的交流道、精心設計且有造景的服務站、甚至是有著醒目小寫字母的大型藍色指示牌，這些成為新的全球視覺象徵主義的一部分。而歷史性的諷刺是：德國威瑪共和體制與柯立芝時代（Cooligean）的美國政府[譯注3]所各自獨立構思發展的公路計畫，實際上都是這個擁抱了恩斯特・梅、本頓・麥凱、馬丁・瓦格納、和亨利・萊特等知

---

23 英國海軍部（G. B. Admiralty），1945, 468-70; Anon., 1979a, 13-15; Petsch, 1976, 141-3。
【譯注3】指1920年代卡爾文・柯立芝（Calvin Coolidge）任美國副總統及總統的時期，柯立芝為美國第30任總統，1920年大選時柯立芝作為沃倫・哈定的競選夥伴，成功當選第29任美國副總統。1923年，哈定在任內病逝，柯立芝隨即遞補為總統，1924年大選連任成功。

阿瓦斯（AVUS）汽車公路

穿越柏林綠森林的德國汽車公路於1921年完工，可說是世界上第一條真正的汽車公路。

名規劃人物的公路興建運動中的一部分。正是這個催生運動之助產士的身分造成後續的一些困擾。

　　在接下來的長途城際公路建造的競賽中，美國因為在1930年代開始的經濟大蕭條（the Depression）之影響下，落後其他國家許多。律師兼規劃師愛德華‧巴塞特（Edward M. Bassett）在一篇於1928年發表在《紐約時報》

（*The New York Times*）的文章中創造出「高速道路」（Freeway）一詞，但此概念在當時只停留在紙上，並未實踐。[24]除了紐約公園大道系統在鄰近康乃狄克州之延伸道路——梅里特（Merritt）和威爾伯（Wilbur）的公園大道（此為僅限私人汽車使用的付費道路）之外，美國第一條真正的城際汽車公路是賓夕法尼亞收費公路（Pennsylvania Turnpike），其穿過了阿帕拉契山，從鄰近哈里斯堡（Harrisburg）的卡萊爾（Carlisle）一直通到靠近匹茲堡的艾文（Irwin），但只在1940年那一年開放。[25]同年12月，洛杉磯的阿羅約塞科公園大道（Arroyo Seco Parkway）興建完成，成為了汽車時代的另一個里程碑，它現在仍是帕薩迪納（Pasadena）高速公路的一部分。但此條公路如其他早期的公路一樣是設計不良的，在德國第一個公路開幕典禮的一個重要活動時，還發生了一個多重碰撞的意外，其中車上三輛都載著政要。[26]

洛杉磯指出一個方向[27]

對於20世紀後期的都市未來發展而言，洛杉磯可以說是一個彩排實驗的場所：亦即建築歷史學家理查・朗斯特雷思（Richard Longstreth）所稱的「創新試驗場地」，以供規劃師與建築師們測試他們對於汽車城市的種種想像。[28]1915年時，洛杉磯每8位居民就有一輛汽車，當時全國平均汽車擁有率是每43人一輛車；至1920年，洛杉磯每3.6人有一輛汽車，相較於全國平均每13.1人有一輛車，到了1930年時，洛杉磯的汽車擁有率更提升至每1.5人有一輛車，而當時的全國平均汽車擁有率是每5.3人擁有一輛車。[29]所以自1920年代開始，洛杉磯便受到汽車擁有率快速增加的衝擊，而美國的其

---

24 Foster, 1981, 110.

25 Rae, 1971, 79-81.

26 Jackson, K., 1985, 167.

27 此部分的論述是參考自霍爾1998年的著作，於其第26章有具體的說明。

28 Longstreth, 1992, 142.

29 不同作者所估計的並不一致；Bottles, 1987, 93, 170; Flink, 1970, 76, 78; Foster, 1981, 118; Longstreth, 1992, 142。

他地方一直到1950年代才感受到此問題，更別說一直到1980年代時，歐洲才出現同樣問題。

洛杉磯是一個特殊的美國城市：這裡的移民不像那些紐約、芝加哥或其他城市的移民是貧窮的歐洲農夫。洛杉磯的移民多是從農場與小鎮來的美國人，其中許多人早已是汽車的依賴者。他們相信福特的格言：藉由離開城市來解決城市問題。[30]他們要求自由：選擇居住地的自由，以及選擇出行之時間與方式的自由。他們的洛杉磯是由許多郊區所組成的城市，是一個任何人都可以來住，但不一定要成為它一部分的城市，在此地個人主義與隱私可以不受到集體生活及集體活動等傳統的都市拘束所束縛。

在這些移民尚未來臨之前，地景特徵似乎早就被設定好了。在1900年代，星羅棋布地在洛杉磯盆地裡，沿著海岸到山邊的是一系列寧靜安詳的小鎮，當中許多小鎮的規模只比一個村莊稍微大一些，城鎮之間被田野與果園分隔著：有一些是農村社區、一些是休閒度假區、一些是鐵路商業中心，還有一些地方純粹是投機商業開發。關鍵點是，不論是否為農業村落，它們皆是分離的小村落：由此可看出南加州很早即有多核心發展的傳統，也有反都市化的傾向。

「多核心發展」與「反都市化」兩者都明顯地獲得強化。真正主導了南加州發展，並在小汽車大量使用之前，即促成多核心與郊區化發展型態的是連結許多小城鎮的輕軌電車系統（稱為城際電車系統：the interurbans）之興建。如同一位研究洛杉磯都市系統的歷史學家所說的：「在南加州，城際電車系統扮演一個先鋒的角色。一旦它到那裡，人口將隨即而至。」[31]亨利‧漢廷頓（Henry E. Huntingdon）是此系統的真正建造者，也可說是早期洛杉磯主要的建造者；但是儘管有成千上萬的人曾參觀過以他為名的畫廊及圖書館，他在都市規劃上的成就卻鮮為人知。在1901到1911年之間，漢廷頓合併、組織、整合，並延伸了超過72條原先是各自獨立的輕軌系統，他將它們整合為太平洋電氣鐵路（the Pacific Electric Railway）：此係當時美國最大的

---

30 Brodsly, 1981, 79-80; Flink, 1988, 139; Nelson, 1959, 95.
31 Crump, 1962, 18.

電力城際鐵路系統，服務洛杉磯100英里幅員內的56個社區。[32] 1920年代中期是太平洋電氣鐵路發展的高峰期，其軌道的服務路線總長達1,164英里，服務範圍包括從聖費爾南多（San Fernando）到雷德蘭茲（Redlands），以及從芒特洛（Mount Lowe）到太平洋。此大紅電車系統（the Big Red Cars，太平洋電氣鐵路的曜稱）每年運載超過一億九百萬名乘客，共有約800節客運車廂每天行駛於六千條固定的旅次路線；從洛杉磯第六大道和中央大街的太平洋電氣大樓搭火車到長灘（Long Beach）約需50分鐘，到帕薩迪納（Pasadena）或格倫代爾（Glendale）需時45分鐘，去聖塔莫尼卡（Santa Monica）約一個小時，而至城中心區的通勤者始終是此系統的主要顧客群。[33]

漢廷頓的天才之處在於利用鐵路來作為促進房地產發展的工具。

> 太平洋電氣鐵路公司拓展其城際鐵路系統，延伸至整個郡，漢廷頓擁有的土地開發公司購買了聖蓋博谷地（San Gabriel Valley）軌道周邊的農場土地，而谷地水資源公司（Valley Water）為其開發了一個生活用水系統。在擁有交通服務與水資源供給的情況下，漢廷頓等待著房地產市場的住宅需求增加及房價上漲，接著進一步地進行土地細分，以便將原先購得的農地分割為可建郊區住宅的區塊，並為其支付電力、瓦斯及電信服務的訂金給公用事業公司，然後再僱用外面的機構來促銷與販賣這些土地。漢廷頓如此有效地整合旗下事業，因此當太平洋電氣鐵路虧損數百萬美元、谷地水資源公司虧損幾千美元，土地開發公司的營收仍證明整個投資是值得的。[34]

但是，隨著汽車擁有率的增加，洛杉磯的都市發展型態也跟著改變。在1914年之前，開發商幾乎不敢在距離有軌電車路線4個街廓以上的地方蓋房子；但到了1920年代，新住宅已可建在電車軌道難以進入的都市間隙地區。如今住宅更散布到距離市中心30英里之外：借用一句當地人的詼諧用

---

32 Flink, 1988, 141-2.

33 Crump, 1962, 156-7, 159.

34 Fogelson, 1967, 104.

Cities of Tomorrow

語……這已經到了好萊塢電影中手槍子彈射程的範圍之外。都市擴張的程度已經到汽車普及之前所無法想像的規模——而那不過是十五年或二十年前的事。[35]至1930年時，洛杉磯市有93.9%的住宅是獨棟住宅，大幅高於美國東岸與中西部的傳統大城市，與洛杉磯市相較，紐約獨棟住宅所占的比例是52.8%，芝加哥是52.0%，而波士頓是49.5%。[36]

這個情況，就如同羅伯特・福格爾森（Robert Fogelson）所觀察到的，是非常特別的。

> 美國沒有其他地方像這裡一樣，郊區化發展蔓延至鄉村地區如此之遠，而作為商業與產業中心的市中心區又是衰敗的如此劇烈。這種反映著新移民偏好、土地細分操作，以及商人傾向的都市發展過程，是自我持續地發展著。分散化發展造成中心商業區的衰敗，而離心發展也加速郊區的土地細分，以供開發之用，再加上正持續進行的都市化，恐怕除了山與海之外，再也沒有什麼可以阻止都市的蔓延——這樣的前景，不管其伴隨著什麼樣的問題（包括電氣化鐵路的失敗），洛杉磯的人民仍將其視為是他們完美的成就。[37]

到了1930年代末期，洛杉磯的交通型態出現了一個先前在其他城市從未發生過的情況……其出現了多重旅次起點、多重旅次迄點，以及多重旅運走廊的交通型態，這種旅運發展型態的結果也促成了一種小汽車導向的經濟與社會。如今，當日益增加的過境車流嘗試在依然以市中心向外輻射發展的道路系統上移動時，交通系統將整體崩潰的危機已經浮現，而且連遠離市中心的商業區都出現交通壅塞的問題，似乎為將發生一些問題顯示出一個前兆。[38]在1920年代期間，中心商業區的零售業占全市零售業的比例從75%急速衰落到25%。到了1934年時，洛杉磯商業的未來全得依賴奇蹟英

---

35 Bottles, 1987, 183; Foster, 1981, 48, 101.

36 Fogelson, 1967, 143-6.

37 出處同上，161。

38 Bottles, 1987, 206, 213.

里（Miracle Mile）^{（譯注4）}：該市創造了一條新動線，切過西湖公園〔Westlake Park，現為麥克阿瑟公園（MacArthur Park）〕，將威爾夏（Whilshire）連接至市中心的格蘭特大道（Grand Avenue），創造出「一條16英里的林蔭大道，其本身就是一種新的水平發展形式的市中心區，將洛杉磯市中心一直連接到海邊。而威爾夏大道（Wilshire Boulevard）則變成天使城（the City of the Angels）^{（譯注5）}的中央大街。」³⁹

此刻，郊區化的潮流已勢不可擋：至1930年代中期時，88%的新零售商店都設在郊區。在1929年時，洛杉磯郡有四分之三的百貨公司營業額係出現在市中心商業區（CBD），但在十年之後，市中心商業區商店的營業額所占比例已萎縮到54%。而銷售量明顯成長的地方不只是出現在威爾夏大道，也出現在聖費爾南多谷（San Fernando Valley）、韋斯特伍德（Westwood）及好萊塢等地。在1934到1939年之間，市中心商業區估計其喪失的價值約等同於2,500萬美元。⁴⁰伊斯特（E. E. East）在1941年做了以下的評論：「洛杉磯所謂的市中心商業區，正快速地衰退成一個普通的中心，幾乎沒有什麼值得注意的特質，以彰顯它不同於其他城市的市中心商業區。」⁴¹

隨著洛杉磯市中心的沒落，其城市輕軌電車系統也出現乘客銳減現象，最後並邁入終結。1923年大紅電車（洛杉磯輕軌電車系統）共運載了315,000位乘客到市中心區，在1931年時，乘客總數下滑到250,000位，減少了24%，主要乘客量縮減是發生在離峰時間與週末時段。⁴²接著，從1929到1934年期間，輕軌電車乘客量從107,180,838位降到67,695,532位，共少

【譯注4】奇蹟英里（Miracle Mile）係指洛杉磯1950年代新興的商業區，區內的主要街道包括威爾夏大道、奧運大道、拉布雷亞大道、費爾法克斯大道以及第六街。最初的規劃構想是要營造出一個以汽車使用為主的新商業區，亦為所謂汽車導向都市發展型態的先驅。

【譯注5】天使城為洛杉磯的別稱。

39 Starr, 1990, 83.

40 Bottles, 1987, 194-5, 214.

41 出處同上，195；撰寫於1941年：284，見原書注7。

42 出處同上，56; Crump, 1962, 146-7, 172, 189, 195; Fogelson, 1967, 179-80。

了三分之一。[43]

　　這並非粗心大意所致：洛杉磯是有意識地要放棄它龐大的大眾運輸系統。因為太平洋電氣鐵路公司在1920年代中期的突然倒閉，已在該城市激起了一場激烈的辯論，透過大眾傳播刊物和市民投票，此激烈的爭辯已持續了好幾年。議題的本質是簡單且赤裸的：洛杉磯市政府是否應該用大量公共補助與新投資來支持一個已飽受威脅的大眾運輸系統，或是應有效地讓它走向結束。此決策將極具意義，因為洛杉磯在那個問題上是相當特殊的，如同在許多其他的面向一樣，此城市正盛裝地要進行一場都市發展戲碼的試演，此試演結果將影響甚鉅，[(譯注6)] 在接下來的半個世紀或更久的時間，此種戲碼將在其他城市甚至是在全世界上演。

　　在20世紀的都市展的歷史中，有幾個重大的爭論。特別是，一些爭論者對於新型態的城市有著非常清晰的願景，其明顯的不同於過去的傳統城市。他們了解城市正在以一種前所未見的方式開始向外分散發展，而且他們也樂於讓此現象發生。當時洛杉磯市都市規劃局長戈登‧惠特納（Gordon Whitnall）正是倡議這種新發展願景的代表人物之一，他已經呼籲「我們不要另一個紐約，而是要一個新的洛杉磯。我們不要一種有著金字塔般人口分布與髒亂市中心的大量同質性的人口聚集，我們要的是一個由許多社區所組成的聯邦，以便能在一個充滿陽光與空氣的都市中協力發展。」[44] 洛杉磯市供水與電力部（Department of Water and Power）的效率主管克拉倫斯‧迪克斯特拉（Clarence Dykstra）也決然地支持此論點，在他1926年所寫的一篇短文……〈豪華的擁擠，這是我們想要的嗎？〉（Congestion Deluxe—Do We Want It?）中，他談到：

　　　愈來愈多的人被帶入市中心，這真的是無可避免、明智的、或是想要的結果嗎？我們真的想要鼓勵沿著地鐵線而產生的住宅擁擠，並發展出一

---

43 Crump, 1962, 195.
【譯注6】意指洛杉磯將成為建構新都市發展型態的試驗場所，此新型態與公路建設有著密切的關係。
44 節錄自Fogelson, 1967, 163。

第九章　公路導向的城市　　　　　　　　　　　　　　　　447

個密集而非延展型的城市嗎？除了沿著新路權的地區之外，大眾捷運系統真能疏散人口到任何地方嗎？對於某些地區因土地價格狂飆，以至於必須解除現有的建築管制，這就是我們最終希望的嗎？難道所有的大型商業、特定專業與金融業者，都必須被控制在限定的區域內活動或開業嗎？是否工人搭乘運輸工具一定要通過市中心才能到達其工作地點呢？；事實上，並非所有的這些假設，在過去都曾被適當的掌控，而如今有思想的學生們正對它們提出嚴厲地質疑。[45]

迪克斯特拉主張，商業活動——如銀行、工廠、劇院、商店——應該分散到各處。[46]他讚揚洛杉磯城市俱樂部所建議的替選方案願景：「未來的城市應該是一個由一些地方中心與花園城市所組成的和諧社區型都市，而長途快速運輸的需求將會縮減至最少。」[47]於是，答案是承認了分散發展這個事實，並著手以此事實進行都市規劃。南加州汽車俱樂部總工程師暨洛杉磯高速公路團體創始人之一的伊斯特，在其1941年出版的文章中描繪出他心中的城市願景，基本上與1920年代時惠特納與迪克斯特拉所主張的是一樣的：

洛杉磯地區可能比任何美國其他地區更能算是汽車時代的產物。在此處，從目前都會運輸的混亂情況中，正發展出一種新的城市形態。它是否會成為普遍被接受的明日城市型態呢，或這只是一個短暫的現象？從一個經濟學與工程學的角度來看，答案是清楚的。明日城市將建構於汽車交通的基礎之上，它將會成為一個更好、更有效率的城市，其居住與工作環境將比今日的城市更好。[48]

伊斯特描述一個典型洛杉磯家庭的生活，卓尼希斯（Joneses）一家人住在比佛利山莊（Beverly Hills），卓尼希斯先生在東洛杉磯工作，以汽車

---

45 Dykstra, 1926, 397.
46 出處同上。
47 出處同上。
48 East, 1941, 91.

通勤，他兩個上大學的孩子也是以汽車代步到學校。

> 每天早上女傭從帕薩迪納市（Pasadena）開車過來，園丁從英格爾伍德
> 市（Inglewood）、洗衣婦從范奈斯市（Van Nuys）開車來。送牛奶的
> 人、郵差、報童、肉販以及麵包師傅每一個人皆以其私人運輸工具來
> 去。白天期間，妻子沿著威爾夏大道（Wilshire Boulevard）購物，或在
> 洛杉磯市中心區和帕薩迪納市買東西，也可能到長堤打橋牌，她都開自
> 己的車子去這些地方。[49]

這結果是「100萬輛小汽車是開往100萬個不同的方向，而它們的交通
路徑會在100萬個交叉路口產生衝突，一天100萬次。」[50]而這種衝突模式正
逐漸地向外擴散。[51]（譯注7）要脫離這個僵局只有一個辦法，伊斯特主張：

> 假設居民仍希望繼續使用個人化的交通工具，從工程與財務的觀點來
> 看，洛杉磯都會區運輸與土地使用問題的解決方案並不難找出。此方案
> 包含在未來幾年發展出一個公路網系統，並將其設計成專為運輸提供服
> 務而非土地開發……穿過建成區內的商業地區，這些新的公路設施將
> 串連並穿過經特別設計的公路建築物，這些建築物位於街廓中央，在與
> 街道交會處係以天橋相連。[52]

---

49 出處同上，95。
50 出處同上，96。
51 出處同上，97。
【譯注7】這種多重方向的旅次發展模式（multiple direction trips）是非常不利於大眾運輸服務
的，也會造成能源及土地資源的過度消耗，所以晚近流行的大眾運輸導向發展（Transit-Oriented
Development, TOD）及緊湊都市（Compact Cities）皆強調營造一種擁有中高密度、緊湊性及多元
混合土地使用的都市發展型態，藉以減少長距離多重方向旅次的發生。但是過於緊湊與混合使用，又
可能會造成擁擠及活動上的衝突（如亞洲部分高密度的大都市），所以規劃者應妥善考量離心化發展
及緊湊發展兩者間的優缺點，以發揮互補的作用。
52 出處同上，98。

洛杉磯所有旅次中至少有80%的旅次是使用小汽車的，[53] 此現象起因於住宅與工作地點的分散化發展，也相對地強化了它。[譯注8]

一份1937年的調查顯示出交通移動方向上的明顯改變。棋盤式的交通移動模式被強加於原先放射狀的交通移動模式之上，導致了縱橫交錯的交通，也造成街道與高速公路壅塞，以及其他無法形容的危險。[54]

對於這樣的旅運型態，作者們建議，解決方法在於提供一個新的公路系統。

對於如何提供適當的設施來解決穿越性交通問題的辦法即是，提供一個只限汽車使用的交通路網，此路網在平面上應該是沒有交叉路口的，且車流行經的沿線應與公路周圍的土地使用活動是區隔開的……此報告建議，需建造一個公路網，以服務整個大洛杉磯都會區……這些公路建設在經過住宅區時，其路權寬度不得少於360英尺，在經過既存的商業區時，路權寬度不得少於100英尺。[55]

但剛開始時能做的其實很少。阿羅約塞科公園大道（Arroyo Seco Parkway）於1938年開始建造，1940年完工；一條1英里長的公路延伸段〔後來成為好萊塢高速公路，通過好萊塢北側的卡溫格隘口（Cahuenga Pass）〕，也在同一時期建造。[56] 地方政府、州政府與一些聯邦政府拼湊了一些資金來建造阿羅約塞科公園大道及幾個戰時的項目；但至1945年時，洛

---

53 汽車俱樂部（Automobile Club），1937, 12。

【譯注8】小汽車為主的交通出行模式及住宅與工作地點的分散化發展兩者互為因果。造成小汽車過度使用的主要原因之一，即是由於住家與工作地點的分散化發展，而小汽車的過度使用又會直接或間接地鼓勵了都會區向外擴張發展，進而造成了更多的住家與工作地點的分散化發展。

54 出處同上，21。

55 汽車俱樂部，1937, 30-1。

56 Brodsly, 1981, 97-8；洛杉磯市區域計畫委員會（Los Angeles County Regional Planning Commission），1943, 8。

杉磯僅有11英里的高速公路開放營運，之後在1945至1950年期間陸續又開放了4.3英里。[57] 配合一個新的大型建設計畫，戰後的情況有了重大的改變：在1950到1955年期間，高速公路興建的總英里數增加了4.5倍，包含好萊塢—聖安娜公路和聖貝納迪諾高速公路（San Bernardino Freeway）的大部分路段，而一個位於市中心區，被稱為「堆積架」之巨型四層立體交錯的交流道也於1953年完成。當聯邦補助公路興建法案剛通過時，加州只有19英里的高速公路，此後十年間的高速公路興建公里數已增加到超過300英里，主要是在洛杉磯與舊金山周邊交通擁擠最嚴重的地區。[58]

但或許帶給洛杉磯神奇的名聲[譯注9]的主因並不在於其高速公路網的範圍（事實上，紐約都會區由於摩斯率先推動的大型公共建設，在此方面做得更多），此名聲乃是由於洛杉磯市民非常依賴公路，這點可由少到可憐的大眾運輸服務及洛杉磯人（Angelenos）常使用的生動用語中看出，當洛杉磯人說到「走地面道路」（going surface）一詞時，彷彿要從事一個異乎尋常的任務。這也是因為洛杉磯人的特殊生活模式：正如瓊‧蒂蒂安（Joan Didion）的小說《照現況來生活》（*Play It as It Lays*）中的女主角所呈現的生活模式，由於被丈夫拋棄，她只好「使用高速公路來討生活」，最後並因此展開她的新生活方式：

> 一次又一次地，她來到位於交流道南方一個複雜的延伸道路，在那兒，要從好萊塢開到港口（Harbor）必須以對角線的方向，切過四線道的車流。那個下午，當她終於在沒有踩煞車、也沒有漏掉收音機裡任何一個細節的情況下成功地穿越時，她感到非常快樂，那晚她一夜無夢、安穩地睡了。[59]

除了是一種生活方式之外，這也是都市成長所造成的結果。阿羅約塞科

---

57 Brodsly, 1981, 112.

58 出處同上，116; Rae, 1971, 184。

【譯注9】 此處的神奇名聲應是指洛杉磯有公路城市的雅稱。

59 節錄自Brodsly, 1981, 56。

公園大道的開通幾乎立即為帕薩迪納帶來土地的增值。因此，無論高速公路開通到哪裡，土地開發商們就跟到哪裡。而不同於摩斯在紐約建立的公路網，洛杉磯的公路系統不是輻射狀的（頂多只有一部分是）；洛杉磯的公路網其實是一個鬆散的梯形格子狀路網，其中任何兩個地點之間的可及性幾乎都是相同的。而這也是舊太平洋電氣軌道電車的特色，之後的高速公路幾乎都是依循其原本的軌道路線而建。[60]

所以威爾斯被證實是對的；但這發展歷程卻花了比他預期更久的時間，而且它在長島和洛杉磯盆地所被觀察到的影響，很久之後才在英格蘭的幾個郡被注意到。英國第一條汽車公路，長8英里環繞蘭開夏郡（Lancashire）的普雷斯頓（Preston），在1958年12月才開放，比德國的第一條同類型的公路晚了將近四十年，比美國的晚了五十年。[61]而且直到1960年代，汽車才開始對英國鄉村的生活方式及聚落形式產生重要的影響。

法蘭克・洛伊・萊特（Frank Lloyd Wright）和蘇聯反都市主義者

在美國，長久以來，汽車導向的郊區是被有意識地規劃著，甚至是大規模的。1893至1910年期間，喬治・凱斯勒（George E. Kessler）在堪薩斯城所進行的包括休憩性公園大道的大型城市公園計畫，為開發商傑西・克萊德・尼科爾斯（Jesse Clyde Nichols）在1907至1908年的鄉村俱樂部特區開發提供了一些基礎。尼科爾斯的鄉村俱樂部特區計畫也受到城市美化運動和他們的一趟歐洲花園城市單車之旅的影響（該計畫由凱斯勒設計，嘗試結合公園，是第一個特別為汽車而設計的花園郊區）。尼科爾斯審慎地在城市的電車系統外之範圍內購買廉價的土地，以便讓他來進行低密度的開發，首先是一公頃6間房屋，然後甚至密度更低。在其中心，建築師愛德華・布勒・德勒（Edward Buhler Delle）也於1923到1925年建造了一個華麗的鄉村俱樂

---

60 Fogelson, 1967, 92, 175-85; Rae, 1971, 243; Warner, 1972, 138-41; Brodsly, 1981, 4; Foster, 1981, 17; Wachs, 1984, 303; Jackson, K., 1985, 122.

61 Starkie, 1982, 1.

部購物中心，為世界第一個以汽車使用為主要考量而規劃的購物中心。[62]此後，洛杉磯的比佛利山莊（Beverly Hills, 1914）和帕洛斯弗迪斯莊園（Palos Verdes Estates, 1923）也遵循著類似的規劃原則；雖然比佛利山莊原來是依據一個太平洋電氣鐵路的車站而發展，不久兩者便皆成為早期經典的汽車郊區。[63]

所有這些都是私部門的投機性開發案，目的很單純，就是要賺錢，而且它們也確實賺到了錢。它們的成功之處在於設計品質，以及使用私人契約來維持品質。此外，尚有一個高度理想化的汽車城市版本，而且有足夠的理由來說明需要它。非常適切地，最完整的汽車城市版本是由美國傑出的本土建築師法蘭克・洛伊・萊特所提出[(譯注10)]，但另一個不可思議的類似版本卻是來自一個無法想像的源頭：蘇聯。

蘇聯1920年代的反都市主義運動是以莫伊謝伊・金斯伯格（Moisei Ginsburg）和莫伊謝伊・奧克托瓦希（Moisei Okhitovich）為首，他們主張（如萊特一樣，或許受其影響）電力和新的運輸科技，特別是汽車，可以讓城市被清空。[64]萊特與蘇聯反都市主義者在本質上也是個人主義和反官僚主義的；兩者同樣主張使用以工廠大量生產之材料為基礎的新建築形式，來量產獨棟、輕質且可輕易移動的房屋，使其可以散布於自然鄉村，最終將營造出一個「無城市的、完全去中心化的、人口平均分佈的鄉村」。[65]他們甚至想像城市最後會被夷為平地，進而改造成大型公園和都市博物館。[66]但這些主要是蘇聯規劃師的想像，而且他們的個人主義願景是相當奇怪地強調集體性的：除了睡眠和休憩之外，所有活動都是共同進行的。[67]因此儘管技術

---

62 Stern 和 Massingdale, 1981, 76; Jackson, K., 1985, 177-8, 258。

63 Stern 和 Massingdale, 1981, 78; Jackson, K., 1985, 179-80。

【譯注10】20世紀的第一代國際級建築大師中，唯一的一位美國本土大師就是萊特，所以其建築設計深受美國人的支持，其強調有機建築及建築與環境的融合，知名的作品包括落水山莊等，但其都市設計的理念（廣域城市理念），則受到正反兩面的評價。

64 Parkins, 1953, 24; Frampton, 1968, 238; Bliznakov, 1976, 250-1; Starr, 1977, 90-1; Thomas, 1978, 275.

65 Bliznakov, 1976, 250.

66 Thomas, 1978, 275.

67 Bliznakov, 1976, 251.

性的必要需求與萊特相同，其道德秩序卻是相當不同的（至少表面上是如此）。

但當時蘇聯並無太多的物質條件來配合此想法，它既沒有什麼車子，也沒多少的電力，這樣的想法對當時的蘇聯而言，實在是太不切實際了。後來科比意派（Corbusian）加入都市主義者的陣營，諷刺性地描繪反都市主義者的願景：

> 城市將成為鄉村的一部分；我會住在距離辦公室30英里處的一個方向的某處，在一棵松樹下；我的祕書也會住在離辦公室30英里處，另一個方向的一棵松樹下。我們兩人都有自己的車子。我們將消耗輪胎、汽油、磨光路面和煞車皮。做這些事可得花費許多人力呢……每個人都有工作可以做了。[68]

或許那樣的觀點在美國是可以想像的，就算處於1930年代早期的大蕭條時期。但是在蘇聯，以當時莫斯科住宅及基礎建設上的嚴重不足，它是無法被想像的。1931年歷史性的黨代表大會決議並宣布，任何拒絕現存城市之社會主義特色的人就是反動分子；1933年，一道行政命令要求城市中心應被重建，以彰顯「社會主義的偉大」。[69]史達林曾說：偉大的蘇維埃對於都市的爭論仍會持續一個世代。

相反地，法蘭克‧洛伊‧萊特的願景不僅與其個人哲學完美的結合，同時亦適用於當時的情況。事實上，它是萊特思想的精華，萃取自他對每件事物的感知以及對於建築形式理論的詮釋。萊特在建構其思想的過程中，巧妙地將每一個重要的美國都市思潮（更精準的說是「反都市思潮」）融合在一起（譯注11）。

萊特早在1924年便開始構思其「廣域城市」（Broadacre City）理念，不

---

68 Le Corbusier, 1967, 74.

69 Bliznakov, 1976, 252-4.

【譯注11】萊特是親自然主義的支持者，也是崇尚自由及田園生活的反都市主義者，這些價值觀也反映在他對都市規劃設計的想法上。

久之後在普林斯頓大學課堂上創造出這個詞彙。[70]此概念與美國區域規劃協會（RPAA）共享了許多相同的哲學傾向，與埃比尼澤‧霍華德的理念也有共通點。他們皆拒絕大都市的發展，特別是紐約，他們認為它是一個癌、一個「纖維腫瘤」；他們對金融首都與地主所有制同樣有著民粹主義般的反感，也如無政府主義者般的拒絕大政府；他們同樣地依賴新科技將帶來的自由效果；同樣相信自耕農原則和回歸土地的信念；他們也皆信仰源自愛默生（Emerson）、梭羅（Thoreau）和惠特曼（Whitman）等作家的美國超越論。[71]

但萊特與他人的主張也有差異，特別在與霍華德的主張作比較時（實際上是與蘇維埃的反都市主義者）：萊特提出一個低密度田園生活空間的概念，藉此解放人類，但萊特主張解放人類並不是為了加入「共同合作社」，而是要作為自由個體般生活著；他期望的不是城鎮與鄉村的聯姻，而是要將它們融合為一體。[72]更重要的是，他有一個堅定的信仰，認為新科技的力量將重建美國成為一個屬於自由獨立農夫和企業主的國度，他說：「愛迪生（Edison）和福特（Ford）將使傑弗遜（Jefferson）復活。」[73]從這方面來看，萊特的主張倒與雷克斯福德‧特格韋爾的綠帶社區（Greenbelt communities）概念有些相似；但是特格韋爾與孟福、斯坦因及查斯等人對於社區規劃有共同信念，此似乎與萊特的主張有些距離。反倒是，萊特與美國區域規劃協會的有些想法是相近的：美國的鄉村生活特色正在逐漸消失，人們急欲拋開無電力時代農場枯燥的苦役，並轉而迎接光亮的城市生活。如同哈姆林‧加蘭（Hamlin Garland）在其自傳《中間邊界之子》（*A Son of the Middle Border*）中令人辛酸地記錄著：

在那幾天裡，我已感受不到任何生活上的迷人之處。我不再以青春無知的眼光看著那些辛勞的婦女。我無法在男子的佝僂身影與灰髮中發現幽

---

70 Wright, 1945, 138.

71 White 和 White, 1962, 193; Grabow, 1977, 116-17; Fishman, 1977, 124-7; Ciucci, 1979, 296-300; Muschamp, 1983, 75。

72 Fishman, 1977, 92-4.

73 出處同上，123。

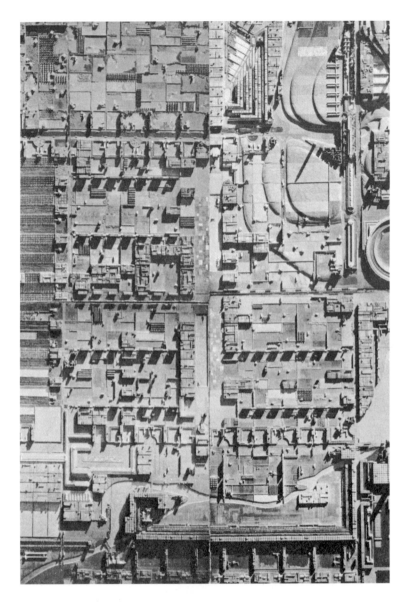

廣域城市

法蘭克・洛伊・萊特的廣域城市願景（Usonian Vision）是結合城市郊區與鄉村的低密度城鎮，每個市民是都市人也是農夫。1950年代某些類似的居住形式在美國各處出現，但卻沒有萊特所強調的社會與經濟方面的意義。

（© 2011 Frank Lloyd Wright Foundation, Scottsdale, AZ / Artists Rights Society (ARS), NY）

默。我開始了解到我的母親有著相似奴隸般的日子，沒有一天可以休息，沒有一小時可以從孩子拖拉的雙手及修補和清洗衣物的工作中逃離。[74]

這些農民終於被解放了，由於第一次世界大戰和汽車普及的關係，他們終於得以離開農場，「在發出咯咯聲的汽車上，他們的擋泥板以彈簧連接著，窗簾在微風中飄揚……沒有資金也沒有未來」。[75]之後，當經濟蕭條造成農場關閉及強制地主轉型成為佃農時，遷徙成為不得不的選擇。[76]然而，如同查爾斯・艾布蘭當時所說的，「不只未開發區關閉，城市也關閉了」，農民也因此走投無路。[77]於是專門安置民眾的綠帶城鎮出現了（在第四章曾提及），而廣域城市也出現了。

廣域城市開創了新局。如同克魯波特金早在三十年前即主張的，新科技正在改變、甚至可以克服地理環境的諸多限制。「在電氣化交通運輸及通訊技術的進展下，距離上的影響被減弱了。……蒸氣船、飛船及汽車，在不同形式的陸上與空中交通工具的運用下，人類的可移動範圍被無限地擴大了。」[78]如今，「不只是想法、甚至連通話與行動都是飛快的：像是電報、電話、物質流通、收音機。而且，很快地電視及安全飛機也會被普遍使用。」[79]藉由公車或福特Ａ型車，貧窮者也將能擁有現代化的移動能力。[80]

隨之而來的是新的建築材料，使得新式建築成為可能，例如高壓混凝土、玻璃和「大量輕薄且便宜的木材、金屬或塑膠」：「我們不再讓建築形式受限於營建機械的使用，而是讓營建機械去迎合新建築的需求。」[81]在此同時，「機械工廠的量產製造」，使水、瓦斯和電力得以便宜地「生產足夠

74 Garland, 1917, 366.
75 Fogelson, 1967, 74.
76 Abrams, 1939, 68.
77 出處同上。
78 Wright, 1945, 34.
79 出處同上，36。
80 出處同上，1945, 86.
81 出處同上，1945, 37.

的數量為全體取用，而非只是少數人的奢侈品。」[82] 因此「現在各個城市中擁擠的公寓或大廈是徹底地缺乏藝術性且不科學的。」[83]

隨著這些技術的發展，萊特建構出他所謂的「廣域城市願景」（Usonian Vision）：

請想像一下，現今寬大且有景觀設計的公路及立體交叉交通設施將被一種新的整合型繞道道路或高架或地下化的交通系統所替代，此景象發生在生產區或生活區……寬敞的道路本身即是良好的建築設施，其所經過的公共服務站不再是難看的，而是像設計良好的建築一樣地開展，為旅行者提供各式的路旁服務，它們從頭到尾都是吸引人且舒適的。這些寬敞舒適的道路匯集又分開、分開又結合，以多樣單元無盡序列的方式，經過農場、公路旁的市場、豐富綠化的學校以及居住場所，每一個單元的土地都被各自地孕育和美化著，創造出可舒適地工作及休閒的家園。接著，請想像人類的居所是可以這樣被安排的：每一位市民可以如其所願地選擇任何形式的生產、分配、自我改善及休閒生活，所有這些活動皆在其住所周圍10到20英里幅員內進行，可以經由私人汽車或公共運輸工具快速地到達。這種整合的日常生活活動之分派與我見到之結合鄉村特質的城市組成有關，這將是國家明日的廣域城市，更是一種民主的實現。[84]

廣域城市同時也是屬於個人的城市，因此住宅將被設計成：

它不只與綠樹及土地和諧地共存，也與居民個人生活模式密切的契合。每棟房屋、每座花園都是特別的，每座農場、農舍或工廠建築也不會相同……堅固但輕巧、適合生活的住宅，寬敞且便利的工作場所，每棟建物都是穩固的，且是依據時間、地點、人們（使用者）等考量所收集

---

82 出處同上。
83 出處同上，34。
84 出處同上，65-6。

的在地材料而細心建造出的。[85]

　　這一切都是實質的外表形式。對萊特來說，就如同對孟福或霍華德而言，建築形式只是新社會型態的一種表徵。對他而言，高樓城市代表「一個時代的結束！美國財閥統治共和時代的結束！」[86]他認為經由另一波的大型遷移，如當初美國西部宅地法案促成農業開發那般的巨大且歷史性的大移民，新的先鋒者將以「選擇居住方式是一種簡單、自然的權利，應根據個人特質與需求而定」來取代地主與大型公司之財閥統治的控制，[87]此願景幾乎和霍華德的完全相同：

　　廣域城市能將他從租金限制中解放，為他提供較好的土地來生活。他（這個被薪資控制的機器工人）支付稅金給這個言過其實的大城市，只求此城市能給他工作做，這個貧窮的薪資奴隸為何不要求其天賦的權力？去那片好的土地，讓他的家庭能在一個自由的城鎮中成長茁壯？[88]

　　在廣域城市，每個人都將重新發現典型的美國式民主：「民主就是分散化發展的重新整合……許多自主的單位將透過功能的學習來發展其長處，並在寬敞的交互自由中一起成長。」[89]這是源於萊特他少年時代在威斯康辛州（Wisconsin）的願景，在新科技的刺激下他又重新拾回此想法。

　　但沒有人喜歡萊特的理念。儘管他費盡心力，其主張仍然被每個人攻擊：因為他的天真浪漫，因為他的建築決定論(譯注12)，因為其鼓勵郊區化，因為其濫用資源，因為其缺乏都市性，而最關鍵的是，因為他的規劃哲學缺

---

85 出處同上，66。
86 出處同上，120。
87 出處同上，121。
88 出處同上，86。
89 出處同上，45-6。
【譯注12】意指萊特過於以建築師的主觀價值觀來看複雜的都市及區域環境，而且萊特的理念中沒有關於都市治理的任何構想。

乏完整的理論基礎。[90][（譯注13）]最後，他沒有推動任何運動來實現自己的想法，特格韋爾的安置管理局也沒有委託他任何計畫，更缺乏其他有力人士給予精神上的支持，尤其是RPAA的領導者們，雖然與萊特的主張有部分類似，他們只偏好經過規劃的分散化發展。[91]

而且，如赫伯特·馬斯卡姆（Herbert Muschamp）所深刻地指出的，萊特的願景中終究有個矛盾：個人的自由福祉將被偉大的建築師所設計的房子給限制住了。

> ……移除所有惠特曼式（Whitmanesque）頌揚萊特前衛精神的浮誇修辭後，所剩下的不過是一個根據萊特自己的塔列辛團契（Taliesin Fellowship）之嚴格層級化原則所建構出的社會：一個建築學的政府，一個建築師被賦予最終執行權力的社會……因此，廣域城市是一個明顯的證據，其證明像萊特這類擁有自我風格的個人主義者，其實只是想要消滅自由的獨裁者。[92]

馬斯卡姆認為矛盾的核心在於，萊特相信建築師可以控制整個過程。事實上，在1950年代初期的美國社會的實際情況是：「急著想要清除萊特那不切實際的夢想；而在每一個美國家庭的前院，灑水器正洗去萊特的廣域願景，以便清出一個週末的烤肉空間。」[93]最後的諷刺在1950年代末期出現：萊特要求政府將一座提供鳳凰城新郊區之電力的高壓電塔移走，只因為它破壞了塔列辛第三期計畫的景觀，最後訴訟失敗。然而，在同一個十年內，當他開車載著芬蘭建築師阿爾瓦·阿爾托（Alvar Aalto）繞著波士頓的郊區

---

90 Grabow, 1977, 119-22.

【譯注13】萊特是美國人最引以為傲的本土建築大師之一（不是由歐洲來的），但其都市規劃設計的想法卻不受到其同儕的支持，可見都市規劃設計與建築設計的著力點及思考邏輯是有所不同的，都市規劃設計是否需要像萊特或科比意這樣的大師，或者更重要的是，要讓人民的生活品質能夠改善，頗值得相關領域的專業者深思。

91 Fishman, 1977, 146-8.

92 Muschamp, 1983, 79-80.

93 出處同上，93。

時，他卻聲稱他使一切成為可能。馬斯卡姆評論道：

> 萊特心中的那個冒險家難道不會大聲自我嘲笑嗎？歷史上最偉大的建築師將自然天堂的美國轉變成一個充滿瀝青柏油的大陸，到處充斥著假期旅館（Holiday Inn）、泰斯特—佛倫斯（Tastee-Freeze）速食店、汽車廢棄場、大型廣告牌、煙霧及村屋住宅，於是這塊土地上產生了許多專營於房貸抵押的掮客及擁有特權的人士。[94]

或許，確實存在著一個矛盾：萊特希望所有東西都是經過建築師設計過的、符合衛生的、且有著一致性的高品味，但結果卻不是這樣。或許他確實與蘇聯反都市主義者有更多的共同點，雖然彼此都不會承認：畢竟，他們都是建築師[(譯注14)]。然而，不可否認的是，廣域城市願景的特色就在於其願景的本質。或許它在其他國家發生時，可能不會是那樣的方式。但是它抓住了美國的未來，並將其體現於一個願景，重要的事實是，這個願景擁有足夠的夢想性。

「郊區時代來臨！」

有一個諷刺的結果是，在第二次世界大戰之後，郊區建築如雨後春筍般的大量快速地出現在美國各處，創造出一種類似廣域城市的情景，但此種發展卻完全悖離萊特所堅決強調的經濟基礎或社會秩序。在1940年代晚期和1950年代，數千平方英里的美國農地因郊區化發展而消失了；一個《紐約客》（New Yorker）上的卡通漫畫描繪出一個傳統農村家庭坐在他們的家門口，一台推土機正在附近山丘上向後推，媽媽大叫：「孩子的爸，拿起你的槍！郊區來了！」儘管萊特攻擊那些大型企業，但是那些搬入郊區的居民之生活卻需要依賴這些大公司，他們的房屋抵押給大型金融機構，他們並沒有

---

94 Muschamp, 1983, 185.
【譯注14】作者意指，他們都是身在其中，以建築師的本位思考來看都市，因而體會不出自己思考上的限制。

在不知不覺中建構了一個健全的自給自足的自用戶社會，美國人雖得到了外殼，實質上卻一無所有。

郊區興盛發展有四個主要的理由。第一是新道路的開闢，讓郊區擴展至以往輕軌鐵路和通勤火車所無法到達的地方。第二是土地使用分區管制制度，藉以產出一致化的住宅用土地區塊，使其擁有穩定財產價值。第三是政府保證的低利貸款，它使小康家庭得以負擔低利率的長期貸款。最後是嬰兒潮，嬰兒潮的出現導致了立即性的家庭住宅之需求，小孩需要在此被撫養長大。前三個理由早在郊區化發生的前十年即已發生，而郊區快速發展的最重要因素則是嬰兒潮。

此時道路處於萌芽階期，如同已經看到的，公路最初只在一兩個地方出現，紐約從1920年代開始出現公路，洛杉磯則從1940年代開始。但剛開始時，開發者似乎沒有發現公路帶動開發的潛力，而是直到公路已存在非常久之後才發現。1930年代，大部分的紐約客沒有汽車，他們大多在曼哈頓工作，今日常見的汽車通勤在當時根本是不可能的事。一直到1950年代，當工作機會隨著公路拓展到汽車方便抵達的地方時，郊區化發展才開始興盛。在此之前，大蕭條和第二次世界大戰使道路興建及汽車擁有率的成長停滯了一段時間，直到1949年，汽車登記才再次超過1929年的水準。[95]而公路興建同樣地在那時也停滯了。

1956年的「美國州際和國防公路法」（Interstate and Defense Highways Act）是促進高速公路導向之郊區化發展的里程碑。但剛開始時，此法案的立意與郊區化發展無關。羅斯福總統在1941年時任命雷克斯福德‧特格韋爾、弗雷德里克‧德拉諾（Frederic Delano）及哈蘭德‧巴薩羅繆（Harland Bartholemew）（他們都是支持人口與就業的分散化發展的知名規劃專家）參與阿拉巴馬州比伯‧格雷夫斯（Bibb Graves）所領導的區域公路委員會（Inter-Regional Highways Committee），此委員會由公共道路指揮官湯姆士‧麥當勞（Thomas H. MacDonald）負責實際執行。1930年麥凱在其論文中特

---

95 Tobin, 1976, 104.

別推薦麥當勞在「大範圍區域和區域間的規劃」[96]中深具遠見的策略。它呼籲建造一個長達32,000英里的州際公路系統，之後國會便通過了1944年的「聯邦援助公路法案」（Federal Aid Highway Act）。但此法案支持的是嚴格定義的城際公路系統，且需避免穿過城市；然而在此類公路被建造之前，政治分裂出現了：只想灌水泥的工程師與急欲藉新公路來解決都市衰敗問題的都市規劃師（例如哈蘭德·巴薩羅繆）之間起了爭執；另外，對於關於是要自籌建造付費公路或是爭取聯邦補助的兩派之間也發生意見衝突。後來杜魯門（Truman）總統與艾森豪（Eisenhower）總統分別在1949年與1954年簽署了都市更新法案，但將公路興建排除在外。

最後，自認是贏得美德兩國公路建造競賽的艾森豪威爾總統，接受興建新公路不只具備冷戰（Cold War）期間的國防功能，還可促進經濟繁榮的觀點。他任命一位退伍將軍盧修斯·克萊（Lucius Clay）來主導相關的公聽會，公聽會中大部分所提出的證據是來自支持公路興建的一方，例如羅伯特·摩斯主張公路能對抗都市衰退。但是法案的辯論付出慘痛代價，主要是財政減縮派與公路遊說團體之間的論戰幾乎扼殺了此法案。最後妥協下的版本決議新公路的興建資金將來自對燃料、汽油、巴士和卡車的課稅，此案在1956年6月通過，眾議院無異議通過，參議院則只有一票反對。[97]於是史上最偉大的公共工程計畫開始動工，410億美元於是注入，建設長達41,000英里的新公路。（譯注15）

---

96 MacKaye, 1930, 95.

97 Davies, 1975, 13-23; Rose, 1979, 19, 26, 62-4, 70-99.

【譯注15】州際公路法案是促進美國1960及1970年代公路大量興建的關鍵法案之一，其也促進了郊區化發展，當時許多政治及遊說活動，將高速公路興建與都市發展及區域經濟發展連結在一起，因而促使了大量的公路興建。公路大量興建助長了郊區化的趨勢，而快速郊區化更造成更多公路興建的需求，此不斷循環的趨勢促成了蛙躍式的郊區化發展，也因而直接或間接地導致許多城鄉環境的問題，如土地資源的過度消耗、能源的浪費、開放空間的喪失，以及公共基盤設施的服務效率低落等。此一系列的問題引發了規劃界的反思，於是1980年代後期起，相關的規劃設計理論，如大眾運輸導向發展（TOD）、都市成長管理（Growth Management）、緊湊都市（Cpmpact Cities）、新都市主義（New Urbanism）、智慧型成長（Smart Growth）等相繼被提出。就都市與交通規劃而言，1970與1990年代的交通規劃理念，其實反映著所謂的典範轉移，1970年代強調的是提升易動性（mobility）：透過大量公路建設，讓小汽車使用者可以開得更遠、更快，以獲得他們所需的各種服務；但在1990年代，倡

但關鍵的問題仍是，它應該是哪一種類型的公路系統？國會在1944年確立的原則是，公路應繞過城市（應避免穿越市區）。但規劃師如巴薩羅繆和摩斯都提出相反的觀點，他們認為公路應穿越都市中心，藉此活化衰退的地區和加強郊區到市中心辦公室及商店的可及性。在實際公路建設推動過程中，由於1950和1960年代都市更新遊說活動的強大影響力，新公路系統被用來作為從市中心區到具潛力郊區的新通道。如同摩斯三十年前所嘗試做的。[98]當計畫正式開始時，公路委員會主席伯特倫‧特拉美（Bertram D. Tallamy）說新的公路將建立在摩斯早在1926年所教導他的原則上；[99]畢竟，在那時且更久之後，摩斯是美國唯一真正經驗豐富的都市公路建造者。

第二個促進郊區化發展的條件是分區管制，其最早發源於1880年，在加州莫德斯托（Modesto），在此它被用來移除中國人經營的洗衣店，這是一個極偏頗的開始，自此之後，它的主要功能之一是藉由排除不良的土地利用和不良的鄰里以保護財產價值。[100]而紐約市，自1913年起便成為實施分區管制的領導城市，此乃是因為曼哈頓零售商的抱怨才被迫進行，零售商埋怨工業入侵威脅到他們的利潤，他們高聲主張「每一分財務上的利益」及呼籲「每個有房子或租公寓的人」來參與對抗運動。[101]紐約市的建物高度管制委員會接受零售商的主張，採取土地使用分區管制以保障「較大的投資安全性和安定」。[102]而歐幾里德（Euclid）村民等人控訴安布勒（Ambler）房地產有限公司一案，最高法院在1926年做出歷史性的判決，確認了土地使用分區管制的一般效力，此案的律師，亦是知名的規劃師阿爾弗雷德‧貝特曼（Alfred Bettman），他認為，土地使用分區管制所服務的公共利益將會增加社區財產的價值，[103]此為他在聽證會中提出的重要信念。而爭議點則在於土

議的則是提升可及性（accessibility）及短距離城市（a city of short distances），此時已不鼓勵過度使用小汽車或大量公路建設，反而強調透過活動與土地使用規劃，將日常所需的活動帶到生活的周邊，讓居民可以方便的使用步行或大眾運輸系統來獲得這些日常所需的服務。

98 Leavitt, 1970, 28-35.

99 Caro, 1974, 11.

100 Marcuse, 1980, 32-3.

101 Scott, 1969, 154-5.

102 Glaab和Brown, 1976, 266。

103 節錄自Fluck, 1986, 333。

地是否應該被劃分成工業或住宅使用。[104]

因為分區管制被設計為保衛「公共福利」和「公共衛生、安全、道德和便利」的一般性警察權之應用，因此避免了所有的強迫收購和同時請求補償的建議。紐約1916年的全盤性分區管制，刻意的避免擬定長期計畫；負責的律師愛德華・巴塞特（Edward Bassett）驕傲地聲稱，「我們是一個街廓一個街廓來進行」，儘量維持土地使用的現況。[105]且大部分的美國地區都跟隨此一作法。但這引起了一個矛盾，美國的土地使用管制從而脫離了任何形式的土地使用計畫，這點與歐洲極為不同（在歐洲的規劃傳統上，它們是緊密相連的）；它不能被用來提升設計水準（這點必須透過個別的限制條款來加以保障），例如堪薩斯市鄉村俱樂部特區的模式或是其他的仿效者。[106]

第三個郊區興盛發展的前提條件是便宜的長期住房融資。在這一方面，如同在第三章所提到，美國遠遠落於英國之後。在英國，永久性建房組織自20世紀初就開始提供購屋者為期二十或二十五年的低利貸款，此舉造成1920和1930年代許多倫敦市區外圍大型郊區的發展。相對的，直到1930年代，典型的美國抵押貸款只有五或十年，利率高達6%或7%，一般家庭實在無力負擔。[107]而直到1933年，美國新政（New Deal）為抑止農場倒閉浪潮而設立的「國民購屋房貸公司」（Home Owners Loan Corporation, HOLC），才將可長期攤銷的貸款制度正式介紹至美國本土。次年，國家住宅法案設立了聯邦住宅管理局（Federal Housing Authority, FHA），為私人放款者提供給住房建造和銷售的長期抵押貸款提供擔保，首付款10%，還款期間長達二十五或三十年，利率只有2%或3%。[108]1938到1941年期間，它為美國35%家庭貸款提供保障。[109]

然後自1934年開始，郊區住宅開發最大的限制被移除了。因為FHA從HOLC那裡取得對整個鄰里估價的概念，因此除去那些不受歡迎的設限；在

---

104 出處同上，328; Bettman, 1946, 54。
105 Scott, 1969, 154-6.
106 Lubove, 1967, 14.
107 Tunnard和Reed, 1955, 239-40; Jackson, K., 1985, 196。
108 Jackson, K., 1985, 196, 205.
109 Glaab和Brown, 1976, 275。

實務上，這意味著應用於整個美國的內城區。此外，「FHA鼓勵種族隔離，且為種族隔離背書，使其成為公共政策」；直到1966年FHA仍未在紐澤西的派特森（Paterson）或卡姆登（Camden）兩個以黑人為主的城市中提供任何貸款擔保。[110]FHA的目標與分區管制相同：即是要保障住宅不動產價值，它們皆透過排他機制運作，以延滯市中心的更新為代價，將大量的投資轉移至新郊區的住宅建設。

某些後果已可在那十年內被看見。國家資源規劃委員會的報告《我們的城市》（*Our Cities*）於1937年出版（此已經在第五章討論過），揭示一個引人注意的事實，即是在1920到1930年間，郊區成長的速度比中心城市快兩倍：「都市人快速地變成郊區人」，如同家庭實現了「快速脫離都市生活的惡質面向，同時沒有失去經濟和文化的優勢。」[111]那十年間，某些郊區以極快的速度成長：比佛利山莊成長25倍，克里夫蘭城外的謝克・海茨（Shaker Heights）成長了10倍。[112]但在1928到1933年間的大蕭條時期，約95%的新建案停工且帶來後續的法拍熱潮，[113]直到第二次世界大戰後房地產才恢復元氣。

從1941到1945年，新的住宅建設幾乎完全停止（除了少數與戰事相關的建房外），因此造成戰爭結束後嚴重的住宅短缺，估計約有275萬到440萬個家庭是共用住處，另外50萬個家庭住在非家庭住屋的建物中。[114]更重要的是，軍人從前線回歸家庭帶動戰後嬰兒潮的湧現。房地產商抓緊此機會大舉推出建案，相對於1939年只有51.5萬戶，到1949年時有146.6萬戶，1959年則有155.4萬戶。[115]而國會1949年的住宅法案，也大量增加FHA的放款權力，同時亦開啟了都市更新的過程。[116]

如同以往，這些錢流入了郊區。到1950年，郊區被發現以10倍於中心

110 Jackson, K., 1985, 213.

111 美國國家能源計畫委員會（US National Resources Planning Board），1937, 35。

112 Wright, 1981, 195.

113 Glaab和Brown, 1976, 273。

114 Checkaway, 1984, 154.

115 出處同上。

116 出處同上，161。

都市的速率在成長；到1954年時，估計在先前的十年已有900萬人口移到郊區。[117] 1950年代，如同1960年的普查所呈現的，是美國史上最蓬勃的郊區發展期，當中心城市增長600萬人口，成長率11.6%時，郊區人口則增加1,900萬，成長率為45.9%。而且明顯地，當時某些美國知名的大城市首次出現人口流失的紀錄，波士頓和聖路易各減少13%的人口。[118]

這個郊區移民潮是由一種新型住宅開發商所促成的：其特色為規模很大、注重經濟與效率的考量，它們讓建造房屋可以像生產冰箱或汽車一般。萊維特（Levitts）公司是那個時代此類建商中的傳奇，它是在1929年，由亞伯拉罕・萊維特（Abraham Levitt）和他的兒子威廉（William）、阿爾弗雷德（Alfred）成立於紐約市外長島的小型家庭公司。第二次世界大戰期間，他們首先學到如何快速地建造工人住宅，之後快速地擴充。1948年，他們選定在距曼哈頓市中心23英里之長島的亨普斯特德（Hempstead）鎮，以他們所學的技術為基礎來營造一個新型郊區：運用連續性生產、勞力分工、設計與零件的標準化、新的材料及工具、大幅地使用預造組件，並搭配著簡易的貸款機制及有效的行銷手法；他們因此獲得極大的成功，人們來此大排長龍好幾個小時，就是為了購置他們建的房子。當萊維特公司的開發案完工時，他們完成了超過17,000戶住房，給約82,000人居住：是史上最大的單一住宅開發案。[119] 他們之後繼續在賓州和紐澤西開發了類似的萊維特鎮（Levittowns）。

若在午後漫遊長島一趟，認真學習規劃史的學生們，應該可看到規劃前輩斯坦因和萊特於1924年建造的向陽花園經典案例、阿特伯里（Atterbury）於1912年在森林山丘花園住區的早期郊區開發案例，以及萊維特鎮。若照這樣的順序遊覽，漫遊的興致可能會降低許多，因為萊維特鎮的房屋形式相當平凡。並不是說它有什麼問題，只是看起來就像是一般的住宅區房屋。萊維特鎮使用科德角（Cape Cod）式的設計，以有限的變化而大量複製，正如萊維特所希望的，此建築基調被屋主以千種不同的方式修改過〔如果這麼說

---

117 Jackson, K., 1985, 238.
118 Tobin, 1976, 106.
119 Checkaway, 1984, 158; Jackson, K., 1985, 234-5.

長島的萊維特鎮（Levittown, Long Island）

萊維特標準的科德角（Cape Cod）式設計被當地屋主們以各種方式改建過；這類郊區房屋形式
是舒適但平凡的，為美國過去大型郊區的普遍發展模式之一。

不算冒瀆的話，理查・諾曼・蕭（Richard Norman Shaw）位於貝德福公園
（Bedford Park）的倫敦郊區也使用過同樣有限的房屋形式〕。這個平凡的小
鎮目前樹木已成長茂盛，將原本粗糙的城鎮景觀變得柔軟了些。

　　但是住宅區的街道有些太長、太寬和太直，儘管有些變化，整體景觀是
單調無趣的。況且它以商業軸帶形式所發展的購物中心其實是一個規劃邏
輯與美學上的災難，其沿著亨普斯特德公路（Hemptesd Turnpike）將整個開
發基地切成兩半。通勤者沒有足夠的連接道路可讓他們進入主要的公路，所
以他們的車子倒退找出路，造成與購物中心附近商業車流之衝突。該處的視
覺品質屬於1950年代美國最差的路邊景象之類型，而整個區域也非常需要
1960和1970年代美國做得相當成功的商業購物中心。整體而言，此萊維特
鎮計畫案，大體上並沒有突兀的景觀，只是略嫌簡樸平淡。它缺乏的是空間

想像感或視覺上的愉悅感，雖然不算差，但其實可以做得更好。

　　城鎮的居民一直都有著以年齡、收入和種族背景為主的社會區隔。來到萊維特鎮的居民以中低所得的年輕夫妻占壓倒性多數，且沒有例外地，他們都是白人：直到1960年，萊維特鎮並沒有半個黑人，且在1980年代中期，黑人也沒有明顯地增多。正如老萊維特人所說的，「我們可以解決住宅問題，或許我們也可以嘗試解決種族問題，但我們無法將它們結合在一起。」[120] 因此萊維特鎮及其無數的複製品都是同質性很高的社區：相同背景的人住在一起。而且如同聖路易這樣的地方具說服力地呈現出，從城市遷到郊區中的大部分住戶是白種人：黑人從鄉村來到城市，而同一時間白人離開城市遷移到郊區。[121]

　　至此，一個將要提出也應該被詢問的問題是，「這一切和規劃有什麼關係？一個像萊維特鎮的地方屬於都市規劃史討論的範疇嗎？」若以長島有規劃師也有地區計畫的角度來看，以上問題的答案是肯定的。但戈特迪恩（Gottdiener）竭盡心力的分析指出，長島的規劃師在計畫實踐上幾乎沒有權力：「所有決策都是掌控在政治人物、房地產炒作者及住宅開發者的手中，因而導致相同的土地利用模式。」他結論道，「就如同沒有規劃或是使用分區管制所得到的結果。」[122] 這使他問道：「如果規劃師既沒有落實土地使用的決定，也沒有引導社會成長，那麼，規劃師到底做了什麼？」[123] 他的回答是他們產出計畫：「目前經常在實務操作的規劃流程，使得規劃師變成決策擬定過程中諮詢性的旁觀者，他們對那些已由政治領袖或私人開發商在其他地方所完成的決策結果提供諮詢。」[124] 規劃師們的想法，無論在實質上或社會上，並沒有獲得占大多數之白人中產郊區居民的支持，這些居民仍然偏好低密度的郊區。這點其實並不特別令人感到意外。

---

120 節錄自Jackson, K., 1985, 241。

121 Montgomery, 1985, 236.

122 Gottdiener, 1977, 111.

123 Gottdiener, 1977, 116.

124 出處同上，143。

郊區居民：大辯論

但是，在這裡或其他任何地方，規劃師們仍有一些發聲的支持者；然而那些建造郊區的人，以及那些住在那裡的人，不是太過先入為主，就是不夠口若懸河地防衛他們。所以，當郊區化萌芽時，美國的郊區發展幾乎普遍地在公眾文件中受到攻擊。反對郊區化蔓延的關鍵論點是因為郊區化發展背離了傳統的（也就是歐洲的）都市性特徵。以下是三個具代表性的批評：

> 在每個部門，形式是未經整合的：除了承繼過去，作為集體藝術與技藝之體現的城市消失了，並且在那裡，如同在北美，所失去的東西並沒有因持續出現過去偉大紀念物與社會生活的習慣而減緩，結果是一個粗糙的、不融合的環境，以及狹窄的、限制的、受阻撓的社會生活。[125]

> 郊區蔓延是不好的美學，也是差勁的經濟。用5公畝土地做先前1公畝便可做的工作，而且做得非常差。郊區化對農民是不好的，對社區不利的，對工業、公用事業、鐵路皆不利，對休閒團體是不好的，甚至對開發者亦是不利的。[126]

> 問題是，我們想要「貧民窟郊區」（slurbs）嗎？或是我們應當規劃具吸引力的社區，以有秩序的方式成長，同時能配合周遭地景的美麗與富足？如果繼續現在的趨勢，我們可能只會得到貧民窟郊區。[127]

批評郊區化的論點為：浪費土地、增長通勤時間、付出較高服務成本，以及缺乏公園用地。但核心的批評則是郊區化缺乏理想的「型態」（form），對於此點，如同以往一樣，孟福說得最好，在他對花園城市替選方案的評估中所指出的：

---

125 Mumford, 1938, 8.
126 Whyte, 1958, 117.
127 Wood和Heller, 1962, 13。

一個現代城市的建立，並不亞於建造中古世紀城鎮……必須要有一定的規模、型態及邊界。城市不再只是一個沿著不確定大道而蔓延的房屋集合體，其無限的延伸一直到沼澤地才停止。[128]

同樣地，伊恩·奈恩（Ian Nairn）也批評當時郊區景觀的現況：「每一棟建築物都被孤立地對待，前後之間沒有任何聯繫」，因為他認為「地景或城鎮景觀的和睦性，就像對立的共存，是很重要的。」[129]

有趣的是，主張郊區化的知識分子終於展開反擊，首先是美西的學者。柏克萊地理學家詹姆斯·范斯（James E. Vance）支持舊金山灣區的郊區化：

近來主張都市隨意擴張有如癌細胞蔓生或如無解的罪惡之言論，似乎已成為一種時尚的論調，儘管此觀點是極度平庸的。……此類沒有支撐架構的錯誤概念是源於發言者沒有仔細研究都市成長的動態關係，也有可能是因為發言者想自行規範都市成長過程中什麼才是「對」的或「好」的。[130]

羅伯特·賴利（Robert Riley）同樣地為美國西南部的「新」城市如休士頓、達拉斯及鳳凰城提出辯護：

新城市被咒罵只因為它是不同的……為這些城市所做的規劃提案（大部分是為東岸的大都會城市）不過是想要疏導城市擴張回歸到我們以為的唯一真正的城市型態──傳統的城市。[131]

柏克萊大學的梅爾文·韋伯（Melvin Webber）提出辯護，他主張：

---

128 Mumford, 1938, 397.
129 Nairn, 1965, 13.
130 Vance, 1964, 68-9.
131 Riley, 1967, 21.

我認為我們一直在尋找錯誤的聖杯，眾人渴望的都市空間結構的價值其實不在於空間結構本身。唯有當某一種都市型態及其內部的土地利用形式能為持續的空間發展過程提供更好的服務，並滿足當地政治社群的非空間目標時，此都市型態及土地利用形式才是優先於其他的。我直接地拒絕接受那種認為有某種特定的都市型態在空間及美學上是凌駕於其他形態之上的論點。[132]

韋伯認為新的通訊科技已經打破了社區與周邊地區之間的舊式連繫關係，都市場所（the urban place）的空間關係正被非場所的都市領域（nonplace urban realm）所取代。[133]（譯注16）在接下來的十年的後期，雷納・班漢（Reymer Banham）寫了篇稱讚洛杉磯的論文；[134]三年之後，羅伯特・范裘利（Robert Venturi）和丹尼斯・史考特・布朗（Denise Scott Brown）也出版其知名的著作，鼓勵建築界要推動「去偶像主義」，他們大膽地將該宣示展現在其著作的書衣上：「A&P停車場所代表的重要意義」（A Significance for A&P Parking Lots），或是《向拉斯維加斯學習》（*Learning from Las Vegas*）……「廣告看板幾乎全是對的」（Billboards are Almost All Right）。[135]（譯注17）戰鬥線再清楚不過了，西岸最終重申反對歐洲傳統的立場。

美國傑出建築師范裘利的背叛，具有顯著的意義。范裘利和其同事熱情地宣揚美國郊區住民的路邊文明，尤其以拉斯維加斯堂皇的霓虹燈廣告裝飾為最佳的代表，它們不應再被用1930年代的機能主義原則來加以評判

---

132 Webber, 1963, 52.

133 Webber, 1964b, passim.

【譯注16】有趣的是，非場所的空間概念在手機時代更加明顯，人們在公共空間裡不是進行相互間的溝通交流，而是與其手機交流。

134 Banham, 1971.

135 Venturi等，1972。

【譯注17】范裘利是後現代主義的代表性學者，他強調大眾文化及建築的符號意義（含表層及深層的意義），他的兩本名著：《建築中的矛盾與複雜》及《向拉斯維加斯學習》為近代建築史的經典之作，對於強調多元融合及地域性文化的後現代主義之發展，具有相當大的貢獻。在他的《向拉斯維加斯學習》一書中，范裘利指出：A&P停車場和多樣的廣告招牌代表著社會大眾的需求及都市活力，這些反應地方需求及多元文化的景觀和都市現象其實沒什麼不好，而這也正是現代主義主導年代之都市環境所缺乏的。

（此原則從1930年代國際形式取得勝利時就存在了）。他們開始倡議：「從現存的地景中學習」，「這對建築師而言是一種革命性的方式。其訴求的不是1920年代科比意所建議的那種把巴黎拆除後再重建的方式，而是以一種寬容的態度去檢討自己看待事物的方式。」[136] 他們研究拉斯維加斯作為一個「建築溝通的現象」，[137] 因為人們如今移動的方式是在高速的車子上，且是以複雜的形式來進行，因而導致一種全新的符號建築之興起，其帶領且說服著大眾：「空間中的圖像符號已演變成地景建築」，[138] 此時建築本身向後退、半隱藏在停著的車子後，像大部分的環境一樣。

> A&P停車場是自法國凡爾賽宮以來大型空間演化的現階段類型。這種分隔高速度公路與低又稀少的建築物的空間產生一種無封閉感和無方向感的現象。以往，要穿過一個露天廣場是要穿過具高圍塑感的空間形式，而在這裡，要穿越停車場則是要穿過一個具有巨大擴張力的空間紋理：商業地景中的巨型結構……由於停車場的空間關係是由符號所組成，而非空間形式，因此建築物在此地景中成為空間中的符號而不是空間中的形式。建築不再具有強烈地界定空間之功能，大型標誌及小建築量體才是66號公路上常見的景觀原則。[139]

這個分析代表著完美的類比，是基於柏克萊地理學者兼規劃者對於較寬廣的都市結構尺度，所給予的微觀尺度（或都市設計尺度）的主張：新的景觀並沒有比較差，只是它是不同的；它不能以傳統規則來欣賞，也不應由傳統規則來評斷，應由它自己來表述。

對國際建築而言，此結果是劇變性的：《向拉斯維加斯學習》一書是重要的斷裂點之一，標記著現代建築運動的結束，以及現代主義被後現代主義

---

136 Venturi 等，1972, 0 [*sic*]。
137 出處同上。
138 出處同上，9。
139 出處同上，10。

（postmodernism）所取代，後現代主義的新重點是將建築作為符號溝通。[140]
對都市主義的學生而言，它同樣標記著一個革命：自此之後，代表路旁文明
的人工製品都值得學習。所以，到了1980年代中期，一個學術研究主題可
以追溯到1920年代的汽車廣場是如何轉變成1930年代的汽車旅館，而最後
又如何成為1950年代的汽車飯店之整個演變過程。歷史上第一個假期飯店
（Holiday Inn）是此演變過程最後階段的代表，它是於1952年在田納西的孟
菲斯（Memphis），由凱蒙斯・威爾遜（Kemmons Wilson）和預鑄房屋建
造者華萊士・詹森（Wallace E. Johnson）所共同開發。[141]也可以是分析連鎖
速食商店的演進。由1921年埃德加德・英格拉姆（Edgard Ingram）和沃爾
特・安德森（Walter Anderson）在堪薩斯市創立的白堡（White Castle）連鎖
店開始，經過霍華德・詹森（Howard Johnson）於1929至1930年在麻薩諸
塞州開拓速食店版圖的努力，接著是歷史性的麥當勞免下車速食店（得來速
速食店）在1948年出現於加州的聖貝納迪諾（San Bernardino），然後是到
了1952年，麥當勞有了標準化的設計，再至1955年時，雷・克羅克（Ray
Kroc）在伊利諾州的德斯普蘭斯（Des Plaines）開始做全國性行銷。[142]這樣
的發展揭示出路旁建築的傳統有其歷史性及豐富性，但可惜的是，之前沒有
任何人具有足夠的敏銳度或精力去真的看見或分析在他們眼前的景觀。

　　然而在許多方面（至少是在早期），這場革命沒有發生在最理應發生
的地方：洛杉磯。洛杉磯的商業設計在適應汽車與公路方面是保守的。建
築歷史學家朗斯特雷思（Longstreth）描述洛杉磯商業建築歷史的著作《市
中心到區域購物商場》（*City Center to Regional Mall*）的封面照片，展現了
1926年洛杉磯市中心西七街（West Seventh Street）的景象。人行道上擠滿
了購物者與推車，舒適地與汽車共享著街道空間，僅有一位警察在維持秩
序，此時的洛杉磯，市中心區仍然主導零售業與其他商業活動。[143]但交通擁
擠與停車已經成為問題。1927至1928年在好萊塢設立的戴斯（Dyas）百貨

---

140 Jencks, 1981, 45.

141 Liebs, 1985, 182-5.

142 出處同上，185, 202, 206-8, 212-13; Schlosser, 2001, 34。

143 Longstreth, 1997, 32, 34.

公司帶來第一個重大改變，幾乎同時地，布洛克（Bullock）改造了威爾夏（Wilshire）百貨公司的面貌。[144] 但到了第二次世界大戰後，都市鬧區在整體零售業發展上只扮演著次要的角色，相較於1929年鬧區占30%的區域銷售額，在1948年只剩11%。即使在接下來的零售業景氣時期（50%的成長，全國最高，一直到1954年），洛杉磯鬧區所占的比例仍然不高。[145]

剛開始時，這種分散型的零售業是以傳統的線性發展形式逐漸擴張，把交通擁擠帶進了郊區，甚至1930年代中期普遍化的超級市場都建於遠離市中心處，它們前面會有一條傳統的街道，停車需求被視為是次要的事情而放到一邊。在奇蹟英里計畫中〔就如同在布洛克之威爾夏傳統案例〕，開發商與投資興建者偏好「大都會」意象，於是產生摩天大樓與分散式線性城市同時存在的景象，那裡的景象是商店面臨著街道，而汽車停在後面，以保持「大都會景象」。[146]1930、1940年代無數的郊區零售商業發展皆以此為範本，沿街立面是受到重視的：大體上來說，零售商對於拋棄舊有的人行道導向的商店設置模式仍顯示出抗拒的態度。[147]

結果是速食店先設定了步伐，而非零售商。1930年代後開始，速食店開始將建築物放在停車場後面，甚至直接放在停車場的最後方。[譯注18]此規劃方式形成了如切斯特‧利布斯（Chester Liebs）所稱的「供快速閱讀的建築」：藉著巨大玻璃牆與大型直立廣告招牌，建築物對路過的開車者傳遞即時的印象。「誇張的現代」出現於1940年代的咖啡店與加油站，巨大的玻璃給人想一窺究竟的感覺，其同時也有著誇張的飛機型與拋物線型的屋頂。於是這造就了洛杉磯典型的路邊景觀形式，有著懸臂式平面玻璃牆與金色拱門的新地景。[148]如同評論家艾倫‧赫斯（Alan Hess）所形容的：

---

144 出處同上，43, 58-9, 86-9, 112-27。
145 Longstreth, 1997, 214-15, 218, 223.
146 Longstreth, 1992, 142-3, 150-2.
147 出處同上，152。
【譯注18】這是典型汽車導向的基地開發模式，雖然便於停車及汽車動線規劃，但沿街人行空間的連續性及商業活動的連貫性卻會被破壞，所以此配置形式是目前新都市設計理論所不鼓勵的。
148 Langdon, 1986, 61-2, 66, 84-5, 115; Liebs, 1985, 14-15, 39, 44, 61-2.

流動的車輛與不移動的建築物漸漸交織成一個連續的景觀。鮑伯的大男孩速食店（Bob's Big Boy）提供了此系列景觀的觀景窗，亨利氏餐廳（Henry's）提供汽車顧客用餐的院子，比夫氏餐廳（Biff's）幾乎將車子帶進餐廳的中央。[149]

在這種空間形式中，汽車與汽車文化所產生的建築，創造出了一種有活力、符號化、結構性、形式化及實驗性的大眾美學，也發展出一種從駕駛座自由地流動到咖啡店櫃檯的新城市空間。[150]1950年代末期的流線型汽車跟當時的咖啡店及漢堡店看來像是從同一家族出來的一樣，都有大面積的玻璃及懸浮在空中的車頂。[151]

但是直到1940年代末期，這革命對洛杉磯零售業的影響仍然不大。最大的突破是1947年克倫肖大道（Crenshaw Boulevard）上的克倫肖購物中心（Crenshaw Center），雖然仍依照傳統作法維持建築物正面緊鄰街道，它卻提供了一個獨立、能提供2,500個停車位的地面停車場。[152]另一個規劃作法轉折點是鄰近長灘的萊克伍德購物中心（Lakewood Center, 1950-1953），它提供了12,000個停車位，是美國最早的區域購物中心之一。[153]洛杉磯當然不是唯一發展新停車場空間形式的地方，但此類發展在這裡最興盛。[154]區域購物中心成為這場汽車導向之革命在零售業的最終極呈現方式：它平衡了人們停車與購物的需求，停車場的設置區隔了購物者與他們的車，以便讓購物中心在其內部自成一個世界。[155]南加州成為這種新空間形式最好的試驗場所之一。[156]

---

149 Hess, 1992, 173.

150 出處同上，167。

151 出處同上，167, 172。

152 Longstreth, 1997, 230-3.

153 Longstreth, 1992, 152.

154 Longstreth, 1997, 271.

155 出處同上，308。

156 出處同上，312。

然而，當時地方商業社群的固有保守派阻撓此創新的作法，如克拉倫斯‧斯坦因（Clarence Stein）是一個重要的反對派，儘管諷刺的是他為洛杉磯所作的設計從未實現。維克多‧格魯恩（Victor Gruen）則在全國獲得較多成功，一種環繞主要百貨公司的商店群聚形式就該歸功於他；但同樣的，他也從未在洛杉磯完成任何一個大型計畫。在購物中心計畫中，百貨公司是關鍵角色，它是購物中心的主要集客點，這也是百貨公司首次分離於住宅區：這跟斯坦因與格魯恩所設想的社區中心角色是完全不同的。[157] 沿著林蔭大道，土地細分者在1920與1930年代，創造出一種新的都市形式：

> 林蔭大道……就像他之前一樣，變成商業長廊，以一種更鬆散組織的全貌呈現，在其中開放空間成為主宰元素；自由站立的標誌牌通常扮演著比建築物更重要的角色，以作為能保證獲取駕車者注意力的方法。[158]

　　當商業建築師們腦中仍關心著傳統都市形式與設計時，一個偉大、智識上的迴轉已由一系列美國社會科學家的研究而開始發動，他們質疑許多先前批評郊區和市郊生活方式的基本假設。其中特別重要的是那些從社會學者而來的批評。1950年代，許多美國主流都市社會學的經典作品如里斯曼（Riesman）的《寂寞的人群》（*The Lonely Crowd*）和懷特（Whyte）的《組織人》（*The Organization Man*），皆強化了郊區是一個無趣、同質性地方的刻板印象，在此個體性漸漸地被侵蝕，且缺乏豐富的人性交流。郊區化被推論最終將摧毀大部分在城市文化中有價值的事物。[159] 為了測試這些假設，赫伯特‧甘斯（Herbert Gans）搬到紐澤西的萊維特鎮居住一段相當長的時間。他於1967年出版的專書，可預見地引發了對東岸相關論文的批評性回顧。因為甘斯發現傳統的觀念是個迷思：

---

157 出處同上，313, 320-31, 349-50。
158 Longstreth, 1992, 152.
159 Riesman, 1950, 132-4; Whyte, 1956, 46-7.

這些發現……顯示，評論家們（或某些社會學者）認為都市生活和郊區生活之間存在有差異的觀點，被證實是想像大過真實。萊維特鎮的郊區生活品質跟城市只有很小的差異，而造成差異的原因如房屋形式、人口組成及初入環境的不習慣，在任何地方都有可能發生，並非是市郊專屬的。再者……若將郊區與市中心及內城區外的大型住宅區相較，兩地相同年紀與階層的居民其文化和社會結構幾乎一樣。都市地區年輕中低階層的生活風格與在郊區的同類型居民其實非常相似；反而是年紀較長的中高階層有較明顯的不同。[160]

甘斯發現，萊維特鎮居民並不適用先前社會學家嘗試在他們身上貼的標籤：

萊維特鎮居民並不是真正的國家社會成員，就此方面而言，不是大眾社會的成員。他們不是無動於衷的遵奉者，隨時可讓專制主義的菁英或公司商人來控制；他們也不是炫耀性消費者及突發性流行的奴隸，他們甚至不是經組織化的民眾或是有特別人格特質的人。比起知識分子，他們的文化可能較不精緻或複雜；他們的家庭生活可能沒有精神科醫師所倡議的那麼健康；比起熟悉政治的哲學家，他們可能較少深思政治與民主，然而他們所有的這些其實都優於過去勞工與中低階層的行為方式。[161]

甘斯的研究結論大大地支持了另一位社會學家班尼特‧伯傑（Bennett Berger）對加州郊區藍領工人的研究發現。伯傑也發現這些典型的郊區特點並不如較早對郊區居民的調查所指出的：郊區居民在社會性或地理上較缺乏移動性、郊區居民缺乏社區參與或歸屬感，以及郊區居民具有高同質性的問題。[162]事實上，這是因為這些其他研究分析了相對不尋常的中高階層社群，

---

160 Gans, 1967a, 288.
161 Gans, 1967a, 417.
162 Berger, 1960, 15-25, 58-9, 65.

或過度強調在混合社群裡的中高階層的特色。對典型的郊區居民而言，那些住在大規模生產的新郊區之居民，只是沒有分享相同的顧慮；他們的生活相近，有著許多相同的社會關係型態，無論他們是住在被標籤為都市或被標籤為郊區的地方。因此，這些社會學家規劃者誇大了都市環境物質方面的特徵對人們生活方式的影響。甘斯的結論中說到：

> 都市規劃師對於社會關係僅能產生有限的影響。雖然基地規劃者可以創造一些類似性，但他只能決定哪些房屋是相鄰的；他可以影響居住者之間的視覺接觸和初始社會接觸，但他不能決定鄰里社會關係的強度和品質，這完全取決於所涉人們的特質。[163]

的確，一個地區的特色，例如社會同質性與異質性，是可以被規劃所影響的，但是影響的程度非常有限。(譯注19)在一個像美國這樣的社會中，市場是主要的決定因素，而消費者在市場運作中表達了他們的偏好。最重要的是，規劃者必須警覺到，如果嘗試將本身的價值體系加諸到有相當不同價值體系的人們之身上（特別是，當他們相信長程旅途及交通阻塞應該不計成本加以排除，而因此認為較高密度比較好，因為可以減少通勤時間、節省土地和增加都市性），大部分的郊區居民是不會贊同的。[164]換句話說，當他們攻擊1945年代後美國郊區的基本特質，這些人只是在表達他們那個階級的偏見而已。

因此社會學家說話了。幾年後，美國最傑出的土地經濟學家之一——馬里恩·克勞森（Marion Clawson）親自對郊區蔓延的成本進行了一項調查，然後做出以下的評斷：

---

163 Gans, 1961a, 139.

【譯注19】空間規劃設計對環境行為是否會造成明顯的影響，一直是規劃設計理論上一個爭議的焦點。在此處，作者似乎認為空間規劃對行為的影響有限；然而環境設計及環境行為學理論卻持不同的觀點，並提出「人造環境、環境造人」的說法。實務上，實質環境規劃設計對人類行為的影響有多大，至今仍無定論，但至少由本書第七章的案例可體會到，建築師或規劃師在從事規劃設計工作時，應對使用者的需求及空間行為模式，給予更多的關注。

164 Gans, 1961b, 293.

欲對郊區土地的轉換下個簡單明確的評斷是不可能的，用「好」或「壞」或其他簡單辭彙描述是不夠的，這個過程本身太過於複雜。[165]

　　從正面來說，郊區化是一個非常有活力的過程，產出了上百萬的新房屋和上百個的購物區，因此為國家經濟成長做出貢獻；郊區化亦產出許多相當好的住房及令人愉悅的鄰里環境，而整個決策過程中所具有的分散性本質也避開了重大的錯誤。[166]但以負面的觀點來看，散布式發展的成本造成房價不必要的高昂以及許多土地資源不必要的浪費，且可能維持如此一段長時間；而且結果在美學上是較不受許多購買者所喜歡的，但他們只有少許選擇的權力或根本沒有選擇。[167]但根據克勞森的觀點，最嚴厲的批評是，郊區住宅對半數的人口而言是太貴了：因此都市人口變得更依據種族、收入與職業而層級化。當然克勞森很快就承認，這些層級隔離來自更深層的社會與經濟推力，但是郊區發展過程的確促進了社會隔離。[168]

　　克勞森的經濟性結論為伯傑和甘斯的社會學觀點提供了一些邊際性的支持。是的，美國人的確在市場裡做出了自由選擇，且獲得近乎他們想要的東西，此作法比透過中央計畫系統更有效且更經濟；但自由市場並非完全有效率，仍有改善空間，且可以較低成本來生產更好的住房商品組合。自由市場機制也有缺陷，當住宅商品太貴時（高於邊際點的時候），半數美國人會因為太貧窮而從自由市場的過程中離去（而且常常是黑人有此貧窮的問題）。但也有人會反駁說，貧窮是一個超越都市規劃者專業範疇的問題。貧窮的問題是他們缺乏金錢，克勞森認為，如果窮人有錢，他們將會購買另一半幸運人口所擁有的一棟郊區的房子。規劃及相關的公共介入在某種程度上可改善此運作過程，但基本上，此機制給予普羅大眾他們所想要的。

---

165 Clawson, 1971, 317.

166 出處同上，319。

167 Clawson, 1971, 319-20.

168 出處同上，321。

歐洲控制郊區成長

這樣的結論是超乎美國人利益的，因為在不同的層次，歐洲許多政府在第二次世界大戰後成功地控制和管制了郊區化的潮流，其管制的程度應該是美國人所無法想像的。1960年代中期時，乘飛機橫跨大西洋的空中旅客從7英里的上空看下去時，會訝異於大西洋兩岸的景觀是如此的不同：向西旅行，他們會為東海岸大都會地區之開發規模、郊區化漫無止境的蔓延，以及連結著這些郊區的大型高速公路網而感到困惑。向東旅行，他們將同樣地驚訝於歐洲低度的郊區開發、其玩具城般的品質、明確區分城鎮與鄉村的計畫精確性，以及在郊區邊緣地區明顯地看不到農業衰敗的現象。所有的這些都是真實的，英國、荷蘭、德國及北歐國家各自使用略有差異的作法，但皆做到了控制郊區成長。[169]

我們必須問，這些更緊湊與整齊的成長管控系統會為住在那裡的人們帶來什麼成本與效益呢？對於那些相信傳統規劃智慧的實務者而言，當然答案是不證自明的；但在美國民眾質疑那種規劃智慧的情況下，它值得好好地檢視：比較英國與美國兩地規劃系統的運作，可能是最好不過的了。自從1947年起，英國對新的土地開發進行極為嚴格的管控：該年的「城市與鄉村規劃法案」（Town and Country Planning Act，第四章）有效地將土地開發權予以國家化，之後地方規劃當局使用此一新的權力來限制都市周邊的郊區化擴張，並運用劃設綠帶的限制措施將人口成長導入更遠的中小型城鎮。而當時一個英國研究團隊也開始分析這些成長管控政策的運作及其衝擊，與克勞森在美國所作的研究同步。

此團隊在1973年發表的研究結果，對傳統、舒適的景象提出許多的質疑。他們的結論是，戰後英格蘭的土地使用規劃產生了三個主要的影響。第一個是成長管制（containment）：包括鄉村土地轉變成都市用途土地的土地變更數量的緊縮及推動較緊湊的土地開發。第二個影響是在某種程度上較反常的郊區化現象，造成新興住宅區與主要就業中心間在空間上的更加分離。

---

169 Hall, 1968, 100.

第三個影響是更反常的，它是完全不被期待的，除了少部分投機者之外：此即為土地和財產價值的通貨膨脹，且是以一種之前從未見過的規模在進行。[170]

第一個影響——成長管制，在許多方面都發揮了作用。劃設於複合型城市和較大的獨立城市外圍的綠帶，有效地阻止這些城市的進一步擴張。除了這些綠帶之外，地方當局還刻意將新開發集中在小城鎮與村莊，特別是在某些鄉村中最不吸引人的地方；常見的情況是提高密度，規劃當局藉由建造公共住宅作為回應，與他們在1939至1945年戰前建造的住房相比，這些公共住宅無論是密度或高度都較高。[171]藉此歐洲國家避免了美國克勞森研究所發現的蛙躍式的都市發展（the leapfrogging pattern of urban development）型態。

郊區化意味著，新的住宅開發幾乎都更遠離就業機會（此係與1930年代或更早期的情況相較）；相同地，它們也較遠離較高層級的購物、娛樂、教育和文化設施。所以交通旅程，特別是通勤旅次，會變得較長。這一部分反映了規劃者的偏好，他們嘗試維持一個傳統的、集中式的都市結構，也部分地反映出都市政治人物希望保有最大可能的城市經濟基礎。但社會學研究指出，新的郊區居民對他們的生活方式，特別是長途通勤，仍感到滿意；事實上，他們甚至還希望搬到更遠的鄉村。[172]（譯注20）

土地價值的上漲已經遠遠超過一般的薪資與物價水準，而這些無疑地使新住宅實際上比在1930年代更加昂貴。為了平衡成本，開發商使用較小基地進行高密度開發（特別是對較廉價的住宅），但此種廉價房屋的品質已經降至公部門規定的水準之下。於是許多建商轉而經營高價位市場的產品，而這也是規劃當局所樂見的，但結果是造成低價位住宅的選擇性更少。在這一方面，研究評論是，在符合一個更豐富的、更多空間可使用的生活需求上，

---

170 Hall, Thomas, Gracey 和 Drewett, 1973, II, 393-4。

171 出處同上，394-7。

172 出處同上，397-9。

【譯注20】不少西方人崇尚自由及田園式的居家生活，他們不在乎開車一個多小時通勤上班（假設沒有嚴重的塞車），只要能提供一個他們及孩子成長所需的田園式獨戶住宅（此即是所謂傳統的美國夢），但這種生活方式背後所造成的環境成本及交通相關的能源消耗，卻是相當的大。

英國政策比起美國是較不成功的。[173]

　　在此過程中，一個一直令人感到興趣的問題是，誰是主要的受益者？而誰又是主要的輸家？鄉村居民，特別是富有的那些人，明顯地是最大的受益者。藉著一種較文雅的英國式的社會隔離，城鄉規劃維持了現狀以及他們所偏好的舒適生活方式。較富裕的新郊區居民也過得不錯，雖然他們也付出了一些代價，而比較不富裕的郊區居民，以他們所獲得的狹窄居住空間與相對較高的成本而言，過得相當不好。由於他們很可能只是擁有一台車的家庭，通勤的負擔對他們而言也比較大，儘管關於此部分，研究紀錄較少提出批評。[174]

　　以研究小組的觀點，過得最不好的是那些留在都市裡的窮人。搬到公共住宅的人獲得品質較好的房子，比起較窮的私人房屋中的居住者，可得到較好的設備。但他們常被強迫居住在高密度、高樓層的建築大樓中，比起他們在三十、四十年前所得到的，許多人不太喜歡現在的環境。而那些住在不合標準的宿舍中之低收入租房者更不用說了，是過得最差的。於是在收入方面，政策的整體成效是倒退的（regressive），造成貧者愈貧，富者愈富。[175]此研究做了以下結論：

> 這些影響全是規劃系統創始者始料未及的。可以確定的是，他們非常在意保存與維護英國鄉村的環境。但那只是整體配套政策中的一部分，需在考量整體人民的利益下，透過中央規劃來執行。讓人們過著窳陋的生活、居住在可能成為貧民窟的房屋裡、遠離都市服務與工作機會，或是讓都市居民居住在毫無特色、高聳如懸崖的公寓大樓裡，以及讓他們的孩子沒有運動場，我們相信這些絕對不是這些規劃先驅者的本意。但不知為何，規劃先驅者原本偉大的理想在此都市發展的旅途中失落了、規劃系統被扭曲了、也讓廣大的人民背叛了。[176]

---

173 出處同上，399-405。
174 出處同上，406-7。
175 出處同上，407-8。
176 出處同上，433。

當英國與美國研究者比較他們的研究結果，他們的結論是，兩地的規劃系統都產生了前後矛盾且不合理的結果。控制較嚴格的英國系統，以及較寬鬆的美國系統都產生實際上沒有人想要的都市結構，而如果有其他選擇的話，人們寧願選擇其他的。[177] 兩個國家都出現相同的情況，富裕者藉由都市發展而過得更好，貧窮者則過得很差。[178] 窮人似乎註定要在內城區過著低劣的居住狀況。但對於大部分的中產階級來說，兩個國家的命運幾乎是相反的：在英國，中產階級居住得太擁擠，其狹小的房子幾乎顯示出要成為貧民窟的命運；在美國，中產階級則住得太分散，浪費土地資源對誰都沒有好處。[179] 然而兩國的土地使用管制政策，都使得提供郊區發展的土地因人為因素而變得稀少，因此幫助了土地炒作者。所以，在兩個國家，不論是用較寬鬆的土地使用規劃制度或較嚴格的制度，一般人民都可獲得好處，但沒有被滿足的是那些需要被照顧的族群。[180]

那麼，哪個國家做得最不好？是要住在有複雜都市規劃系統的英國，得到與當初規劃支持者所期待內容不同的結果，還是要住在美國，那裡的都市規劃從未真的承諾很多或是實施很多？研究結論是，端看你的價值觀。假如你支持藉由市場機制給予大部分國民其想要的物質商品，你可能會喜歡美國的郊區，因為它的低效率與偶爾醜陋的外表仍然遠勝於狹窄且昂貴的英國郊區。但若你高度支持一個會保護其土地與自然資源的社會，你可能會投票給較有效執行土地使用規劃的英國系統。美國的政策是民粹主義，而英國則是菁英主義。[181]

在此結論之後的十五年，尤其是 1980 年代，受到土地市場自由化的壓力，英國規劃系統持續地往美國系統的方向邁進：同樣也是受到土地市場自由化的壓力。但是矛盾仍然存在，且此類矛盾必然存在於有許多不同社會與收入團體自集體政治行動中獲得一大堆好處與壞處的先進國家。英國許多人

---

177 Clawson 和 Hall, 1973, 260。

178 出處同上，266-7。

179 出處同上，269。

180 出處同上。

181 出處同上，271。

仍熱切地推動鄉村地區的保存維護及都市成長管制，他們在鄉村或其他地區皆有良好的組織與動員力量。因此即使在政治上是右翼當道，在「是要讓開發商來服務市場需求還是要減緩高漲的地方恐懼與偏見」，這兩種意見之間仍存在著內部的矛盾。於是我們可看到英國環境大臣尼古拉絲·里德利（Nicholas Ridley），儘管身為保守黨自由市場派的領導者，仍在1986年他宣布的聲明中顯示出這種矛盾，他表示綠帶劃設政策對他來說是神聖不可侵犯的。在美國，這種平衡是不一樣的，但同樣的，在特定地區如加州也興起了反成長運動，其造成與英國相同的結果……較高的土地與房地產價格。[182]或許兩個國家正緩慢往彼此方向移動。

使圓成方（Squaring the Circle）：規劃歐洲大都會

不久之前，如同在第五章已看到的，歐洲的規劃師們已開始處理如何協調汽車與城市發展間的問題。自1943到1965年，幾個歐洲首都城市紛紛以不同的方式來研擬計畫，以呈現與美國的公路城市明顯不同的作法。基於歐洲城市相當不同的城市經驗之背景，這樣的選擇或許並不特別引人注意，真正令人驚訝的是，他們的計畫確實得到落實。

在他於1943至1944年的倫敦規劃案中，阿伯克龍比已企圖使用新型的城市公路來緩和交通擁擠，並同時營造巨型都市鄰近地區的自明性；他自由地使用了倫敦警察廳助理專員阿爾克·崔普（Alker Tripp）的居住管理區的概念，使外部交通……在此階段還不是全部交通……被排除於住宅區之外。[183]同樣地，阿伯克龍比大膽啟用了霍華德—歐文版本（Howard-Unwin）的花園城市來規劃新城鎮，讓汽車與城市之間的衝突不會那麼普遍。對他以及同時代的規劃者來說，衝突是明顯的，但也可以有效地、甚至優雅地排除。

---

182 Dowall, 1984, 132-3, 168-70.

183 Tripp, 1938, 1942; Forshaw 和 Abercrombie, 1943, 50-2。

斯德哥爾摩市的替選方案[184]

　　1950年代的斯德哥爾摩市看起來只是個小城市：其都市地區加上周邊郊區，不過100萬人口，[185]旅客若從市中心步行出發，20分鐘的路程就可以到達綠化帶，而20分鐘的電車旅程就能抵達在樺木森林與湖群邊緣的終點站。然而它卻有一些全歐洲狀況最差的住宅。[186]英國式的花園城市曾建造於安斯基德（Enskede, 1908）和阿佩爾韋根（Äppelviken, 1913），其後也相繼在安斯基德・加爾（Enskede Gård）等地建造花園城市，但它們後來都變成白領階層社區。為了提供更多「可負擔住宅」（affordable housing），斯德哥爾摩市政府在1926年起開始實施一項自建住宅計畫（self-build housing），讓勞工階級可在奧雷斯德（Olovsund）、諾拉恩格彼（Norra Ängby）及托克羅格（Tallkrogen）等地區自力建屋。這些自力建造的房屋，至今仍有一種特別的風味。[187]在推動自力建屋計畫的同時，市政府也推動一個公共住宅計畫，住宅形式是長形三層樓的薄式建築，住宅被設計成能擁有最大程度的日照，但是建築師們批評它們過於單調與缺乏社區設施。[188]

　　接著，在1942、1945至1947年及1958年的全國性決策中，社會民主黨決定發展一個經深思熟慮的公共住宅政策，要營造一個「在西方世界國家中規模最大、國家控制且維持某種程度上自持的經濟部門」，[189]此政策當然贏得許多選票。[190]1947、1953及1967年所通過的法案要求，除了個人房屋之外，其他私部門的土地開發皆應停止，並給予地方政府優先拒絕土地買賣的

---

184 這一章節是根據Hall, 1998，第26章。

185 Anon., 1989, 12; Chandler和Fox, 1974, 337-8, 377。

186 Headey, 1978, 50; Holm, 1957, 61; Jenkins, 1969, 65; Johansson, 1975, 44; Milner, 1990, 196-7; Popenoe, 1977, 36.

187 Childs, 1936, 94-5; Johansson, 1975, 44-5; Pass, 1973, 33; Sidenbladh, 1981, 6.

188 Hall, 1991b, 211; Pass, 1973, 32, 34; Sjöström, 1975, 106.

189 Headey, 1978, 44.

190 出處同上，92; Heclo和Madsen, 1987, 220-2。

權利。[191]住宅主要由當地政府提供，若有供給不足，才由合作社補充。[192]從1945到1970年代中期，瑞典的新住宅中有45%是由政府當局主導建造的，通常是由非營利的公司所建造，20%是由合作社建造，只有35%是私人所建造的。到了1970年，35%的住宅為自有住宅、30%是私人租賃、14%由合作社提供，以及21%為公共住宅。[193]

剛開始時，主要的問題是嚴重的住宅短缺。在過去持續累積的短缺達最高點時，人們大量湧進這些大城市：1940年城市居住者占了全瑞典人口的55%，1950年占65%，1960年占73%，1970年更高達81%，是歐洲都市化發展速度最快的城市之一。[194]因此政府採用了非常高的住宅建造目標，在1956至1965年期間要建造65萬住宅單位，以及在1965至1974年進行所謂的百萬計畫（Million Programme），預計要完成1,005,578個住宅，37%由市立住宅公司（Municipal Housing Companies, MHCs）所建造，其中多戶住宅的比例從53%提升到68%。這個計畫強調興建大型複合式公寓建築，尤其是位在衛星城鎮的高層建築，以容納混合社會階級與混合收入組成的住戶。[195]

這裡的關鍵事實是，從1904年開始，斯德哥爾摩市政府開始收購市內大型土地，甚至收購超越市區邊界的土地，最後它擁有城市內70%的土地及城市界限外的許多土地。到了1970年代末期，斯德哥爾摩市全部的160萬英畝土地中有27%是公有，是全西歐所有都會區中最大的土地銀行。[196]關鍵的是，1912年，斯德哥爾摩市政府在法斯塔（Farsta）買了土地，亦分別於1927、1931年在魏林比（Vällingby）購買土地，這些土地透過1913、

191 Åström, 1967, 61; Elander 和 Strömberg, 1992, 11; Esping-Andersen, 1985, 189; Sidenbladh, 1968, 77; Strong, 1979, 65; Strong, 1971, 24, 58.
192 Esping-Andersen, 1985, 189; Headey, 1978, 45; Strong, 1971, 24, 26; Tilton, 1991, 121.
193 Elander, 1989, 3; Headey, 1978, 45; Jenkins, 1969, 65; Lundqvist, 1984, 216; Strong, 1971, 26, 35; Tilton, 1991, 121.
194 Esping-Andersen, 1985, 187; Headey, 1978, 47; Heclo 和 Madsen, 1987, 214。
195 Esping-Andersen, 1985, 188; Headey, 1978, 82; Lundqvist, 1984, 228.
196 Pass, 1973, 32; Strong, 1979, 43.

1916、1948及1961年的系列土地整併活動，被納入都市的範圍。[197]

在市政府行政部門裡，英格維·拉爾森（Yngve Larsson）扮演著一個關鍵性的角色，他是一個深耕當地多年的政治人物，出身於自由黨並非社會民主黨，1940年被任命負責城市規劃。1944年他任命斯文·馬克柳斯（Sven Markelius）取代當時的城市規劃師亞伯特·利林貝格（Albert Lilienberg），他說他需要「一個著名的建築師，受過規劃訓練，並熟悉最新的概念」。[198] 1954年，馬克柳斯的副手戈蘭（Göran）取而代之，同時擔任都市規劃師及都市建築師一職，此時這兩個職位已被合併。[199]

整個計畫最核心的部分是1928年提出的中心商業區（CBD）重建方案，其位於北方主島的南端、議會大樓的正後方。在1946年的更新版本中，包含了五座相同的高層辦公大樓，稱作霍爾戈斯市（Hötorgs City），之後如同拉格納·奧斯伯格（Ragnar Östborg）的市政廳一樣，皆成為斯德哥爾摩市熟悉的天際線中的一部分。城市的政治人物希望確保市中心在城市商業及國家商業發展上的主導性地位，於是要求新計畫提供大型零售空間，同時必須處理附近交通壅塞的問題。通過於1953年的諾爾馬爾姆特殊法案（Lex Norrmalm），對此過程提供了相當的助益。這是現代主義規劃最高水準的標記：自從1951到1980年代末，新計畫拆除了超過400棟，其中許多尚處於良好狀態的建築物，替換成100棟新建築，這期間卻很少人提出抗議。[200]

在中心商業區改造順利推動的基礎下，馬克柳斯的團隊花費了超過七年的時間，終於在1952年產出了斯德哥爾摩市的總體規劃。規劃是基於一項人口預測……當時接近100萬的人口在20世紀末可能會達到200萬。於是它建議興建新的郊區衛星城鎮，每個衛星城約可容納1萬到1.5萬居民，它們將像珠子一樣地沿著新地鐵路線而建造。在新郊區衛星城內，公寓大樓將蓋在距離車站500碼的距離內，每個地區內獨棟住宅的比例不得超過10%-

---

197 Childs, 1936, 93; Larsson, 1977, 630; Pass, 1973, 29, 62; Popenoe, 1977, 38; Sidenbladh, 1968, 76; Strong, 1979, 48-50; Strong, 1979, 47; Strong, 1971, 41；斯德哥爾摩資訊委員會（Sotckholm Information Board），1972, 22；金礦區（Goldfield），1979, 148-9。

198 Pass, 1973, 111, 115; Sidenbladh, 1981, 562.

199 Pass, 1973, 40-1, 64, 115, 118.

200 Hall, 1991b, 232-3; Sidenbladh, 1981, 567；斯德哥爾摩，1947。

15%，且須蓋在距車站1,000碼內。基於雷特朋原則（Radburn principle），鄰里將是車輛禁行區。每一組郊區居住區（由數個郊區地區組合而成）可服務5萬到10萬居民，將以類似中型城鎮的標準，提供一套完整的都市服務，包括：劇院、餐廳、商業辦公室、醫療中心及圖書館。因此，將有設施與服務的層級化分類：區域中心為5萬到10萬人口提供服務，地區中心提供8,000到1.5萬人口（後期增加到2.5萬人口）的服務，並有為4,000到7,000人服務的鄰里中心。[201]

　　建造高密度公寓簇群的這個關鍵決定是受到先前決策的影響，亦即1944年的政策性決定：要建造一個完整的地鐵系統（Tunnelbana），而非輕軌系統。通到法斯塔新鎮與魏林比新鎮的兩條地鐵線於1957年完成與開通。[202]地鐵線的每一個車站皆需吸引足夠的地鐵承載量，以支撐地鐵的營運。這也意味著這些衛星城鎮需在距地鐵車站500公尺（1,650英尺）的距離內，提供高密度的公寓建築簇群，以容納1萬到1.5萬的人口，並在距車站900公尺（3,000英尺）內提供中密度住宅區，建造連棟住宅、城郊住宅與小村舍，以避免因住宅區過度向外擴張，所造成的昂貴接駁巴士服務的需求。[203]馬克柳斯認為，有孩子的家庭可能會需要獨棟住宅，事實上，這是為了那些真的需要它的人而建。[204]他倡議興建多層公寓，認為多層公寓可服務「特殊業主、小家庭與高學歷家庭等對需要較大空間的設施不感興趣，但對住宅集中化所能帶來的好處而感到滿意的人；多層公寓的好處包括鄰近車站，容易到達商店、餐廳、電影院、劇院與其他休閒活動場所，以及容易接近多樣、集中化的住戶服務。」[205]所以，斯德哥爾摩市在地鐵建設上的投資（迄1960年代末已超過10億克朗或2億美元），五分之四可透過相關收益來回收，五分之一則來自稅收。[206]而且在第一個衛星城鎮魏林比，斯德哥爾摩市零售貿易聯合會獲得一處面積有3,300平方公尺，後來增加到2萬平

---

201 Pass, 1973, 65, 115; Popenoe, 1977, 37; Sidenbladh, 1968, 83, 86; Strong, 1971, 45.

202 Sidenbladh, 1981, 565; Sidenbladh, 1968, 85；斯德哥爾摩，1952, 303; Strong, 1971, 43, 63-4。

203 Markelius, 1957, 25.

204 出處同上，26。

205 出處同上。

206 Popenoe, 1977, 44; Sidenbladh, 1968, 85; Strong, 1971, 42-3.

魏林比（Vällingby）

法斯塔（Farsta）

斯德哥爾摩市首兩座「B」級的衛星城鎮中心，它們有著必備的標準元素：徒步購物中心、地鐵（Tunnelbana）站及高密度的高層公寓大樓。

方公尺的購物區，也成功的為2萬到2.5萬的居民爭取到在步行距離內提供住宅。[207]

考量斯德哥爾摩市當時的狀況，推動軌道大眾運輸導向開發是個合理的決定。在1945年時，斯德哥爾摩市每千人才有9輛汽車，到了1964年年底，每千人擁有190輛汽車，之後汽車擁有率更以每年12%的速度成長。儘管如此，在1970年仍有45%斯德哥爾摩市的住戶沒有汽車，僅有7%的住戶擁有兩部或兩部以上汽車。1971年，六成的大斯德哥爾摩市地區（Greater Stockholm）的通勤旅程及七成的市區內旅程都是依賴大眾交通工具。[208]該城市還有一個專為外環交通旅次所設計的高乘載公路網。[209]

此計畫是基於就業分散化發展的目標。每一個衛星城將成為一個「ABC社區」（ABC Community），提供工作場所（workplace）、居住場所（dwelling）及社區中心（center）（瑞典文為Arbete、Bostad、Centrum，簡稱ABC），其不僅是一個住宅城，也是就業中心與社區中心。馬克柳斯的衛星城規劃概念似乎受到倫敦新市鎮的啟發，但馬克柳斯卻認為他的衛星城與他處的不同：

> 當然，我是懷著極大的興趣去研究英國的新市鎮，但是斯德哥爾摩市所做的新鎮規劃必須滿足本地特殊的狀況。儘管魏林比和英國新市鎮產生於同時期且分享部分相同的概念，但我不覺得魏林比是英國新市鎮的拷貝版。[210]

馬克柳斯的回答，與法蘭克福的梅（May）對其所規劃的新鎮之看法是相同，那是一個在1920年代所建立的面積大小相近的衛星城。馬克柳斯的外部郊區單元（outer suburban units）常被不是很精確的稱為是新鎮，例如1950到1954年建造的魏林比，1953到1961年建造的法斯塔、1961到1968

---

207 Ågren, 1975, 135; Hall, 1991b, 217; Pass, 1973, 123.

208 Popenoe, 1977, 39-40; Sidenbladh, 1968, 83-6.

209 Sidenbladh, 1965, 114-16；斯德哥爾摩資訊委員會，1972, 35, 51-72。

210 Pass, 1973, 116.

年建造的斯克海曼（Skärholmen）、以及1964到1970年建造的滕斯塔—里客比（Tensta-Rinkeby），但是如果要以自給自足的完整霍華德式願景來檢視，它們真的不能被稱為新鎮，它們只是部分通勤的城鎮。但是，馬克柳斯認為：藉由在這些城鎮內提供一些工作機會，讓一部分的居民能在此工作，另一部分勞動力從其他地區被吸引過來，反向的通勤者可以平衡地鐵的運量需求。[211]事實上，馬克柳斯的期待並未實現。他原先的假設基於是一半、一半的原則：一半的居民通勤到外地去工作，一半在本地工作的人是由外地通勤來本地。但是1965年只有24%的魏林比居民在當地工作，76%通勤至外地。法斯塔的情況更糟，1965年只有15%的居民在當地工作，高達85%的居民是通勤至外地工作。[212]

至1961年時，魏林比與法斯塔這兩個衛星城鎮實質上已具備了ABC原則：根據當年的數據，其中13個開發單元已有8,000到16,000不等的人口進駐。將近三分之一的住宅是由公共住宅公司所建造，另外約三分之一由合作社及類似的非營利組織所建造，其他略低於三分之一的部分屬於私人建商建造，獨棟住宅維持著占十分之一的比例。大約95%的住宅由公部門補助，這裡當然不建造昂貴的高級住宅。[213]

今日看來，這些衛星城鎮是在一個主題下展現出多種變化，它們的規劃者嘗試著從過去的經驗中學習，同時又必須符合政府的百萬計畫中的需求。魏林比環繞中心的九到十二層樓高的公寓大樓，和較遠處的長型三到六層樓高的版式房屋，[214]就像湯姆士·霍爾（Thomas Hall）所指出的，都不會給人壓迫感。此瑞典的第一個衛星城鎮具有以下的特質：

> 不同於十年後所建的郊區，房子沒那麼大，目前的建造方法已能做到可有不同的建築形式與座向。魏林比在建築與開放空間之間維持著舒適的平衡關係，房屋間的距離也屬適當，可創造出空間上的關聯感及

---

211 Markelius, 1957, 24-5, 27.

212 Pass, 1973, 19, 25, 58; Sidenbladh, 1968, 84.

213 Strong, 1971, 45.

214 出處同上，46。

「城鎮」的氛圍，而且它們分散的程度也足以維持當地原始地貌與自然地景。[215]

魏林比採用的形式是之後許多衛星城鎮都嘗試複製的對象，其有一個具中心性且高水準的購物和服務中心，約略與阿伯克龍比的倫敦新市鎮之一所擁有的相似，可服務8萬到10萬人，與該地的地區中心形成互補。各地區中心皆以地鐵相連；住宅密度在主要中心周邊最高，地區中心周邊次高，然後隨著遠離這些中心而逐漸遞減，如此安排是希望將最大數目的居住人口吸引到商店及服務設施的步行距離可及之內，[（譯注21）] 這也意味著幾乎每一個人都將住在公寓大樓裡。這個標準化的新鎮規劃模式之後在其他新鎮開發時被廣泛地採用，只做了些微的調整，以反映當地的經驗與流行的改變：例如，在法斯塔新鎮，超高建築被建造在一個開放式徒步購物中心的周遭，有比魏林比大3倍的汽車停車空間；在斯克海曼新鎮，主要內容是一個緊湊、較封閉的徒步購物中心和低樓層高密度公寓建築群，與一個北歐最大的立體停車場，可容納3,000輛汽車；在莫爾比（Mörby）新鎮，則是一個封閉的購物中心，可方便地直接通達地鐵車站。[216]

有一個關鍵的問題在1940年代末期已經出現，在1950年代末期更是到達危機的高點，此即是斯德哥爾摩市政府在城市邊界之外的地區要如何找到可供建築的土地。斯德哥爾摩市的人口數在1960年時達到當時最高峰的808,000人，之後人口開始外流，1976年時下降到只有661,000人。郊區不願承受人口增加的壓力，導致1950年代中期，市政府與郡政府的不和。[217]最後，在1959年，市政府與郡政府達成協議，通過巴爾莫勒法案（the Lex Bollmora）：允許斯德哥爾摩市政府在都市邊界之外的地區進行開發，但只有在受邀的情況下才能如此做。數年之後，市政府與八個郊區地方政府達成

---

215 Hall, 1991b, 220.
【譯注21】魏林比新鎮車站地區的這些規劃構想，其實與1980年代起流行的大眾運輸導向發展理念相當類似，但其在1960年前就已提出。
216 斯德哥爾摩資訊委員會，1972, 52-71。
217 Anton, 1975, 40-5; Larsson, 1977, 636.

十項協議來建造31,000戶新住宅單位,其中70%由市政府主導,而郊區社會民主黨的政治人物也同意此協議,因為他們可藉此獲得公共住宅。[218]

但是這些新郊區——蒂勒瑟(Tyresö)、胡丁厄(Huddinge)、耶爾費拉(Järfälla),卻造成運輸系統不連貫的新問題。1964年12月,大斯德哥爾摩交通協會(Greater Stockholm Traffic Association)與一間民間運輸公司達成協議,共同接手所有的運輸服務。接著在1966年6月,市政府與郡政府同意要成立一個大斯德哥爾摩郡議會(Greater Stockholm County Council),其於1971年1月正式開始運作,接掌地鐵建造與營運的責任。[219]

接著,在1970年左右,瑞典社會民主黨所建造出的世界開始崩解:經濟、社會福利、住宅建設及規劃方案幾乎同時突然出現系統失靈的徵兆。而且說來奇怪,儘管這些危機之間有間接的關聯性,但它們卻是由相當獨立的原因所造成的。

一個關鍵部分是住宅與規劃的危機:這個全力衝刺最大產量的系統,突然發現它已生產過量、且品質低落。當局完全低估了生產過剩的無法出租住宅,以及更糟的,無法出租的房地產所將造成的問題。在這些由市政府在城市邊界外土地所開發出的新衛星城鎮中,住宅被如火如荼地興建著,卻沒有考慮周遭的環境品質,許多住宅周遭的環境是工業化的、非常單調的、而且以太高的密度建造;很多服務如運輸並沒有準備好;這些地方的租金很高,但居住者卻沒有其他的選擇。在1970年左右,許多地方出現了抗拒這些新衛星城鎮的反應,首先是反對斯克海曼、接著是滕斯塔(Tensta),最後是反對整個規劃系統。[220]尤其是,滕斯塔被視為是一個巨大的規劃錯誤:一個水泥大樓樓群組成的巨大公寓複合體,非常單調,缺乏適當的聯外大眾運輸系統、僅有極少的社會服務與商業設施。它給人一種怪異、無吸引力的印象,而空著租不出去的公寓更證明了其毫無魅力,[221]瑞典規劃歷史學家湯姆士·霍爾對其下結論道:

218 Anton, 1975, 72, 74-5, 77, 86, 92, 95; Headey, 1978, 81.

219 Anton, 1975, 98-9, 101, 103, 105-9, 116-18, 121, 135.

220 出處同上,204; Heady, 1978, 48; Karyd 和 Södersten, 1990, 174; Sjöström, 1975, 122。

221 金礦區,1979, 150; Heclo 和 Madsen, 1987, 216。

當這些標準化的巨大建築體由預製板組合而成時，所有設計上的考量都已經被揚棄了。至高無上的目標是要建造大量住宅單位且需快速合理地完成建造，因此這些房屋所呈現出的空間設計，不是基於未來居民的需求，而是基於起重機及卡車方便穿梭工地的需要。[222]

這些衛星城鎮計畫不只對評論家而言是毫無吸引力的，其對預期進駐的居民也是如此：這些公寓有相當高的空屋率及高轉手率。其形象持續低落，許多長期居民都是外來移民或問題家庭。

其結果是市場飽和及公寓租不出去。1975年有25,000個空屋、其中大部分是在新發展區；公共住宅的空屋率從1970年的1.6%高漲到1974年的13.4%，當時還有許多針對這些：「誇大不實用」不動產的批評。在1978年底，一些不動產的平均空屋率達到17%。[223]如同一個觀察者所言，這是「問題家庭碰到了問題地區。」[224]滕斯塔新鎮與斯克海曼新鎮等地方被指責為「人民難以理解的規劃」之代表性案例。[225]

湯姆士・霍爾（Thomas Hall）將1970年代中期的規劃氛圍形容得很貼切：「當時普遍的信念是規劃者與開發者的時代已經過去了。現代瑞典已建造完成，而剩下來要做的是維護、加上一些清除整理以及很少許的新建築。」[226]結果是，就算在這個都市規劃的神聖殿堂中，規劃專業者的全知也會被挑戰。（譯注22）主要的戲碼是下諾爾馬爾姆的中心商業區重建，因為開發的失敗及大眾意見的轉向，此中心商業區重建計畫被迫停頓。1975年的都市計畫裡幾乎標示出對於綜合性再發展（comprehensive redevelopment）構

---

222 Hall, 1991b, 225.
223 Daun, 1985, 3; Esping-Andersen, 1985, 188; Hall, 1991b, 225; Lundqvist, 1984, 222, 229; Strong, 1979, 80.
224 Sjöström, 1975, 122.
225 出處同上。
226 Hall, 1991b, 238.
【譯注22】此時，瑞典的情況與英美一樣，規劃師的角色與專業地位已受到挑戰與質疑。在複雜多變的決策環境下，民眾懷疑規劃師是否擁有全部的知識來做最有效的判斷。相較於規劃師無法扮演全知的專業者角色，後來陸續有漸進式規劃及辯護式規劃等不同規劃操作模式及新的規劃專業者角色之提出。

想的徹底終止。[227]在這個過程中，許多建築遭到破壞。如今這場規劃的戰火延燒到靠近市中心舊住宅區的都市更新計畫，在此市政府官員與違章建築戶不斷的交戰。

但是批評也波及到衛星城鎮，新世代的建築師和規劃師抨擊衛星城市建造的速度太快，犧牲品質以換取數量的結果是產生新的貧民窟。抱怨的聲音來自各方，在媒體大幅報導下，批判聲音幾乎是震耳欲聾：「不人道的環境」、「殘暴的景觀破壞者」、「社會災難區」、「建築怪獸」及「水泥叢林」[228]等。尤其是以工業化建房技術，倉促興建的滕斯塔鎮，被媒體視為是「一個規劃的災難」[229]（瑞典文 ett stadsbyggande sommisslycats），在一篇文章的標題裡，它甚至被質問：如何能錯誤至此。[230]這種由規劃當局的官方命令來制定出人們應該如何生活的作法，從此被視作是一種自由專制主義的形式。

政治人物與規劃師嘗試從過去的錯誤中學到教訓。但基本的問題是，集體意識形態如何回應一個富裕社會中多樣化的個人需求？[231]例如，大多數瑞典人想要擁有自用的獨棟住宅，而且現在他們開始可以擁有它們了，然而獨棟住宅的新郊區卻是單調乏味的，讓人聯想起最糟糕的美國郊區；但是需求卻很大，且容易銷售。[232]在此同時，剩餘的出租住宅單位被出租給任何想要它們的人：給社會問題纏身的人，例如酗酒者[233]以及給來自南斯拉夫、希臘、土耳其、南美的外來移民。當地瑞典人對此覺得不太舒服，一旦他們有能力時，便移居到另一個新的郊區。當新郊區被破壞公物、塗鴉及社會崩解等現象糟蹋時，瑞典人開始質疑他們自己的規劃模式，這種情況就像整個社會實驗突然酸腐了。[234]

227 Hall, 1991b, 234-6.
228 Popenoe, 1977, 217-21.
229 Höjer等，1977, 19。
230 Lindström, 1977, 203.
231 金礦區，1979, 152; Heclo和Madsen, 1987, 217。
232 Daun, 1985, 3；金礦區，1979, 153; Hall, 1991b, 229; Heclo和Madsen, 1987, 215, 225; Lundqvist, 1984, 228。
233 Daun, 1985, 4.
234 出處同上，4-5, 7。

但是很有趣地，有一點是評論者難以批判的。當時在全世界，生態運動正如火如荼的進行著。於是，一個斯德哥爾摩市與其批評者之間的衝突導火點，在1971年時演變成一個全國轟動的訟案，這是關於斯德哥爾摩市的一個廣場……國王花園（Kungsträdgården）裡一小叢榆樹的命運。[235] 在能源危機之後，斯德哥爾摩市與其他地方一樣，出現對整個汽車文化的攻擊；一個早期的生態運動，由歐特曼·斯特德（Alternativ Stad）於1965年發起，為禁止城市裡有汽車行駛而奔走。[236] 其實馬克柳斯早在三十年前就預期到此衝突，在高汽車擁有率時代到來之前，即建立了一個的公共運輸系統。在這個面向上，他的偉大設計禁得起時間的考驗：儘管有些批評，斯德哥爾摩市做的比大部分城市都好，能較有效地調解汽車和都市環境之間的衝突。

成千的朝聖者仍虔誠的來看這些衛星城市，而且感到印象深刻：以大多數其他地方的標準來看，這裡每一件事都行得通、每一件事都到位、每一件事都有著最好的品味，在最後一條被完成的地鐵線，甚至各有一個藝術家負責裝飾每個車站。[237] 一位來此參訪的美國社會學家發現，魏林比新鎮的大多數居民對其生活似乎十分滿意：相較於美國萊維特鎮的郊區居民，這裡的人們有更多時間與他們的孩子相處，女性與青少年就算沒有車也能很容易地四處活動，孩子們享有規劃良好的開放空間和特別的服務。甚至在那時，當民意調查顯示，大多數人都說他們喜歡住宅甚於公寓時，那位社會學家仍覺得有必要指出此調查結果的錯誤，很明顯地，他被斯德哥爾摩市這些新鎮的生活品質給迷亂了。[238]

其實那時參訪者對此地環境的著迷是很容易理解的，因為似乎所有粗鄙俗麗的事物都被瑞典國會的法案給禁止了。然而，有了仔細觀察，旅客會發現離天堂還有一大段距離：地鐵月台上的塗鴉毀壞了藝術家的精美設計，週六晚間地鐵上喝醉的小混混會嚇到乘客，再加上媒體所報導的衛星城鎮的疏離與異化，尤其是後期完成的滕斯塔鎮和里克比（Rinkeby）鎮，有大量

235 Berg, 1979, 171-2.
236 Herlitz, 1977, 219-20.
237 Berg, 1979, 187-202.
238 Popenoe, 1977, 177-201, 236.

的移民工人在那裡聚集。老斯德哥爾摩市人會哀傷地說這裡以前不是那樣的，回到1950年代，魏林比新鎮開發案曾讓居民相信會有一個長久舒適的生活，自此以後自由啟蒙與社會和諧將會一直盛行，然而在某些地方，敗壞的因子其實已經被種下了。

再次前來的朝聖者們也會發現令人驚愕的改變。在斯克海曼鎮，有一個經多次協調的社會民主黨規劃結果是：一個中心超大商業建築被高密度的公寓群所環繞，並以地鐵車站為中心。其立體停車場最低樓層已被永久性地改造成一個跳蚤市場，通往商業中心通道兩側掛滿了粗俗的自製海報；而此中心本身就是一個充滿商業廣告的混雜場所（其在商業營運走下坡後，曾重新改建其屋頂），持續地放送相互矛盾的訊息，讓人以為這裡是曼谷或是新德里。要找出其營運失敗的原因，只要爬上立體停車場的最頂層就能了解，鄰近的胡丁厄自治區正在發展新的購物中心，並成為其競爭對手，此計畫是該地方政府與斯德哥爾摩市政府的協議破裂後開始建造的。只要三分鐘的車程便可帶參觀者橫越一個無形的鐵幕（Iron Curtain）：這裡是一個均質、標準化的世界，1990年代購物中心浪潮中的非場所世界（nonplace world）[譯注23]，完全以汽車使用為基礎，到處充斥著熟悉的商業圖像：玩具反斗城（Toys 'R' Us）、麥當勞以及瑞典對本時代的貢獻——宜家（Ikea）。

當長期維持的社會民主黨共識破裂時，此種發展型態包含了瑞典在1980年代所發生的改變。在斯德哥爾摩市的北部，其以更大的規模重複出現，參觀者穿過希斯塔（Kista）——偉大的衛星鎮發展計畫中的最後一個，完成於1970年代末期——將到達另一個世界，一個1980、1990年代的產物：一個大型線型的邊緣城市（Edge City）[譯注24]，內有經貿園區、旅館以及城郊購物中心（out-of-town-shopping center），沿著E4公路往阿蘭達（Arlanda）機場方向延伸超過20英里。它與那些在加州或德州出現的邊緣城

【譯注23】意指失去場所感的空間與環境。

【譯注24】「邊緣城市」（edge cities）一詞是喬爾·加羅（Joel Garreau）在其1991年著作《邊緣城市：都市新邊界的生活》（*Edge City: Life on the New Frontier*）中首先提出。邊緣城市意指位於都市周邊（郊區）新發展之具有產業、購物、商業及娛樂功能的新市鎮或郊區中心。在英美等國，1980年代起，此類邊緣城市的大量出現與發展，也造成許多城鄉規劃及交通上的問題。

市幾乎看不出差別。而且比其類景觀更深刻的是，它強調出社會民主黨的共識已經成為歷史的這項事實，而那段歷史將有待更深刻的分析與解釋。

巴黎：奧斯曼式規劃又回來了

在馬克柳斯推動其新鎮建設之後的二十年，歐洲其他嘗試推動大眾運輸導向都會發展的偉大歷史性嘗試才正要開始。1960年代早期，巴黎曾嘗試限制其都市成長，但失敗了。當時法國出現了幾世紀以來首次發生的嬰兒潮，年輕人離開其土地，朝向大都會的光明前景前進。1961年，戴高樂（de Gaulle）總統認為巴黎應該實現它作為法國光榮的具體象徵的歷史命運，於是任命一位在阿爾及利亞撤退行動中獲得他注意的官員，由他帶領一個團隊來研擬一個新計畫。1965年的「法蘭西島總體規劃」（Schéma-Directeur for the Région Île-de-France）等同是奧斯曼為巴黎所做的偉大城市設計的現代版，並將計畫範圍擴大到涵蓋整個巴黎區域。戴高樂欽點的奧斯曼就是保羅・德洛維爾（Paul Delouvrier），他原本職稱是巴黎地區首席代表，而後於1966年成為巴黎大區行政長官。他接受任命時47歲，比奧斯曼當年被授命時大3歲。德洛維爾於1995年去世時，法蘭西島大區都市規劃與發展研究所（Institut d'Aménagement et d'Urbanisme de la Région Île-de-France）的期刊《記錄》（Cahiers）（一份為他所籌辦為巴黎規劃提供基礎資料的期刊）回憶到在1961年時，戴高樂曾搭乘直升機視察巴黎區域，並要求德洛維爾「放點秩序到這個地方」，說的正是其下方郊區寬闊無規劃的空間結構。[239] 德洛維爾的確這麼做了，但成果如同他之後所說的，奧斯曼有十七年去改變巴黎，而他只有七年。

他們分析相關數據並歸納出結論，即使國家規劃系統以有效的均衡發展都會（métropoles d'équilibre）之概念成功地建造出最大的省城都市，至20世紀末時，巴黎區域的人口仍將從900萬人成長到1,400萬，甚至1,600萬人。在1962年初，德洛維爾在一個私下會談中說服戴高樂，讓這幅動態巴

---

239 Anon., 1995

黎的圖像（指巴黎的快速擴張發展）「在接縫處爆開」是正確的。[240]他們曾考量過其他選項，包括傳統的環狀成長模式、有至少60英里距離的反磁型發展模式、建造阿伯克龍比式的新市鎮，以及建造「第二個巴黎」等，但最後都被拒絕了：因為，巴黎的吸引力是人們想要在那裡，而不是去其他地方；然而，巴黎若照著以前的方式繼續成長，整個城市都將會窒息。[241]

所以法國政府決議有效地在較大的尺度上採用斯德哥爾摩市的計畫，但將其放大10倍以適合巴黎大都會區。巴黎將有新市鎮，但將不是霍華德—阿伯克龍比（Howard-Abercrombie）形式的新市鎮，而是梅—馬克柳斯（May-Markelius）形式的衛星城市。由於巴黎很大，其相對應的衛星城市也應相對如此：相對於1920年代法蘭克福一個衛星城市的人口規模約為1萬到2萬人，或是1940年代斯德哥爾摩市的8萬到10萬人，1960年代的巴黎區域需要八個新衛星城市，每一個將擁有30萬到100萬人口。[242]如同在斯德哥爾摩市一樣，巴黎的衛星城市藉由外環公路及新的大眾運輸系統與市中心及其他衛星城市相連。但巴黎的新運輸系統不同於斯德哥爾摩市的地鐵（Tunnelbana）或是倫敦的地鐵（London Underground），亦不同於現有的巴黎地鐵或其他任何1890到1910年代的地下鐵系統。這是一個快速的大眾運輸系統：具有通勤鐵路服務的特徵，可以讓乘客在短時間內做長距離的移動。當時唯一類似的建設是仍在規劃設計階段的舊金山灣區捷運系統（Bay Area Rapid Transit System, BART）。

但BART從未被視為是一個促進緊密區域計畫的原動力；在舊金山灣區此項建設只是解決區域公路混亂現象的一個方案，事實上，BART促進了更進一步的郊區化且將交通阻塞移往郊區。相反的，總長160英里的巴黎區域快鐵（法文縮寫為RER）被規劃與新的衛星城市整合在一起，如同二十年前在斯德哥爾摩市推動的運輸計畫一樣。這些衛星城市將被排在兩個「優先軸線」上，一個在現存都市聚集區的北邊，一個在南邊，為了要連接它們，RER將以「H」形來規劃軌道路線，以及有一個主要的東西向的軌道路線來

---

240 Alduy, 1983, 75.

241 Hall, 1984, 72-6.

242 Rubenstein, 1978, 107.

連結兩端。因此不只可連接規劃中的衛星城鎮，還連接各個新的內城中心。這些中心將作為帶動巴黎區域中環地區都市更新的觸媒，並提供當地亟需的服務。最大的中心是在拉德芳斯（La Défense），位於內城區外圍西向處，在新計畫的籌備期間便開始建造，代表規劃者預先即將商業發展的需求考量在內。

　　如果大無畏是都市規劃要成功的一個條件，那麼1965年的巴黎區域規劃綱領必定屬於其中某一種類型。都市文明史上沒有比此嘗試更宏偉的了。整個財務支出對法國財政的影響令人難以置信：十二年的計畫，與規劃綱領同一時間提出，要求花費290億法郎在公路上，以及90億法郎於公共運輸建造上，更不用說每年新增14萬個新住宅單位。[243]面對如此沉重的財政壓力，只有一個由對自己的命運有著彌賽亞式信念的政治人物所領導的國家，一個正處於前所未見的經濟繁榮期的國家，一個信仰其擁有百年歷史、由上而下公共干預傳統的國家，才能企圖推動此龐大的計畫。

　　它是個終極計畫。各類型的學院派理論家，在歷史回顧的面向中，可以藉由它驗證任何他們想要證明的。馬克思主義者可以將它解釋成，國家為了其自身的利益而從事大型資本操縱的極端案例，特別是為了確保勞動力再生產而提供的必要社會投資，於是現代都市馬克思主義的研究於1965和1972年在巴黎出現。信仰國家文化復興者，相對地，會在其中看到路易十六以及奧斯曼所代表的長久傳統：很諷刺地，德洛維爾終於達成科比意長久以來盼望卻無法達成的大型都市改造規劃。另一方面，對於探討國家角色的理論家而言，這是中央官僚系統鞏固它的獨立權力的經典案例。但是，實際參與此計畫籌備與執行的關鍵官員保羅‧阿杜伊（Paul Alduy）卻認為，此計畫是反民主的陰謀，證據是「它牽涉到國家干預的新方法，使得一個中央政府成為凌駕在政黨和他們所選舉出的代表之上的裁決者。」[244]除此之外，如同他所指出的，大部分現有的官僚機器和它們的政治領袖，在此計畫準備階段被輕易地忽略了，「這目的是明顯的，不是要與任何人協商，而且，最重要的

243 Alduy, 1983, 76.
244 出處同上，78。

是，發展出一個宣傳操作，其目的在於呈現一種國家新形象、一種新的干預模式，以及更進一步地，重塑中央和地方政府間的關係。」[245]

不知怎麼的，這個龐大的計畫存活下來了，且以一種流行的形式，被達成了。當然並非沒有修正，或沒有痛苦：1969年，經濟危機和人口結構的改變促使計畫需重新修正，8個衛星新城市（villes nouvelles）中取消了3個，其他的衛星城市則縮減開發規模。[246]留存的衛星城市計畫被催促要加快開發腳步，其中一些衛星城市的確吸引到私人資本的投入，來建造辦公室、購物中心及大規模住宅開發。那或許是這個巴黎故事最後的道德底線：如同法國規劃師總是強調的，公共的計畫可以為私部門提供一組清楚的信號，以協助私部門研擬有效的分期投資計畫。德洛維爾為巴黎的郊區做到了一百年前奧斯曼為巴黎市區所作的貢獻，在千禧年之際，巴黎區域的多核心發展結構……包含五個新鎮、三條環狀公路，以及五條區域快鐵（RER）線……的確足以與奧斯曼的成就並駕齊驅。戴高樂與德洛維爾喚醒了自路易士・拿破崙（Louis Napoleon）與奧斯曼離開後便一直沉睡的巴黎。由此可見，大無畏的計畫是行得通的。[(譯注25)]

反對大型高速公路興建及後續發展

但關鍵的問題仍然存在：無論是1945年的斯德哥爾摩計畫，或是1965年的巴黎計畫，都無法成功地使歐洲人放棄使用他們的汽車。1945到1975年期間，歐洲車廠取代美國成為世界主要的汽車製造者。汽車革命自發軔後四十年後才在歐洲出現，[247]在此過程中，汽車開始深深地影響傳統的生活方式和傳統的都市結構。在瑞典，獨棟住宅占新建住宅的比例從1970年的

---

245 出處同上。

246 Rubenstein, 1978, 107.

【譯注25】巴黎城市美化運動型的大型都市空間形塑分別在路易十四及戴高樂的主政下完成的，他們都是強勢且有堅決意念的領導者，且當時的經濟及社會環境支持此大型建設，此應算是特例，不是通案情形，如無天時地利人和的配合，貿然提出無法負荷的超大型建設，恐怕會淪為畫餅充飢，或造成財政無法負荷的大災難。

247 Roos和Altshuler, 1984, 18-22。

馬恩拉河谷（Marne-la-Vallée）

在1965年的計畫中，斯德哥爾摩的模式被應用在更大空間尺度的巴黎新鎮。巴黎區域快鐵(RER)直接穿過城鎮中心的地面之下。

32%上升到1974年的55%，到了1970年代後期已超過70%，此趨勢反映出個人的偏好，顯示出90%瑞典人喜歡獨棟住宅勝過公寓。[248] 在巴黎的衛星新城市，相同地，獨棟住宅占新完工房屋的絕大多數，當地超市裡放滿了烤肉器材和花園家具，而且最重要的訊息是，當地很少發現餐廳[譯注26]，更別說是好的餐廳。

　　所以汽車在歐洲，如同在它的第一個家鄉（美國）一樣，是促進郊區化發展的推手。汽車與郊區化哪一個先出現？是先有郊區化的雞還是汽車大量使用的蛋，此問題是不可能說清楚的。如同在洛杉磯所見到的，和較早在倫敦出現的（見第三章），歐洲的郊區蔓延發生在汽車擁有率大量提升之前，

---

248 Popenoe, 1977, 222；金礦區，1979, 152-3。

【譯注26】反映出當地獨立住宅田園生活家庭的非外食傾向。

但反過來，汽車允許郊區更加自由地蔓延，而且範圍更遠，超越大眾運輸所能做到的。在這個過程中，各處同樣出現的事實是，在歷史性城市中汽車的問題變得更嚴重。面臨1920年以來的交通壅塞問題，美國的城市藉由鬆綁法規管控與弱化其早期緊密的都市結構來作為因應。歐洲城市規劃的先驅者則較不願意見到這一切的發生，因而進行大量建設的調整以回應城市汽車普及化現象。

從1950年代中期起有超過十年的時間，新一代的都市交通分析師主導城市規劃，此現象首先在美國出現，然後，隨著美國的都市交通分析人才與技術的對外輸出，也出現在歐洲。這些交通分析師的電腦模型展現出一種絕對的必要性，顯示必須建造大型的都市公路網，以便解決交通量增長的問題。有一段時期，他們的意見幾乎沒有遭到任何明顯的抗拒。1963年年底在英國，交通部出版了《城市中的交通》（*Traffic in Towns*）報告，由當時尚未成名的規劃師兼工程師科林·布坎南（Colin Buchanan）及其所帶領的技術團隊所撰寫。[249] 這份報告非常暢銷，讓布坎南一夜之間變成公眾人物。布坎南提出一個精巧推導出的論述，是從阿爾克·崔普四分之一個世紀前的概念式規劃理念（precinctual planning）所衍生出來的：他認為規劃者應該為都市環境設立固定的標準，若交通量超越標準之上，只有透過大規劃的交通設施重建才能容納更多車輛；[譯注27] 若社區不願或不能支持這些建設的費用，那麼它就應該限制交通量的增加。但當時沒有人真正弄懂布坎南的訊息，大眾被出現媒體上的巨大複層式公路重建影像所困惑，以為布坎南呼籲要剷平英國城市的部分地區來重建公路。剛開始時，他們似乎平靜地接受，甚至是熱誠地；當時綜合性再發展（comprehensive redevelopment）仍普遍地被認為是件好事，民眾認為這是英國的偉大重建時代。在布坎南所帶動的公路建設風潮之下，交通工程師們帶著他們的藍圖開始大量興建都市公路：在倫敦建造了上百英里的公路，並在其他省級城市建構類似的大型公路網。

但是在加州，如同以往是先驅者，反對公路興建的浪潮已經掀起。

---

249 英國交通部長（G. B. Minister of Transport），1963。

【譯注27】這是早期強調以交通建設手段來解決交通問題的思維，較新的思維是，交通問題不能完全憑藉交通工程建設來解決，還需同時考量交通管理及土地使用規劃，以減少旅運需求。

當時最歐洲化的美國城市舊金山（最不願意變得像它的競爭者洛杉磯一樣）^{（譯注28）}發生規劃史上第一個對於高速公路興建的抗爭。沿著歷史性水岸而建造，並經過著名的漁人碼頭區的雙層高速公路安巴卡地羅高速公路（Embarcadero Freeway）在興建中被終止了。接著，暈眩於勝利的氣氛中，舊金山市全面停止建造高速公路；當時困惑的旅客在舊金山可看到高架公路結構在空中突然被停止（幾年之後，在1990年代，舊金山市配合地震災害衝擊的重建，拆除了整個安巴卡地羅高速公路）。舊金山市政府運用一個其委託的顧問團隊於1956年所提出的報告，以及同樣資料來源的1962年報告，要求興建一個造價9億美元的新大眾運輸系統，並小心翼翼的進行工程，以維持舊金山能繼續成為一個有歐洲風格、且有繁榮市中心的美國城市。舊金山居民以二對一的比例表決通過此案，郊區居民對此案並沒有太大的熱情，但相關的住宅清除及當時最先進的舊金山灣區捷運（BART）系統已開始動工。²⁵⁰

反對高速公路興建的浪潮在北美地區散播開來，多倫多停止建造它的士巴丹拿快速道路（Spadina Expressway），之後將該段的路權提供給地鐵系統。歐洲也出現類似的反對風潮，在1973年4月的一個早晨，剛接任的工黨政府在大倫敦議會實現了其競選諾言，取消整個GLC公路計畫。當時處處彰顯著新時代精神，所有大眾熟悉的規劃口號都突然都被顛倒過來：這是羅馬俱樂部報告的時代，規劃者開始信仰小而美的原則、強調為弱勢者規劃，以及為嚴重的石油輸出國家組織的能源危機而規劃。但必須說明的是，反對高速公路的浪潮發生在能源危機之前，能源危機似乎僅強化了政策反轉的正確性。

於是大規模的投資轉向都市大眾運輸，不只在英國是如此，更具影響力的歐洲經濟體如法國和西德也是如此，如今，追隨汽車導向發展先鋒城市之

【譯注28】洛杉磯是一個典型的公路導向城市，大量的公路建設帶來了交通的易動性（mobility）與可及性（accessibility），但也撕裂了都市空間，並帶來交通相關的環境污染。擁有優美山水景觀、多元文化特色及民眾強烈環保意識的舊金山，並不希望步入洛杉磯的後塵；於是，舊金山積極發展多元的大眾運輸系統，並加強土地使用與大眾運輸規劃的配合，成為美國大眾運輸搭乘率最高的城市之一。

250 Zwerling, 1974, 22-3, 27; Hall, 1980, 114-15.

腳步的其他城市已經被另一種強調大眾運輸導向開發的先鋒城市，如斯德哥爾摩和巴黎給打敗了。1980年代早期的德國，每個主要城市都正在新建或重建軌道運輸系統。[251]歐洲郊區雖是公路的城鎮，但其實它也是一個地鐵之上的城鎮。歐洲郊區的居民，特別是那些較無途徑可獲得汽車的族群，被賦予了可使用其他交通運具的選擇機會。

美國也開始朝向歐洲的方向前進：至1980年代中期，超過40個主要的美國城市擁有軌道運輸系統，不是在運行或建造，就是在規劃階段，某些採用BART的長距離運輸形式，其他則採用中運量輕軌系統。[252]然而重點不只是投資建造大眾運輸系統而已，還必須有配套的郊區規劃，以便讓郊區能配合軌道運輸建設而發展。但那是美國城市不願做或不能做到的（因其主要依賴市場機制運作，只賦予極少的規劃權力）。所以對大部分軌道系統來說，其結果可能是1977年梅爾文・韋伯對BART所深刻地提到的：一個失敗，因為他們無法與擴散式的土地利用型態相配合，而且沒有對減少小汽車使用提供一個具有吸引力的替選方案。[253]

此情況可以被改變，只要美國人突然願意像歐洲人一樣生活；願意接受歐洲式的土地利用管制。1970年代，的確在某些地方，有證據顯示，一些美國人願意接受更多管制。加州的社區，例如帕塔魯馬（Petaluma），因為面臨到來自舊金山灣的郊區居民之外流，而必須痛苦地管制自己的社區擴張。經過開發遊說團體與環保遊說團體間的激烈爭戰後，加州的立法機構在1972年通過了一個全面性的法案，有效地阻止沿著海岸線的所有開發。此措施確實有效地改變了郊區化這股洪流的趨勢，讓舊金山灣區能被環狀綠帶所圍繞，幾乎像倫敦一樣被有效地保護著。而其結果，根據大衛・道爾（David Dowall）所指出的，與倫敦的報告相同：造成當地住宅用地的缺乏和土地價格的上漲。[254]但它沒有影響到整體的事實：越過環狀綠帶，在沿著康科特（Concord）到弗里蒙特（Fermont）的680號州際公路所形成的走

---

251 Hall和Hass-Klau, 1985。

252 McClendon, 1984, 22-3; Anon., 1985, 42-3.

253 Webber, 1976, 34; Hall, 1980, 122-3.

254 Dowall, 1984.

廊地帶上，自舊金山市中心延伸20英里和更多，郊區持續地沿著廊道而蔓延，工作也隨之外移。根據道爾的同事羅伯特·切爾韋羅（Robert Cervero）的研究結果，郊區交通壅塞是隨著郊區擁擠而來：公路系統幾乎被通勤於郊區與郊區之間的車流所占據，而BART系統（或任何傳統的放射狀運輸系統）是相當不合適在這種擴散化發展的環境下來提供旅運服務的。[255]

不只當時美國人無法採用歐洲人的都市生活方式，更有證據顯示，情況正漸進地朝向退步的方向前進。能源危機無法突然反轉或遏止人口由城市向外遷徙的潮流；在1970年代期間，跟隨著一種在美國長期熟悉的形式，愈來愈多的歐洲國家發現其中心城市已面臨人口流失的問題。[256]雖然某些歐洲的運輸系統成功地吸引乘客，但它們是重度依賴補助的系統（與在美國的相同系統是一樣的）。在大西洋的兩岸，公路城市的發展似乎勝於傳統結構的大眾運輸城市。人們以方向盤投票，更精確地說，那些有方向盤的人才能投這一票，而且人數愈來愈多，威爾斯（Wells）的預言隨著時間而成真了。

然而，雄偉的加州高速公路的資源在1970年代似乎要用盡了，通貨膨脹侵蝕了汽油稅的價值，建築成本是以消費者價格指數的2.5倍在上漲。「鄰避效應」（NIMBY）——不要在我家後院——讓其自己感受到，地方反對幾條高速公路的聲浪逐漸擴大，尤其是針對比佛利山莊（Beverly Hills）及世紀高速公路（Century Freeways），而所有欲增加公路使用者稅金的企圖全都失敗了。美國加州交通部自1973年接管舊公路部門業務以來，主要工作是維持現有公路系統，僅規劃少許新交通建設，而每一個交通計畫都遭遇到巨大的困難，其花了七年訴訟與辯論的時間，才開始建造15.5英里的世紀高速公路，更別說此計畫有92%的預算來自聯邦資金。[257]

如今，隨著人口與汽車擁有率的成長，以及建設停滯等因素，高速公路系統漸漸陷入交通大堵塞（gridlock）：1980年代尖峰時間的交通延遲（delay）已延長到每天早晚各4小時，一些交通小意外便可能造成整個系統的癱瘓。尋求替代解決方案已是刻不容緩。但進一步的高速公路建設皆被視

255 Cervero, 1986.

256 Hall 和 Hay, 1980; Cheshire 和 Hay, 1987。

257 Brodsly, 1981, 120, 126.

作是自尋挫敗的；當時一個強大的聯盟正發展著，其奉行的原則是洛杉磯應該再次擁有一個鐵路系統。1980年洛杉磯郡的選民贊成提案A：一個為期三年的計畫，讓公車票價從85分降到50分，並提供一個無條件供給的地方運輸基金；以及最關鍵性的，建造一個服務全郡的新軌道捷運系統。[258]

1990年7月14日，造價9億美元、長達22英里的「藍線」輕軌系統開始提供洛杉磯市中心與長灘之間的服務。諷刺的是，藍線使用的路權（right-of-way）幾乎正好是與舊太平洋電氣線（Pacific Electric Line）相同，其在1961年終止服務。隨後在1993年，一個更具雄心的重軌捷運的第一條市中心短線──「紅線」（the Red Line）完成了，接著1994年另一個輕軌計畫「綠線」完成，運行在新世紀高速公路的中段。[259]這些努力花了將近三十年的時間，將城際軌道運輸帶回洛杉磯，評論家們（而且還有很多人）與哈佛大學約翰‧凱恩（John Kain）有著相同的看法：「我的整體印象是，你們的交通規劃者正嘗試將19世紀的技術強加於20或21世紀的城市裡。」如今進入21世紀，時間會評斷大眾運輸系統是否能成功地扭轉城市歷史的方向，或只是追求一個虛幻的目標。

---

258 Richmond，即將出版。
259 Read, 1993, 43, 45; Richmond，即將出版。

第十章

理論的城市

規劃與學術：費城、曼徹斯特、加州、巴黎

1955-1987

親愛的朋友啊！所有的理論都是灰色的，只有生命的金樹才是常綠的！

約翰·沃爾夫岡·凡·歌德（Johann Wolfgang von Goethe）

《浮士德（第一章）》（*Faust*, I, 1808）

不讀歷史，只有傳記，因為那是沒有理論的生活。

班傑明·迪斯雷利（Benjamin Disraeli）

《康泰利尼·佛來明傳》（*Contarini Fleming*, 1832）

誰能，做之；誰不能，教導

喬治·蕭伯納（George Bernard Shaw）

《給革命者的箴言》〈一般人與超人〉

（*Maxims for Revolutionists (Man and Superman)*, 1903）

所有的職業都是為了阻擋門外漢的陰謀。

喬治·蕭伯納（George Bernard Shaw）

《醫生的困境》（*The Doctor's Dilemma*, 1913）

本章標題或許顯得有些多餘，因為這本書所討論的不外乎就是各種理論的城市及其實踐。規劃理論一直到1955年左右已經適當地描述了20世紀當時主要的城市規劃歷史，此也為本書前面部分的中心主題，但自此之後，規劃理論就無法達到之前的效果了，因此有需要本章以及這個標題。

　　這理由是有點自相矛盾的：在1955年前後，都市規劃終於確立了其法定地位；但也正因如此，都市規劃開始種下自我毀滅的種子。[譯注1] 很快地，專業規劃者分裂成兩個陣營：一派在規劃學院裡，漸漸地每日在腦中盤據的只剩下規劃理論；另一派在地方政府與顧問公司的辦公室裡，只關心現實世界中的規劃實務運作。這樣的分離並不是第一次出現，事實上，在1950年代晚期和1960年代的大部分時期，規劃的理論世界與實務世界之間似乎還存在著一線完整且還令人滿意的連結。但不久之後，問題開始發生：此蜜月期後出現的是，於1970年代時兩者出現爭執，之後有著短暫的縫合期，但1980年代規劃理論與實務運作正式宣告分裂。而在此過程中，規劃失去了其大部分才剛剛獲得的合法性。

1930-1955：學院派規劃之前史

　　此標題並不是說1950年代之前的規劃是脫離學院影響的。相反的，其實在每個有都市化現象的國家，其大學和技術學院都建立了一套為規劃者的專業培育所設計的課程，並有民間專業團體來定義及維護其專業的標準，且與相關學院系所保持聯繫。英國在早期是這方面的領先者（第五章已詳述），1909年，肥皂業巨頭威廉‧赫斯凱斯‧利弗（William Hesketh Lever）〔英國陽光港（Port Sunlight）的創立者〕控告一家報紙名譽誹謗並贏得此訴訟，他將賠償金捐贈給當地的利物浦大學來設立都市設計系（Department of Civic Design）。史坦利‧阿謝德（Stanley Adshead）是該系第一位教授，並

【譯注1】到了1950年代中期，都市規劃已成為正式的專業領域，有正式的認證制度、學院課程，也有了法源基礎，但是霍爾教授批評都市規劃並未達到理論上的目標（建立完整的理論基礎），而在實務實踐上也成果不彰。

派屈克·阿伯克龍比（Patrick Abercrombie）

阿伯克龍比於1945年受封騎士爵位，以表彰其為倫敦所作的兩個大型規劃及作為英國規劃教育
領導者長達三十年之貢獻。此照片為受封爵士後於皇宮外所攝。
（© *Hulton Archive/Getty*）

立即創立了《城市規劃評論》（*Town Planning Review*）期刊，在這本期刊中
可以看到當時理論和實務是密切結合的，其第一位主編是年輕的教師派屈
克·阿伯克龍比（Patrick Abercrombie），他後來接替阿謝德成為利物浦大學
的系主任，然後出任1914年所成立之倫敦大學學院的系主任（此為英國第
二所規劃學校）。1914年，英國皇家建築師學會、土木工程師學會及皇家特
許調查員學會聯合成立了「城市規劃協會」（The Town Planning Institute）；
1930年代末期，城市規劃協會認可了七間學校的考試可作為其入會資格。[1]

美國的腳步則比較緩慢，雖然哈佛大學在1909年便開設了一門規劃課

---

1 Cherry, 1974, 54, 56-60, 169, 218-22.

程，與利物浦大學並駕齊驅，但直到1929年才有獨立的規劃系所。儘管如此，到了1930年代美國的知名大學如麻省理工學院、康乃爾大學、哥倫比亞大學和伊利諾大學已設有規劃學院，並有規劃課程設於美國許多大學的其他科系之下。[2] 1917年，全國城市規劃會議分設出美國都市規劃協會（American City Planning Institute, ACPI），此協會十年後成為發展成熟且聲名卓著的專業團體〔主要是由於湯姆士・亞當斯（Thomas Adams）的堅持〕，一直到1938年其擴充範疇納入區域規劃並重新命名為美國規劃師協會（American Institute of Planners）時仍聲名遠播。[3]

由以上這些可知，規劃學科的起源是因為專業需求，通常是經由建築學或工程學等已存在的相關學科中所分出，因此規劃專業或教育一開始就深受這些以設計為基礎的學科所影響。規劃師的主要工作就是研擬計畫、發展規範以便執行這些計畫，然後再執行這些規範；相關的規劃專業知識就是為了完成這些工作而提供，而規劃教育存在的目的便是為了傳達相關的知識及必要的設計技巧。所以，到1950年時，都市規劃的烏托邦時代（本書的主題）結束了，都市規劃已經制度化的成為以綜合性土地使用規劃為主的操作。[4]（譯注2）此制度化過程強烈地反映在1950年代中期之後的規劃學院課程中，也體現在學院派規劃專業者所寫的書籍與文章之中。基布爾（Keeble）在1964年告訴其英國讀者，肯特（Kent）也在同一年提醒美國讀者，土地使用規劃是個特別且有明確範疇的學科，與社會或經濟規劃等學科是相當不同的。[5]這些說法印證了一個事實：「都市規劃師早期採用了工程師為設計公共工程所發展出的思考方式和分析方法，然後直接將其運用在城市設計上。」[6]

就如同麥可・貝蒂（Michael Batty）所說的，其所造成的結果是，一般

---

2 Scott, 1969, 101, 266-7, 365-6; Wilson, 1974, 138-9.

3 Scott, 1969, 163; Birch, 1980a, 26, 28, 31-2; Simpson, 1985, 126-7.

4 Galloway和Mahayni, 1977, 65。

【譯注2】土地使用規劃是都市規劃的主要操作工具之一，也是最被地方政府所依賴的計畫執行工具（換言之，最常使用的操作工具），西方與臺灣皆是如此；但是都市規劃還有許多其他的目標及操作工具，例如都市更新、都市設計、策略規劃、開發許可、公私合夥、社區規劃（營造）等。如果都市規劃被制度化和被簡化成只剩下土地使用規劃的操作，此現象對整個專業發展而言，並非好事。

5 Keeble, 1964, 1; Kent, 1964, 101.

6 Webber, 1968/9, 192-3.

民眾看待規劃這個專業就像看待法律或醫學一樣，將它視為是「某種神祕的」且難解的學科。然而與其他古老專業學科的教育不同的是，規劃學科並沒有一致且連貫的理論基礎，^{（譯注3）}因此貝蒂批評規劃學科是「以社會科學的龐雜理論來支持傳統的建築決定論」。[7]實務上，規劃師並不是透過抽象思考，而是藉由實務操作來取得綜合的能力；在工作中，他們首先依賴著創造性的直覺思考，然後藉助於一些反思。雖然規劃師可能會引用部分的城市理論——例如芝加哥學派的都市社會分化理論、土地經濟學的都市地租差異理論，以及地理學家的自然區域理論——這些理論被當作有用的知識片段而加以運用。[8]後續有一些學者則指出以下的區別，[9]規劃學科的確有一些相關的理論（theory in planning），但沒有規劃理論（theory of planning），因為整個規劃過程是非常直接的，是立基於單向決定的方式：調查（格迪斯的方法）、分析（一種隱性的學習方式），接著就是做設計。

的確，如同阿伯克龍比在其1933年的一篇經典性文章裡所主張的：研擬計畫只是規劃師工作內容的一半，而另一半則是計畫的落實，[10]^{（譯注4）}但此文章中並沒有指出某種持續性的學習過程是必要的。的確，1947年的法案中規定，以調查為基礎的計畫必須每五年修正一次。^{（譯注5）}此規定是基於一項假設，認為規劃的最後結果是產出一個固定的土地使用計畫。^{（譯注6）}十年

【譯注3】傳統的自然學科如物理、化學，或是其他專業學科如法律、醫學等，皆有超過百年的發展歷史及有較成熟的知識論基礎，相較之下，都市規劃或城鄉規劃仍處於智識發展的初期，其理論多係借自其他相關領域，自身的理論基礎尚未完備。

7 Batty, 1979, 29.

8 Keeble, 1964, 20-26.

9 Hightower, 1969, 326; Faludi, 1985, 27.

10 Abercrombie, 1933, 139.

【譯注4】都市規劃師的工作不只是研擬計畫而已，落實計畫才是關鍵所在。否則只是圖上畫畫、牆上掛掛，生產出一些計畫報告書而已。對此，柏克萊大學都市及區域規劃研究所的知名學者艾倫‧雅各布（Allen Jacobs）就明確的指出，都市規劃及都市設計的重點，在於計畫的實踐（implementation）。

【譯注5】目前臺灣的都市計畫即是依此概念，進行定期的通盤檢討。

【譯注6】以土地使用計畫書圖文件為主要成果的都市規劃運作模式，已受到不少的批評，批評者稱此為靜態、藍圖式的規劃，僅靠土地使用計畫圖中的顏色（指土地使用分區）、面積（指規模）和位置（指區位及可及性），就決定複雜的都市發展及土地使用。針對此缺點，後來遂有策略規劃、績效標準及開發許可等改進作法，但土地使用計畫目前仍為都市規劃的核心部分之一。

後在基布爾發表的一篇經典性文章中也提到他對都市規劃程序的看法，[11]他認為從區域到地方層級的計畫皆需有明確的空間層級性[(譯注7)]，而且在研擬每一層級的計畫之前，都需要作好所需的調查工作，但基布爾的論述中卻沒有任何關於計畫執行或持續修正的探討。由以上可知，除了阿伯克龍比著名的「美麗、健康與便利」[12]等通論性的規劃目標之外，都市規劃的目標是不明確的。因此規劃師在發展規劃目標時會直覺性地從他自己的價值觀出發，此價值觀被定義為「專家技術層面」的思考，且無關政治。

所以，在依據1947年的城鎮與鄉村規劃法所創立的傳統英國土地使用規劃系統中，並沒有納入回饋學習的過程（repeated learning process），因為他們相信規劃師可以在第一時間就做對：[13]

> 因此當尋求最佳的標準解決方案時，其規劃過程是不具有明確回饋特性的，因為這種將規劃操作視為是藉由學習去了解問題本質的概念，與一般將規劃師假定為一個無過失專家的想法是相互衝突的。……由於規劃過程被假設為是正確的，所以運用新的調查研究方式來回歸現實的可能性是很低的，如果它曾被考慮過的話。……這種將規劃師視為是無過失專家的確定性，強化了在規劃過程中應避免涉入政治（反政治）及應維持技術本位的規劃專業特質。而此時政治環境被認為是完全被動，而且是會迎合規劃師之「建議」的，而在實踐上，的確大部分情形是如此。[14]

貝蒂稱此時期為「規劃的黃金年代」：在不受政治干預的情況下，相信自己技術能力的規劃師，可以專心一致地進行規劃工作。[(譯注8)]在當時的時

11 Keeble, 1964, 19-26.
【譯注7】空間規劃的計畫要有層級性，但目前臺灣此部分的落實情況較弱，尚缺乏相互銜接之空間計畫及具法源基礎之上位空間指導計畫。
12 Abercrombie, 1933, 104.
13 Batty, 1979, 29-31.
14 出處同上，30-1。
【譯注8】經過近百年的都市規劃專業操作，實務經驗已顯示出，規劃其實是政治運作的一部分，是很難獨立於政治之外的。

空環境下，這種情況對世界是好的，因為規劃師必須處理的是一個變化緩慢的世界（當時人口成長停滯、經濟低迷），大型的規劃干預在此時期，只會少許且短暫的出現，例如戰後。在阿伯克龍比與赫伯特‧傑克遜（Herbert Jackson）於1948年一起研擬的美國西部國土計畫中，阿伯克龍比寫道，城市規劃的重要目標是為了減緩都市變化的速度，因而降低了建築物被廢棄的速度：一個理想的城市應該是個靜態、穩定的城市^{（譯注9）}：

讓我們假設……在考量所有相關的重要因素之後，某城市的最大人口數已經被決定了。……根據既有的事實現況與規劃師本身的經驗和想像，為所有能想像到的目的，進行適當的空間分派，以預留合適的空間。

於是，一個開發區或綠帶方案被提出，在它外面的土地利用將會很少與居住人口有關。都市規劃師為此感到高興，因為他們終於知道其問題的限制，他可以根據基本人口數據，探討整體或部分的規劃內容。雖然規劃過程本身是非常困難的，但至少規劃師可依據數據開始作規

肯特（T. J. Kent）

在加州大學柏克萊分校發展出的三波規劃理論的第一波。肯特是加州大學柏克萊分校規劃學派的創始者，於1964年發表關於都市總體計畫（urban general plan）的文章，並成為經典著作。

【譯注9】此觀念在全球化及全球環境變遷的時代，已不適用，都市及影響都市的環境是持續動態變化、且全球相互影響的。

劃，這些依據讓其安心許多 。[15]（譯注10）

有趣的是，相對於英國來說，美國的規劃運作並非如此。肯特於 1964
年的一篇關於都市總體計畫（urban general plan）的經典文章中（雖然它是
處理類似的土地使用規劃）特別提醒學生：「規劃目標的方向會隨著時間而
不斷的調整。」[16]而且他也體認到，規劃師對於社會經濟力量和實質環境間
的互動關係之了解都是依靠直覺推測的，因此肯特警告他的學生讀者：

> 在大部分的狀況下，我們不可能確定地知道應採取哪些實質設計措施來
> 達到預期的社會或經濟目標，或是哪些社會與經濟結果是受到特定實質
> 設計的影響而產生。因此，市議會和都市計畫委員會才應該做最後的價
> 值判斷，而非由專業都市規劃師來決定。[17]

即便肯特如此主張，當時普遍仍認為規劃師是有可能生產出最適化
（optimal）的土地使用計畫，（譯注11）因此有關規劃之客觀性的問題便被擱置了。

系統的革命（The Systems Revolution）

這彷彿是個快樂、如夢一般的世界。但漸漸地，在 1950 年代，各界開
始發覺規劃成果與真實世界並不相符。所有事情都失去了控制。當時每個工
業國家都出現始料未及的嬰兒潮，人口學者對此感到驚訝，都市規劃師大為
警戒，只是它發生的時機在每個國家都不同。這種情況造成各處都有建立孕
婦中心和托兒診所的立即需求，對於學校和遊戲場的需求也只是稍微拖後一

---

15 Abercrombie 和 Jackson, 1948，第 4.1 段。
【譯注10】將規劃操作建構在實際統計數據的基礎上，賦予了規劃的科學性基礎，但在實務上，有時
這些數據是依據特定規劃目的，而刻意推導出來的（例如刻意地誇大需求，以支持某些建設計畫）。
16 Kent, 1964, 98.
17 Kent, 1964, 104.
【譯注11】全知的規劃師能生產出最適土地使用計畫的假設，後來卻受到不少質疑，批評者指出，規
劃方案通常是在無法取得所有資訊及處於限制的理性之情況下而產生的。

點而已。同一時間，戰後經濟榮景也帶來需投資建造工廠和辦公室的壓力。當經濟榮景產生了富裕的社會，這些工業國家立即跨入大眾消費社會的年代，對於永久性財貨有了前所未見的大量需求，其中最值得注意的是，對土地飢渴的住宅和汽車。[譯註12] 美國、英國，以及整個西歐，在世界各地呈現出的結果是，都市發展和都市變革的腳步開始加速到一個幾乎過熱的水準，而處理靜態世界的舊規劃系統，此刻已面臨到困境。

這些城市立即的需求迫使規劃系統必須進行改變；但是幾乎同時地，在供給面也有了改變。1950年代中期，一場知識革命出現在整個都市和區域社會研究領域，為規劃者提供了許多可資借鏡的知識。一些地理學家和工業經濟學家注意到德國區位理論學家的研究成果，例如約翰・海因里希・凡・杜能（Johann Heinrich von Thünen, 1826）的農業區位理論、阿爾弗雷德・韋伯（Alfred Weber, 1909）的工業區位理論、沃爾特・克里斯塔勒（Walter Christaller, 1933）的中地理論，以及奧古斯特・勒施（August Lösch, 1940）的一般性區位理論，學者們開始總結及分析這些成果，並在需要的地方將它們翻譯成不同的語言。[18] 在美國，來自不同學門的學者們開始找尋分派狀況的規律性，包括空間分布。[19] 地理學家開始支持邏輯實證主義的信條，並主張應該停止描述細微的地表差異，轉而著重於發展能接受實證測試的一般性空間分派假設（這種方法曾被德國區位研究者所採用的）。這些想法與相關文獻，被一位美國經濟學家沃爾特・伊薩德（Walter Isard）加以成功地綜合後，寫成文章發表，立即產生很大的影響力。[20] 在1953到1957年期間，一場立即的革命發生在人類地理學，[21] 而伊薩德則創立一門結合德國傳統的區位經濟學的新地理學。此時，在官方的祝福下〔如同在1950年英國舒斯特委

【譯註12】相較於五十年前，嬰兒潮及人口與經濟快速成長時期的規劃環境，目前規劃所面臨的是高齡少子化及經濟成長緩慢（部分亞洲國家除外）的規劃環境，但是許多規劃的基本假設及操作方法仍然沿襲近五十年前的傳統作法，例如依據譯者的實際經驗，適用於快速成長期的規劃假設及數學推導模式（如加林—勞利模式及其假設）仍廣泛地應用於臺灣的都市及區域規劃。

18 Thünen, 1966; Weber, 1929; Christaller, 1966; Lösch, 1954.
19 Zipf, 1949; Stewart, 1947, 1956; Carrothers, 1956; Stewart 和 Warntz, 1958, 1959; Garrison, 1959/60。
20 Isard, 1960.
21 Johnston, 1979.

員會（Schuster Committee）的重要報告所建議的，規劃教育中應納入更多社會科學的知識〕，新的區位分析方法開始進入規劃學院的課程中。[22]

　　這個結果對規劃來說是重大的：在極短的時間差距下，「實質規劃學科在1960到1970年十年間的改變，比起先前一百年甚至一千年都要來得多。」[23] 此學科從一種工匠式的、依賴規劃師對於城市發展概念之個人知識彙整的操作，轉變成一種明確的科學性活動[（譯注13）]，在此過程中，大量精確的資訊被蒐集和處理，以便讓規劃師設計出非常敏銳的指導與管控系統，其效果將可被監控，並依需要進行必要的修正。更精確地說，城市和區域被視為是一個複雜的系統（complex system），事實上它們只是整個系統中一個以空間為基礎的特殊子系統，而規劃則是一種持續控制和監督此系統的過程，此概念係源自諾伯·維納（Norbert Wiener）所發展的控制論新學科。[24]

　　因此，用湯姆士·孔恩（Thomas Kuhn, 1962）在其知名著作中的語言來說，這是一種典範轉移（paradigm shift）。系統革命影響城市規劃正如它影響了許多其他相關的領域一樣。系統概念早期主要的應用，約在1950年代中期，是在國防和太空科學。其時正值冷戰時期，當時美國正致力於建造新型且複雜的電子控制飛彈系統。很快的，從那個領域又衍生出其他的應用。早在1954年，伊薩德在賓州大學的同事羅伯特·米歇爾（Robert Mitchell）和切斯特·魯普金（Chester Rapkin）兩人在其共同出版的書中，即主張都市交通型態是一個可直接測量的活動模式函數，而土地使用也可用函數表示。[25] 隨著空間交互作用模式的早期研究成果及電腦資料處理技術的進展，都市運輸規劃的新科學因而誕生，史上第一次有人主張能夠科學地預測未來的都市交通型態。此概念首先應用在底特律都會區1955年的運輸研究上，接著在1956年於芝加哥地區的運輸研究中繼續發展，它不久就成為數以百計的研究所採用的一個標準方法，首先橫跨美國，然後被應用到全

---

22 英國委員會（G. B. Committee），1950。
23 Batty, 1979, 18.
【譯注13】以傳統設計為導向的規劃師與以資料分析為導向的規劃師在思考邏輯及觀點上常有相當大的差異，如此也造成此兩類都市規劃師在溝通上的問題。
24 Wiener, 1948; Hall, 1982, 276.
25 Mitchell 和 Rapkin, 1954。

世界。[26]（譯注14）

　　此方法強調以工程學為基礎，它採取一個相當標準化的程序。首先，設定明確的目標和標的（goals and objectives），以便於測試系統的效果。然後為整個系統現況的調查，包括車流及產生車流的活動，再接著是以精確的數學公式表達這些交互影響關係，藉以推導出運輸模型。下一階段則是以模型中獲得的關係為基礎，預測系統的未來狀態，據此規劃出各種替選方案，並加以評估以選出較佳的方案。最後，方案執行後，此系統將持續被監測，且視需要而修正系統。[27]

　　剛開始時，這些關係被視為是單向運作的結果：運輸規劃被假設為單向關係的模型，活動和土地使用的現況是既定的狀況（條件），在此假設下，推導出交通運輸的數學模式。以上所發展出的方法論和技術是運輸規劃這個新領域的一部分，存在於傳統城市規劃的某一方面。不久之後，美國區域科學家提出「雙向關係」的重要修正：活動的區位模式（商業、工業、住宅等活動）反過來也會受到可獲得的運輸機會之影響，而這些雙向關係也可被製作成精確的模式用來預測未來，於是產生了要為大都會區與次區域地區的規劃建立「土地使用—運輸規劃」互動式模型的需求。此時，歷史上第一次，以工程為基礎的方法侵入了傳統土地利用規劃者的專業領域。空間互動模型，特別是加林—勞利（Garin-Lowry）模型，在給定就業和交通連結的基本資料後，便可產生一個活動與土地使用的分派模式，此成為規劃師手中的一張王牌。[28]（譯注15）如同在一篇有關古典系統分析的文章中所描述的：

　　　　在這種規劃的一般性過程中，我們將現象予以專門化，以處理較特殊的議題，也就是，在整體概念化系統下的一個特定概念化的系統或子系統

---

26 Bruton, 1975, 17.

【譯注14】1960年代芝加哥地區運輸規劃部所發展出來的都市交通規劃系統（Urban Transportation Planning System, UTPS）後來成為都市交通規劃的標準操作模式，被應用於全球許多國家，也包括亞洲地區（如日本、韓國、臺灣）。

27 出處同上，27-42。

28 Lowry, 1964, 1965; Batty, 1976.

【譯注15】意指重要的實務操作工具，可用以大量生產計畫或計畫所需的科學性分析內容。

必須能代表真實世界中的一個特定系統或子系統。這樣一個特別的系統表現方式就被稱為是模型。……模型的用處在於其能將真實世界的高度變異性縮減到適合人類能力可以處理的變異程度。[29]

運輸規劃預測涉及許多層面的考量，不只是規劃師要具有電腦運用的知識（電腦對於1960年代一般的規劃師而言，是相當新奇的），它也代表著一個全新的規劃概念。與傳統的主要計畫或藍圖式的規劃方法（那些假設規劃目標從一開始就是固定不變的舊方法）不同的是，此新方法主張規劃是一個過程（planning as a process），「計畫將視需要而不斷的調整，不論在執行中或當新資訊顯示需要改變時」。[30]而這個規劃過程是獨立於被規劃的事物，[31]如同梅爾文・韋伯所形容的，它是「一個決策與行動的特別方式」，涉及一系列邏輯性步驟的循環運用：目標設定、預測外在環境的變動、評估各種替選行動方案之結果、進行成本效益分析以作為發展行動策略的基礎，以及持續的監督。[32]它也是英國系統規劃（systems planning）教科書裡所介紹的方法，發軔於1960年代的晚期，並且成為英國新版系統規劃教科書於1960年代後期所採用的方法，此特別與一群年輕的英國畢業生有關。[33]這更是一整個世代的次區域（sub-region）研究的方法，在1965至1975年劇烈成長與改變的時期，它被應用於英國快速成長的大都會區，包括萊斯特—萊斯特郡（Leicester-Leicestershire）、諾丁漢郡—德比郡（Nottinghamshire-Derbyshire）、考文垂-沃里克郡-索利赫爾（Coventry-Warwickshire-Solihull）及南漢普郡（South Hampshire）。這些都會地區都強烈地受到此新方法和新技術的影響。在其中幾個都會區，關鍵人物如萊斯特（Leicester）的麥克洛克林（McLoughlin）及諾丁漢郡—德比（Nottinghamshire-Derby）的貝蒂（Batty）都扮演了指導或諮詢的重要角色。

---

29 Chadwick, 1971, 63-4, 70.
30 Faludi, 1973, 132.
31 Galloway和Mahayni, 1977, 68。
32 Webber, 1968/9, 278.
33 McLoughlin, 1969; Chadwick, 1971.

然而，革命尚未成功（至少在其早期的階段），其結果並不如支持者原先所設想的那樣：這些「系統分析」式規劃皆帶有明顯的藍圖建設色彩，因而很快地生產出為固定投資而制定的建設案，如高速公路的興建。[34] 此外，其理念中更夾帶著一些抽象且難以理解的假設，這些假設是新系統規劃師與傳統藍圖式規劃師所共同相信的：系統分析規劃仍然認為規劃系統是主動的，而城市系統是被動的，而且政治系統會熱切地接納規劃師所有的專業建議。[35] 但在實務上，系統分析式規劃師是從事兩種非常不同的活動：他們一方面是觀察和分析現實運作的社會科學家（此為被動狀態），另一方面又是要直接改變現實世界的規劃設計者（此為主動狀態）。但是要改變現實狀況是一種具高度不確定性且受制於規劃目標的活動，而規劃目標設定的方式是複雜且混亂的，是由專業者、政治人物及公眾之間的複雜政治角力與協商所決定。

　　問題的核心其實是一種邏輯上的悖論（其為自相矛盾的）：儘管系統分析式規劃師有其主張，[36] 但城市規劃系統與其他系統，如武器系統，本來就大為不同。在後一種系統中〔此係「系統方法」（systems approach）最初發展且成功地被應用的領域〕，其控制機制就在整個系統之內；但在規劃領域中，都市與區域系統則是在它自己的控制系統之內。[37] 此外，還有其他重要的差異，包括：都市規劃並非只是處理一個問題和單一特定的目標，而是需處理許多目標（甚至是彼此相衝突的目標）；從一般性目標移轉到特定的操作目標是困難的，[38] 並非全部都是可被完全感知到的；這個需被分析的系統並非不言自明的存在於現實環境中，其必須被組合而成；大部分的考量面向不是決定論的，而是機率論的；而且成本和效益亦難以被量化分析。因此系統分析學派所主張的科學客觀性並不是那麼容易地能被實踐。漸漸地，此學派的成員開始承認，在這樣「開放」的系統裡，系統分析方法將需要對直觀

---

34 Faludi, 1973, 146.
35 Batty, 1979, 21.
36 Chadwick, 1971, 81.
37 Batty, 1979, 18-21.
38 Altshuler, 1965, 20; Catenese 和 Steiss, 1970, 8。

分析和判斷扮演一個輔助性的角色。換言之，系統分析方法應扮演的是協助傳統藍圖式規劃的輔助性角色。[39]至1975年，知名的系統分析規劃師布里頓・哈里斯（Britton Harris）也說，他不再相信「複雜困難的規劃問題可藉由最適化的方法來獲得解決」。[40]

尋找一種新典範

所有這一切，在1960年代晚期發生變化，此時系統分析式規劃受到來自兩個不同方向的猛烈攻擊，這些抨擊將系統分析式規劃的這條大船打到半沉。在哲學右翼方面，美國的政治科學家進行了一系列的理論與實證，他們認為（至少在美國），重要的都市規劃決策產生於多元的政治結構，並沒有任何一個專家或團體擁有全然的知識或權力去做出絕對合理的判斷，因此決策過程被描述為「不連續的漸進調適主義」（disjointed incrementalism）或是一種「含糊混過去」（muddling through）的操作模式。[譯注16]梅爾森（Meyerson）和班菲爾德（Banfield）對於芝加哥住宅管理局的經典性分析中所得到的結論是，其不注重實際的規劃，並因為沒有正確辨識城市中真實的權力結構而失敗，在此過程中，菁英主義的公共利益觀點與選區政治人物們所支持的大眾民粹主義觀點是完全對立的，而最後則是大眾民粹主義成為主流。唐斯（Downs）進一步將這樣的權力結構予以理論化。他認為，在民粹主義主導的權力結構中，政客可藉由提供各種政策組合來收買選票，而不是藉由自由市場的運作。公共政策學者林德布洛姆（Lindblom）也以他所觀察到的規劃政策決策過程來指出全盤理性規劃的缺點，他發現規劃決策通常是

---

39 出處同上，17, 21。
40 Harris, 1975, 42.
【譯注16】此概念是由公共政策學者查爾斯・林德布洛姆（Charles Lindblom）在其知名的文章「漸進調適的科學」（the science of muddling through）中所提出。依據其實際的觀察，他發現強調全盤理性的都市規劃之實際運作其實並不是那麼的科學，就像是一種在「給與受」之間不斷的角力與調適、一種混過去的科學。對於這種含糊混過去的規劃操作模式，在西方先進國家及臺灣都有太多的例子，柏克萊城市與區域規劃系的學者戲稱此種規劃模式是混過去的規劃，但也是最真實的規劃操作模式之一，而國內規劃前輩韓乾教授則稱此種作法是瞎子摸象式的規劃。

在一種摻雜著價值與分析、混淆的目的與手段，替代方案分析的失敗、理論的迴避等情況下，所產生出來的。阿特舒勒（Altshuler）對美國明尼亞波利斯—聖保羅（Minneapolis-St Paul）地區的研究則顯示，當地方政治力量支持興建高速公路，而專業規劃師並沒有足夠力量與政治機器對抗，高速公路建造的工程師反對他，工程師藉著強調其專業技術及專注於狹隘的目的而贏得勝利，但事實上他們玩的是政治遊戲；因此結論是，規劃師應該認清自己的弱點，並制定符合現實的策略。[41]

　　以上分析發現係來自對美國都市政治的研究，其在傳統上是較民粹主義、多元主義的。甚至在那裡，諾比諾維茨（Rabinowitz）對於紐澤西城市的研究指出，其實這些政策風格的差異很大，從片段式到具高度整合性的都有。[42]埃齊奧尼（Etzioni）反駁林德布洛姆的觀點，他認為最近的美國歷史上有一些非漸進式決策的重要案例，尤其是在國家防衛領域。[43]儘管有這些保留的看法，但這些研究至少指出，現實的規劃與系統理論教科書中所強調的冷靜、理性、奧林匹亞式的風格還是有段非常遙遠的距離。或許，如果規劃可以接近那樣，就好做多了，但或許不可。令人擔憂的地方是，不同於理論所期望的，在實務上，規劃是處於混亂複雜的地方政治環境中。因此某些理論家做出結論，如果規劃是這樣子的，它就應該被鼓勵去如此地操作：以局部的、實驗性、漸進的方式，並隨著問題出現而加以處理的方式來解決問題。[44]

　　這樣情況就更清楚了，因為美國左翼的批評也有非常相似的結論。1960年代晚期，受到公民權運動、對抗貧窮運動、反越戰抗爭和學生爭取言論自由等運動的影響，左翼開始主導公共政策。那時的抗爭運動主要關注於三個主題，此對系統分析式規劃師的合法性產生了重大的衝擊。第一個主題是對於專家的普遍不信任感，以及反對由上而下形式的規劃，無論是關於和平或戰爭問題，或是城市問題皆然。第二是更特殊的主題，反對系統方法的

---

41 Meyerson 和 Banfield, 1955; Downs, 1957; Lindblom, 1959; Altshuler, 1965b。

42 Rabinowitz, 1969, 各處。

43 Etzioni, 1968，各處。

44 Bolan, 1967, 239-40.

運用，其在軍事上的應用被指責為使用偽科學和專業術語來製造煙幕，用來掩蓋應受道德譴責的政策。第三個主題是有關於美國城市的系列暴動，暴動始於1964年紐澤西的派特森（Paterson），結束於1967年洛杉磯的瓦特（Watts）。它們似乎證實了這一點：系統分析式規劃並沒有改善城市狀況，反而加強了（或至少縱容了）都市內城區的社區分解，也許事實上其已造成此現象。1967年，評論家理查·博蘭（Richard Bolan）指出，系統分析式規劃其實是過時的全盤理性式規劃，儘管穿著新穎的服裝，卻忽略了政治的現實面。[45]

左翼立即的反應是召喚規劃師來翻桌子[譯注17]，並轉變成為實踐由下而上式規劃的辯護式規劃師（advocate-planners）。[46]特別地，以此方式他們會凸顯出規劃目標與標的設定上的爭論，這是那些傳統的藍圖型規劃師與系統規劃師刻意繞過的問題，因為他們愜意地以為這些預設是專業規劃者的工作，而非將其開放給公眾討論後再做決定。辯護式規劃師可以用許多不同的方式來涉入計畫，以多元的群體中進行，多樣性是他們關注的重點。他們會充分告知大眾可能的替選方案、促使公部門規劃單位去競爭以爭取支持、協助評論家產出優於官方規劃的方案，並強迫參與者去考慮重要的價值。他們認為此方式所形成的結構是高度符合美國精神的：民主、具地方基礎、多元化，同時因以制度化的衝突為基礎而具有合法性。但有趣的是，當從全知的規劃師變成辯護式規劃師時，規劃師在某一方面的權力被削弱了，但在另一方面的權力則大大地提升了。如此一來，辯護式規劃師也需肩負許多原本地區選舉產生的官員之工作。而且在實務上，辯護式規劃該如何運作並不清楚；特別是當遭遇到社區中實際的利益衝突時該如何解決，或是如何避免規劃師再度成為操縱者的危機。[47]

無論如何，一種短暫的相似性存在於「不連續漸進式規劃師」和「辯

---

45 出處同上，241。

【譯注17】霍爾教授以「翻桌子」這個有趣的比喻來形容當時左翼希望規劃專業者能「立即改變」其規劃操作方式及價值觀，由價值觀中立的系統分析型規劃師，轉變成為自己信守的規劃理念及為弱勢族群與社會大眾代言的辯護式規劃師。

46 Davidoff, 1965.

47 Peattie, 1968, 85.

護式規劃師」之間；實際上，博蘭於其1967年的文章中提出第三種規劃模式：規劃師應作為非正式的協調者和促成者（informal coordinator and catalyst）。之後梅爾文·韋伯更提出第四種規劃模式：機率型規劃師（probabilistic planner），他們善用新資訊系統，藉以調解爭論和改善決策過程。這四種規劃師都是在一個多元化的世界裡進行他們的工作，面對著許多不同的競爭群體和利益糾葛，他們最多只擁有相當有限的權力及影響力；這至少暗示著這些運作模式之成立，都是基於邏輯實證主義持續受到認同的基礎上。誠如韋伯在他於1968至1969年所完成包含兩部分在內的長篇論文之結論中說道：

> 我的論點是都市規劃並沒有採用規劃方法，而是選擇強制輸入一群包括管制規定的東西，並以一些依據意識形態所定義的「好的」意象為基礎。我極力主張，作為另一種選項，規劃應嘗試要有一個規劃概念與規劃方法。[48]

韋伯的規劃觀點，明確地否定了穩定的可預期未來及普遍同意規劃目標之可能性，其規劃觀點也為1970年代的社會學習（Social Learning）理論或新人道主義觀點（New Humanist approach）提供了一些哲學基礎，這些理論強調學習系統的重要性，以協助處理外在動盪的環境。[49]然而最終，韋伯的規劃觀點卻與邏輯實證主義分離，而變成一種依賴個人知識的方法論，這似乎又回到了傳統藍圖式規劃的作法。而且，經過加州大學洛杉磯分校（UCLA）的約翰·弗里德曼（John Friedmann）的發展，此方法最後又變成將所有政治活動的需求分解至許多小政治團體所做出的決策之中，這似乎又回歸到無政府主義式的規劃。

以上這些規劃方法相當分歧，有時是細部重點上的差異，有時則是基本概念上的不同。但其共享的信念是，在美國的政治系統中，規劃師是沒有太

---

48 Webber, 1968/9, 294-5.
49 Schon, 1971; Friedmann, 1973.

多權力的、也不應該擁有太多的權力。在1965到1975年的十年之間，這些批判（及提出的解決方法）有志一同地剝去規劃師道貌岸然的外衣及其長久以來的神祕性。規劃專業者也深受這些批判思潮的影響，即使在英國這種中央集權、政治系統由上而下運作的國家，身為剛畢業的年輕規劃師漸漸發現自己的角色更像是赤腳醫生，協助那些在都市內城區街上徬徨無助的貧民，以及為相同政治理念的地方政府工作，或在不能為政府工作時，轉而協助社區組織進行政治抗爭。

　　除了美國的理論家們對規劃的破壞性工作之外，一些歷史因素對於規劃的典範轉移也有刺激

梅爾文・韋伯（Melvin Webber）

加州大學柏克萊分校三波規劃理論之第二波。1960年代韋伯發展出激進的「無場所的都市場域」概念（nonplace urban realm），他認為規劃學科尚未發展出專有的方法論。

作用。規劃師和政治人士很晚才發現都市內城區貧民的權益不斷地被剝奪，其所居住的地區正承受人口衰退及去工業化的衝擊。於是規劃師關心的範疇漸漸地從實質空間領域中移出，而進入社會與經濟規劃的範疇。這樣的改變可以被如此諷刺地描述：1955年，剛畢業的規劃師正伏首於畫板，製作土地使用計畫圖；1965年，同一位規劃師正在分析一份交通模型的電腦輸出資料；在1975年，同一個規劃師正與社區團體一同挑燈夜戰，以組織抗議行動。（譯注18）

【譯注18】聰明的讀者可以試著創意發想，想像一下2005年、2015年，甚至2020年剛畢業的規劃師在做什麼？2015年剛畢業的規劃新手們應是在滑手機、玩互動電腦遊戲或是臉書（facebook），2020年的規劃新手或許正在問手機的互動app裝置能否提供適當的規劃方案，或透過虛擬實境技術來體驗一下其虛幻的規劃願景。

這樣的角色轉變是值得注意的。在那十年間，規劃師失去（或部分失去）的是對其獨特和有用的專業技能的肯定，就如同醫生或律師所擁有的。當然，規劃師仍然有能力在規劃法規和程序上提供特定的知識，或是發展一個特定的規劃設計方案，但基於所置身的環境涵構特質及規劃教育的改變，規劃師可能沒有足夠有用的技能。某些評論者認為規劃要處理的議題太過廣泛且缺乏執行性，使得規劃幾乎成為無意義的學科；如同亞倫·維達夫斯基（Aaron Wildavsky）一篇有名文章的標題，「如果規劃代表每件事，那它將什麼都不是」。[50]

這裡呈現出的事實是，規劃作為一個學科，對於其角色的理論化發展已經危及了自身的合法性。福盧迪（Faludi）在其1973年的文章中指出，規劃必須唯有在目標與標的被視為是既定的情況下，才能發揮其功能性的作用，或者是在它們本身是理性選擇的客體之情況下，發揮規範性的作用。[51]但問題是，理性規劃有可能實現嗎？於是1970年代中期規劃到達了「典範危機」（paradigm crisis）的狀態。[52]（譯注19）將規劃過程與被規劃的對象作一明確的區分在理論上是有用的，但這也代表著忽略了實質理論，如此一來，實質理論在規劃學理中被邊緣化了。「因此，我們需要一個能連結規劃策略與都市實質系統及社會系統的新規劃理論。」[53]

馬克思主義者的優勢

接下來的十年情勢變得更加清楚，當邏輯實證主義者從智識的戰場中撤退，馬克思主義者隨即占領此地。如同全世界都知道的，1970年代見證了馬克思主義研究的重大再現（事實上是一個垂直性的爆發）。這當然會

---

50 Wildavksy, 1973, 130.

51 Faludi, 1973, 175.

52 Galloway和Mahayni, 1977, 66。

【譯注19】依據孔恩典範轉移的理論，舊的典範發展一段時間後，因環境及社會機制等因素的改變會產生危機（crisis），因此亟需尋找一個新的典範。霍爾教授指出，規劃理論發展至1950年代時已達到所謂典範危機的困境。

53 出處同上，68。

深深影響其他相關的領域，例如
都市地理學、社會學、經濟學及
規劃學。的確，像早期的新古典
經濟學家一樣，馬克思曾明確地
表示，他對於空間區位問題沒有
興趣〔即使恩格斯（Engels）曾
對維多利亞時代中期曼徹斯特的
階級空間分配做過深具啟發性的
評論〕。然而，馬克思的追隨者
如今卻虔誠地萃取其神聖的文
字，一點一滴的蒸餾，希望能培
育出此失落的理論藥方。終於，
在1970年代中期，藥方研製成
功了，馬克思主義的都市學者發
展出一股理論的洪流。它源自
不同地點和多種的學科：在英
國，地理學家大衛·哈維（David
Harvey）及朵琳·瑪西（Doreen
Massey）以資本流通的概念來

曼紐·卡斯特爾（Manuel Castells）

加州大學柏克萊大學三波規劃理論的第三波。卡斯特爾於1979年從巴黎移居到美國，他在巴黎時創作了《都市問題》（*Urban Question*）一書，從馬克思主義出發，分析資本主義國家裡規劃所扮演的角色，出版後立即成為國際性經典著作。

解釋都市的成長和改變；在巴黎，曼紐·卡斯特爾（Manuel Castells）及亨利·列斐伏爾（Henri Lefebvre）藉馬克思主義來發展以社會學為基礎的理論。[54]

在馬克思主義者內部無窮盡的辯論中，一個關鍵問題就是國家的角色。[55]在法國，勞肯金（Lokjine）和其他人主張國家的角色應該是，透過某些機制例如總體經濟規劃與相關的基礎建設投資，來直接支持私人資本的生產性投資。相對地，卡斯特爾主張國家的主要功能是提供集體消費品（如公

---

54 Harvey, 1973, 1982, 1985a, 1985b; Castells, 1977, 1978; Lefebvre, 1968, 1972; Massey和 Meegan, 1982; Massey, 1984。

55 Carnoy, 1984.

共住宅、學校或交通運輸），以協助保障勞動力再生產及消除階級衝突，此兩者對於整體系統之維持是非常重要的。[56]因此很清楚地，規劃可能在這兩種國家功能上扮演著非常重要的角色，於是在1970年代中期，法國馬克思主義的都市學者皆致力於研究國家規劃角色在工業化過程中的意義，例如主要的工業區如迪耶普（Dieppe）。[57]

　　同一時間，一個特殊的馬克思主義規劃觀點興起於英語系世界。想要更適切的描述它可能需要整整一堂馬克思主義的理論課。但是，請容許這個或許不太適切的總結，英語系國家的馬克思主義規劃所闡釋的是，資本主義城市本身的結構，包含它的土地利用和活動形態，都是資本追求利潤下的產物。因為資本主義注定會陷入危機，尤以現在晚期資本主義階段陷得最深，因此資本需要國家作為其代理人，以矯正商品生產的無組織性及協助勞動力的再生產。因此資本必須具備某些必要的目標：藉由確保理性的資源分配，以增進持續的資本積累（continued capital accumulation）；藉由提供社會服務，以協助勞動力的再生產，因而需維持一種勞工與資方間的微妙平衡，以避免社會瓦解；保證並合法化資本主義社會和財產的關係。誠如迪爾（Dear）及史考特（Scott）所說：「總而言之，規劃是一個具歷史特殊性與社會必要性的工具，藉以回應私有化資本主義社會及財產關係的自我紊亂傾向在都市空間中之出現。」[58]就特定面向而言，資本主義都市裡的規劃系統會企圖保障必要的基礎建設和特定基本都市服務的集體提供，並降低特定資本活動對系統其他部分造成損害時所帶來的負面外部性。[59]

　　但是，資本主義也希望盡可能地限制國家規劃的干預，這裡產生了一個內在的矛盾：規劃因為與生俱來的不完備，總是在解決了一個問題的同時又創造了另一個問題。[60]因此馬克思主義者認為，19世紀巴黎的清除整頓，製造出勞工階級的住宅問題；美國的分區管制限制了實業家的力量，讓其無法

---

56 Lokjine, 1977; Castells, 1977, 276-323; Castells, 1978, 15-36.
57 Castells, 1978, 62-92.
58 Dear和Scott, 1981, 13。
59 出處同上，11。
60 出處同上，14-15。

將工廠設置在最能獲利的區位。[61]而規劃永遠只能修正某些土地發展過程的參數，無法再做得更多，其不能改變內在的運作邏輯，因此無法移除私人資本積累和集體行動之間的矛盾。[62]再者，資本主義階級也絕對不是同質性的，不同的資本斷面可以有不同的樣貌，甚至對立的利益，於是複雜的結盟關係即可能隨之形成；因此，晚期馬克思主義的論調更接近多元主義，儘管有著強大的結構性元素。[63]但在過程中，

> 國家對都市系統的干預愈多，不同的社會群體及其分支爭辯國家決策正當性的可能性就愈大。結果會造成都市生活漸漸地被政治爭辯與困境所侵擾。[64]

　　因為傳統的非馬克思規劃理論忽略規劃的根本基礎，所以馬克思主義的評論者主張，規劃在定義上是空泛的：它嘗試定義規劃理想上應該是什麼樣子，卻忽略所有的環境涵構脈絡；它的功能是將規劃去政治化、單純視為一種專業活動的執行，藉此建立其正當性。[65]他們批評，傳統規劃嘗試自我表現為一種產生真實世界規劃之不同面向的力量，藉以建立規劃的正當性。但事實上，它的種種主張——發展抽象的概念來合理地代表真實世界的運作過程；法制化其自身的活動，藉以解釋物質的過程乃是思想的結果；陳述規劃目標的產生是基於共享的價值，以及利用從其他領域借來的隱喻（例如工程領域）來將規劃活動抽象化等——所有這些都非常誇大，且未被合理化。[66]馬克思主義者指出，上述這些很明顯地與事實不符：就客觀角度而言，規劃理論只不過是多種社會力量運作下的一種產物，以便讓規劃能夠操作。[67]

61　Scott和Roweis, 1977, 1108。

62　出處同上，1107。

63　Mollenkopf, 1983.

64　Dear和Scott, 1981, 16。

65　Scott和Roweis, 1977, 1098。

66　Cooke, 1983, 106-8.

67　Scott和Roweis, 1977, 1099。

這引發了一個擾人但具一致性的批評聲浪群：是的，沒錯，或許規劃並非如科學調查般，是種獨立運作的自我合理化活動；是的，也沒錯，這種現象——正如其他所有現象——是對其所處時空環境的一種回應。誠如史考特（Scott）和勞衛斯（Roweis）所說：

> ⋯⋯現今的規劃理論與規劃實務之間出現了明確的不協調現象。前者是秩序和理性關係的典型，而後者卻充滿了脫序且無道理可循。傳統理論學家為了解決此困境，竟主張規劃理論在任何狀況下都只是企圖解釋世界的應然而非實然。於是規劃理論賦予自己需理性化現實世界中非理性狀態的任務，以及藉由在現實世界中設置一套抽象獨立的先驗法則，來確立自己在社會和歷史現實中（如黑格爾的世界精神）的實質地位。[68]

這是強而有力的批評，但其留給不幸的規劃師（其合理性的地位已被剝除，如同貶職官員被拔下肩上的官階勳章）及馬克思主義的評論者一個昭然若揭的開放性問題。那麼在此情況下，規劃理論是什麼呢？其有任何規範性或指導性的內涵嗎？在邏輯上，此答案應該是沒有。但批評者如菲利浦・庫克（Philip Cooke）仍不妥協地說：

> 如今規劃所面臨的主要批評乃是其頑固地嘗試維持著「規範性」⋯⋯本書主張，他們（規劃理論家）應該要辨識出導致規劃本質改變的機制，而不是假設此改變是源於個人思想的創造性理想化，或僅是可觀察事件的規律性變化。[69]

此時至少有個一致性的看法：規劃理論應該避免所有的建議，它應該站在規劃的過程之外，並嘗試分析主體——包括傳統理論——詢問它是什麼，

---

68 Scott 和 Roweis, 1977, 1116。
69 Cooke, 1983, 25, 27.

以及分析歷史力量的影響。史考特和勞衛斯在十年前似乎就說過相同的話：規劃理論不能是規範性的，不能被假定是「先驗性的操作規範」。[70] 但之後他們顛倒自己的邏輯，說出「一個可行的都市規劃理論應該不只告訴我們規劃是什麼，它還要告訴我們，作為一個進步的規劃師，我們可以做什麼及應該做什麼。」[71] 這或許只是修辭上的問題，但其卻恰好地顯示出這種規劃困境的痛苦。理論的功能，要不就是說明資本主義的歷史邏輯，或是為行動提出建議。因為絕不可能希望規劃師暨理論家（無論是不是資深的）去轉變資本主義的演進方向，哪怕只是一釐米或一毫秒，因此邏輯上似乎讓他固守在第一個功能（說明資本主義的歷史邏輯）以及放棄第二個功能（為行動提出建議）。換句話說，馬克思主義者的邏輯是詭異的無為主義者（quietist）；它建議規劃師從實務中撤退，進入學術的象牙塔中。

某些人敏銳地察覺到此困境。約翰・福萊斯特（John Forester）以尤爾根・哈伯馬斯（Jürgen Habermas）的理論為基礎，發展其規劃行動理論（theory of planning action），希望藉此解決規劃所面臨的問題。哈伯馬斯是第二次世界大戰後德國卓越的社會理論家，他認為，現代資本主義設計出一套複雜且扭曲的溝通機制，用來模糊和防止大眾對於其運作進行理性的了解，藉此合理化自身的正當性。[72]（譯注20）因此他認為，個人會變得無力了解自己如何及為何行動，亦即個人被排除在改變自己生活的權力之外，

> 當大眾被斥責、被安撫、被誤導、最後被說服，以致認為不平等、貧窮和不健康是受害者本身的問題，或是這類問題對他們來說太「政治性」且太「複雜」了，以致大眾無法對其表達意見。哈伯馬斯主張民主政治

---

70 Scott 和 Roweis, 1977, 1099。

71 出處同上，1099。

72 Bernstein, 1976, 1985; Held, 1980; McCarthy, 1978; Thompson 和 Held, 1982。

【譯注20】哈伯馬斯提出「理想言詞情境」的概念來嘗試建構一個無明顯權力束縛且無扭曲的溝通環境，希望藉此達到真正的溝通理性，後續有學者以此為基礎〔例如柏克萊大學的朱蒂絲・因尼斯（Judith Innes）教授與康乃爾大學的約翰・福萊斯特（John Forester）教授倡導所謂的溝通理性式規劃，並探討如何建立真正的共識（consensus building）〕，但是在實際規劃環境中，真誠的溝通、無權力束縛，以及資訊完全公開透明的溝通環境是很難達成的理想（吳綱立，1999）。

或規劃需要取得共識，這種共識只能從集體批評的過程中獲得，而非從沉默或是特定政黨路線中獲得。[73]

福萊斯特認為，哈伯馬斯對於溝通行動的提議提供了規劃師改善規劃實踐的方法：

藉由認知到規劃實踐其實是一種規範性的角色建構之溝通行動（role-structured communicative action）──其向大眾扭曲、遮蔽或顯示規劃所能帶來繁榮與可能性，規劃的批判理論（Critical theory of planning）在實務上及道德上均能協助我們。這是批判理論對規劃的貢獻：具有願景的實用主義──其能揭示出真正合宜的方案、改正錯誤的期望、對抗犬儒主義、促使大眾提問、散播政治責任、強調參與和行動。批判性的規劃實踐、具備專業技術及政治敏感度，是一個組織化和民主化的實踐。[74]

上述論點很好，但除去此論點的德國哲學基礎之後（此基礎必然是一個堅實分析的高度簡化成果），真正的問題在於，這些實務建議全都是老式的民主常識，恰好是大衛朵夫（Davidoff）在十五年前提出的辯護式規劃之內容：培育社區網絡、聆聽居民的聲音、邀請較無組織的團體、教育民眾如何加入、提供資訊和確保居民知道如何取得資訊、發展在與衝突情況下的團體工作時之技巧、強調參與的重要、以及彌補外部壓力。的確，如果在這些所有的建議下，規劃師能夠洞察資本主義的面具，那將協助規劃者去幫助其他人改變其環境與生活；而且，在1970年代晚期清楚的哲學僵局下，如此大量的抽象基礎是需要的。

關於這個新理論，有趣的地方是探討其與之前理論學派的關係。若欲教懂規劃師，他們應該致力於有效地調解不同團體和不同利益的衝突，以達

---

73 Forester, 1980, 277.
74 出處同上，283。

成「實質利益談判」（Getting to Yes），[75]（譯注21）其前提是規劃師必須了解系統如何運作；在此點上，新理論與1970年代的激進政治經濟學理論有著某些共通性。但兩者之間也有關鍵的差異：政治經濟學學者不希望促使系統運作順暢，而是希望促進系統替換；相反的，新理論卻希望與市場機制合作。[76] 1990年代激進理論者如萊奧妮‧桑德庫克（Leonie Sandercock）即強力主張減少對都市空間的管控，以便讓人民可以透過協商來探討如何處理生活環境；柴契爾式的自由主義邏輯便是此主張的實踐，其拒絕福利國家的標準執行程序、垂直鏈式的指揮方式以及標準化服務。[77]

象牙塔與具體的城市：理論與實務的持續分離[78]

在那時，激進學院派的同志們（那群最主動豎起柵欄、積極抗拒與「系統規劃主義」有任何形式合作的專業者），自己在智識領域的論辯中撤退了。而且是採取一種奇特的方式，彷彿預言了蘇聯與東歐人民民主政治的解體。在1980年代晚期，他們離開社會經濟爭論的有利位置，撤退進入文化論述的泥濘叢林中。後現代理論漸漸成為主角，其衍生自1920年代的法蘭克福社會學派，並在1950、1960年代流亡至紐約後繼續發展。後現代性慢慢演變成一個古怪的知識性遊行花車，幾乎每個人都可以攀爬上去：它敞開胸懷去擁抱每一種學派，包括那些原本互不相容的學派。此學派在法國理論家，如珍‧鮑德里亞（Jean Baudrillard）及珍-弗朗索瓦‧李奧塔（Jean-François Lyotard）等人的文章中，通常達到一種微妙的、意義深遠的奇幻境界。但安東尼‧吉登斯（Anthony Giddens）如此總結後現代主義的關鍵信條：沒有什麼是可以確定知道的；「歷史」是沒有目的論的，所以所謂的

---

75 Taylor, 1998, 226.

【譯注21】為發展批判理論與溝通理性規劃理論，有些學者嘗試運用企管領域的談判協商理論，以及企管與公共行政領域的衝突化解理論，例如費希爾（Fisher）和尤里（Ury）在其名著《實質利益談判》（*Getting to Yes*）一書中所強調的：關注於雙方可交換的利益，而非堅持各自的立場。

76 出處同上，127。

77 Fischler, 2000, 150; Sandercock, 1998, 212.

78 這段是以Hall, 1998第一章的部分為基礎。

「進展」是不可能的；而且由於新的生態考量和新社會運動，有一組新的社會與政治議程已經出現，雖然它真正是什麼，我們也不太確定。[79]造成此情況的部分原因是，後現代主義似乎認為現在的真實已經不那麼真實了。[80]後現代沉迷於反映出現實中那種短暫、輕薄、不堅固的特質的藝術形式。珍・鮑德里亞的作品表現出後現代主義的極致，在此作品中，每件事物都被簡化到只剩下一個充滿符號的世界，在此符號的世界裡，真實與非真實的差異將消失不見。[81]相似地，法國情境主義者蓋・德波（Guy Debord）亦主張，我們已進入一個「異化消費」的世界，在那裡人們只能藉著別人創造出來的形象來與世界連結。[82]

於是這些新形式的激進知識分子加入無止盡的爭論，討論後現代主義的顯著之處：在建築學、電影、電視或是任何其他可以支持一篇論文或一份研討會投稿的事物上。這些投稿文章被寫下的方式，就像被用信箋密封的中央政府祕密命令一般，明顯地只供一群小眾行家同志閱讀，內含特殊的個人語言學的技巧，例如將量化的字眼放在括號中，如（非）鼓舞性的、（非）原創的。這無疑地反映出學術市場中大量出現建築學與媒體研究的新畢業生，對這些畢業生來說，新理論不過代表了一個不錯就業機會的來源，但事實上，後現代主義並沒有產出很多洞見或啟蒙，[(譯注22)]而且它還讓那些在政治上仍傾向馬克思主義的老一輩規劃專業者在理論的邊界上處於瀕臨中風的狀態。[83]

毫不奇怪地，從來都沒有人清楚的澄清，這些大量的後現代文獻到底在要針對什麼，它算得上是一種智識性活動，不太像一種政治計畫。在學術上被大量引用（但也許很少被閱讀）的範例是由去世已久的柏林評論家沃爾

---

79 Berman, 1982, 29-32; Best 和 Kellner, 1991, 16, 26, 29; Giddens, 1990, 46; Lyotard, 1984, xxiii-xxv。

80 Lash, 1990, 12.

81 Baudrillard, 1988, 76; Best 和 Kellner, 1991, 119, 121; Kellner, 1987, 132-4; Lash, 1990, 192-3。

82 Debord, 1970，第42段；Debord, 1990, 27; cf. Sussman, 1989, 3-4; Wollen, 1989, 30, 34。

【譯注22】譯者認為後現代主義並非如此全然的無內涵，就如同現代主義一樣，後現代主義的產生有其時空背景，後現代主義導入了多元融合及多元並存的價值觀，並強調地域性及場所特質，這些概念對當時的都市及建築與規劃理論的發展，具有相當的助益。

83 Harvey, 1989.

特‧班傑明（Walter Benjamin）所著（「晃遊者」和「在咖啡牆上飛翔」）。其主張在政治上的意義，頂多相當於多音節的喃喃抱怨，嘗試要解構資本主義的支配性計畫。如同吉登斯所指出的，後現代主義者的問題是他們以拐彎抹角的方式來響應當代資本主義的發展；因此在此意義上，他們只是延續著長久的激進傳統。[84] 但是，後現代主義的理論缺乏解釋：給人一種模糊的感覺，彷彿我們已經進入一個新時代，先前所有的理論都是陳腐過時的。但由於新理論否認所謂後設理論（Metatheory）[譯注23] 之存在，因此其無法解釋社會—經濟—政治之間的複雜關係。[85]

也許後現代主義只是 1980 年代一時的時尚，源於法國知識分子在 1960 年代革命失敗後甦醒過來以後的挫折感，以及他們害怕自己被放在無關緊要的位置、漸漸地被遺忘。[86] 或者，後現代主義是一個有用的方法，能讓失業的畢業生離開徬徨的街頭、回到溫暖明亮的研討室，但這只具有少許的意義。這是一個奇異的舊世界，關於都市的大量爭論發生在 1990 年代中期，但那也許只反映出一個在歐洲大陸咖啡廳裡常見的情況，那裡的大學有產出永久性學生的較長傳統。當然，學生偶爾會出現在街上加入一些真實的事件，但這一次他們不像是從事一個政治計畫，那種他們願意奉獻自己的計畫。

而且後現代主義者是謹慎地而非狂暴地反空間化的（aspatial），他們對在哪裡發生了什麼事、為什麼會發生等問題一點興趣都沒有。大衛‧哈維，如同許多評論家一樣，不相信後現代主義具有什麼重大的意義，他認為在建築與都市設計領域中，後現代主義廣泛地象徵了對於「大規模、大都會範圍的、技術理性及有效的都市計畫，其受到無裝飾現代主義建築支持」的一種脫離，[87] 而傾向於「虛構化、片段化、抽象拼貼及折衷主義，全部瀰漫著一種無常與混亂的感覺。」[88] 對傳統馬克思主義者例如哈維來說，後現代理論

---

84 Best 和 Kellner, 1991, 15; Giddens, 1990, 46。
【譯注23】後設理論（Metatheory）意指理論背後的理論及情境設定，是理論建構的基礎。
85 Best 和 Kellner, 1991, 260-1。
86 Best 和 Kellner, 1991, 297。
87 Harvey, 1989, 66.
88 出處同上，98。

源於一個已改變的資本積累制度及管控模式，[89]其特色是「巫術經濟學……政治形象建構及調度，以及……新的社會階級結構」。[90]由此看來，後現代的確有其重要性，但實際上內涵卻不清楚。

在21世紀初期的一份權威研究中，麥可・史托普（Michael Storper）回顧了20世紀晚期智識性激進主義的整體發展。他指出，在激進社會科學後有一股烏托邦的推動力：「我們在區別我們的分析中關於『它是什麼』及『我們希望它變成什麼』時遭遇到極大的困難。」[91]馬克思主義不再流行之後，在理論的層面上，烏托邦的推動力走進後現代主義；也走進了多元文化主義與文化政治的實際政治操作。馬克思主義者是遭受打擊的，因為其缺乏將資本主義發展中的宏觀分析與微觀分析做一連結的能力，雖然他們宏觀分析做得很好。[92]也許是因為以上原因，或是因為其他某些不明的因素，此時出現了一個巨大的轉變，一個「文化轉向」（cultural turn）：

> 在英美世界的某些社會科學領域中，激進主義漸漸與所謂的「文化轉向」發生密切的關係。文化轉向的理論與研究立基於一個整體的概念：了解當代社會及改變社會的關鍵在於，文化影響我們行為的方式，以及文化形塑我們去認識這個世界的方式。文化轉向的重點在於，知識與實務是相對的，因為它們皆由文化所決定。文化轉向理念多元地融合了後現代主義哲學、社會學中的文化理論，以及後結構主義哲學。這些文獻明確地推翻了他們所稱的「後設敘述」（metanarratives）。這些概念與某些特定社會運動的知識分子有關，如種族／性別／文化／性向的解放聯盟，以及各種以社區為基礎的組織、環境主義者及後殖民政治學者。[93]

---

89 出處同上，121。
90 出處同上，336。
91 Storper, 2001, 156.
92 出處同上，156, 158。
93 出處同上，16。

史托普剖析其所稱的「文化轉向的知識唯我主義」。[94] 它的社會理論所立基的關係並不是個人的關係（如自由主義者），也不是階級的關係（如馬克思主義者），而是不同文化團體之間的關係。這協助說明了許多重要，但至今很少人探究的議題。但是史托普也說明，許多後現代主義者與文化轉向學者不只攻擊現代社會的現況，也攻擊現代主義的基石——理性原則（the rule of reason）。在文化轉向研究的一個極端形式中，他們慶祝源於自身的差異性。但此作法，將導致某種形式之知識領域的法西斯主義（此點史托普應該在文中提到但卻沒有提及）。或者，將至少導致一種熱心的地方主義（gung-ho localism），其要不就是藐視國家導向的集體解決方法，不然就是提倡以地方主義（localism）與自願主義（voluntarism）來取代國家主義（statism）。因此，「各種形式的分散化發展被轉換成一種順理成章的好事」，[95] 變成「一種意識形態上的合法化，讓國家從其原本在資本主義社會中被期待扮演的角色中撤退。」在許多例子中我們可看到，這種地方主義在協助與煽動反動政策。[96]

這些都給城市規劃帶來某種程度的影響：「辯護式規劃」變成了「激進民主」（radical democracy），並從基層獲得力量：在這兩種情況之下，「規劃師的角色有所改變，他們不再是王子的顧問，而是受壓迫者的顧問。」[97] 而這變成其本身最終的目的，導致了相互的對立，並諷刺地讓追求少數族裔之群體利益的手段，再次被合理化。[98] 當然，溝通理性規劃（Communicative Planning）是其中一種形式，其立基於「假如不同團體（假設他們都有合理的訴求）可以被帶到談判桌上，使用現代共識建立的協商技巧，那麼溝通的結果將有助於為所有的利益關係人找出最佳的可能解決方法。」[99] 但是，如同許多規劃師現在所承認的，溝通理性規劃的結果可能會受制於強大的利益

---

94 Storper, 2001, 161.

95 出處同上，170。

96 出處同上。

97 出處同上，168。

98 出處同上，168-9。

99 出處同上，169。

團體，而溝通過程也可能不如我們所期望的那麼清楚或容易理解。[100]

　　這些理念上的轉變到底有多重要？第一次的轉變發生於1960年代，從都市設計導向[譯注24]的規劃轉向至系統分析及理性規劃；第二次的轉變則是從1970年代起，關於溝通理性規劃[譯注25]的發展，接著是1990年代的朝向後現代主義的「文化轉向」，[譯注26]但是，奈傑爾‧泰勒（Nigel Taylor）卻認為它們沒有一個是真正的「典範轉移」。在第一次的轉變之後，儘管規劃師仍然基於設計的考量來評斷提案的好與壞，但設計傳統已在規劃學術領域被邊緣化，於是在英國，1973年埃塞克斯（Essex）的設計指南對規劃實務產生極大的影響，其主要的影響是清楚地區分出策略規劃與地區性規劃兩者之間的差異。第二次的轉變則形成兩個對立的看法，一派堅持規劃師仍具有特殊的專業技能，另一派則主張規劃基本上是政治及價值取向的。最重要的結果是促成更關注計畫執行的部分，進而引起對有效溝通與協商技巧的重視，雖然這也許意味著規劃師仍可能肯定自己具備特殊的專業技能。到了最後一次的轉變，朝向後現代主義，此理論將規劃師推向一個全然的相對主義，拒絕所有的規範；但是像是桑德庫克這樣的代表性人物已經改變其立場，轉而接受需要某種形式之國家規劃的要求。[101]因此泰勒質疑，這些轉變

---

100 出處同上。

【譯注24】其實都市設計的定義及操作模式在近百年來也隨著時代與環境的變化，不斷地進行調整，這裡所指的都市設計應該是指建築美學及都市空間形塑導向的都市設計，此係20世紀初到20世紀中期都市設計的主要操作模式。

【譯注25】溝通理性規劃（communicative planning）真正盛行於西方規劃學院應該是1990年代的事，當時美國頂尖的都市規劃研究所（例如加州大學柏克萊分校、UCLA及MIT等校的都市規劃相關系所）中有一些學者〔如柏克萊大學的朱蒂絲‧因尼斯（Judith Innes）教授〕積極地倡議溝通理性規劃模式，並認為其有機會成為新的規劃典範（new planning paradigm），譯者當時正在加州大學柏克萊分校都市及區域計畫研究所博士班就讀，曾目睹此情景，當時此類規劃理論是都市與區域規劃博士資格考必考的內容，對規劃界及專業者而言，則是一個好像重要但似乎又難以具體實踐的顯學；然而經過了將近二十年，溝通理性規劃似乎沒有成為普遍被接受的新城鄉規劃典範，其所勾勒出的完美願景及強調溝通理性的規劃操作方式要如何落實在充滿利益糾葛及權力束縛的現實規劃環境中，似乎仍未找到明確的答案。

【譯注26】作者此處對重要都市規劃設計思潮引領風騷的年代（尤其是建築思潮）及思潮發展間的脈絡關係，似乎有點混淆了，後現代主義發跡於1960年代，其最興盛的時期應該是1980到1990年代的初期，所以後現代主義引領風潮的時代應是在溝通理性規劃思潮之前。

101 Taylor, 1999, 333-40.

是否真的就是孔恩所謂的典範轉移。**102**（譯注27）

象牙塔外的世界：實踐從理論中撤退

　　無論如何，除了溝通理性規劃理論以外，（譯注28）大多數的規劃理論都明顯地無涉於枯燥無聊的規劃實務。如同在1970與1980年代及之後，都市理論（都市研究）與都市規劃實務這兩個世界已經漸行漸遠。唯一的好消息可能是在此過程中，學院規劃者漸漸關注真實世界的議題。而且在一些領域裡，特別是分析不同的論述（discourses）在公眾參與中所扮演的角色，他們的確盡力去創造兩個世界間一些微弱的連結，這是一個雖小但值得尊敬的正面嘗試。

　　在此同時，如果理論家從一個方向上撤退，現實世界的實踐者一定會相對地前進。不管規劃專業者是否會被學院中漸增的學術爭辯所困惑或煩擾，他們還是沉浸於一種非理論性的、非反思性的、實用主義的，甚至是本能直觀式的規劃實踐。如同圖德-瓊斯（Tewdwr-Jones）所形容的：

> 規劃已經被降格成一種官僚體系支配的過程，在此過程中，為了提升組織效率的利益，政治已被貶低，而「規劃願景這個東西」（促成20世紀初期都市規劃專業活動之誕生的基本概念）也已經失落了，造成其失落原因，部分是因為立法命令的結果，由於新右派政府決定，要將規劃標準化及商品化成為一種公共服務，以及某些規劃師個人的頑抗。城市規劃已經不再是一種政治與專業性的活動，它變成了一種難以控制的技術專家政治，由公部門與私部門所共享。**103**

---

102 出處同上，34。

【譯注27】此部分是霍爾教授二十年前所寫，其實後來有一個真正的典範轉移，就是永續生態城市理論的發展。

【譯注28】其實溝通理性規劃理論與規劃實務間的距離也很遙遠，以譯者實際參與城鄉規劃的經驗，許多規劃專業者其實並不太了解溝通理性規劃的意涵，此情況在歐美地區與臺灣皆是如此。

103 Tewdwr-Jones, 1999, 139.

英國保守黨政府曾在1980和1990年代早期，嘗試要消滅規劃活動，之後滿足於已削減它成為一種規範制定及官僚體制化的活動，以新程序主義（New Proceduralism）的方式維持運作。規劃專業界無法對規劃給人的負面印象提出有效的反駁；英國皇家城市規劃協會「被指責於做出知識上的退讓」。[104] 而在現代規劃誕生的土地上，規劃竟已淪為不具顯著意義的活動，[譯注29] 這並不是因為它是錯的或是被錯置的，而是因為缺乏足夠的智識基礎來捍衛自己的重要性。

於是一片烏雲籠罩著規劃領域，但這也不是什麼新消息了，規劃的地位低落在1950年代也曾發生過，而之後很快地又回復到晴朗的藍天。在1980和1990年代的規劃發展過程中，一件新的、奇怪的、而且似乎相當獨特的規劃事件發生了，此即為學院派馬克思主義理論家與後馬克思主義理論家（基本上是那些學院派旁觀者，他們坐在正面觀眾席上，觀看這場資本主義的最後遊戲，或是將其視為是要建構一種虛幻的真實）與那些反理論、反策略、反智識形態操作之下層階級選手（代表下層階層民眾）的分離。1950年代的規劃學院派人士從未像這樣；那時候，學術人士是教練，與團隊成員生活在一起。

全部的景象當然並非如此，許多學術界人士仍然嘗試教導實務的規劃。皇家城市規劃協也加入他們的行列，變得較實務導向。規劃實踐者也並非對學術界全然閉上他們的眼睛和耳朵；某些規劃師甚至回到學校去參加進修課程。此情況在英國屬實，在美國更是如此，在那裡理論與實務分離的情況並不非常明顯。然而，我們仍清楚地看見理論與實務分離的趨勢，而且它可能比週期性發生更常出現。

理由是簡單的：當任何種類的專業教育變成正式學院的學科，當它的教師們在此機制下變得更全然的社會化，當教師的職業生涯須依賴學院同儕的評估，此時該專業的規範和價值（理論上、智識上、個別上）將變成無所

---

104 出處同上，144。

【譯注29】此情況是指在英國，在當今的中國可能不太一樣，自2011年起城市規劃已成為一級學科，並為城市創造了極大的經濟利益（當然也造成很大的分配不均及環境衝擊）。霍爾教授其實是現代中國規劃教育的催生者之一，可惜他在還沒機會對中國的城市發展進行深刻的評論之前就去世了。

不在的限制，其教學和實務之間的鴻溝會愈來愈深。例如在1980年代可看到，大量的專書和論文從規劃學院中生產出來，但是對一般規劃實務工作者來說，其中許多是與他們日常工作完全無關，甚至有很多是艱澀難懂的，然而這些難懂的文章卻經常在規劃學院裡受到高度的重視。

　　或許，有人會認為，這是規劃參與者的錯，或許我們也需要基礎科學，儘管目前其並未提供明顯的效益，或許之後我們就能享受到其科技應用的成果。此論述的困難點在於很難找到具說服力的證據（不只是在規劃領域，一般社會科學領域也是如此），來說明這種具體的效益最終一定會到臨。因此社會科學在各地已面臨到不受尊重的情況，不只在英國與美國。因此，對它們的支持也愈來愈少，此現象在英國直接反映在規劃學校裡。規劃實務和學院理論之間的關係愈來愈差，此為目前必須探討的主要未解決的問題。

第十一章

企業型城市

反向操作的規劃：巴爾的摩、香港、倫敦

1975-1990

我們每天所期待的晚餐，並非出自於屠夫、釀酒師或麵包師傅的仁慈，而是因為這對他們有利可圖。我們致力探討的，不是他們的人性，而是他們的利益，也不要和他們談論我們自己的必需品，而是與他們談論他們的優勢。只有乞丐才會選擇去依靠他同胞的施捨而活。

亞當·史密斯（Adam Smith）

《國富論》（*The Wealth of Nations*, 1776）

但是，注意！關鍵時刻尚未來臨；至少還需一百年，我們必須假裝對自己及他人說：「公平非公平，不公平即公平」這個觀點，因為「不公平」能帶來好處，「公平」則否。

貪婪、暴利及警惕，必定是我們的神為了長治久安所提供的處置。只有如此，才能讓我們從經濟不景氣的漆黑隧道走向富裕的黎明。^{（譯注1）}

約翰·梅納德·凱恩斯（John Maynard Keynes）

〈我們後代的經濟前景〉（Economic Possibilities for our Grandchildren）

《議論文集》（*Essays in Persuasion*, 1930）

本書中讀者必須謹記在心的核心論點是，對於與規劃有關的批評之重點在於規劃與競爭的對抗──也就是以規劃來取代市場競爭……但是，在目前的使用上，「規劃」已變成早期規劃形式之同義詞，有時為求簡便，無可避免地就會將其稱為是規劃，即使此意味著留給我們的對手一個很好的字眼來獲得更好的命運。^{（譯注2）}

弗里德里希·馮·海耶克（Friedrich von Hayek）

《農奴之路》（*The Road to Serfdom*, 1944）

【譯注1】對於企業型政府及市場導向的規劃專業者而言，貪婪並不是件壞事，而追求個人利益的最大化也被視為是促進經濟發展的主要驅動力。這些觀念是1980年代歐美商學院中普遍被接受的信念，但是2008年的全球金融風暴之後，面對自由經濟體系的如此不堪一擊及人類貪婪所造成的禍害，西方商學院的教育已開始重視商業倫理及社會責任，這種新的轉變恰好讓我們去思考「規劃」與「市場競爭」的差異，規劃除了追尋參與個人及團體的獲利最大化外，是否也應考量社會集體福祉的最大化？

【譯注2】作者在此引用《農奴之路》中的一段文字來說明規劃在市場機制競爭及拚經濟的壓力下，不得不做一些退讓，簡化其宏觀的考量，並弱化成為一種妥協下的制式計畫操作，此種情況放諸四海皆然。這對早期主張都市規劃應以實踐公共利益為終極目的的規劃先驅者而言，確實是一大諷刺。

自從1970年代某個時間開始，城市規劃運動變得上下顛倒且內外對調。[譯注3] 在1980年代期間，它幾乎就站在自我毀滅的關鍵點上。傳統規劃模式嘗試利用計畫與法規來引導土地使用，此時似乎愈來愈無效用；取而代之的是，規劃從原本的管制都市成長轉變成鼓勵都市成長，而且是以任何可能的方式來進行。新的訊息大聲且清楚地傳遞著，城市是創造財富的機器，而規劃的首要、也是最主要的目的，就是要潤滑此機器讓其運作得更順暢。於是規劃師漸漸認同其傳統上之對立者——開發商的角色；狩獵看守人現在變成了盜獵者。[譯注4]

比起其他地方，這種轉變在英國是最明顯的。或許這正是詩人的正義，孕育規劃運動的土地應該也是它走向劇痛衰亡的場域。但整個規劃傳統反轉的源頭是發生在美國，因為管制式的規劃在那裡從未盛行過，而且支持開發的習慣、企業精神的傳統，在美國總是至高無上的。

造成規劃運作方式反轉的根本原因是經濟。傳統的土地使用規劃盛行於1950和1960年代，那段時期是資本主義經濟最明顯的持續成長期。傳統的規劃在當時興盛的主要原因是由於它有助於引導和控制爆炸式的都市擴張。但發生於1970和1980年代的經濟衰退，則徹底地改變了都市規劃必須處理之問題的本質，因而威脅到傳統規劃的正當性。[譯注5] 此時的經濟衰退係以一種特別強大的力量來衝擊英國的經濟，曝露其深層結構上的弱點，亦即是這個國家大部分的製造業基礎已經消失。僅在1971到1981年的十年之間，英國就失去200萬個工廠就業機會。[1]新的地理景觀於是產生，日漸衰敗的都市內城區與持續擴張的英國南部高科技產業走廊形成了強烈的對比。[2]如今都市內城區問題不只發生在以前就知道的格拉斯哥和利物浦等城市，就連像倫敦和伯明罕這些一度令人驕傲的製造業重鎮都逃不過內城區衰敗的命運。在這些特定的大城市中，傳統的管制式規劃雖然仍獲得草根政治的支持，但

【譯注3】意指都市規劃不再是全然地由上而下、政府主導的決策模式。

【譯注4】意指都市規劃原先的目的是要維護公共利益，防止土地炒作，但現今卻變成是鼓勵投機與土地炒作的工具。

【譯注5】此時最關鍵的規劃問題不是「管控成長」，而是「缺乏成長」。

1 Massey 和 Meegan, 1982; Massey, 1984; Hudson 和 Williams, 1986; Hausner, 1987。

2 Boddy 等，1986; Hall 等，1987。

在英國其他廣大的地區，對成長的控制與引導已經不是人民所要的，現在人民想要的是，能促進經濟成長的活動與措施，而且是不惜以任何方式來推動。

　　類似的情況也出現在美國。傳統的製造業工業區域，如新英格蘭、亞特蘭大的中部以及相當重要的中西部，同樣面臨海外地區便宜人工成本的競爭壓力，因而導致利潤下降，而必須進行組織重組。美國製造業的產業走廊得到了一個新媒體封號：銹碗（the Rustbowl）[譯注6]。巴里‧布魯斯東（Barry Bluestone）和班尼特‧哈里森（Bennett Harrison）的專書更為此現象下了一個戲劇化的標題：《美國的去工業化》（*The Deindustrialization of America*），其估計美國1970年代的工廠遷移、倒閉、永久性縮編的整體效果，等同於國家付出高達3,800萬個就業機會的成本。據估計，在1969到1976年之間，其總共失去的3,500萬個工作機會中，有超過一半是發生在美國工業的心臟地區：亦即所謂的霜凍地帶（Frostbelt）。[3]

　　此現象震驚了規劃界和他們的都市政治領袖，他們忘了近代城市發展史中的警訊，如本書第五章所提到的，美國區域規劃協會創始人及雷特朋新鎮的設計者克拉倫斯‧斯坦因，早在其1925年5月發表的〈恐龍城市〉（Dinosaur City）文章中，就已預測到都市經濟將衰頹。[4]另一位深具洞察力的經濟學家科林‧克拉克（Colin Clark），在其1940年的《經濟進步的條件》（*The Conditions of Economic Progress*）一書中，亦正確地預測到製造業就業機會的普遍性緊縮。[5]但當初這兩個警告都沒有受到注意，這兩位先驅者的見識都遠超過當時的同儕，因此不受重視。

　　然而還不只這些。在1970年代的英國和美國，新保守主義決策者的智庫──英國政策研究中心與美國襲產基金會，開始挑戰曾產出凱恩斯經濟政

【譯注6】亦譯作「銹帶」，為美國早期最重要的工業走廊地區之一，範圍從紐約州西部開始，穿過賓夕法尼亞州、西維吉尼亞州、俄亥俄州、印第安納州、密西根州、西伊利諾州北部、愛荷華州東部和威斯康辛州東南部。此區域曾為美國重要的製造業工業區域，但因不敵全球競爭的壓力，產業及工作機會大量流失，造成民生及國家競爭力上的重大問題。

3 Bluestone和Harrison, 1982, 26, 30。

4 Stein, 1925.

5 Clark, 1940.

利物浦區（Liverpool）的公共住宅

1960年代都市內城區荒廢的公共住宅，此係為美國普魯伊特—伊戈（Pruitt-Igoe）
公共住宅計畫對英國影響的證明。

（© *Liverpool Daily Post and Echo*）

策及福利國家社會政策的那種整個社會安於現狀的共識。一些早期經典著作中的論述，例如海耶克（Hayek）具三十年歷史的著作《農奴之路》（*The Road to Serfdom*），此時被提升到神聖的文本之地位，而都市規劃本身則成為一群被攻擊政策的核心。激進的右派認為規劃政策扭曲且抑止了市場力量的運作，迫使工業家們選擇次佳的區位來設廠，甚至扼殺了企業精神。他們認為，規劃政策至少必須為都市與區域無力發展新產業來取代日漸衰退的產業而擔起部分的責任。區域規劃在這個方面上受到特別多的攻擊，雖然海耶克對批評的範圍有所保留，土地使用規劃也同樣地受到責難。

　　首批的警告其實在這個基本批評之前就已經被提出，它們在1960年代晚期出現。在美國，詹森政府在1964至1967年的暴動後，再次擴大都市反貧窮計畫。而模範城市計畫（The Model Cities Program）以及相關的社區發展計畫（Community Development Program, CPD）就是此行動的結果（見第八章）。在英國，一系列的研究報告，包括米爾納‧荷蘭（Milner Holland, 1965）關於倫敦住宅的報告、普洛登（Plowden, 1967）關於小學的報告，以及西博姆（Seebohm, 1968）關於社會服務的報告等，都顯示出英國官方已重新發現貧窮的問題。深具洞察力的學院派評論家如大衛‧埃弗斯利（David Eversley）開始帶領學界參與倫敦的策略規劃，並開始指出倫敦經濟基礎已被侵蝕的問題。[6] 伊諾克‧鮑威爾（Enoch Powell）在1968年4月，針對城市中種族緊張問題發表一場惡名昭彰的演說，在演講中他回憶到暴動使台伯河（Tiber River）裡流滿鮮血。此演說迫使威爾遜（Wilson）工黨政府驚慌地提出了政策回應：提出一個給予移民高度集中地區特別援助的都市專案計畫，或是按照官方的婉轉說法，是為有特殊需求的地區提供援助。[7] 在複製美國經驗的情況下，英國於1969年開始實施社區發展計畫（CDP），目的為提升弱勢地方社區的居民意識。某些社區計畫的團隊成員中，許多年輕的成員具有馬克思主義的熱忱，他們熱情地執行任務，有時與地方官僚發生衝突。但在1976年，整個實驗性計畫突然中止了。[8]

---

6 大倫敦議會（Greater London Council），1969; Donnison 和 Eversley, 1972。

7 Edwards 和 Batley, 1978, 46。

8 McKay 和 Cox, 1979a, 244-5; Hall, 1981，第五章。

但這裡卻有一個相當罕見的歷史性諷刺。CDP的團隊所釋放的訊息是，某些地方的問題，例如伯明罕的史爾特利（Saltley）和新堡的班威爾（Benwell）等地的問題，是「結構性的」（structural）：一個來自學院的新流行字眼進入規劃的語言中。當代資本主義經濟的主要力量，特別是資本愈來愈集中於少數獨占者手中的情況，已將企業和工業的控制權從地方的手中奪走，轉移到更遙遠的跨國企業的董事會手中。CDP團隊的結論是，在現今資本主義系統的限制中，是無法找到解決之道的，這個訊息不被當時城市的政治領袖或是英國的住宅辦公室所接受。歷史的諷刺是，十年後，一個新的政治世代在市鎮政府的大廳裡溫情地同意了此觀點。但在此發生之前，結構性的經濟衰退已成為廣泛被接受的觀念。

這個工具在某些方面來說似乎不是最合適的。1972年，當時的保守黨政府環境部國務大臣彼得·沃克（Peter Walker）任命三位英國最資深的顧問，針對三個貧困的城市內城區進行深入的調查。它們最後的調查報告於1977年的夏天同時公布，強調出相同的結論：貧困不再只是個人或家戶收入低於貧窮水準的問題，而是整個都市經濟失敗的問題。[9]當時的政府，現在的工黨，接收到此訊息，他們在1977年的一份政策白皮書[10]和1978年的都市內城區法（Inner Urban Area Act）中，將都市內城區的施政重點大幅度地轉向至促進經濟復甦。其後，在產業發展政策上，都市內城區明確地受到較優先的考量，中央政府的資源也由新市鎮轉向至協助既有的城市，於是都市專案計畫大規模的擴張，而且中央與地方政府間的夥伴關係也被引入至某些主要都市中貧困問題最嚴重的地區。

起初，整個政策移轉的程度並不明顯，當時的官員大多是拿出塵封在抽屜已久的既存計畫，重新提出而已。這些計畫文件反映了傳統官僚體系的責任和其關注的事物：例如在這裡設置一個休閒中心，在那裡營造一處小景觀。但在1970與1980年代交接之際，眼見都市內城區的經濟仍持續衰退，施政重點明顯地轉移了。當時幾乎所有的政府當局都有以不同名稱而成立的

---

9 英國環境部（G. B. Department of the Environment），1977a, 1977b, 1977c, 1977d。
10 英國環境事務大臣（G. B. Secretary of State for Environment），1977。

經濟發展辦公室，並僱用新人，以便替政府部門增添新血，[11]都市規劃師有時也會接受此類任職，但他們常發現自己必須改變傳統的規劃角色。1947年以來，英國法定規劃系統的傳統考量，尤其是對於成長的引導和管制，突然被一種新興起的不計任何代價來鼓勵成長的想法所取代，相關政治議題也轉而開始專注於如何有效地促進都市成長。

美國的羅斯化（Rousification）

在此刻，某些英國的規劃師和政治人物開始望向大西洋的彼岸，希望尋找可供借鏡之處。因為訊息在1970年代晚期從對岸清楚的傳過來，美國的城市已經找到創造成長的神奇公式。例如在典型的盎格魯—美利堅式的高級聚會中，通常憂鬱的英國人會播放荒廢且無生氣的利物浦內城區的投影片，而活力充沛的美國人則會展示生趣盎然的波士頓市中心區的圖片，圖中充滿了生氣、色彩與活力，當然更不用說地，會炫耀他們城市中正在竄升的市場銷售額和擴張的就業機會。[12]都市復甦（urban revitalization）(譯注7)的神奇祕方——這個美國人的流行話開始在那樣的聚會中流傳，而且它似乎存在於一種新的創意性夥伴關係（partnership），此時夥伴關係一詞也漸漸被美國人不斷地使用，用來形容市政府與私部門之間的一種合作關係。這類都市復甦方案得到來自美國聯邦政府明智的財務支援，而且相對英國白廳給予英國城市的援助，明顯的較少限制條件。

都市復甦也存繫於社會上一種清楚的認知，認知到都市依賴製造業經濟的時代已經過去了，接下來的成功關鍵存繫於，如何為中心城市尋找和創造一個新的服務部門的角色。對郊區生活感到無聊的居民將會成群結隊的來到一個復甦的城市，因為這裡提供他們在郊區購物中心無法找到的生活品質。雅痞或是年輕的都市新貴（此字眼在1980年代早期開始流行）的出現，將

---

11 Young和Mason, 1983。

12 Hall, 1978, 33-4.

【譯注7】也可譯為都市復興，其與都市再發展（urban redevelopment）一樣，都是不同於早期推土機式都市更新（urban renewal）的改良作法。都市復甦強調循環再利用及適當的經濟性活動之引入。

使得市中心周邊破敗的維多利亞住宅區變得仕紳化，發展成中產階級住宅區，他們所帶來的消費能力，將促進周邊精品店、酒吧與餐廳的發展。最後，復甦的城市將變成吸引觀光客的景點，提供城市一個新的經濟基礎。

這正是促使波士頓水岸地區復甦及促進巴爾的摩內港區（Inner Harbor of Baltimore）成功轉型的關鍵作法，這兩大更新計畫後來皆成為第一階段都市復甦的知名展示案例。若仔細分析兩案，問題當然更為複雜。這兩個城市早在1950年代便開始經歷都市衰退，並從那時候起，就開始針對此問題尋求解決之道，它們比英國的同類型的城市早了將近二十年。1960年代，兩個城市先實施傳統的鼓勵設置企業總部辦公室的作法，由於兩個城市皆是歷史悠久的商業中心，而波士頓又是金融機構的主要聚集地，它們執行此作法比英國城市容易得多。兩城市接著在廢棄的都市碼頭區進行大規模的水岸空間再發展，整合當時最新的閒置倉庫再利用、市場建築、精品商店、酒吧、餐廳、飯店，以及推動舊住宅區之更新。

再者，這兩個城市的水岸空間再發展計畫，都是由相同的關鍵機構（羅斯公司）在推動。詹姆斯·羅斯（James Rouse）是巴爾的摩計畫的主要開發商，他在1960年代晚期就相當知名，其曾建造美國的哥倫比亞新市鎮，是當時美國最有企圖心的私人企業所建造的新鎮之一。透過他在大巴爾的摩委員會中的領導角色，一個商業菁英團體於1956年成立，他也在初期階段便加入了巴爾的摩市中心的復甦計畫，此計畫包含33公頃的查理斯中心及其他內容，是一個嘗試結合辦公室、商店、飯店和公寓等機能的複合式大型開發計畫，於1950年代晚期開始發展。這是在1949和1954年都市更新法案的影響下所發展出的計畫，幾乎在每個面向上都遵循匹茲堡和費城所設定的模式（見第七章）。在巴爾的摩的案例中我們可以看到，一個激進的新世代商業菁英（詹姆斯·羅斯）如何有效地掌控城市，領導一個促進成長的聯盟，藉以技巧性地引導民意支持，並結合聯邦政府與私人資金來推動大尺度的商業再發展。[13]

他們所做的並不是非常新的概念，其實已有超過一打以上的城市正在做

---

13 Lyall, 1982, 28-36; Mollenkopf, 1983, 141, 169-73; Berkowitz, 1984, 203.

或嘗試做這件事。但羅斯在巴爾的摩內港計畫、昆西市場（Quincy Market）更新計畫及波士頓水岸空間地區計畫所扮演的角色，的確讓這些案例顯得特別。這些計畫的規模都很大（巴爾的摩計畫的面積有250公頃），它們是結合休閒、文化、購物、混合收入住宅的複合式開發案。這些計畫都以「可適性再利用」（adaptive reuse）的概念為基礎：強調舊建築的修護與循環再利用，並引入適當的新機能。[14]這些計畫也擔負了重要的公共性角色及更大的聯邦承諾：巴爾的摩計畫需18,000萬美元，其中5,800萬美元來自市政府，卻只有2,200萬美元來自私部門。聯邦政府的補助，搭配著公部門可投資在具獲利能力之開發事業新觀點，以及公部門與私部門企業間的夥伴關係，都是這些都市復甦計畫的關鍵成功要素。[15]當然政治領導人物也很重要，兩個城市都是由精明、聲譽卓著，且與鄰近地區保持良好關係的民主黨市長來執行方案——在波士頓為凱文·懷特（Kevin White）市長，巴爾的摩則為威廉·丹尼爾·謝弗（William Daniel Schaefer）市長。

前述兩城市的都市復甦成果與倫敦的柯芬園有許多類似之處，柯芬園的再發展差不多發生在同時（見第七章）。這些計畫皆自豪於以觀光開發為基礎：巴爾的摩每年吸引2,200萬名旅客造訪，其中700萬屬旅遊性質，等同於迪士尼遊樂園的遊客人數。這提供了一個關鍵線索，以了解這些開發計畫不同於以往都市規劃案的創新之處：

> 創造這些成功都市復甦地區的過程不經意地涉及到房地產開發。它更像是經營一家電影院，必須有持續創新的吸引因素來把人們往內拉，並讓他們感到歡樂。或許最成功的模式就是美國佛羅里達州占地28,000英畝的華特迪士尼世界，它係由一家擁有特別關注於「想像力」與「吸引力」的專業部門的公司來經營。當今的規劃調查員或城市規劃師似乎缺乏這種創造電影院所需特點的那種特質，雖然他們可能可以做演員或編劇。[16]

---

14 Hart, 1983, 19.

15 Lyall, 1982, 51-5; Falk, 1986, 145-7.

16 Falk, 1986, 150.

波士頓昆西市場（Quincy Market）

巴爾的摩內港區（Baltimore, Inner Habor）

透過公私部門夥伴關係（public-private partnership, PPP）促成美國都市內城區更新的兩個傑出案例，兩者皆由羅斯公司主導，「羅斯化」因而進入規劃者的語彙中。

波士頓和巴爾的摩的羅斯化發展（Rousification）——一種已被重複應用在20多個美國舊工業城市的都市復甦過程——刻意地將城市營造成娛樂舞台。就像戲劇係反映真實生活一樣，但羅斯化城市所呈現的，事實上已不再是其之前的都市生活：這種新的都市生活就像加州迪士尼樂園歡迎遊客的主街美國秀，它是消過毒以保護您的（如俗話所說的）、是有益健康、沒有危險性的，以及八分之七的真實大小。圍繞它的是，魅力十足的復甦街道（幾乎都是美國住宅與都市發展基金所支持的雅痞化發展），它們有著完全相同的品質：它們試圖看起來就像是迪士尼電影一樣充滿想像中的都市美國，但卻意外地成真了。

在任何狀況下，波士頓與巴爾的摩似乎變得愈來愈有趣。因為，在所有先進的西方國家，舊碼頭區成為一個主要的焦點，或許是大規模都市更新的焦點。在1970年代，這些城市中的碼頭區一個接著一個突然地從繁榮跌入衰敗，它們成為了全球經濟衰退、貨櫃運輸技術調整，以及世界貿易模式改變等一連串複雜事件下的犧牲者。在1980年代，同樣的碼頭區經歷了高強度的復甦，嘗試轉型成為擁有辦公、零售、住宅、娛樂、文化及觀光休憩等功能的複合式開發區。一些成功案例，如巴爾的摩的內港區和倫敦港區，都成為都市規劃者國際旅遊路線中的必訪景點。[譯注8] 這些計畫展現出令人稱許的公私夥伴關係，有時是市政府涉入其中，有時是都市發展公司，有時是以混合形式參與。[17]

企業特區大辯論

在這裡，有一個特殊的概念扮演著極為重要的角色，這是作者從未想過的。於1970年發表創新的「非計畫宣言」（Nonplan manifesto）的共同作者

【譯注8】從促進經濟發展的角度來看，這些案例可算是成功的範例，值得各界來觀摩；但從社會規劃的角度來看，則褒貶不一。其實規劃的核心問題不只是要創造經濟效益，對於效率與公平的均衡考量，以及成本與效益在空間和社會上的合理分配〔例如：誰付費、誰受益（Who pays and who gains）〕，也應是規劃專業者需注意的重點。

17 Hoyle等，1988，各處。

（第八章）彼得・霍爾，他在1977年於切斯特（Chester）所舉行一場對英國皇家城市規劃學會的演講中，指出當時日益嚴重的都市衰敗問題：「一些大都市地區可以看到自己的經濟成長已經減慢、停止，然後反轉成衰退，這些城市正面臨人口與工作機會的流失。」檢視眾多重建都市經濟基礎的可能方法之後，他發現的可能性是「沒有一個方法能真正的帶來經濟復甦。」因此他建議：

> 「最佳」的作法可能是「好」的作法的敵人。如果我們真的想要幫助都市內城區以及一般的城市，我們或許必須使用高度非正統的方法：⋯⋯有一種可能的最終解決方法，我稱它為自由港區（Freeport）解決方法，其為將內城區裡小範圍、經挑選出的基地，開放給各種嘗試或措施，並給予最少的限制。換句話說，我們企圖在利物浦與格拉斯哥的內城區裡創造出1950、1960年代的香港。[18]

打造自由港區需要三個基本要素。這些挑選出的自由港區設置地點需完全開放，以供企業家與資本的移入，此意味著必須沒有移入的限制。該地區之發展「將依靠熱愛賺錢而毫無羞恥心的自由企業」，而且「官僚體制之介入應保持在絕對的最低限度」。至於居住安排將尊重遷入者的個人選擇，因為該地區將不會在英國一般的法令管制與監督之下。霍爾做出以下的結論：「這樣的地區將不會符合現代英國福利國家的傳統，但它卻可能是非常具有經濟活力的香港模式。既然它代表極度激進的都市問題的最終解決之道，就應該先以非常小的規模來先做試驗性的實施。」他最後以放棄作為結尾，這的確是挺諷刺的：「我並沒有期望英國政府立會即採取此解決方案，而且我想要強調我並非正在建議使用此作法來醫治我們的都市問題。我想要表達的是，這是一種模式，且是所有可能的解決方法中一種極端的模式。」[19]

---

18 Hall, 1977, 5.
19 Hall, 1977, 5.

倫敦港區再發展前後的比較

倫敦港區在1980年代的轉型,代表歐洲規模最大(如果不算是世界最大)的都市復甦計畫。對某些人來說,其為教導如何進行都市復興的卓越案例;但對另外一些人而言,其則是教導不應該做那些事。

(© *Homes and Communities Agency*)

如同後來相關的深入分析所呈現的，從某些方面來看，霍爾所提到的香港模式是一個特殊的案例。從特納對抗第三世界住宅部門官僚體制的運動來看，香港是一個極端保守主義的代表性案例：整個1960與1970年代，相對於其外在的神祕形象，香港始終是非共產主義世界中擁有最多公共住宅計畫的地區。[20]喬納森‧希弗（Jonathan Schiffer）後來提出一個巧妙的解釋：藉著讓大眾住宅成本保持在一個承諾的最低水準，它得以大幅削弱要求薪資增加的需求，並讓香港勞工成本維持在已發展國家中的最低水準。[21]此外，雖然按傳統的英國標準來看，香港並沒有非常嚴格或綜合性的英式土地使用規劃系統，[22]但若以許多開發中國家的標準來看，香港確實施了許多計畫干預。儘管如此，霍爾也可以為自己的基本觀點辯護：儘管用許多方式來提供間接的補貼，香港仍是世界上，依據國際市場情勢而迅速進入新企業戰線的最成功案例之一，而這主要依賴於香港主導性小型企業部門的超凡適應力。[23]

然而，這只是學術論辯中含糊的一部分。奇怪的是，即使霍爾對於英國政府會採取行動的可能性仍持高度懷疑的態度，但他沒有等太久就看到自己的論點被實現了。1980年，英國新保守黨政府提出企業特區（Enterprise Zones）條款，財政部大臣並特別說明他為此一方案的作者。在1980至1981年期間，政府指定了15個企業特區，其中之一是位於倫敦港區（London Docklands）心臟地帶的道格斯島（Isle of Dogs）。整個企業特區的概念及其倒楣的作者，理所當然地受到大西洋兩岸激進的學術界之強烈攻擊。[24]

在實際執行時，如同財政大臣賀依（Howe）在1980年預算中所介紹的，它變得緩和多了：企業特區的效益如今是基於直接的財政補助而非解除管制。移入企業特區的公司可以得到百分之百的資本稅減免、工業與商業建物的賦稅減免，以及免徵土地開發稅及免除許多一般規劃與法令的限制。日

---

20 Choi和Chan, 1979, 187。

21 Schiffer, 1984，各處。

22 Bristow, 1984.

23 Sit, 1978, 92.

24 Harrison, 1982; Massey, 1982; Goldsmith, 1982.

後證明，許多私人資本是受到財政部以資本稅減免及其他稅賦減免等方式之補助的吸引才遷入企業特區，在1985年時，這些減免的金額高達15,000萬英鎊。[25]至於大部分其他的元素，諸如允許勞工的自由流動、對移入企業家的獎勵措施，以及免受主流法規限制的一般性自由，則明顯的未被考慮。這是一個特別深刻的案例（尤其是在英國），只有被消毒成是完全不具傷害性的情況下，激進的規劃想法才會被政府當局接受。這裡明顯缺乏的，其實就是約瑟夫‧熊彼特（Joseph Schumpeter）所清楚指出的，任何獎勵創新的機制，以致無法為傳統工業基礎已經消失的地區提供替代的工業傳統。[26]

企業特區的一項優點是，政府付出代價使得特區能夠獨立地被評估。在1987年時，評估結果顯示，在1981年2月到1985年6月期間，23個企業特區估計共花費約29,700萬英鎊。這些投資吸引超過2,800家公司，故僱用了約63,300人。其中約23%的公司原本就設址在當地，37%是後來遷移進入的；14%是分支機構，剛好超過25%是新設立的公司。在遷移過來的公司中，58%來自特區附近的地區，80%來自較遠的當地區域。關於63,300份工作機會，顧問公司的研究發現，只有約35,000個工作是由企業特區政策所直接創造出來的，其他大部分是從其他地區轉移而來的，但有一些是新的。扣除掉發生在特區以外當地區域的損失，以及加上為當地帶來的非直接效益（例如產業鏈結及營造工作機會），顧問公司總結：特區與當地新創造的工作機會加起來剛好略低於13,000份，創造一份工作的成本為8,500英鎊，而在較大範圍的當地區域（包括企業特區），每一份新增工作的成本則介於在23,000到30,000英鎊之間。[27]

每四家企業特區的公司中有三家認為他們將會從企業特區設立中獲利，但是不少於94%的公司則認為免稅是最大的誘因。關於規劃管制鬆綁的影響是很難評量的，因為特區土地是為許多規劃單位所擁有，其在鬆綁管制的同時，又企圖維持某些更廣泛的土地使用型態。[28]

---

25 Brindley等，1989, 107; Johnson, 1991, 196; Lawless, 1986, 263。
26 Hall, 1982b, 419.
27 英國環境部（G. B. Department of the Environment），1987, 2, 10-12, 18, 21, 25, 30, 52-3。
28 出處同上，30, 57, 70, 85。

倫敦港區戰役[29]

　　所有這些都與英國的規劃論辯高度相關，且無可避免的，由於問題所涉及的尺度和性質，使得辯論變得政治化。因為，至1970年代晚期，在所有英國的大型城市裡，一個新的現象浮現：標示為廢棄工業或倉庫建築廢墟的大片閒置或半閒置土地，正等待著被重建。這些土地大部分為政府或半官方機構所擁有，地方政府當初是為了興建住宅或道路而購置這些土地，但由於公部門支出縮減（或民眾反對道路興建）而停止計畫。其他有一些則是因為公營公司如碼頭管理局、英國瓦斯或英國鐵路後來遷移到別處營運，而留下這些土地。

　　其中最受人矚目的案例是倫敦港區：它是一塊大型土地，面積約8.5平方英里，從倫敦市著名的「平方英里」（Square Mile）[譯注9]的最邊緣開始，沿著泰晤士河兩岸向下延伸約8英里遠。世界上可能沒有任何一個城市能像倫敦的「平方英里」與比鄰的「倫敦港區」〔從倫敦塔橋（Tower Bridge）開始〕形成如此鮮明的對比。兩區是同時開始發展的：早期熱絡的碼頭貿易活動孕育了倫敦市的商業活動，使它成為世界經濟的樞紐，用安東尼‧金（Anthony King）的話來說，他讓倫敦成為世界第一個真正的全球都市。[30]但是如今倫敦的財富已經驚人地大量分散至其他地方。

　　港區在19與20世紀初期已開始發展，當時興盛的貿易發展帶來了倫敦橋下河面船隻擁擠的交通。第一個開始營運的是西印度碼頭（the West India Dock），於1802至1806年開放，最後一個興建的碼頭則是1921年開放的喬治五世碼頭（George V Dock）。[31]當時倫敦是世界上最繁忙的港口，不論在貨物價值或貿易量上都是全球首屈一指。許多工業在碼頭周圍興起，一些處理毒性物質的工廠如大型的貝克頓煤氣廠（Beckton Gas Works）就設置在倫

---

29 此部分的論述是參考霍爾（Hall），1998，第28章。

【譯注9】「平方英里」（Square Mile）是倫敦的金融中心，因其實際大小只有2.6平方公里，因此被稱為「Square Mile」。該區是倫敦最早發展的地區之一，歷經數百年發展後已成為倫敦商業活動的主要聚集地，銀行、保險、票券、交易所與中央銀行等金融機構皆位於此地。

30 King, 1990, 74.

31 Al Naib, 1990, 1-3; Brownill, 1990, 16-17; Hardy, 1983a, 5; King, 1990, 74; Ogden, 1992a, 4.

敦郡議會管轄界線的外圍。當時的工廠皆是高度依賴手工的工業，工作性質多是臨時性的，因此在工廠周圍形成了大量的勞工階級住區；當時的勞資關係非常糟糕，工人們在政治上非常活躍。[32]

碼頭的臨時工僱用結束於1967年，諷刺的是，頗具歷史意義的東印度碼頭也在同一年關閉。[33]自此之後，碼頭關閉的速度比它們當初開放的速度要快得多。最後僅存的皇家碼頭（the Royal Docks），雖然曾經一天服務一百艘船隻，卻也在1981年走上關閉的命運。[34]貨櫃運輸產業的改變是造成這波碼頭關閉的主要原因，新的方式偏好近海的河口港，如哈維奇港（Harwich Port）及費利克斯托港（Felixstowe Port），當地的勞工成本也低廉許多，或是轉到倫敦下游20英里處的蒂爾伯里港（Tilbury Port）。在碼頭區的最興盛時期，總共約有30,000名倫敦碼頭工人在此工作，但在碼頭區衰敗之後，只剩3,000人在蒂爾伯里港區工作，處理每年約5,000萬噸的貨物。[35]在最嚴重的失業時期，貝克頓煤氣工廠先關閉，接著是格林威治煤氣工廠，碼頭相關產業也開始萎縮。至1981年時，碼頭地區的失業率高達18.6%。[36]

這些情況讓規劃師們感到相當驚訝。整個情勢變化得太過快速，由於老舊內城港區的關閉，5,000英畝的碼頭土地突然成為倫敦最大的開發機會，此乃是自1666年倫敦大火以來，從未出現過的情況。但是當地社區對於更新再發展仍然高度存疑。港區論壇組織（the Docklands Forum）及港區聯合行動小組（the Joint Dockland Action Group）於1970年代中期崛起，成為地方社區利益的半官方代言人。[37]一份由保守黨政府委託卓華斯‧摩根（Travers Morgan）研究機構製作的調查報告於1973年公布，為港區的未來提出了五個方案，其中一個方案是以港區傳統的特色為基礎進行再發展，其他四個都是激進的新作法，這份報告受到地方社區團體與自治區政府強力的抨擊，之後的新首相也放棄此報告的建議。此後不久，工黨在白廳

---

32 Hardy, 1983a, 6-7; Brownill, 1990, 18; Hardy, 1983b, 9, 11; Ledgerwood, 1985, 42-3.

33 Al Naib, 1990, 3; Hardy, 1983b, 10.

34 Al Naib, 1990, 3; Ogden, 1992a, 4.

35 Al Naib, 1990, 3; Hardy, 1983a, 12; Newman和Mayo, 1981, 534-5。

36 Brindley等, 1989, 99; Falk, 1981, 67; Legerwood, 1985, 59。

37 Falk, 1981, 66; Hardy, 1983a, 8; Ledgerwood, 1985, 68-73, 75.

（Whitehall）重掌政權。[38]

此時是1970年代的中期，大尺度、由上而下、專業導向的城市規劃之全部概念，已由地方社區團體開始推動的由下而上式之規劃概念所取代，在此，規劃師成為人民的公僕。新的規劃模式意味著一種精巧的、試驗性的、協商形式的規劃風格已逐漸形成，由「港區聯合委員會」（Docklands Joint Committee, DJC）加上「港區論壇組織」來代表民眾，特別是激進的社區組織。[39]這樣的規劃模式於1976年產出了港區策略計畫，此計畫的主要目的是要維護與強化現況（當然，這需要假設有一個所謂的現況可以維護）。[40]一般社會大眾對此計畫的反應，就如同格蘭特·萊傑伍德（Grant Ledgerwood）所說的，是一種「憂鬱的困惑」（melancholic bemusement）。《泰晤士報》的評論則是，「此獨特的倫敦東區作法是自相矛盾的，『我們既要倫敦其他地區擁有所有的東西，但我們又要維持現況。』」[41]

在1977年時，一個巨大的金融危機已然來臨，政府已經沒有錢可以提供了，但到了1978年又有基金可以運用，因為一個一般性大選即將來臨。[42]不管何種情況，1978年通過的內城區法案中所提出針對的相關基金不可用於土地購買的限制，對後續的計畫發展產生很大的影響。倫敦港區聯合委員會最後一無所成，而當地經濟也處於崩潰的狀態。如同尼古拉斯·法爾克（Nicholas Falk）所指出的，地方社區團體是被自己所營造出的美麗幻想給束縛住了。[43]

1979年5月，瑪格麗特·柴契爾（Margaret Thatcher）任命麥可·赫塞爾廷（Michael Heseltine）為環境部大臣。他回憶1973年乘坐飛機飛過倫敦港區時所見到的景象：

---

38 Brindley等，1989, 100; Ledgerwood, 1985, 87, 91-4, 99-100。

39 出處同上，95-9, 101-3。

40 港區聯合委員會（Docklands Joint Committee），1976, 8; Hall等，1976, 274; Ledgerwood, 1985, 115, 118-21, 129。

41 節錄自Ledgerwood, 1985, 123。

42 Brindley等，1989, 101; Brownill, 1990, 26-7, 29; Ledgerwood, 1985, 116, 122。

43 Brownill, 1990, 27, 29; Hardy, 1983a, 16; Brindley等，1989, 29-30, 101; Savitch, 1988, 225-6; Falk, 1981, 78。

與西堤區繁榮喧鬧的「平方英里」形成了強烈對比，倫敦港區有數百英畝空曠、毫無希望、已荒蕪的碼頭與倉庫……雖然有各式各樣的委員會、許多調查報告與討論，但在我眼下驚駭的事實是沒有人做了任何有用的事……所有人都參與了，卻沒有人為此負責。[44]

他立即要求環境部常務次長約翰·加利克爵士（Sir John Garlick）進行相關法案的立法。1980年的「地方政府規劃暨土地法案」（Planning and Land Act of the Local Government）正式賦予法定權力來設置企業特區與都市開發公司（Urban Development Corporations, UDC）。[45]

赫塞爾廷坦率地承認，都市開發公司（UDC）是模仿工黨政府於1946年所推動的一項成功政策：新市鎮開發公司。以他自己的話來說，其目的是「在舊都市裡創造新鎮。」[46]但此兩者其實有很大的差別。最重要的是，都市開發公司將取代地方政府的角色，成為管控開發的單位，而且被賦予權力去「擁有」土地無須上訴。《每日電訊報》（Daily Telegraph）在1987年正確地觀察到：「這些所謂的開發公司……更像一個社會主義概念而非保守黨政權的產物。」[47]都市開發公司的基本概念是美國式的槓桿手法，其先以公共投資來啟動整個過程，再加入新的權力關係，創造出一個對的環境（the right conditions），以吸引大量私人資本的投入。[48]其實，赫塞爾廷是刻意想要繞過（避開）當地的規劃師，以達到他的目的：

我們拿走了他們（當地規劃師）的權力，因為他們把一切都搞砸了。他們是那些把所有事情做錯的人。他們有諮詢委員會、規劃委員會、一些相關的委員會，甚至是討論委員會——但卻毫無建樹……都市開發公司才真正會做事。除了會做事之外，他們也將免於受到民主程序中不可

---

44 Heseltine, 1987, 133.

45 Heseltine, 1987, 133, 135-6; Imrie 和 Thomas, 1993, 8; Lawless, 1991, 25; Meadows, 1985, 162。

46 Heseltine, 1987, 157.

47 Brindley 等，1989, 115。

48 Letwin, 1992, 181.

避免之拖延的干擾。[49]

　　赫塞爾廷選擇了奈傑爾‧布羅克斯（Nigel Broackes）與雷金納德‧沃德（Reginald Ward）分別擔任主席與執行總裁來經營倫敦港區開發公司（LDDC），布羅克斯是特拉法加房屋投資公司（Trafalgar House）的主席，是一位商人及財產專家，而沃德則是經驗豐富的地方政府官員。倫敦港區開發公司刻意地不做太多的規劃，他們請顧問公司描繪出廣泛的發展架構，以作為指導綱領，此架構是彈性可變動的，並具備「需求導向」的特質。面對此指導綱領，各個區政府都可自行解決其區內的問題，薩瑟克（Southwark）區政府甚至嘗試在被法庭取消前，擬定自己的計畫；社區團體內部也常出現各種意見分歧，以致無法達成協議。[50]

　　這些衝突的背後其實隱藏著不同選區的問題，理查‧巴特利（Richard Batley）的分析指出，如同赫塞爾廷一開始就強調的，區政府需服務他們自己的地方社區，但倫敦港區開發公司則關注於未來發展的國家利益。[51]在這十年之中，LDDC與各區政府之間發展出不同程度的夥伴關係，在薩瑟克新都市左派（New Urban Left）的計畫中，LDDC採取不合作及對抗的態度，但對於哈姆雷特塔（Tower Hamlets）區政府則採取合作姿態，並與紐漢（Newham）區政府協商貿易交易。[52]

　　到了1980年代末，這一切都結束了，柴契爾夫人贏得最後的勝利。1991年3月，LDDC已經購買了2,109英畝的土地（全部港區的40%中，有20%是水域），其中401英畝保留為水域，483英畝被指定為基盤建設使用，1,225英畝作為開發使用，開發使用土地中有661英畝於1990年賣給私人部門，另外564英畝（主要為皇家所有）則正在回收再利用或等待被開發。[53]LDDC獲利於土地價值的大幅上漲，而且這是由它自己的開發活動所

---

49 Thornley, 1991, 181.

50 Brownill, 1990, 111; Ledgerwood, 1985, 158; Hall, 1992, 22; Thornley, 1991, 175, 176, 177, 179.

51 Batley, 1989, 171-5, 180.

52 出處同上，178; Brownill, 1990, 121。

53 Brindley等，1989, 104; Brownill, 1990, 42-3；教堂，1992, 43。

產生的：企業特區的土地價格從 1981 年的每英畝 8 萬英鎊（每公頃 19.8 萬英鎊），飆升到 1988 年的每英畝 400 萬英鎊（每公頃 1,000 萬英鎊），此時港區住宅區的土地價格已可媲美西倫敦的河堤地區。這些土地銷售剛好用來支付主要基盤建設的花費，例如貝克頓（Beckton）地區的港區輕軌延伸工程。總體而言，從 1981 到 1989 年，LDDC 總共支出 7 億 9,000 萬英鎊，16% 用於購買土地，17% 用於工程，土地重整占 11%，交通建設占 21%。[54]

　　交通是一個特別的問題，比當初所預期的問題還要大。港區輕軌（Docklands Light Railway）的第一期工程從港區入口門戶（Docklands Gateway）到塔園（Tower Gardens）與史特拉福（Stratford），開通於 1987 年，共花費 7,700 萬英鎊，但是之後的貝克頓（Beckton）延伸線工程竟耗資 27,600 萬英鎊，延伸至銀行街地鐵站（Bank Station）的工程與金絲雀碼頭站（Canary Wharf Station）的重建工程則共花費 28,200 萬英鎊。第一期工程完工後帶來土地價格的大幅上漲，但對於其所帶來經濟活動規模而言卻是相當不足的，因此需要昂貴的重建。1989 年，輕軌系統平均一個月出現十次故障，同一年，將朱比利地鐵線（Jubilee Line）延伸到倫敦港區的協議已經達成，由開發商奧林匹亞約克公司（Olympia & York）負擔三分之一的預估建設經費，但此金額後來膨脹到原先的 3 倍。[55]

　　LDDC 嘗試以小博大，其利用鉅額公共資金來進行槓桿操作的成效如何？政府提供給下議院委員會的數據是，至 1987 年時，槓桿操作可達到 12.5：1 的比例（換言之，1 單位公共資本的投入可吸引 12.5 單位私人資本的投資）。但這是扣除大量公共支出，例如住宅、倫敦港區輕軌系統、幹線道路及企業特區的國家稅與地方稅免除額，才得到的數字。儘管如此，LDDC 仍被視為 1980 年代槓桿原理規劃操作中最具代表性的案例，而其顯著的成功經驗也成為許多其他都市內城區更新時的仿效對象。[56]

---

54 Brownill, 1990, 40, 47-8, 74, 91.

55 倫敦地方政府協會、港區諮詢委員會（Association of London Authorities, Docklands Consultative Committee），1991, 10; Brownill, 1990, 137-8。

56 倫敦地方政府協會、港區諮詢委員會，1991, 3-4; Batley, 1989, 177; Brindley 等，1989, 104, 114; Brownill, 1990, 46。

保羅・賴克曼（Paul Reichmann）

保羅・賴克曼是主導金絲雀碼頭開發的多倫多開發商，金絲雀碼頭是他事業雄心的最頂點，失
去後又再收復。
（©達志影像／提供授權）

　　在此，有一個相關的問題是，土地銷售收益可以償還多少LDDC的支
出？從1988到1989年期間，土地銷售收益占總收入的一半，且LDDC被准
許可保留所有的收益。但是在1989年的財務危機後，現金收入已經用盡。[57]
三分之二LDDC所擁有的土地被地方政府指定為住宅使用土地，大部分用
於建造住宅，但不是同樣形式的住宅：大約80%是自用住宅，新住戶的收
入水準明顯地高於當地居民。在1980年代末期，只有5%的住宅銷售是屬於

---

57 倫敦地方政府協會、港區諮詢委員會，1991, 3-4; Brownill, 1990, 44-5, 90-1; Imrie和Thomas,
　　 1993, 17-18。

「可負擔」（affordable）住宅的範疇（譯注10），此時地區政府的公共住宅方案已被縮小規模。[58]

位於倫敦港區心臟位置的道格斯島企業特區（Isle of Dogs Enterprise Zone）也於1982年被指定。但直到1985年，低樓層高科技的鐵皮屋及報紙仍有效地限制了此地的發展。[59]之後，1980年代中期，政府對於金融服務業的解除管制促進了該區房地產業的蓬勃發展，LDDC因而將其市場策略轉向倫敦西堤區（倫敦金融城，又稱平方英里）：1986年末，由於受到多項誘因的刺激以及土地價格被刻意地控制在低於市價的水準，因此在商業的空間發展上出現了一場激烈的競爭。[60]

倫敦港區再發展的主菜（主要營運項目）終於上桌了：金絲雀碼頭於1985年開幕了。它本來是一個西印度碼頭上的一座倉庫，用來儲放來自西印度群島的香蕉和甘蔗，以及來自加那利島的水果，如今它變成占地880萬平方英尺的辦公室開發區，被估計能創造出4萬個工作機會。新聞記者稱它為泰晤士河上的「九龍」（Kowloon-on-Thames）。此案被授與「規劃許可」（planning permission）（譯注11）但完全沒經過公共調查：如同工黨首相奈傑爾·斯皮林（Nigel Spearing）所指出的，這個當時全歐洲最大的開發案所經過的審查，比「一個東印度碼頭路上的炸魚與薯條店要申請一個會發光招牌的許可」所經歷的審查還要少；LDDC會議紀錄上寫著「政治考量」促成了此計畫案。[61]

此計畫最初的主要推動者是三家美國銀行組成的銀行團——瑞士信貸金融公司（Financière Credit Suisse），其主要成員包括第一波士頓銀行（First

---

【譯注10】可負擔住宅（affordable housing）類似臺灣目前推行的合宜住宅，是提供給中低收入住戶的住宅，美國住宅與都市發展部（Department of Housing and Urban Development）對可負擔住宅（affordable housing）的認定有一定的標準，通常以房價相較於家戶收入之比率（亦即是要工作多少年才能買一戶適合的住房）的門檻，搭配其他經濟指標，來作為主要判斷的依據。

58 倫敦地方政府協會、港區諮詢委員會，1991, 11; Brindley等，1989, 119; Brownill, 1990, 68, 71, 76-81。

59 教堂，1992, 46。

60 Brindley等，1989, 108-9; Brownill, 1990, 90；教堂，1992, 49。

【譯注11】依據英國的城鄉規劃法規，任何形式的土地開發都需要先取得規劃許可。

61 Brindley等，1989, 108; Brownill, 1990, 55-6; Fainstein, 1994, 197。

Boston）、摩根・史坦利投資公司（Morgan Stanley）及第一波士頓港區協會
（First Boston Docklands Associates），再加上一個從德州來的開發商韋爾・查
爾史蒂（Ware Travelstead），他們吸引到的資本抵稅額高達47,000萬英鎊。
LDDC提供他們的優惠還包括同意延長港區輕軌至銀行站（the Bank）^{（譯注12）}，
以及提供25,000萬英鎊的道路興建資金，主要是用於昂貴的隧道式萊姆豪斯
區連接公路（Limehouse Link）。[62]但在1987年中期，韋爾・查爾史蒂退出此
計畫，經過努力尋找替代的開發商之過程，最後與以多倫多為基地的開發商
奧林匹亞約克公司達成協議，由其加入此計畫。[63]

奧林匹亞約克公司是保羅（Paul）、亞伯特（Albert）與拉爾夫・賴克
曼（Ralph Reichmann）三兄弟所創立的公司，他們來自於一個從維也納逃
到多倫多的猶太難民家庭，家庭裡共有六個孩子，三兄弟受教於神學院，缺
乏相關的專業或技術教育。1950年中期，他們創立了一家建材供應公司，
供應高級的衛浴設施。1965年，亞伯特與保羅成立了約克開發公司（York
Developments），之後在1969年合併為奧林匹亞約克開發公司（Olympia &
York Developments）。[64]因善於運用金融槓桿運作，他們在市中心的零售與
辦公室開發案皆相當成功。奧林匹亞約克開發公司主要從事大型公私部門合
夥開發案，例如紐約世貿中心：他們提供資金，政府提供便宜的土地，共同
創造新都市中心。奧林匹亞約克公司以承接棘手案子並將其搞定而贏得名
聲，對於金絲雀碼頭案，這個美國與英國銀行團皆無法勝任的案子，看起來
正是他們大顯身手的機會。[65]

奧林匹亞約克公司將其曾在紐約成功操作的方法運用在金絲雀碼頭
案，他們購買所有租約來吸引倫敦中心區以外的公司，也說服美國快遞
（American Express）搬離鮑德蓋特（Broadgate）遷至此地，並讓《每日電訊
報》離開南碼頭（South Quay）也遷來。奧林匹亞約克公司想讓金絲雀碼頭

【譯注12】此處的Bank是一個地名，指倫敦地鐵的銀行站（the Bank），Bank地鐵站位於倫敦金融
城（City of London）的中心。
62 Brownill, 1990, 15, 54-5; Fainstein, 1994, 199.
63 Brownill, 1990, 56; Fainstein, 1994, 197, 199.
64 Fainstein, 1994, 172.
65 出處同上，172-4, 176-7, 189; Zukin, 1992, 215。

變成倫敦金融區的延伸，就像世界金融中心變成華爾街的附屬品一樣。倫敦金融區空間的嚴重缺乏造成人們必須在邊界租房，導致其與倫敦港區的租金都跟著大幅上漲，連1987年10月19日所謂的黑色星期一^{（譯注13）}都只像在金融走勢圖上一個微不足道的小波折點。[66]

但是在倫敦，倫敦金融區屬於一個獨立的規劃當局所負責。該單位的都市規劃主席麥可·凱西迪（Michael Cassidy）決心要固守其金融中心的地位，以對抗倫敦港區的威脅。他否決原本的開發計畫，並以另一個明顯不同的方案來替代，此方案大幅修改原計畫內容，包括美化倫敦牆地區（London Wall）與上泰晤士街（Upper Thames Street），並推動佳能街（Cannon Street）的再發展，此舉將增加25%的樓地板面積。在1985到1987年期間，倫敦金融區核准了大量的辦公室樓地板面積，為1982至1984年期間數量的5倍；1992年，大量的都市更新工地在倫敦金融區邊緣的拉德蓋特山丘（Ludgate Hill）及倫敦牆地區出現。[67]

開發商們以其慣用的巴夫洛夫（Pavlovian）方式^{（譯注14）}來回應：在1985到1989年期間，倫敦港區共增加260萬平方英尺的辦公室樓地板面積，倫敦金融區則增加1,650萬平方英尺的樓地板面積，多出前者6倍之多。[68] 1991年，新完工辦公室的面積高達62萬平方公尺，環繞在倫敦金融區的邊緣：例如鮑德蓋特、製繩廠（Ropemaker Place）、小不列顛（Little Britain）、阿爾班門（Alban Gate）及皇家鑄幣廠巷（Royal Mint Court）等開發案皆已完成；倫敦橋區（London Bridge City）、斯皮塔佛德（Spitalfields）及比曉普蓋特（Bishopsgate）等案正在進行中。但此時大蕭條降臨了，在1990到1992年間，金融與商業服務類的工作喪失了9萬份，讓過去五年的累積成果（新創造的工作機會）全部被打消。倫敦金融區及其邊緣地區有高達六分之一的辦公室空間已經無人使用，許多美國銀行及其他公司撤出其在倫敦

【譯注13】該日美國道瓊斯工業指數下跌22.6%，創下歷史上單日最大百分比跌幅，同日香港也爆發股災，故被稱為黑色星期一。

66 Fainstein, 1994, 201; Zukin, 1992, 238.

67 Fainstein, 1994, 40, 103; King, 1990, 98-9; Thornley, 1991, 130-1; Williams, 1992, 252.

【譯注14】意指如巴夫洛夫的古典制約實驗般，因應景氣變化的刺激而採取適當的行動。

68 Fainstein, 1994, 39, 41.

的部分事業。1992年4月，倫敦中心區與倫敦港區的整體辦公室閒置率大約是18%，而倫敦港區的辦公室閒置率更高達50%，金絲雀碼頭也超過40%。許多開發案宣告破產，包含巴瑞爾碼頭案（Burrells Wharf）、南碼頭廣場案（South Quay Plaza）、煙草碼頭案（Tobacco Dock）、波羅的海碼頭案（Baltic Wharf）及巴特勒碼頭案（ButlersWharf）。在皇家土地上的開發案幾乎全部都失敗了。[69]

影響最重大的破產案是奧林匹亞約克公司的破產，其已成為紐約最大的辦公室產權持有者，擁有將近2,200萬平方英尺的辦公室。該公司的總資產超過180億美元，比大多數第三世界國家的債務還要多。由於所有的建設貸款都是短期的，通常要等建設完成時透過長期貸款再次融資，但在不景氣的情況下，所有銀行都很恐慌，因而拒絕提供這些貸款。此外，奧林匹亞約克公司由於以其名下建築物為擔保品發售短期債券，來支援公司的成長，其財務結構本來就非常的脆弱。而今，奧林匹亞約克公司雖嘗試以其在紐約的舊建築物為擔保品來金援倫敦金絲雀碼頭的投資案，但已無法再獲得資金。1992年夏天，400萬平方英尺的金絲雀碼頭開發案完工了，但53%的辦公室空間及幾乎所有的零售商業空間都沒有租出去，原先承諾要租這些空間的大型承租戶，如美國快遞、瑞士信貸、第一波士頓銀行、摩根‧史坦利投資公司、貝爾‧斯登（Bear Stearns）與德士古（Texaco）都是美國的公司，其中一些還與此開發案關係深厚。[70]

1992年5月14日，奧林匹亞約克公司在加拿大申請破產。在倫敦，當銀行們拒絕提供新的資金給他們支持興建的朱比利地鐵線時，他們公司在5月27日被接管。金絲雀碼頭耗資14億英鎊，其中包含向銀行借貸的110萬英鎊，如今整個資產則落入一個銀行團的手中，1992年中時其價值估計只剩下約在1.5億到2億英鎊之間。[71]金絲雀碼頭計畫是奧林匹亞約克公司所作的一系列大膽賭博中，最大膽也是最後的一次，但這次他們輸了。失敗可能的原因是投資規模太龐大、地產榮景循環太短、且開發商太依賴短期資金，

---

[69] Budd和Whimster, 1992, 239-40；教堂，1992, 49-50; Fainstein, 1994, 51; Lee, 1992, 13。

[70] Fainstein, 1994, 61, 201-2.

[71] 出處同上，203-4; Lee, 1992, 8.

所以當貸方喪失信心時，此資金便會乾涸。^(譯注15)《獨立報》（*Independent*）曾引用一個開發商的話：「北美佬沒有地方感或歷史感。他們不了解英國人民與該地的商業經營在許多看不見的細節上是與地方有著密切關聯的，包括與英格蘭銀行的連結，或是與一段街區、一些商店、甚至一間餐廳的連結。」[72]最後，如同一個商業合夥人所說的，「關鍵是保羅・賴克曼的心理狀態，他是一個交易狂，進行交易是他的生活與生命的全部，他一直追求更大、更好的交易，簡直就成癮了。」[73]另有些人說他與柴契爾夫人的那次見面讓他自負過了頭。

如同蘇珊・法因斯坦（Susan Fainstein）所深刻指出的，金絲雀碼頭案的失敗「顯示出主要依賴私部門來達成公共目的之策略是有其限制的。」[74]但此案例亦混雜了都市政策的影響，或應該說缺少都市政策的影響。在推動拉德芳斯（La Défense）計畫時，法國政府限制巴黎市內的其他開發案，以全力支持該計畫的發展；但英國政府卻沒有做任何事來阻止倫敦金融區與金絲雀碼頭區的激烈競爭。[75]

這一場倫敦港區開發傳奇的最終評斷是什麼？若僅將其視為都市更新的一次操練，它必須被評為一次中度的（有限的）成功。在1981到1990年期間，倫敦港區喪失20,532份舊式的工作，但獲得41,421份新工作，當中24,862份主要是從倫敦其他地方移轉過來的，新創造的工作則有16,862份。但是失去的工作與新工作的性質相當不同：碼頭工作消失，製造業工作維持不變，而新的工作機會則產生在高級服務業，主要在銀行保險與金融業，因此服務業占全部就業比列從32%提升到60%。[76]然而當地居民只獲得非常少量、不到四分之一（或甚至可能更少）的工作機會。整體而言，1981到

【譯注15】奧林匹亞約克公司高度運用財務槓桿原理，其在景氣好的時候能快速獲利，但在景氣不佳或投資環境快速變化的情況之下，也會造成極大的投資風險，由於其過度擴張信用再加上景氣突然改變的結果，造成該公司面臨破產的命運。

72 節錄自Fainstein, 1994, 202。

73 出處同上，207。

74 出處同上，209。

75 出處同上，204, 211。

76 倫敦地方政府協會、港區諮詢委員會（Association of London Authorities, Docklands Consultative Committee），1991, 6; Brownill, 1990, 93; Docklands Forum, 1990, 5。

1989年期間，紐漢、薩瑟克、哈姆雷特塔等三個倫敦港區內的主要行政區的整體失業率是下降的，雖然比整個大倫敦地區略低一些。但在1991年時，倫敦港區的失業狀況卻是整體倫敦地區的將近2.5倍。[77]造成當地居民無法獲得新就業機會的主要原因是當地的教育水準非常低落。1988年，16歲以上仍在學的平均比率，所有倫敦內城區學校的平均是33%，哈姆雷特塔行政區是25%，而薩瑟克行政區則是12%。[78]

根據約翰‧霍爾（John Hall）獨立評估報告中的結論，毫無疑問地，LDDC證明了麥可‧赫塞爾廷的觀點是正確的：LDDC顯示出其有能力帶動發展：環境變好了、人口成長了、有新的工作機會了，道路與鐵路建設以發狂的速度持續興建，倫敦港區成為1980和1990年代某種特定型態都市開發的符號象徵，也成為一種文化及政治上的符號象徵。[79]但是蘇珊‧法因斯坦基於對1980年代倫敦與紐約房地產市場的深入分析而做出的評斷，則更發人深省：

> 整個倫敦港區的經驗暴露了高度依賴房地產開發來刺激更新發展的致命性弱點，若沒有其他配套措施來限制生產的話，政府對開發單位所提供的誘因將無可避免地導致商業空間的供過於求。[80]

面對這些批評，柴契爾夫人與赫塞爾廷可能會以昔日財政大臣諾曼‧拉蒙特（Norman Lamont）的名言來回應：「這就是資本主義。」目前唯有資本主義經濟值得倚賴，所以整個更新計畫必須建立在資本主義經濟的基礎之上。或許，隨著全球資本主義經濟的操作從貨物處理轉變成資訊處理，世界任何地方都會變得愈來愈依賴這種投機性開發。這種利用房地產循環的都市更新方式必須預設要走完多於一個繁榮與衰退的景氣循環才會完成，而且根據我們目前所知的景氣循環週期之時程，此類更新計畫具體成效的實現需要

---

77 倫敦地方政府協會、港區諮詢委員會，1991, 5, 7; Brindley等，1989, 109; Brownill, 1990, 98-9。

78 Brindley等，1989, 109；港區論壇（Docklands Forum），1990, 61-2。

79 Hall, 1992, 24.

80 Fainstein, 1994, 213.

一段長時間的等候與更多的耐性。因此關於倫敦港區成敗的最後評斷恐怕還得等上一些時間：都市再生（urban regeneration）就像古羅馬一樣，不是一天造成的。

諷刺的是，1995年10月，保羅·賴克曼得到沙烏地阿拉伯的金援，又從銀行團手中買回他被接管的開發資產。花旗銀行的主要股東恰巧是支持賴克曼的沙烏地阿拉伯王子，他宣布金絲雀碼頭是花旗銀行設立新總部的適當地點，此舉開啟了該案延宕已久的第二階段開發。最後的諷刺發生在2001年，在經歷英國史上最長的繁榮期後，金絲雀碼頭已接近完成，而開發商又正在考慮一個名為千禧街區（Millennium Quarter）的大型擴建案。本書下一個修訂版一定會描述此續集。

當然，世界上至少有十幾個其他地方也在推動都市水岸空間的復興；即使在英國，也不是全部都能召來合夥開發公司（Development Corporations）。大曼徹斯特地區的薩爾福德市（the City of Salford）成功地改造其緊鄰特拉福德開發公司（Trafford Development Corporation）與企業特區旁的碼頭區，在2000到2001年期間，此地達到整個開發活動的高峰，完成一個擁有著壯觀藝術創作與博物館的複合式開發，並包含一座為該城市最知名的藝術家勞利（L. S. Lowry）所建造的藝廊，以及由丹尼爾·李伯斯金（Daniel Libeskind）所設計的帝國戰事博物館北部分館。荷蘭鹿特丹（Rotterdam）也在推動都市水岸更新，儘管鹿特丹與巴爾的摩（似乎成為一個學習的樣板）和倫敦港區有許多明顯的相似之處，但鹿特丹卻更為特別，因為其企圖在整個過程中納入社會規劃的考量，包括提供許多公共住宅與合作型住宅，並採取了一系列的措施，在科普·凡祖德（Kop van Zuid）到市中心的大型延伸工程中僱用當地居民。但儘管做了這些努力，鹿特丹的失業率仍然高於全國平均水準，荷蘭與英國一樣，許多大城市正在經歷痛苦的經濟調整，而鹿特丹可能是其中情況最嚴重的。[81]

---

81 McCarthy, 1999, 303-6.

企業特區經驗向海外輸出

　　儘管企業特區在其發源地英國遭遇到許多陣痛，但此概念卻在美國受到雷根政府的熱烈歡迎，同時很有趣的是，它也意圖去贏得左翼自由主義的內城區政治人物的支持。[82]但是儘管如此，早期企業特區在美國仍未通過聯邦立法程序。之後國家直接介入，26個立法機構通過立法，在680個地點建立了超過1,400個企業特區。1986年美國住宅與都市發展部表示，企業特區獲得263個公司，共超過14,700萬美元的投資，並創造或維持7,000個工作機會，但是此數據是來自一個只有十個樣本的研究。[83]

　　然而，雷根政府以另一種方式來實施企業特區的原本概念：藉由公然地放鬆美墨邊界的警戒，其縱容了大量非法移民移入美國陽光帶城市（Sunbelt Cities）如休士頓和洛杉磯，藉此建立其純經濟特區概念的實際運作模式，而公部門官員還私底下將其當作政績來自誇。此運作的結果，當然受到激進左翼都市分析者的強烈譴責。[84]

　　倫敦港區的開發在某一個關鍵面向上是追隨美國的模式：使用相對較少的公共資金來產生金融槓桿原理[(譯注16)]（以美國的術語），以引入更多的私人投資。例如波士頓運用來自聯邦住宅與都市開發部授與的270萬美元聯邦保留補助款，吸引到超過6倍於該金額的私部門投資。[85] 1977年，卡特政府將此操作原則正式立法，都市發展行動基金（Urban Development Action Grant, UDAG）即是基於槓桿原理而成立的，希望每一單位的都市開發行動基金補助款能吸引到4.5到6.5倍的私部門投資。一個社區若達到實質與經濟上苦難

---

[82] Hall, 1982b, 419.

[83] 美國住宅及都市發展部（US Department of Housing and Urban Development），1986。

[84] Soja等，1983。

【譯注16】金融槓桿原理是全世界的都市開發公司及建設公司常用的經營策略及財務運作模式，但應該謹慎地運用及做好嚴格的風險管控（本章所描述的奧林匹亞約克公司破產的故事就是很好的例子）。金融槓桿原理適用於處於成長型的經濟環境及正在成長發展中的城市，就像股票的多頭行情一樣，可以很快地創造出大幅的利潤及經濟效益，但在經濟轉向及空頭行情的時候（尤其連結到大量土地開發炒作及過度擴張信用時），其也容易導致出突然的財務危機，如1994年美國加州橘縣的宣告破產及2015年臺灣苗栗縣發不出公務人員的薪水，都是值得警惕的借鏡。

[85] Hart, 1983, 20.

的標準，或是被認定為貧窮地帶，便可申請此基金。然而申請者必須證明其有能力吸引相對於公共投資2.5倍私人資金，而且此計畫不提供其他形式的資金援助。

至1983年底，929個社區已經吸引到超過1,900份計畫提案及申請到30億美元UDAG基金，所達成的槓桿比例之中位數是3.9。並不令人驚訝地，UDAG基金大部分流向位於製造業產業帶的受困大城市中，紐約市與巴爾的摩分別都有50多個計畫正在進行。整個UDAG計畫已經產出預期的約411,000份新的永久性工作，當中56%是商業計畫創造的，而且共有55%的工作機會是提供給低收入或中等收入的民眾。[86]於是，理所當然地，UDAG被廣泛地視為少數真正成功的都市更新政策之一，同樣地，1983年，英國政府的UDG計畫也被視為是成功的政策。

無可避免地也有一些批評產生。有些批評指出，太多公共資金流向旅館興建計畫（對此批評的反駁論點是，旅館能提供大量的低技術性工作機會，適合失業的內城區居民）。其他批評者則對每一個這樣的計畫提出一個標準的問題：在有計畫或沒有計畫的情況下，各有多少工作機會將會存在？也有人指出UDAG計畫無法恢復已失去的製造業工作，也無法提供與先前已失去之工作相同數量的新工作機會，[87]但這些質疑其實都是產業由各個部門邁進至服務型經濟過程中廣泛辯論中的一部分。依循著半個世紀前經濟學家費希爾（Fisher）及科林‧克拉克（Colin Clark）的先驅性分析，許多經濟學家主張製造業工作減少是當代資本主義經濟無法避免的發展趨勢，接受它並預測它才是唯一明智的政策。但仍有反對者認為，服務型經濟主要產出的是低薪資、速食店類工作，而製造業工作才是重要的（以一個主要學術性論戰的話語來說）。[88]

---

86 出處同上，25; Gatons 和 Brintall, 1984, 116-17, 124, 130。

87 Hart, 1983, 26-7.

88 Cohen 和 Zysman, 1987。

規劃專業遭受衝擊

重點在於大西洋兩岸的真正規劃爭論仍然是關於經濟發展。在此同時，在其他英國規劃系統中更傳統的部分，1980年代的歷史愈來愈像電影的倒轉一般。1979年以後，柴契爾政府解散了策略規劃系統，那是連續幾任政府於1960年代歷經艱辛所建立，並在1970年代努力想要維持的規劃系統。1979年，區域經濟規劃委員會是第一個被解散的組織。次年，當新政府必須更新1970年的英國東南部策略計畫時（原本內容包含一份主要報告與五大冊的研究報告），其最後產出的更新版本只有兩頁半的打字稿。1986年，再度進行此工作，將其內容增加至六頁。1980年的規劃法案造成了重要的權力移轉，讓規劃決策權從郡政府的手中移到區政府，使得先前那些以郡為結構的計畫之效力明顯地減弱；一份1986年頒布的綠皮書更進一步地將郡級的規劃全部取消。在主要的都市地區，一項1986年的法案撤除了大倫敦委員會和六個都會層級的郡，這是英格蘭在都市政府組織調整上的獨特實驗。[89]

所有的這一切造成了英國規劃風格的明顯改變。1983年的白皮書預告著大都會政府即將被廢除，並宣告以後不再像1960年代一樣，需要進行策略規劃；其並明確地指出，目前需要的是以個案的方式來繼續進行剩餘的土地使用規劃。[90]地方政府接收到此暗示，英格蘭快速成長的伯克希爾郡（Berkshire），廢除了它的規劃部門，將其併至調查部門。規劃專業也受到影響，其與大學和技術學院的連結明顯地減弱了。由於數以百計的郡市政府規劃單位解編後的規劃師湧入就業市場，造成對規劃師需求的大量減少。同時，財務組織亦縮減對學生的支助，造成幾所規劃學校的關閉。

也許，從長期的歷史角度來看，這只是另一個景氣循環的週期。規劃在英國的興衰就像景氣循環週期一樣，在1950年代早期英國早期保守黨政府的執政下，規劃處於相對停滯的狀態，但1960年代則是規劃的快速成長期，此時它又躍回其生命中最興盛的階段。在此周而復始的循環過程中，規劃在某

---

89 Breheny 和 Hall, 1984。
90 英國環境部，1983; Breheny 和 Hall, 1984。

種意義上，就好像是馬克思主義學術磨坊裡研磨出來的穀物：在需要面對新挑戰或是舊挑戰再度回來時，必須改變其形態（shape）^{（譯注17）}。其中創新的部分，如同在第十章所見的，就是學術批評者與整個過程的逐漸分離。

那麼規劃會死去嗎？答案是不盡然。規劃將會存活，因為在每一個先進的國家中，規劃已經有規模頗大的（而且就長期而言，是漸增的）政治支持群體^{（譯注18）}。如同經濟學家所說的，好環境本身是一種所得彈性商品（income-elastic good），當人們和社會變得較富裕時，他們需要相對比例上更多更好的環境，但除了建造那些使用封閉圍牆來將自己與他人隔離的私人宅寓之外，人們唯一可以獲得更好環境的方式就是透過公共行動^{（譯注19）}。事實是人們會願意甚至渴望投入更多他們寶貴的時間來保衛他們的生活環境，他們成為各種自願性組織的會員，並積極參與公眾調查，這些都是規劃不會死去的明證。但也常會發現另一個事實：我的好環境是鄰居的壞環境。所以，在非常先進的後工業化社會裡，如英格蘭東南區和美國舊金山灣區等地，規劃的政治運作會變得更複雜、決策過程更拖延也更艱辛。[91]

很諷刺地，這個情況在1980年代的規劃過程中常常發生。1979年的第一屆柴契爾政府明確地決定要除去規劃對開發商所造成的束縛。1983年，環境大臣赫塞爾廷修改了伯克希爾郡的空間結構計畫，允許4,000棟額外的房屋被建造在都市周邊的綠地上，此舉使得屬於深藍保守黨的伯克希爾郡大為驚訝。慷慨激昂的反抗於是出現，當地的地方議會並拒絕將此方案納入自己的地區計畫之中。諷刺的是，赫塞爾廷對此毫無辦法，因為是他自己在1980年的法案中，削減了研擬空間結構計畫的規劃師對於較低層級地區計畫的控制權力，此次他或他的接班人，被自己當初的決策給困住了。[92] ^{（譯注20）}

【譯注17】shape可直譯為形態，但其背後有深刻的意涵，意指規劃必須改變其操作方式、對成果的期望，甚至是其背後的運作邏輯、核心理念及價值觀，因為形態是由這些因素而生。

【譯注18】以政治語彙來說，作者認為規劃運動已經擁有自己忠貞的選民。

【譯注19】作者此處暗示，好的規劃應能引發民眾的公共行動，以提升環境品質。所以對規劃專業者而言，學習如何教育民眾，並引導民眾正確的發聲與動員，也為重要的議題。

91 Frieden, 1979; Blowers, 1980; Hall, 1980.

92 Short等，1986, 240-7; Hall等，1987, 154。

【譯注20】此處英文原文的文字是 "was hoist with his own petard"，此英文俗語有時譯為玩火自焚或是拿石頭砸自己的腳。

在倫敦的另一側，1984年的春天，由英國主要的營建開發商所組成的合夥開發財團宣布一個大型計畫，將由私部門來推動一系列的新市鎮建設（後來的哥倫比亞鎮），一年後，開發團隊宣布第一期建設將建於埃塞克斯的提林漢廳（Tillingham Hall）一處綠帶的基地上，[93]此計畫的公共調查成為英國規劃史上最受大眾注意且最具爭議性的話題之一。開發商最後輸了，他們感到相當驚訝，因為之前一系列宣傳良好的官方聲明，例如為開發商「解除負擔」的這類標題，讓他們（以及幾乎所有人）相信政府會支持他們。[94]然後，在1987年大選活動進行中，政府被迫撤回一個相對較小的政策改變，其內容是想要移除對於較差品質農地之開發提案時，需要進行農業考量之監控的規定；激進的右派政府在此處如同其他地方一樣，再次地證明了他們的咆哮比啃咬更有用[(譯注21)]。

不，規劃將不會退場；規劃也絕不再被去政治化（雖然有人曾如此的期望）。就像早期革命中的阿貝・西耶士（Abbé Sieyès），規劃也仍將存活著。[(譯注22)]但在1990年代，傳統的土地使用規劃在其誕生的英國土地上受到自其誕生後八十年來更多根本的攻擊。規劃專業明顯地變得較回應式、技師化與反知識傾向，而在學院裡的規劃專業者則退到象牙塔的更高層。在此同時，專業規劃師亦面臨到整個都市經濟的結構性衰退及需要在廢墟中重建新經濟等問題，這些都是實務規劃師在學校沒學過，卻必須解決的問題。

---

93 Shostak 和 Lock, 1984, 9-13；聯盟發展（Consortium Developments），1985。

94 英國政務委員（G. B. Minister without Portfolio），1985。

【譯注21】意指愈強烈的抗爭（或愈大聲的公開訴求）愈有用，亦即是會哭會鬧的較有糖吃。

【譯注22】近百年來，都市規劃專業的角色及功能一直受到質疑，一些規劃的核心問題，例如規劃能否中立、規劃師的角色，以及規劃是否能產出好的都市發展等，一直是爭議的焦點。面對這些各界對都市規劃專業的批評與質疑，霍爾教授始終是規劃的支持者，其對規劃專業與其成效具有信心，但其也對都市規劃在實踐社會集體福祉上的功能不彰而感到無奈。故在本書中，他一直重複的告誡規劃專業者，規劃所要服務的對象是所有的人民，所以應加強對社會大眾的關懷，尤其是那些無力為自身爭取權益的弱勢族群。

第十二章

光芒不再的美好年代城市

資訊城市與無資訊貧民窟：
紐約、倫敦、東京

1999-2000

在這一個組織被普遍性的破壞、機構喪失其合法性、主要社會運動喪失影響力，又缺乏長期文化表現的歷史時期，自明性已成為主要——甚至可以說是唯一的意義來源。人們愈來愈不依靠他們自己的作為，而是依靠他們是什麼或他們相信自己是什麼來組織自己的意義……我們的新社會正逐漸地建構在「網路與自我」（the Net and the Self）的兩極對立上^{（譯注1）}。

曼紐・卡斯特爾（Manuel Castells）
《資訊化時代：經濟，社會及文化，第一部，網絡社會之崛起》
（ *The Information Age: Economy, Society, and Culture,*
Volume I, The Rise of the Network Society, 1996 ）

【譯注1】其實不一定是對立關係，也可能是兩極整合或是互補共生的關係，端看我們怎麼使用科技、怎麼生活。

因此，1980年代是一個發展新的規劃模式的時代，有人形容這段時間的規劃特色是反規劃、反策略、機會主義、計畫導向，以及以再生為重點。十年之後，在進入21世紀的關鍵時刻，人們開始詢問：有什麼新的、不同於以往的規劃想法？答案是：不多，大部分是差不多的。但重要的是，規劃被推向更全然的解放、卸下過去的束縛（本書前面提到的）；但接著另一個更令人困惑的問題產生了：未來的規劃歷史學家將陳述什麼樣的故事呢？因為，在全球經濟的環繞下，各地的企業型城市（the city of enterprise）不停的興起、衰敗、又再度興起，最後所造成的部分結果是，其市民的命運因而走向不同的叉路。

全球資訊城市：符號分析者與無希望者

1980年代後期到1990年代初期，一些與主流趨勢相異的重要專書開始詳細且深入地檢驗當代城市發展的驅動力。曼紐・卡斯特爾在20世紀末深具洞察力的指出：「一個新型態、資訊化的發展模式已經出現：透過以資訊技術與資訊處理活動兩者間相互作用而產生聚合效應為基礎，建構出一個鏈結的技術—組織系統。」[1] 卡斯特爾認為，此發展模式並非單由技術所主導：「各種發展模式的演化都有其獨特的邏輯。」[2] 這並不意味資本主義正被取代[3]（由此處可看出這位曾一度是法國馬克思主義的資深都市學者在立場上的轉變）[譯注2]。相反的，他認為資訊技術是資本主義體系的強力推動器，有助於獲利率的提高、加速國際化，以及促成一個政府部門的新政策議程，以在社會再分配的成本之下來促進資本累積。[4]

其所形成的區域和城市地理之特徵是，勞動力在空間分布上變得明顯地

---

1 Castells, 1989, 19.

2 出處同上，11。

3 出處同上，16。

【譯注2】卡斯特爾在1960及1970年代是馬克思主義都市研究的健將，其曾以新馬克思主義的論點來批評當時國家機制及政府的角色，但在1990年代後，其研究與論述的焦點卻明顯的轉移至全球化及資訊與社會的關係，且並不如以往那麼強烈地反對資本主義對都市的角色與功能。

4 出處同上，23-32。

分散，伴隨著生產功能的分散發展，在空間區位選擇上通常具有高度的彈性，但資訊產業仍高度集中在具創新氛圍的都市環境中。[5]卡斯特爾認為，這種充滿著創新氛圍的都市環境（包括新興的加州矽谷，還有傳統的城市如慕尼黑、巴黎、波士頓）將繼續控制著關鍵的生產鏈，這些擁有創新能量的城市是當代資本主義經濟的發電廠。[6]因此，產生了一個對比：在地理空間分布上，高層級決策的發生地點愈來愈集中，而其他活動則分散至主要的都會區，或是跨越國界散布到全球各地。[7]

卡斯特爾的結論是，這種再結構化的過程有意識地要嘗試達到一個目的：「以資訊流網絡來取代實質的場所」，並超越人類控制的範圍。卡斯特爾擔心其結果會是：迎來了一個以人類的非凡成就與社會大量解體不安地共存為特徵的時代，伴隨著無意義暴力行為的廣泛傳播。[8]

莎士奇亞・薩森（Saskia Sassen）提出一個類似的二分法觀點，製造業從舊產業中心分散出去，辦公室工作機會亦在當地分散，[9]但是1980年代起快速崛起的國際金融活動和服務交易活動，將加速集中在一些特定的國家與城市。[10]分散化與集中化這兩種相反的趨勢，就像是一個銅板的兩面會同時存在：工廠、辦公室及零售門市部的地理分散，再加上金融服務業的組織重整，創造出一種在少數的主要城市中進行集中經營與集中管制的需求。這些城市裡同時可看見傳統銀行與企業總部，以及一大批相關的服務業公司和非銀行性質的金融機構。這些城市以作為製造「創新服務」的關鍵地點而崛起。[11]就如同薩森所說的：

> 在相當程度上，在過去十五年的期間，經濟活動的比重已經從生產的場所，如底特律、曼徹斯特，轉移到金融與高度專業化服務的中心。工廠

5　出處同上，74。
6　Castells, 1989, 124; cf. Castells 和 Hall, 1994，第七章。
7　Castells, 1989, 169.
8　出處同上，350。
9　Sassen, 1991, 25-7.
10　出處同上，87。
11　出處同上，126。

的分散發展加速了舊製造業中心的衰敗，而對於集中化管理與集中控制的相關需求則促進了這些服務中心的成長。同樣地，這些經濟活動上高級服務業的優勢，也逐漸讓主要任務從工廠生產區轉移到設計室，而管理重心也從生產導向轉變成如今的財務導向。[12]

在這類全球城市中，群聚在主要銀行與企業總部周圍的是一個巨大的服務產業簇群，包括：廣告、會計、法律服務、商務服務、特定的銀行、工程與建築服務等。它們為從事國際貿易的公司提供日益增加的服務。然而，薩森強調在1980年代有個主要的改變：快速成長的金融服務業部門實際上已變成一種商品部門，工具設備的買賣成為其自己最終目的。紐約、倫敦、東京成為此新產業的領先中心，這些金融中心有效地運作成為一個獨立的跨國交易市場。[13]

換言之，一個新的勞動分工已在全球的尺度出現：一個勞動分工不是立基於「產品」（product，如英國蘭開郡的棉業、雪菲爾的鋼鐵業），而是立基於「過程」〔processs，如倫敦和紐約的全球金融業、英國伯克郡（Berkshire）與美國威徹斯特（Westchester）的證券股票交易所、英國里茲（Leeds）與美國奧馬哈（Omaha）的電話直銷〕的產業型態正在全世界浮現。只要某經濟活動可被分散至低成本的地區，它就會這樣做；而且當製造業從先進國家外移至泰國與中國時，金融服務業也外移至郊區或省的其他地點，雖然目前看來此種情況仍受限於語言和文化屏障，但毫無疑問地，它將大步跨越這些障礙。至於被留在世界主要都市並持續成長者，將是立基於能接近特許與特定資訊的高度專業化產業：例如高投機性質的金融服務業、需要面對面溝通的特定商業服務或媒體服務等。

以上這種過程常被稱為是全球化（Globalization），其特質之一是要降低或撤除能讓貨物與服務流通的障礙。但全球化對於「服務」（services）層面的效果，與「貨物」（goods）層面又有所不同。隨著精密通訊服務的迅速

---

12 出處同上，325。
13 出處同上，326。

發展，通訊成本將明顯地下降，而傳統的空間距離障礙將逐漸被打破，讓資訊可以毫不費力地即時流通至全球各地。不以空間距離來收費的網際網路（Internet）和全球資訊網（Would Wide Web）在1990年代中期的快速發展就是這股潮流下的必然結果。照理來說，此趨勢應該造成分散化發展，但是正如所發生的，它竟然反而加強了某些關鍵城市的吸引力，因為其為特殊資訊的匯集與交換的地點。

世界的數位化

對於未來，再度推動都市經濟成長的動力是什麼呢？大部分專家似乎都同意1980年代的現象不會再捲土重來，下一波經濟榮景的基礎動力將不是金融服務業；相反的，他們預測藝術、文化娛樂、教育與健康產業、觀光旅遊業這些新部門應該會扮演主要的角色。特別是，一個新的前景將是高科技與創意產業部門的跨域整合，並創造出一些新的產業，[譯注3] 諸如多媒體、教育與娛樂的新型態結合及虛擬實境等；全面的資訊數位化以及先前分離技術的整合，例如將廣播、電腦運算、電信的整合，將使此願景成真。在1990年代末期，探討新世紀數位資訊發展的書大量湧進書店，例如比爾·蓋茲（Bill Gates）的兩本書：《未來之路》（*The Way Ahead*）和《商業@思想的速度》（*Business @ the Speed of Thought*）是最具宣傳效果的。另外重要的三本著作則為麻省理工學院教授威廉·米歇爾（William J. Mitchell）的《位元城市》（*City of Bits*）與《e-托邦》（*e-topia*），以及尼古拉斯·尼葛洛龐帝（Nicholas Negroponte）的《數位革命》（*Being Digital*）。[14] 這些書描述出一種未來世界的景象，各種數位化的資訊在纜線與太空中，大量且順暢地流通，由很小的裝置來負責接收、處理及交換的工作。那似乎是一個擺脫1996年時網際網路之沉重現實限制的世界，但這些作者都強調他們是在描述十年、二十年或五十年後的願景。

【譯注3】創意產業與創意城市設計已是21世紀城市規劃設計領域中的重要課題，目前許多研究結果已顯示出此趨勢，霍爾在十餘年前已預見此趨勢。

14 Gates, 1995, 1999; Mitchell, 1995, 1999; Negroponte, 1995.

對規劃專業者來說，關鍵的問題是數位化對都市所將產生的影響。當時盛行的觀點是資訊流將導致「空間距離限制的瓦解」，[15]最終將導致不再需要都市；只要有適當的數位通訊網路可供利用，任何人都可以在任何地點從事任何活動。遠距教學可取代傳統的大學，螢幕交易可取代證券營業所，甚至連外科醫生也能對遠在千里之外的病人施行手術。

但實際的實證經驗給予不同的結論：雖然這些新產業部門可以在世界上任何地方發展，但1990中期的證據顯示，它們大多還是發生在傳統的都市地區，像是在洛杉磯的好萊塢電影工作室及航太科技軸之間的帶狀地區，在舊金山灣區的矽谷與舊金山市區、東灣和加州馬林郡（Marin County）的郊區，在紐約市中心與中城之間的蘇活區（SoHo）與三角地帶（Tribeca），以及倫敦的蘇活區和介於倫敦金融區與倫敦西區之間的費茲羅維亞（Fitzrovia）。[16]原因再明顯不過了，就像所有的創意活動一樣，這些新產業需要依賴人際互動、網絡關係、一定數量的資訊編碼，這些活動因此最有可能在上述這些都市地區發生。此外，這些新產業又必須連結到這些地方的傳統表演藝術，而這些又連結到城市旅遊業（這個在1980、1990年代快速興起的產業，其本身即反映了全球化的經濟）。換句話說，這裡存在著一種邏輯上的弔詭。這些新經濟活動似乎應該取代面對面的溝通，但事實上新經濟活動反而需依賴面對面溝通，甚至更強化了對直接溝通的需求，例如數位娛樂可能加強對實體物品的需求，相同情形也發生在數位教育、數位諮詢或是任何數位產品。[17][譯注4]在葛拉翰（Graham）與馬文（Marvin）的專書

---

15 Cairncross, 1997.
16 Hall, 1998，第30章。
17 Hall, 1998, 963-4.

【譯注4】在1990年代中期，當網際網路（Internet）和全球資訊網（Would Wide Web）開始流行之際，當時有許多對此新科技對未來城鄉發展的預言，就好像是現在對於新行動通訊、大數據、自動駕駛及新型先進運輸對2050年的都市發展的預言一樣，當時的預言，經二十年的發展，部分成真、部分則否。數位資訊化並沒有完全打散地理空間中的活動聚集現象，在某些地方其甚至反而強化了某些傳統都市設施的角色與功能。當時未預測到的，可能是手機及行動通訊對生活的影響（例如就消費行為中的付款模式而言，1980年代主要使用現金，1990至2000年代主要是信用卡，2010年代將主要變成手機的行動通訊付費）。所以關鍵在於人類的行為，以及人類的生活模式與新科技之間的關係。此也提醒我們，關鍵在於如何善用及駕馭這些不斷創新發展的科技，來為普羅大眾創造更好的工作機會及生活品質，而非讓新科技主導空間的發展及人類的選擇。

《電訊與城市》(*Telecommunications and the City*)中，有一張生動的圖例就是很好的說明，自鐵路與電報誕生後的一百五十年期間，代表法國的電信通訊發展與個人交通需求的兩條曲線是一起向上爬升的，難以區分彼此。[18] [譯注5]

除此之外，新的多媒體資訊產業也需要低租金的地方來開始發展其事業，都市中心商業區高樓建築群之間的夾縫地帶正好可以讓它們生存。最後，這些新產業必須與許多專業商業服務互動，就設計產業而言，其有獨特的空間區位考量，與傳統上群聚在華爾街、倫敦金融區、大手町等銀行區附近的金融產業有所不同。[19] 所以這些證據顯示（雖然這些證據如同以往一樣零碎及多屬傳聞），都市作為聚集與互動場所之功能仍然明顯地存在。如同對金融業一樣，對這些新產業來說，能夠方便獲得特權資訊是極為重要的。對於這些發展，很有趣地，推動網路革命的主要祭司之一的威廉·米歇爾很不情願地提出他的結論：

> 難道國內和國際資訊基盤建設的發展及其所造成的社會經濟活動轉向至網路空間的結果，是代表著現存城市的瓦解與崩潰嗎？或者是，巴黎擁有某些東西是遠端現場（telepresence，如執行高畫質視訊會議）所無法達到的？或羅馬擁有網路漫遊者（Neuromancer）要的解答？大部分的人都會相信，那種讓大城市度過工業化與汽車化挑戰的恢復力與適應力之儲備（雖然這些挑戰也改變了城市的型態），也能同樣地能讓這些城市安然地度過這波位元領域圈（bitsphere）的挑戰。[20]

然而，還是有一個擾人的意涵存在，資訊產業非常依賴取得與使用資訊的能力，這也意味著需要教育及複雜的知識。因此，資訊產業可能是更進一步造成城市、社會、經濟更根本地極化發展的驅動者。樂觀者發現一些令人

---

18 Graham和Marvin, 1996, 262。

【譯注5】此類觀點說明，許多都市實際上並沒有因為電訊科技（如電傳）的發展而減少交通旅次，相關研究對此的解釋是，部分旅次的增加是因為電訊技術發展所導致的直接溝通需求的增加，此現象在後來網際網路發展迅速的時代也有類似的情況。

19 英國倫敦政府辦公室（G. B. Government Office for London），1996。

20 Mitchell, 1995, 169.

欣慰的軼事證據，因此主張某些藝術活動（如音樂、視覺設計）將可吸納其他產業所不僱用的非正式、靠直覺的藝術天才，因此或許這是一個促進融合而非分裂的力量。但悲觀者所看見的則是，這些新藝術活動（如多媒體）事實上仍處於高端技術產業的邊緣地帶、尚未被開發。如今只能說，判決書尚未送進來，城市的未來或許存繫於此。

規劃與都市政策：法規化相對於城市企業化

　　令人擔心的是，極化發展可能仍是當代都市問題中最核心的部分，因此都市規劃必須去處理這個問題。而都市規劃到底對此做了些什麼呢？答案是並不多。事實上，在1980至1990年代期間，都市規劃與都市政策兩者幾乎是很奇怪地反向而行，且彼此漸行漸遠。傳統上會因應環境改變而進行調整的英國都市規劃，此時正朝往專注於法規制定及法律認可的方向前進，例如1990年的城市規劃法案（Town Planning Act）的第54A節陳述，在審理被駁回的規劃許可上訴案件時，其主要考量的資料是有無符合計畫。但英國後來的都市政策卻愈來愈著重於尋求具高度競爭力與創新途徑的作法來推動都市更新(譯注6)，例如「城市挑戰計畫」（City Challenge scheme）與其後續的「單一更新預算」（Single Regeneration Budget, SRB）計畫皆揚棄固定預算分配制，轉而鼓勵各城市之間為了得到資金援助而相互競爭。此新作法當然有其優點：它成功地引起地方政府的熱情投入，許多高品質的計畫因而被提出（儘管大部分計畫都非常設計取向），且讓大筆的資金可以挹注到重要的計畫。然而，持相反政治立場的批評者卻認為，此類政策不過是個煙霧彈，用來掩蓋主要的更新計畫基金已被削減的事實。

　　這在實務層面的意義是（儘管或許其不被完全地認同），都市更新逐漸脫離了主流規劃程序：主流規劃專注於處理法規的逐步調整，而此時的更新則以企業精神的方式來回應新的發展機會，不再依循過去剛性、制式的規劃

【譯注6】此時及以後的都市更新主要是指都市再發展或都市再生型的都市更新，原文書中使用的英文是 Urban Regeneration 或有時使用 Urban Redevelopment，其與1960年代盛行的推土機式（掃除重建式）的都市更新（Urban Renewal）有明顯的不同。

作法。這類型計畫的典型案例就是倫敦港區開發案在邏輯及地理上的續篇——泰晤士門戶計畫（Thames Gateway）。

泰晤士門戶計畫同樣是麥可‧赫塞爾廷的點子，在他於1990年回到環境部時所提出。如第十一章所述，至1995年時，人們已回復到足夠的信心來看到泰晤士門戶計畫的第一階段被實質地推動，而原先的主要開發者，奧林匹亞約克公司的保羅‧賴克曼也在沙烏地阿拉伯資金的援助下再度擁有開發資產的所有權。未受阻於倫敦港區計畫風暴的影響，赫塞爾廷在1991年3月宣布了一項世界上沒有任何城市曾提出過的超大型都市更新暨開發計畫：東泰晤士河走廊（East Thames Corridor）計畫，之後改名為泰晤士門戶計畫，此係一個從倫敦港區經泰晤士河下游到入海口、延展長度超越50英里的計畫，其中包括沿著連結倫敦市中心與英吉利海峽海底隧道（Channel Tunnel）規劃中高鐵新路線沿線地區的整體發展計畫。此計畫的基本概念是：要更新衰敗的東倫敦地區以及減緩開發過熱的西倫敦地區之開發壓力。其實相同的思考邏輯可以在1943年建造希思羅機場（Heathrow Airport）時看到，只是當時的決策是為了開發倫敦到西倫敦的廊帶，以及啟動沿線西部地區的成長，但在將近五十年之後，泰晤士門戶計畫則恰好相反地往東發展。此時，以都市開發公司（UDC）為更新主要推動單位的作法已被避免採用。都市開發公司（UDC）曾是1980年代赫塞爾廷偏愛的都市更新推動機制，首先應用於倫敦港區計畫，之後幾乎被應用在英國所有大都市中的十餘個都市更新項目之中。但是如今UDC已經不再受到青睞，現在有了更審慎且務實的作法：由政府來進行道路及鐵路的改善以加強基盤設施的提供，實際開發則交由一個有執行力的英國開發公司（English Development Corporation）〔又稱英國夥伴公司（English Partnerships）〕來提供土地整備與清理的服務，以及協助更新參與者在年度「單一更新預算」（Single Regeneration Budget, SRB）計畫的競賽中獲得較有利的待遇，以便取得足夠的金援。

泰晤士門戶計畫穩定地逐步推動，首先調查東部走廊的發展潛力，接著研擬「發展的策略性架構」（the strategic framework for development），並於1995年公布實施。值得注意的是，這並不是一項策略規劃，因為此概念在

當時已被盡量地避免使用。^(譯注7)此時，政府重新調整新鐵路的路線，並公開招標負責建造與營運的廠商，接著於1996年2月公布得標者。[21]

當邁進21世紀之際，亦即距離赫塞爾廷宣告此計畫開始的十年後，泰晤士門戶計畫終於不再只是空中閣樓，總算有了一些階段性成果：在倫敦港區東端與開發走廊西端之間的皇家碼頭（Royal Docks），完成了一座大型的會議與展演中心、一個都市村，以及當地東倫敦大學的一處新校區；一項預計有2萬人口的城市中的新城計畫，正在東倫敦的柏京瑞屈（Barking Reach）開始進行，而位於達特福德（Dartford）的藍水公園（Bluewater Park），這個當時歐洲最大的購物園區也已開發完成。鐵路連線建造的進度曾因為得標公司遭遇財務危機而受到延誤，但主要的合約都順利的發包出去，並預期在2007年完成，包括作為主要開發提供重要基礎的兩個新車站，分別位於東倫敦的史特拉福（stratford）以及位於肯特（Kent）接近藍水公園的地方。所以，新的務實作法似乎是有效的，只是進度比最初所期待的慢了許多，但至少正在進行中，但要評斷這個計畫的成敗仍言之過早，需十年或二十年後才足以判斷。

泰晤士門戶計畫是1980年代大型計畫在1990年代的大型更新版，其係憑藉著反經濟循環週期的勇氣，啟動於經濟蕭條的年代（其實1981年的倫敦港區計畫也是如此）。當時全世界正面臨房地產泡沫化，所有大城市都只剩下衰敗的故事，但此計畫卻大膽的推動。一般而言，都市發展週期有其可預測的循環形式；但充滿動物原始本能衝動的開發商總是寅吃卯糧、超出自我能力的進行投機開發，於是讓整個開發產業持續處於低迷。泰晤士門戶計畫的狀況是，計畫初期的進展可能是比較緩慢，但進度慢對一個長期計畫而言，並不是個大問題，不過這對政客而言就不同了，他們無疑地希望在下次

【譯注7】策略規劃（strategic planning）是目前規劃理論與實務界常提到的概念，也是許多都市嘗試推動的作法。策略規劃為傳統藍圖式計畫方法的調整，強調彈性、策略性、指導性以及動態的計畫研擬過程——嘗試在最適當的時間與地點，投入適當的資源，然而，其具體的內容及操作程序應該為何？應該如何納入現行的計劃體系與規劃機制之中？目前仍有不少的爭議。所以，霍爾在此也指出英國對於策略規劃實際落實能力的質疑，故當時認為以策略性架構的方式較為適宜。

21 英國環境部（G. B. Department of the Environment），1993；英國湯姆士入口專責小組（G. B. Thames Gateway Task Force），1995。

選舉前能盡快看到成果（政績）。這裡，我們必須提問的是，是不是所有需要依賴房地產的成功更新發展的策略（此為一種基本的作法，不僅應用在倫敦，也在1980年代被應用於所有大型的全球城市），只有在短暫的景氣樂觀期才能產出有效的成果，而此樂觀期通常要在每二十年（或更久）一次景氣循環時才會出現。然而，又有一個明顯的反駁聲音出現：那麼其他有效的策略在哪裡呢？在一個以服務產業為經濟驅動力的世界中，大部分開發案將無可避免地具有商業投機性質，在基本的經濟基礎上模仿與誇大市場的訊息。房地產更新發展導向的規劃可能變成都市唯一的規劃競賽，此在全世界的城市中皆然。

在世界的其他地方，當地政府熱情地累積商業資本，其程度甚至已達瘋狂的狀態，大型計畫幾乎成為東亞都市風行的潮流。[22]最驚人的例子是在中國，有兩個巨型計畫正在執行：一個是上海的浦東新區，另一個是緊鄰香港邊界的深圳經濟特區。[譯注8]深圳宣示的計畫目標為要打造「新加坡的環境加上香港的效率」。經過十七年的建造期，至2001年時，深圳已從一個邊陲小鎮發展成為一個有400萬人口、長達30公里的線型城市，整個城市沿著一條洛杉磯式的都市林蔭大道而發展，數公里之外，還有一條平行延伸的洛杉磯式的高速公路。此高速公路兩側效法新加坡的地景設計，將高速公路打造成一條連續的都市綠園道。香港式的摩天大樓（推測大部分是由香港資本來

---

22 Olds, 1995.

【譯注8】這兩個案例都已取得成功的發展，若以經濟發展和房地產開發的角度來看，它們皆代表卓越的成就。以深圳為例，不到三十五年的時間，就從一個小漁村發展成一個人口接近2,000萬的巨大都市，「深圳效率」已成為外界形容深圳建設效率與績效的通俗說法。依據深圳市城市規劃設計研究院的資料，深圳的人口在近三十年之間增加了超過400倍，GDP成長超過2,000倍，依據當地房地產業者的資料，住宅價格在近十年的漲幅超過5倍。深圳是一個傾國家之全力來協助發展的例子，也是中國第一個推動企業特區的城市（在深圳蛇口），其以蛇口企業特區及華僑城（以主題樂園型的地產開發為主）作為成長極（growth poles），藉以帶動都市經濟發展與都市成長，近年來在房價及租金飆漲的情況下，資金仍不斷的湧入深圳，在土地開發炒作愈來愈瘋狂之際，深圳也面臨不少全球化發展所帶來的挑戰，例如：如何從一個「打工城市」和「瞬間城市」（Instant City）轉型為「宜居型城市」（吳綱立，2013）。慶幸的是，近年來深圳也積極的推動低碳生態城市建設和可持續都市發展，並開始思考環境及社會公平正義的議題，例如它是中國率先劃設生態基準線（類似西方的綠手指計畫）的城市之一，也被公認為最具市民社會精神的中國城市。

Cities of Tomorrow

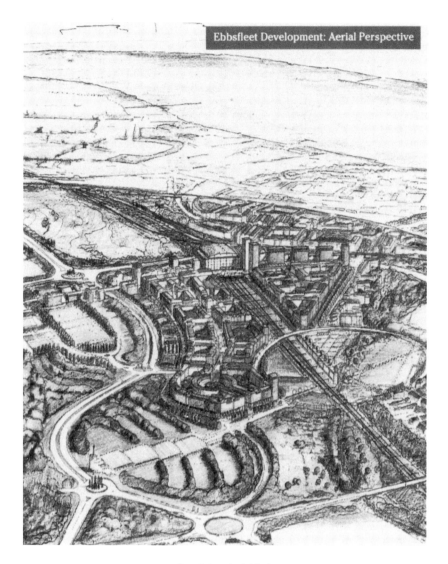

泰晤士門戶計畫

英國企圖在巨型策略規劃上超越法國，總長50英里的開發廊帶順河而下，以新的海峽隧道高速鐵路路線為主要的基礎。

本圖顯示在艾貝斯費特（Ebbsfleet）車站周圍的預期開發。

（© *Liverpool Daily Post and Echo*）

投資）排列在都市林蔭大道（譯注9）的兩側。此複合式開發案最重要的部分是一系列群聚的主題公園（其中一處具有艾菲爾鐵塔的景觀縮影），坐落於摩天大樓之間。

　　世界上沒有任何地方的開發速度快過深圳的建設速度，而上海浦東的建設發展速度也非常驚人；上海市外國投資工作委員會的常務副主任葉龍蜚（Ye Longfei）有一段令人印象深刻的發言：

> 我們不只採用深圳的「築巢引鳳」的策略（意指先建造好基礎建設及標準廠房藉此吸引投資），也參考海南省洋浦經濟開發區的「引鳳築巢」（意指邀請外資直接投資於整個土地開發），同時亦師法廈門的策略「引鳳攜巢」（意指邀請國外企業投資土地開發，並帶來他們的投資夥伴）。[23]

　　但是這些巨型計畫只不過是一整個在20世紀晚期出現在東亞的大時代現象中的部分縮影：許多東亞地區出現了新興的巨型城市（megacity），其特徵是由許多網絡相連的城市群組合形成一個巨型的城市複合體、它們可容納3,000至4,000萬人口，面積橫越數千平方公里。其典型案例是香港與廣州之間的珠江三角洲地帶，而深圳剛好位於核心。（譯注10）這些巨型的城市複合體代表著城市組織的最新演化，另一個重要的事實是，此現象代表著部分貧窮國家的成長曲線正急速地上升。亞洲開發銀行在1997年4月公布的年度報告中預測，至2025年時，亞洲將會有20個人口超過1,000萬人的城市，數目是1997年時的兩倍。目前亞洲有九個巨型城市（megacities）有超過1,000

【譯注9】此林蔭大道為深圳的深南大道，也是深圳東西向的主要城市大道，其景觀綠化及兩側的高層大樓發展皆屬世界級的水準。

23 MacPherson, 1994, 78.

【譯注10】霍爾教授此處所指的就是現在所謂的城市區域（city-region），或稱為區域（region），例如中國的長三角、珠三角及京津冀等。目前這些城市──區域或大範圍區域皆面臨到許多規劃問題，其問題的複雜程度及影響層面之廣泛，可能已超過傳統城市規劃教育之知識論的範疇，但又是不得不正視的問題。

萬的居民在其區域：北京、孟買、加爾各答、雅加達、大阪、首爾、上海、天津、東京。而曼谷、達卡、卡拉奇、馬尼拉接著會很快就會加入此行列。預估到2025年時，緬甸的仰光、巴基斯坦的拉合爾（Lahore）^{（譯注11）}、印度的海德拉巴、班加羅爾、馬德拉斯，以及中國的瀋陽也將躋身此行列。**24**（譯注12）

追求永續性（Sustainability）

　　都市規劃師在1990年代早期面臨到了另一個重大的規劃主題：永續都市發展；眾人追尋它就彷彿尋求聖杯一般的虔誠。但儘管人們熱情地擁抱永續發展，卻沒有人知道箇中的含意。^{（譯注13）}更確切的說，即使人們都可引述1987年聯合國「布倫特蘭報告」（Brundtland Report）中「永續發展」的定義——「永續發展」指的是：能滿足當代的需求，而不損及後代子孫追求其需求與渴望之能力的發展；但對於如何在現有的都市涵構之限制下，將此永續發展的理念具體地落實於每日生活中，還不是很清楚該如何做。那些一般性的目標已夠清楚：我們必須發展更省能及減少污染排放的建築形式，我們必須鼓勵提升可及性（accessibility）而非易動性（mobility），或減少機動交通運具的使用需求（尤其是讓人們可以以步行或自行車就能方便地到達生活的場所）；因此我們應該發展大眾交通系統，並減少一人汽車上路；同時還應該發展比內燃引擎更具能源經濟效率且更低污染的動力形式，以及在大眾交通節點周邊提供可供市民聚集與活動的場所。然而，困難的是下一步該怎麼做：如何將這些規劃目標落實到日常生活之中。可以想像到的結果是，每個

【譯注11】原文書中作者將拉合爾列為印度的城市是一個錯誤，拉合爾為巴基斯坦的第二大城，是旁遮普省的省會，人口約1,000萬人。

24 Anon., 1997, 23; Hall, 1999，各處。

【譯注12】在2017年時，中國的深圳、廣州及重慶，就已達到此巨型城市的標準。

【譯注13】早期永續都市發展的定義較模糊，也缺乏明確的指標及地方性行動計畫，故常被批評為政治性口號，但目前這些問題已有明顯的改善，永續都市發展已從概念的宣導，進展到實際行動方案的推動。

人依其自身的需求，對永續發展皆有各自不同的定義：遠郊高級住宅區持鄰避（NIMBY）觀點[譯注14]的民眾將永續發展的實踐解讀為拉起吊橋，阻止別人進入他們優雅的領地（除了某些特定人士如他們自己，才可以在週末下午優閒地於此啜飲紅酒）。至於開發商腦中的永續發展，則是在難以出售的都市土地上，建造符合流行的都市莊園或是進行正在流行的市中心區頂層閣樓（loft）的改建。

　　幸好還有一群真誠的人，大部分是具學術思想的人，嘗試為永續發展的實踐方式來找尋答案。1989年，兩位澳洲規劃師彼得・紐曼（Peter Newman）及傑佛瑞・肯沃西（Jeffrey Kenworthy）的著作開啟了追尋的過程。他們的報告指出，美國城市居民在交通方面消耗能源的數量遠高於澳洲的城市居民，而澳洲人又比歐洲人消耗得多。他們發現最大的差異點在於，歐洲人更常使用大眾交通工具，這可能是因為歐洲城市的密度較高。於是他們歸納出的關鍵是：應營造密度更高、空間更緊湊（compact）的城市[譯注15]。

　　當然，並不是所有學界同儕都同意他們的看法，他們永遠都不會。例如，南加大的哈利・理查森（Harry Richardson）與彼得・戈登（Peter Gordon）就提出證據反駁：他們指出，其實以加州形式擴張的城市相當節省能源，因為工作係跟隨著居住人口一起外移，所以平均通勤時間並不長。[25]除了這個論點之外，大部分的學者似乎都一致地同意一種看法，亦即開發必須以相對較小的鄰里單元為基礎，將居住、工作及生活性服務等機能

【譯注14】鄰避效應（NIMBY）是Not in My Back Yard（不要在我家後院）英文句子中每個字第一個字母的縮寫，意指對整體環境有益、但對設置地點會產生一些負面衝擊的設施，在設置時會受到地方民眾的強烈抗拒。其道理非常簡單，這些設施雖然有設置的必要，但基於個人利益（或社區利益）之考量，民眾不要將其設置在他家後院附近或他們生活的社區。在城鄉規劃實務上，常見的鄰避設施包括變電所、加油站、精神病院、垃圾焚化爐、垃圾掩埋場等，目前甚至低收入社會住宅也被視為是鄰避設施。

【譯注15】緊湊都市（compact city）是近年來規劃界流行的概念，但「緊湊」一詞代表的不僅是增加密度或空間緊湊性而已，其也包括加強多樣性、機能性、方便性及相融性，如此才是緊湊發展的真正意涵。

25 Gordon, Kumar和Richardson, 1989a, 1989b, 1989c; Gordon和Richardson, 1996; Gordon, Richardson和Jun, 1991。

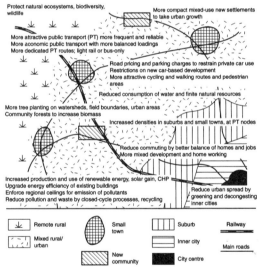

	Remote rural		Small town		Suburb		Railway
	Mixed rural/ urban				Inner city		Main roads
			New community		City centre		

永續發展

有兩個規劃概念在1993年被提出：一個來自英國，由麥可·布雷赫尼（Michael Breheny）與拉爾夫·洛克伍德（Ralph Rookwood）為城市與鄉村規劃協會（Town and Country Planning Association）所提出。另一個則是由美國的彼得·卡爾索普（Peter Calthorpe）提出。兩者雖是各自構思發展，但形式上卻很相似。

結合在一起，此種作法並不是要保證能讓每一個人都可以減少通勤距離，但至少要創造一個可以提供這樣選項的環境，讓居民如果願意的話，有機會如此做。此規劃作法的空間形式可能是簇群型態的大致矩形的空間布局，人口數最高到25萬，沿著大眾運輸主幹線周邊聚集。[26] 在美國加州，建築師暨規劃師彼得·卡爾索普（Peter Calthorpe）即提出其步行口袋單元（pedestrian pocket）整體規劃的概念，以便在實質空間規劃上實踐永續發展的想法；此概念已被加州聖荷西市採用，也成為美國加州首府沙加緬度（Sacramento）主要計畫的基礎之一。[27] 此時在美洲大陸的另一岸，美國東岸佛羅里達州的西賽德（Seaside）地區，安德烈斯·杜安尼（Andres Duany）與伊麗莎白·普萊特-柴伯克（Elizabeth Plater-Zyberk）也提出一個類似的永續社區規劃模式。[28] 但奇怪的是，這些解決方案不論聽起來或是看起來皆非常類似霍華德於1898年所提出的「社會城市」（Social City），或者，也像斯文·馬克柳斯（Sven Markelius）與戈蘭·西登布拉德（Göran Sidenbladh）在1952年為斯德哥爾摩打造的總體規劃。由此看來，美國規劃師是利用舊理念來重新改造引導前進的車輪。

有人認為，這是一個好的車輪、值得重新改造。但同樣也有人注意到，斯德哥爾摩的衛星城市建設其實並不算成功，其實際運作狀況並不如其規劃者所預期的那麼好。如同第七章所描述的，許多居民是對外通勤進出，尤其在他們擁有第一部富豪車（Volvo）之後。[29] 毫無疑問地，此種情況在1990年代更加明顯，雙薪家庭的主人每天早上離開家門，駕車前往相反方向，通勤到距離很遠的不同工作地點。事實上，這種所謂新都市主義[30]的規劃成果並不像當初倡議者所說的那麼美好，例如馬里蘭州的肯特蘭（Kentlands）郊區住宅城，因為距離華盛頓特區地鐵線的終點太遠，以致發展成一個需

---

26 Banister, 1992, 1993; Banister和Banister, 1995; Banister和Button, 1993; Breheny, 1991, 1992, 1995a, b, c; Breheny等，1993; Breheny和Hall, 1996; Breheny和Rookwood, 1993; Owens, 1984, 1986, 1990, 1992a, b; Owens和Cope, 1992; Rickaby, 1987, 1991; Rickaby等，1992。

27 Kelbaugh等，1989; Calthorpe, 1993; Calthorpe和Fulton, 2001。

28 Duany等，2000。

29 Hall, 1998，第27章。

30 Katz, 1994.

依賴小汽車的郊區社區，而加州首府沙加緬度的西拉古納開發案（Laguna West）因為沒有連接到沙加緬度的輕軌系統，只能倚賴少數幾部於尖峰時間行駛的巴士。而且，交通專家們（首先是北美的，然後是歐洲的）都發現，現今人們使用小汽車的目的不僅是為了工作通勤，大部分的小汽車旅次是為了其他目的，也就是說，如今已很難單靠運用土地使用管制政策來管理人們的旅運行為。有些人建議，採取直接的財政政策，例如提高燃料稅與停車費，將是達到所希望結果的唯一辦法，至於都市型態的差異或許不會造成太大的影響。

當然，規劃師必須盡最大努力讓人們基於道德動機去推動永續發展，此外，我們也必須了解，土地使用管制不過是整體配套方案中的一部分，為了減低人們對小汽車的使用及提高其他交通工具的使用，必須還有其他的措施，例如更高的燃料稅、路段收費、提高停車費、管控交通的路型設計等。荷蘭1991年的第四期計畫的附加報告以及英國1993年的PPG-13運輸政策，都積極地推動土地使用規劃與交通規劃的配套整合，至少在原則上是如此。另外，為落實1991年的里約協定（Rio accords），各國政府皆開始實施相關政策，諸如提高燃料稅等。但這些政策都有其限制：新加坡在1998年按照原定時程實施電子道路收費計畫（此乃該國家的做事風格），但幾乎沒有其他國家願意效法，除了斯堪地納維亞（北歐）的國家係以謹慎、局部實施的方式來執行類似的構想。目前似乎在政治可行性上，仍存在不少的限制，例如北美聖奧古斯汀（St. Augustine）的選民與其民意代表都想基於道德考量來支持永續發展，但未能達到其目的。

無論如何，在1990年代中期，有一個基本的問題令人驚訝地清楚浮現：在整個歐洲，預估的新家戶數量出現了驚人的成長，但這並無非像1950和1960年代那樣，是由於人口成長所造成，而是因為人口結構細分成更多、更小的家戶單位。在全歐洲各地都可看到單人家戶（single-person households）數量的大幅成長，許多人實際上是獨自而居。此情況是數種現象所造成的結果：青年人口很早便離家求學或工作、離婚與分居家戶數目增加，以及老年人口壽命增長而成為鰥寡。英國在1995年所提出的預測是，

至2016年時將會新增不少於4,400萬個家戶單位。[31]如此長久下去，將很難有可行的規劃作法來將新增家戶完全容納在高密度的都市生活環境。對於那些注重可及性和歡樂可能更勝於郊區寬敞的空間與安寧的年輕單人家戶而言，無論採取何種規劃方法，閒置的棕地（brownfields）或是都市更新地區都不足以提供給每一個人所需要的空間。因此產生在綠地地區上大量建造住宅的需求。但問題是，是否這類的開發會使居住在此地的居民放棄依賴私人汽車。我們離永續城市會更近還是更遠？

永續都市主義的實踐：英國的都市專責小組（Urban Task Force）及其後的發展

所有這些規劃所遭遇到的困境，還有其他的問題，都匯整到1999年6月英國都市專責小組的報告中。[32]基本上，此份報告是為了回應1990年代中期困擾英國規劃者與政策制定者已久的兩個問題：如何解決都市衰敗，以及如何處理東南區域的發展。這兩個問題看似獨立，實則彼此相關。

當都市專責小組開始運作時，都市衰敗的問題已經呈現，但在專責小組的工作快結束時，這個問題更加嚴重。小組成員之一的安妮・波爾（Anne Power）發表了一份有關曼徹斯特與新堡的研究成果，[33]她指出這些城市已步入美國式城市發展的循環，進入持續擴大的都市實質環境衰敗與社會崩解的階段，人們開始放棄他們的住宅，即使超低的價格都肯賣，整條街的房子慢慢被拋棄、被釘上代售的木板。這背後的原因非常複雜，原因之一是長期結構性的經濟衰退——典型的問題是這些城市的舊工業地區自1970、1980年代以來就長期遭受去工業化的嚴重衝擊，造成高齡人口與年輕就業人口的長期失業；而表現不佳的教育系統，也造成下一代無法擺脫低社經地位的貧窮循環，其他原因還包括家庭瓦解、酗酒與毒品問題，以及以毒品交易與幫派為基礎的犯罪經濟之快速成長。於是在1990年代晚期，曼徹斯特

---

31 英國環境部，1995; Breheny和Hall, 1996。
32 英國都市任務小組（G. B. Urban Task Force），1999。
33 Power和Mumford, 1999; Rogers和Power, 2000。

東部與新堡西部的部分地區竟然不祥地令人聯想起費城北部與芝加哥南部地區。^(譯注16)布蘭・羅松（Brain Robson）教授在他2001年的報告中指出，這些城市也同樣出現一個更為弔詭的現象，在某些地區瀕臨崩潰之際，其城市中心正蓬勃的發展成為一種24小時新經濟的中心，不只吸引觀光客及夜生活消費者，還吸引到遷入經改建後的倉庫或新公寓大樓的新居民，此表示城市再生與城市崩潰係同時發生，有時甚至發生在相隔只有一英里的地方。^(譯注17)

這是所謂的「北方城市的議程」，而南方城市所需面對的問題則非常不同，甚至幾乎是相反的。在南方，倫敦正蓬勃地發展：其都市人口係五十年來第一次的再度成長，預測到2016年時將重現1939年的人口尖峰。雖然有與北方城市相同的情況，倫敦市內原有的人口仍持續地遷移至附近的小城鎮，但從國外新遷入的移民剛好填補了此空缺，外國移民並組成另一種社會光譜：從國際銀行家到尋求政治庇護者皆有。於是愈來愈多的新倫敦人（移民下一代）陸續的出生，這是首都年輕少數族裔高度集中化的產物。所以，除了少數地區之外，倫敦幾乎已經被擠滿，因此當前的問題是如何在塞入更多人口的同時，又能維持一個良好的都市生活品質。然而，就算以上問題解決了，人口淨流出的問題仍然存在，這在政治上是極易引起爭議的。因為倫敦鄰近郡的許多居民都是近年才從都市移居到那裡的，但現在他們想要拉起吊橋，不讓別人繼續移入，以維護他們的鄉村生活品質。點燃此炸藥（爭議）的火把是1996年的人口預測報告，其指出英國在未來二十五年將新增加4,400萬個家戶單位，但人們將定居何處呢？

這些問題竟然與有關獵狐運動之未來的辯論複雜地糾纏在一起，因而導致1998年初許多喜愛獵狐運動的鄉村人士穿著巴柏牌（Barbour）大衣^(譯注18)與綠色威靈頓長筒靴在倫敦市中心舉行一場大型遊行。此事件成為一個重大

【譯注16】意指同樣為極度貧窮、高犯罪率的地區。

【譯注17】這種在同一個地區出現極大環境品質差異的現象，反映出發展機會在空間分配上的不平均，也反映出資源在社會族群間的分配不均，此係推動永續都市發展時亟待解決的問題（跨區域及跨族群的公平問題）。

【譯注18】英國知名鄉村品牌，為名流愛用的品牌，也被認為是最能代表英國的品牌之一。

的政治警訊，為了化解此危機，中央政府成立一個都市專責小組，並任命知名的建築師兼工黨政治人物理查・羅傑斯（Richard Rogers）來領導此小組。為了回應此問題，都市專責小組在1998年6月發表一個適用所有城市的發展願景：此願景以都市復興（urban renaissance）為基礎，致力於復興歐洲大陸形式的城市生活，並以此作為已進行兩百年的英國郊區化發展的一個替代方案。其邏輯似乎是無懈可擊的：由於預測報告中指出未來有五分之四的新家戶都是獨自居住，所以可以假設他們其中許多人應該會十分滿意於適合獨居人口的大城市公寓生活，都市專責小組於是提出不下105項的建議希望能推動都市復興，其中許多項是有關提供適當的財務誘因，讓建商樂於在都市中興建住宅，而居民樂於居住在此。

經過一年半熱烈地投入，政府以發布一份城市白皮書的方式來做出回應，[34] 並接受了其中一些專責小組的建議，但對其他許多建議則採取延議的態度。而這樣的政策回應是否足夠達成他們當初所宣示的目標是令人懷疑的。因為當初一個關鍵的目標已被設定為要藉由將60%的新開發案建於先前已有開發行為的棕地，以平息關於鄉村發展的爭議。都市專責小組宣稱此作法應該可行，只要政府能夠接受並落實其所提出的建議。然而，在專責小組報告書的第七章的不顯眼的地方，卻有一個表格顯示棕地開發利用在倫敦以外的東南區域是不可行的；統計資料也顯示只有39%的開發適合建在棕地之上，就算採取新的政策，也頂多增加3或4個百分點，無法達到60%的目標。

這些爭議很快地被捲入喧囂的地方政治中，因為英國東南區域的地方規劃當局已經受到1997年上台的工黨政府環境部國務大臣普萊斯考特（Prescott）之邀請，為該區域提出策略性規劃綱領（Strategic Planning Guidance），普萊斯考特並驕傲地宣稱，區域規劃的掌控權力已經交還給各區域，但不久後此權力就像是一個回力鏢又回到他的桌上。這起因於下述事件：這些地方政府當局提出的新建住宅目標是一年僅建33,000棟房屋，一位退休的首席規劃督察在一個公開檢核場合詳細審查此數據後，譴責地方政府

---

34 英國副首相辦公室（G. B. Deputy Prime Minister），2000。

錯得離譜，他建議應該要興建54,000棟房屋。當然，這引發更多的爭議，地方政府當局覺得自己被侮辱了，中央政府則平均兩者的差異，建議將數字調為43,000棟，之後，由於地方政府當局持續的大聲抗議，又降至39,000棟。

以上的過程當然不是我們所認知到的規劃（planning），其已經變成粗魯又令人不快的政治協商了。檯面下這是場絕對的政治算計，其實無關乎房屋需求與供給，而是算計著在1997年時工黨必須自保守黨那邊奪取多少英格蘭南方鄉村地區的邊際席次，並在2001年大選時維持這些席次。同時，工黨政府為解決自己的問題，提出未來應將大部分的成長集中在三個地區：1960年代興建的米爾頓·凱恩斯新鎮的周邊地區，肯特省鄰近英倫海峽海底隧道的阿士福特（Ashford）地區，以及連接東倫敦、斯坦斯特德機場（Stansted Airport）及劍橋的M11公路沿線地區。[35] 但最棘手的問題仍未解決：如何滿足倫敦西部楔狀地區瘋狂成長的需求，包括希思羅機場與因其而產生的高科技產業集中發展區的問題。

追尋都市品質的運動

在1990年代又有另一個興起的規劃主題，但在某種程度上，它其實是對於一個1980年代主題的重申與再闡釋，此即是對於都市環境品質的再次強調。此時追尋都市品質的運動幾乎是英國環境部大臣約翰·格默（John Gummer）於1993至1996年期間的個人聖戰。它所採用的方法主要是以設計的觀點來檢視都市的品質，此與1980、1990年代另一個新興的都市規劃主題有關：強調城市之間的競爭力，主張讓城市變成如汽車或廚房一樣成為可以行銷的產品，這也是全球化趨勢下的部分現象，尤其是在處於一個傳統的地理區位優勢已失去影響力的時代。[36] 此一趨勢代表著建築專業重新強力介入都市規劃的競技場，這令人回想起1930年代類似的趨勢，而且也是基於同樣直接的原因：建築師們因為開發業不景氣之衝擊，缺乏適當的工作機

---

35 英國東南區政府辦公室（G. B. Government Office for the Southeast）等，2000。
36 Gold和Ward, 1994; Ward, 1998。

會。比起僅構思著城市願景與如何發表這些想法，如果不進入都市規劃實務的領域，他們可能會做得更糟，此趨勢至少代表建築師對於都市品質是有回應的。此外，此時英國國家樂透彩券的巨大成功為巴黎式（或稱東亞式）的「巨型開發計畫」（Grands Projects）提供了金援，讓他們低落的創意精神得以再度恢復。

　　這一切都與「企業精神的都市更新」（entrepreneurial regeneration）新趨勢相契合，其企圖藉由一系列壯觀的計畫項目來徹底地改變頹敗都市地區的形象。此同樣標誌著規劃重點的明顯改變，從1960、1970年代嘗試為都市移民提供住宅之成長導向的策略，轉變為強調更新的策略，以推動鄰近市中心之棕地地區（brownfield areas）的更新為主。這也可能因為被當作一種純粹的政治轉變而被取消（特別是在英國）；但同樣的情形也發生在社會主義的法國，1994年，法蘭西島總體規劃（Schéma Directeur for Île-de-France）在此點上就與之前的計畫明顯不同。事實顯示規劃運動已經與住宅運動脫鉤，住宅運動曾是維持20世紀生活的最基礎的推動力，但目前都市競賽的新名稱是都市再生，而規劃在此已經退居至次要的角色。

　　還有另一個特徵就是整個事業都很奇怪地呼應著城市美化運動：與將近一個世紀前一樣，建築師所擔任的規劃師通常只專注於城市的外觀和城市的裝飾性效果，他們對於大型都市中央公共空間的處理上，明顯地出現一些偏差，這些宏大的中央公共空間，其實是在犧牲掉一般城市居民的居住與工作空間下所換得的。[譯注19] 他們通常也忽視大環境中的深層社會議題，如結構性失業與都市下層階層的出現。這種狀況與伯納姆所規劃的芝加哥有著令人驚訝的相似性。或許建築師們會關心社會議題本來就只是偶然的現象，人們不應期待建築師變成像社會工程師一樣，這些社會規劃議題是建築師們幾乎不感興趣的工作。但這樣的轉變本身卻是重要的，你可以駁斥它只是一種政治潮流罷了，但它的意義必定比那更深。

【譯注19】此係霍爾教授對傳統城市美化運動型都市設計的一個嚴屬批判，其讓我們省思到，都市規劃設計的真正目的到底是什麼？都市公共空間營造到底是為了要給所有的民眾提供一個更好的日常生活環境呢？還是為了特定的族群與特定的政治目的？

拉德芳斯（La Défense）

法國最巨型的計畫，建造時間長達四十年，沿著巴黎的歷史軸線發展，由凱旋門回望，此計畫整合了巴黎的重要都市景觀元素。

　　奇怪的是，以上所有皆發生在當整個歐洲預測將有前所未見的新住宅需求的時刻。這些新的預測在1990年代的中期出現，但還得花些時間讓所有人了解它們所代表的意涵。不過能確定的是其將引起激辯，因為它們直接打中了「鄰避主義」派所期望的核心：要讓他們的綠地領地永遠翠綠。^{（譯注20）}

規劃收益與社會公平（Planning Gain and Social Equity）

　　就某種程度而言，這是奇怪的，因為如果學術界人士願意的話，他們對於某些關鍵的重要政策問題，應有能力做出一些具體的貢獻，這些令人煩惱的規劃問題至少包括規劃收益、開發影響費及開發條件等問題，這些問題加

【譯注20】意指不要讓他們家周圍的綠地成為建築用地。

在一起構成了 1980 年代末期及 1990 年代令人困惑的政策方案組合。^{（譯注21）}

核心議題其實很簡單，此議題從一開始就與英國的規劃專業者有關〔在美國則沒有這個問題，因為美國的規劃係基於一般性概念的警察權之應用，如第三章所介紹的，規劃的合法性建立於美國最高法院於 1926 年在歐幾里德村控訴安布勒（Ambler）案的里程碑判決中，其確定了使用分區管制的合法性〕。在英國，中央政府則在 1947 年開始將土地開發的權利予以國有化，並宣告會對地主之開發權益損失提出補償。依據實際情況在邏輯上的推論，此作法將造成後續的開發利益回歸到社區。但事實證明此作法在政治上太過於激進，會造成市場機制停止運作，於是保守黨政府在 1954 年廢止此條款。之後有兩次，分別在 1967 與 1975 年，工黨政府又嘗試以其他方式來至少收回部分的開發利益，但之後，後繼的保守黨政府則又兩度取消相關的規定。此議題最後被擱置，除了在 1971 年那年，保守黨政府通過一份城市與鄉村規劃法案，其中明述開發商可以「自願性」地同意提供財政貢獻給規劃當局，藉此作為獲得開發許可的一項條件。此概念的基本構想是由於開發案需要一些公共行動的支援，例如一條新的聯外道路，而開發商相對地也願意且能夠提供一些貢獻以作為回饋。^{（譯注22）}加州在 1980 年也實施類似的措施。

在 1980 年代土地開發活動極為熱絡的時期，這些措施被證實是非常有效且受到歡迎的，尤其是當困乏的地方社區與其鄰避心態的選民發現他們可以從開發商身上榨取大量的金錢，特別是從那些急於讓計畫通過的開發商身上。在此同時，美國的地方社區逐漸訴諸於以另一種方式來達成類似的目的，即徵收開發衝擊費（impact fee）^{（譯注23）}，他們要求開發商負擔與因開發

【譯注21】效率（efficiency）與公平（equity）是近代規劃史上難解的抵換項目（是一種 trade-off，換言之，魚與熊掌不可兼得）。雖然永續發展提出一個包容性的口號，要兼顧環境品質、經濟效率及社會公平，但實際操作上，卻知易行難，雖有柏拉圖最適化原則及許多衡量分配公平的指標之提出，但如何在政府及民間皆強調拚經濟的目標下，達到提升社會分配公平及弱勢族群照顧的目的，仍有漫長的路要走。

【譯注22】英國的開發許可制度中導入了協商機制，開發商可藉由提供公益性的設施或公共服務來爭取開發許可的核准，此規劃的協商功能也被應用於紐約的都市設計管控，後來也陸續被應用在許多地方的土地使用管制及開發許可審議。在規劃審議過程中導入協商機制及規劃協商權，應為值得鼓勵的作法，但前提應是協商的論述基礎必須以公共利益為依歸，並應有關於公共利益的具體評估原則。

【譯注23】衝擊費（impact fee）是基於使用者付費或造成環境衝擊者付費的概念，在理念上是合乎

計畫所導致的公共設施改善費用。但這種作法在大西洋兩岸都面臨到法律上的障礙，關鍵在於同一點，即美國律師們所稱的「關聯性」（nexus）。1987年，美國最高法院裁決加州海岸委員會沒有權力要求一棟正在申請改建許可的房屋要在其前面保留大眾通往海灘的路徑，以作為其獲得改建許可的條件，因為改建許可的核發與公共海灘的進入兩者之間並無直接的關係，亦即是沒有直接的關聯性。同樣的，1995年英國高等法院裁決牛津郡的威特尼（Witney）區議會沒有權力要求一家連鎖超商集團建造一條新道路，以作為其獲得在當地設置一間新暢貨中心之規劃許可的條件，即使廠商非常願意如此作，因為兩者之間並無法證明具有足夠的直接關聯性。但奇怪的是，後來傳出當地政府可以要求那家廠商付錢給政府去建造一條新道路。

不管怎樣，在1980年代晚期的經濟不景氣之中，這些規劃協議及開發衝擊費的羊角（譯注24）突然空了，到了1990年代時，幾乎什麼都沒有了，開發商不得不被懇求能採用其他的方法。但大部分人都相信那些美好的時期將會回來，到時關於開發利益的爭議將再次籠罩規劃領域。在英國，此爭議將圍繞著政治議題，毫無疑問，它仍然會充滿爭議，之前洶湧爭辯的歷史會再出現。

有一個原因是，大眾關注的焦點又回到了家戶預測，因為此意味著鄉村地區的綠地將承受愈來愈多的開發壓力，而英國規劃體系及當地選民都認為保護鄉村的綠地是他們神聖的使命。然而，令人感到不舒服的事實是，如此下去，真正的輸家可能是不富裕的當地居民，而他們多為農場工人或其他從事低技術性但又是當地必須之工作的工人。毫無疑問地，土地短缺將導致土地與住宅價格的高漲，隨著新居民的湧入，這些不富裕的當地居民會發現他

規劃邏輯及符合公平性的作法，但在實務操作上卻有諸多限制。臺灣的非都市土地開發許可的審議；也運用了徵收衝擊費的作法，係將開發對環境的衝擊及需要公共投資的資助，換算成交通衝擊的貨幣值，以付費的方式支付，但以譯注者於2001至2010年期間擔任臺灣內政部區域計畫委員的經驗，臺灣開發許可審議時的衝擊費機制，其實是宣示作用大於實質意義，開發者實際所支付的衝擊費，比起其所造成的環境衝擊或是需要政府改善基盤設施的成本（如改善聯外道路），其實是很微小的支出，畢竟在拚經濟的終極目標下，沒有人願意做惡人，阻擋了開發案所將帶來的巨幅利益，但誰來為社會公平及環境正義代言呢？

【譯注24】希臘神話中哺餵宙斯的羊角，是代表豐饒的象徵，作者以此來比喻對未來開發所期望的豐富收益。

們自己更加被排除在找到「可負擔住宅」（affordable housing）的機會之外，不管是買屋或租屋可能都沒有機會。

　　邏輯上應該是要允許地方政府將提供可負擔住宅納入他們的地區計畫之中。在英國此屬行政裁量權的範圍，而且政府實際上鼓勵這樣做，所以在1990年代中期它變成一種普遍性的作法。在美國，低收入住宅問題通常必須靠在法院上的奮戰才能獲得解決。一個代表性的案例是發生在紐澤西州的蒙特勞雷爾（Mount Laurel）社區，它是卡姆登（Camden）城外的一個自治區，面積約22平方英里，擁有11,000人口。在這裡，州最高法院分別在1975、1983年做出兩個重要的判決，建立了一項知名的原則：地方社區「必須」為該地現有的低收入居民提供居住地區。原本蒙特勞雷爾社區已經劃出半英畝的可開發用地要給富人來建房，一位在當地已世代居住長達七代的美國黑人女性艾瑟兒・勞倫斯（Ethel Lawrence）則帶領了一個團體，採取實際的行動來推動低收入住房的建造，而最後他們贏了。[37]一位偉大的美國規劃法評論家查爾斯・哈爾（Charles M. Haar）稱許此次行動：

> 紐澤西州的最高法院做出一個歷史上最大膽、最創新的司法干預來消除排他性的分區管制（exclusionary zoning）[譯注25]。在蒙特勞雷爾社區足以作為里程碑的三部曲案例中，法院確認並宣布每個人皆有一項憲法賦予的權利：不論是富裕或貧窮、不管其種族背景，都有權住在郊區。[38]

　　當時的規劃法規被用來作為促進排他式發展，它給予地方當局獨立自主的權力以他們自己認為適合的方式來規範土地使用：「法律變成為了排他式發展所築構的實體高牆的代理人」。上述決定因此與地方權利相牴觸，但問

---

37 Haar, 1996, 17-18.
【譯注25】排他性的土地使用分區管制易形成土地使用的純化，不利於社會融合。例如某些高級的住宅區（如郊區高級住宅區），利用土地使用分區管制的規定，為低收入住戶的遷入設置限制門檻（例如不允許興建高密度公寓住宅），藉此防止低收入及黑人家庭的進駐，以免影響他們的房地產價值。有不少相關研究建議，小孩子最好在多元社會融合中的環境中長大，才會較尊重其他人口族群的想法及較容易融入複雜的社會。
38 出處同上，3。

題在於：誰來維持更廣大都會區的社區居民之福祉呢？哈爾如是說：

> 結論是城鎮可能不排除藉由禁止性的土地使用管制來築起他們的護城河
> 或拉起吊橋以面對未來……我們主要的任務將不再是照顧自己的花園
> ——除非我們用一個更寬廣的觀點來看待花園的範圍。[39]

　　當然，問題在於，這樣的規定是否能被有效地制定與執行？對於首次購屋與租屋的民眾而言，或許能發揮作用，但當他們遷移時，事情會如何發展呢？他們可以任意處置他們的房子嗎？或是房子需繼續受到某些特殊規定的限制？雖然後者受到較多的支持，但此將很難管理與管控。

成長、公正與環境

　　本書論述的核心論點之一是，我們似乎繞了一圈又回到原先的起點：現代都市規劃已經運作了將近一世紀，但都市問題大部分仍維持其原本的老樣子。此結論當然不夠精確，因為在這一世紀，所有的發達經濟體已經發展到無法衡量的富有，此造成了兩個主要的後果：其一，許多人與許多家戶主要屬於一個龐大、異質性的中產階級，其中次群體的界定主要是基於人口及生活模式的特徵，而非基於收入。其二，此社會已經足以提供餘裕給不那麼幸運的族群，並提供到在一世紀以前無法想像的程度。的確，我們可看見一個清晰的意識形態上的改變——遠離1950和1960年代的凱恩斯福利國家主義，此趨勢在美國與英國最為盛行，在全世界其他地方也都可看得到。但是儘管如此，社會支出仍然很高，光是經濟蕭條就使得社會支出難以縮減。

　　這意味著儘管基本規劃政策的優先順序及衝突和以往一樣，但它們被以不同的形式來呈現。最發達國家的大部分人們正享受著高標準的生活，他們將此歸功於個人努力與公共行動的綜合成果。1900年的規劃先驅者在乎的是提升生活的「標準」（standard），而2000年的後繼者談論的則是維持生活

---

[39] 出處同上，8, 193。

的「品質」（quality）。當物質生活條件已獲得明顯的改善，更高層次的需求將出現在政治議程之中。[40] 欲維持高生活品質的關鍵要素需要很強的社會控制，其中規劃扮演著重要角色，這也是為何英國柴契爾政府在1980年代中期會數次企圖撤除規劃系統，但並沒有成功，而後來的作法則轉為非公開地嘗試扭轉規劃系統。人們在乎的是他們的工作和他們努力掙得的薪水，尤其是在一個飽受經濟蕭條折磨的年代，當時的工作是自1930年代以來第一次如此地不受到保障。但對大多數的人來說，人們努力累積財富，並在不同的地方消費其所累積的財富，他們在自己家鄉的首要任務就是要保護他們周遭生活環境的品質。

於是規劃需增列了一系列新的環境誡命：要減少污染、要避免消耗非再生性資源、要避免會引起不可逆地球環境衝擊的行為。但通常這些廣泛的考量會變成只顧及個人或部分人的利益：讓私人轎車被限制吧，尤其是別人家的；停止讓磚塊與灰泥來淹沒綠地吧，尤其是那些在我家門前的。

因此這股具有環境意識的「鄰避主義」（Nimbyism）現象就像一塊愈擴愈大的陰影，在英國東南地區到處可見；不管是為了地方社區內不那麼幸運的居民，或是為了其他地方的不幸者、抑或是為了年輕世代、或尚未出生的未來世代，鄰避主義其實很難與任何關於社會公平的概念相結合。在規劃實踐上，鄰避現象就像是拉起吊橋不讓後來者進入，尤其是對那些缺乏適當薪資水準及適當專長的人。更為真實的情況是當此類問題呈現為：當這些要求係來自因與父母或繼父母無法相處而很早離開家的年輕人或帶著孩子的貧窮單親媽媽身上，前者很可能實際上會因為其命運是自己造成之理由而遭受到漠不關心的對待，後者由於在維多利亞原則上被認為是資格不足，而只能領取一些剩餘的補助。

於是，這些不那麼幸運的族群可能愈來愈被困限在城市中，或許在一波以永續都市發展為名的時髦政策下，他們有可能會被安排住所。好消息是（假如有的話），更多精采的新經濟活動將會發生在城市，壞消息則是，這些族群可能無法在新的都市經濟活動中扮演任何角色。他們會發現自己雖身

---

40 Fischler, 2000, 140.

處在城市之中，卻不屬於這個城市，他們與都市的新主流資訊經濟無關，只能在一個由臨時性工作、福利支票與黑市經濟所組成的大雜燴社會中生存。這種命運與一百年前倫敦東區的碼頭工人與賣火柴少女、或是紐約東區血汗工廠裡的工人相差無幾，更別提他們的下一代還有什麼機會。對這些現代的都市低下階層而言，要脫離這種貧窮命運似乎更加困難，因為其他適合他們的工作機會已經不存在了。

此景象或許就像一個拙劣的模仿畫，雖然教育系統提供了一個改變現況的機會，且比19世紀時好多了，但一幅模仿畫不足以讓人覺得舒適，無論是在倫敦、巴黎或阿姆斯特丹，或是在紐約、芝加哥或洛杉磯，太多的年輕人是正在疏離或遠離教育的過程，因此也遠離了進入資訊經濟的機會，因為教育對進入資訊經濟而言是一塊敲門磚。這麼說一點也不誇張，他們仍身處於懼夜的城市，而夜顯得更深沉，因為被啟蒙城市（City of Enlightenment）重重包圍。（譯注26）因此，專業規劃者又重新面臨最古老的都市問題——都市下層社會的問題，它是再度降臨的噩夢，其複雜與影響程度比起當初引發規劃合理化爭議的那些問題更勝一籌；處於弱勢的都市下層階級就像站在柵欄門外陰沉、不滿意的大眾一樣，準備伺機而動。

澳洲學者暨政治家巴里・瓊斯（Barry Jones），為了他那本關於正在來臨的資訊經濟與社會專書的標題，借用了巴哈（Bach）一首頌讚曲的標題：《沉睡者，醒醒吧！》（*Sleepers, Wake!*）。[41]的確，站在高處的巡夜者已經在高聲疾呼，除非白日的光明也會同樣地能出現在大門外的黑暗城市中，否則其所傳遞的訊息可能導致城市的噩運。當千禧年經過時，下層社會的問題仍是黎明前的寒夜，而對於此問題都市規劃師與任何其他社會工程師的智慧都未能提供解答。

【譯注26】意指被新資訊經濟的啟蒙城市機會與現象所包圍，但這些沒有足夠教育背景的弱勢族群，根本沒有進入新資訊經濟的機會。
41 Jones, 1982.

第十三章

永久下層階級的城市

永久的貧民窟：
芝加哥、聖路易、倫敦

1920-2000

隨著財富潛在能量的增加，反動的工業儲備大軍的數量也會增加。但是，與現有正在工作的勞動大軍相比，此反動的工業預備大軍的數量愈多，則整體剩餘人口的規模也會愈大，而且他們遭受的苦難會與勞動之痛苦成反比。最後，若勞動階級中的赤貧族群與工業儲備大軍的數量愈大，正式的貧民數目也將愈大，此乃資本主義累積的不變通則。

卡爾‧馬克思（Karl Marx）

《資本論》（*Capital*, 1876）

　　我要前往黑山，帶著我的剃刀和我的槍，

　　天啊，我要前往黑山，帶著我的剃刀和我的槍，

　　如果他站著不動，我要射殺他；如果他逃跑，我也要射殺他。

　　我的靈魂中有個惡魔，我已豪飲爛醉，

　　我的靈魂中有個惡魔，我已豪飲爛醉；

　　我因煩惱而離開這裡，黑山憂鬱籠罩著我。

貝茜‧史密斯（Bessie Smith）

《黑山憂鬱》（*Black Mountain Blues*, 1930）

有個重要卻難解的謎題：對任何一位城市研究者而言，這都是最重大且難以回答的。這個謎題是87歲的劉易士・孟福於1982年在其自傳的第一章開始處就提出來的：「法律和秩序會在大都會之權力與繁榮到達最高峰時瓦解」。[譯注1]對孟福來說，這是一個「長久的歷史謎題」。[1]將1980年代的紐約市與他年少時的紐約市相比，孟福心寒地提到：

> 暴力和非法行徑已明顯地蔓延，在我年少時期的城市裡，這些失序的行為是被控制在某些特定的封閉區域內（就像限制疔瘡的擴張一樣），例如在包厘街（Bowery）或地獄廚房（Hell's Kitchen）（曼哈頓一處地名）。那些地區尚未將其感染擴散到整個城市的血液中……那時，不論男女老幼（甚至是獨自一人）都能在早晚任何時間行走於城市內的大部分地區，甚至可以在白天或晚上的任何時間穿越中央公園與沿著河岸便道行走，而絲毫不需害怕會受到干擾或攻擊。[2]

他繼續說道，「我年少時期的城市裡似乎有著一種道德的穩定感與安全感，但這些穩定的力量如今已經消失無蹤了，即使在倫敦這個號稱擁有法律和秩序的模範城市，也是如此。」[3]而且他不只一次地承認，現今的紐約使他回想起佩托拉克（Petrarch）對14世紀所作的描述：「在其壯年時期，他目睹到普羅旺斯在黑死病瘟疫侵襲後所出現之荒蕪、貪婪及強盜橫行的景象，但普羅旺斯在他年少時期則是非常安全與繁榮的地區。」[4]

【譯注1】此處所指的是如紐約、倫敦、芝加哥等國際級大都市都在高度都市化發展後陸續發生社會暴動，此暗示出本章的主題——社會規劃（social planning）很重要。在全球普遍強調拚經濟的浪潮下，我們其實應該思索城鄉規劃及城市設計專業在提升社會公平正義上的角色與功能，否則這種暴動（或反映在選票上的民眾不滿情緒），會在世界各地的城市不斷地出現。

1 Mumford, 1982, 5.

2 出處同上，5。

3 出處同上。

4 出處同上。

統計數字是可以騙人的，社會統計也是，犯罪統計更是如此；犯罪統計的紀錄就好像每個大學部新生都熟悉的多重提醒：誰在何時該報告什麼，誰在紀錄本上記錄下什麼，誰決定起訴及提問，但是卻沒有任何可行的制約及作法來減少堆積如山的都市犯罪，尤其是都市的暴力犯罪，其在20世紀晚期興起，就像正在爆發的火山一樣，正威脅著世界上每個主要城市的社會生活結構。事實上，都市犯罪是20世紀的瘟疫，其起因對於受折磨的民眾而言仍是個謎，就如同14世紀在倫敦、巴黎或君士坦丁堡突然爆發的黑死病對於那些不幸的人民一樣。

就算我們不能解釋都市犯罪的現象，至少也應嘗試去了解它，而為了要了解它，某些歷史的剖析是必要的。我們必須回溯都市發展的整個歷史週期，回到都市發展故事的起點，然後再推展到當前。本章係以這樣的方式來進行長篇的敘述，以此方式進行，有時會有些奇怪地，本書故事的主題——規劃（planning），可能會暫時性地從讀者眼前消失。最後，我們必須要問的重點是，為什麼會這樣？因為都市犯罪及居民對它的恐懼其實都存在已久，並非新出現的事件，就如同孟福所提醒我們的，而只有都市犯罪的大量擴散與蔓延則是近期才開始發生的。的確，20世紀的都市規劃係源於維多利亞時代晚期中產階級對於他們所發現的都市下層階層的複雜情緒反應，此複雜的情緒反應，部分出於憐憫、部分是害怕、另有部分則是嫌惡。如同第二章所描述的，此種情緒反應帶有一種現世的最終審判形式：善良的貧者將獲得協助，透過收容所或公共住宅方案，遷往花園城市的天堂之中；至於邪惡的窮人則將終身地被留在他們自己的都市地獄之中，或被送到勉強可見到陽光的苦修的勞工聚集地。對那些都市規劃運動發展興盛的歐洲國家而言，他們大概都經歷過這些事情。半個世紀之後，在1950和1960年代的福利國家時代，出現了自由主義神學的勝利：現在，所有的人——甚至都市下層階級——都立刻變得完美，每個人都可能通過通往科比意的塔狀城市的狹窄大門。

但是在美國，則是另一種故事。既有的宗教，無論是新教、天主教或是猶太教，都高度支持自由的企業：所謂天助自助者，即使出身貧民窟也能成為

企業家，這也就是典型的霍瑞修・阿爾傑潮流（Horatio Alger-fashion）^{（譯注2）}。因此對於公益性企業與志工組織而言，其主要任務是要讓移民及其子女能夠順利的社會化，以了解美國的本土民俗，並接受美國式的價值，如此才能在這塊新土地上踏上邁向成功之向上爬升階梯的第一步。只有那些真正停留在窮困的深淵，且離邁向成功階梯最底下一階仍相距甚遠的民眾，才能獲得等同於救濟院救助的公共住房，而此公共住房常被視為是一種社會恥辱。

芝加哥發現了下層階層

這有助於解釋一個重要的事實：在20世紀早期，無論是美國的社會實驗，或是美國的社會調查，都明顯地被人們感受的移民問題及移民社會化問題所主導。自從移民大量湧入城市之後（尤其是在1890年有效地關閉邊境後），城市成為社會實驗與社會調查聚焦所在的地方，如同第二章所描述的，這些城市正是中產階級對於都市沉淪和暴民統治的強烈恐懼感最能清楚地被感受到的地方。而且有一種歷史正義顯示出社會實驗與社會調查活動都會在芝加哥這個典型的移民城市中開花結果。1889年，珍・亞當斯在芝加哥建立了她的社會收容所；在這裡，從1914年開始，發展出世界上第一所真正的都市社會學之學院。

最終的成果是一項意義重大的宣言。如第二章所述，布斯（Booth）和他的同事於1880年代已經在倫敦率先應用現代技術於大眾社會觀察，因而創造出至今仍無人可比的實證都市社會學研究的傑作。大約在同時，德國人創立了理論社會學，身為芝加哥學派創始者之一的羅伯特・帕克（Robert E. Park）曾在柏林跟隨社會學家喬治・齊美爾（Georg Simmel）學習。但只有在1920年代的芝加哥，才會出現帕克、伯吉斯（Burgess）、麥肯錫

【譯注2】霍瑞修・阿爾傑為美國著名的小說家，其小說多是描述白手起家的故事，例如出身貧寒的窮困少年是如何透過自己堅持不懈的努力而最後取得成功。這就是真正的美國精神——不分種族與社經背景，任何人只要肯努力就有成功的機會；但問題是，是否向上攀爬的階梯對所有人而言都是一樣地順暢，尤其是對弱勢者而言，我們是否要在他們找不到向上階梯之踏腳處時，扶他們一把。

（McKenzie）及沃思（Worth）等人將實證社會學與理論社會學相結合，以理論為基礎、以觀察為驗證，藉此發展出一種對大城市社會結構的全面性理解。1925年，這群學者發表了關於都市社會學的經典論文集，[5]在帕克的開場論文中，列出一系列該學派的研究議程，並清楚地揭示出學派關懷的重點。

帕克主張，城市中「最簡單和最基礎的連結形式」，就是地方的鄰里，所以：

> 去了解是哪些力量會破壞社會張力、利益關係及情感等形塑鄰里特色的要素是非常重要的。一般而言，這些力量可以說是導致人口不穩定及分開或集中對廣泛散布之利益目標的注意力的任何事和每一件事。[6]

但帕克認為「某些都市鄰里正承受被疏離的折磨」；因此「要重建並鼓舞城市鄰里的生活，並使這些鄰里與社會整體利益保持連結」，此表示社會睦鄰運動在某種程度上已興起。[7]在美國城市：

> 藉由建造休憩場所，以及引入各種有管理員陪同監護的運動，如市立舞蹈廳的舞蹈班，來矯正原本邪惡之鄰里的系列行動已經啟動。這些行動與其他相關措施的主要目的是要提升大城市中被隔離族群的道德觀，一般而言，它們應配合一般性的鄰里調查一起被研究。[8]

但是這些鄰里基本上代表了傳統的前工業時期的社會秩序，現在的工業競爭，再加上勞力分工，早已取代了此種舊社會秩序，並形成一種因職業及社會階級所區別出的新城市組織結構。[9]帕克認為，透過金錢的媒介，「價值已被理性化，而且有時被利益所取代。」[10]最後形成的城市組織結構則「包

---

5 Park 等，1925。

6 Park, 1925a, 8.

7 出處同上。

8 出處同上，9。

9 出處同上，14。

10 出處同上，16。

芝加哥貧民窟，約拍攝於 1900 年

拍攝於芝加哥公寓住宅調查時一個無法確認名稱的巷弄：本圖片呈現成千上萬的歐洲移民在美國所居住的環境。

（© *Chicago History Museum, ICHi-00808, Photographer: Unknown*）

含相互競爭的個體和個體所組成的相互競爭群體」，[11]意即：

> 城市，特別是大城市，是處於一種不穩定的均衡。其結果是大量突發和
> 變動的人口聚集，造成我們的都市人口處在一種恆常擾動的狀態，不斷
> 地受到各種新學說的影響，也受到不斷的警報，此結果造成社會處在一
> 種慢性的危機狀態。[12]

這指出了「對於集體行為更詳細且更基礎的研究之重要性」，焦點應在
危機心理學的研究，包括「議會系統（包括選舉系統）（可能）被視為是讓
變革合法化和化解與控制危機的一種嘗試。」[13]

帕克持續地深思：「可能是對地方依附關係的瓦解，以及對初級團體
（primary group）[譯注3] 的限制與抑制的減弱，再加上都市環境的影響，導致
了大城市中惡行與犯罪的增加。」[14]在現今每個大城市中都普遍出現的移民
聚集區中，外國移民群體的生活是孤立的，但這些不同國別的移民聚集區各
自擁有其獨立且充滿活力的政治與社會組織：[15]

> 在這種狀況下，雖然在美國環境的影響下，這些移民從其母國所帶來的
> 社會禮儀和道德秩序仍將成功地維持很長一段時間。然而，這些以家庭
> 道德觀為基礎的社會控制力量卻無法延續到移民的第二代身上。[16]

在這種主要關係逐漸瓦解之際，那些以家庭道德規範為基礎的非正式社

---

11 出處同上，17。
12 出處同上，22。
13 出處同上。
【譯注3】初級團體（primary group）的概念，最早係由美國社會學家查爾斯‧顧里（Charles
Cooley）所提出。初級團體又稱為直接團體，其係指形塑個人社會性與灌輸社會規範與價值的基本
社會單位。
14 Park, 1925a, 23.
15 出處同上。
16 出處同上，27。

會控制，也逐漸被正式的法律機制所取代。[17]

帕克認為，這種新型且特別的社會組織中的某些部分，是屬於「道德區域」：「人們傾向於自我區分，不僅是基於其自身利益，亦會基於其品味與性情」，[18] 此情況產生一種「分離的環境，讓游移不定和被壓制的衝動、熱情及想法能將它們自己從主導的道德秩序中解放出來。」因此，造成「貧民、道德缺陷者、犯罪者及異常者在總體上的社會隔離」，其中：

> 與其他人自己的親族相連結，此情況提供了 …… 不只是一種激勵，還是一種因彼此相同特質而產生的道德支持，此特質是他們在一個較沒有選擇性的社會中很難找到的，於是在大城市中的貧民、道德缺陷者及違法者，常擠在一種不健康和具傳染性的緊密關係中，讓他們的靈魂與肉體在此種環境中能夠滋長。[19]

帕克在其一篇關於青少年犯罪的論文中（後來收錄於論文集中）進一步探討這個主題。他主張「我們正生活在 …… 一個日益個人化和社會去組織化的時期。每件事都處在一種激烈變動的狀態——每件事似乎都在改變中。很顯然地，社會不過是一群社會微小單元的聚集體與群集。」[20] 而汽車、報紙與動畫更強力地促進了這種改變。帕克認為：

> 這種人口從國家的部分地區移到另一部分地區的現象，例如目前黑人人口的向北遷移，產生了擾動的影響。從這些移民自身的觀點，這樣的移動可以被假設成具有一種解放的特質，為他們打開了接觸新的經濟與文化的機會，但這卻使得他們原本生活的社群以及他們所新移入的社群產生了組織瓦解的現象，同時也造成遷移的人們的道德衰退；而且，我還要強調一點，特別是對年輕的世代。

---

17 出處同上，28。
18 出處同上，43。
19 出處同上，45。
20 Park, 1925b, 107.

如今，北方城市黑人社區中嚴重的青少年和成人犯罪問題，部分（雖然不是全部）是因為移入者無法立刻適應一個新的且相對陌生的環境。同樣地，對歐洲來的移民或現在才大量進入大城市所提供之新職場工作或較自由生活方式的年輕婦女世代而言，也是如此。[21]

帕克最後並沒有提出對上述現象的解釋，更別說改善之道：「對於如何提供一種能維持社會連結的生活，我們目前所知仍然有限。」[22]「我有一種感覺，這篇論文缺乏一個道德寓意」，他坦承「而且我知道每一篇關於社會議題的論文應當要有個道德寓意」；事實是「少年犯罪的問題似乎有其起源，以目前我們擁有的知識，我們仍無力控制此情況。」[23]無疑地，如果帕克來到1980年代芝加哥的南部，他會感到更加的困惑和擔憂。

芝加哥學派的成員進行了一系列的研究，企圖回答帕克所拋出的問題，他們抓住社會分化及常見的城市街道犯罪問題的原始現況來進行探討。史瑞舍（Thrasher）在其一年後出版專題論文〈幫派〉（The Gang）一文中，確認了伯吉斯在其經典都市社會地理學理論中所提到的現象，[24]他稱這些地區為市中心周圍的「過渡地區」（zone in transition）：

在這些地區，我們發現了退化的鄰里、很高的人口流動率、移民的最初落腳處、腐化的地區政治、道德淪喪、犯罪，以及廣泛的失序。而造成這些地區中幫派蓬勃發展的根本原因，就是一般的社會機制對於約束當地年輕人的生活並沒有發揮應有的功能。[25]

而且這是移民的一種作用：當時芝加哥有四分之三的人口是「外國出生的移民及其直接的後代」：

---

21 出處同上，108。
22 出處同上，110。
23 出處同上。
24 Burgess, 1925, 51, 55.
25 Thrasher, 1926, 3.

芝加哥的小地獄（Little Hell），1902年

小地獄是義大利人在芝加哥的聚集區之一，此地區素以墮落行為及犯罪盛行而聞名。
（© *Chicago History Museum, DN-0000208, Photographer: Chicago Daily News*）

　　芝加哥就像是一個不同外國移民社群所組成的馬賽克拼圖，有著衝突的社會傳統，而且尚未有足夠的時間來調整這些多元的文化元素，以發展出具一致性且能自我控制的社會秩序。幫派正是這種「文化失調」（cultural lag）的病症。[26]

　　史瑞舍的研究顯示，幫派成員大多數是移民的第二代，他們的父母大多是鄉村農民，由於他們的英語能力不佳，再加上這些移民社群缺乏行為規範，以致無法控制其子女的行徑：「移民第二代傾向於會非常快速且膚淺地

26　出處同上，4。

美國化，當他們身處於混亂且易變的生活環境時，就會被美國生活中較猥褻和非道德的面向所同化。」[27]

　　只要稍加注意，就會發現這是典型的芝加哥社會型態：「整個芝加哥的都市發展歷史，從它的初始階段到第一次世界大戰之間，都是以掙扎與暴力為特徵，描述著第一代移民和原有的白人住民聯手，排斥與對抗後期移民的故事。」[28]在赫爾之家時期，一位收容所的工人悲傷地觀察到「義大利佬與猶太人兩個族群間彼此高傲地蔑視對方、互不退讓。」[29]在這樣互爭強弱的秩序下，有一方必須被踩在腳下；到了1920年代末期，芝加哥就像是北方的西西里島，當地報紙形容，謀殺和傷害事件是家常便飯。如同一位芝加哥社會學者在1929年所發現的，15,000位沒有技術的前義大利西西里農夫所居住的地區——小西西里（俗稱小地獄），事實上是城市裡走私、綁架及幫派犯罪的大本營。[30]生長在這樣的社會環境中，「愈來愈多美國出生的移民第二代出現了人格解組（personal disorganization）的情況，他們發現自己必須試著生活在兩個不同的世界中。」[31]「因此，貧民窟，尤其是外國移民的貧民窟，是黑社會發展的地區。因為黑社會是這些年輕男孩所創造出的世界，在此世界中他們能夠生活並獲得滿足。」[32]

　　芝加哥學派的另一成員克利福德·蕭（Clifford R. Shaw）在同一年發表了更加延伸的研究，其研究發現，逃學曠課、青少年犯罪及成人犯罪等現象在地理空間分布型態上是彼此高度相關的：全都高度集中在「過渡地區」（the zone of transition），此地區的特徵是衰敗的實質環境和日益減少的人口，它們皆位於城市中心商業區的周圍，而且被歐洲移民和南方黑人所占據，蕭指出：

這些歐洲移民與南方黑人所來自的地方與他們現在生活的都市有著相當

27　Thrasher, 1926, 4.
28　Drake和Cayton, 1945, 17。
29　Philpott, 1978, 68.
30　Zorbaugh, 1929, 14.
31　出處同上，176。
32　出處同上，155。

不同文化背景，在新舊文化的衝突下，這些社群原有的社會與文化控制變得容易崩潰，此種情況，再加上缺乏建設性的社區力量來重建傳統的秩序，因而造成持續的社會分化。[33]

在1940年代中期，當蕭將研究範圍擴展到其他城市時，他發現其他城市也有相同的情形：在某些低收入地區，犯罪已成為一種「社會傳統」。[34]

藉由總結至1920年代末的第一波芝加哥學派研究，帕克提出了他的說法，儘管後來有日增的反對意見，帕克提出的論點持續迴盪在社會學的學術殿堂有數十年之久。帕克認為（延續其早期論文的觀點），來到城市的移民會產生一種「人格特質的改變……早先為風俗慣例及傳統所束縛的能量將被釋放出來，讓其個人可以自由地嘗試新探險，但其或多或少會欠缺方向與控制。」[35]此結果造成「一個文化上的混血兒，一個在兩種不同人口族群的文化生活和傳統下生活與密切地分享的人……一個生活在兩種不同文化和社會之邊緣的人，而此兩種文化與社會從未完全地滲透與融合」，[36]這種人的特徵是「精神不穩定、自我意識高漲、煩亂不安及委靡不振。」[37]帕克建議這樣的一個人可以被稱為是「邊緣人」。

對於那些後來猛烈抨擊「邊緣性」概念（the concept of marginality）的人（如第八章所述），他們應該回到此用法最原始的出處：帕克所指的邊緣人原型是那些面臨文化解放且四海為家的猶太人。但在一般的使用上，此概念變得太出名，以致脫離了其原創者的原始意義：漸漸地，「邊緣人」變成了帕克所謂的都市下層階級中的不服從分子，他們因無法成功地融入都市社會，而沉淪到之後奧斯卡·劉易士（Oscar Lewis）所稱的貧窮文化（culture of poverty）之中，此係另一個同樣知名且被誤解的常用概念。

---

33 Shaw 等，1929, 205。
34 Shaw 和 McKay, 1942, 437。
35 Park, 1928, 887.
36 出處同上，892。
37 出處同上，893。

社會學家潛入貧民窟（Ghetto）

在芝加哥學派研究的顯微鏡下，大多數的犯罪者是白人。這反映出一個事實：在1920年代，白人少數族裔的小孩是都市「過渡地區」中的主要居民，而且他們也是從舊社會轉換到新社會時不成功轉換過程下的受害者。這可能也反映出白人中產階級社會學家在深入芝加哥的新貧民窟時會遭遇到的困難。這些社會學家可能甚至無法以當時常用的名稱來辨識出不同族群的貧民窟：例如在常用的貧民窟用詞中，以伯吉斯的經典類型用語，Ghetto是猶太人貧民窟的意思，它是小西西里、希臘城、中國城等不同種族貧民窟的其中之一。這些貧民窟地區混雜著其舊世界的傳統及美國式的調適，而「以隨性和無秩序生活為特徵」的黑人貧民窟，則與以上貧民窟是相當不相同的。[38]

無論有沒有標籤，黑人貧民窟其實早已存在，並且是城市裡唯一真正的貧民窟。對於黑人貧民窟發展的錯誤判斷，是都市社會學的創始學者們所犯的少數錯誤其中之一。帕克、伯吉斯及路易士·沃思（Louis Wirth）曾教導當時那一世代的學生，所有有種族背景的鄰里都是暫時性的貧民窟，在這些地區，自發性的隔離最終會被文化適應所帶來的同化給打破。他們自己的研究似乎也顯示黑人貧民窟的狀況與其他族裔的貧民窟類似，並沒有更糟。但是在半世紀之後，其他研究者再次分析他們的基本資料後，發現帕克等人錯了。在以較小的戶口普查區塊來看，1930年的戶口普查資料顯示，沒有一個歐洲移民族群有超過61%的人口是住在貧民窟；而且在這些所謂的貧民窟裡，真正所謂的貧民人口從未超過總人口的54%。然而，當時城市黑人人口中有93%是居住在貧民窟內，而且在這些貧民窟中，黑人人口占該地區人口的81%以上。[39]

其他後期的研究者發現，黑人貧民窟的社會隔離現象大約發生在第一次世界大戰期間。在1910年，沒有任何戶口普查分區的主要人口是黑人；但

---

38 Burgess, 1925, 56.
39 Philpott, 1978, 141.

是到了1920年時，共有10個戶口普查分區的黑人人口占其總人口的75%或更多。[40]在1916到1918年期間，芝加哥湧入了來自密西西比河谷鄉村地區的65,000位黑人，他們大部分投入城市的工業以謀求生計。[41]儘管有黑人社區組織及報業組織的努力，這些新來的黑人移民對城市生活的壓力仍然難以適應。在四分之一世紀之後，還可聽到年長的黑人對新來者的哀嘆，認為他們擾亂了城市的種族融合與和諧，且「讓我們的生活變得更加困難。」[42]

當戰爭前線的白人士兵從戰場上退役之後，工作場所也出現了種族的壓力；因為，自從1904年芝加哥牲畜飼養場的大罷工事件之後，對城市中的白人工作階層而言，黑人族群已獲得一個不好的名聲，他們被認為是「罷工破壞者（工賊）」。[43]牲畜飼養場地區年輕白人勞工階層的幫派分子將自己打扮成「運動俱樂部」的成員，在一位地方政治人物的支持下，他們開始在大街上威嚇黑人勞工。[44]

終於，1919年7月27日，在擁擠的日光浴海灘發生一件白人和黑人少年共同涉案的意外事件，因而導致了一場都市暴動。這不是第一次發生此類的暴動（1917年7月發生在東聖路易斯的暴動被聲稱是第一次），但卻是美國史上最血腥衝突的其中一次。當國民軍在暴動發生的五天之後才恢復當地秩序時，共有38人死亡，當中15位是白人、23位是黑人，另外有537人受傷。[45]調查委員會之後做出結論，此暴動是後來社會學家所稱的「社區暴動」（當時沒有使用此名詞），其主要特徵是部分白人對黑人的暴力行為，起因於白人認為黑人侵入他們的鄰里，並搶走了他們的工作。調查委員會並勾繪出一幅當時黑人貧民窟的景象：超過40%的人住在幾近頹圮的房屋裡，90%的黑人就住在城市中受到區隔的犯罪地區之附近，他們的孩子們每天都曝露在罪惡和犯罪之中；超過五分之一家庭的孩子們缺乏管教；許多孩子們在學

40 Spear, 1967, 146.

41 芝加哥委員會（Chicago Commission），1922, 602。

42 Drake 和 Cayton, 1945, 73; Tuttle, 1970, 169。

43 Tuttle, 1970, 117, 126.

44 芝加哥委員會，1922, 12; Spear, 1967, 212, Tuttle, 1970, 199。

45 芝加哥委員會，1922, 595-8。

校的學習是嚴重落後的，因為他們在南方受到較差的教育。[46]

　　然而，儘管有這些先驅性的努力，總的來說，大多數1920年代芝加哥的社會學者仍是停留在貧民窟之外。但是，在一個絕佳的機會下（考量黑人在那段時期裡被提升的機會），美國出現了兩位傑出的黑人社會學家，更重要的是，美國社會學的創始者之一，白人社會學家杜博斯（W. E. B. DuBois）在其早期也致力於黑人城市社會的研究。此三位社會學家對實證研究做出重要的貢獻，提供我們關於19世紀末及20世紀初美國黑人城市社會的獨特歷史影像。

　　他們告訴我們的是，許多1980年代社會政策學生所關心的事情其實有其很長的歷史背景。1899年，杜博斯使用布斯曾運用在倫敦的調查方法，對費城第七區的黑人人口進行分類。他告訴他的讀者（幾乎都是白人），「最容易誤解黑人的方式即是忽視費城4萬名黑人之間顯著不同的生活狀況和權力關係」。[47]他將研究中的黑人家庭分為四級。第一級為「非常貧窮和準犯罪的」家庭，他們依賴臨時性的工作並居住在貧民窟中，此類家庭占第七區總人口的9%以下。第二級是「貧窮、無效率，不幸及浪費的」家庭，比例約在10%以下。[48]第三級是最大的一群，比例將近48%，是「辛勤工作的偉大勞工階級」；此類家庭「最誠實且具有良好品行」，他們居住在有3至6個房間的房屋中，一般而言都有良好家具及裝修。[49]第四類是「舒適生活」等級，占25%的比例，其中4%為「經濟良好的狀況」，另4%是處於「經濟富裕的狀況」。

　　因此，大部分的費城黑人並非如傳言所說，是不事生產、從事犯罪、住在貧民窟的下層階級：

　　沒有比完全忽視他們的存在更令這些較高社會階級的黑人感到憤怒的了。當他們看到「黑人」（Negro）這個字眼給大部分費城民眾心中的感

---

46 出處同上，192, 264-5, 622。
47 DuBois, 1899, 310.
48 出處同上，171-4。
49 出處同上，175。

覺是第五區的狹巷或警察廳的時候，那些守法、勤奮工作的第十三區黑人居民們被被激起其正義憤慨。[50]

但問題是，這種對於黑人的謠傳刻板印象反映出一個真實的問題：在過去十年之中由黑人所犯下的「大膽且放肆的罪行數字是持續上升的」。[51]黑人只占費城人口的4%，卻占被逮捕人口的9%。[52]事實是「黑人人口中五分之一的未受教育者後來成為罪行重大犯罪者中三分之一」；[53]「愈嚴重且令人厭惡的犯罪事件，愈有可能是由無知所造成的。」[54]特別是「在街道上搶錢包的行為使得黑人變得惡名昭彰」；而且「從搶錢包到高速公路搶劫只有一線之隔。」[55]因此杜博斯下結論道：

> 從這個研究中我們可以得到的結論是，年輕黑人是黑人嚴重犯罪的懲凶者；罪行主要是偷竊和攻擊行為，而無知及遷移進入充滿誘惑的城市生活則是造成大部分（並非全部）犯罪行為的原因。深層的社會因素支持黑人犯罪的盛行，這些因素自1864年起在黑人社會中已運作許久，形成一個特殊的習慣性犯罪的階層，這個犯罪階層應該被控訴，而不應該讓所有廣大的黑人族群蒙上不白之冤。[56]

當杜博斯轉向研究費城的「婚姻狀況」時，他發現一個驚人的不尋常之處：

> （費城）有很大比例的單身男性，比英國、法國或德國都還多；已婚女性的數目也較少，而普遍出現的鰥寡和分居現象顯示出家庭生活通常很

---

50 DuBois, 1899, 310.

51 出處同上，241。

52 出處同上，239。

53 出處同上，254。

54 出處同上，258。

55 出處同上，262, 263。

56 出處同上，259。

芝加哥種族暴動中的謀殺

不同於晚期的美國城市暴動，芝加哥暴動是真實的種族衝突，是白人對於黑人侵入其城市住宅與就業市場的憤怒所引起。

（© Chicago History Museum, ICHi-22430, Photographer: Jun Fujita）

早就破裂。單身婦女的數字可能因不幸年輕女孩的增多而減少，[譯注4] 但又因被遺棄妻子之增多而增加（她們會申報為單身）。然而，被遺棄妻子的數目，即使考量到有錯報的情況下，仍是驚人的高，而且此代表許多潛在的問題。很大部分給予黑人的慈善捐款是為了救助這些破碎家庭。

妻子被遺棄的原因，部分是由於道德敗壞，部分則是因為無法維持一個家庭。許多缺少丈夫之家庭的出現，增加了慈善機構和善心人士的負

【譯注4】此處不幸的年輕女孩係指成長在破碎家庭或單親家庭中的不幸女孩，她們通常非常年輕就結婚了。

Cities of Tomorrow

擔，而且貧困的家庭生活也增加了從事犯罪的可能性。這是亟需社會重建的廣大領域。[57]

　　杜博斯在家庭結構方面的研究結論是意義重大的，因為其確認了霍華德·奧德姆（Howard Odum）的研究成果。奧德姆是南方白人社會學家，為1930和1940年代南部區域主義學派的創始人（見第五章）。奧德姆最早發表的研究成果係進行於1910年代，是關於南方城鎮黑人生活的詳細調查分析。然而令人痛惜的是，奧德姆的許多調查紀錄在當時並沒有發表，而在1980年後它們幾乎已無法發表；若不是基於他長期且富同情心的對黑人文化研究工作的紀錄，許多人可能會簡單地把他當作是一個種族主義者。奧德姆預期到會遭到一些批判，他語重心長的警告說：「當以一個陌生人的角度，來批評這些黑人的居住狀況而產生許多不舒服與不滿，實有必要讓所有相關的事物來描繪黑人生活的真實景象，以便能以事物本來的樣貌來看問題。」[58]

　　關於黑人家庭結構，奧德姆與杜博斯的研究發現是一致的：「沒有婚生子女的父母的比例很高，一般來說占所有家庭的15%到20%……約有10%的家庭是由女性做戶長。」[59]（譯注5）平均一個家庭有4個人，居住在兩間房間裡：「在那樣擁擠的住處中（全家都擠在一個房間的情況也非少見）必須要能擠入所有的家庭成員和生活用具。」[60]奧德姆並描述，「處在如此擁擠的狀況，不衛生的習慣會很自然的發生。對一般黑人所住的小屋之內部即使看一

---

57 DuBois, 1899, 67-68.

58 Odum, 1910, 151.

59 Odum, 1910, 153.

【譯注5】本章中將「女性為家戶戶長」（female-headed）或「女性當家」與都市黑人下層社會的貧窮現象連結在一起（換言之，女性為家戶戶長或女性當家在本章中是負面的意思），此論點有其時空背景，在西方大城市中，因為都市下層階級的諸多問題造成的女性單親家庭或男性的無能力，以致使得女性不得不當家（換言之，女性需負擔家計，並獨立撫養小孩），且此情況在黑人下層階級特別嚴重。但在強調兩性平等的今日，女性當家（通常指女性做主）或由女性作為家戶戶長，只要能提供女性更多的機會，並兼顧家庭與工作，其實沒有什麼不好。

60 Odum, 1910, 153.

眼也會令人難受。」[61]

此外，儘管家中有許多工作要做，黑人婦女還是必須到外頭工作：

整天下來黑人家庭充滿了匆忙和無秩序。為白人家庭煮飯的母親一大早就要起床然後出門，留下沒有人看顧的孩子在家；男人不久也要出門去工作，孩子們因此沒人照顧和管教……在此同時，黑人家庭仍嘗試盡可能地生活在一起。[62]

結果是，「孩子們鮮少與他們的父母親近。所以在他們長大後，不論在精神或實質上，都沒有要維持一個完整家庭的意圖……較年輕黑人的一個渴望，而且似乎是很自然的渴望，就是要從工作和父母的控制中解放出來。」[63]

奧德姆這位道德主義者於是下了一個結論，他認為其所造成的結果是：

一方面其導致了不道德和犯罪，另一方面則引發疾病……家中的雜亂的混居，導致了不良的個人習慣，而全然地缺乏克制，使得任何可能存在的道德敏感都變得麻木。家庭中看不到任何形式的拘束力量；家庭成員的接觸和行為僅屬於最低的層次。在這種家庭中成長，沒有人會理解到家庭或是婚姻關係的神聖性，最終當然導致成員們對家庭與婚姻的不在乎態度。無婚姻關係的男女公開同居是很平常的事，也很少想到此行為與種族發展的關係，很明顯地，他們對這些事情並沒有道德心。[64]

更糟的是：

每個黑人家庭都可能被視為是可以縱情放蕩的地方；黑人熟知那些會

---

61 出處同上，154。
62 出處同上，155。
63 出處同上，162。
64 出處同上，163。

歡迎他們去放蕩、並可大搖大擺走進去的房子。「巴結討好者」、「醉漢」、「狂蕩者」在他們的生活環境中到處都是，因而不會引起任何驚訝。當每個男人和女人都變成共同資產時，每個家庭都應該為它們對犯罪行為的影響負一些責任。[65]

而且還有更糟糕的是，「也許在黑人的社會裡，沒有什麼會比不道德的問題出現在兒童的身上更令人擔心的了……小孩子對邪惡和惡行的知識多到超乎你我所能想像。他們的行為是非常駭人的。」[66] 而且「不道德的生活在故事和歌曲中被頌揚著……這類歌曲盛行的主題是性關係，而且在表達上沒有任何限制。」[67]

當這些與擔心性病可能會危害到「白人種族的純潔」的恐懼連結在一起時，對於如何矯正黑人家庭中的不道德行為，就輕易地被忽略了。很明顯地，年輕的奧德姆並沒有探討到社會學的比較標準；他沒有理解到，幾乎同樣的結果也可能出現在對於維多利亞時代倫敦白人下層階級的研究報告中，他也缺乏對歷史相對性的深刻領悟[譯注6]：不論是好的或壞的，他報告中許多黑人孩子的行為，聽起來不可思議地就像是1960年代郊區美國白人中層階級中十幾歲孩子的行為，包括他們所聽的歌曲（其為搖滾樂歌曲靈感的起源）。從歷史的角度來看，甚至可以這麼說，奧德姆所提出的那個難以想像的夢魘最後成真了：南方黑人下層階級的生活模式最後也征服了體面的白人世界。他的報告中有個令人不安的預言：「使用古柯鹼的習慣正持續地成長，並在較高的社會階級同樣產生不良的後果。古柯鹼在城市中的大量散播，對於那些較小的社群必然帶來無可避免的影響。」[68]

但是，還有更多需提到的事，某些奧德姆的看法與杜博斯的看法是一致

---

65 出處同上，165

66 出處同上。

67 出處同上，166。

【譯注6】作者霍爾教授在此處對於奧德姆研究的評論似乎有些以今非古、有欠公允，奧德姆這些研究發現是發表於1910年，他並不是在做預測性研究，怎麼會知道霍爾教授這裡所提的50年後（1960年代）發生在其他地方的事，所以他無法以歷史相對性的觀點飛躍至未來，來檢視自己的論點。

68 出處同上，173。

的（杜博斯是提升有色人種國家協會的創始人）。他們都感知到，在部分的黑人社區中，伴隨著家庭結構的瓦解，最終將會出現駭人的後果，並一代傳給一代。當奧德姆寫道「黑人在工作時變得較無效率，不是因為其缺乏能力，而是由於其對工作的嫌惡和他懶惰的習性」，他對這種最壞的種族刻板印象感到一股罪惡感。他描述：「因為這些無價值的黑人，使得犯罪等級是持續地升高而非減少。從懶惰到遊手好閒及偷竊，黑人輕易地從流浪漢、遊民、暴行青年、醉漢及鬼鬼祟祟的人，變成『壞人』及罪犯。」[69]當他做出此段描述時，他描述的是一個在小型黑人下層階級中所觀察到的趨勢，如同杜博斯也同意的，這是一個主要的潛在問題。然而兩位學者對於這些現象為何會發生，卻皆未能提出清楚的理論性解釋。芝加哥學派提出了一個解釋：此為人們從以主要家庭和鄰里關係為基礎的鄉村傳統社會，突然轉換到充滿複雜性的城市生活時，因過於急遽的社會轉換所產生的結果，這種情況通常發生在移民的第二代身上，亦即鄉村移民們在都市出生的孩子們身上。

在後來世代的語言中，這就是普遍出現的芝加哥模式，當黑人社會學家富蘭克林‧弗雷澤（Franklin Frazier）於1927年來到芝加哥進行博士研究時，正是此模式興行的時期。弗雷澤的研究樹立了黑人家庭社會學發展上的里程碑。他回顧從杜博斯以降關於「黑人家庭去道德化」的大量文獻。他的結論是：

> ……我們發現已出現了很長的一段時間的一些觀點是無異議地關注於黑人家庭生活之普遍性去道德化的現象。這些觀點來自於不同興趣的觀察者和學生，且受到許多不同資料來源的統計數據之支持。對幾乎所有的觀察者而言（除了一兩個例外），黑人家庭生活普遍的去道德化現象所代表的是，黑人沒有能力達到西方文明世界的性標準，以及對少數人來說，此意味著黑人種族終將滅絕。[70]

---

69 Odum, 1910, 221.
70 Frazier, 1932, 245.

弗雷澤的成就在於，他總是先關注於事實，然後小心地剖析其原因。在黑人家庭去道德化現象上，他打破了以生理或非洲起源為解釋理由的觀點，亦即打破了以種族起源作為主要解釋的觀點。相對地，他提出一個雙重的歷史崩解之觀點來解釋此現象：第一個歷史上的崩解是解放，其造成黑奴家庭和社會組織的立即瓦解，但隨之而來的是，回歸到一個經調整後的佃農家庭式的農莊生活；第二個崩解是都市化，都市化導致社會結構和社會控制的瓦解〔但多年後，福格爾（Fogel）對於在奴役狀態下的黑人家庭結構所作的基礎研究，對此部分的解釋提出質疑，他發現奴隸主人對於維持穩定的家庭結構具有強烈的意願〕。[71] 正如帕克所假設的，黑人的家庭結構問題在城市內城區最為明顯，在那裡：

> 黑人的家庭生活正逐漸消失。他們生活在充滿著犯罪、不道德行為及隨便的性關係的地區……該地區的高撫養率係伴隨著高家庭遺棄率、高私生子比例和高青少年犯罪率。此地區大量的青少年未婚媽媽及青少年犯罪亦顯示出，家庭紀律和社區組織的瓦解。[72]

　　當人們從「過渡地區」移出時，這些關於組織瓦解的重要指標值會下降，此與移出黑人貧民窟是「黑人尋求道德穩定因素的漸進式選擇」的觀點相吻合。[73] 因此弗雷澤的研究確認了芝加哥學派的主張：「當黑人家庭不再受到南方鄉村的鄰里組織與制度的支持時，以前在南方鄉村社區裡，將家庭聯繫在一起的那種習慣性且富同情心的聯繫關係就此瓦解了。」[74] 因此：

> 黑人家庭生活的普遍混亂情況，必須被視為是黑人族群在文明化過程中的一種現象……當黑人透過漸增的溝通與遷移來與較為廣大的世界接觸時，其所發生組織混亂是一個自然的結果；此混亂的程度將視其原本

71　Fogel 和 Engermann, 1974。
72　Frazier, 1932, 250-1.
73　出處同上，251。
74　出處同上。

社會傳統的積累程度而定，而這種社會傳統的積累將是重建穩定生活的
基礎，可藉以重建一個更理智及有效率的生活。[75]

所以時間可能有助於解決問題，保留「社會積累」（social fund）將更有
幫助[譯注7]。但問題是該怎樣做。

從1930年代起，當弗雷澤任職霍華德大學教授時，他將研究範圍擴展
到探討黑人的社會與家庭結構，並完成一項意義非凡的研究。他確認了其他
先進如杜博斯在費城、丹尼爾斯（Daniels）在波士頓，以及其他人的先驅
性研究成果：在北方城市，整個黑人人口的三分之二是屬於「較低階層」，
這種區別不只是依據他們的低技術性職業、家庭瓦解、文盲和貧窮狀況，還
包括考量他們的「能力不足和無責任感……造成此結果的原因，部分是因
為他們缺乏教育，但也有一部分是因為許多男性黑人缺乏謀生的機會」。[76]
1930年，在10萬人以上的北方城市中，30%的家戶戶長是女性；在南方相
同規模的城市中，女性為戶長的家戶占五分之一到三分之一之間。[77]而這僅
是「城市中新移民人口的混亂家庭生活和無規範性行為」一個最明顯的面向
而已。[78]

藉由從更廣泛的歷史細節中檢視原因，弗雷澤在他的論文中確證黑人家
庭的非道德化是長期存在的現象：他指出，1881年於華盛頓特區出生的黑
人嬰孩中，五分之一是非婚生子女（私生子），1939年維持相同比例。北方
城市中大部分的非婚生子女是由新移入城市的年輕母親所生下，而她們幾乎

---

75 出處同上。

【譯注7】此處所指的社會積累（social fund）與社會資本（social capital）的概念有些相近。社會資
本意指社會中的互信、互愛、互助，以及對國家、族群、文化與地方環境的認同，它是建立一個穩
定發展社會的基礎。社會資本具有自我增強及自我累積的特性，你使用的愈多（換言之，你付出的
愈多），其在社會中的積累也會愈多，而你自己所擁有的也會更多（換言之，付出者及社會皆會因而
受益），這些正面的社會積累或社會資本對於都市中的弱勢族群而言，尤為重要，此也是給予他們信
心，進而自助助人的重要基礎。

76 Frazier, 1957, 303.

77 Frazier, 1939, 326.

78 出處同上，331。

都不知道何謂正常的家庭生活。[79]這種「缺乏父親」的家庭型態是「黑人人口都市化時無可避免的結果之一」，其源於奴隸社會的母系家庭結構。在南方的鄉村，也有超過五分之一的家戶是女性當家（女性戶長），年輕少女未婚懷孕是普遍且被接受的情況，此係因為其與當地一種以祖母是要角的母系家庭結構有關。但是在城市裡，女性當家的家戶則造成不整合的家庭結構。非婚生子女在鄉村不是問題，但當失去大家庭、鄰里和制度的支撐結構之後（如在城市），非婚生子女就會成為問題。[80]因此弗雷澤認為：

> ……社會與福利組織已經無法控制家庭瓦解（family disorganization）的浪潮，這是現代文明對鄉土民俗和農民習俗所造成衝擊的自然結果……回顧美國黑人家庭生活的發展歷史中所出現的：對生命的虛擲、不道德、青少年犯罪、遺棄和破碎家庭等現象，它們呈現出一個缺乏文化的族群嘗試去除他們的文化遺產，藉以努力適應文明世界，而造成了無可避免的結果。[81]

對孩子而言，此結果是悲慘的。弗雷澤繼續說明他的發現，黑人青少年犯罪率比白人青少年高出數倍：舉例而言，1920年代，紐約市的黑人青少年犯罪率是白人青少年犯罪率的3倍，在巴爾的摩則超過4倍。[82]但在這些與其他城市，青少年犯罪明顯地集中在那些城市內出現社區解體（community disorganization）的內城區，低下階層的黑人因為貧窮和文化落後而被迫住在那裡。[83]因此很清楚地，黑人犯罪率（成人與孩童皆如此）是偏高的，而造成此現象的原因，先前認為是由於生理或道德的缺陷，如今則了解到是出自於貧窮、無知和都市化。

在弗雷澤於1939年發表經典的黑人家庭研究的五年之後，另一位偉大

---

79 出處同上，326, 343, 346-9。
80 出處同上，481-4。
81 出處同上，485, 487。
82 出處同上，358-9。
83 出處同上，374。

的社會科學家貢納爾‧米達爾（Gunnar Myrdal）於1944年發表另一篇有關美國黑人的重要研究。不令人驚訝地，此項研究得到與弗雷澤同樣的結論：

> ……重要的是，黑人低下階層（特別是南方鄉村的）已建立一種有助於社會健康的家庭組織，儘管其係以一種不同於美國傳統的方式來實踐。當黑人來到城市時，當這種實踐方式與美國白人的規範相接觸時，黑人傾向於拋棄部分原有的實踐方式，並引起某些黑人的道德衰退。[84]

弗雷澤警告「文明發展的陣痛並未結束」；現在有更多的黑人正移居城市，伴隨他們的是新一波的社會解組的現象。在四分之一個世紀之後，當弗雷澤去世後在其傑出著作的最後修訂版中，可以肯定他所證實的是對的：「第二次世界大戰並沒有讓黑人家庭面對新問題；它讓黑人人口中的新階級去面對之前移民者所面對過的家庭結構調整的老問題。」[85]

兩位跟隨弗雷澤腳步的芝加哥學派的黑人社會學家聖‧克萊爾‧德雷克（St. Clair Drake）和賀拉斯‧凱頓（Horace Cayton）於1945年進一步提供了支持弗雷澤結論的證據。他們發現當黑人繼續湧入貧民窟時，貧民窟的空間範圍並沒有擴大，於是它變得更加擁擠。[86]他們的貢獻是剖析了貧民窟的階級結構，這個結構早已存在於弗雷澤進行研究的時期，並可回溯到第一次世界大戰時新移民到來的時候：[87]

> 每個在布朗茲維爾（Bronzeville）地區的人都承認有社會階層的存在，不管是怎樣地稱呼它。受較低教育的、較低所得、和較少受到社會恩惠的人，總是把那些較富裕和較成功的人稱為是「上好的」、「高傲的」、「放蕩的」、「高尚的人」、「時髦的人」……而在我們所描述的不同金字塔頂端的人們則常傾向於將那些處於其下的人們標示為「低

---

84 Myrdal, 1944, 935.
85 Frazier, 1966, 364.
86 Drake 和 Cayton, 1945, 174。
87 出處同上，73。

級」、「垃圾」、「無賴」、「不中用的」。[88]

當上層與中層階級的黑人提及「種族提升」（advancing the Race）概念時，他們指的是創造出某些條件，使得較低階層的特徵消失，並讓接近中產階級的生活方式能夠盛行。[89]

在黑人的社會結構中，專業者和管理階級的中產階級只占黑人總人口的5%。一個「無定型的、像三明治一樣的」中層階級則約占總人口的三分之一，他們「很困難地嘗試讓自己受到尊敬，他們困陷在他們想要向上攀升的上層層級（至今希望他們的孩子如此）和他們不想要淪落的下層層級之間。」但芝加哥65%的黑人人口是屬於勞工階層。重點是他們大多數分屬兩個不均等的群體：

> 一部分的勞工階級組成了布朗茲維爾地區「中間」社會階級的主幹，他們的特徵是強調「受尊敬」及「成功」的象徵。然而，最大一部分的勞工階級是處於一個「較低」的社會位置，其特徵是較無約束的行為，以及對較高社會聲望的象徵事物不太有消費的慾望。拋棄家庭、未婚懷孕、青少年犯罪、打架及喝酒滋事在較低階層的生活圈中是很平常的情況……布朗茲維爾地區的低下社會階層是生存在一個與白人和其他黑人分離的世界中。[90]

經濟狀況是黑人社會階級的關鍵劃分線。在1940年，每三個芝加哥黑人中，就有超過一個處於失業狀態或正在接受緊急就業專案的輔導。[91]「許多這些家庭實際上是因為經濟上的必要性而形成並維持的組合。」[92]因為過低且不穩定的收入和很差的住宅環境，想要維持任何一種家庭生活都是困難的。

---

88 出處同上，521。
89 出處同上，710。
90 Drake 和 Cayton, 1945, 523。
91 出處同上，214。
92 出處同上，581。

有時家庭僅是為了父母能獲得更多的福利津貼而存在。當面對社會專案工作者時（其能判斷給予多少補助），連非婚生嬰兒都能變成一個資產⋯⋯用社會學家的說法，布朗茲維爾地區正遭受社會解組之苦。[93]

此導致的結果是一種熟悉的社會型態，是自杜博斯和奧德姆以來許多社會學研究所記錄的。「缺乏謀生的機會，再加上甚至無適當途徑去接受小學教育，造成部分黑人男性很早就開始焦躁地閒蕩的特殊生活型態。」這是「在廢除奴隸制度後的八十年期間，阻礙黑人社會去形成一種穩定的傳統家庭的一個重要因素」，也因此「維持家計的責任被移轉到低下階層的婦女身上」，於是「相對於他們的女人和小孩，低下階層的男性是處在一個較差的經濟地位上。男性的控制權被消弱了，女性成為主導角色。」[94] 因此：

> ⋯⋯一個舊南方生活型態在布朗茲維爾地區被強化了。相對較短時間的普通法婚姻交替著女性痛苦的幻想破滅期。最終結果經常是一個「寡婦」和她的孩子，這是由於不是妻子被丈夫拋棄，就是妻子將丈夫甩了。[95]

此現象所造成的結果就是青少年犯罪和未婚生子。1930年，約有20%的少年法庭出庭者是黑人；經濟大蕭條使得情況更加惡化，「在低下階層地區，搶錢包變成常見的事，有時甚至在主要大街上行搶。」就算有人被逮捕，仍然有「上千位低下階層的年輕男性黑人⋯⋯正在跨過犯罪的界線。穿著阻特裝（zoot-suit）[譯注8] 的男性黑人到處晃蕩、向婦女搭訕哄騙。」[96] 1928到1933年之間，大約每九個黑人新生兒中就有一人是非婚生子女，其母親大部分是剛來到城市的低下階層年輕婦女，她們所犯的罪其實是一種舊

---

93 出處同上，582。
94 出處同上，583。
95 出處同上，584。
【譯注8】zoot-suit 為一種上衣肩寬、長及膝，高腰褲口的粗俗華麗男裝，其為1940年代流行於黑人年輕族群中的一種款式，代表著叛逆、不受束縛的次文化。
96 Drake 和 Cayton, 1945, 589。

鄉村社會的特徵,孩子在當地被認為是協助農場工作的禮物,因此未婚生子並不會感到恥辱。[97]

在德雷克和凱頓於1945年所發表的研究之後的二十年間,芝加哥的黑人人口大幅成長,1966年的黑人人口是1920年的10倍;黑人占總人口的比例從4%增加到30%。貧民窟大量地擴張,它的主要發展軸帶向南移了兩公里。[98]貧民窟是在1947和1957年之間一系列暴動之後才往南移的,如同1919年的暴動一樣,暴動中撤退的白人盡力捍衛他們的領地,但是以比較不流血的方式來捍衛。[99]

但在持續擴張的過程中,貧民窟的特徵也改變了:它被芝加哥住宅管理局(Chicago Housing Authority, CHA)接管。此舉所導致的政治鬥爭將城市撕裂且幾乎摧毀了管理局它自己。芝加哥住宅管理局於1949年所提出的計畫,是要在六年內新增4萬個住宅單元,並將很大數目的黑人安置在白人區。但當管理局嘗試落實此項計畫時,暴動一直持續地發生,令地方轄區內的政治人物們感到非常驚慌,最後芝加哥住宅管理局的主席伊莉莎白‧伍特(Elizabeth Wood)被解職,[100]這個嘗試推動種族融合的努力最終被放棄。芝加哥住宅管理局後來與城市政治領袖達成一個協議,轉而著手進行一個依法推動種族隔離的大型計畫。

在芝加哥住宅管理局於1950到1960年代中期這段期間內所批准的33個專案計畫中,只有一個是完成在黑人人口低於84%的地區;除了7個專案計畫以外,其他所有的專案計畫都位於黑人人口占95%以上的地區;超過98%的公寓是建在全部是黑人的鄰里。芝加哥住宅管理局,沿著州街(State Street)及鄰近的22街至51街的街區,建造了一個完全以低租金住宅為主的住宅社區廊帶(此作法後來遭到一些批評)。[101]當此政策實施時,白人都搬走了。建於1945和1960年之間的688,000戶新住宅中,超過77%是建於郊

---

97 出處同上,590。

98 Hirsch, 1983, 3.

99 出處同上,68-71。

100 Bowly, 1978, 76-84.

101 出處同上,112; Hirsch, 1983, 243。

區，那裡幾乎找不到黑人。[102] 到了 1969 年，一位法官發現芝加哥住宅管理局的家庭住宅中有 99% 是由黑人所居住，而 99.5% 的住宅是建在黑人區或過渡地區。[103] 這些低收入住宅變成城市的「第二個貧民窟」，比 1919 年發生災難性種族暴動的第一個貧民窟大了好幾倍，而且也更孤立，它較舊的北端部分現在幾乎完全閒置，只剩下制式的鋼筋混凝土建築。[104]

新貧民窟的心臟與象徵是羅伯特・泰勒之家（Robert Taylor Homes），其為世界上最大的公共住宅專案，共有超過 43,000 的住宅單元被建築在 95 公頃的基地土地上，範圍有兩公里乘以四分之一公里之廣，有 28 棟形式相同的十六層樓高的建築。在最初搬進的 27,000 位居民中，有 20,000 名是兒童。幾乎全部是黑人，全部是窮人，超過一半依賴公共救濟過活。全部居民中僅有 2,600 位是男性：整個專案等同於一個超過 25,000 人的城鎮，但幾乎 90% 是婦女和小孩。[105] 一位居民說：「我們堆疊似地住在別人家的樓上，只有手肘可活動的狹小空間。到處都是危險，幾乎沒有隱私性或和平與寧靜。外界看待我們像是專案試驗的老鼠，住在一個禁止碰觸的保留空間中。」[106] 一個私人貧民窟變成公共貧民窟。除此之外，這二十年內其實沒什麼改變。

1990 年代早期，我們前往探訪羅伯特・泰勒之家，此經驗具有社會學意涵的啟示。一開始是個年輕的孩子驚愕地問道：「你們是警察嗎？」（我們這一行人都是白人男性，所以我們被認為是警察。）一個同事有些莽撞，嘗試對著一個路人拍照；路人的立即反應是遮住自己的臉。我們是拿著相機的白人男性，因此我們被認為是正要逮捕他的警察。街角那邊的情形可以為居民的反應提出一些解釋：有一個大型的複合式建築，像是武裝的兵營，停滿了警車。而在四分之一英里之外，數千名白人通勤者搭乘著伊利諾中央火車或由第 90 號公路（the Interstate 90）經過此區，他們好像在另一個完全不同的國度內居住與工作，這裡的一切情景讓人覺得身處於不同的國家。在那

---

102 出處同上，27。

103 出處同上，265。

104 出處同上。

105 Bowly, 1978, 124, 128.

106 出處同上，124。

次探訪後沒過幾年，他們開始拆除羅伯特‧泰勒之家。

　　大約在同時，另一組社會學家團隊正在另一個中西部公共住宅貧民窟裡進行一項調查研究。這是一個特別的研究，因為研究對象是聖路易惡名昭彰的普魯伊特—伊戈（Pruitt-Igoe）公共住宅，其誕生和死亡已經在本書第七章詳述。此研究發現的情況簡直是羅伯特‧泰勒之家的翻版。普魯伊特—伊戈公共住宅安置的9,952人中，超過三分之二是未成年人，而他們其中的三分之二在12歲以下，女人為戶長的家庭占62%，只有45%的家庭以就業所得為主要收入來源。[107]不令人意外地，普魯伊特—伊戈公共住宅也出現了家庭瓦解、男性邊緣化、青少年犯罪和社會分化等熟悉的情況，只是在這裡，情況是更嚴重且驚人的。普魯伊特—伊戈公共住宅的住戶係生活在一個夢魘世界中，住在那裡，41%的住戶曾遭遇過偷竊、35%的人遭受過個人的傷害、20%經歷過嚴重的身體攻擊。[108]更重要的是，倫瓦特（Rainwater）發現，即使這些人的價值觀念仍與主流中產階級的價值觀念相似，問題是要維持那樣的生活，需要擁有上層階級才有的穩定性與收入水準，而這樣的所得水準超越大部分這些黑人收入的100%或50%。[109]所以結果是：

> 要維持受尊敬及傳統生活的信念是一種脆弱且不穩定的成就，而且在低下階層的貧民窟世界中，想要遵從傳統期望的個體隨時都可能會失敗。與一般對受尊敬概念之判斷密切相關的就是對他人的不信任，無論在血緣上或情感上有多接近。這種不信任有兩個焦點：其一是，其他人可能會嘗試去剝削一個人，以及另一個較不易察覺但同樣重要的現象，根本不需去剝削一個人，只要此人開始出現依賴他人的現象，其他人就會直接拋棄他……因此無論是在情人、伴侶、親屬或朋友之間，根本就難以建立關係。[110]（譯注9）

---

107 Rainwater, 1970. 13.

108 出處同上，104。

109 出處同上，50。

110 出處同上，55。

【譯注9】此段文字很深刻的描述出為何低下層階層社會的黑人會不信任彼此。除本段文字的描述之外，社會資本（social capital）的概念也可提供一些解釋：黑人族群並沒有累積互信、互愛、互助的

因此，「在他們生活世界中的實際行為與道德規範所期望的行為之間，普魯伊特—伊戈的住戶感知到一個巨大的落差」：這種落差明顯地體現在居民的低自尊，而低自尊成為一種居民處理被剝削的方式。[111]因此女性為戶長的家庭、邊緣化的男性及社區的崩解，都是生活中可以被接受的事實。「男人就是那樣，」「理所當然地」不負責任；沒有人可以依賴任何人，甚至他或她的伴侶：[112]

> 相對較高的離婚率可被視為是由兩個因素所造成的，一為源於貧民區的高度家庭顛覆所造成之對婚姻的強大壓力，另一是較低的婚姻凝聚力，因為妻子沒有動力去留住她的丈夫。[113]

而且由此又衍生出其他奇怪的後果：缺乏強大的家庭依附或部分母親對孩子的高度心理關注，相對地造成部分孩童出現令人煩擾的高度行為遲鈍。[114]當這些孩子進入學齡時期後，困難會愈來愈多：

> 普魯伊特—伊戈的住戶對於人性有深層的悲觀，基本信念是大多數人會為了自身的利益而做壞事，做壞事比做好事更正常，受到這種做「好事是意外」想法的影響，使得做好事變得愈加困難。父母認為，運氣才是決定他們孩子是否能成長為好人的關鍵。[115]

社會資本，以致不願意去長期經營彼此間的關係。此處，永續都市及永續社區理論中的社會折舊率（social discount rate）概念可以提供一個有用的思考方向。社會折舊率，簡單的說，就是社會成員珍惜其彼此間相互關係的程度，社會折舊率與社會資本的累積、國家認同、文化認同、族群認同、地方認同及集體生活記憶等因素有關，一個有著較低社會折舊率的地方（例如本節中所提的傳統鄉村社會），人們會較重視彼此間的情感及相互間的關係，也會較在意其與地方環境（社區）的依存關係，所以，都市規劃設計（甚至區域計畫），不應僅關注於空間設計、資源分配及經濟利益的創造，如何降低快速環境變遷地區（如高人口流動或快速都市化地區或本節中所提到的都市的過渡地區）的社會折舊率，也是值得考量的重點。

111 出處同上，61, 75。
112 出處同上，165-8。
113 出處同上，174。
114 出處同上，218-20。
115 出處同上，222-3。

孩子們反過來學到，其不能依靠自己的家庭，除非他非常幸運，否則他的生活與身旁長輩們的生活不會相相差太多；結果，他可能也開始過著同樣的生活。及至成年，他的同輩夥伴會告訴他成功並非來於自學校或工作的表現，而是來自於成為「全然的騙子，以操弄人心來獲得他所想要的，以最少的努力和最大的詐騙風格來獲取回報。」[116]

根據倫瓦特的觀點，造成黑人貧民窟複雜糾結的病徵（問題）之根本原因就是經濟上的邊緣化和種族壓迫。低下階層社會的黑人無法在經濟系統中找到一個安全的利基，因為種族主義固守著現況，讓黑人得到較差的服務，包括住宅和教育：

> 這種無法變得與其他人一樣（脫離自己目前困境）的無力感剝奪了低下階層黑人對其個人意義與個人功能的感覺，而這是在低度開發世界較簡單的「初級部落」中，一般人慣常的且被期待的特徵……因此當被限制為必需生活在周遭都是同樣的經濟邊緣人，並且在這樣的社區環境中成長時，他們只能在剝削和操弄同伴中獲得補償。[117]

問題的根源在於男性黑人不佳的經濟前景與社會地位，這使得他在妻子的眼中沒什麼地位，並迫使他進入一個「只為自己」的自我保護角色，以依靠他人的反應來衡量成功：「如果一個人在創造引人注目之自我這方面是成功的，他將會獲得一種安全感，因為這種自我（至少短期內）不會被奪走也不會被消費。」[118]

這個分析的重要性在於其在政策上的含意：若僅嘗試從外部干預著手，透過教育系統來教導黑人有關中產階級應有的價值與抱負，將註定是會失敗的，因為此種外在干預並無法改變黑人的生活處境，而生活處境正是較低下階層發展他們自己對世界的看法及尋找自我定位的媒介。傳統的反貧窮計畫將會失敗，因為此類政策要求貧窮者在缺少資源協助其改變的情況下，先去

---

116 出處同上，286。
117 Rainwater, 1970, 371.
118 出處同上，379。

改變他們自己的行為。然而，此類政策最基本的作法是直接給這些窮人金錢。[119]

1965年，在弗雷澤的經典研究之後超過二十五年以及米達爾的研究之後超過二十年，另一位傑出的社會科學家丹尼爾·派屈克·莫伊尼漢（Daniel Patrick Moynihan）做出了貢獻。實質上，他的研究凸顯出前兩者的結論，確認問題並沒有消失。但不同於他們的研究的是，莫伊尼漢的結論卻導致了史無前例的政治風暴。理由有二。其一，莫伊尼漢是學者，但他也進入政治界成為美國國會議員。其二，他的報告《黑人家庭：喚起國家行動的案例》，正好出現在美國黑人歷史上最波濤洶湧的十年所引發的覺醒之後，此時期的動盪甚至超過解放黑人的時代，此段過程開始於1954年最高法院針對布朗對托皮卡教育委員會（Brown versus Board of Education of Topeka）訴訟案所作的歷史性裁定，並於1964年詹森總統發布「公民權益法案」（the Civil Rights Bill）時達到高峰。

莫伊尼漢繼續進行其研究，他直言地表示：「最難讓白種美國人了解的事實是……近年來美國黑人社區的環境是變得更糟，而不是較好。」[120]他呼應弗雷澤和米達爾的主張，也認為「基本問題在於家庭結構」：

相關證據顯示，黑人家庭在城市貧民窟中正在崩解（雖不是最後證據，但極具說服力）。一個中產階級社群可以想辦法讓自己存活下來，但對於大量無技術、未受良好教育的城市勞工階級，傳統社會關係的結構已經崩解……只要此情況持續，貧窮與損害的循環將不斷地自我重複的發生。[121]

該報告提供了吾人熟悉的家庭崩解的證據，但如今的指標顯示情況是更糟的：將近四分之一黑人的婚姻是破裂的；將近四分之一的黑人新生兒，8倍於白人新生兒的比率，是未婚生子；幾乎四分之一的黑人家庭是女性為戶

---

119 出處同上，401-3。
120 Moynihan, 1965, n.p.
121 出處同上，n.p.。

長；40%的黑人孩童，相對於白人孩童的2%，是依靠社會福利度日。[122] 所以，莫伊尼漢下結論道，「低下階層黑人的家庭結構係處於高度不穩定的狀況，且在許多城市中心是趨近於完全崩解。」[123] 他對此的解釋與弗雷澤的完全相同：奴役、重建、都市化：

> 在本質上，黑人社群被強迫進入一個女性當家的家庭結構，由於黑人社群與其餘美國社會是那麼的不同，因而嚴重地阻礙其整個族群的發展，並在黑人男性，以及許多此結果所造成的許多黑人女性身上，強加了沉重的負擔。[124]

尤其特別的是，莫伊尼漢主張，女性當家的家庭會增加對於「延緩滿足」（defer gratification）之心理上的無能力，因此造成在青少年和成人時期出現不成熟及神經質的行為模式。[125]

其所形成的結果也是熟悉的，至少對曾有閱讀過這些早期文獻的讀者而言；莫伊尼漢的報告證實了弗雷澤提出的現象並沒有改變。黑人的失業狀況「以一種近乎災難的程度持續了三十年」，只有戰爭期間例外。[126] 莫伊尼漢接著指出，「貧窮、失敗和疏離對黑人青少年所造成的混合影響，在災難性的青少年犯罪和犯罪率上有著可預期的結果。」大多數的犯罪（強姦、謀殺、暴力傷害）可能是黑人所犯下的，其中壓倒性的多數是針對其他黑人。[127] 在教育上，年輕黑人也是處於嚴重的弱勢：56%的黑人無法通過標準的部隊資格心理測驗，這是一個非常基本的能力評量，而一般認為「一個無法通過這項測試的成熟年輕人是有問題的。」[128]

莫伊尼漢在結論中指出，他研究目的是為了定義問題而非提出解決方

---

122 出處同上，7-9, 12。
123 出處同上，5。
124 出處同上，29。
125 出處同上，39。
126 出處同上，20。
127 出處同上，38-9。
128 出處同上，40。

案：他僅是要呼籲「要解決美國黑人的問題，全國性的努力必須朝向解決家庭結構的問題。目標應該是強化黑人家庭使其能夠提升，且像其他家庭一樣能支持它的成員。」[129] 弗雷澤曾在1950年說過相同的話來提醒他的讀者，「若此問題不處理，只讓他們自己照顧自己，問題將變得更糟而非變好。」[130]而這次莫伊尼漢相信，有一個重要的差別就是，總統支持這個努力。

假如總統真的如此做了，他也會很快的就離開此議題了；箇中理由並不是因為後來的爭議，而是因為越戰逐漸高升的成本。[131]莫伊尼漢的報告所引發的爭議，其本身並沒有為任何人帶來好處，莫伊尼漢或許也如此期望。報告最初只是供政府內部參考之用，但它卻外洩了，最後只好對外公布。該團隊的社會科學家們因為莫伊尼漢公開詳述一些令人不舒服的事實而感到困窘，而華盛頓的福利團體想要維持「色盲」（color blind）的態度。[132] (譯注10) 所以每個人都基於其自身利益而駁斥這份報告的內容，他們也確實如此做了。在白宮於報告公布後八個月所舉辦的一場研討會中，如同一位參與者所說，基本假設是「丹尼爾‧派屈克‧莫伊尼漢這個人根本不存在」；[133]在這些批判的基礎下，研討會中至少有一個人沒讀過莫伊尼漢的報告就撰寫評論，整個會議實際上甚至有一種企圖，就是要阻止在議程中討論黑人家庭結構的問題。[134]

貧民窟暴動的影響

造成這個巨大爭議的原因之一，無疑的是因為部分美國人（特別是媒體）改變了對黑人社區的看法。另一個更重要的原因則是，莫伊尼漢的報告

---

129 出處同上，47。
130 出處同上，48。
131 Rainwater和Yancey, 1967, 294。
132 Rainwater和Yancey, 1967, 299, 304-5, 310。
【譯注10】意指他們假裝沒有注意到報告中所指出的這些黑人階層的嚴重問題，作者在本章中數度使用「色盲」一詞，來描述對於種族問題及有色人口問題的忽視。
133 出處同上，248。
134 出處同上，195, 233。

是在一場席捲二十多個美國城市的黑人貧民窟之大暴動的過程中所提出的，這場暴動於1963年從阿拉巴馬州的伯明罕開始，其後在1967年的底特律達到最高點。[135] 莫伊尼漢的報告於1965年3月公布，當年8月洛杉磯的瓦特（Watts）區接著發生大暴動，共有34人死亡，導致3,500萬美元的損失，[136] 當時的媒體認為莫伊尼漢的報告解釋了瓦特的暴動起因。[137]

但後來其他有些分析認為或許它並沒有解釋。詹森總統在1967年的暴動所引發的覺醒下，指派克納委員會（Kerner Commission）進行調查，委員會發表了一份詳細的黑人暴動報告，此報告並沒有檢視瓦特暴動，而僅專注於當年夏天在七座城市（括亞特蘭大、紐瓦克和底特律）裡所發生的類似暴動。此份報告對於暴動的結論是：

> 在1967年夏天發生的暴動中，我們歸納出典型暴動者是年齡介於15到24歲之間的未婚男性黑人，其在許多方面與刻板的印象不同。暴動者不是移民，他出生於美國，而且從出生時就居住在暴動發生地。在經濟上，他的狀況大概與他沒有參與暴動的黑人鄰居們幾乎相同。

> 雖然這類暴動者通常沒有高中畢業，但比起城市內城區的黑人，他算是受過較好教育的，至少有上過高中一段時間。

> 儘管如此，他通常是從事卑賤或地位低微的非技術性工作。即使他有工作，也非全職性的工作，且受僱狀況經常會被間斷性的失業所打斷。

> 暴動者強烈地感受到他應該得到一個較佳的工作機會，但他卻被阻擋去得到它，不是因為缺乏訓練、能力或企圖心，而是因為雇主的歧視。

> 他拒絕接受那些偏執的白人們普遍認為黑人無知且懶惰的刻板印象。他

---

135 美國國家顧問委員會（US National Advisory Committee），1968, 25-108。
136 出處同上，37-8。
137 Rainwater和Yancey, 1967, 139-40。

自豪於自己的種族且相信在某些方面黑人是優於白人的。他極度地仇視白人，但他的敵意通常源於社會與經濟階級的差異，而非一般認為的種族因素；他對中層階級黑人幾乎也同樣地懷有敵意。[138]

事實上，這些對暴動者特徵的描述並沒有與委員會所提出的暴動者原型有很大的差異。用另一種說法來講，典型的暴動者是城市移民的第二代，是一個沒有文憑的高中輟學生，他相信教育程度低落不是其職場失敗的原因，他極度仇視主流美國社會，無論是白人的或黑人的主流社會。有三分之二到十分之九的暴動者是年輕的成年人、二分之一到四分之三是沒有技術的，三分之一到三分之二是城市移民，五分之一到五分之二是失業者，且有三分之一到十分之九曾經有過犯罪的紀錄。[139]他們不像中層階級的黑人，在事業、房屋或教育上已略有一些進展。換句話說，如果真的存在有所謂的「典型暴動者」，那麼他將是弗雷澤所描述的相當典型之下層社會階級成員；唯一的差別就是他屬於下層社會中較聰明和有企圖心的那一群，而且如果他真的是如此的話，其就比上一個世代黑人更有可能在街上滋事，尤其是行搶。[140]

另外，委員會的報告，在其他地方重複著失業、家庭破裂和社會解組這些我們現在熟悉的一系列的循環；它將黑人家庭破裂歸因於失業，事實上，此觀點係延續莫伊尼漢報告中的分析結果。在200萬到250萬人當中，有16%到20%的城市黑人人口，是住在骯髒且蕭條的黑人貧民窟裡。他們承受比白人高兩倍的失業率，且任職於低薪資、非技術性或服務性工作的黑人男性是相同白人男性的3倍；在1966年，超過40%的黑人人口的收入係低於貧窮水準。另一個可能導致貧窮的原因是將近24%的黑人家庭，相對於9%的白人家庭，是以女性為戶長。委員會做出以下具預測性的結論：

根源於失業和家庭瓦解的貧窮文化，在貧民窟內創造了一個無情地剝削關係的系統。娼妓、吸毒、隨便性關係和犯罪，產生了一個以個人不安

---

138 美國國家顧問委員會，1968，128-9。

139 Fogelson, 1971, 43, 114.

140 Janowitz, 1969, 325; Meier和Rudwick, 1969, 312.

和緊張為特色的都市叢林。……120萬名16歲以下的非白人孩童住在都市中心區的貧民窟家庭裡，他們的戶長是65歲以下的婦女。這些孩子在貧困的環境下長大，大部分成為潛在的犯罪者和社會騷亂的製造者，而不是透過就業而順利進入美國的主流社會。[141]

這說明了1960年代暴動的一個主要特色，這也就是莫里斯·賈諾維茨（Morris Janowitz）後來所強調的：不同於以往發生的社區暴動，例如1917年發生在東聖路易的社區暴動或是1919年發生在芝加哥的社區暴動，後者是一種在擴張黑人貧民窟疆界上的種族間衝突，1960年代發生的社區暴動則是一種發生在貧民窟內部之爭奪有用價值物品的暴動，目標在於奪取白人的財產，且是以大型搶劫為主要手段。[142]白人居民和白人並非暴動攻擊的目標，暴動的主要目的是為了「免費購物」（shopping for free）。無論你將其解讀為「暴動主要是為了樂趣和利益」，如同愛德華·班菲爾德（Edward Banfield）當時所指出的，或是採用後來肯尼斯·福克斯（Kenneth Fox）的詮釋觀點：「參與暴動對許多黑人來說是件驕傲的事，是一種參與全國性反抗和提高其強度的手段。」這些不同的說法只是解讀方式的差異罷了。[143]

這些暴動引發了一個克納委員會必須處理的問題，此問題對於許多美國人來說也是非常重要的：為什麼當時的黑人無法像其他種族的移民一樣在社會中往上移動？委員會的主要答覆為：這是時間點的問題，因為黑人大量進入城市的時間點，剛好是初級非技術性工作大量消失的時候。先前他們的祖先移民來時有許多的就業機會，雖然目前部分就業機會仍然存在，但現在的黑人族群卻需承受其祖先世代所未遭遇到的污名化恥辱。現在黑人移民所受到的歧視比起以前的黑人移民以及白人移民都更為嚴重，而且此時的政治體系已經不再根據移民需求而進行政策調整。[144]

最後，克納委員會將它對暴動原因的基本解釋聚焦在，是因為「白人種

---

141 Meier和Rudwick, 1969, 262-3。

142 Janowitz, 1969, 317.

143 Banfield, 1970, 185-209; Fox, 1985, 160.

144 美國國家顧問委員會（US National Advisory Committee），1968, 278-82。

族主義」，而非黑人家庭的破裂。委員會認為，白人種族主義是「導致自從第二次世界大戰結束後在我們城市裡不斷累積的爆炸性混雜現象之根本原因。」[145]白人種族主義的主要特色是普遍深入的歧視及住宅隔離，因而促使黑人貧民窟的出現、黑人移入和白人移出城市；此現象並造成貧民窟文化的發展，黑人貧民窟居民的「犯罪、嗑藥、依賴社會福利、生活痛苦，以及對主流社會和特別是對白人社會的憎恨，都是白人種族主義所造成的結果。」[146]

克納委員會的分析並沒有挖掘出太多新的事物。有趣且重要的是，它嘗試找出因果關聯性，並藉此為暴動來追究責任。對克納委員會而言，暴動是白人種族主義的錯，白人因此必須對黑人暴動的事實而受到譴責。經過三十年的研究之後，優勢的白人和保守團體提出一個反駁（此為弗雷澤這位黑人馬克思激進分子從未提到的），他們認為這是一個經過策劃的悖論，是一個時代的密謀。

暴動之後

克納委員會的報告繼續提出一系列的建議措施，目標在於「建立一個新的聯盟──一個整合的社會和一個單一的美國認同」。[147]其嘗試透過創造就業機會和移除工作歧視、提升教育和移除學校系統內實際的教育歧視、提供更加且具一致性的社會福利，以及打擊低品質住宅，來打破貧民窟與主流社會間那道看不見的牆，藉此將黑人低下階級整合到美國生活的主流之中。

克納委員會的企圖當然沒有成功。後續至少有兩個關於美國黑人進展的重要研究：由威廉‧威爾遜（William J. Wilson, 1978）和雷諾茲‧法利（Reynolds Farley, 1984）所進行。他們的主張不盡相同，但許多結論卻出奇地相似。威爾遜的書名為《種族重要性的減弱》（*The Declining Significance of Race*），其主旨為「在決定黑人是否能擁有特權及權力時，階級比種族更

---

145 出處同上，10。
146 出處同上。
147 出處同上，23。

為重要。」[148] 因此有才能且受過足夠教育的黑人和相同條件的白人擁有一樣的機會，或是黑人甚至能更快的進入專業領域；他們特別受益於政府部門工作的擴大招募，特別是那些有關分配福利的工作。[149] 因此黑人中產階級的人數大幅度的成長，中產階級黑人男性所占的比例從1950年的16.4%增加到1970年的35.3%；相對地，低下階層比例從50.7%降到36.4%。[150]

然而，儘管有這些鼓舞的信號，「黑人下層階級仍然處於一個無希望的停滯狀態，遠遠落後於社會的其他族群。」[151] 威爾遜認為原因是由於所謂的勞工需求的「扭曲」因素所造成，此概念是由經濟學家查爾斯・基林沃思（Charles C. Killingworth）在其1968年的研究中所提出：低技術、低教育水準的勞工需求的長期持續衰退，比這類勞工供給的衰退還要快。[152] 的確，這樣的工作仍然存在；但資格條件卻提高了，於是黑人的工作有些是不穩定的，而且許多黑人不再做那樣的工作，因為他們覺得會失去自己的自尊。[153] 此外，對下層階級的黑人而言，非法活動更有趣且更有利可圖；威爾遜引用一份1966年對哈林區居民的調查，他們之中有20%居民參與非法活動。[154]

同樣地，威爾遜認為，女性當家（女性為家戶戶長）乃是一個以階級為基礎、而非種族為基礎所產生的現象。在1974年，在所得低於4,000美元的黑人家戶中，只有18%的孩子與父母雙方同住；然而那些所得超過15,000美元的黑人家戶，90%的孩子是與父母同住的。[155] 因此事實是「現代工業社會所產生的邊緣化和裁員現象，嚴重地影響到所有的窮人，無論任何種族背景都是如此」。黑人是下層社會中的最大多數，三分之一的黑人人口仍陷於低下階層；但黑人今日的處境是源於過去壓迫所留下的影響，而非現在的歧視所造成。[156]

---

148 Wilson, 1978, 2.

149 出處同上，103。

150 出處同上，129。

151 出處同上，2。

152 出處同上，95-8; Killingworth, 1968。

153 Wilson, 1978, 104-6.

154 出處同上，108。

155 出處同上，132。

156 Wilson, 1978, 154.

對於上述最後一個觀點，威爾遜的分析與史帝芬·斯坦伯格（Stephen Steinberg）在三年後出版的著作《種族的神話》（*The Ethnic Myth*）中的看法相同。斯坦伯格也指出，有資產的黑人中層階級和「龐大的黑人下層階級」之間的明顯落差，這為他提供了一個「制度化的種族主義的主要的初步證據」。[157] 但斯坦伯格所指的對象是過去長期移民世代的種族主義。他爭辯道（在此處他基本上是延續帕克在1920年代的分析方向），不同種族移民群體能否成功適應新都市環境的關鍵在於，他們之前是否有都市生活的經驗。例如猶太移民，他們來美國之前就幾乎都是都市人，因此適應得特別成功；但來自義大利南部鄉村的移民能成功適應都市生活的例子則就少很多了。[158] 至於黑人，雖然是美國最古老的移民族群之一，但因為南方農場擁有者和北方工業家之間默許的密謀，黑人在解放後始終被刻意的排除在北方城市之外。[159] 所以當他們後來遲緩地移入都市時，他們對轉型完全沒有準備。

法利（Farley）的分析同樣地顯示出許多介於黑人富人和黑人窮人之間的差異：階級鴻溝的確存在。他認為，階級差異在相對的感覺上，似乎仍然維持不變，但在絕對所得的差異上，黑人富者與貧者間的差異則有明顯擴大的趨勢。[160] 在應用比威爾遜研究更新的統計數據之基礎下，法利指出黑人發展趨勢上一個不祥的反轉：美國黑人窮人的比例從1950年超過50%，降到1974年的30%之低點，然後在1982年又再次急遽上升到36%。

法利提出與威爾遜不同的主張，他認為現在是性別而非階級，才是造成淪為下層社會成員的主要關鍵。但是實際上，法利的證據並未和威爾遜的相衝突：兩者都顯示出所謂貧窮女性化的現象，這是女性當家之家戶比例快速成長的結果。在此處黑人與白人間有一個主要的差別：在1960年，90%的白人孩童與父母同住，但只有66%的黑人孩童與父母同住，至1982年，白人與黑人與父母同住的數字分別降到81%與42%。[161] 此一結果主要是源於黑

---

157 Steinberg, 1981, 209.
158 出處同上，94-8。
159 出處同上，173-4, 201-2, 221。
160 Farley, 1984, 181-3.
161 出處同上，141。

人非婚生子女數量的大幅上升：在1950年，白人非婚生子女的比率是2%，非白人的比例則是17%；1960年代晚期，白人與非白人的比率分別是6%和23%；1980年則是10%和55%。[162]現在白人未婚生子的比率上升得較快，而黑人此部分數字較令人困擾的是其絕對尺度（人數的總數）的問題。事實顯示，情況並不如大部分觀察者所期待的，黑人未婚生子的數目並沒有隨著時間而減少，反而是更多。

此現象造成的結果是悲慘的，在1982年時，有19%的丈夫—妻子黑人家庭（黑人雙親家庭）的經濟狀況低於官方貧戶水準，但有高達59%的女性當家家庭之經濟狀況是低於貧戶水準。[163]換句話說：在1959年時，家中有丈夫與妻子的家庭占所有黑人窮人家庭的三分之二；但到1980年，五分之三的黑人窮人家庭是由女性當家。[164]這些證據強而有力地支持法利的結論：「轉變的居住狀況可以協助說明1970年代的高比例貧窮狀況。」[165]或者，如同有人所指出的：貧窮不再是一個你做什麼的問題，而是你和誰住在一起的問題。

然而關鍵的問題一直是，到底是什麼因素導致了這樣的結果。法利的解釋是，政府對有需要扶養小孩的家庭提供較高的福利津貼（若根據消費品價格指數調整的不變價值美元來計算，在1960到1980年代之間，福利津貼總共上升了28%），實際上反而可能刺激了更多的家庭破裂；而且，在1970年代晚期，這類津貼的接受者約有44%是黑人。[166]法利並指出，如果事實真是這樣的話，此一現象很有趣地與莫伊尼漢於1965年所提出的論點並不相符，莫伊尼漢當時主張，藉由為黑人男性創造更多的就業機會，可鼓勵黑人家庭成員生活在一起；然而事實上，雖然許多這樣的工作已被創造出來，卻沒有達到預期的效果。於是法利主張，家庭瓦解是源於深層的社會變遷，白人社群甚至也可能遭遇此困境。[167]

---

162 出處同上，138。
163 出處同上，158。
164 出處同上，161。
165 出處同上，160。
166 出處同上，170。
167 出處同上，169-70。

法利的主張被證實是具預言性的。黑人非婚生子女數目在美國上升到更高：到1980年代早期，黑人非婚生子女占總出生人數的56%，其中幾乎有40%為青少年所生，幾乎每四個黑人未成年者中就有一位擁有未成年的非婚生子女，而且47%的黑人家庭是女性為戶長。[168]造成此情況的基本原因似乎是結婚率的大幅下降，1970年代結婚率降到45%，到了1980年代早期，86%的黑人未成年小媽媽是未婚生子。[169]此外，法利似乎也正確地預測到另一個趨勢：當時三分之一的白人青少年生子者也是未婚生子。然而黑人與白人之間的差別仍令人吃驚：在年紀為17歲以下的未婚少女中，黑人的生育率是白人的8倍。[170]

　　一直以來，黑人下層社會的困境似乎更加嚴重。一個由理查‧納森（Richard P. Nathan）所做的研究在1987年早期發表，結論是：「在1970到1980年期間，當美國前50大城市的總人口數下降5%時，這些城市的貧窮人口數上升了近12%。但是其中貧窮白人的數目下降18%，從320萬人降到260萬人，而貧窮黑人的數目則上升18%，從260萬增加到310萬人。再者，84%的貧窮黑人是集中住在貧窮的地區。儘管相關統計資料有限，評估指標顯示此趨勢在1980年後仍然持續。」[171]

　　某些相當不尋常的事在此發生，但我們不知道為什麼會如此。可能不是如弗雷澤很久以前所指出的，而是由於大量在文化同化上不成功的鄉村黑人女孩的移入都市所造成，因為在1970年代，黑人移民的浪潮已經減緩甚至反轉。原因可能是，如某些人所認為的，景氣低迷和失業使得黑人男性不願意結婚；但這很難解釋制度的實質崩解，或是隨之而來的非婚生子女數目之不尋常上升。至於社會福利水準的適度提升似乎也不能作為一個適當的間接理由。一個令人困擾的徵兆是，在美國一部分的年輕族群身上可看到另一個奇怪的社會文化趨勢正在發生。

　　但至少，當大眾看到「孩子生孩子」的事實被揭發時，已經不像從前當

---

168 Hulbert, 1984, 15.

169 出處同上，16。

170 出處同上。

171 Herbers, 1987a.

莫伊尼漢的研究報告出版時，所顯現出的那麼憤怒，此議題已被黑人社區領袖們公開地討論，他們在其中看到了一個真正未來悲劇的種子。國家都市聯盟主席約翰‧雅各（John Jacob）說道，「已經有太長的一段時間，我們可能太過於防衛性，以至於將對當前社區結構中種種會產生不良後果之趨勢的公開討論視為是一種對黑人的攻擊」；「在許多案例中的確是如此，但這些事實必定會持續地影響著我們。」[172]

的確，當這些上百萬無父黑人小孩在都市街道上長大成人的可怕社會問題如幽靈般陰森地逼近時，黑人未婚生子這個事實絕對是個關鍵的問題：下次（黑人暴動）的火焰可能比以往更具毀滅性。

莫伊尼漢最後似乎恢復了他的名聲，他在1987年1月發起了一個運動，欲以一個強調實際所得的全新系統來取代當時美國的社會福利計畫。此作法贏得雷根總統及所有政黨的支持。一個月之後，民主黨和共和黨的州政府官員同樣地核准了一項決議，要求將福利津貼系統立即轉換成「勞動福利」計畫方案。他們簽署了一份背景文件，吸引大眾的注意力聚焦在：

> 美國社會組織中深層且令人憂慮的改變：大量的年輕女人和孩童處於貧窮、高比例的社會福利依賴、單親家庭和鑰匙兒數目之劇烈上升、上百萬的成人是實質上的文盲、愈來愈嚴重的酗酒和吸毒問題、未成年青少年懷著第二或第三胎，以及許多的輟學者。[173]

這個評論文件有部分內容有些詞藻華麗不實，但大多是具建設性的。有點奇怪的是，政府官員為何如此自信地認為行政部門和國會將接受他們的提案。

構成這些社會問題的關鍵是，美國及其他先進國家經濟結構的深層變動。如同第十二章所描述的，製造業已經快速地走上與農業就業一樣衰退的道路，愈來愈多的國家與城市的生存所繫是基於處理與交易資訊。但這

---

172 節錄自Herbers, 1987a, 16。
173 Herbers, 1987b.

個改變創造出一系列發生在城市之間或城市內的多元極化現象。如同薩森（Sassen）所說的，倫敦與紐約這類都市是贏家，而伯明罕與底特律之類的城市則是輸家，除非像伯明罕一樣，該地方政府謹慎且智慧地改造其城市，從以製造業為基礎轉為以資訊服務為導向。到了1990年代，美國大型的工業城市也像英國的一樣，都變成僅供回憶其過去風華的場所，許多地方所呈現出的景觀是到處可見的荒廢工廠及曾有工廠不停運轉的巨大空間，許多房屋也已閒置，這類地區的都市景觀給人的感覺就像成排的牙齒中突然缺了一些牙，在連續的都市景觀中留下明顯的空隙。在這些近乎超現實的都市場所，如費城北部、芝加哥南部、曼徹斯特東部及新堡西部，居民仍然在該處生活著，但是愈來愈少人有工作機會。但就算在最高層級的全球都市如紐約與倫敦，在資訊充分的優勢族群與資訊貧乏的少數族群之間，在羅伯特・賴克（Robert Reich）[174]所稱的符號分析師與臨時性服務工作者之間，大量地兩極化現象已經發生並持續的強化。這些多重的弱勢族群（例如資訊貧乏者也多是金錢貧乏者）都集中於公共住宅，該地區的學校收容這些弱勢的下層社會孩子，但在太多的案例中，這些學校教育系統讓孩童變得更加弱勢。這個結果就像湯姆・沃爾夫（Tom Wolfe）寓言小說《虛榮的篝火》（*The Bonfire of the Vanities*）裡所呈現的那種都市景象：負責證券交易的金融驕子與都市下層階級發生面對面的互動，該書的場景是在紐約，但它也可能發生在倫敦、巴黎或是阿姆斯特丹。1990年代時已有更多的證據顯示，曾經被視為是英美實施解除經濟管制之產物——下層階級現象，如今已出現在不同的社會與不同的城市之中，巴黎與阿姆斯特丹的大型公共住宅已逐漸住滿了結構性失業者及他們的孩子，這些地區如同紐約與倫敦一樣，暴力事件正瀕臨於爆發的邊緣。

這種下層階級現象有非常多的諷刺之處。在學校表現低落的孩子通常是男生，女生通常領先男生：人類早期對於力氣與肌肉的獎賞已經不再適用（不過有人可能會負面地更正為，自從多餘的男性荷爾蒙睪丸素被用於強暴與傷害後，力氣與肌肉不再被讚揚），而智力與自我組織能力可獲得的好處

---

174 Reich, 1991.

則增加了，在這方面，貧窮女性似乎比貧窮男性表現得要好。那些只有以優越的體力為唯一資產的男性們，不再於勞工市場或（連帶影響的）婚姻市場受到青睞；這導致低下階層家庭的崩解，這情況不只大量發生在美國城市中的低收入美國黑人身上，亦發生在其他地方。

威廉·威爾遜於1987年出版的《真正的弱勢者》（*The Truly Disadvantaged*）一書中關於下層階級社會的主題引起了轟動。[175] 在他早期的論述中，他描述了美國黑人人口的兩極化現象：一半的人攀升進入了中產階級，另一半的人則需依賴社會福利計畫；這些仍處於下層社會的黑人人口生活在一個沒有工作也沒有未來的世界裡。更糟糕的是，下層階級社會系統正透過不當的學校教育系統來自我強化。根據與數百位貧民窟居民的訪談資料，威爾遜在1996年時詳細地記錄此現象，這些受訪者用該書標題中的文字，告訴他一個工作已消失的世界。[176] 在許多美國的主要城市裡，工業就業機會的大量消失已經將無數的低技術勞工推入永久性失業或只能依賴臨時性、最低工資的工作。當此情況發生時，工作倫理也被腐蝕，讓整個黑人鄰里幾乎沒有人可以找到工作，此時其他生活選項如毒品交易、青少年懷孕及依靠福利支票過活就變得更有吸引力了。如同一位28歲、依賴福利津貼的母親所生動地描述的：

> 狗屁事、詐騙、販賣毒品，任何事我都做過。我提醒你，不是每個人都是搶劫犯，你知道嗎，但他可以做任何事。我自己賣過大麻，我不是一個毒品支持者，但我試著賺到足夠的錢，讓家裡的桌上能有麵包，畢竟我有兩個孩子。[177]

在這樣的世界裡，正常的婚姻已逐漸變成是反常的事情，而正常的工作也是如此。當正常的家庭結構消失時，孩子們的社會化也不存在：孩子沒有機會認識有工作經驗或正常社會關係的成人，其實這些只是大部分人在大部

---

175 Wilson, 1987.

176 Wilson, 1996.

177 出處同上，58。

分社會中都會擁有的普通經驗而已；在這些貧民窟裡，犯罪與販毒似乎反而成了行事規範。

　　威爾遜的書在美國及其他地方引發了大量的相關研究，在歐洲，下層社會階級的出現與都市少數種族並沒有太大的關係，雖然某些少數族群可能嚴重地遭受到不均勻分配的失業率或其他貧窮症狀的折磨。但根本上，下層階級現象可能發生在任何那些傳統男性工作已經消失，因而導致大部分年輕男性沒有生活前景的地方，他們的生活逐漸淪為只剩下低級犯罪與毒品或酗酒度日。這種下層階級生活景象可出現在各種可能的地方：在泰恩賽德（Tyneside）廢棄船塢後面的露台、在南威爾斯的老煤谷裡、在東倫敦或泰恩賽德或法國北部的傳統工業地區。但這是典型的都市地區現象，在這些大城市中，這些下層階級現象是收入與生活水準普遍兩極化的結果，其證據遍布於像是美國雷根總統或是英國柴契爾首相這類自由市場資本主義的積極倡議者所主政的社會中，但最誇張的下層階級現象證據則可以在倫敦、紐約以及洛杉磯這類全球城市中發現。

　　在這些全球城市裡，下層階級社會現象與另一個令人困擾的現象密切的互動，此為世界全球化過程中一個奇怪的現象：亦即，全球性的大規模毒品產業的發展包括毒品的栽種、交易與分配。^{（譯注11）} 1994年，針對全球組織犯罪所召開的聯合國會議做出估計，全球毒品貿易額大約每年有5,000億美元，比全球石油貿易額還要多；1993年，OECD的報告指出，每年最少有850億美元的毒品交易黑錢進入全球金融體系中，以便進行洗錢；其他報告所估計的甚至更高。[178]而且，這龐大的毒品系統逐漸地將它的觸角伸入都市貧窮地區，那裡有現成的市場以及能供應毒品的潛在毒販。

【譯注11】此可視為是全球化所造成之負面衝擊之一，亦即是毒品產業的全球化發展，包括毒品的生產、物流分配、行銷及收益管理。所以全球化的跨國化發展，不僅造成資本、技術與人力資源的跨國流動，也讓一些不好的產品，甚至負面的犯罪文化與技術（如毒品產業及跨國詐騙），也在跨國網絡中快速的流動，如果下層社會文化所引發的社會擾動及負面社會行為（如貧窮文化所造成的犯罪行為）也透過全球化的網絡而快速的跨國流動，其對城鄉環境所造成的衝擊，將是城鄉規劃設計專業者下一個艱鉅的挑戰。

178 Castells, 1998, 168.

對於此類的問題，規劃似乎沒有提供可解決問題的答案。（譯注12）一些實質環境決定論者，依循著1970年代早期美國建築師奧斯卡・紐曼（Oscar Newman）的觀點，主張人們可以透過重新設計住宅社區空間去消弭不具防衛性的空間，並讓可防衛空間最大化，藉以改造那些最有問題的都市住宅環境；英國地理學家愛麗絲・科爾曼（Alice Coleman）非常積極地倡議此觀點，而英國的地方政府也積極地科爾曼化（大量使用科爾曼所倡議的方式）來改造當地最糟糕的住宅。最有名的計畫之一是位於倫敦西敏市西北邊角落的莫札特（Mozart）住宅社區，地方住宅當局移除了高架走廊，在街廓邊界築牆把建築分隔開，並改善通往樓梯間的入口。不過，1995年約瑟夫・朗特里基金會（Joseph Rowntree Foundation）提出的報告指出，這些作法所創造的效益並沒有維持多久：竊盜率減少的情形只維持了5個月，之後又再度攀升，攻擊與街上行搶的情形也是一樣。在另一個聲名狼藉的住宅社區案例——倫敦哈克尼（Hackney）自治區的金斯麥德（Kingsmead）住宅社區，區政府強硬的面對艱困的戰役：區政府使用禁制令與收回住宅的法令來逐出慣行罪犯，接著發展一個鼓勵當地年輕人參與社區活動的計畫。在這些措施推動的一年之內，竊盜案件從340件降到50件。由這兩個案例所獲得的啟示是，僅靠實質空間的改變並沒有太大的幫助：此作法可能只是將犯罪轉移到別的地方（如同紐曼在二十年前所指出的），或僅是改變從一種犯罪轉到另一種犯罪間的平衡。（譯注13）但若同時配合較好的住宅管理以及青少年與社區行動方案或措施，設計改造的功能將較能發揮。但是根本的問題是，這類的社區行動無法解決長期性青年失業的問題，（譯注14）而失業對犯罪有很強的影響。於是結論為：透過設計可以改善某些問題，但若僅靠設計，其所能成就

【譯注12】本書最後指出，都市規劃專業經過近一百年的操作，似乎並沒有解決關鍵的社會問題。傳統的都市規劃通常關心的是空間規劃設計及區位問題，但此類問題其實與社會問題是密切相關的，所以如果都市規劃始終未能解決空間相關的社會問題，就無法營造出全面性的良好城鄉生活環境，更遑論要達成永續都市發展之環境、社會、經濟三者兼顧的目標。

【譯注13】意指某一類型的犯罪減少了，但另一種類型的犯罪卻增加了。

【譯注14】因為美國公共政策行政畫分的關係，其社區行動計畫是與青年就業行動方案分開處理（臺灣因為部門計畫劃分也有此情況），以致兩者無法密切配合，發揮整體的效益。若就社區總體營造觀點，社區行動方案應該包含社區內人、文、地、產、景個面向的綜合規劃，所以產業（包括就業機會）其實應與空間營造及社區社會規劃一起考量，進而發展出配套的行動方案。

的其實有限；^{（譯注15）}此問題的解決之道似乎超出任一住宅機構所能管轄的範圍，或許也超出任何人的能力範圍。

附錄：英國的下層社會

閱讀至此，許多人可以很合理的詢問：下層社會和規劃史有什麼關係？對規劃而言，不管其是本書中所提到的何種形式的規劃，似乎很明顯地在整個美國發展的歷史中未被提及。有兩個合理的理由來解釋為何規劃應被納入美國歷史，第一是規劃史不能與引發規劃行動之都市問題的發展歷史脫鉤，檢視相關的美國歷史會令人難以置信地發現，都市規劃的問題幾乎沒有被涵蓋在內。這顯示出，相對於其他發生類似情況（如下層階級社會問題）的國家，美國是有能力將造成社會病徵的問題與設計解決方案討論予以分開來處理的。在美國，解決貧民窟問題的方法，如果存在，通常是藉由一系列公共政策（如就業、教育及住宅的政策）來執行，這些政策似乎與城市規劃沒有什麼關係（至少就當時美國人所了解的）。^{（譯注16）}但這種作法是有可議之處的，如果我們還記得（如第十章所述）在都市暴動發生的年代，美國規劃理論家們開始相信一個概念：規劃是一種可被實際應用，並可適度地修正以解決任何問題的方法。

另一個更直接的理由是，其他國家並沒有分離社會問題與都市規劃。特別是在英國，其同樣地在1950到1960年代也經歷到少數族群移民侵入城市

【譯注15】霍爾教授的此論點對於建築或空間設計背景的專業者而言深具啟示性意義：空間設計的目的就是為了創造更好的環境，但若僅靠空間設計或空間營造，而忽略了使用者行為或使用者社經面向的需求，將很難達到整體的效益，但是空間設計要如何深化到帶動社會的改造，卻是專業上一個艱鉅的挑戰。

【譯注16】此處霍爾教授指出美國規劃實務操作上的問題——公共政策與都市規劃沒什麼關係。其實若就都市規劃及都市設計的定義而言，除了空間規劃設計與環境管理之外，它也是一種公共政策的制定與執行過程，應在「需求與限制」之間、「給與受」之間，尋求一個平衡點，以達到規劃的終極目標（提升公共利益及社會集體的福祉）。所以最近的相關理論皆強調都市規劃應與公共政策密切的結合，以及都市規劃的策略規劃及行動方案，以便能將規劃落實於公共政策的執行機制之中。目前的問題可能是都市規劃及相關的都市政策如何與部門的公共政策（如住宅、產業、環保等部門）及部門計畫作配套的整合，此係西方先進國家與臺灣在城鄉規劃上共同面臨到的問題。

內城區的歷程，而且在1960年代中期開始經歷到與美國相似的都市問題。英國政府隨即採取一連串的解決方案，其中一些作法如社區發展，很明顯地是借用美國的經驗，但英國將此經驗整合納入大規模的實質城市更新中。與有「黑人移除」（Negro Removal）稱號（如第七章所述）的美國作法不同的是，英國是有意識地企圖提供公共住宅給廣泛的人口（包括最貧窮的人），此廣泛的人口在界定上包括了許多弱勢族群。到了1980年代中期，許多加勒比裔的英國人（就如同在美國所稱的黑人）都住在這些公共住宅專案所建的住宅裡，特別是在倫敦，1991年將近有43%的英國黑人是住在公共住宅中。

英國對於黑人的研究比美國少很多，一直到今日仍是如此，這似乎顯示出在某幾個方面英國做得比美國好。福利國家（如英國）慷慨地提供了大量的空間，特別是住宅方面的空間。英國也有較低的非婚生子女比率，可能是因為有效的避孕和墮胎服務，但由於英國的統計服務堅持是無種族區別的，所以少數族裔相關的確切統計數據很難取得，因此我們以上的結論也有可能是錯誤的。但是在就業歧視問題上，尤其是執行平權法案（Affirmative Action）計畫方面[譯注17]，英國則落後許多。

此外，英國可能在教育上表現得至少與美國一樣的差，學校裡似乎培育出大量資格未達標準的黑人輟學生，就算在控制社會階層變項下檢視此數字，數字仍然很高。[179] 由於離開學校時只有很低的教育水準和技能，英國未成年黑人很難找到工作：特別是在黑人高度集中的自治區內，黑人年輕男性失業率比白人高很多，但黑人年輕女性則與白人差不多，或一樣差。[180]

整體而言，看來似乎英國的下層階級的處境與美國是一樣的或是更差。英國黑人，像美國黑人一樣，仍然大量聚集在大城市的內城區或都市中環地區，只有相對少數的黑人進入中產階層。黑人在英國出生的孩子們大多資格條件很差，很難找到工作。雖然要找到具體的相關數據很難（同樣是因

【譯注17】平權法案（Affirmative Action）或譯為支持行動，係指鼓勵（或要求）企業或政府單位採取僱用少數族群、弱勢族群、女性員工，以防止種族與性別歧視的行動。

179 Tomlinson, 1983, 62; Jeffcoate, 57-64.

180 英國人力服務委員會（G. B. Manpower Services Commission），1981, 8, D5, E5。

為統計資料不區分族群），但證據顯示黑人青少年有較高的犯罪紀錄及定罪紀錄。

英國也沒有處理好下層社會的問題，最確切的證據就是英國貧民窟也有暴動。1981年在倫敦的布里克斯頓（Brixton）、利物浦的托克斯泰斯（Toxteth）和曼徹斯特的莫斯塞德（Moss Side），以及1985年在伯明罕的漢茲沃思（Handsworth）和倫敦的布羅德沃特農場（Broadwater Farm）住區，都曾發生暴力衝突、搶劫和大規模破壞的事件。由於斯卡曼（Scarman）法官對布里克斯頓暴動所作的詳細官方調查，讓我們能進行詳細的剖析。[181]英國的暴動聽來不可思議地像是克納報告的翻版：相同的事件發生情景；在貧民窟年輕黑人與警察扭打衝突時，相同地出現幾乎無法控制的緊張氣氛；警察逮捕暴動者時同樣地引發爭端事件；接著是像野火一樣大量傳播的謠言，隨後立刻發生大火。

斯卡曼法官認為英國暴動不是種族暴動，[182]而是文化衝突，其因為黑人次文化是建立在剝削和不利的基礎上而更加嚴重。此暴動故事與英國城市中一般的足球賽相關的暴動有相似之處，其大部分是年輕白人所滋生的。然而不管給予什麼樣的標籤，英國的暴動和美國一樣，是源於那些相對貧窮、相對弱勢的年輕男子受外界社會促使（如果不是被迫使）而發展出一種複雜、孤立、不同於主流社會的次文化下之產物。[183]但無論原因為何，它們深深地異化、疏離於主流社會。高比例的男性暴力，如同高比例的女性年輕未婚媽媽，可能都是這種深度異化現象的表徵，在底層社會中，他們對社會的憎恨反映在他們的自我嫌惡行為之上。

當時最聳動的英國暴動發生於1985年10月，其係發生在倫敦西北邊托特納姆（Tottenham）的布羅德沃特農場住區，此暴動導致一群年輕人持刀將一位員警殺死。布羅德沃特農場住區是1970年獲獎的都市更新計畫，它的空間設計後來成為無防衛空間議題的一個研究案例（如第七章所述）。布羅德沃特農場住區是以中樓層高度的住宅公寓所組成，住宅之間以高架人行

---

181 英國內政部（G. B. Home Office），1981。
182 出處同上，45。
183 出處同上，11。

走道平台相連結，地面層為停車場，此走道平台後來成為蓄意破壞公物和犯罪的溫床。此住區後來衰敗至難以出租，許多問題房客，尤其是年輕未婚黑人母親和其小孩都住在這裡；到1980年時，該計畫的住戶超過一半是黑人。布羅德沃特農場住區漸漸成為連警察都不去的地方，之後是因為一位黑人女性居民所帶動的卓越社區努力，此社區才起死回生，這位黑人居民為許多失業的青少年提供社會服務設施。之後，由於她及其他社區主要領袖的離去，此地又形成一股犯罪潮流，也因此間接地引發了這場暴動。

同一年，一個由坎特伯里大主教（Archbishop of Canterbury）委派的團體出版了一份報告《城市中的信仰》（*Faith in City*），此報告引起巨大的政治騷動。他們或許是以布羅德沃特農場住區的暴動為前車之鑑：

> ……許多城市外圍的住區都處於危險之中，特別是，這些住區正變成一個有著相當不同社會和經濟系統的地區，經濟狀況幾乎僅能維持存活，完全依賴公部門福利，其藉由自助或外部干預而獲得改善的機會非常渺茫……許多這樣的地區之衰敗已進展到相當嚴重，它們實際上已變成在我們主流社會與經濟生活之外的「孤立地區」。[184]

該團體對於英國這些衰敗住區的描述竟然與那些對於美國普魯特伊—伊戈住宅被炸毀前狀況的描述極為類似：「戰後時期那些由建築師設計並系統性建造的貧民窟」；「不良的設計、建造上的缺陷、疏於維護的公共領域，缺乏『防禦性的空間』」；「一群野狗四處漫遊，樓梯間布滿污垢，地區內僅有一兩處有百葉窗的商店，主要的購物中心是設置在20分鐘的昂貴公車旅程才能到達的地方」；「失業率約在30%到40%之間，而且正在上升中」；「感到無聊的失業青年開始破壞公物、吸毒和犯罪，住區是首當其衝的受到衝擊，而持續地經濟衰退更進一步惡化了此情況。」[185]

---

184 坎特伯里大主教（Archbishop of Canterbury），1985, 175。
185 出處同上，176。

1985年，倫敦的布羅德沃特農場住區的暴動

如同1960年代發生在美國城市的暴動，英國暴動也是一個「搶劫商品的暴動」，係由年輕黑人與警察之間的緊張關係所引發。

(*© David Hoffman Photo Library: www.hoffmanphotos.com*)

布羅德沃特農場住區

水泥叢林的無防禦空間由警察駐守，企圖回復到原先不穩定的秩序；此景象代表1960年代時期都市更新操作模式的失敗。

(*© David Hoffman Photo Library: www.hoffmanphotos.com*)

這些神職人員及他們的弟兄們嘗試找出造成下層社會問題的根本原因，他們認為：「國家體力勞力工作數量的衰退以及將體力勞動者集中安置在都市夥伴協議（Urban Partnership Agreement, UPA）專案中才是問題的關鍵所在。」[186] 但是，即使如此，令他們感到驚訝與沮喪的是，上述現象所導致的宿命論的意識[譯注18]。他們再次地強調：「我們認為目前太過於強調個人主義，且社會大眾尚未履行足夠的集體義務。」[187] 他們嚴厲地抨擊柴契爾政府的政策（對地方政府的支持及社會福利政策），以及政府對於支持這些政策的態度：

> 那些窮人才是經濟衰退下首當其衝的受害者，不管他們是失業者或是尚有工作的窮困者。然而這些窮人卻被一些人視為是「社會福利的乞討者」或是國家的負擔，認為他們阻礙了經濟的復甦。以上這些言論是譴責受害者的殘酷例子。[188]

他們最後以一個對政府首腦的有效地公開挑戰作為結束：「目前要面對的關鍵議題是，是否有任何一種真誠的政治意願來啟動一個行動，讓那些目前困在貧窮和無力感中的人們能再次回到國家的生活中。」[189] 他們呼喚其他人的加入，「更靠近地站在基督和那些貧窮及無力的人們的身邊。」[190]

這是個強而有力且充滿熱情的呼喚；它完全不同於那些英國教會的傳統模仿言詞（就如同保守黨政府禱告時那樣）；它回應著默恩斯（本書第二章）和數不盡的其他神職人員正義的憤怒，他們在一個世紀之前曾強烈地批評維多利亞時代貧民窟的殘酷環境。這才是最後的諷刺：在1980年代中期，都市下層社會的問題依舊頑強地根植在世界的城市之中，也存在於其較

---

186 出處同上，202。
【譯注18】此處所謂「宿命論的意識」是指部分社會大眾或遭受苦難貧民認為貧窮文化中弱勢者的不幸是一種原罪，應歸咎到其自身的問題及種族與文化的問題，有許多不是靠個人努力所能改變的。
187 出處同上。
188 出處同上，197。
189 出處同上，360。
190 出處同上。

敏感的市民的良知裡，就如同在1880年代中期維多利亞時代的情況一樣，其對現代城市規劃的誕生提供了極重要的刺激。

十五年之後：向社會排斥（Social Exclusion）宣戰 ^{（譯注19）}

十五年過去了，在接近20世紀末的時刻，新的英國政府以無比的熱忱投身於減少貧窮家庭，以及特別是減少貧窮孩子的困境的行動中。一個「社會排斥工作小組」成立於首相辦公室的核心部門，他們很快地便發覺貧窮情況極端地集中於各都市中心區。工作小組發現有44個地方政府轄區內擁有全英國最高度集中的受剝奪地區：這些地區的及業人口中有幾乎超過三分之二是失業的，幾乎一半是單親家庭與未成年懷孕，很多孩童依賴社會補助且基礎教育明顯不足，這些地區的死亡率超過30%。更糟糕的是，這些地方政府轄區內包含了85%全國最受剝奪的行政區，而且這些地區的受剝奪集中化程度特別嚴重。[191]

在此基礎之上，工作小組開始著手進行一項歷時兩年才全部完成的策略，在其中對於社區更新策略，[192]它的開頭是如此地寫道：

過去二十年以來，數以百計貧窮的社區目睹到其生活的基本品質已漸增地與社會脫節。隔著一條街居住的人們被一條鴻溝隔離，隔離了他們未來的前景與機會。有些地方，每五個人之中就有超過兩人是依賴經濟狀

【譯注19】相對於社會排斥（social exclusion）的概念是社會包容（social inclusion）。社會包容是晚近重要的規劃概念，強調對不同族群、社會階層、文化的尊重及市民社會理念的實踐。隨著社會排斥現象的日益增多，營造包容型社會（social inclusion）已成為推動城市永續發展的重要目標之一。此議題對於快速經濟成長的國家而言尤為重要，例如當前的中國，快速的經濟資本累積及吹氣球般膨脹的房價，已讓中國的社會階層更加的分化，因為經濟收入、社經背景等所造成的社會排斥或社會分化日趨普遍，所以中國依收入及經濟能力來區分的社會階層可有五層、甚至七層，在富有等級中還有非常富有，甚至極為富有，其結果是炫富現象及門禁森嚴且有警衛管制的封閉社區（gated communities）隨處可見。這些社會排斥現象其實都在侵蝕著一個建全社會的穩定性，美國及歐洲的經驗值得我們省思。唯有加強對弱勢族群的關懷及推動市民社會的理念，創造一個多元價值及文化共存，貧富能和諧相處的社會，才能邁向真正的強國之路。

191 英國社會排斥小組（G. B. Social Exclusion Unit），1998, 15-20。
192 英國社會排斥小組，2001。

況調查後而撥給的社會福利津貼過活，四分之三的學童在第一階段中等教育會考（GCSE）時無法達到五科符合標準的成績。而在全英國這樣的貧窮地區中，共有100萬個住宅單位是閒置且難以出售或出租的。

因此許多社區被困陷在衰敗的惡化循環中。高犯罪率與高失業率的地區得到了不好的名聲，於是居民、商家及雇主紛紛離去。當人們移出時，高頻率的轉手屋與閒置房屋為犯罪、破壞公物及販毒行為創造了得以滋生的溫床。[193]

報告中強調，這類社區「散布於英國各地，從北到南，從鄉村到都市。」[194] 但是這類社區絕大多數分布在都市地區：這些貧窮社區的最高度集中地區是在東北部、西北部、倫敦、約克郡及亨伯賽德（Humberside），全部都位於都市區域，其擁有占全英國19%到36%的人口。貧窮社區大部分都位於都市地區、只有單一產業或是根本沒有產業的城鎮，以及舊的產煤地區。[195] 在1980與1990年代，這些地區的發展明顯地落後於英國其他地區：

在這段期間，這些社區較少出現混合人口組成的狀況，也變得更加脆弱，因為貧窮人口傾向於集中在某些特定的地區居住。那些一開始就有最高失業率的地區，通常會發現其失業率急速攀升，而健康不平等（health inequalities）的情況也逐漸擴大。在1970年代末期到1990年代初期的這段時間，這些地區內生活在相對低收入家庭的人口占總人口的比例已成長了超過一倍。在1979到1995-1996年期間，兒童貧困的情況也同樣倍增。[196]

其他新的問題也產生了，例如就居住狀況而言，這些貧窮地區只有很少

---

193 出處同上，7。
194 出處同上。
195 出處同上，13。
196 出處同上，16。

的或根本就沒有住宅需求，如同安娜‧波爾所指出的，此在本書第十二章曾提及。

　　工作小組的報告中指出，政府政策的根本失敗之處在於：政府無法解決地方經濟問題、無法營造安全且穩定的社區、無法提供良好的核心公共服務、無法有效地促進社區參與、缺乏有魄力的領導及團隊工作、資訊不足及未善用資訊。基於18個政策行動小組的工作成果，社會排斥工作小組擬定了一整套的政策。此政策詳細地說明了額外的資源將如何應用於解決這些關鍵問題，以達成待改善之特定項目的目標，包括就業機會、犯罪、教育、健康、住宅及環境等方面的目標。這個政策是布萊爾（Blair）政府相當自豪的聯合政府之一項鼓舞人心的操作實驗，而其他國家的都市也開始注意到英國的狀況，正屏息以待地看著這個最老的工業都市國家是否能打破受剝奪問題的持續惡性循環。

　　但是由於此問題棘手的程度，布萊爾政府立即又發表了另一份報告。2001年春天，英國內閣辦公室製作了一份重要的評論報告，嘗試回答以下問題：英國是否正在成為一個具有更多社會移動性（socially mobile）的國家？[197]幾乎可預測的，這個問題並沒有簡單的答案。此報告的結論是，在任何人的一生中，其想要在之前的四分之一世紀達到更高的收入階級是較為困難了。此現象與另一個事實有關，那就是從藍領工作轉成白領工作似乎也更為困難，於是往上攀爬的方法似乎主要得透過教育一途。此外，觀察世代之間是否有社會移動也是很重要的，在這裡，許多孩子向上層社會攀爬的理由是因為那裡有較多獲得高級工作的機會；但不幸的是，這種趨勢似乎在20世紀晚期就已經暫停了。依靠親屬關係的社會移動（向上攀爬的機會）似乎比較穩定，此係基於一個簡單事實，假如父母是處於上流社會階層，他們會竭盡所能地讓其子女也能進入那個階層。教育在促進社會移動中扮演著重要角色，但教育無法解釋所有的事情，且其重要性甚至可能已經降低：父母可以為其子女做其他的事情，例如他們可以在子女生涯發展的初期就提供金

---

197 英國執行與創新小組（G. B. Performance and Innovation Unit），2001。

錢、人際關係，或是資訊上的協助。

　　這份報告最重要的核心部分是關於貧困孩童的問題。貧困家庭的孩童未來長大後比較可能會找不到工作，即使有工作也只能賺取較少的錢，即便考量他們一般教育水準較差而調整比較的基準，結果仍是一樣。此情況在20世紀最後的三十年似乎持續地惡化。富裕的家庭可以用多種方法來協助他們的下一代；但窮困家庭卻無此類辦法，而此劣勢會隨著時間而不斷地增長。

　　因此，此報告探討了可能的政策，以移除阻擋社會移動的障礙，並積極地促進向上的社會移動。其結論是，目前尚無法得知這些政策的實際成效，但是有一些證據顯示，這些政策需要耗資甚鉅，例如花費在教育上，以移除貧窮兒童所遭遇到的障礙。最近的美國研究成果顯示，為了消弭種族差異，投注在每個黑人兒童上的資源將必須是至少10倍於每位白人兒童平均所獲得的，甚至可能還要更多。這些持續積累的證據顯示出，不只是英國甚至是全世界，社會移動在20世紀只有非常少的改變；而此未被說出來的意涵是，21世紀的社會移動可能會一樣的少。

　　那麼，在這場都市下層社會發展的大爭辯中，規劃的角色何在？對於剛過去的20世紀，儘管難免有許多錯誤與過失，都市規劃仍協助了數百萬的相對貧窮者和生活還過得去的民眾去過更好且更有尊嚴的生活；為此，都市規劃應該在世紀末回顧時受到一些讚揚，並在未來持續受到支持。在規劃運作的過程中，社會結構已經改變了其型態，它不再是只有少數人在頂端、許多人在底下的金字塔型，反而變得像是一個舊式的紡錘，大部分的體積在中間。[譯注20]關鍵問題也不再是一百年前第一代費邊社（Fabians）成員所提出的「為何有那麼多的窮人？」而是「為什麼（不幸的）總是這些少數的窮

【譯注20】意指中產階級是最大比例的一塊。霍爾教授此處對社會結構的轉變與描述，可能還不是非常精準。其實目前許多已開發國家的社會是M形社會，中產階級已逐漸消失，轉向至富裕與貧窮兩個極端的其中之一，以臺灣為例，即使中產階層仍占總人口中的相對多數，在普遍出現低工資及高房價的情況下，他們也不太敢消費，在房貸及子女教育費用的壓力下，僅能求得溫飽，或有時靠著一些小確幸，來尋求慰藉。當然這不是規劃上的問題，而且規劃所能做的也相當有限，但如果是因為不當的規劃或政策助長了土地及房地產的炒作，讓人民的生活變得愈來愈難過，規劃專業者難免需負一些責任。

人？」[譯注21] 社會進展（這不是一種迷思）已明顯的落後了，如同以往，這明顯地是一個有關於那些維多利亞時代人民與美國人民所稱的墮落、衰退、準犯罪階層，或用更學術性的20世紀晚期語彙——弱勢與受剝奪階級的問題。都市規劃及整個20世紀福利國家的機器，並沒有成功地解決此問題，甚至也沒有給予令人滿意的解釋；從前與現在都一樣，有些人譴責制度，其他人則將這些問題歸咎於原罪。

但至少有一個小小的安慰（雖然它超過精確社會調查的能力範圍），那就是問題所在的位置轉移了。依照定義，此為社會底層的問題。一百年以前，當時的人將問題聚焦於那些被吸引來到大城市貧民窟的移民中最絕望之階級，以及那些在城市社會經濟的向上移動階梯中無法找到踏腳處的可憐人。一個世紀之後，人們發現問題仍然發生在相同的群體中。在此同時，這些一百年前弱勢族群的後代，其數不清的曾孫子女們已經爬出了下層社會。因此毫無疑問地，無數的現在受剝奪族群的後代子孫也將在社會階梯上向上移動。但不變的問題是，儘管有大量的經濟與社會改善方案來介入此議題，為何下層社會仍能穩定地吸納新成員以取代其所失去的？關於這個問題，至目前為止的研究並沒有提供任何答案。在此，本書所描述的都市下層社會的故事結束於1988年[譯注22]。

【譯注21】此處霍爾教授的論點不一定正確（其認為關鍵問題的所在已由普遍存在的都市弱勢族群轉移到那些不幸的少數弱勢階層），其實不幸的弱勢族群在現今的社會中絕非少數，此在任何快速發展的都市地區皆是如此，任何先進國家與開發中國家皆然，臺灣也是如此，由2012及2016年兩次臺灣總統大選中，公平正義問題一再被提出作為主要的核心議題可見一斑。

【譯注22】1988年為本書第一版出版的時間，作者於本書二版時補充了一些論述，但如同第一版的結尾，作者於本書最後仍然深刻的點出，規劃的一個主要關懷重點仍應是那些社會中低下階層的弱勢族群。

索引

A

Aaron Wildavsky　亞倫・維達夫斯基　528

Abbé Sieyès　阿貝・西耶士　579

Abraham Levitt　亞伯拉罕・萊維特　467

a city of short distances　短距離城市　464

Adam Smith　亞當・史密斯　546

adaptive reuse　可適性再利用　554

Adelaide　阿德萊德　164, 208

Adolf Hitler　阿道夫・希特勒　288, 439

advancing the Race　種族提升　639

Advisory Committee on Zoning　分區管制諮詢委員會　129

advocacy planning　辯護式規劃　18, 20, 417, 421, 495, 525, 526, 534, 539

A. E. Morgan　亞瑟・摩根　270, 271, 272, 273

Affirmative Action　平權法案　663

affordable housing　可負擔住宅　486, 568, 608

A labor of Sisyphus　西西弗斯的苦役　247

Alan Forman　艾倫・福曼　98

Alan Hess　艾倫・赫斯　475

Alban Gate　阿爾班門　570

Albert Lilienberg　亞伯特・利林貝格　488

Albert Mayer　亞伯特・梅爾　334, 335

Albert Sandler　亞伯特・桑德勒　304

Albert Speer　亞伯特・施佩爾　314

Albert Stanley　亞伯特・斯坦利　134, 136

Albert　亞伯特　569

Alexander Bing　亞歷山大・伯因　212, 244, 246, 255

Alfred Bettman　阿爾弗雷德・貝特曼　129, 130, 464

Alfred E. Smith　阿爾弗雷德・史密斯　246

Alfred Marshall　阿爾弗雷德・馬歇爾　97, 164

Alfred Weber　阿爾弗雷德・韋伯　518

Alfred　阿爾弗雷德　467

Algiers　阿爾及利亞　333, 499

Alice Coleman　愛麗絲・科爾曼　661

Aline MacMahon　愛琳・麥克馬洪　265

Alker Tripp　阿爾克・崔普　192, 280, 485, 504

Alleghenies　阿利根尼山脈　248

Allegheny Conference on Regional Development, ACRD　阿勒格尼區域發展委員會　368

Allen Jacobs　艾倫・雅各　514

Alsatias　阿爾薩斯　120

Alternativ Stad　歐特曼・斯特德　497

Alton East　東奧爾頓　353

Alton West　西奧爾頓　353

Altshuler　阿特舒勒　524

Alvar Aalto　阿爾瓦・阿爾托　460

Alvin Hansen　阿爾文・漢森　362

G

M

參考文獻

(This bibliography contains all works consulted in preparing the book. By no means all of them are actually cited in the text.)

Aalen, F. H. A. 1989: Lord Meath, City Improvement and Social Imperialism. *Planning Perspectives*, 4, 127–52.

Aalen, F. H. A. 1992: English Origins. In: Ward, S. V. (ed.) *The Garden City: Past, Present and Future*, 28–51. London: Spon.

Abercrombie, P. 1910a: Modern Town Planning in England: A Comparative Review of "Garden City" Schemes in England. *Town Planning Review*, 1, 18–38, 111–28.

Abercrombie, P. 1910b: Some Notes on German Garden Villages. *Town Planning Review*, 1, 246–50.

Abercrombie, P. 1911: Town Planning in Greater London: The Necessity for Co-operation. *Town Planning Review*, 2, 261–80.

Abercrombie, P. 1914: Berlin: Its Growth and Present State. *Town Planning Review*, 4, 219–33, 302–11.

Abercrombie, P. 1926: *The Preservation of Rural England*. Liverpool and London: University of Liverpool Press; Hodder and Stoughton.

Abercrombie, P. 1933: *Town and Country Planning*. London: Thornton Butterworth.

Abercrombie, P. 1945: *Greater London Plan 1944*. London: HMSO.

Abercrombie, P. and Jackson, H. 1948: *West Midlands Plan*. Interim confidential edition. 5 vols. London: Ministry of Town and Country Planning.

Abrams, C. 1939: *Revolution in Land*. New York and London: Harper and Brothers.

Abrams, C. 1964: *Man's Struggle for Shelter in an Urbanizing World*. Cambridge, Mass.: MIT Press.

Abrams, C. 1965: *The City Is the Frontier*. New York: Harper and Row.

Abrams, C. 1971: *The Language of Cities: A Glossary of Terms*. New York: Viking.

Abu-Lughod, J. L. 1971: *Cairo: 1001 Years of the City Victorious*. Princeton: Princeton University Press.

Adams, T. 1930: The Need for a Broader Conception of Town Planning and Decentral-isation. In: Warren, H. and Davidge, W. R. (eds.) Decentralisation of Population and Industry: A New Principle of Town Planning, 135–49. London: P. S. King.

Adams, T. 1935: *Outline of Town and City Planning.* New York: Russell Sage Foundation.

Addams, J. 1910: *Twenty Years at Hull-House: With Autobiographical Notes.* New York: Macmillan.

Addams, J. 1929: A Decade of Prohibition. *The Survey,* 63, 5–10, 54–5.

Addams, J. 1965: *The Social Thought of Jane Addams.* Edited by Christopher Lasch. Indianapolis: Bobbs-Merrill.

Adebisi, B. 1974: The Politics of Development Control in a Nigerian City: Ibadan. *Nigerian Journal of Economics and Social Studies,* 16, 311–24.

Adejuyigbe, O. 1970: The Case for a New Federal Capital in Nigeria. *Journal of Modern African Studies,* 8, 301–6.

Adshead, S. D. 1910: The Town Planning Conference of the Royal Institute of British Architects. *Town Planning Review,* 1, 181.

Adshead, S. D. 1923: *Town Planning and Town Development.* London: Methuen and Co.

Agnew, J., Mercer, J., and Sopher, D. E. (eds.) 1984: *The City in Cultural Context.* Boston: Allen and Unwin.

Ågren, I. 1975: Thinking in Terms of Service. In: Heineman, H. -E. (ed.) *New Towns for Old: Housing and Services in Sweden,* 128–73. Stockholm: The Swedish Institute.

Al Naib, S. K. 1990: *London Docklands Past Present and Future: An illustrated Guide to Glorious History, Splendid Heritage and Dramatic Regeneration in East London.* London: Ashmead.

Albers, G. 1974: Ideologie und Utopie im Städtebau. In: Pehnt, R. (ed.) *Die Stadt in der Bundesrepublik Deutschland,* 453–76. Stuttgart: Philipp Reclam.

Albers, G. 1975: *Entwicklungslinien im Städtebau: Ideen, Thesen, Aussagen 1875–1945.* Berlin: Bertelesmann Fachverlag.

Albers, G. 1986: Changes in German Town Planning: A Review of the Last Fifty Years. *Town Planning Review,* 57, 17–34.

Albrecht, C. et al. (eds.) 1930: *Handwörterbuch des Wohnungswesens.* Jena: G. Fischer.

Albrecht, G. 1930: Gartenstadtbewegung. In: Albrecht, C. et al. (eds.) *Handwörterbuch des Wohnungswesens,* 262–6. Jena: G. Fischer.

Aldridge, H. R. 1915: *The Case for Town Planning: A Practical Manual for Councillors, Officers, And Others Engaged in the Preparation of Town Planning Schemes.* London: National Housing and Town Planning Council.

Alduy, J. -P. 1983: 40 Ans de Planification en Region Île-de-France. *Cahiers de l'Institut d'Aménagement et d'Urbanisme de la Région Île-de-France,* 70, 11–85.

Alexander, L. A. 1981: *Winning Downtown Projects: A Photographic Case Study of Outstanding Urban Developments.* New York: Downtown Research and Development Center.

Allardice, C. and Trapnell, E. R. 1974: *The Atomic Energy Commission.* New York: Praeger.

Allen, I. L. (ed.) 1977: *New Towns and the Suburban Dream: Ideology and Utopia in Planning and Development.* Port Washington: Kennikat.

Allinson, G. T. 1984: Japanese Urban Society and its Cultural Context. In: Agnew, J., Mercer, J., and Sopher, D. E. (eds.) *The City in Cultural Context,* 163–85. Boston: Allen and Unwin.

Alonso, W. 1963: Cities and City Planners. *Daedalus,* 92, 824–39.

Allmendinger, P. and Chapman, M. (eds.) 1999: *Planning beyond 2000.* Chichester: John Wiley.

Alonso, W. 1966. Cities, Planners and Urban Renewal. In: Wilson, J. Q. (ed.) *Urban Renewal: The Record and the Controversy,* 437–53. Cambridge, Mass.: MIT Press.

Altshuler, A. A. 1965a: The Goals of Comprehensive Planning. *Journal of the American Institute of Planners*, 31, 186–97.

Altshuler, A. A. 1983: The Intercity Freeway. In: Krueckeberg, D. A. (ed.) *Introduction to Planning History in the United States*, 190–234. New Brunswick, New Jersey: Rutgers University, Center for Urban Policy Research.

Altshuler, A. A. 1965b: *The City Planning Process*. Ithaca: Cornell University Press.

Anderson, M. 1964: *The Federal Bulldozer: A Critical Analysis of Urban Renewal, 1949–1962*. Cambridge, Mass.: MIT Press.

Anderson, M. 1966: The Federal Bulldozer. In: Wilson, J. Q. (ed.) *Urban Renewal: The Record and the Controversy*, 491–509. Cambridge, Mass.: MIT Press.

Andrews, H. F. 1986: The Early Life of Paul Vidal de la Blache and the Makings of Modern Geography. *Institute of British Geographers, Transactions*, NS 11, 174–82.

Anon. 1897: *Forecasts of the Coming Century, by a Decade of Writers*. Manchester: Labour Press.

Anon. (ed.) 1918: *Problems of Reconstruction: Lectures and Addresses delivered at the Summer Meeting at the Hampstead Garden Suburb, August 1917*. With an Introduction by the Marquess of Crewe, K.G. London: T. Fisher Unwin.

Anon. 1925: The Regional Community. *The Survey*, 54, 129.

Anon. 1937a: Prime Minister's Support for Garden Cities. *Town and Country Planning*, 5, 117.

Anon. 1937b: London Regional Planning: Notes of First Meeting of New Standing Conference. *Journal of the Town Planning Institute*, 24, 15–16.

Anon. 1970: *Siedlungsverband Ruhrkohlenbezirk 1920–1970, 29. Schriftenreihe Siedlungsverband Ruhrkohlenbezirk*. Essen: SVR.

Anon. 1979a: *Autobahnen in Deutschland*. Bonn: Kirschbaum.

Anon. 1979b: Kvaliteten i vart bostadsbyggande. *Plan*, 33, 1–6 (and comments, 7–19).

Anon. 1979c: Jeu de l'Oie des Halles de Paris. *Macadam*, 8/9, 12–13.

Anon. 1979d: News Item. *Architecture*, 1, 7–10.

Anon. 1979e: News Item. *Building News*, 437, 4.

Anon. 1979f: News Item. *Building News*, 438, 1.

Anon. 1979g: News Item. *Building News*, 456, 8.

Anon. 1985: The Shape of North American Rail Transit. *Railway Gazette International*, 141, 42–3.

Anon. 1989: *The Development of Stockholm*. Stockholm: City of Stockholm.

Anon. 1995: Paul Delouvrier 1914–1995: Le Grand Aménageur de l'Île-de-France. *Cahiers de l'Institut d'Aménagement et d'Urbanisme de la Région Île-de-France*, 108, special supplement.

Anon. 1997: Special Theme: The Development and Management of Asian Megacities. *Asian Development Bank, Annual Report 1996*, 23–51. Manila: ADB.

Anson, B. 1981: *I'll Fight You For It! Behind the Struggle for Covent Garden*. London: Cape.

Anthony, H. A. 1966: Le Corbusier: His Ideas for Cities. *Journal of the American Institute of Planners*, 32, 279–88.

Anton, T. J. 1975: *Governing Greater Stockholm: A Study of Policy Development and System Change*. Berkeley: University of California Press.

Applebaum, R. P. 1978: *Size, Growth, and US Cities*. New York: Praeger.

Archbishop of Canterbury's Commission on Urban Priority Areas 1985: *Faith in the City: A Call for Action by Church and Nation*. London: Church House Publishing.

Architectural Review 1957: Counter-Attack: The Next Stage in the Fight against Subtopia. *Architectural Review*, 121, 405–7.

Armstrong, G. and Wilson, M. 1973: Delinquency and some Aspects of Housing. In: Ward, C. (ed.) *Vandalism*, 64–84. London: Architectural Press.

Arnold, J. L. 1971: *The New Deal in the Suburbs: A History of the Greenbelt Town Program 1935–1954*. Columbus, Ohio: Ohio State University Press.

Arnold, J. L. 1973: City Planning in America. In: Mohl, R. A. and Richardson, J. F. (eds.) *The Urban Experience: Themes in American History*, 14–43. Belmost, CA: Wadsworth.

Arnold, J. L. 1983: Greenbelt, Maryland, 1936–1984. *Built Environment*, 9, 198–209.

Ashworth, W. 1954: *The Genesis of British Town Planning: A Study in Economic and Social History of the Nineteenth and Twentieth Centuries*. London: Routledge and Kegan Paul.

Association of London Authorities, Docklands Consultative Committee 1991: *Ten Years of Docklands: How the Cake Was Cut*. London: ALA.

Åström, K. 1967: *City Planning in Sweden*. Stockholm: Swedish Institute.

Automobile Club of Southern California, Engineering Department 1937: *Traffic Survey, Los Angeles Metropolitan Area, 1937*. Los Angeles: The Club.

Aziz, S. 1978: *Rural Development: Learning from China*. New York: Holmes and Meier.

Baker, H. 1944: *Architecture and Personalities*. London: Country Life.

Baker, P. H. 1974: *Urbanization and Political Change: The Politics of Lagos, 1917–1967*. Berkeley and Los Angeles: University of California Press.

Baldwin, R. N. 1971 (1927): *Kropotkin's Revolutionary Pamphlets: A Collection of Writings by Peter Kropotkin*. New York: Vanguard Press. (Repr., 1971: New York: Dover Publications.)

Ballhatchet, K. and Harrison, J. 1980: *The City in South Asia: Pre-Modern and Modern*. London: Curzon Press.

Banfield, E. C. 1965: *Big City Politics: A Comparative Guide to the Political Systems of Atlanta, Boston, Detroit, El Paso, Los Angeles, Miami, Philadelphia, St Louis, Seattle*. New York: Random House.

Banfield, E. C. 1970: *The Unheavenly City: The Nature and Future of our Urban Crisis*. Boston: Little, Brown.

Bangert, W. 1936: *Baupolitik und Stadtgestaltung in Frankfurt am Main*. Würzburg: K. Triltsch.

Banham, R. 1960: *Theory and Design in the First Machine Age*. London: Architectural Press.

Banham, R. 1971: *Los Angeles: The Architecture of Four Ecologies*. London: Allen Lane.

Banham, R., Barker, P., Hall, P., and Price, C. 1969: Non-Plan: An Experiment in Freedom. *New Society*, 26, 435–43.

Banister, D. 1992: Energy Use, Transportation and Settlement Patterns. In: Breheny, M. J. (ed.) *Sustainable Development and Urban Form* (*European Research in Regional Science*, 2), 160–81. London: Pion.

Banister, D. 1993: Policy Responses in the UK. In: Banister, D. and Button, K. (eds.) *Transport, the Environment and Sustainable Development*, 53–78. London: E. and F. Spon.

Banister, D. and Banister, C. 1995: Energy Consumption in Transport in Great Britain: Macro Level Estimates. *Transportation Research, A: Policy and Practice*, 29, 21–32.

Banister, D. and Button, K. (eds.) 1993a: *Transport, the Environment and Sustainable Development*. London: E. and F. Spon.

Banister, D. and Button, K. 1993b: Environmental Policy and Transport: An Overview. In: Banister, D., Button, K. (eds.) *Transport, the Environment and Sustainable Development*, 1–15. London: E. and F. Spon.

Banton, M. 1971: Urbanization and the Colour Line in Africa. In: Turner, V. (ed.) *Colonialism in Africa 1870–1960*, vol. 3. *Profiles of Change: African Society and Colonial Rule*, 256–85. Cambridge: Cambridge University Press.

Barber, W. J. 1967: Urbanisation and Economic Growth: The Cases of Two White Settler Territories. In: Miner, H. (ed.) *The City in Modern Africa*, 91–125. London: Pall Mall Press.

Barker, T. and Sutcliffe, A. (eds.) 1993: *Megalopolis: The Giant City in History*. Basingstoke: Macmillan.

Barker, T. C. and Robbins, M. 1974: *A History of London Transport*, vol. II, *The Twentieth Century to 1970*. London: George Allen and Unwin.

Barkin, W. 1978: Confronting the Separation of Town and Country in Cuba. In: Tabb, W. K. and Sawers, L. (eds.) *Marxism and the Metropolis: New Perspectives in Urban Political Economy*, 317–37. New York: Oxford University Press.

Barman, C. 1979: *The Man Who Built London Transport: A Biography of Frank Pick*. Newton Abbot: David and Charles.

Barnett, H. 1918: The Garden Suburb: Its Past and Plans. In: Anon. (ed.) *Problems of Reconstruction: Lectures and Addresses delivered at the Summer Meeting at the Hampstead Garden Suburb, August 1917*, 198–207. With an Introduction by the Marquess of Crewe, K.G. London: T. Fisher Unwin.

Barrett, B. 1971: *The Inner Suburbs: The Evolution of an Industrial Area*. Melbourne: Melbourne University Press.

Barth, G. 1980: *City People: The Rise of Modern City Culture in Nineteenth-Century America*. Oxford: Oxford University Press.

Bassett, E. M. 1936: *Zoning: The Law, Administration, and Court Decisions during the First Twenty Years*. New York: Russell Sage Foundation.

Bassett, E. M. 1938: *The Master Plan: With a Discussion of the Theory of Community Land Planning Legislation*. New York: Russell Sage Foundation.

Bassett, E. M. 1939: *Autobiography of Edward M. Bassett*. New York: Harbor Press.

Bastié, J. 1964: *La Croissance de la Banlieue Parisienne*. Paris: Presses Universitaires de France.

Batchelor, P. 1969: The Origin of the Garden City Concept of Urban Form. *Journal of the Society of Architectural Historians*, 28, 184–200.

Bater, J. H. 1979: *The Legacy of Autocracy: Environmental Quality in St Petersburg*. In: French, R. A. and Hamilton, F. E. I. *The Socialist City: Spatial Structure and Urban Policy*, 23–48. Chichester: John Wiley.

Bater, J. H. 1984: The Soviet City: Continuity and Change in Privilege and Place. In: Agnew, J., Mercer, J., and Sopher, D. E. (eds.) *The City in Cultural Context*, 134–62. Boston: Allen and Unwin.

Batley, R. 1989: London Docklands: An Analysis of Power Relations between UDCs and Local Government. *Public Administration*, 67, 167–87.

Batty, M. 1976: *Urban Modelling: Algorithms, Calibrations, Predictions*. Cambridge: Cambridge University Press.

Batty, M. 1979: On Planning Processes. In: Goodall, B. and Kirby, A. (eds.) *Resources and Planning*, 17–50. Oxford: Pergamon.

Baudrillard, J. 1988: *America*. London: Verso.

Bauer, C. 1934: *Modern Housing*. Boston and New York: Houghton Mifflin.

Bauman, J. F. 1980: Housing the Urban Poor. *Journal of Urban History*, 6, 211–20.

Bauman, J. F. 1983: Visions of a Post-War Nation: A Perspective on Urban Planning in

Philadelphia and the Nation, 1942–1945. In: Krueckeberg, D. A. (ed.) *Introduction to Planning History in the United States*, 170–89. New Brunswick, New Jersey: Rutgers University, Center for Urban Policy Research.

Beaufoy, H. 1997: 'Order Out of Chaos': The London Society and the Planning of London 1912–1920. *Planning Perspectives*, 12, 135–64.

Beaufoy, S. G. 1933: Regional Planning, I. The Regional Planning of South East England. *Town Planning Review*, 15, 83–104, 188–214.

Beaujeu-Garnier, J. et al. 1978: *La France des villes*, vol. 1, *Le Bassin parisien*. Paris: La Documentation Française.

Beauregard, R. A. 1976: The Occupation of Planning: A View from the Census. *Journal of the American Institute of Planners*, 42, 187–92.

Beckinsale, R. P. and Houston, J. M. (eds.) 1968: *Urbanization and its Problems: Essays in Honour of E. W. Gilbert.* Oxford: Basil Blackwell.

Beevers, R. 1987: *The Garden City Utopia: A Critical Biography of Ebenezer Howard.* London: Macmillan.

Bell, C. and Bell, R. 1969: *City Fathers: The Early History of Town Planning in Britain.* London: Cresset Press.

Bellamy, E. 1888: *Looking Backward.* New York: Ticknor.

Bellush, J. and Hausknecht, M. (eds.) 1967a: *Urban Renewal: People, Politics and Planning.* Garden City: Anchor.

Bellush, J. and Hausknecht, M. 1967b: Urban Renewal: An Historical Overview. In: Bellush, J. and Hausknecht, M. (eds.) *Urban Renewal: People, Politics and Planning*, 3–16. Garden City: Anchor.

Bellush, J. and Hausknecht, M. 1967c: Public Housing: The Contexts of Failure. In: Bellush, J. and Hausknecht, M. (eds.) *Urban Renewal: People, Politics and Planning*, 451–64. Garden City: Anchor.

Benoît-Lévy, G. 1904: *La Cité-Jardin.* Paris: Jouve.

Berg, E. 1979: *Stockholm Town Trails: From the Old Town to the New "City".* Stockholm: Akademilitteratur.

Berger, B. 1960: *Working Class Suburb: A Study of Auto Workers in Suburbia.* Berkeley and Los Angeles: University of California Press.

Berger, H. 1968: *Ostafrikanische Studien: Ernst Weigt zum 60. Geburtstag.* Nürnberg: Friedrich-Alexander-Universität, Wirtschafts- und sozialgeographische Institut.

Berger-Thimme, D. 1976: *Wohnungsfrage und Sozialstaat: Untersuchen zu den Anfängen staatlicher Wohnungspolitik in Deutschland (1873–1918).* Frankfurt: Peter Lang.

Bergmann, K. 1970: *Agrarromantik und Grossstadtfeindschaft* (Marburger Abhandlungen zur Politischen Wissenschaft, 20). Melsenheim: Verlag Anton Heim.

Berkowitz, B. L. 1984: Economic Development Really Works: Baltimore, Maryland. In: Bingham, R. D. and Blair, J. P. (eds.) *Urban Economic Development* (*Urban Affairs Annual Reviews*, 27), 201–21. Beverly Hills: Sage.

Berman, D. S. 1969: *Urban Renewal: Bonanza of the Real Estate Business.* Englewood Cliffs, NJ: Prentice Hall.

Berman, M. 1982: *All that Is Solid Melts into Air: The Experience of Modernity.* New York: Simon and Schuster.

Bernstein, R. J. 1976: *The Restructuring of Social and Political Theory.* New York: Harcourt Brace Jovanovich.

Bernstein, R. J. 1985: *Habermas and Modernity*. Cambridge, Mass.: MIT Press.

Berton, K. 1977: *Moscow: An Architectural History*. London: Studio Vista.

Best, S. and Kellner, D. 1991: *Postmodern Theory: Critical Interrogations*. Basingstoke: Macmillan.

Betjeman, J. 1978: *The Best of Betjeman*. London: J. Murray.

Bettman, A. 1946: *City and Regional Planning Papers*. Edited by Arthur C. Comey. Cambridge, Mass.: Harvard University Press.

Betts, R. F. 1985: Dakar: Ville Imperiale (1857–1960). In: Ross, R. and Telkamp, G. J. (eds.) *Colonial Cities: Essays on Urbanism in a Colonial Context* (*Comparative Studies in Colonial History*, vol. 5), 193–206. Dordrecht: Martinus Nijhof.

Biles, R. 1998: New Towns for the Great Society: A Case Study in Politics and Planning. *Planning Perspectives*, 13, 113–32.

Bing, A. M. 1925: Can We Have Garden Cities in America? *The Survey*, 54, 172–3.

Bingham, R. D. 1975: *Public Housing and Urban Renewal: An Analysis of Federal–Local Relations*. New York: Praeger.

Bingham, R. D. and Blair, J. P. (eds.) 1984: *Urban Economic Development* (*Urban Affairs Annual Reviews*, 27). Beverly Hills: Sage.

Birch, A. and Macmillan, D. A. (eds.) 1962: *The Sydney Scene: 1788–1960*. Melbourne: Melbourne University Press.

Birch, E. L. 1980a: Advancing the Art and Science of Planning. *Journal of the American Planning Association*, 46, 22–49.

Birch, E. L. 1980b: Radburn and the American Planning Movement: The Persistence of an Idea. *Journal of the American Planning Association*, 46, 424–39. Repr. 1983: Radburn and the American Planning Movement: The Persistence of an Idea. In: Krueckeberg, D. A. (ed.), 1983c, 122–51.

Birchall, J. 1995: Co-Partnership Housing and the Garden City Movement. *Planning Perspectives*, 10, 329–58.

Black, J. T., Howland, L. and Rogel, S. L. 1983: *Downtown Retail Development: Conditions for Success and Project Profiles*. Washington: Urban Land Institute.

Blackwell, W. L. 1976: Modernization and Urbanization in Russia: A Comparative View. In: Hamm, M. F. (ed.) *The City in Russian History*, 291–330. Lexington: University of Kentucky Press.

Bliznakov, M. 1976: Urban Planning in the USSR: Integration Theories. In: Hamm, M. F. (ed.) *The City in Russian History*, 243–56. Lexington: University of Kentucky Press.

Blowers, A. 1980: *The Limits of Power: The Politics of Local Planning Policy*. Oxford: Pergamon.

Blowers, A. (ed.) 1993: *Planning for a Sustainable Environment*. London: Earthscan.

Bluestone, B. and Harrison, B. 1982: *The Deindustrialization of America: Plant Closures, Community Abandonment, and the Dismantling of Basic Industry*. New York: Basic Books.

Bluestone, B. and Harrison, B. 1987: The Grim Truth about the Job "Miracle". *The New York Times*, February 1.

Boardman, P. 1944: *Patrick Geddes: Maker of the Future*. Chapel Hill: University of North Carolina Press.

Boardman, P. 1978: *The Worlds of Patrick Geddes: Biologist, Town Planner, Re-educator, Peace Warrior*. London: Routledge and Kegan Paul.

Boddy, M. 1980: *The Building Societies*. London: Macmillan.

Boddy, M., Lovering, J. and Bassett, K. 1986: *Sunbelt City: A Study of Economic Change in Britain's M4 Growth Corridor.* Oxford: Oxford University Press.

Bogle, J. M. L. 1929: *Town Planning: India* (India of Today, vol. IX). Bombay: Oxford University Press.

Boisier, S. 1981: Chile: Continuity and Change – Variations of Centre-Down Strategies under Different Political Regimes. In: Stöhr, W. B. and Taylor, D. R. F. (eds.) *Development from Above or Below? The Dialectics of Regional Planning in Developing Countries,* 401–26. Chichester: John Wiley.

Bolan, R. S. 1967: Emerging Views of Planning. *Journal of the American Institute of Planners,* 33, 233–45.

Bole, A. 1970: *Urbanization in India: An Inventory of Source Materials.* Bombay and New Delhi: Academic Books.

Boneparth, E. (ed.) 1982: *Women Power and Policy.* New York: Pergamon.

Booth "General" W. 1890: *In Darkest England and the Way Out.* London: Salvation Army.

Booth, C. 1887: The Inhabitants of Tower Hamlets (School Board Division), their Condition and Occupations. *Journal of the Royal Statistical Society,* 50, 326–91.

Booth, C. 1888: Conditions and Occupations of the People in East London and Hackney, 1887. *Journal of the Royal Statistical Society,* 51, 276–331.

Booth, C. (ed.) 1892: *Life and Labour of the People in London,* vol. I, *East, Central and South London.* London: Macmillan.

Booth, C. 1901: *Improved Means of Locomotion as a First Step towards the Cure of the Housing Difficulties of London.* London: Macmillan.

Booth, P. 1999: From Regulation to Discretion: The Evolution of Development Control in the British Planning System 1909–1947. *Planning Perspectives,* 14, 277–89.

Borchert, J. 1980: *Alley Life in Washington: Family, Community, Religion, and Folklife in the City, 1850–1970.* Urbana: University of Illinois Press.

Borchert, J. R. 1962: The Soviet City. In: Holt, R. T. and Turner, J. E. *Soviet Union: Paradox and Change,* 35–61. New York: Holt, Rinehart, Winston.

Bose, A. 1973: *Studies in India's Urbanization 1901–1971.* Bombay and New Delhi: Tata Mc-Graw Hill.

Bottles, S. L. 1987: *Los Angeles and the Automobile: The Making of the Modern City.* Berkeley and Los Angeles: University of California Press.

Bournville Village Trust 1941: *When We Build Again: A Study Based on Research into Conditions of Living and Working in Birmingham.* London: George Allen and Unwin.

Bowden, P. 1979: *North Rhine Westphalia: North England: Regional Development in Action.* London: Anglo-German Foundation for the Study of Industrial Society.

Bowley, M. 1945: *Housing and the State, 1919–1944.* London: George Allen and Unwin.

Bowly, D., Jr. 1978: *The Poorhouse: Subsidized Housing in Chicago, 1895–1976.* Carbondale: Southern Illinois University Press.

Boyd, R. 1952: *Australia's Home: Its Origins, Builders and Occupiers.* Melbourne: Melbourne University Press.

Boyd, R. 1960: *The Australian Ugliness.* Melbourne: Cheshire.

Boyer, M. C. 1983: *Dreaming the Rational City: The Myth of American City Planning.* Cambridge, Mass.: MIT Press.

Boyer, P. S. 1978: *Urban Masses and Moral Order in America, 1820–1920.* Cambridge, Mass.: Harvard University Press.

Brand, R. R. 1976: The Urban Housing Challenge. In: Knight, C. G. and Newman, J. L. (eds.) *Contemporary Africa: Geography and Change*, 321–35. Englewood Cliffs: Prentice Hall.

Brandenburg, A. and Materna, J. 1980: Zum Aufbruch in die Fabrikgesellschaft: Arbeiterkolonien. *Archiv für die Geschichte des Widerstandes und der Arbeit*, 1, 35–48.

Branford, V. 1914: *Interpretations and Forecasts: A Study of Survivals and Tendencies in Contemporary Society*. New York and London: Mitchell Kennerley.

Branford, V. and Geddes, P. 1917: *The Coming Polity: A Study in Reconstruction*. (The Making of the Future). London: Williams and Norgate.

Branford, V. and Geddes, P. 1919: *Our Social Inheritance*. London: Williams and Norgate.

Breese, G. (ed.) 1969: *The City in Newly Developing Countries: Readings on Urbanism and Urbanization*. Englewood Cliffs: Prentice Hall.

Breheny, M. 1991: Contradictions of the Compact City. *Town and Country Planning*, 60, 21.

Breheny, M. 1992a: The Contradictions of the Compact City: A Review. In: Breheny, M. J. (ed.) *Sustainable Development and Urban Form* (*European Research in Regional Science*, 2), 138–59. London: Pion.

Breheny, M. J. (ed.) 1992b: *Sustainable Development and Urban Form*. (*European Research in Regional Science*, 2). London: Pion.

Breheny, M. 1995a: Counter-Urbanisation and Sustainable Urban Forms. In: Brotchie, J. F., Batty, M., Blakely, E., Hall, P. and Newton, P. (eds.) *Cities in Competition*, 402–29. Melbourne: Longman Australia.

Breheny, M. 1995b: The Compact City and Transport Energy Consumption. *Transactions of the Institute of British Geographers*, 20, 81–101.

Breheny, M. 1995c: Transport Planning, Energy and Development: Improving our Understanding of the Basic Relationships. In: Banister, D. (ed.) *Transport and Urban Development*, 89–95. London: Spon.

Breheny, M. and Button, K. (eds.) 1993: *Transport, the Environment and Sustainable Development*. London: Spon.

Breheny, M., Gent, T. and Lock, D. 1993: *Alternative Development Patterns: New Settlements*. London: HMSO.

Breheny, M. and Hall, P. 1984: The Strange Death of Strategic Planning and the Victory of the Know-Nothing School. *Built Environment*, 10, 95–9.

Breheny, M. and Hall, P. 1996: Four Million Households – Where Will They Go? *Town and Country Planning*, 65, 39–41.

Breheny, M. and Hooper, A. (eds.) 1985: *Rationality in Planning: Critical Essays on the Role of Rationality in Urban and Regional Planning*. London: Pion.

Breheny, M. and Rookwood, R. 1993: Planning the Sustainable City Region. In: Blowers, A. (ed.) *Planning for a Sustainable Environment*, 150–89. London: Earthscan.

Brindley, T., Rydin, Y. and Stoker, G. 1989: *Remaking Planning: The Politics of Urban Change in the Thatcher Years*. London: Unwin Hyman.

Bristow, R. 1984: *Land-Use Planning in Hong Kong: History, Policies and Procedures*. Hong Kong: Oxford University Press.

Brodsly, D. 1981: *L. A. Freeway: An Appreciative Essay*. Berkeley and Los Angeles: University of California Press.

Bromley, R. and Gerry, C. (eds.), 1979: *Casual Work and Poverty in Third World Cities*. Chichester: John Wiley.

Brotchie, J. F., Batty, M., Blakely, E., Hall, P. and Newton, P. (eds.) 1995: *Cities in Competition*. Melbourne: Longman Australia.

Brotchie, J., Newton, P., Hall, P. and Dickey, J. (eds.) 1999: *East West Perspectives on 21st Century Urban Development: Sustainable Eastern and Western Cities in the New Millennium.* Aldershot: Ashgate.

Brown, K. D. 1977: *John Burns.* London: Royal Historical Society.

Brownell, B. A. 1980: Urban Planning, The Planning Profession, and the Motor Vehicle in early Twentieth-Century America. In: Cherry, G. E. (ed.) *Shaping an Urban World,* 59–77. London: Mansell.

Brownill, S. 1990: *Developing London's Docklands: Another Great Planning Disaster?* London: Paul Chapman.

Brush, J. E. 1962: The Morphology of Indian Cities. In: Turner, R. (ed.) *India's Urban Future,* 57–70. Berkeley: University of California Press.

Brush, J. E. 1968: Spatial Patterns of Population in Indian Cities. *Geographical Review,* 58, 362–91.

Bruton, M. 1975: *Introduction to Transportation Planning.* Second edition. London: Hutchinson.

Bryson, L. and Thompson, F. 1972: *An Australian Newtown: Life and Leadership in a Working-Class Suburb.* Harmondsworth: Penguin.

Budd, L. and Whimster, S. 1992: *Global Finance and Urban Living: A Study of Metropolitan Change.* London: Routledge.

Buder, S. 1990: *Visionaries and Planners: The Garden City Movement and the Modern Community.* New York: Oxford University Press.

Bull, W. J. 1901: A Green Girdle round London. *The Sphere,* 5, 128–9.

Bullock, N. 1978: Housing in Frankfurt 1925 to 1931 and the New Wohnkultur. *Architectural Review,* 113, 335–42.

Bullock, N. 1987: Plans for Post-War Housing in the UK: The Case for Mixed Development and the Flat. *Planning Perspectives,* 2, 71–98.

Bunker, R. 1988: Systematic Colonization and Town Planning in Australia and New Zealand. *Planning Perspectives,* 3, 59–80.

Burgess, E. W. 1925: The Growth of the City: An Introduction to a Research Project. In: Park, R. E., Burgess, E. W. and McKenzie, R. D. *The City,* 47–62. Chicago: University of Chicago Press.

Burgess, R. 1978: Petty Commodity Housing or Dweller Control? A Critique of John Turner's views on Housing Policy. *World Development,* 6, 1105–34.

Burgess, R. 1982: Self-Help Housing Advocacy: A Curious Form of Radicalism. A Critique of the Work of J. F. C. Turner. In: Ward, P. M. (ed.) *Self-Help Housing: A Critique,* 56–97. London: Mansell.

Burnett, J. 1978: *A Social History of Housing 1815–1970.* Newton Abbot: David and Charles.

Burnham, D. H. and Bennett, E. H. 1970 (1909): *Plan of Chicago.* New York: Da Capo Press.

Burnham, D. H. and Bennett, E. H. 1971 (1905): *Report on a Plan for San Francisco.* San Francisco: Sunset Press. (Repr. 1971, with introduction by James R. McCarthy. Berkeley: Urban Books.)

Burnham, D. H., Jr. and Kingery, R. 1956: *Planning the Region of Chicago*. Chicago: Chicago Regional Planning Association.

Burnley, I. H. (ed.) 1974: *Urbanization in Australia: The Post-War Experience*. London: Cambridge University Press.

Burns, J. 1908: Speech on Housing, Town Planning, etc., Bill. *Commons Hansard*, Fourth Series, 188, 947–68.

Butcher, G., Collis, P., Glen, A. and Sills, P. 1980: *Community Groups in Action: Case Studies and Analysis*. London: Routledge and Kegan Paul.

Butler, C. et. al. 1933: The Planned Community. *Architectural Forum*, 58, 253–74.

Butler, S. M. 1981: *Enterprise Zones: Greenlining the Inner Cities*. New York: Universe Books.

Cadbury, G., Jr., 1915: *Town Planning: With Special Reference to the Birmingham Schemes*. London: Longmans, Green.

Cairncross, F. 1997: *The Death of Distance: How the Communications Revolution Will Change our Lives*. London: Orion.

Calabi, D. 1984: Italy. In: Wynn, M. (ed.) *Planning and Urban Growth in Southern Europe*, 37–69. London: Mansell.

Caldenby, C. and Rundberg, E. 1982: Katalog Backström & Reinius. *Arkitektur*, 82/6, 10–32.

Callow, A. B. 1969: *American Urban History: An Interpretative Reader with Commentaries*. New York: Oxford University Press.

Calthorpe, P. 1993: *The Next American Metropolis: Ecology, Community, and the American Dream*. Princeton: Princeton Architectural Press.

Calthorpe, P. and Fulton, W. 2001: *The Regional City: Planning for the End of Sprawl*. Washington: Island Press.

Carnoy, M. 1984: *The State and Political Theory*. Princeton: Princeton University Press.

Caro, R. A. 1974: *The Power Broker: Robert Moses and the Fall of New York*. New York: Alfred A. Knopf.

Carr, M. C. 1982: The Development and Character of a Metropolitan Suburb: Bexley, Kent. In: Thompson, F. M. L. (ed.) *The Rise of Suburbia*, 212–67. Leicester: Leicester University Press.

Carrothers, G. A. P. 1956: An Historical Review of the Gravity and Potential Concepts of Human Interaction. *Journal of the American Institute of Planners*, 22, 94–102.

Carver, H. 1962: *Cities in the Suburbs*. Toronto: University of Toronto Press.

Cassidy, R. 1980: *Livable Cities: A Grass-Roots Guide to Rebuilding Urban America*. New York: Holt, Rinehart and Winston.

Castells, M. 1977: *The Urban Question: A Marxist Approach*. London: Edward Arnold.

Castells, M. 1978: *City, Class and Power*. London: Macmillan.

Castells, M. 1983: *The City and the Grassroots: A Cross-Cultural Theory of Urban Social Movements*. London: Edward Arnold.

Castells, M. 1989: *The Informational City: Information Technology, Economic Restructuring and the Urban–Regional Process*. Oxford: Basil Blackwell.

Castells, M. 1996: *The Information Age: Economy, Society, and Culture*, vol. I, *The Rise of the Network Society*. Oxford: Blackwell.

Castells, M. 1997: *The Information Age: Economy, Society, and Culture*, vol. II, *The Power of Identity*. Oxford: Blackwell.

Castells, M. 1998: *The Information Age: Economy, Society, and Culture*, vol. III, *End of Millennium*. Oxford: Blackwell.

Castells, M. and Hall, P. 1994: *Technopoles of the World: The Making of 21st-Century Industrial Complexes*. London: Routledge.

Catanese, A. J. and Steiss, A. W. 1970: *Systemic Planning: Theory and Application*. Lexington: D. C. Heath.

Cederna, A. 1981: *Mussolini Urbanista: Lo sventramento di Roma negli anni del Consenso*. Roma: Laterza.

Cerillo, A. Jr., 1977: The Impact of Reform Democracy: Early Twentieth Century Municipal Government in New York City. In: Ebner, M. E. and Tobin, E. M. *The Age of Urban Reform: New Perspectives on the Progressive Era*, 68–85. Port Washington, NY: Kennikat.

Cervero, R. 1986: *Suburban Gridlock*. New Brunswick: Center for Urban Policy Studies.

Chadwick, G. 1971: *A Systems View of Planning: Towards a Theory of the Urban and Regional Planning Process*. Oxford: Pergamon.

Chandler, T. and Fox, G. 1974: *3000 Years of Urban Growth*. London: Academic Press.

Chapman, S. D. (ed.) 1971: *The History of Working-Class Housing*. Newton Abbot: David and Charles.

Chase, S. 1925: Coals to Newcastle. *The Survey*, 54, 143–6.

Chase, S. 1929: *Men and Machines*. New York: Macmillan.

Chase, S. 1931: *The Nemesis of American Business and Other Essays*. New York: Macmillan.

Chase, S. 1932: *A New Deal*. New York: The Macmillan Company.

Chase, S. 1934: *The Economy of Abundance*. New York: Macmillan.

Chase, S. 1936: *Rich Land Poor Land: A Study of Waste in the Natural Resources of America*. New York and London: Whittlesey House.

Cheape, C. W. 1980: *Moving the Masses: Urban Public Transit in New York, Boston, and Philadelphia, 1880–1912*. Cambridge, Mass.: Harvard University Press.

Checkoway, B. 1984: Large Builders, Federal Housing Programs, and Postwar Suburbanization. In: Tabb, W. K. and Sawers, L. (eds.) *Marxism and the Metropolis: New Perspectives in Urban Political Economy*, 152–73. New York: Oxford University Press.

Checkoway, B. and Patton, C. V. (eds.) 1985: *The Metropolitan Midwest: Policy Problems and Prospects for Change*. Urbana: University of Illinois Press.

Cherry, G. E. 1972: *Urban Change and Planning: A History of Urban Development in Britain since 1750*. Henley: Foulis.

Cherry, G. E. 1974: *The Evolution of British Town Planning*. London: Leonard Hill.

Cherry, G. E. (ed.) 1980a: *Shaping an Urban World*. London: Mansell.

Cherry, G. E. 1980b: The Place of Neville Chamberlain in British Town Planning. In: Cherry, G. E. (ed.) *Shaping an Urban World*, 161–79. London: Mansell.

Cherry, G. E. 1988: *Cities and Plans: The Shaping of Urban Britain in the Nineteenth and Twentieth Centuries*. London and New York: E. Arnold.

Cherry, G. E. 1994: *Birmingham: A Study in Geography, History and Planning*. Chichester: Wiley.

Cherry, G. E. 1996: *Town Planning in Britain since 1900: The Rise and Fall of the Planning Ideal*. Oxford: Blackwell.

Cherry, G. E. and Penny, L. 1986: *Holford: A Study in Architecture, Planning and Civic Design*. London: Mansell.

Cherry, G. E. and Rogers, A. 1996: *Rural Change and Planning: England and Wales in the Twentieth Century*. London: Spon.

Cheshire, P. and Hay, D. 1987: *Urban Problems in Europe*. London: Allen and Unwin.

Chicago Commission on Race Relations 1922: *The Negro in Chicago: A Study of Race Relations and a Race Riot*. Chicago: University of Chicago Press.

Childs, M. W. 1936: *Sweden: The Middle Way*. London: Faber and Faber.

Choi, C. Y. and Chan, Y. K. 1979: Housing Development and Housing Policy in Hong Kong. In: Lin, T. -B., Lee, R. P. L. and Simonis, U. -E. (eds.) *Hong Kong: Economic, Social and Political Studies in Development*, 183–202. Folkestone: Dawson.

Choudhuri, K., 1973: *Calcutta: Story of its Government*. New Delhi: Orient-Longman.

Christaller, W. 1966 (1933): *Central Places in Southern Germany*. Translated by C. W. Baskin. Englewood Cliffs: Prentice Hall.

Christensen, T. 1979: *Neighbourhood Survival*. Dorchester: Prism Press.

Christopher, A. J. 1977: Early Settlement and the Cadastral Framework. In: Kay, G. and Smout, M. A. H. (eds.) *Salisbury: A Geographical Survey of the Capital of Rhodesia*, 14–25. London: Hodder and Stoughton.

Chudacoff, H. P. 1975: *The Evolution of American Urban Society*. Englewood Cliffs: Prentice Hall.

Church, A. 1992: Land and Property: The Pattern and Process of Development from 1981. In: Ogden, P. (ed.) *London Docklands: The Challenge of Development*, 43–51. Cambridge: Cambridge University Press.

Churchill, H. 1983: Henry Wright: 1878–1936. In: Krueckeberg, D. A. (ed.) *Introduction to Planning History in the United States*, 208–24. New Brunswick, New Jersey: Rutgers University, Center for Urban Policy Research.

Cicin-Sain, B. 1980: The Costs and Benefits of Neighborhood Revitalization. In: Rosenthal, D. B. (ed.) *Urban Revitalization (Urban Affairs Annual Reviews*, no. 18), 49–75. Beverly Hills: Sage.

Ciucci, G. 1979: The City in Agrarian Ideology and Frank Lloyd Wright: Origins and Development of Broadacres. In: Ciucci, G., Dal Co, F., Manieri-Elia, M. and Tafuri, M. *The American City: From the Civil War to the New Deal*, 293–387. Cambridge, Mass.: MIT Press.

Ciucci, G., Dal Co, F., Manieri-Elia, M. and Tafuri, M., 1979: *The American City: From the Civil War to the New Deal*. Cambridge, Mass.: MIT Press.

Clapson, M. 1998: *Invincible Green Suburbs, Brave New Towns: Social Change and Urban Dispersal in Postwar England*. Manchester: Manchester University Press.

Clark, C. 1940: *The Conditions of Economic Progress*. London: Macmillan.

Clavel, P. 1986: *The Progressive City: Planning and Participation, 1969–1984*. New Brunswick: Rutgers University Press.

Clavel, P., Forester, J. and Goldmsith, W. W. (eds.) 1980: *Urban and Regional Planning in an Age of Austerity*. New York: Pergamon.

Clawson, M. 1971: *Suburban Land Conversion in the United States: An Economic and Governmental Process*. Baltimore: Johns Hopkins University Press.

Clawson, M. 1981: *New Deal Planning: The National Resources Planning Board*. Baltimore: Johns Hopkins University Press.

Clawson, M. and Hall, P. 1973: *Planning and Urban Growth: An Anglo-American Comparison*. Baltimore: Johns Hopkins University Press.

Cloher, D. U. 1975: A Perspective on Australian Urbanization. In: Powell, J. M. and Williams, M. *Australian Space, Australian Time: Geographical Perspectives*, 104–49. Melbourne: Oxford University Press.

Cohen, S. S. and Zysman, J. 1987: *Manufacturing Matters: The Myth of the Post-Industrial Economy*. New York: Basic Books.

Coleman, A. 1985: *Utopia on Trial: Vision and Reality in Planned Housing*. London: Hilary Shipman.

Coleman, B. I. (ed.) 1973: *The Idea of the City in Nineteenth-Century Britain*. London: Routledge and Kegan Paul.

Collings, T. (ed.) 1987: *Stevenage 1946–1986: Images of the first New Town*. Stevenage: SPA Books.

Collins, J. 1969: *Lusaka: The Myth of the Garden City*. (University of Zambia Institute of Social Research, *Zambian Urban Studies*, no. 2.)

Collins, J. 1980: Lusaka: Urban Planning in a British Colony, 1931–64. In: Cherry, G. E. (ed.) *Shaping an Urban World*, 227–52. London: Mansell.

Collins, M. 1994: Land-Use Planning since 1947. In: Simmie, J. (ed.) *Planning London*, 90–140. London: UCL Press.

Comer, J. P. 1969: The Dynamics of Black and White Violence. In: Graham, H. D. and Gurr, T. R. (eds.) *Violence in America: Historial and Comparative Perspectives*, 341–54. 2 vols. Washington, DC: Government Printing Office.

Comerio, M. C. 1984: Community Design: Idealism and Entrepreneurship. *Journal of Architectural and Planning Research*, 1, 227–43.

Comhaire, J. 1961: Leopoldville and Lagos: Comparative Survey of Urban Condition in 1960. *Economic Bulletin for Africa*, 1/2, 50–65.

Commonwealth of Australia Department of Home Affairs 1913: *The Federal Capital: Report Explanatory of the Preliminary General Plan*. (C. 9681.) Melbourne: Albert J. Mullett, Government Printer.

Condit, C. W. 1973: *Chicago, 1910–29: Building, Planning, and Urban Technology*. Chicago and London: Chicago University Press.

Condit, C. W. 1974: *Chicago, 1930–1970: Building, Planning, and Urban Technology*. Chicago and London: Chicago University Press.

Conkin, P. K. 1959: *Tomorrow a New World: The New Deal Community Program*. Ithaca: Cornell University Press.

Conkin, P. K. 1983: Intellectual and Political Roots. In: Hargrove, E. C. and Conkin, P. K. (eds.) *TVA: Fifty Years of Grass-Roots Bureaucracy*, 3–34. Urbana: University of Illinois Press.

Connolly, P. 1982: Uncontrolled Settlements and Self-Build: What Kind of Solution? The Mexico City Case. In: Ward, P. M. (ed.) *Self-Help Housing: A Critique*, 141–74. London: Mansell.

Consortium Developments 1985: *Tillingham Hall Outline Plan*. London: Consortium Developments.

Cook, A., Gittell M. and Mack, H. (eds.) 1973: *City Life, 1865–1900: Views of Urban America*. New York: Praeger.

Cook, P. 1983: Cook's Grand Tour. *Architectural Review*, 174/10, 32–42.

Cooke, C. 1977: Activities of the Garden City Movement in Russia. *Transactions of the Martin Centre for Architectural and Urban Studies*, 1, 225–49.

Cooke, C. 1978: Russian Responses to the Garden City Idea. *Architectural Review*, 163, 354–63.

Cooke, P. 1990: *Back to the Future: Modernity, Postmodernity and Locality*. London: Unwin Hyman.

Cooke, P. N. 1983: *Theories of Planning and Spatial Development*. London: Hutchinson.

Cooley, C. H. 1909: *Social Organization: A Study of the Larger Mind*. New York: Charles Scribner's Sons.

Cooley, C. H. 1918: *Social Process*. New York: Charles Scribner's Sons.

Cooney, E. W. 1974: High Flats in Local Authority Housing in England and Wales since 1945. In: Sutcliffe, A. (ed.) *Multi-Storey Living: The British Working-Class Experience*, 151–80. London: Croon Helm.

Co-Partnership Tenants' Housing Council 1906 (?): *Garden Suburbs, Villages and Homes: All about Co-Partnership Houses*. London: The Council.

Coppock, J. T. and Prince, H. (eds.), 1964: *Greater London*. London: Faber and Faber.

Council for the Preservation of Rural England: "Penn Country" Branch 1933: *The Penn Country of Buckinghamshire*. London: CPRE.

Council for the Preservation of Rural England: Thames Valley Branch 1929: *The Thames Valley from Cricklade to Staines*. Prepared by the Earl of Mayo, S. D. Adshead and Patrick Abercrombie. London: University of London Press.

Creese, W. L. 1966: *The Search for Environment: The Garden City Before and After*. New Haven: Yale University Press.

Creese, W. L. (ed.) 1967: *The Legacy of Raymond Unwin: A Human Pattern for Planning*. Cambridge, Mass.: MIT Press.

Creese, W. L. 1990: *TVA's Public Planning: The Vision, The Reality*. Knoxville: University of Tennessee Press.

Creese, W. L. 1992: *The Search for Environment: The Garden City Before and After*. Second Edition. Baltimore and London: Johns Hopkins University Press.

Crossman, R. H. S. 1975: *The Diaries of a Cabinet Minister*, vol. 1, *Minister of Housing 1964–66*. London: Hamish Hamilton and Jonathan Cape.

Crow, A. 1911: Town Planning in Old and Congested Areas, with Special Reference to London. In: Royal Institute of British Architects *Town Planning Conference – Transactions*, 407–26. London: RIBA.

Crow, S. 1996: Development Control: The Child that Grew Up in the Cold. *Planning Perspectives*, 11, 399–411.

Crump, S. 1962: *Ride the Big Red Cars: How Trolleys Helped Build Southern California*. Los Angeles: Crest Publications.

Cullen, G. 1953: Prairie Planning in the New Towns. *Architectural Review*, 114, 33–6.

Cullingworth, J. B. 1979: *Environmental Planning* (Peacetime History), vol. III, *New Towns Policy*. London: HMSO.

Cullingworth, J. B. 1993: *The Political Economy of Planning: American Land Use Planning in Comparative Perspective*. New York and London: Routledge.

Cullingworth, J. B. 1997: *Planning in the USA: Policies, Issues and Processes*. London: Routledge.

Cullingworth, J. B. (ed.) 1999: *British Planning: Fifty Years of Urban and Regional Policy*. London: Athlone.

Culpin, E. G. 1913: *The Garden City Movement Up-To-Date*. London: Garden Cities and Town Planning Association.

Cunningham, S. M. 1980: Brazilian Cities Old and New: Growth and Planning Experiences. In: Cherry, G. E. (ed.) *Shaping an Urban World*, 181–202. London: Mansell.

Curl, J. S. 1970: *European Cities and Society: A Study of the Influence of Political Change on Town Design*. London: Leonard Hill.

Dahl, R. A. 1961: *Who Governs? Democracy and Power in an American City*. New Haven and London: Yale University Press.

Dakhil, F. H., Ural, O, Tewfik, M. F. 1979: *Housing Problems in Developing Countries*. (Proceedings IAHS International Conference 1978.) 2 vols. Chichester: John Wiley.

Dal Co, F. 1979: From Parks to the Region: Progressive Ideology and the Reform of the American City. In: Ciucci, G., Dal Co, F., Manieri-Elia, M. and Tafuri, M. *The American City: From the Civil War to the New Deal*, 143–291. Cambridge, Mass.: MIT Press.

Dannell, G. 1981: Planering viden skiljeväg. *Plan*, 35, 52–6.

Darley, G. 1975: *Villages of Vision*. London: Architectural Press.

Daun, Å. 1985: *Setbacks and Advances in the Swedish Housing Market*. (*Current Sweden*, 331). Stockholm: Swedish Institute.

Daunton, M. J. 1983: *House and Home in the Victorian City: Working-Class Housing 1850–1914*. London: Edward Arnold.

Daunton, M. J. (ed.) 1984: *Councillors and Tenants: Local Authority Housing in English Cities, 1919–1939*. Leicester: Leicester University Press.

Davidoff, P. 1965: Advocacy and Pluralism in Planning. *Journal of the American Institute of Planners*, 31, 186–97.

Davies, J. C. 1969: The J-Curve of Rising and Declining Satisfactions as a Cause of Some Great Revolutions and a Contained Rebellion. In: Graham, H. D. and Gurr, T. R. (eds.) *Violence in America: Historial and Comparative Perspectives*, 547–76. 2 vols. Washington, DC: Government Printing Office.

Davies, R. O. 1975: *The Age of Asphalt: The Automobile, the Freeway, and the Condition of Metropolitan America*. Philadelphia: J. B. Lippincott.

Davis, A. F. 1967: *Spearheads for Reform: The Social Settlements and the Progressive Movement, 1890–1914*. New York: Oxford University Press.

Davis, A. F. 1983: Playgrounds, Housing, and City Planning. In: Krueckeberg, D. A. (ed.) *Introduction to Planning History in the United States*, 73–87. New Brunswick, New Jersey: Rutgers University, Center for Urban Policy Research.

Davis, D. H. 1969: *Lusaka, Zambia: Some Town Planning Problems in an African City at Independence*. University of Zambia, Institute of Social Research. (*Zambian Urban Studies*, no. 1.)

Davis, M. 1990: *City of Quartz: Excavating the Future in Los Angeles*. London: Verso.

Davison, G. 1979: Australian Urban History: A Progress Report. *Urban History Yearbook 1979*. Leicester: Leicester University Press, 100–9.

Davoudi, S. 2000: Sustainability: A New Vision for the British Planning System. *Planning Perspectives*, 15, 123–37.

Day, A. F. 1916: *John C. F. S. Day: His Forbears and Himself: A Biographical Study by One of his Sons*. London: Heath, Cranton.

De Carlo, G. 1948: The Housing Problem in Italy. *Freedom*, 9/12, 2, and 9/13, 2.

De Carlo, G. 1980: An Architecture of Participation. *Perspecta*, 17, 74–9.

Deakin, D. (ed.) 1989: *Wythenshawe: The Story of a Garden City*. Chichester: Phillimore.

Dear, S. and Allen, M. J. 1981: Towards a Framework for Analysis. In: Dear, M. S. and Scott, A. J. (eds.) *Urbanization and Urban Planning in Capitalist Society*, 3–16. London: Methuen.

Dear, M. S. and Scott, A. J. (eds.), 1981: *Urbanization and Urban Planning in Capitalist Society*. London: Methuen.

Debord, G. 1970: *Society of the Spectacle*. Detroit: Black & Red. (A Black & Red Unauthorized Translation.)

Debord, G. 1990: *Comments on the Society of the Spectacle*. London: Verso.

DeForest, R. W. and Veiller, L. (eds.) 1903: *The Tenement House Problem: Including the Report of the New York State Tenement House Commission of 1900*. 2 vols. New York: Macmillan.

Defries, A. 1927: *The Interpreter Geddes: The Man and his Gospel*. London: George Routledge and Sons.

Delafons, J. 1997: *Politics and Preservation: A Policy History of the Built Heritage 1882–1996*. London: Spon.

Delafons, J. 1998: Reforming the British Planning System 1964–5: The Planning Advisory Group and the Genesis of the Planning Act of 1968. *Planning Perspectives*, 13, 373–87.

Delouvrier, P. 1972: Paris. In: Robson, W. A. and Regan, D. E., (eds.) *Great Cities of the World*, II, 731–71. London: George Allen and Unwin.

Dennis, N. 1968: The Popularity of the Neighbourhood Community Idea. In: Pahl, R. E. (ed.) *Readings in Urban Sociology*, 74–92. Oxford: Pergamon.

Derthick, M. 1972: *New Towns In-Town: Why a Federal Program Failed*. Washington, DC: The Urban Institute.

Dhuys, J. -F. 1983: Et si M. Chirac avait raison? *Macadam*, 4, 9.

Diamond, S. and Burke, F. G. 1966: *The Transformation of East Africa: Studies in Political Anthropology*. New York: Basic Books.

Dietrich, R. 1960: *Berlin: Neun Kapitel seiner Geschichte*. Berlin: Walter de Gruyter.

Dimaio, A. J. 1974: *Soviet Urban Housing: Problems and Politics*. New York: Praeger.

Dix, G. 1978: Little Plans and Noble Diagrams. *Town Planning Review*, 49, 329–52.

Dobby, E. H. G. 1940: Singapore: Town and Country. *Geographical Review*, 30, 84–109.

Dobriner, W. M. 1977: The Suburban Evangel. In: Allen, I. L. (ed.) *New Towns and the Suburban Dream: Ideology and Utopia in Planning and Development*, 121–40. Port Washington: Kennikat.

Docklands Forum, Birkbeck College 1990: *Employment in Docklands*. London: Docklands Forum.

Docklands Joint Committee 1976: *London Docklands Strategic Plan*. London: Docklands Development Team.

Dodd, K. S. 1933: Planning in the USSR. *Journal of the Town Planning Institute*, 20, 34–53.

Dolce, P. C. (ed.) 1976: *Suburbia: The American Dream and Dilemma*. Garden City, NY: Anchor.

Donnison, D. V. and Eversley, D. 1973: *London: Urban Patterns, Problems, and Policies*. London: Heinemann.

Dorsett, L. W. 1968: *The Challenge of the City, 1860–1910*. Lexington: D. C. Heath.

Dove, D. 1976: *Preserving the Urban Environment: How to Stop Destroying Cities*. Philadelphia: Dorrance and Co.

Dowall, D. 1984: *The Suburban Squeeze: Land Conversion and Regulation in the San Francisco Bay Area.* Berkeley: University of California Press.

Downs, A. 1957: *An Economic Theory of Democracy.* New York: Harper and Brothers.

Drake, S. and Cayton, H. R. 1945: *Black Metropolis: A Study of Negro Life in a Northern City.* New York: Harcourt, Brace.

Draper, J. E. 1982: *Edward H. Bennett: Architect and City Planner, 1874–1954.* Chicago: Art Institute of Chicago.

Dreiser, T. 1947: *The Stoic.* Garden City: Doubleday.

Duany, A., Plater-Zyberk, E. and Speck, J. 2000: *Suburban Nation: The Rise of Sprawl and the Decline of the American Dream.* New York: North Point Press.

Dubech, I. and D'Espezel, P. 1931: *Histoire de Paris.* 2 vols. Paris: Les Éditions Pittoresques.

DuBois, W. E. B. 1899: *The Philadelphia Negro: A Social Study.* Publications of the University of Pennsylvania: Series in Political Economy and Public Law. Philadelphia: The University.

DuBois, W. E. B. 1920: *Darkwater: Voices from within the Veil.* London: Constable.

Duhl, L. J. (ed.) 1963: *The Urban Condition: People and Policy in the Metropolis.* New York: Basic Books.

Dulffer, J., Thies, J., and Henke, J. 1978: *Hitlers Städte: Baupolitik im Dritten Reich.* Köln: Bohlau.

Duncan, J. D. and Duncan, N. G. 1984: A Cultural Analysis of Urban Residential Landscapes in North America: The Case of the Anglophile Elite. In: Agnew, J., Mercer, J., and Sopher, D. E. (eds.) *The City in Cultural Context,* 255–76. Boston: Allen and Unwin.

Dunkerley, H. et al. 1983: *Urban Land Policy: Issues and Opportunities.* New York: Oxford University Press.

Dunleavy, P. 1981: *The Politics of Mass Housing in Britain, 1945–1975: A Study of Corporate Power and Professional Influence in the Welfare State.* Oxford: Clarendon Press.

Duquesne, J. 1966: *Vivre à Sarcelles? Le Grand Ensemble et ses problèmes.* Paris: Édition Cujas.

Durant, R. 1939: *Watling: A Survey of Social Life on a New Housing Estate.* London: P. S. King.

Dwyer, D. J. (ed.) 1971: *Asian Urbanization: A Hong Kong Casebook.* Hong Kong: Hong Kong University Press.

Dwyer, D. J. (ed.) 1972: *The City as a Centre of Change in Asia.* Hong Kong: Hong Kong University Press.

Dwyer, D. J. (ed.) 1974a: *The City in the Third World.* London: Macmillan.

Dwyer, D. J. 1974b: Attitudes towards Spontaneous Development in Third World Cities. In: Dwyer, D. J., (ed.) *The City in the Third World,* 204–18. London: Macmillan.

Dyckman, J. W. 1970: Social Planning in the American Democracy. In: Erber, E. (ed.) *Urban Planning in Transition,* 27–44. New York: Grossman.

Dykstra, C. A. 1926: Congestion Deluxe – Do We Want It? *National Municipal Review,* 15, 394–8.

East, E. E. 1941: Streets: The Circulation System. In: Robbins, G. W. and Tilton, L. D. (eds.) *Los Angeles: A Preface to a Master Plan,* 7–100. Los Angeles: The Pacific Southwest Academy.

Eberstadt, R. 1911: Town Planning in Germany: The Greater Berlin Competition. In:

Royal Institute of British Architects *Town Planning Conference – Transactions*, 313–33. London: RIBA.

Eberstadt, R. 1917 (1909): *Handbuch des Wohnungswesens und der Wohnungsfrage.* Jena: Gustav Fischer.

Ebner, M. E. and Tobin, E. M. 1977: *The Age of Urban Reform: New Perspectives on the Progressive Era.* Port Washington, NY: Kennikat.

Eckstein, S. 1977: *The Poverty of Revolution: The State and the Urban Poor in Mexico.* Princeton: Princeton University Press.

Edblom, M., Strömdahl, J. and Westerman, A. 1962: Mot en ny Miljö. *Arkitektur*, 62, 205–24.

Editors of *Fortune* (eds.), 1958: *The Exploding Metropolis.* Garden City, New York: Doubleday Anchor.

Edwards, A. M. 1981: *The Design of Suburbia: A Critical Study in Environmental History.* London: Pembridge Press.

Edwards, G. 1966. Comment: The Greenbelt Towns of the American New Towns. *Journal of the American Institute of Planners*, 32, 225–8.

Edwards, J. and Batley, R. 1978: *The Politics of Positive Discrimination: An Evaluation of the Urban Programme 1967–77.* London: Tavistock.

Edwards, S. (ed.) 1969 *Selected Writings of Pierre-Joseph Proudhon.* Garden City, NY: Anchor (Doubleday).

Eels, R. and Walton, C., 1968: *Man in the City of the Future: A Symposium of Urban Philosophers.* New York: Arkville Press.

Egli, E. 1959–67: *Geschichte des Städtebaus.* 3 vols. Zürich: Rentsch.

Ehrlich, H. 1933: *Die Berliner Bauordnungen, ihre wichtigsten Bauvorschriften und deren Einfluss auf den Wohnhausbau der Stadt Berlin.* Jena: G. Neuenhahn.

Elander, I. 1989: *New Trends in Social Housing: The Case of Sweden.* Örebro: University, Centre for Housing and Urban Research.

Elander, I. and Strömberg, T. 1992: Whatever Happened to Social Democracy and Planning? The Case of Local Land and Housing Policy in Sweden. In: Lundqvist, L. J. (ed.) *Policy, Organization, Tenure: A Comparative History of Housing in Small Welfare States.* Oslo: Scandinavian University Press.

Elazar, D. J. 1967: Urban Problems and the Federal Government: A Historical Inquiry. *Political Science Quarterly*, 82, 505–25.

Ensor, R. 1936: *England 1870–1914.* Oxford: Oxford University Press.

Epstein, D. G. 1973: *Brasilia, Plan and Reality: A Study of Planned and spontaneous Urban Development.* Berkeley: University of California Press.

Erber, E. (ed.), 1970: *Urban Planning in Transition.* New York: Grossman.

Esher, L. 1981: *A Broken Wave: The Rebuilding of England 1940–1980.* London: Allen Lane.

Esping-Andersen, G. 1985: *Politics against Markets: The Social Democratic Road to Power.* Princeton: Princeton University Press.

Estall, R. C. 1977: Regional Planning in the United States: An Evaluation of Experience under the 1965 Economic Development Act. *Town Planning Review*, 48, 341–64.

Etzioni, A. 1968: *The Active Society.* London: Collier-Macmillan.

Evenson, N. 1966: *Chandigarh.* Berkeley and Los Angeles: University of California Press.

Evenson, N. 1973: *Two Brazilian Capitals: Architecture and Urbanism in Rio de Janeiro and Brasilia.* New Haven: Yale University Press.

Evenson, N. 1979: *Paris: A Century of Change, 1878–1978*. New Haven: Yale University Press.

Evenson, N. 1984: Paris, 1890–1940. In: Sutcliffe, A. (ed.) *Metropolis 1890–1940*, 259–88. London: Mansell.

Evers, H. -D. 1976: Urban Expansion and Land Ownership in Underdeveloped Societies. In: Walton, A. and Masotti, L. H. (eds.) *The City in Comparative Perspective*, 67–79. New York: Wiley.

Fabian Society 1884a: *Why Are the Many Poor?* (*Fabian Tracts*, no. 1). London: George Standring.

Fabian Society 1884b: *A Manifesto (Fabian Tracts*, no. 2). London: George Standring.

Fabian Society 1886: *What Socialism Is (Fabian Tract*, no. 4). London: George Standring.

Fabian Society 1887: *Facts for Socialists: From the Political Economists and Statisticians (Fabian Tracts*, no. 5). London: Fabian Society.

Fabian Society 1889: *Facts for Londoners (Fabian Tracts*, no. 8). London: Fabian Society.

Fabos, J. G., Milde, G. T. and Weinmayr, V. M. 1968: *Frederick Law Olmsted, Sr.: Founder of Landscape Architecture in America*. Amhurst: University of Massachusetts Press.

Fainstein, N. I. and Fainstein, S. S. 1983a: New Haven: The Limits of the Local State. In: Fainstein, S. S., Fainstein, N. I., Hill, R. C., Judd, D. R., Smith, M. P. *Restructuring the City: The Political Economy of Redevelopment*, 27–79. New York: Longman.

Fainstein, N. I. and Fainstein, S. S. 1983b: Regime Strategies, Communal Resistance, and Economic Forces. In: Fainstein, S. S., Fainstein, N. I., Hill, R. C., Judd, D. R., Smith, M. P. *Restructuring the City: The Political Economy of Redevelopment*, 245–82. New York: Longman.

Fainstein, S. S. 1994: *The City Builders: Property, Politics, and Planning in London and New York*. Oxford: Basil Blackwell.

Fainstein, S. S., Fainstein, N. I. and Armistead, P. J. 1983: San Francisco: Urban Transformation and the Local State. In: Fainstein, S. S., Fainstein, N. I., Hill, R. C., Judd, D. R., Smith, M. P. *Restructuring the City: The Political Economy of Redevelopment*, 202–44. New York: Longman.

Fainstein, S. S., Fainstein, N. I., Hill, R. C., Judd, D. R., Smith, M. P. 1983: *Restructuring the City: The Political Economy of Redevelopment*. New York: Longman.

Fairfield, J. D. 1993: *The Mysteries of the Great City: The Politics of Urban Design, 1877–1937*. Columbus, OH: Ohio State University Press.

Falk, N. 1981: London's Docklands: A Tale of Two Cities. *London Journal*, 7, 65–80.

Falk, N. 1986: Baltimore and Lowell: Two American Approaches. *Built Environment*, 12, 145–52.

Faludi, A. 1973: *Planning Theory*. Oxford: Pergamon.

Faludi, A. 1985: The Return of Rationality. In: Breheny, M. and Hooper, A. (eds.) *Rationality in Planning: Critical Essays on the Role of Rationality in Urban and Regional Planning*, 27–47. London: Pion.

Faludi, A. and van der Valk, A. 1994: *Rule and Order: Dutch Planning Doctrine in the Twentieth Century*. Dordrecht: Kluwer.

Farina, M. B. 1980: Urbanization, Deurbanization and Class Struggle in China 1949–79. *International Journal of Urban and Regional Research*, 4, 485–502.

Farley, R. 1984: *Blacks and Whites? Narrowing the Gap*. Cambridge, Mass.: Harvard University Press.

Fassbinder, H. 1975: *Berliner Arbeiterviertel, 1800–1918.* Berlin: Verlag für das Studium der Arbeiterbewegung.

Fava, S. F. 1956: Suburbanism as a Way of Life. *American Sociological Review,* 21, 34–8.

Fava, S. F. 1975: Beyond Suburbia. *The Annals of the American Academy of Political and Social Sciences,* 422, 10–24.

Fehl, G. 1983: The Niddatal Project – The Unfinished Satellite Town on the Outskirts of Frankfurt. *Built Environment,* 9, 185–97.

Fehl, G. 1987: From the Berlin Building-Block to the Frankfurt Terrace and Back: A Belated Effort to Trace Ernst May's Urban Design Historiography. *Planning Perspectives,* 2, 194–210.

Fehl, G. 1992: The Nazi Garden City. In: Ward, S. V. (ed.) *The Garden City: Past, Present and Future,* 88–106. London: Spon.

Feibel, C. and Walters, A. A. 1980: Ownership and Efficiency in Urban Buses. (World Bank Staff Working Paper no. 371). Washington, DC: The World Bank.

Fein, A. 1967: *Landscape into Cityscape: Frederick Law Olmsted's Plans for a Greater New York City.* Ithaca: Cornell University Press.

Fein, A. 1972: *Frederick Law Olmsted and the American Environmental Tradition.* New York: Braziller.

Fichter, R., Turner, J. F. C. and Grenell, P. 1972: The Meaning of Autonomy. In: Turner, J. F. C. and Fichter, R. (eds.) *Freedom to Build: Dweller Control of the Housing Process,* 241–54. New York: Macmillan.

Field, S. et al. 1981: *Ethnic Minorities in Britain: A Study of Trends in their Position since 1961.* (Home Office Research Study, 68.) London: HMSO.

Findlay, J. M. 1992: *Magic Lands: Western Cityspaces and American Culture after 1940.* Berkeley: University of California Press.

Fischler, R. 2000: Planning for Social Betterment: From Standard of Living to Quality of Life. In: Freestone, R. (ed.) *Urban Planning in a Changing World: The Twentieth Century Experience,* 139–57. London: Spon.

Fishman, R. 1977: *Urban Utopias in the Twentieth Century: Ebenezer Howard, Frank Lloyd Wright and Le Corbusier.* New York: Basic Books.

Fishman, R. 1980: The Anti-Planners: The Contemporary Revolt against Planning and its significance for Planning History. In: Cherry, G. E. (ed.) *Shaping an Urban World,* 243–52. London: Mansell.

Fishman, R. 1992: The American Garden City: Still Relevant? In: Ward, S. V. (ed.) *The Garden City: Past, Present and Future,* 146–64. London: Spon.

Fishman, R. 1996: The Mumford–Jacobs Debate. *Planning History Studies,* 10/1–2, 3–12.

Flink, J. J. 1970: *America Adopts the Automobile, 1895–1910.* Cambridge, Mass.: MIT Press.

Flink, J. J. 1975: *The Car Culture.* Cambridge: Mass.: MIT Press.

Flink, J. J. 1988: *The Automobile Age.* Cambridge, Mass.: MIT Press.

Fluck, T. A. 1986: *Euclid v. Ambler:* A Retrospective. *Journal of the American Planning Association,* 52, 326–37.

Fogel, R. W. and Engermann, S. L. 1974: *Time on the Cross: The Economics of American Negro Slavery.* 2 vols. London: Wildwood House.

Fogelson, R. M. 1967: *The Fragmented Metropolis: Los Angeles 1850–1930.* Cambridge, Mass.: Harvard University Press.

Fogelson, R. M. 1971: *Violence as Protest: A Study of Riots and Ghettos.* Garden City, NY: Anchor.

Foley, D. L. 1963: *Controlling London's Growth; Planning the Great Wen, 1940–1960.* Berkeley: University of California Press.

Fonseca, R. 1969: The Walled City of Old Delhi. In: Oliver, P. (ed.), 103-15.

Ford, C. and Harrison, B. 1983: *A Hundred Years Ago: Britain in the 1880s in Words and Photographs.* London: Allen Lane.

Ford, J. 1936: *Slums and Housing, with Special Reference to New York City: History, Conditions, Policy.* 2 vols. Cambridge, Mass.: Harvard University Press.

Forester, J. 1980: Critical Theory and Planning Practice. *Journal of the American Planning Association,* 46, 275–86.

Forshaw, J. H. and Abercrombie, P. 1943: *County of London Plan.* London: Macmillan.

Fosler, R. S. and Berger, R. A. (eds.), 1982: *Public–Private Partnership in American Cities: Seven Case Studies.* Lexington, Mass.: Lexington Books.

Foster, M. S. 1981: *From Streetcar to Superhighway: American City Planners and Urban Transportation, 1900–1940.* Philadelphia: Temple University Press.

Fox, K. 1985: *Metropolitan America: Urban Life and Urban Policy in the United States, 1940–1980.* London: Macmillan.

Frampton, K. 1968: Notes on Soviet Urbanism, 1917–32. *Architects' Yearbook,* 12, 238–52.

Frampton, K. 1980: *Modern Architecture: A Critical History.* London: Thames and Hudson.

Frazier, E. F., 1932: *The Negro Family in Chicago.* Chicago: University of Chicago Press.

Frazier, E. F. 1939: *The Negro Family in the United States.* Chicago: University of Chicago Press.

Frazier, E. F. 1957: *The Negro in the United States.* New York: Macmillan.

Frazier, E. F. 1966: *The Negro Family in the United States.* Revised and abridged edition. Chicago: University of Chicago Press.

Freestone, R. (ed.) (2000) *Urban Planning in a Changing World: The Twentieth Century Experience.* London: Spon.

French, R. A. and Hamilton, F. E. I. 1979a: *The Socialist City: Spatial Structure and Urban Policy.* Chichester: John Wiley.

French, R. A. and Hamilton, F. E. I. 1979b: Is There a Socialist City? In: French, R. A. and Hamilton, F. E. I. *The Socialist City: Spatial Structure and Urban Policy,* 1–22. Chichester: John Wiley.

Fried, M. 1963: Grieving for a Lost Home. In: Duhl, L. J. (ed.) *The Urban Condition: People and Policy in the Metropolis,* 151–71. New York: Basic Books.

Fried, M. 1966: Grieving for a Lost Home: Psychological costs of Relocation. In: Wilson, J. Q. (ed.) *Urban Renewal: The Record and the Controversy,* 359–79. Cambridge, Mass.: MIT Press.

Fried, R. C. 1973: *Planning the Eternal City: Roman Politics and Planning since World War II.* New Haven and London: Yale University Press.

Frieden, B. J. 1964: *The Future of Old Neighborhoods: Rebuilding for a Changing Population.* Cambridge, Mass.: MIT Press.

Frieden, B. J. 1965: The Search for Housing Policy in Mexico City. *Town Planning Review,* 36, 75–94.

Frieden, B. J. 1979: *The Environmental Protection Hustle.* Cambridge, Mass.: MIT Press.

Frieden, B. J. and Kaplan, M. 1975: *The Politics of Neglect: Urban Aid from Model Cities to Revenue Sharing.* Cambridge, Mass.: MIT Press.

Friedman, L. M. 1968: *Government and Slum Housing: A Century of Frustration.* Chicago: Rand McNally.

Friedmann, J. 1955: *The Spatial Structure of Economic Development in the Tennessee Valley: A Study in Regional Planning.* Chicago: University of Chicago Press. (Department of Geography, Research paper no. 39).

Friedmann, J. 1973: *Retracking America: A Theory of Transactive Planning.* Garden City: Doubleday.

Friedmann, J. and Hudson, B. 1974: Knowledge and Action: A Guide to Planning Theory. *Journal of the American Institute of Planners,* 40, 1–16.

Friedmann, J. and Weaver, C. 1979: *Territory and Function: The Evolution of Regional Planning.* London: Edward Arnold.

Friedmann, J. and Wulff, R. 1976: *The Urban Transition: Comparative Studies of Newly Industrializing Societies.* London: Edward Arnold.

Fritsch, T. 1912 (1896): *Die Stadt der Zukunft.* Leipzig: Hammer Verlag.

Frolic, B. M. 1964: The Soviet City. *Town Planning Review,* 34, 285–306.

Frolic, B. M. 1975: Moscow: The Socialist Alternative. In: Eldredge, H. W. (ed.) *World Capitals: Toward Guided Urbanization.* New York: Anchor Press/Doubleday.

Fry, E. C. 1972: Growth of an Australian Metropolis. In: Parker, R. S. and Troy, P. N. (eds.) *The Politics of Urban Growth,* 1–23. Canberra: ANU Press.

Fuchs, C. J. (ed.) 1918: *Die Wohnungs- und Siedlungsfrage nach dem Kriege: Ein Programm des Kleinwohnungs- und Siedlungswesens.* Stuttgart: Wilhelm Mener-Ilschen.

Funigiello, P. A. 1983: City Planning in World War II: The Experience of the National Resources Planning Board. In: Krueckeberg, D. A. (ed.) *Introduction to Planning History in the United States,* 152–69. New Brunswick, New Jersey: Rutgers University, Center for Urban Policy Research.

G.B. Commission into the Depression of Trade and Industry 1886: *Final Report* (C. 4893). London: HMSO. (*BPP*, 1886, 23).

G.B. Commission for Racial Equality 1980: *Ethnic Minorities and New or Expanding Towns.* London: The Commission.

G.B. Committee . . . Circumstances Connected with the Disturbances at Featherstone 1893: *Report* (C. 7234). London: HMSO. (*BPP*, 1893–4, 17).

G.B. Committee . . . Origin and Character of the Disturbances in the Metropolis 1886: *Report.* (C. 4665). London: HMSO. (*BPP*, 1886, 34).

G.B. Committee on the Qualifications of Planners 1950: *Report.* (Cmd. 8059.) London: HMSO. (*BPP*, 1950, 14).

G.B. Department of the Environment 1977a: *Unequal City: Final Report of the Birmingham Inner Area Study.* London: HMSO.

G.B. Department of the Environment 1977b: *Inner London: Proposals for Dispersal and Balance: Final Report of the Lambeth Inner Area Study.* London: HMSO.

G.B. Department of the Environment 1977c: *Change or Decay: Final Report of the Liverpool Inner Area Study.* London: HMSO.

G.B. Department of the Environment 1977d: *Inner Area Studies: Liverpool, Birmingham and Lambeth: Summaries of Consultants' Final Reports.* London: HMSO.

G.B. Department of the Environment 1983: *Streamlining the Cities: Government Proposals for Reorganising Local Government in Greater London and the Metropolitan Counties.* (Cmd 0062.) London: HMSO.

G.B. Department of the Environment 1987: *An Evaluation of the Enterprise Zone Experiment.* By PA Cambridge Economic Consultants. London: HMSO.

G.B. Department of the Environment 1993: *East Thames Corridor: A Study of Developmental Capacity and Potential.* By Llewelyn-Davies, Roger Tym and Partners, TecnEcon and Environmental Resources Ltd. London: Department of the Environment.

G.B. Department of the Environment 1995: *Projections of Households in England to 2016.* London: HMSO.

G.B. Deputy Prime Minister and Secretary of State for the Environment, Transport and the Regions 2000: *Our Towns and Cities: The Future: Delivering an Urban Renaissance* (Cm 4911). London: Stationery Office.

G.B. Government Office for London 1996: *Four World Cities: A Comparative Study of London, Paris, New York and Tokyo.* London: Llewelyn Davies Planning.

G.B. Government Office for the South East, Government Office for East of England, Government Office for London 2000: *Revised Regional Guidance for the South East* (RPG 9). Guildford: Government Office for the South East.

G.B. Home Office 1981: *The Brixton Disorders, 10–12 April 1981: Report of an Inquiry by the Rt. Hon. The Lord Scarman, OBE* (Cmnd. 8427.) London: HMSO. (*BPP*, 1981–2, Cmnd. 8427).

G.B. Local Government Boards for England and Wales, and Scotland 1918: *Report of the Committee appointed by the President of the Local Government Board and the Secretary for Scotland to consider questions of Building Construction in connection with the Provision of Dwellings for the Working Classes in England and Wales, and Scotland, and report upon Methods of Securing Economy and Despatch in the Provision of such Dwellings.* (Cd. 9191.) London: HMSO. (*BPP*, 1918, 7).

G.B. Manpower Services Commission. London Regional Manpower Intelligence Unit 1981: *Ethnic Minority Employment in London.* 2 parts. (Briefing Note no. 5.) London: HMSO.

G.B. Minister of Transport, Steering Group and Working Group 1963: *Traffic in Towns: A Study of the Long Term Problems of Traffic in Urban Areas.* London: HMSO.

G.B. Minister without Portfolio 1985: *Lifting the Burden.* (Cmnd. 9571.) London: HMSO.

G.B. Ministry of Health 1920a: *Type Plans and Elevations of Houses Designed by the Ministry of Health in Connection with State-Aided Housing Schemes.* London: HMSO.

G.B. Ministry of Health 1920b: *Interim Report of the Committee appointed by the Minister of Health to consider and advise on the Principles to be followed in dealing with unhealthy Areas.* London: HMSO.

G.B. Ministry of Health 1921: *Second and Final Report of the Committee appointed by the Minister of Health to consider and advise on the Principles to be followed in dealing with unhealthy Areas.* London: HMSO.

G.B. Ministry of Reconstruction Advisory Council. Women's Housing Sub-Committee 1918: *First Interim Report.* (Cd. 9166.) London: HMSO (*BPP*, 1918, 10).

G.B. Ministry of Town and Country Planning 1946: *Interim Report of the New Towns Committee.* (Cmd. 6759.) London: HMSO. (*BPP*, 1945–46, 14).

G.B. Ministry of Works and Planning 1943: *Report of the Committee on Land Utilization in Rural Areas*. (Cmd. 6378.) London: HMSO.

G.B. Performance and Innovation Unit (2001): *Social Mobility: A Discussion Paper*. (http://www.cabinet-office.gov.uk/innovation/whatsnew/socialmobility.pdf).

G.B. Royal Commission on the Distribution of the Industrial Population 1940: *Report* (Cmd. 6153.) London: HMSO. (*BPP*, 1939–40, 4).

G.B. Royal Commission on the Geographical Distribution of the Industrial Population 1937–9: *Minutes of Evidence*, 29 volumes in 26. London: HMSO.

G.B. Royal Commission on the Housing of the Working Classes. 1885: vol. I. *First Report*, vol. II. *Minutes of Evidence and Appendices*. (C. 4402.) London: Eyre and Spottiswoode (*BPP*, 1884–5, 30).

G.B. Runnymede Trust 1982: *Ethnic Minorities in Britain: A Select Bibliography*. London: The Trust.

G.B. Secretary of State for the Environment 1977: *Policy for the Inner Cities*. (Cmnd. 6845.) London: HMSO.

G.B. Select Committee on Emigration and Immigration (Foreigners) 1889: *Report*. (H. C. 311). London: Henry Hansard. (*BPP*, 1889, 10.)

G.B. Social Exclusion Unit 1998: *Bringing Britain Together: A National Strategy for Neighbourhood Renewal* (Cm 4045). London: Stationery Office.

G.B. Social Exclusion Unit 1999: *Bridging the Gap: New Opportunities for 16–18 Year Olds Not in Education, Employment or Training* (Cm 4405). London: Stationery Office.

G.B. Social Exclusion Unit 2001: *A New Commitment to Neighbourhood Renewal: National Strategy Action Plan*. London: Social Exclusion Unit.

G.B. Thames Gateway Task Force 1995: *The Thames Gateway Planning Framework*. (RPG 9a0. London: Department of the Environment.

G.B. Urban Task Force 1999: *Towards an Urban Renaissance*. London: Spon.

Gallion, A. B. and Eisner, S. 1963: *The Urban Pattern*. Princeton: D. van Nostrand.

Galloway, T. D. and Mahayni, R. G. 1977: Planning Theory in Retrospect: The Process of Paradigm Change. *Journal of the American Institute of Planners*, 43, 62–71.

Gans, H. J. 1961a: Planning and Social Life: An Evaluation of Friendship and Neighborhood Patterns in Suburban Communities. *Journal of the American Institute of Planners*, 27, 134–40.

Gans, H. J. 1961b: The Balanced Community: Homogeneity or Heterogeneity in Residential Areas. *Journal of the American Institute of Planners*, 27, 176–84.

Gans, H. J. 1962: *The Urban Villagers: Group and Class in the Life of Italian-Americans*. New York: The Free Press.

Gans, H. J. 1967a: *The Levittowners: Ways of Life and Politics in a New Suburban Community*. London: Allen Lane.

Gans, H. J. 1967b: The Failure of Urban Renewal: A Critique and Some Proposals. In: Bellush, J. and Hausknecht, M. (eds.) *Urban Renewal: People, Politics and Planning*, 465–84. Garden City: Anchor.

Gardiner, J. 1970: *Some Aspects of the Establishment of Towns in Zambia during the Nineteen Twenties and Thirties*. Lusaka: University of Zambia, Institute for African Studies (formerly Social Research). (*Zambian Urban Studies*, no. 3.)

Gardner, J. 1971: Educated Youth and Urban-Rural Inequalities, 1958–66. In: Lewis,

J. W. (ed.) *The City in Communist China*, 235–86. Stanford, CA: Stanford University Press.

Garland, H. 1917: *A Son of the Middle Border*. London: John Lane The Bodley Head.

Garnaut, C. 2000: Towards Metropolitan Organisation: Town Planning and the Garden City Idea. In: Hamnett, S. and Freestone, R. (eds.) *The Australian Metropolis: A Planning History*, 46–64. Sydney: Allen and Unwin.

Garreau, J. 1991: *Edge City: Life on the New Frontier*. New York: Doubleday.

Garrison, W. 1959/60: Spatial Structure of the Economy. *Annals of the Association of American Geographers*, 49, 238–9, 471–82; 50, 357–73.

Garside, P. 1997: The Significance of Post-War London Reconstruction Plans for East End Industry. *Planning Perspectives*, 12, 19–36.

Garside, P. L. 1984: West End, East End: London, 1890–1940. In: Sutcliffe, A. (ed.) *Metropolis 1890–1940*, 221–58. London: Mansell.

Garside, P. L. 1988: "Unhealthy Areas": Town Planning, Eugenics and the Slums, 1890–1945. *Planning Perspectives*, 3, 24–46.

Gates, W. 1995: *The Road Ahead*. London: Viking.

Gates, W. 1999: *Business @ the Speed of Thought: Succeeding in the Digital Economy*. London: Penguin.

Gatons, P. K. and Brintnall, M. 1984: Competitive Grants: The UDAG Approach. In: Bingham, R. D. and Blair, J. P. (eds.) *Urban Economic Development* (*Urban Affairs Annual Reviews*, 27), 115–40. Beverly Hills: Sage.

Gaudin, J. P. 1992: The French Garden City. In: Ward, S. V. (ed.) *The Garden City: Past, Present and Future*, 52–68. London: Spon.

Gauldie, E. 1974: *Cruel Habitations: A History of Working-Class Housing 1780–1918*. London: George Allen and Unwin.

Geddes, P. 1904: *City Development: A Study of Parks, Gardens and Culture Institutes*. Edinburgh: Geddes and Co.

Geddes, P. 1905: Civics: as Applied Sociology. *Sociological Papers*, 1, 101–44.

Geddes, P. 1912: The Twofold Aspect of the Industrial Age: Palaeotechnic and Neotechnic. *Town Planning Review*, 31, 176–87.

Geddes, P. 1915: *Cities in Evolution*. London: Williams and Norgate.

Geddes, P. 1917a: *Town Planning in Lahore: A Report to the Municipal Council*. Lahore: Commercial Printing Works. (Reprinted as Geddes 1965a).

Geddes, P. 1917b: *Report on Town Planning, Dacca*. Calcutta: Bengal Secretariat Book Depot.

Geddes, P. 1917c: *Town Planning in Balrampur: A Report to the Hon'ble the Maharaja Bahadur*. Lucknow: Murray's Printing Press.

Geddes, P. 1918: *Town Planning towards City Development: A Report to the Durbar of Indore*. Indore: Holkore State Printing Press.

Geddes, P. 1925a: A Schoolboy's Bag and a City's Pageant. *The Survey*, 53, 525–9, 553.

Geddes, P. 1925b: Cities, and the Soils they Grow from. *The Survey*, 54, 40–4.

Geddes, P. 1925c: The Valley Plan of Civilization. *The Survey*, 54, 288–90, 322–5.

Geddes, P. 1925d: The Valley in the Town. *The Survey*, 54, 396–400, 415–16.

Geddes, P. 1925e: Our City of Thought. *The Survey*, 54, 487–90, 504–7.

Geddes, P. 1925f: The Education of Two Boys. *The Survey*, 54, 571–5, 587–91.

Geddes, P. 1965a: *Urban Improvements: A Strategy for Urban Works (Pt. 2: Town Planning in*

Lahore). Government of Pakistan, Planning Commission, Physical Planning and Town Planning Section.

Geddes, P. 1965b: *Reports on Re-Planning of Six Towns in Bombay Presidency, 1915.* Bombay: Government Printing and Stationery, Maharashtra State.

Geen, E., Lowe, J. R. and Walker, K. 1963: *Man and the Modern City.* Pittsburgh: University of Pittsburgh Press.

Gelfand, M. I. 1975: *A Nation of Cities: The Federal Government and Urban America, 1933–1965.* New York: Oxford University Press.

Gelman, T. 1924: The Planning of Moscow. *Town Planning Review*, 11, 13–16.

George, H. 1898a: *The Complete Works of Henry George.* New York: Doubleday and McClure.

George, H. 1898b (1968): City and Country. In: George H. *The Complete Works of Henry George*, 234–40. New York: Doubleday and McClure. (Reprinted in Dorsett, L. W. *The Challenge of the City, 1860–1910*, 4–7. Lexington: D. C. Heath.)

Gerckens, L. A. 1983: Bettmann and Cincinnati. In: Krueckeberg, D. A. (ed.) *The American Planner: Biographies and Recollections*, 120–48. New York and London: Methuen.

Ghirardo, D. 1989: *Building New Communities: New Deal America and Fascist Italy.* Princeton: Princeton University Press.

Ghosh, M., Dutta, A. K. and Ray, B. 1972: *Calcutta: A Study in Urban Growth Dynamics.* Calcutta: Firma K. L. Mukhopadhyay.

Gibb, A. 1983: *Glasgow: The Making of a City.* London: Croom Helm.

Gibberd, F. 1953: *Town Design.* London: The Architectural Press.

Gibson, A. 1979: *People Power: Community and Work Groups in Action.* Harmondsworth: Penguin.

Gibson, A. 1985: Lightmoor Gives Hope for Wasted Resources. *Town and Country Planning*, 54, 290–1.

Giddens, A. 1990: *The Consequences of Modernity.* Cambridge: Polity.

Gilbert, A. (ed). 1976: *Development Planning and Spatial Structure.* London: John Wiley.

Gilbert, A. (ed.) 1982: *Urbanization in Contemporary Latin America: Critical Approaches to the Analysis of Urban Issues.* Chichester: John Wiley.

Gilbert, A. and Gigler, J. 1982: *Cities, Poverty and Development: Urbanization in the Third World.* New York: Oxford University Press.

Gilbert, A. and Ward, P. 1982: Low-Income Housing and the State. In: Gilbert, A. (ed.) *Urbanization in Contemporary Latin America: Critical Approaches to the Analysis of Urban Issues*, 79–127. Chichester: John Wiley.

Gilbert, N. and Specht, H. 1977: *Dynamics of Community Planning.* Cambridge, Mass.: Ballinger.

Gist, J. R. 1980: Urban Development Action Grants: Design and Implementation. In: Rosenthal, D. B. (ed.) *Urban Revitalization (Urban Affairs Annual Reviews*, no. 18), 237–52. Beverly Hills: Sage.

Glaab, C. N. and Brown, A. T. 1976: *A History of Urban America.* Second edition. New York: Macmillan.

Glass, R. 1955: Urban Sociology in Great Britain: A Trend Report. *Current Sociology*, 4/4, 5–19.

Glazer, N. 1968: Slums and Ethnicity. In: Sherrard, T. D. (ed.) *Social Welfare and Social Problems*, 84–112. New York: Columbia University Press.

Glazer, N. 1983: *Ethnic Dilemmas 1964–1982*. Cambridge, Mass.: Harvard University Press.

Glazer, N. and Young, K. (eds.) 1983: *Ethnic Pluralism and Public Policy: Achieving Equality in the United States and Great Britain*. London: Heinemann Education.

Glendinning, M. and Muthesius, S. 1994: *Tower Block: Modern Public Housing in England, Scotland, Wales and Northern Ireland*. New Haven: Yale University Press.

Glynn, S. 1975: *Urbanisation in Australian History 1788–1900*. Sydney: Nelson.

Godschalk, D. R. (ed.) 1974: *Planning in America: Learning from Turbulence*. Washington, DC: American Institute of Planners.

Goetze, R., Goodman, R., Grenell, P., Linn, C., Peattie, L., Terner, D. and Turner, J. 1968: Architecture of Democracy. *Architectural Design*, 38, 354.

Goist, P. D. 1969: Lewis Mumford and "anti-urbanism." *Journal of the American Institute of Planners*, 35, 340–7.

Goist, P. D. 1974: Patrick Geddes and the City. *Journal of the American Institute of Planners*, 40, 31–7.

Goist, P. D. 1983: Seeing Things Whole: A Consideration of Lewis Mumford. In: Krueckeberg, D. A. (ed.) *The American Planner: Biographies and Recollections*, 250–75. New York and London: Methuen.

Gold, J. R. 1993: "Commoditie, Firmenes and Delight": Modernism, the MARS Group's "New Architecture" Exhibition (1938) and Imagery of the Urban Future. *Planning Perspectives*, 8, 357–76.

Gold, J. R. 1997: *The Experience of Modernism: Modern Architects and the Future City 1928–53*. London: Spon.

Gold, J. R. and Ward, S. V. (eds.) 1994: *Place Promotion: The Use of Publicity and Marketing to Sell Towns and Regions*. Chichester: Wiley.

Goldfield, D. R. 1979: Suburban Development in Stockholm and the United States: A Comparison of Form and Function. In: Hammarström, I. and Hall, T. (eds.) *Growth and Transformation of the Modern City: The Stockholm Conference September 1978*, 139–56. Stockholm: Swedish Council for Building Research.

Goldsmith, W. W. 1982: Enterprise Zones: If They Work We're in Trouble. *International Journal of Urban and Regional Research*, 6, 435–42.

Goldstein, S. and Sly, D. F. (eds.) 1977: *Patterns of Urbanization: Comparative Country Studies*. Dolhain (Belgium): Ordina.

Goodall, B. and Kirby, A. (eds.) 1979: *Resources and Planning*. Oxford: Pergamon.

Goodall, L. E. and Sprengel, D. P. 1975: *The American Metropolis*. Second edition. Columbus, OH: Charles E. Merrill.

Goodman, P. and Goodman, P. 1960: *Communitas: Means of Livelihood and Ways of Life*. Second edition. New York: Vintage Books.

Gordon, P., Kumar, A. and Richardson, H. W. 1989a: Congestion, Changing Metropolitan Structure, and City Size in the United States. *International Regional Science Review*, 12, 45–56.

Gordon, P., Kumar, A., and Richardson, H. W. 1989b: The Spatial Mismatch Hypothesis – Some New Evidence. *Urban Studies*, 26, 315–26.

Gordon, P., Kumar, A., and Richardson, H. W. 1989c: The Influence of Metropolitan Spatial Structure on Commuting Time. *Journal of Urban Economics*, 26, 138–51.

Gordon, P. and Richardson, H. W. 1996: Employment Decentralization in US Metropolitan Areas: Is Los Angeles the Outlier or the Norm? *Environment and Planning A*, 28, 1727–43.

Gordon, P., Richardson, H. W. and Jun, M. 1991: The Commuting Paradox – Evidence from the Top Twenty. *Journal of the American Planning Association*, 57, 416–20.

Gottdiener, M. 1977: *Planned Sprawl: Private and Public Interests in Suburbia.* Beverly Hills: Sage.

Gould, P. C. 1988: *Back to Nature, Back to the Land, and Socialism in Britain, 1880–1900.* New York: St Martin's Press.

Grabow, S. 1977: Frank Lloyd Wright and the American City: The Broadacres Debate. *Journal of the American Institute of Planners*, 43, 115–24.

Grabow, S. 1983: *Christopher Alexander: The Search for a New Paradigm in Architecture.* Stocksfield: Oriel Press.

Gradidge, R. 1981: *Edwin Lutyens: Architect Laureate.* London: Allen and Unwin.

Graham, H. D. and Gurr, T. R. (eds.) 1969: *Violence in America: Historical and Comparative Perspectives.* 2 vols. Washington, DC: Government Printing Office.

Graham, S. and Marvin, S. 1996: *Telecommunications and the City: Electronic Spaces, Urban Places.* London: Routledge.

Grant, J. and Serle, G. (eds.) 1957: *The Melbourne Scene: 1803–1956.* Melbourne: Melbourne University Press.

Grava, S. 1978: Locally Generated Transportation Modes of the Developing World. In: *Urban Transportation Economies: Proceedings of Five Workshops as Priority Alternatives, Economic Regulation, Labor Issues, Marketing, and Government Financing Responsibilities.* Final Reporting March 1978. Washington, DC: Department of Transportation, 84–95.

Greater London Council 1969: *Tomorrow's London: A Background to the Greater London Development Plan.* London: GLC.

Greater London Regional Planning Committee (GLRPC) 1929: *First Report.* London: Knapp, Drewett.

Greater London Regional Planning Committee 1933: *Second Report* (includes Interim Reports). London: Knapp, Drewett.

Green, C. M. 1963: *Washington: Capital City, 1879–1950.* Princeton: Princeton University Press.

Green, C. M. 1965: *The Rise of Urban America.* New York: Harper and Row.

Green, H. A. 1979: Urban Planning in Nigeria. *Journal of Administration Overseas*, 18, 22–33.

Green, R. E. 1991: *Enterprise Zones: New Directions in Economic Development.* Newbury Park: Sage.

Greer, G. and Hansen, A. H. 1941: *Urban Redevelopment and Housing: A Program for Post-War.* (Planning Pamphlets, no. 10). Washington, DC: National Planning Association.

Greer, S. 1965: *Urban Renewal of American Cities: The Dilemma of Democratic Intervention.* Indianapolis: Bobbs-Merrill.

Gregg, D. J. 1986: The Origins and Philosophy of Parkways with Particular Reference to the Contribution of Barry Parker. *Planning History Bulletin*, 8/1, 38–50.

Grenell, P. 1972: Planning for Invisible People. In: Turner, J. F. C. and Fichter, R. (eds.) *Freedom to Build: Dweller Control of the Housing Process*, 95–121. New York: Macmillan.

Griffith, E. S. 1974: *A History of American City Government: The Conspicuous Failure, 1870–1900.* New York: Praeger.

Grigsby, W. G. 1963: *Housing Markets and Public Policy*. Philadelphia: University of Pennsylvania Press.

Grindley, W. C. 1972: Owner-Builders: Survivors with a Future. In: Turner, J. F. C. and Fichter, R. (eds.) *Freedom to Build: Dweller Control of the Housing Process*, 3–21. New York: Macmillan.

Grote, L. (ed.) 1974: *Die deutsche Stadt im 19. Jahrhundert: Stadtplanung und Baugestaltung im industriellen Zeitalter*. München: Prestel Verlag.

Gugler, J. 1980: "A Minimum of Urbanism and a Maximum of Ruralism": The Cuban Experience. *International Journal of Urban and Regional Research*, 4, 516–35.

Gugler, J. and Flanagan, W. G. 1977: On the Political Economy of Urbanization in the Third World: The Case of West Africa. *International Journal of Urban and Regional Research*, 1, 272–92.

Gugler, J. and Flanagan, W. G. 1978: *Urbanization and Social Change in West Africa*. Cambridge: Cambridge University Press.

Gupta, S. K. 1974: Chandigarh: A Study of Sociological Issues and Urban Development in India. *Architectural Design*, 44, 362–8.

Gurley, J. G. 1975: Rural Development in China 1949–72, and the Lessons To Be Learned From It. *World Development*, 3, 455–71.

Gurr, T. R. 1969: A Comparative Study of Civil Strife. In: Graham, H. D. and Gurr, T. R. (eds.) *Violence in America: Historial and Comparative Perspectives*, 443–86. 2 vols. Washington, DC: Government Printing Office.

Gutheim, F. 1977: *Worthy of the Nation: The History of Planning for the National Capital*. Washington, DC: Smithsonian Institute Press.

Gutman, H. G. 1977: *Work, Culture, and Society in industrializing America. Essays in American Working-Class and Social History*. Oxford: Basil Blackwell.

Guttenberg, A. Z. 1978: City Encounter and Desert Encounter: Two Sources of American Regional Planning Thought. *Journal of the American Institute of Planners*, 44, 399–411.

Gwynne, R. N. 1985: *Industrialisation and Urbanisation in Latin America*. London: Croom Helm.

Haar, C. M. 1975: *Between the Idea and the Reality: A Study in the Origin, Fate and Legacy of the Model Cities Program*. Boston: Little, Brown.

Haar, C. M. 1996: *Suburbs under Siege: Race, Space and Audacious Judges*. Princeton: Princeton University Press.

Hague, C. 1984: *The Development of Planning Thought: A Critical Perspective*. London: Hutchinson.

Hake, A. 1977: *African Metropolis: Nairobi's Self-Help City*. London: Chatto and Windus (for Sussex University Press).

Hall, J. 1992: The LDDC's Policy Aims and Methods. In: Ogden, P. (ed.) *London Docklands: The Challenge of Development*, 19–24. Cambridge: Cambridge University Press.

Hall, J. M. 1982: *The Geography of Planning Decisions*. Oxford: Oxford University Press.

Hall, J. M., Griffiths, G., Eyles, J. and Darby, M. 1976: Rebuilding the London Docklands. *The London Journal*, 2, 266–85.

Hall, P. 1968: The Urban Culture and the Suburban Culture. In: Eels, R. and Walton, C. (eds.) *Man in the City of the Future: A Symposium of Urban Philosophers*, 99–145. New York: Arkville Press.

Hall, P. 1971: Spatial Structure of Metropolitan England and Wales. In: Chisholm, M. and Manners, G., *Spatial Policy Problems of the British Economy*. Cambridge: Cambridge University Press.

Hall, P. 1973: England in 1900. In: Darby, H. C. (ed.). *A New Historical Geography of England*. Cambridge: Cambridge University Press.

Hall, P. 1977: Green Fields and Grey Areas. *Papers of the RTPI Annual Conference, Chester*. London: Royal Town Planning Institute.

Hall, P. 1978: Can Cities Survive? The Potential and Limits of Action. *The Ditchley Journal*, 5/2, 33–41.

Hall, P. 1979: The European City in the Year 2000. In: Hammarström, I. and Hall, T. (eds.) *Growth and Transformation of the Modern City: The Stockholm Conference September 1978*, 157–62. Stockholm: Swedish Council for Building Research.

Hall, P. 1980: *Great Planning Disasters*. London: Weidenfeld and Nicolson.

Hall, P. (ed.) 1981: *The Inner City in Context: The Final Report of the Social Science Research Council Inner Cities Working Party*. London: Heinemann.

Hall, P. 1982a: *Urban and Regional Planning*. Third edition. London: George Allen and Unwin.

Hall, P. 1982b: Enterprise Zones: A Justification. *International Journal of Urban and Regional Research*, 6, 416–21.

Hall, P. 1984: *The World Cities*. Third edition. London: Weidenfeld and Nicolson.

Hall, P. 1985: The People: Where Will They Go? *The Planner*, 71/4, 3–12.

Hall, P. 1994: *Abercrombie's Plan for London – 50 Years On: A Vision for the Future*. (Report of the 2nd Annual Vision for London Lecture 1994). London: Vision for London.

Hall, P. 1995: Bringing Abercrombie Back from the Shades: A Look Forward and Back. *Town Planning Review*, 66, 227–41.

Hall, P. 1998: *Cities in Civilization*. London: Weidenfeld and Nicolson.

Hall, P. 1999: Planning for the Mega-City: A New Eastern Asian Urban Form? In: Brotchie, J. F., Batty, M., Blakely, E., Hall, P. and Newton, P. (eds.) *Cities in Competition*, 3–36. Melbourne: Longman Australia.

Hall, P., Breheny, M., McQuaid, R. and Hart, D. A. 1987: *Western Sunrise: The Genesis and Growth of Britain's Major High Tech Corridor*. London: Allen and Unwin.

Hall, P. and Hass-Klau, C. 1985: *Can Rail Save the City? The Impacts of Rail Rapid Transit and Pedestrianisation on British and German Cities*. Aldershot: Gower.

Hall, P. and Hay, D. 1980: *Growth Centres in the European Urban System*. London: Heinemann.

Hall, P., Thomas, R., Gracey, H. and Drewett, R. 1973: *The Containment of Urban England*. 2 vols. London: George Allen and Unwin.

Hall, P. and Ward, C. 1998: *Sociable Cities: The Legacy of Ebenezer Howard*. Chichester: Wiley.

Hall, T. 1979: The Central Business District: Planning in Stockholm, 1928–1978. In: Hammarström, I. and Hall, T. (eds.) *Growth and Transformation of the Modern City: The Stockholm Conference September 1978*, 181–232. Stockholm: Swedish Council for Building Research.

Hall, T. 1991a: *Planning and Urban Growth in Nordic Countries*. London: Spon.

Hall, T. 1991b: Urban Planning in Sweden. In: Hall, T. (ed.) *Planning and Urban Growth in Nordic Countries*, 167–246. London: Spon.

Hall, T. 1997: *Planning Europe's Capital Cities: Aspects of Nineteenth Century Urban Development.* London: Spon.

Halliman, D. M. and Morgan, W. T. W. 1967: The City of Nairobi. In: Morgan, W. T. W. (ed.) *Nairobi: City and Region*, 98–120. Nairobi: Oxford University Press.

Hamilton, F. E. I. 1976: *The Moscow City Region.* London: Oxford University Press.

Hamm, M. F. (ed.) 1976a: *The City in Russian History.* Lexington: University of Kentucky Press.

Hamm, M. F. 1976b: The Breakdown of Urban Modernization: A Prelude to the Revolutions of 1917. In: Hamm, M. F. *The City in Russian History*, 182–200. Lexington: University of Kentucky Press.

Hamm, M. F. 1977: The Modern Russian City: An Historiographical Analysis. *Journal of Urban History*, 4, 39–76.

Hammarström, I., Hall, T. 1979: *Growth and Transformation of the Modern City: The Stockholm Conference September 1978.* Stockholm: Swedish Council for Building Research.

Hamnett, S. and Freestone, R. (eds.) 2000: *The Australian Metropolis: A Planning History.* Sydney: Allen and Unwin.

Hamzah, S. 1964: Urbanisation. In: Wang, G. (ed.) *Malaysia: A Survey*, 82–96. London: Pall Mall Press.

Handlin, O. and Burchard, J. (eds.) 1963: *The Historian and the City.* Cambridge, Mass.: MIT Press and Harvard University Press.

Hansen, A. H. 1927: *Business-Cycle Theory: Its Development and Present Status.* Boston: Gunn.

Hansen, A. M. 1932: *Economic Stabilization in an Unbalanced World.* New York: Harcourt, Brace.

Hansen, N. M. 1981: Development from Above: The Centre-Down Development Paradigm. In: Stöhr, W. B. and Taylor, D. R. F. (eds.) *Development from Above or Below? The Dialectics of Regional Planning in Developing Countries*, 15–38. Chichester: John Wiley.

Hardinge of Penshurst 1948: *My Indian Years 1910–1916.* London: John Murray.

Hardwick, P. A. 1977: The Transportation Systems. In: Kay, G. and Smout, M. A. H. (eds.) *Salisbury: A Geographical Survey of the Capital of Rhodesia*, 94–112. London: Hodder and Stoughton.

Hardy, C. O. and Kuczynski, R. R. 1934: *The Housing Program of the City of Vienna.* Washington, DC: The Brookings Institution.

Hardy, D. 1979: *Alternative Communities in Nineteenth Century England.* London: Longman.

Hardy, D. 1983a: *Making Sense of the London Docklands: Processes of Change.* Enfield: Middlesex Polytechnic (Geography and Planning Paper no. 9).

Hardy, D. 1983b: *Making Sense of the London Docklands: People and Places.* Enfield: Middlesex Polytechnic (Geography and Planning Paper no. 10).

Hardy, D. 1989: War, Planning and Social Change: The Example of the Garden City Campaign, 1914–1918. *Planning Perspectives*, 4, 187–206.

Hardy, D. 1991a: *From Garden Cities to New Towns: Campaigning for Town and Country Planning 1899–1946.* London: Spon

Hardy, D. 1991b: *From New Towns to Green Politics: Campaigning for Town and Country Planning, 1946–1990.* London: Spon.

Hardy, D. 2000: Quasi Utopias: Perfect Cities in an Imperfect World. In: Freestone, R. (ed.) *Urban Planning in a Changing World: The Twentieth Century Experience*, 61–77. London: Spon.

Hardy, D. and Ward, C. 1984: *Arcadia for All: The Legacy of a Makeshift Landscape*. London: Mansell.

Hargrove, E. C., Conkin, P. K. (eds.) 1983: *TVA: Fifty years of Grass-Roots Bureaucracy*. Urbana: University of Illinois Press.

Harloe, M. 1991: Social Housing and the "Urban Question": Early Housing Reform and its Legacy. In: Smith, M. P. (ed.) *Breaking Chains: Social Movements and Collective Action*, 69–107. (*Comparative Urban and Community Research*, 3). Brunswick: Transaction.

Harris, B. 1975: A Fundamental Paradigm for Planning. *Symposium on Planning Theory, 1* (Planning Papers, 1). Philadelphia: Wharton School.

Harris, C. D. 1945: The Cities of the Soviet Union. *Geographical Review*, 35, 107–21.

Harris, C. D. 1970a: *Cities of the Soviet Union*. Chicago: Rand McNally.

Harris, C. D. 1970b: Population of Cities in the Soviet Union, 1897, 1926, 1939, 1959 and 1967 with Tables, Maps, and Gazetteer. *Soviet Geography: Review and Translation, 11*, 307–444.

Harris, W. D. 1971: *The Growth of Latin American Cities*. Athens, Ohio: Ohio University Press.

Harrison, B. 1982: The Politics and Economics of the Urban Enterprise Zone Proposal: A Critique. *International Journal of Urban and Regional Research*, 6, 422–28.

Harrison, J. B. 1980: Allahabad: A Sanitary History. In: Ballhatchet, K. and Harrison, J. *The City in South Asia: Pre-Modern and Modern*, 166–95. London: Curzon Press.

Harrison, M. 1991: Thomas Colgan Horsfall and "the Example of Germany". *Planning Perspectives*, 6, 297–314.

Harrison, P. F. 1972: Planning the Metropolis – A Case Study. In: Parker, R. S. and Troy, P. N. (eds.) *The Politics of Urban Growth*, 61–99. Canberra: ANU Press.

Hart, D. A. 1976: *Strategic Planning in London: The Rise and Fall of the Primary Road Network*. Oxford: Pergamon.

Hart, D. A. 1983: Urban Economic Development Measures in West Germany and the United States. In: Young, K. and Mason, C. (eds.) *Urban Economic Development: New Roles and Relationships*, 9–33. London: Macmillan.

Hartman, C. 1964: The Housing of Relocated Families. *Journal of the American Institute of Planners*, 30, 266–86.

Hartman, C. 1966a: The Housing of Relocated Families. In: Wilson, J. Q. (ed.) *Urban Renewal: The Record and the Controversy*, 293–335. Cambridge, Mass.: MIT Press.

Hartman, C. 1966b: A Comment on the HHFA Survey of Location. In: Wilson, J. Q. (ed.) *Urban Renewal: The Record and the Controversy*, 353–8. Cambridge, Mass.: MIT Press.

Hartman, C. 1984: *The Transformation of San Francisco*. Totowa: Rowman and Allanheld.

Hartman, C. and Kessler, R. 1978: The Illusion and Reality of Urban Renewal: San Francisco's Yerba Buena Center. In: Tabb, W. K. and Sawers, L. (eds.) *Marxism and the Metropolis: New Perspectives in Urban Political Economy*, 153–78. New York: Oxford University Press.

Hartmann, K. 1976: *Deutsche Gartenstadtbewegung: Kulturpolitik und Gesellschaftsreform*. München: Heinz Moos Verlag.

Hartog, R. 1962: *Stadterweiterungen der Zweiten Hälfte des 19. Jahrhunderts*. Darmstadt: privately published.

Harvey, D. 1973: *Social Justice and the City*. London: Edward Arnold.

Harvey, D. 1982: *The Limits to Capital.* Oxford: Basil Blackwell.

Harvey, D. 1985a: *Consciousness and the Urban Experience: Studies in the History and Theory of Capitalist Urbanization.* Baltimore: Johns Hopkins University Press. Oxford: Basil Blackwell.

Harvey, D. 1985b: *The Urbanization of Capital: Studies in the History and Theory of Capitalist Urbanization.* Baltimore: Johns Hopkins University Press; Oxford: Basil Blackwell.

Harvey, D. 1989: *The Condition of Postmodernity: An Enquiry into the Origins of Cultural Change.* Oxford: Basil Blackwell.

Hasegawa, J. 1999: Governments, Consultants and Expert Bodies in the Physical Reconstruction of the City of London in the 1940s. *Planning Perspectives*, 14, 121–44.

Hass-Klau, C. 1990: *The Pedestrian and City Traffic.* London: Belhaven.

Hausner, V. (ed.) 1987: *Critical Issues in Urban Economic Development.* 2 vols. Oxford: Oxford University Press.

Hayden, D. 1976: *Seven American Utopias: The Architecture of Communitarian Socialism, 1790–1975.* Cambridge, Mass.: MIT Press.

Hayden, D. 1984: *Redesigning the American Dream: The Future of Housing, Work, and Family Life.* New York: W. W. Norton.

Hayek, F. A. 1944: *The Road to Serfdom.* London: George Routledge.

Hays, F. B. 1965: *Community Leadership: The Regional Plan Association of New York.* New York: Columbia University Press.

Haywood, R. 1997: Railways, Urban Form and Town Planning in London: 1900–1997. *Planning Perspectives*, 12, 37–70.

Headey, B. 1978: *Housing Policy in the Developed Economy: The United Kingdom, Sweden and the United States.* London: Croom Helm.

Hearle, E. F. R. and Niedercorn, J. H. 1964: *The Impact of Urban Renewal on Land-Use.* Santa Monica: The RAND Corporation (Memorandum RM-4186-RC).

Hebbert, M. 1992: The British Garden City: Metamorphosis. In: Ward, S. V. (ed.) *The Garden City: Past, Present and Future*, 165–96. London: Spon.

Hebbert, M. 1998: *London: More by Fortune than Design.* Chichester: Wiley.

Hecker, M. 1974: *Die Berliner Mietskaserne.* In: Grote, L. (ed.) *Die deutsche Stadt im 19. Jahrhundert: Stadtplanung und Baugestaltung im industriellen Zeitalter*, 273–94. München: Prestel Verlag.

Heclo, H. and Madsen, H. 1987: *Policy and Politics in Sweden: Principled Pragmatism.* Philadelphia: Temple University Press.

Hegemann, W. 1930: *Das steinerne Berlin: Geschichte der grossten Mietkasernenstadt der Welt.* Berlin: Gustav Kiepenheuer.

Hegemann, W. 1936: *City Planning: Housing. First Volume: Historical and Sociological.* New York: Architectural Book Publishing Co.

Heineman, H.-E. (ed.) 1975: *New Towns for Old: Housing and Services in Sweden.* Stockholm: The Swedish Institute.

Held, D. 1980: *Introduction to Critical Theory: Horkheimer to Habermas.* Berkeley: University of California Press.

Helmer, S. D. 1980: *Hitler's Berlin: Plans for Reshaping the Central City developed by Albert Speer.* Ann Arbor: University Microfilms.

Henderson, S. R. 1994: A Setting for Mass Culture: Life and Leisure in the Nidda Valley. *Planning Perspectives*, 10, 199–222.

Herbers, J. 1987a: Poverty of Blacks Spreads in Cities. *The New York Times*, January 26.

Herbers, J. 1987b: Governors Urge Welfare Work Plan. *The New York Times*, February 22.

Herbert-Young, N. 1998: Central Government and Statutory Planning under the Town Planning Act 1909. *Planning Perspectives*, 13, 341–55.

Herlitz, E. 1977: Fran byalag till miljörelse. *Plan*, 31, 216–22.

Heseltine, M. 1987: *Where There's a Will*. London: Hutchinson.

Heskin, A. D. 1980: Crisis and Response: An Historical Perspective on Advocacy Planning. *Journal of the American Planning Association*, 46, 50–63.

Hess, A. 1992: Styling the Strip: Car and Roadside Design in the 1950s. In: Wachs, M. and Crawford, M. (eds.) *The Car and the City: The Automobile, the Built Environment, and Daily Urban Life*, 167–79. Ann Arbor: University of Michigan Press.

Hightower, H. C. 1969: Planning Theory in Contemporary Professional Education. *Journal of the American Institute of Planners*, 35, 326–9.

Hill, D. R. 1993: A Case for Teleological Urban Form History and Ideas: Lewis Mumford, F. L. Wright, Jane Jacobs and Victor Gruen. *Planning Perspectives*, 8, 53–71.

Hines, T. S. 1974: *Burnham of Chicago: Architect and Planner*. New York: Oxford University Press.

Hirsch, A. R. 1983: *Making the Second Ghetto: Race and Housing in Chicago, 1940–1960*. Cambridge: Cambridge University Press.

Hirsch, F. 1977: *Social Limits to Growth*. London: Routledge and Kegan Paul.

Hofmeister, B. 1975: *Bundesrepublik Deutschland und Berlin. (Wissenschaftliche Länderkunde, 8)*. Berlin: Wissenschaftliche Buchgesellschaft.

Hogdal, L. 1981: 50-talet. *Arkitektur*, 81/5, 14.

Höjer, J., Ljungqvist, S., Poom, J. and Thörnblom, I. 1977: Vällingby, Tensta, Kista, vada? *Arkitekt*, 77/2, 16–21.

Holcomb, B. and Beauregard, R. 1981: *Revitalizing Cities*. Washington DC: Association of American Geographers.

Holm, L. 1977: Miljö och miljoner. *Plan*, 31, 223–58.

Holm, L. 1981. Trettio ars erfarenhet-grunden för en ny planlag. *Plan*, 35, 57–60.

Holm, P. 1957: *Swedish Housing*. Stockholm: Swedish Institute.

Holm, P. 1977. Det langa perspektivet – om planeringsproblem och planeringsideolgie da och nu och sidan. *Plan*, 31, 184–93.

Holston, J. 1990: *The Modernist City: An Anthropological Critique of Brasilia*. Chicago: University of Chicago Press.

Holt, R. T. and Turner, J. E. 1962: *Soviet Union: Paradox and Change*. New York: Holt, Rinehart, Winston.

Home, R. 1990: Town Planning and Garden Cities in the British Colonial Empire 1910–1940. *Planning Perspectives*, 5, 23–37.

Home, R. 1996: *Town Planning and British Colonialism: The Making of British Colonial Cities*. London: Spon.

Home, R. 1997: *Of Planting and Planning: The Making of British Colonial Cities*. London: Spon.

Hood, C. 1992: Going from Home to Work: Subways, Transit Politics, and Metropolitan

Spatial Expansion. In: Ward, D. and Zunz, O. (eds.) *The Landscape of Modernity: Essays on New York City, 1900–1940*, 191–212. New York: Russell Sage Foundation.

Hood, C. 1995: *722 Miles: The Building of the Subways and How They Transformed New York.* Baltimore: Johns Hopkins University Press.

Hopkins, K. 1972: Public and Private Housing in Hong Kong. In: Dwyer, D.J. (ed.) *The City as a Centre of Change in Asia*, 200–15. Hong Kong: Hong Kong University Press.

Horowitz, D. L. 1983: Racial Violence in the United States. In: Glazer, N. and Young, K. (eds.) *Ethnic Pluralism and Public Policy: Achieving Equality in the United States and Great Britain*, 187–211. London: Heinemann Education.

Horsey, M. 1988: Multi-Storey Housing in Britain: Introduction and Spread. *Planning Perspectives*, 3, 167–96.

Horsfall, T. C. 1904: *The Improvement of the Dwellings and Surroundings of the People: the Example of Germany.* Manchester: Manchester University Press.

Howard, E. 1898: *To-morrow: A Peaceful Path to Real Reform.* London: Swan Sonnenschein.

Howard, E. 1902: *Garden Cities of To-morrow.* London: Swan Sonnenschein. Repr. (1946) London: Faber and Faber.

Howe, I. 1976: *The Immigrant Jews of New York: 1881 to the Present.* London: Routledge and Kegan Paul.

Hoyle, B. S., Pinder, D. A. and Husain, M. S. 1988: *Revitalizing the Waterfront: International Dimensions of Dockland Redevelopment.* London: Belhaven Press.

Hubbard, P. J. 1961: *Origins of the TVA: The Muscle Shoals Controversy, 1920–1932.* Nashville: Vanderbilt University Press.

Hubbard, T. K. 1923: *A Manual of Information on City Planning and Zoning: Including References on Regional, Rural, and National Planning.* Cambridge, Mass.: Harvard University Press.

Hubbard, T. K. and Hubbard, H. V. 1929: *Our Cities, Today and Tomorrow: A Study of Planning and Zoning Progress in the United States.* Cambridge, Mass.: Harvard University Press.

Hudson, R. and Williams, A. 1986: *The United Kingdom (Western Europe: Economic and Social Studies).* London: Harper and Row.

Hughes, J. and Sadler, S. 2000: *Non-Plan: Essays on Freedom Participation and Change in Modern Architecture and Urbanism.* Oxford: Architectural Press.

Hughes, M. (ed.) 1971: *The Letters of Lewis Mumford and Frederic J. Osborn: A Transatlantic Dialogue 1938–70.* New York: Praeger.

Hughes, T. P. and Hughes, A. C. 1990: *Lewis Mumford: Public Intellectual.* New York: Oxford University Press.

Hulbert, J. 1984: Children as Parents. *New Republic*, September 10, 15–23.

Hunter, R. 1901: *Tenement Conditions in Chicago: Report by the Investigating Committee of the City Homes Association.* Chicago: City Homes Association.

Hussey, C., 1953: *The Life of Sir Edwin Lutyens.* London: Country Life.

Hutchings, A. 1990: The Colonel Light Gardens Suburb in South Australia: The Continuing Influence of the Garden City Tradition. *Planning History*, 12/1, 15–20.

Hyndman, H. M. 1884: *The Coming Revolution in England.* London: William Reeves.

Imrie, R. and Thomas, H. 1993: Urban Policy and the Urban Development Corporations. In: Imrie, R. and Thomas, H. (eds.) *British Urban Policy and the Urban Development Corporations*, 3–26. London: Paul Chapman.

Irving, R. G., 1981: *Indian Summer: Lutyens, Baker, and Imperial Delhi*. New Haven: Yale University Press.

Isard, W. 1960: *Methods of Regional Analysis: An Introduction to Regional Science*. Cambridge, Mass.: MIT Press.

Jackson, A. A. 1973: *Semi-Detached London: Suburban Development, Life and Transport, 1900–39*. London: George Allen and Unwin.

Jackson, F. 1985: *Sir Raymond Unwin: Architect, Planner and Visionary*. London: Zwemmer.

Jackson, J. A. (ed.) 1969: *Migration*. (Sociological Studies, 2). Cambridge: Cambridge University Press.

Jackson, K. T. 1973: *The Crabgrass Frontier: 150 Years of Suburban Growth in America*. In: Mohl, R. A. and Richardson, J. F. (eds.), 196–221.

Jackson, K. T. 1981: The Spatial Dimensions of Social Control: Race, Ethnicity and Government Housing Policy in the United States, 1918–1968. In: Stave, B. M. (ed.) *Modern Industrial Cities: History, Policy and Survival*, 79–128. Beverly Hills: Sage.

Jackson, K. T. 1984: The Capital of Capitalism: The New York Metropolitan Region, 1890–1940. In: Sutcliffe, A. (ed.) *Metropolis 1890–1940*, 319–54. London: Mansell.

Jackson, K. T. 1985: *Crabgrass Frontier: The Suburbanization of the United States*. New York: Oxford University Press.

Jackson, P. (ed.) 1985: *Implementing Government Policy Initiatives: The Thatcher Administration 1979–83*. London: Royal Institute of Public Administration.

Jacobs, A. B. 1976: *Making City Planning Work*. Chicago: American Society of Planning Officials.

Jacobs, A. B. 1983: 1968: Getting Going, Staffing Up, Responding to Issues. In: Krueckeberg, D. A. (ed.) *Introduction to Planning History in the United States*, 235–57. New Brunswick, New Jersey: Rutgers University, Center for Urban Policy Research.

Jacobs, J. 1962: *The Death and Life of Great American Cities*. London: Jonathan Cape.

Jahn, M. 1982: Suburban Development in Outer West London, 1850–1900. In: Thompson, F. M. L. (ed.) *The Rise of Suburbia*, 93–156. Leicester: Leicester University Press.

James, H. 1907: *The American Scene*. New York: Harper and Brothers.

Janowitz, M. 1969: Patterns of Collective Racial Violence. In: Graham, H. D. and Gurr, T. R. (eds.) *Violence in America: Historial and Comparative Perspectives*, 317–40. 2 vols. Washington, DC: Government Printing Office.

Jeffcoate, R. 1984: *Ethnic Minorities and Education*. London: Harper and Row.

Jencks, C. 1981: *The Language of Post-Modern Architecture*. New York: Rizzoli.

Jencks, C. 1992: *Rethinking Social Policy: Race, Poverty, and the Underclass*. Cambridge, Mass.: Harvard University Press.

Jencks, C. and Peterson, P. E. (eds.) 1991: *The Urban Underclass*. Washington, DC: Brookings Institution.

Jenkins, D. 1969: *Sweden: The Progress Machine*. London: Robert Hale.

Jephcott, P. 1971: *Homes in High Flats: Some of the Human Problems Involved in Multi-Story Housing*. Edinburgh: Oliver and Boyd. (University of Glasgow Social and Economic Studies, Occasional Papers no. 13).

Joad, C. E. M. 1937: The People's Claim. In: Williams-Ellis, C. (ed.) *Britain and the Beast*, 64–85. London: J. M. Dent.

Johansson, B. O. H. 1975: From Agrarian to Industrial State. In: Heineman, H. -E. (ed.)

New Towns for Old: Housing and Services in Sweden, 22–52. Stockholm: The Swedish Institute.

Johnson, C. 1991: *The Economy under Mrs Thatcher 1979–1990*. Harmondsworth: Penguin.

Johnson, C. D. 1941: *Growing up in the Black Belt: Negro Youth in the Rural South*. New York: Shocken Books.

Johnson, D. 1996: *Planning the Great Metropolis: The 1929 Regional Plan of New York and its Environs*. London: Spon.

Johnson, D. A. 1984: Norris, Tennessee on the Occasion of its Fiftieth Anniversary. *Planning History Bulletin*, 6/1, 32–42.

Johnson, D. A. 1988: Regional Planning for the Great American Metropolis: New York between the World Wars. In: Schaffer, D. (ed.) *Two Centuries of American Planning*, 167–96. Baltimore: Johns Hopkins University Press.

Johnson, J. H. 1964: The Suburban Expansion of Housing in Greater London 1918–1939. In: Coppock, J. T. and Prince, H. (eds.) *Greater London*, 142–66. London: Faber and Faber.

Johnson, J. H. (ed.) 1974: *Suburban Growth: Geographical Processes at the Edge of the Western City*. London: John Wiley.

Johnson, P. B. 1968: *Land Fit for Heroes: The Planning of British Reconstruction, 1916–1919*. Chicago: University of Chicago Press.

Johnson, T. F., Morris, J. R. and Butts, J. T. 1973 (1962): *Renewing America's Cities*. Westport, Conn.: Greenwood Press.

Johnston, N. J. 1983: Harland Bartholemew: Precedent for the Profession. In: Krueckeberg, D. A. (ed.) *The American Planner: Biographies and Recollections*, 279–300. New York and London: Methuen.

Johnston, R. J. 1979: *Geography and Geographers: Anglo-American Human Geography since 1945*. London: Edward Arnold.

Johnston, R. J. 1986: The General Good of the Community. Some Perspectives on Town Planning and Residential Segregation: A Mount Laurence Case Study. *Planning Perspectives*, 1, 131–45.

Jones, B. 1982: *Sleepers, Wake! Technology and the Future of Work*. Oxford: Oxford University Press.

Jones, D. 1982: *Crime, Protest, Community and Police in Nineteenth Century Britain*. London: Routledge and Kegan Paul.

Jones, D. W., Jr. 1985: *Urban Transit Policy: An Economic and Political History*. Englewood Cliffs, NY: Prentice Hall.

Judd, D. R. and Mendelson, R. E. 1973: *The Politics of Urban Planning: The East St Louis Experience*. Urbana: University of Illinois Press.

Kallus, R. 1997: Patrick Geddes and the Evolution of a Housing Type in Tel-Aviv. *Planning Perspectives*, 12, 281–320.

Kampffmeyer, H. 1908: Die Gartenstadtbewegung. *Jahrbücher für Nationalökonomie und Statistik*, III. Series, 36, 577–609.

Kampffmeyer, H. 1918: Die Gartenstadtbewegung. In: Fuchs, C. J. (ed.) *Die Wohnungs- und Siedlungsfrage nach dem Kriege: Ein Programm des Kleinwohnungs- und Siedlungswesens*, 331–49. Stuttgart: Wilhelm Mener-Ilschen.

Kantor, H. A. 1973a: Charles Dyer Norton and the Origins of the Regional Plan of New York. *Journal of the American Institute of Planners*, 39, 35–42.

Kantor, H. A. 1973b: The City Beautiful in New York. *New York Historical Society Quarterly*, 57, 149–71.

Kantor, H. A. 1973c: Howard W. Odum: The Implications of Folk, Planning, and Regionalism. *American Journal of Sociology*, 79, 278–95.

Kaplan, H. 1963: *Urban Renewal Politics: Slum Clearance in Newark*. New York: Columbia University Press.

Karl, B. 1963: *Executive Reorganization and Reform in the New Deal: The Genesis of Administrative Management, 1900–1939*. Cambridge, Mass.: Harvard University Press.

Karyd, A., Södersten, B. 1990: The Swedish Housing Market from a Distributional Perspective: Market and Policy Interactions. In: Persson, I. (ed.) *Generating Equality in the Welfare State: The Swedish Experience*, 157–78. Oslo: Norwegian University Press.

Katz, M. (ed.) 1993: *The "Underclass" Debate: Views from History*. Princeton: Princeton University Press.

Katz, P. 1994: *The New Urbanism: Toward an Architecture of Community*. New York: McGraw-Hill.

Kay, G. 1967: *A Social Geography of Zambia: A Survey of Population Patterns in a Developing Country*. London: University of London Press.

Kay, G. 1970: *Rhodesia: A Human Geography*. London: University of London Press.

Kay, G. and Smout, M. A. H. (eds.) 1977: *Salisbury: A Geographical Survey of the Capital of Rhodesia*. London: Hodder and Stoughton.

Keeble, L. 1959: *Principles and Practice of Town and Country Planning*. London: Estates Gazette.

Kelbaugh, D. et al. (eds.) 1989: *The Pedestrian Pocket Book: A New Suburban Design Strategy*. New York: Princeton Architectural Press in association with the University of Washington.

Kellner, D. 1987: Baudrillard, Semiurgy and Death. *Theory, Culture & Society*, 4, 125–46.

Keles, R. and Payne, G. 1984: Turkey. In: Wynn, M. (ed.) *Planning and Urban Growth in Southern Europe*, 165–97. London: Mansell.

Kemeny, J. 1981: *The Myth of Home Ownership*. London: Routledge and Kegan Paul.

Kendall, H. 1955: *Town Planning in Uganda: A Brief Description of the Efforts Made by Government to Control Development of Urban Areas from 1915 to 1955*. London: Crown Agents for Oversea Governments and Administrations.

Kent, T. J. 1964: *The Urban General Plan*. San Francisco: Chandler.

Kent, W. 1950: *John Burns: Labour's Lost Leader*. London: Williams and Norgate.

Kenward, J. 1955: *The Suburban Child*. Cambridge: Cambridge University Press.

Kessner, T. 1977: *The Golden Door: Italian and Jewish Immigrant Mobility in New York City 1880–1915*. New York: Oxford University Press.

Keynes, J. M. 1936: *The General Theory of Employment, Interest, and Money*. London: Macmillan.

Killingworth, C. M. 1968: The Continuing Labor Market Twist. *Monthly Labor Review*, 91/9, 12–17.

Kilmartin, L. and Thorns, D. C. 1978: *Cities Unlimited: the Sociology of Urban Development in Australia and New Zealand*. Sydney: George Allen and Unwin.

Kilmartin, L. A. 1973: Urban Policy in Australia: The Case of Decentralisation. *The Australian and New Zealand Journal of Sociology*, 9/2, 36–9.

Kimble, G. H. T. 1951: The Inadequacy of the Regional Concept. In: Stamp, L. D. and Wooldridge, S. W. (eds.) *London Essays in Geography*. London: Longmans, Green.

King, A. 1990: *Global Cities: Post-Imperialism and the Internationalization of London.* London: Routledge.

King, A. D. 1974: The Language of Colonial Urbanization. *Sociology, 8,* 81–110.

King, A. D., 1976: *Colonial Urban Development: Culture, Social Power and Environment.* London: Routledge and Kegan Paul.

King, A. D. (ed.) 1980a: *Buildings and Society: Essays on the Social Development of the Built Environment.* London: Routledge and Kegan Paul.

King, A. D. 1980b: Exporting Planning: The Colonial and Neo-Colonial Experience. In: Cherry, G. E. (ed.) *Shaping an Urban World*, 203–26. London: Mansell.

King, A. D. 1980c: Historical Patterns of Reaction to Urbanism: The Case of Britain 1880–1939. *International Journal of Urban and Regional Research*, 4, 453–69.

King, A. D. 1984: *The Bungalow: The Production of a Global Culture.* London: Routledge and Kegan Paul.

King, A. D. 1996: Worlds in the City: Manhattan Transfer and the Ascendance of Spectacular Space. *Planning Perspectives*, 11, 97–114.

Kirby, A. 1978: *The Inner City: Causes and Effects.* Corbridge: Retailing and Planning Associates.

Kirkby, R. J. R. 1985: *Urbanisation in China: Town and Country in a Developing Economy, 1949–2000 AD.* London: Croom Helm.

Kitchen, P. 1975: *A Most Unsettling Person: An Introduction to the Ideas and Life of Patrick Geddes.* London: Victor Gollancz.

Klapheck, R. 1930: *Siedlungswerk Krupp.* Berlin: Wasmuth.

Klein, M. and Kantor, H. A. 1976: *Prisoners of Progress: American Industrial Cities 1850–1920.* New York: Macmillan.

Kleniewski, N. 1984: From Industrial to Corporate City: The Role of Urban Renewal. In: Tabb, W. K. and Sawers, L. (eds.) *Marxism and the Metropolis: New Perspectives in Urban Political Economy*, 205–22. New York: Oxford University Press.

Knapp, J. M. 1895: *The Universities and the Social Problem.* London: Rivington Percival.

Knevitt, C. 1975: Macclesfield: The Self-Help GIA. *Architects' Journal*, 162, 995–1002.

Knevitt, C. 1977: Down your Way: Current Projects by Rod Hackney. *Architects' Journal*, 166, 630–4.

Knight, C. G. and Newman, J. L. (eds.) 1976: *Contemporary Africa: Geography and Change.* Englewood Cliffs: Prentice Hall.

Kopp, A. 1970: *Town and Revolution: Soviet Architecture and City Planning, 1917–1935.* London: Thames and Hudson.

Krause, A. S. 1886: *Starving London.* London: Remington and Co.

Krause, R. 1958: *Der Berliner City: frühere Entwicklung/gegenwärtige Situation, mögliche Perspektiven.* Berlin: Duncker and Humblot.

Kropotkin, P. 1906: *The Conquest of Bread.* New York: Vanguard Press.

Kropotkin, P. 1908: *Modern Science and Anarchism.* New York: Mother Earth.

Kropotkin, P. 1913: *Fields, Factories and Workshops: or Industry combined with Agriculture and Brain work with Manual Work.* New, revised and enlarged edition. New York: G. P. Putnam's Sons.

Kropotkin, P. 1920: *The State: Its Historic Role.* Fifth Edition. London: Freedom Press.

Kropotkin, P. 1971a (1927): *Anarchist Morality.* In: Baldwin, R. N. (ed.) *Kropotkin's*

Revolutionary Pamphlets: A Collection of Writings by Peter Kropotkin, 79–113. New York: Vanguard Press. (Reprinted 1971: New York: Dover Publications.)

Kropotkin, P. 1971b (1927): *Modern Science and Anarchism.* In: Baldwin, R. N. (ed.) *Kropotkin's Revolutionary Pamphlets: A Collection of Writings by Peter Kropotkin*, 146–94. New York: Vanguard Press. (Reprinted 1971: New York: Dover Publications.)

Kropotkin, P. 1971c (1927c): Anarchism – Encyclopaedia Britannica Article. In: Baldwin, R. N. (ed.) *Kropotkin's Revolutionary Pamphlets: A Collection of Writings by Peter Kropotkin*, 283–302. New York: Vanguard Press. (Reprinted 1971: New York: Dover Publications.)

Krueckeberg, D. A. 1980: The Story of the Planner's Journal, 1915–1980. *Journal of the American Planning Association*, 46, 5–21.

Krueckeberg, D. A. (ed.) 1983a: *The American Planner: Biographies and Recollections.* New York and London: Methuen.

Krueckeberg, D. A. 1983b: From the Backyard Garden to the whole USA: A Conversation with Charles W. Elliot, 2nd. In: Krueckeberg, D. A. (ed.) *The American Planner: Biographies and Recollections*, 350–65. New York and London: Methuen.

Krueckeberg, D. A. (ed.) 1983c: *Introduction to Planning History in the United States.* New Brunswick, New Jersey: Rutgers University, Center for Urban Policy Research.

Krueckeberg, D. A. 1983d: The Culture of Planning. In: Krueckeberg, D. A. (ed.) *Introduction to Planning History in the United States*, 1–12. New Brunswick, New Jersey: Rutgers University, Center for Urban Policy Research.

Krueckeberg, D. A. 1997: Planning History's Mistakes. *Planning Perspectives*, 12, 269–79.

Krumholz, N. 1983: A Retrospective View of Equity Planning: Cleveland, 1969–1979. In: Krueckeberg, D. A. (ed.) *Introduction to Planning History in the United States*, 280–94. New Brunswick, New Jersey: Rutgers University, Center for Urban Policy Research.

Kuhn, T. S. 1962: *The Structure of Scientific Revolutions.* Chicago: University of Chicago Press.

Ladd, B. 1990: *Urban Planning and Civic Order in Germany, 1860–1914.* Cambridge, Mass.: Harvard University Press.

Lancaster, O. 1959: *Here, of All Places: The Pocket Lamp of Architecture.* London: John Murray.

Lanchester, H. V. 1914: Calcutta Improvement Trust: Precis of Mr. E. P. Richard's Report on the City of Calcutta. *Town Planning Review*, 5, 115–30.

Lanchester, H. V. 1918: *Town Planning in Madras: A Review of the Conditions and Requirements of City Improvement and Development in the Madras Presidency.* London: Constable and Co.

Lanchester, H. V. 1925: *The Art of Town Planning.* London: Chapman and Hall.

Lane, B. M. 1968: *Architecture and Politics in Germany, 1918–1945.* Cambridge, Mass.: Harvard University Press.

Lang, J. 2000: Learning from Twentieth Century Urban Design Paradigms: Lessons for the Early Twenty-First Century. In: Freestone, R. (ed.) *Urban Planning in a Changing World: The Twentieth Century Experience*, 78–97. London: Spon.

Lang, M. H. 1982: *Gentrification amid Urban Decline: Strategies for America's older Cities.* Cambridge, Mass.: Ballinger.

Langdon, P. 1986: *Orange Roofs, Golden Arches: The Architecture of American Chain Restaurants.* New York: Knopf.

Lange, A. 1972 (1961): *Berlin zur Zeit Bebels und Bismarcks: zwischen Reichsgründung und Jahrhundertwende*. Berlin: Das Neue Berlin.

Lappo, G., Chikishev, A. and Bekker, A. 1976: *Moscow – Capital of the Soviet Union*. Moscow: Progress Publishers.

Lappo, G. M. 1973: Trends in the Evolution of Settlement Patterns in the Moscow Region. *Soviet Geography: Review and Translation*, 14, 13–24.

Lärmer, K., 1975: *Autobahnbau in Deutschland 1933 bis 1945: zu den Hintergründen*. Berlin (East): Akademie-Verlag.

Larsson, L. O. 1978: *Die Neugestaltung der Reichshauptstadt: Albert Speers Generalbebauungsplan*. Stockholm: Almqvist and Wiksell.

Larsson, Y. 1977: *Mitt Liv i Stadshuset*. Andra Delen [vol. II] *I Tjänst hos denna stolta Stad*. Uppsala: Almqvist and Wiksell.

Lash, S. 1990: *Sociology of Postmodernism*. London: Routledge.

Laska, S. B., Spain, D. (ed.) 1980: *Back to the City: Issues in Neighborhood Revitalization*. New York: Pergamon.

Lavedan, P. 1952: *Histoire d'urbanisme. Époque contemporaine*, Paris: Henri Laurens.

Lavedan, P. 1959: *Geographie des villes*, Paris: Gaillimard.

Lavedan, P. 1960a: *Histoire de Paris*. Paris: Presses Universitaires de France.

Lavedan, P. 1960b: *Les Villes françaises*. Paris: Éditions Vincent, Fréal.

Lavedan, P. 1975: *Historie de l'urbanisme à Paris*. Paris: Hachette.

Lawless, P. 1986: *The Evolution of Spatial Policy: A Case Study of Inner-Urban Policy in the United Kingdom 1968–1981*. London: Pion.

Lawless, P. 1991: Urban Policy in the Thatcher Decade: English Inner-City Policy 1979–90. *Environment and Planning C: Government and Policy*, 9, 15–30.

Le Corbusier 1929: *The City of Tomorrow and its Planning*. London: John Rodher. Translated by Frederick Etchells from *L'Urbanisme*, eighth edition (repr. 1947 by Architectural Press.)

Le Corbusier 1937: *Quand les cathédrales étaient blanches: Voyage aux pays des timides*. Paris: Plon.

Le Corbusier 1948: *Concerning Town Planning*. London: Architectural Press. (Translated by Clive Entwistle from *Propos d'urbanisme*.)

Le Corbusier 1959: *L'Urbanisme des trois établissements humaines*. Paris: Éditions de Minuit.

Le Corbusier 1967 (1933): *The Radiant City*. London: Faber and Faber.

Le Corbusier 1998: *Essential Le Corbusier: L'Esprit Nouveau Articles*. Oxford and Boston: Architectural Press.

Leavitt, H. 1970: *Superhighway–Superhoax*. Garden City, NY: Doubleday.

Lebas, E., Magri, S., and Topalov, C. 1991: Reconstruction and Popular Housing after the First World War: A Comparative Study of France, Great Britain, Italy and the United States. *Planning Perspectives*, 6, 149–67.

Ledgerwood, G. 1985: *Urban Innovation: The Transformation of London's Docklands 1968–84*. Aldershot: Gower.

Lee, C. E. 1966: *Sixty Years of the Piccadilly*. London: London Transport.

Lee, R. 1992: London Docklands: The Exceptional Place? An Economic Geography of Inter-Urban Competition. In: Ogden, P. (ed.) *London Docklands: The Challenge of Development*, 7–18. Cambridge: Cambridge University Press.

Lees, A. 1979: Critics of Urban Society in Germany, 1854–1914. *Journal of the History of Ideas*, 40, 61–83.

Lees, A. 1984: The Metropolis and the Intellectual. In: Sutcliffe, A. (ed.) *Metropolis 1890–1940*, 67–94. London: Mansell.

Lees, A. 1985. *Cities Perceived: Urban Society in European and American Thought, 1820–1940.* Manchester: Manchester University Press.

Lees, R. and Mayo, M. 1984: *Community Action for Change.* London: Routledge and Kegan Paul.

Lefebvre, H. 1968: *Le Droit à la ville.* Paris: Éditions Anthropos.

Lefebvre, H. 1972: *Espace et politique: Le Droit à la ville II.* Paris: Éditions Anthropos.

Lehning, A. (ed.) 1973: *Michael Bakunin: Selected Writings.* London: Jonathan Cape.

Leonard, S. G. 1999: The Regeneration of the Old Town of Edinburgh by Patrick Geddes. *Planning History*, 21, 33–47.

Lepawsky, A. 1976: The Planning Apparatus: A Vignette of the New Deal. *Journal of the American Institute of Planners*, 42, 16–32.

Lerner, D. 1967: Comparative Analysis of Processes of Modernisation. In: Miner, H. (ed.) *The City in Modern Africa*, 21–38. London: Pall Mall Press.

Letwin, S. 1992: *The Anatomy of Thatcherism.* London: Fontana.

Lewis, D. N. (ed.) 1971: *The Growth of Cities.* (Architects' Year Book, XIII.) London: Elek Books.

Lewis, J. W. (ed.) 1971: *The City in Communist China.* Stanford, CA: Stanford University Press.

Lewis, N. P. 1916: *The Planning of the Modern City: A Review of the Principles Governing City Planning.* New York: John Wiley.

Lewis, O. 1952: Urbanization without Breakdown: A Case Study. *The Scientific Monthly*, 75, 31–41.

Lewis, O. 1961: *The Children of Sanchez.* New York: Random House.

Lewis, O. 1966: The Culture of Poverty. *Scientific American*, 215/4, 19–25.

Lewis, O. 1967: *La Vida: A Puerto Rican Family in the Culture of Poverty – San Juan and New York.* London: Secker and Warburg.

Lewis, R. A. and Rowland, R. H. 1976: *Urbanization in Russia and the USSR, 1897–1970.* In: Hamm, M. F. (ed.) *The City in Russian History*, 205–21. Lexington: University of Kentucky Press.

Liebs, C. H. 1985: *Main Street to Miracle Mile: American Roadside Architecture.* Boston: Little, Brown.

Lilienthal, D. E. 1944: *TVA: Democracy on the March.* New York and London: Harper and Brothers.

Lin, T. -B., Lee, R. P. L. and Simonis, U. -E. (eds.) 1979: *Hong Kong: Economic, Social and Political Studies in Development.* Folkestone: Dawson.

Lindblom, C. E. 1959: The Science of "Muddling Through." *Public Administration Review*, 19, 79–88.

Lindström, J. 1977: Hur kunde det gå så illa?: Dialog fackmänallmänhet viktigast. *Plan*, 31, 203–5.

Ling, A. 1943: *Planning and Building in USSR.* London: Todd.

Lipton, M. 1977: *Why Poor People Stay Poor: Urban Bias in World Development.* London: Temple Smith.

Little, K. L. 1974: *Urbanization as a Social Process: An Essay on Movement and Change in Contemporary Africa.* London: Routledge and Kegan Paul.

Lloyd, P. C. 1979: *Slums of Hope?: Shanty Towns of the Third World.* Manchester: Manchester University Press.

Lloyd, P. C., Mabogunje, A. L. and Awe, B. (eds.) 1967: *The City of Ibadan.* Cambridge: University Press.

Lokjine, J. 1977: *Le Marxisme, l'état et la question urbaine.* Paris: PUF.

London County Council 1913: *Housing of the Working Classes in London: Note on the Action Taken between 1855 and 1912 for the Better Housing of the Working Classes in London, with Special Reference to the Action Taken by the London County Council between the Years 1889 and 1912.* London: Odhams.

London County Council 1928: *Housing: With Particular Reference to Post-War Housing Schemes.* London: P. S. King.

Long, N. E. 1966: Local Government and Renewal Politics. In: Wilson, J. Q. (ed.) *Urban Renewal: The Record and the Controversy,* 422–34. Cambridge, Mass.: MIT Press.

Longstreth, R. 1992: The Perils of a Parkless Town. In: Wachs, M. and Crawford, M. (eds.) *The Car and the City: The Automobile, the Built Environment, and Daily Urban Life,* 141–53. Ann Arbor: University of Michigan Press.

Longstreth, R. 1997: *City Center to Regional Mall: Architecture, the Automobile, and Retailing in Los Angeles, 1920–1950.* Cambridge, MA: MIT Press.

Los Angeles, County Regional Planning Commission 1943: *Freeways for the Region.* Los Angeles: The Board.

Lösch, A. 1954: *The Economics of Location.* Translated by W. H. Woglom and W. F. Stolper. New Haven: Yale University Press.

Lowe, J. R. 1967: *Cities in a Race with Time: Progress and Poverty in America's Renewing Cities.* New York: Random House.

Lowitt, R. 1983: The TVA, 1933–45. In: Hargrove, E. C. and Conkin, P. K. (eds.) *TVA: Fifty Years of Grass-Roots Bureaucracy,* 35–65. Urbana: University of Illinois Press.

Lowry, I. S. 1964: *A Model of Metropolis.* Santa Monica: RAND Corporation. (RM-4035-RC.)

Lowry, I. S. 1965: A Short Course in Model Design. *Journal of the American Institute of Planners,* 31, 158–66.

Lubetkin, B. 1932: Recent Developments of Town Planning in USSR *Architectural Review,* 71, 209–14.

Lubetkin, B. 1933: Town and Landscape Planning in Soviet Russia. *Journal of the Town Planning Institute,* 18, 69–75.

Lubove, R. 1960: Homes and "A Few Well Placed Fruit Trees": An Object Lesson in Federal Housing. *Social Research,* 27, 469–86.

Lubove, R. 1962a: New Cities for Old: The Urban Reconstruction Program of the 1930s. *The Social Studies,* 53, 203–13.

Lubove, R. 1962b: *The Progressives and the Slums: Tenement House Reform in New York City, 1890–1917.* Pittsburgh: University of Pittsburgh Press.

Lubove, R. 1963: *Community Planning in the 1920s: The Contribution of the Regional Planning Association of America.* Pittsburgh: Pittsburgh University Press.

Lubove, R. 1967: *The Urban Community: Housing and Planning in the Progressive Era.* Englewood Cliffs: Prentice Hall.

Lubove, R. 1969: *Twentieth-Century Pittsburgh: Government, Business, and Environmental Change.* New York: John Wiley and Sons.

Lundqvist, J. 1981: Tanzania: Socialist Ideology. Bureaucratic Reality, and Development from Below. In: Stöhr, W. B. and Taylor, D. R. F. (eds.) *Development from Above or Below? The Dialectics of Regional Planning in Developing Countries*, 329–49. Chichester: John Wiley.

Lundqvist, L. 1984: Strategies for the Swedish Public Housing Sector. *Urban Law and Policy*, 6, 215–51.

Lutyens, E. 1982: *Lutyens: The Work of the English Architect Sir Edwin Lutyens (1869–1944)*. London: Arts Council of Great Britain.

Lutyens, M. 1980: *Edwin Lutyens*. London: John Murray.

Lyall, K. 1982: A Bicycle Built-for-Two: Public–Private Partnership in Baltimore. In: Fosler, R. S. and Berger, R. A. (eds.) *Public–Private Partnership in American Cities: Seven Case Studies*, 17–57. Lexington, Mass.: Lexington Books.

Lynd, H. M., 1945: *England in the Eighteen-Eighties: Toward a Social Basis for Freedom*. Oxford: Oxford University Press.

Lyotard, J. -F. 1984: *The Postmodern Condition: A Report on Knowledge*. Manchester: Manchester University Press.

Mabogunje, A. L. 1967: The Morphology of Ibadan. In: Lloyd, P. C., Mabogunje, A. L. and Awe, B. (eds.) *The City of Ibadan*, 35–56. Cambridge: University Press.

Mabogunje, A. L. 1968: *Urbanization in Nigeria*. London: University of London Press.

Mabogunje, A. L. 1980: *The Development Process: A Spatial Perspective*. London: Hutchinson University Library.

Mabogunje, A. L., Hardoy, J. E. and Misra, R. P. 1978: *Shelter Provision in Developing Countries: The Influence of Standards and Criteria*. (Scope, 11). Chichester: John Wiley.

McCarthy, J. 1999: The Redevelopment of Rotterdam since 1945. *Planning Perspectives*, 14, 291–309.

McCarthy, M. P. 1970: Chicago Businessmen and the Burnham Plan. *Journal of the Illinois State Historical Society*, 63, 228–56.

McCarthy, T. A. 1978: *The Critical Theory of Jürgen Habermas*. Cambridge: MIT Press.

McClendon, D. 1984: Rail Transit in North America. *Planning*, 50/6, 22–3.

McCraw, T. K. 1970: *Morgan vs. Lilienthal: The Feud within the TVA*. Chicago: Loyola University Press.

McCraw, T. K. 1971: *TVA and the Power Fight, 1933–1939*. Philadelphia: Lippincott.

Macdonald, M. C. D. 1984: *America's Cities: A Report on the Myth of Urban Renaissance*. New York: Simon and Schuster.

Macfadyen, D. 1933: *Sir Ebenezer Howard and the Town Planning Movement*. Manchester: Manchester University Press.

MacFarland, J. R. 1966: The Administration of the New Deal Greenbelt Towns. *Journal of the American Institute of Planners*, 32, 217–25.

McGahey, J. 1990: "Bolt-Holes for Weekenders": The Press and the Cheap Cottages Exhibition, Letchworth Garden City 1905. *Planning History*, 12/2, 17–18.

McGee, T. G. 1967: *The Southeast Asian City: A Social Geography of the Primate Cities of Southeast Asia*. London: Bell.

McGee, T. G. 1971: *The Urbanization Process in the Third World: Explorations in Search of a Theory*. London: Bell.

McGee, T. G. 1979: The Poverty Syndrome: Making Out in the Southeast Asian City. In: Bromley, R. and Gerry, C. (eds.) *Casual Work and Poverty in Third World Cities*, 45–68. Chichester: John Wiley.

Machler, M. 1932: Town Development in Soviet Russia. *Journal of the Town Planning Institute*, 18, 94–7.

McKay, D. H. and Cox, A. W. 1979: *The Politics of Urban Change*. London: Croom Helm.

MacKaye, B. 1925: The New Exploration. *The Survey*, 54, 153–7, 192.

MacKaye, B. 1928: *The New Exploration*. New York: Harcourt Brace.

MacKaye, B. 1930: The Townless Highway. *The New Republic*, 62, 93–5.

McKelvey, B. 1963: *The Urbanization of America. 1860–1915*. Brunswick: Rutgers University Press.

McKelvey, B. 1968: *The Emergence of Metropolitan America, 1915–1966*. New Brunswick: Rutgers University Press.

McKelvey, B. 1969: *The City in American History*. London: George Allen and Unwin.

McKelvey, B. 1973: *American Urbanization: A Comparative History*. Glenview, Ill.: Scott, Foresman.

McLeod, R. 1971: *Style and Society: Architectural Ideology in Britain, 1835–1914*. London: RIBA Publications.

McLoughlin, J. B. 1969: *Urban and Regional Planning: A Systems Approach*. London: Faber and Faber.

McMaster, D. N. 1968: The Colonial District Town in Uganda. In: Beckinsale, R. P. and Houston, J. M. (eds.) *Urbanization and its Problems: Essays in Honour of E. W. Gilbert*, 330–51. Oxford: Basil Blackwell.

MacPherson, K. L. 1994: The Head of the Dragon: The Pudong New Area and Shanghai's Urban Development. *Planning Perspectives*, 9, 61–85.

McShane, C. 1994: *Down the Asphalt Path: The Automobile and the American City*. New York: Columbia University Press.

McVicar, K. G. 1968: Pumwani – The Role of a Slum Community in Providing a Catalyst for Culture Change in East Africa. In: Berger, H. (ed.) *Ostafrikanische Studien: Ernst Weigt zum 60. Geburtstag*, 157–67. Nürnberg: Friedrich-Alexander-Universität, Wirtschafts- und sozialgeographische Institut.

Mairet, P. 1957: *Pioneer of Sociology: The Life and Letters of Patrick Geddes*. London: Lund Humphries.

Makielski, S. J. 1966: *The Politics of Zoning: The New York Experience*. New York: Columbia University Press.

Malone, D. 1936: *Dictionary of American Biography*, vol. XX. New York: Charles Scribner's Sons.

Mandelbaum, S. J. 1980: Urban Pasts and Urban Policies. *Journal of Urban History*, 6, 453–83.

Mandelbaum, S. J. 1985: Thinking about Cities as Systems: Reflections on the History of an Idea. *Journal of Urban History*, 11, 139–50.

Mangin, W. (P.) (ed.) 1970a: *Peasants in Cities: Readings in the Anthropology of Urbanization*. Boston: Houghton Mifflin.

Mangin, W. (P.) 1970b: Urbanization Case History in Peru. In: Mangin, W. (P.) (ed.) *Peasants in Cities: Readings in the Anthropology of Urbanization*, 47–54. Boston: Houghton Mifflin.

Mangin, W. P. and Turner, J. C. 1969: Benavides and the Barriada Movement. In: Oliver, P. (H.) (ed.) *Shelter and Society*, 127–36. London: Barrie Rokliff: The Cresset Press.

Manieri-Elia, M. 1979: Toward an "Imperial City": Daniel H. Burnham and the City Beautiful Movement. In: Ciucci, G., Dal Co, F., Manieri-Elia, M. and Tafuri, M. *The American City: From the Civil War to the New Deal*, 1–142. Cambridge, Mass.: MIT Press.

Mann, E. 1968: Nairobi – From Colonial to National Capital. In: Berger, H. (ed.) *Ostafrikanische Studien: Ernst Weigt zum 60. Geburtstag*, 141–56. Nürnberg: Friedrich-Alexander-Universität, Wirtschafts- und sozialgeographische Institut.

Mann, L. D. 1972: Social Science Advances and Planning Applications: 1900–1965. *Journal of the American Institute of Planners*, 38, 346–58.

Marcuse, P. 1980: Housing Policy and City Planning: The Puzzling Split in the United States, 1893–1931. In: Cherry, G. E. (ed.) *Shaping an Urban World*, 23–58. London: Mansell.

Markelius, S. 1957: The Structure of Stockholm. In: Kidder Smith, G. E. *Sweden Builds*, 22–7. London: Architectural Press.

Markelius, S. 1962: Stockholms City. *Arkitektur*, 62, 274–87. (English summary: xxxvi–xxxvii).

Marmaras, E. and Sutcliffe, A. 1994: Planning for Post-War London: Three Independent Plans, 1942–3. *Planning Perspectives*, 9, 455–65.

Marris, P. 1961: *Family and Social Change in an African City: A Study of Rehousing in Lagos*. London: Routledge and Kegan Paul.

Marsh, J. 1982: *Back to the Land: The Pastoral Impulse in England, from 1880 to 1914*. London: Quartet.

Marshall, A. 1884: The Housing of the London Poor. I. Where to House Them. *Contemporary Review*, 45, 224–31.

Martin, R. 1982: The Formulation of a Self-Help Project in Lusaka. In: Ward, P. M. (ed.) *Self-Help Housing: A Critique*, 251–74. London: Mansell.

Masser, I. 1980: An Emerging World City. *Town and Country Planning*, 49, 301–3.

Massey, D. 1982: Enterprise Zones: A Political Issue. *International Journal of Urban and Regional Research*, 6, 429–34.

Massey, D. 1984: *Spatial Divisions of Labour: Social Structures and the Geography of Production*. London: Macmillan.

Massey, D. and Meegan, R. 1982: *The Anatomy of Job Loss: The How, Why and Where of Employment Decline*. London: Methuen.

Masterman, C. F. G. 1909: *The Condition of England*. London: Methuen.

Masterman, C. F. G. et al. 1901: *The Heart of the Empire: Discussion on Problems of Modern City Life in England with an Essay on Imperialism*. London: T. Fisher Unwin.

Matzerath, H. 1984: Berlin, 1890–1940. In: Sutcliffe, A.(ed.) *Metropolis 1890–1940*, 289–318. London: Mansell.

Matzerath, H. 1978: Städtewachtum und Eingemeindungen im 19. Jahrhundert. In: Reulecke, J. (ed.) *Die deutsche Stadt im Industriezeitalter*, 57–89. Wuppertal: Peter Hammer.

Mawson, D. 1984: T. H. Mawson (1861–1933) – Landscape Architect and Town Planner. *Journal of the Royal Society of Arts*, 132, 184–99.

Mawson, T. H. 1927: *The Life and Work of an English Landscape Architect*. London: Richards Press.

May, E. 1961: Cities of the Future. *Survey*, 38, 179–85.

Mayer, H. M. and Wade, R. C. 1969: *Chicago: Growth of a Metropolis*. Chicago: University of Chicago Press.

Meadows, J. 1985: The Changing Pattern of Central–Local Fiscal Relations 1979–83. In: Jackson, P. (ed.) *Implementing Government Policy Initiatives: The Thatcher Administration 1979–83*, 145–68. London: Royal Institute of Public Administration.

Mearns A. 1883: *The Bitter Cry of Outcast London: An Inquiry into the Condition of the Abject Poor*. London: James Clarke.

Meehan, E. J. 1975: *Public Housing Policy: Convention versus Reality*. New Brunswick, NJ: Rutgers University, Center for Urban Policy Research.

Meehan, E. J. 1977: The Rise and Fall of Public Housing: Condemnation without Trial. In: Phares, D. (ed.) *A Decent Home and Environment: Housing Urban America*, 3–42. Cambridge, Mass.: Ballinger.

Meehan, E. J. 1979: *The Quality of Federal Policymaking: Programmed Failure in Public Housing*. Columbia: University of Missouri Press.

Mehr, H. 1972: Stockholm. In: Robson, W. A. and Regan, D. E. (eds.) *Great Cities of the World*, vol. II, 873–901. Third edition. London: George Allen and Unwin.

Meier, A. and Rudwick, E. 1969: Black Violence in the 20th Century: A Study in Rhetoric and Retaliation. In: Graham, H. D. and Gurr, T. R. (eds.) *Violence in America: Historical and Comparative Perspectives*, 307–16. 2 vols. Washington, DC: Government Printing Office.

Meiler, H. E. (ed.) 1979: *The Ideal City*. Leicester: University Press.

Meller, H. 1990: *Patrick Geddes: Social Evolutionist and City Planner*. London and New York: Routledge.

Meller, H. 1995: Philanthropy and Public Enterprise: International Exhibitions and the Modern Town Planning Movement, 1889–1913. *Planning Perspectives*, 10, 295–310.

Meller, H. 1997: *Towns, Plans and Society in Modern Britain*. Cambridge: Cambridge University Press.

Menzler, F. A. A. 1951: Lord Ashfield. *Public Administration*, 29, 99–112.

Meyerson, M. 1961: Utopian Traditions and the Planning of Cities. *Daedalus*, 90/1, 180–93.

Meyerson, M. and Banfield, E. C. 1955: *Politics, Planning and the Public Interest*. New York: Free Press.

Miller, D. L. 1989: *Lewis Mumford: A Life*. New York: Weidenfeld and Nicolson.

Miller, M. 1983: Letchworth Garden City Eighty Years On. *Built Environment*, 9, 167–84.

Miller, M. 1989a: *Letchworth: The First Garden City*. Chichester: Phillimore.

Miller, M. 1989b: The Elusive Green Background: Raymond Unwin and the Greater London Regional Plan. *Planning Perspectives*, 4, 15–44.

Miller, M. 1992: *Raymond Unwin: Garden Cities and Town Planning*. London: Leicester University Press.

Miller, M. 2000: Transatlantic Dialogue: Raymond Unwin and the American Planning Scene. *Planning History*, 22/2, 17–28.

Miller, M. and Gray, A. S. 1992: *Hampstead Garden Suburb*. Chichester: Phillimore.

Milner, H. 1990: *Sweden: Social Democracy in Practice*. Oxford: Oxford University Press.

Miner, H. (ed.) 1967: *The City in Modern Africa*. London: Pall Mall Press.

Minney, R. J. 1958: *Viscount Addison: Leader of the Lords*. London: Odhams Press.

Mitchell, B. R. 1975: *European Historical Statistics, 1750–1970*. London: Macmillan.

Mitchell, J. C. 1969: Structural Plurality, Urbanization and Labour Circulation in Southern Rhodesia. In: Jackson, J. A. (ed.) *Migration*, 156–80. (Sociological Studies, 2). Cambridge: Cambridge University Press.

Mitchell, N. 1972: *The Indian Hill Station: Kodaikanal*. University of Chicago, Department of Geography, Research Paper, no. 141.

Mitchell, R. B. and Rapkin, C. 1954: *Urban Traffic: A Function of Land Use*. New York: Columbia University Press.

Mitchell, W. J. 1995: *City of Bits: Space, Place, and the Infobahn*. Cambridge, Mass.: MIT Press.

Mitchell, W. J. 1999: *e-topia: "Urban Life, Jim – But Not As We Know It"*. Cambridge, Mass.: MIT Press.

Mohl, R. A. and Richardson, J. F. (eds.) 1973: *The Urban Experience: Themes in American History*. Belmont, CA: Wadsworth.

Mollenkopf, J. H. 1978: The Postwar Politics of Urban Development. In: Tabb, W. K. and Sawers, L. (eds.) *Marxism and the Metropolis: New Perspectives in Urban Political Economy*, 117–52. New York: Oxford University Press.

Mollenkopf, J. H. 1983: *The Contested City*. Princeton: Princeton University Press.

Monkkonen, E. H. 1988: *America Becomes Urban: The Development of US Cities and Towns, 1780–1980*. Berkeley: University of California Press.

Montgomery, R. 1985: Pruitt–Igoe: Policy Failure or Societal Symptom. In: Checkoway, B. and Patton, C. V. (eds.) *The Metropolitan Midwest: Policy Problems and Prospects for Change*, 229–43. Urbana: University of Illinois Press.

Moore, C. 1921: *Daniel H. Burnham: Architect, Planner of Cities*. Boston and New York: Hougton Mifflin.

Moore, C., Becker, P. and Campbell, R. 1984: *The City Observed – Los Angeles: A Guide to its Architecture and Landscapes*. New York: Vintage Books.

Morgan, A. E. 1974: *The Making of TVA*. Buffalo: Prometheus Books.

Morgan, W. T. W. (ed.) 1967: *Nairobi: City and Region*. Nairobi: Oxford University Press.

Morizet, A. 1932: *Du vieux Paris au Paris moderne: Haussmann et ses predecesseurs*. Paris: Hachette.

Moynihan, D. P. 1965: *The Negro Family: The Case for National Action*. Washington, DC: US Department of Labor Office of Policy Planning and Research.

Moynihan, D. P. 1986: *Family and Nation: The Godkin Lectures, Harvard University*. New York: Harcourt, Brace.

Muench, L. H. and C. Z. 1968: Planning and Antiplanning in Nigeria: Lagos and Ibadan. *Journal of the American Institute of Planners*, 34, 374–81.

Muller, J. 1992: From Survey to Strategy: Twentieth Century Developments in Western Planning Methods. *Planning Perspectives*, 7, 125–55.

Muller, T. 1976: *Economic Impacts of Land Development: Economic, Housing and Property Values*. Washington, DC: The Urban Institute.

Mullin, J. R. 1977a: American Perceptions of German City Planning at the Turn of the Century. *Urbanism Past and Present*, 3, 5–15.

Mullin, J. R. 1977b: City Planning in Frankfurt, Germany, 1925–1932: A Study in Practical Utopianism. *Journal of Urban History*, 4, 3–28.

Mumford, E. 1995: The "Tower in a Park" in America: Theory and Practice, 1920–1960. *Planning Perspectives*, 10, 17–41.

Mumford, L. 1923: *The Story of Utopias*. London: Harrap.

Mumford, L. 1925a: The Fourth Migration. *The Survey* 54, 130–3.

Mumford, L. 1925b: Regions – To Live In. *The Survey*, 54, 151–2.

Mumford, L. 1930: Mass-Production and the Modern House. *Architectural Record*, 67, 13–20, 110–16.

Mumford, L. 1932: The Plan of New York. *New Republic*, 71, 121–6; 146–54.

Mumford, L. 1938: *The Culture of Cities*. London: Secker and Warburg.

Mumford, L. 1946: The Garden City Idea and Modern Planning. In: Howard, E. *Garden Cities of To-morrow*, 29–40. London: Faber and Faber.

Mumford, L. 1954: The Neighbourhood and the Neighbourhood Unit. *Town Planning Review*, 24, 256–70.

Mumford, L. 1964: *The Highway and the City*. New York: Mentor Books.

Mumford, L. 1982: *Sketches from Life: The Autobiography of Lewis Mumford: The Early Years*. New York: Dial Press.

Murphey, R. 1977: *The Outsiders: The Western Experience in India and China*. Ann Arbor: University of Michigan Press.

Murphey, R. 1980: *The Fading of the Maoist Vision: City and Country in China's Development*. London: Methuen.

Murphey, R. 1984: City as a Mirror of Society: China, Tradition and Modernization. In: Agnew, J., Mercer, J., and Sopher, D. E. (eds.) *The City in Cultural Context*, 186–204. Boston: Allen and Unwin.

Muschamp, H. 1983: *Man about Town: Frank Lloyd Wright in New York City*. Cambridge, Mass.: MIT Press.

Muthesius, H. 1908–11: *Das englische Haus: Entwicklung, Bedingungen, Anlage, Aufbau, Einrichtung und Innenraum*. 3 vols. Second revised edition. Berlin: Ernst Wasmuth.

Myhra, D. 1974: Rexford Guy Tugwell: Initiator of America's Greenbelt New Towns, 1935 to 1938. *Journal of the American Institute of Planners*, 40, 176–88. Repr. 1983 in Kreuckeberg, D. A. (ed.), 225–49.

Myrdal, G. 1944: *An American Dilemma: The Negro Problem and Modern Democracy*. New York: Harper and Brothers.

Nairn, I. 1955: Outrage: A Special number of the Architectural Review. *Architectural Review*, 117, 363–454.

Nairn, I. 1965: *The American Landscape: A Critical View*. New York: Random House.

Negroponte, N. 1995: *Being Digital*. London: Hodder and Stoughton.

Nehru, J. 1936: *An Autobiography: With Musings on Recent Events in India*. London: John Lane The Bodley Head.

Neild, S. M. 1979: Colonial Urbanism: The Development of Madras City in the Eighteenth and Nineteenth Centuries. *Modern Asian Studies*, 13, 217–46.

Nelson, J. J. 1959: The Spread of an Artificial Landscape over Southern California. *Annals of the Association of American Geographers*, 49, Supplement to no. 3, 80–99.

Nelson, W. H. 1967: *Small Wonder: The Amazing Story of the Volkswagen*. London: Hutchinson.

Nettlefold, J. S. 1914: *Practical Town Planning*. London: The St Catherine Press.

Neue Gesellschaft für Bildede Kunst 1977: *Wem gehört die Welt? Kunst und Gesellschaft in der Weimare Republik*. Berlin: Neue Gesellschaft für Bildede Kunst.

Neufang, H. 1963: Die Siedlungsverband Ruhrkohlenbezirk (1920–1963). *Die öffentliche Verwaltung*, 16, 812–19.

Neumeyer, F. 1978: Zum Werkwohnungsbau in Deutschland um 1900. In: Siepmann, E. (ed.) *Kunst und Alltag um 1900*. Lahn/Giessen: Anabas Verlag.

Neuse, S. M. 1983: TVA at Age Fifty – Reflections and Retrospect. *Public Administration Review*, 43, 491–9.

Neutze, G. M. 1977: *Urban Development in Australia: A Descriptive Analysis*. Sydney: George Allen and Unwin.

Neville, R. J. W. 1965: The Areal Distribution of Population in Singapore. *The Journal of Tropical Geography*, 20, 16–25.

Nevins, A. 1954. Ford: The Times, The Man, The Company. New York: Charles Scribner's Sons.

Newman, I. and Mayo, M. 1981: Docklands. *International Journal of Urban and Regional Research*, 5, 529–45.

Newman, O. 1972: *Defensible Space: Crime Prevention and Urban Design*. New York: Macmillan.

Newman, O. 1980: *Community of Interest*. Garden City, NY: Anchor/Doubleday.

"New Townsmen" 1918: *New Towns after the War: An Argument for Garden Cities*. London: J. M. Dent.

Niethammer, L. 1981: Some Elements of the Housing Reform Debate in Nineteenth Century Europe: Or, On the Making of a new Paradigm of social Control. In: Stave, B. M. (ed.) *Modern Industrial Cities: History, Policy and Survival*, 129–64. Beverly Hills: Sage.

Nocks, B. C. 1974: Case Studies: A Decade of Planning Education at Three Schools. In: Godschalk, D. R. (ed.) *Planning in America: Learning from Turbulence*, 206–26. Washington, DC: American Institute of Planners.

Nolen, J. (ed.) 1916a: *City Planning: A Series of Papers Presenting the Essential Elements of a City Plan*. New York: D. Appleton.

Nolen, J. 1916b: The Subdivision of Land. In: Nolen, J. (ed.) *City Planning: A Series of Papers Presenting the Essential Elements of a City Plan*, 19–47. New York: D. Appleton.

Novak, F. G., Jr. (ed.) 1995: *Lewis Mumford and Patrick Geddes: The Correspondence*. London: Routledge.

Oberlander, H. P. and Newburn, E. 1999: *Houser: The Life and Work of Catherine Bauer*. Vancouver: UBC Press.

O'Carroll, A. 1996: The Influence of Local Authorities on the Growth of Owner Occupation: Edinburgh and Glasgow 1914–1939. *Planning Perspectives*, 11, 55–72.

O'Connor, A. 1983: *The African City*. London: Hutchinson University Library for Africa.

O'Connor, A. M. 1981: *Urbanization in Tropical Africa: An Annotated Bibliography*. Boston: G. K. Hall.

O'Connor, T. H. 1993: *Building a New Boston: Politics and Urban Renewal, 1950–1970*. Boston: Northeastern University Press.

Ödmann, E. and Dahlberg, G. -B. 1970: Urbanisation in Sweden: Means and Methods for the Planning. Stockholm: Allmanna Forlaget.

Odum, H. W. 1910: *Social and Mental Traits of the Negro: Research into the Conditions of the Negro Race in Southern Towns: A Study in Race Traits, Tendencies and Prospects*.

(Studies in History, Economics and Public Law, 37, no. 3.) New York: Columbia University.

Odum, H. W. 1926: *An Approach to Public Welfare and Social Work.* Chapel Hill: University of North Carolina Press.

Odum, H. W. 1936: *Southern Regions of the United States.* Chapel Hill: University of North Carolina Press.

Odum, H. W. and Jocher, K. (eds.) 1945: *In Search of the Regional Balance of America.* Chapel Hill: University of North Carolina Press.

Odum, H. W., Johnson, G. B. 1925: *The Negro and his Songs.* Chapel Hill: University of North Carolina Press.

Odum, H. W. and Moore, H. E. 1938: *American Regionalism: A Cultural-Historical Approach to National Integration.* New York: Henry Holt and Co.

Ogden, P. 1992b: Introduction: Some Questions of Geography and History. In: Ogden, P. (ed.) *London Docklands: The Challenge of Development,* 1–6. Cambridge: Cambridge University Press.

Ogden, P. (ed.) 1992a: *London Docklands: The Challenge of Development.* Cambridge: Cambridge University Press.

Olds, K. 1995: Globalization and the Production of New Urban Spaces: Pacific Rim Megaprojects in the Late 20th Century. *Environment and Planning, A,* 27, 1713–43.

Oliver, P. (H.) (ed.) 1969: *Shelter and Society.* London: Barrie Rokliff: The Cresset Press.

Oliver, P. (H.) (ed.) 1975: *Shelter in Africa.* London: Barrie and Jenkins.

Oliver, P. (H.), Davis, I. and Bentley, I. 1981: *Dunroamin: The Suburban Semi and its Enemies.* London: Barrie and Jenkins.

Orlans, H. 1952: *Stevenage: A Sociological Study of a New Town.* London: Routledge and Kegan Paul.

Orwell, G. 1939: *Coming up for Air.* London: Secker and Warburg.

Osborn, F. J. 1934: *Transport, Town Development and Territorial Planning of Industry.* London: Fabian Society.

Osborn, F. J. 1935(?): *London's Dilemma: The Only Way Out.* London (?): privately printed (?).

Osborn, F. J. 1937: A Lecture to London. *Journal of the Town Planning Institute,* 23, 45–51.

Osborn, F. J. 1938: The Planning of Greater London. *Town and Country Planning,* 6, 97–102.

Osborn, F. J. 1942: *New Towns after the War.* London: J. M. Dent.

Osborn, F. J. 1950: Sir Ebenezer Howard: The Evolution of his Ideas. *Town Planning Review,* 21, 221–35.

Osborn, F. J. 1955: How Subsidies Distort Housing Development. *Lloyds Bank Review,* N. S. 36, 25–38.

Osborn, F. J. 1970: *Genesis of Welwyn Garden City: Some Jubilee Memories.* London: Town and Country Planning Association.

Owens, S. E. 1984: Spatial Structure and Energy Demand. In: Cope, D. R., Hills, P. R., and James, P. (eds.) *Energy Policy and Land Use Planning,* 215–40. Oxford: Pergamon.

Owens, S. E. 1986: *Energy, Planning and Urban Form.* London: Pion.

Owens, S. E. 1990: Land-Use Planning for Energy Efficiency. In: Cullingworth, J. B. (ed.) *Energy, Land and Public Policy,* 53–98. Newark, Del.: Transactions Publishers, Center for Energy and Urban Policy Research.

Owens, S. E. 1992a: Energy, Environmental Sustainability and Land-Use Planning. In:

Breheny, M. J. (ed.), *Sustainable Development and Urban Form.* (*European Research in Regional Science*, 2). London: Pion.

Owens, S. E. 1992b: Land-Use Planning for Energy Efficiency. *Applied Energy*, 43, 81–114.

Owens, S. E. and Cope, D. 1992: *Land Use Planning Policy and Climate Change.* London: HMSO.

Pahl, R. E. (ed.) 1968: *Readings in Urban Sociology.* Oxford: Pergamon.

Paris 1978: Anonymous News Contributions. *Macadam*, 4, 4–9.

Paris 1979a: Anonymous News Contributions. *Architecture*, 1, 7–17.

Paris 1979b: Anonymous News Contributions. *Building News*, 437, 4; 438, 1; 456, 8.

Paris 1979c: Jeu de l'Oie des Halles de Paris. *Macadam*, *8/9*, 12–13.

Park, R. E. 1925a: The City: Suggestions for the Investigation of Human Behavior in the Urban Environment. In: Park, R. E., Burgess, E. W. and McKenzie, R. D. *The City*, 1–46. Chicago: University of Chicago Press.

Park, R. E. 1925b: Community Disorganization and Juvenile Delinquency. In: Park, R. E., Burgess, E. W. and McKenzie, R. D. *The City*, 99–112. Chicago: University of Chicago Press.

Park, R. E. 1928: Human Migration and the Marginal Man. *The American Journal of Sociology*, 33, 881–93.

Park, R. E., Burgess, E. W. and McKenzie, R. D. 1925: *The City.* Chicago: University of Chicago Press.

Park, R. L. 1962: The Urban Challenge to Local and State Government: West Bengal, with Special Reference to Calcutta. In: Turner, R. (ed.) *India's Urban Future*, 382–96. Berkeley: University of California Press.

Parker, B. 1932: Highways, Parkways and Freeways: with Special Reference to Wythenshawe Estate, Manchester, and to Letchworth Garden City. *Town and Country Planning*, 1, 38–43.

Parker, B. and Unwin, R. 1901: *The Art of Building a Home: A Collection of Lectures and Illustrations.* London: Longmans, Green.

Parker, R. S. and Troy, P. N. (eds.) 1972: *The Politics of Urban Growth.* Canberra: ANU Press.

Parkin, D. J. (ed.) 1975: *Town and Country in East and Central Africa.* London: Oxford University Press (for International African Institute).

Parkins, M. F. 1953: *City Planning in Soviet Russia: With an Interpretative Bibliography.* Chicago: University of Chicago Press.

Parsons, K. C. 1992a: America's Influence on Stockholm's Post World War II Suburban Expansion. *Planning History*, 14/1, 3–14.

Parsons, K. C. 1992b: British and American Community Design: Clarence Stein's Manhattan Transfer, 1924–74. *Planning Perspectives*, 7, 181–210.

Parsons, K. C. 1998: *The Writings of Clarence S. Stein: Architect of the Planned Community.* Baltimore: Johns Hopkins University Press.

Partners for Livable Places 1982: *Towards Livable Communities: A Report on Partners for Livable Places, 1975–1982.* Washington, DC: Partners for Livable Places.

Pass, D. 1973: *Vällingby and Farsta – From Idea to Reality: The New Community Development Process in Stockholm.* Cambridge, Mass.: MIT Press.

Patterson, O. 1982: *Slavery and Social Death: A Comparative Study.* Cambridge, Mass.: Harvard University Press.

Pawlowski, C. 1967: *Tony Garnier et les débuts de l'urbanisme fonctionnel en France.* Paris: Centre de Recherche d'Urbanisme.

Payne, G. K. 1977: *Urban Housing in the Third World.* London: Leonard Hill.

Payne, G. K. 1982: Self-Help Housing: A Critique of the Gecekondus of Ankara. In: Ward, P. M. (ed.) *Self-Help Housing: A Critique,* 117–39. London: Mansell.

Payton, N. I. 1995: The Machine in the Garden City: Patrick Geddes' Plan for Tel Aviv. *Planning Perspectives,* 10, 359–81.

Pearson, S. V. 1939: *London's Overgrowth and the Causes of Swollen Towns.* London: C. W. Daniel.

Peattie, L. 1968: Reflections on Advocacy Planning. *Journal of the American Institute of Planners,* 34, 80–8.

Peel, J. D. Y. 1980: Urbanization and Urban History in West Africa. *Journal of African History,* 21, 269–77.

Pehnt, R. (ed.) 1974: *Die Stadt in der Bundesrepublik Deutschland.* Stuttgart: Philipp Reclam.

Peil, M. 1976: African Squatter Settlements: A Comparative Study. *Urban Studies,* 13, 155–66.

Peltz-Dreckmann, U. 1978: *Nationalsozialistischer Siedlungsbau.* München: Minerva.

Pepler, G. L. 1911: Greater London. In: Royal Institute of British Architects *Town Planning Conference – Transactions,* 611–20. London: RIBA.

Perlman, J. E. 1976: *The Myth of Marginality: Urban Poverty and Politics in Rio de Janeiro.* Berkeley: University of California Press.

Perloff, H. S. 1965: New Directions in Social Planning. *Journal of the American Institute of Planners,* 31, 297–304.

Perloff, H. S. (with Klett, F.) 1974: The Evolution of Planning Education. In: Godschalk, D. R. (ed.) *Planning in America: Learning from Turbulence,* 161–80. Washington, DC: American Institute of Planners.

Perloff, H. S., Berg, T., Fountain, R., Vetter, D. and Weld, J. 1975: *Modernizing the Central City: New Towns Intown . . . and Beyond.* Cambridge, Mass.: Ballinger.

Perroux, F. 1961: *L'Économie du XXe siècle.* Paris: Presses Universitaires de France.

Perroux, F. 1965: *La Pensée économique de Joseph Schumpeter: Les Dynamiques du capitalisme.* (Travaux de Droit, d'économie, de Sociologie et de Sciences Politiques, 34.) Genève: Droz.

Perry, C. A. 1929: *The Neighborhood Unit: A Scheme of Arrangement for the Family-Life Community* (Regional Study of New York and its Environs, VII, Neighborhood and Community Planning, Monograph One, 2–140). New York: Regional Plan of New York and its Environs.

Perry, C. A. 1939: *Housing for the Machine Age.* New York: Russell Sage Foundation.

Persson, I. (ed.) 1990: *Generating Equality in the Welfare State: The Swedish Experience.* Oslo: Norwegian University Press.

Peters, J. 1982: Interstates: Nearing the End of the Road. *Planning,* 47/12, 12–15.

Petersen, W. 1977: The Ideological Origins of Britain's New Towns. In: Allen, I. L. (ed.) *New Towns and the Suburban Dream: Ideology and Utopia in Planning and Development,* 61–81. Port Washington: Kennikat.

Peterson, J. A. 1976: The City Beautiful Movement: Forgotten Origins and Lost Meanings. *Journal of Urban History,* 2, 415–34.

Petsch, J. 1976: *Baukunst und Stadtplanung im dritten Reich: Herleitung/Bestandsaufnahme/Entwicklung/Nachfolge.* München: Carl Hanser.

Petz, U. von 1990a: Margarethenhöhe Essen: Garden City, Workers' Colony or Satellite Town? *Planning History*, 12/2, 3–9.

Petz, U. von 1990b: Urban Renewal under National Socialism: Practical Policy and Political Objectives in Hitler's Germany. *Planning Perspectives*, 5, 169–87.

Pfautz, H. W. 1967: *Charles Booth on the City. Physical Patterns and Social Structure.* Chicago: University of Chicago and London Press.

Phares, D. (ed.), 1977: *A Decent Home and Environment: Housing Urban America.* Cambridge, Mass.: Ballinger.

Phillips, W. R. F. 1996: The "German Example" and the Professionalization of American and British City Planning at the Turn of the Century. *Planning Perspectives*, 11, 167–83.

Philpott, T. L. 1978: *The Slum and the Ghetto: Neighborhood Deterioration and Middle-Class Reform, Chicago, 1880–1930.* New York: Oxford University Press.

Pick, F. 1927: Growth and Form in Modern Cities. *Journal of the Institute of Transport*, 8, 156–74.

Pick, F. 1935: Some Reflections on the Administration of a Public Utility Undertaking. *Public Administration*, 13, 135–45.

Pick, F. 1936: The Organisation of Transport: with Special Reference to the London Passenger Transport Board. *Journal of the Royal Society of Arts*, 84, 207–19.

Pick, F. 1937: London Fifty Years Hence. *Journal of the Town Planning Institute*, 23, 61–6.

Pick, F. 1938: Evidence of London Passenger Transport Board. In: G.B. Royal Commission on the Geographical Distribution of the Industrial Population 1937–9: *Minutes of Evidence*, Day 12. London: HMSO.

Pick, F. 1941: *Britain Must Rebuild: A Pattern for Planning.* (The Democratic Order, no. 17.) London: Kegan Paul, Trench, Trubner.

Piven, F. F. and Cloward, R. A. 1977: *Poor People's Movements: Why They Succeed, How They Fail.* New York: Pantheon.

Piven, F. F. and Cloward, R. A. 1982: *The New Class War: Reagan's Attack on the Welfare State and its Consequences.* New York: Pantheon.

Poete, M. 1931: *Une vie de cité: Paris de sa naissance à nos jours.* 3 vols. Paris: Auguste Picard.

Pollock, N. C. 1968: *The Development of Urbanization in Southern Africa.* In: Beckinsale, R. P. and Houston, J. M. (eds.) *Urbanization and its Problems: Essays in Honour of E. W. Gilbert*, 304–29. Oxford: Basil Blackwell.

Pons, V. 1969: *Stanleyville: An African Urban Community under Belgian Administration.* London: Oxford University Press.

Popenoe, D. 1977: *The Suburban Environment: Sweden and the United States.* Chicago: University of Chicago Press.

Popper, F. J. 1981: *The Politics of Land-Use Reform.* Madison: University of Wisconsin Press.

Porfyriou, H. 1992: Artistic Urban Design and Cultural Myths: The Garden City Idea in Nordic Countries, 1900–1925. *Planning Perspectives*, 7, 263–302.

Portes, A. 1979: Housing Policy, Urban Poverty, and the State: The Favelas of Rio de Janeiro, 1972–1976. *Latin American Research Review*, 14/2, 3–24.

Powell, J. M. and Williams, M. 1975: *Australian Space, Australian Time: Geographical Perspectives.* Melbourne: Oxford University Press.

Power, A. and Mumford, K. 1999: *The Slow Death of Great Cities? Urban Abandonment or Urban Renaissance.* York: Joseph Rowntree Foundation.

Poxon, J. 2000: Solving the Development Plan Puzzle in Britain: Learning Lessons from History. *Planning Perspectives*, 15, 73–89.

Proudfoot, P. R. 1996: The Symbol of the Crystal in the Planning and Geometry of the Design for Canberra. *Planning Perspectives*, 11, 225–57.

Purdom, C. B. 1917: *The Garden City after the War.* Letchworth: privately printed.

Purdom, C. B. (ed.) 1921: *Town Theory and Practice.* London: Benn.

Purdom, C. B. 1925: *The Building of Satellite Towns: A Contribution to the Study of Town Development and Regional Planning.* London: J. M. Dent.

Queen, S. A. and Carpenter, D. B. 1953: *The American City.* New York: McGraw-Hill.

Rabinowitz, F. 1969: *City Politics and Planning.* New York: Atherton Press.

Radford, G. 1996: *Modern Housing for America: Policy Struggles in the New Deal Era.* Chicago: University of Chicago Press.

Rae, J. B. 1971: *The Road and the Car in American Life.* Cambridge, Mass.: MIT Press.

Raffe, W. G. 1936: The Reconstruction of Moscow: The Ten Year Plan. *Town and Country Planning*, 4, 53–9.

Rainwater, L. 1967: Fear and the House-as-Haven in the Lower Class. In: Bellush, J. and Hausknecht, M. (eds.) *Urban Renewal: People, Politics and Planning*, 437–50. Garden City: Anchor.

Rainwater, L. 1970: *Behind Ghetto Walls: Black Families in a Federal Slum.* Chicago: Aldine.

Rainwater, L. and Yancey, W. L. 1967: *The Moynihan Report and the Politics of Controversy.* Cambridge, Mass.: MIT Press.

Rasmussen, S. E. 1937: *London: The Unique City.* London: Jonathan Cape.

Rave, R. and Knöfel, H. -J. 1968: *Bauen seit 1900 in Berlin.* Berlin: Kiepert.

Ravetz, A. 1974: From Working-Class Tenement to Modern Flat: Local Authorities and Multi-Storey Housing between the Wars. In: Sutcliffe, A. (ed.) *Multi-Storey Living: The British Working-Class Experience*, 122–50. London: Croom Helm.

Ravetz, A. 1980: *Remaking Cities: Contradictions of the Recent Urban Environment.* London: Croom Helm.

Read, B. 1993: LA Rail Network Blossoms. *International Railway Journal*, June, 43–6.

Read, J. 1978: The Garden City and the Growth of Paris. *Architectural Review*, 113, 345–52.

Reader, D. H. 1961: *The Black Man's Portion: History, Demography and Living Conditions in the Native Locations of East London, Cape Province.* Cape Town: Oxford University Press.

Reclus, E. 1878–94: *The Earth and its Inhabitants: The Universal Geography.* Edited by E. G. Ravenstein and A. H. Keane. 19 vols. London: J. S. Virtue.

Reclus, E. 1905–8: *L'Homme et la terre.* 6 vols. Paris: Librairie Universelle.

Regional Plan of New York and its Environs (1927–31): *Regional Survey of New York and its Environs*, 8 vols. (in 10). I. Major economic Factors in Metropolitan Growth and Development. IA. Chemical, Metal, Wood, Tobacco and Printing Industries. IB. Food, Clothing & Textile Industries. Wholesale Markets and Retail Shopping & Financial Districts. II. Population Land Values and Government. III. Highway Traffic. IV. Transit and Transportation. V. Public Recreation. VI. Buildings: Their Uses and the Spaces about them. VII. Neighborhoods and Community Planning. VIII. Physical Conditions and Public Services. New York: The Regional Plan.

Reich, R. B. 1991: *The Work of Nations: Preparing Ourselves for 21st-Century Capitalism*. New York: Random House.

Reid, A. 2000: *Brentham: A History of the Pioneer Garden Suburb 1901–2001*. Ealing: Brentham Heritage Society.

Reiner, T. A. 1963: *The Place of the Ideal Community in Urban Planning*. Philadelphia: University of Pennsylvania Press.

Reiss, R. L. 1918: *The Home I Want*. London: Hodder and Stoughton.

Reith, J. C. W. 1949: *Into the Wind*. London: Hodder and Stoughton.

Reps, J. W. 1965: *The Making of Urban America: A History of City Planning in the United States*. Princeton: Princeton University Press.

Reulecke, J. (ed.) 1978: *Die deutsche Stadt im Industriezeitalter*. Wuppertal: Peter Hammer.

Revell, K. D. 1992: Regulating the Landscape: Real Estate Values, City Planning, and the 1916 Zoning Ordinance. In: Ward, D. and Zunz, O. (eds.) The Landscape of Modernity: Essays on New York City, 1900–1940, 19–45. New York: Russell Sage Foundation.

Rex, J. 1973: *Race, Colonialism and the City*. London: Routledge and Kegan Paul.

Richards, J. M. 1946: *The Castles on the Ground*. London: The Architectural Press.

Richards, J. M. 1953: The Failure of the New Towns. *Architectural Review*, 114, 29–32.

Richmond, J. E. D. 2003: *Transport of Delight: The Mythical Conception of Rail Transit in Los Angeles*. Akron: Akron UP.

Rickaby, P. A. 1987: Six Settlement Patterns Compared. *Environment and Planning, B*, 14, 193–223.

Rickaby, P. A. 1991: Energy and Urban Development in an Archetypal English Town. *Environment and Planning, B*, 18, 153–76.

Rickaby, P. A., Steadman, J. B. and Barrett, M. 1992: Patterns of Land Use in English Towns: Implications for Energy Use and Carbon Monoxide Emissions. In: Breheny, M. J. (ed.) *Sustainable Development and Urban Form* (European Research in Regional Science, 2), 182–96. London: Pion.

Riesman, D. 1950: *The Lonely Crowd: A Study of the Changing American Character*. New Haven: Yale University Press.

Riis, J. A. 1890: *How the Other Half Lives: Studies among the Tenements of New York*. New York: Scribner's Sons.

Riis, J. A. 1901: *The Making of an American*. New York: Macmillan.

Riley, R. B. 1967: Urban Myths and the New Cities of the South-West. *Landscape*, 17, 21–3.

Rittel, H. W. J. and Webber, M. M. 1973: Dilemmas in a General Theory of Planning. *Policy Sciences*, 4, 155–69.

Robbins, G. W. and Tilton, L. D. (eds.) 1941: *Los Angeles: A Preface to a Master Plan*. Los Angeles: The Pacific Southwest Academy.

Roberts, S. I. 1961: Portrait of a Robber Baron, Charles T. Yerkes. *Business History Review*, 35, 344–71.

Robertson, D. S. 1998: Pulling in Opposite Directions: The Failure of Post War Planning to Regenerate Glasgow. *Planning Perspectives*, 13, 53–68.

Robertson, K. A. 1997: Downtown Retail Revitalization: A Review of American Development Strategies. *Planning Perspectives*, 12, 383–402.

Robinson, C. M. 1901: *The Improvement of Towns and Cities: Or, The Practical Basis of Civic Aesthetics*. New York: G. P. Putnam's Sons.

Robson, W. A. 1939: *The Government and Misgovernment of London*. London: George Allen and Unwin.

Robson, W. A. and Regan, D. E., 1972: *Great Cities of the World*. Third edition. 2 vols. London: George Allen and Unwin.

Rodgers, C. 1947: *American Planning: Past, Present and Future*. New York: Harper Bros.

Rodwin, L. 1965: Ciudad Guayana: A New City. *Scientific American*, 213/3, 122–32.

Rogers, R. and Power, A. 2000: *Cities for a Small Country*. London: Faber and Faber.

Romanos, A. G. 1969: Illegal Settlements in Athens. In: Oliver, P. (H.) (ed.) *Shelter and Society*, 137–55. London: Barrie Rokliff: The Cresset Press.

Roos, D. and Altshuler, A. 1984: The Future of the Automobile: The Report of MIT's International Automobile Program. London: George Allen and Unwin.

Roosevelt, F. D. 1932: Growing Up by Plan. *Survey*, 67, 483–5, 506–7.

Roosevelt, F. D. 1938: *The Public Papers and Addresses of Franklin D. Roosevelt*, vol. 1., *The Genesis of the New Deal 1928–1932*. New York: Random House.

Roper, L. W. 1973: *F.L.O.: A Biography of Frederick Law Olmsted*. Baltimore and London: Johns Hopkins University Press.

Rose, M. H. 1979: *Interstate: Express Highway Politics, 1941–1956*. Lawrence: University of Kansas Press.

Rosenfeld, R. A. 1980: Who Benefits and Who Decides? The Uses of Community Development Block Grants. In: Rosenthal, D. B. (ed.) *Urban Revitalization* (*Urban Affairs Annual Reviews*, no. 18), 211–36. Beverly Hills: Sage.

Rosenthal, D. B. (ed.) 1980: *Urban Revitalization* (*Urban Affairs Annual Reviews*, no. 18). Beverly Hills: Sage.

Rosenwaike, I. 1972: *Population History of New York City*. Syracuse: Syracuse University Press.

Ross, R. and Telkamp, G. J. (eds.) 1985: *Colonial Cities: Essays on Urbanism in a Colonial Context*. (*Comparative Studies in Overseas History*, vol. 5). Dordrecht: Martinus Nijhof.

Rosser, C. 1971: Housing for the Lowest Income Groups – the Calcutta example. *Ekistics*, 31, 126–31.

Rosser, C. 1972a: Housing and Planned Urban Change: The Calcutta Experience. In: Dwyer, D.J. (ed.) *The City as a Centre of Change in Asia*, 179–90. Hong Kong: Hong Kong University Press.

Rosser, C. 1972b: *Urbanization in India*. (International Urbanization Survey. Working Papers 278.) New York: Ford Foundation.

Rossi, P. H. and Dentler, R. A. 1961: *The Politics of Urban Renewal: The Chicago Findings*. New York: The Free Press of Glencoe.

Roth, G. 1967: *Paying for Roads: The Economics of Traffic Congestion*. Harmondsworth: Penguin Books.

Roth, G. and Butler, E. 1982: *Private Road Ahead*. London: Adam Smith Institute.

Roth, G. and Wynne, G. G. 1982: *Free Enterprise Urban Transportation* (Learning from Abroad, 5). New Brunswick and London: Transaction Books.

Rothenberg, J. 1967: *Economic Evaluation of Urban Renewal: Conceptual Foundation of Benefit–Cost Analysis*. Washington, DC: The Brookings Institution.

Royal Institute of British Architects 1911: *Town Planning Conference – Transactions*. London: RIBA.

Rubenstein, J. M. 1978: *The French New Towns*. Baltimore: Johns Hopkins University Press.

Ruble, B. A. 1994: Failures of Centralized Metropolitanism: Inter-War Moscow and New York. *Planning Perspectives*, 9, 353–76.

Ruskin, J. 1903–12: *The Works of John Ruskin*. Edited by E. T. Cook and A. Wedderburn. 39 vols. (20. *Oxford Lectures on Art*; 34. *To the Clergy on the Lord's Prayer*.) London: George Allen.

Ruttan, V. W. 1983: The TVA and Regional Development. In: Hargrove, E. C. and Conkin, P. K. (eds.) *TVA: Fifty Years of Grass-Roots Bureaucracy*, 150–63. Urbana: University of Illinois Press.

Sable, M. H. 1971: *Latin American Urbanization: A Guide to the Literature*. Metuchen, NJ: The Scarecrow Press.

Saint, A. 1976: *Richard Norman Shaw*. New Haven: Yale University Press.

St Clair, D. J. 1981: The Motorization and Decline of Urban Public Transit, 1935–1950. *Journal of Urban History*, 41, 579–600.

Salau, A. T. 1977: A New Capital for Nigeria: Planning, Problems and Prospects. *Africa Today*, 24/4, 11–22.

Salisbury, H. E. 1958: *The Shook-Up Generation*. New York: Harper and Brothers.

Salisbury, R. 1964: Urban Politics: The New Convergence of Power. *Journal of Politics*, 26, 775–97.

Sandercock, L. 1976: *Cities for Sale: Property, Politics and Urban Planning in Australia*. London: Heinemann.

Sandercock, L. 1998: *Towards Cosmopolis: Planning for Multicultural Cities*. London: Wiley.

Sanders, H. T. 1980: Urban Renewal and the revitalized City: A Reconsideration of Recent History. In: Rosenthal, D. B. (ed.) *Urban Revitalization* (*Urban Affairs Annual Reviews*, no. 18), 103–26. Beverly Hills: Sage.

Sarin, M. 1979: Urban Planning, Petty Trading, and Squatter Settlements in Chandigarh, India. In: Bromley, R. and Gerry, C. (eds.) *Casual Work and Poverty in Third World Cities*, 133–60. Chichester: John Wiley.

Sarin, M. 1982: *Urban Planning in the Third World: The Chandigarh Experience*. London: Mansell.

Sassen, S. 1991: *The Global City: New York, London, Tokyo*. Princeton: Princeton University Press.

Saunier, P. -Y. 1999: Changing the City: Urban International Information and the Lyon Municipality, 1900–1940. *Planning Perspectives*, 14, 19–48.

Saushkin, Y. G. 1966: *Moscow*. Moscow: Progress Publishers.

Savitch, H. V. 1988: *Post-Industrial Cities: Politics and Planning in New York, Paris and London*. Princeton, NJ: Princeton University Press.

Sawers, L. 1978: Cities and Countryside in the Soviet Union & China. In: Tabb, W. K. and Sawers, L. (eds.) *Marxism and the Metropolis: New Perspectives in Urban Political Economy*, 338–64. New York: Oxford University Press.

Sawers, L. 1984: The Political Economy of Urban Transportation: An Interpretative Essay. In: Tabb, W. K. and Sawers, L. (eds.) *Marxism and the Metropolis: New Perspectives in Urban Political Economy*, 223–54. New York: Oxford University Press.

Scarpa, L. 1983: *Martin Wagner e Berlino: casa e città nella Repubblica di Weimar 1918–1933*. Roma: Officina Edizioni.

Schaffer, D. 1982: *Garden Cities for America: The Radburn Experience*. Philadelphia: Temple University Press.

Schaffer, D. 1984: The Tennessee Transplant. *Town and Country Planning*, 53, 316–18.

Schaffer, D. 1986: Ideal and Reality in the 1930s: The Case of the Tennessee Valley Authority. *Planning Perspectives*, 1, 27–44.

Schaffer, D. (ed.) 1988: *Two Centuries of American Planning*. Baltimore: Johns Hopkins University Press.

Schaffer, D. 1990: Benton MacKaye: The TVA Years. *Planning Perspectives*, 5, 23–37.

Schaffer, D. 1992: The American Garden City: Lost Ideals. In: Ward, S. V. (ed.) *The Garden City: Past, Present and Future*, 127–45. London: Spon.

Schiffer, J. 1984: *Anatomy of a Laissez-Faire Government: The Hong Kong Growth Model Reconsidered*. Hong Kong: University, Centre of Urban Studies and Urban Planning, Working Paper.

Schill, M. H. and Nathan, R. P. 1983: *Revitalizing America's Cities: Neighborhood Reinvestment and Displacement*. Albany: State University of New York Press.

Schlereth, T. J. 1983: Burnham's *Plan* and Moody's *Manual*: City Planning as Progressive Reform. In: Krueckeberg, D. A. (ed.), 1983a, 75–99.

Schlesinger, A. M. 1933: *The Rise of the City, 1878–1898*. (A History of American Life, vol. X). New York: Macmillan.

Schlosser, E. (2001) *Fast Food Nation: What the All-American Meal Is Doing to the World*. Harmondsworth: Allen Lane The Penguin Press.

Schmetzer, H. and Wakely, P. 1974: Chandigarh: Twenty Years Later. *Architectural Design*, 44, 350–61.

Schmitt, P. J. 1969: *Back to Nature: The Arcadian Myth in Urban America*. New York: Oxford University Press.

Schnur, R. 1970: Entwicklung der Rechtsgrundlagen und der Organisation des SVR. In: Anon. *Siedlungsverband Ruhrkohlenbezirk 1920–1970, 29. Schriftenreihe Siedlungsverband Ruhrkohlenbezirk*. Essen: SVR.

Schoener, A. (ed.) 1967: *Portal to America: The Lower East Side, 1870–1925*. New York: Holt.

Schon, D. A. 1971: *Beyond the Stable State*. New York: Random House.

Schon, D. A., Cremer, N. S., Osterman, P. and Perry, C. 1976: Planners in Transition: Report on a Survey of Alumni of MIT's Department of Urban Studies, 1970–71. *Journal of the American Institute of Planners*, 42, 193–202.

Schorske, C. E. 1963: The Idea of the City in European Thought: Voltaire to Spengler. In: Handlin, O. and Burchard, J. (eds.) *The Historian and the City*, 95–114. Cambridge, Mass.: MIT Press and Harvard University Press.

Schubert, D. 2000: The Neighbourhood Paradigm: From Garden Cities to Gated Communities. In: Freestone, R. (ed.) *Urban Planning in a Changing World: The Twentieth Century Experience*, 118–38. London: Spon.

Schubert, D. and Sutcliffe, A. 1996: The "Haussmannization" of London?: The Planning and Construction of Kingsway–Aldwych, 1889–1935. *Planning Perspectives*, 11, 115–44.

Schultz, S. K. 1989: *Constructing Urban Culture: American Cities and City Planning, 1800–1920*. Philadelphia: Temple University Press.

Schultz, S. K. and McShane, C. 1978: To Engineer the Metropolis: Sewers, Sanitation and City Planning in Late-Nineteenth-Century America. *Journal of American History*, 65, 389–411.

Schwartz, B. (ed.) 1976: *The Changing Face of the Suburbs*. Chicago: University of Chicago Press.

Schwartz, J. 1993: *The New York Approach: Robert Moses, Urban Liberals and Redevelopment of the Inner City*. Columbia: Ohio State University Press.

Scobie, J. R. 1974: *Buenos Aires: Plaza to Suburb, 1870–1910*. New York: Oxford University Press.

Scott, A. J. and Roweis, S. T. 1977: Urban Planning in Theory and Practice: An Appraisal. *Environment and Planning* A, 9, 1097–119.

Scott, A. J. and Storper, M. (eds.) 1986: *Production, Work, Territory: The Geographical Anatomy of Industrial Capitalism*. London: Allen and Unwin.

Scott, M. 1969: *American City Planning since 1890: A History Commemorating the Fiftieth Anniversary of the American Institute of Planners*. Berkeley: University of California Press.

Scully, V. 1969: *American Architecture and Urbanism*. New York: Praeger.

Segal, H. P. 1985: *Technological Utopianism in American Culture*. Chicago: University of Chicago Press.

Sellier, H. and Bruggeman, A. 1927: *Le Problème de logement: Son Influence sur les conditions de l'habitation et l'aménagement des villes*. Paris and New Haven: Presses Universitaires de France and Yale University Press.

Selznick, P. 1949: *TVA and the Grass Roots: A Study in the Sociology of Formal Organization*. Berkeley: University of California Press.

Sennett, R. 1971: *The Uses of Disorder: Personal Identity and City Life*. London: Allen Lane.

Shannon, A. H. 1930: *The Negro in Washington: A Study in Race Amalgamation*. New York: Walter Neale.

Sharp, T. 1932: *Town and Countryside: Some Aspects of Urban and Rural Development*. London: Oxford University Press.

Sharp, T. 1936: *English Panorama*. London: Dent.

Shaw, C. R. et al 1929: *Delinquency Areas: A Study of the Geographic Distribution of School Truants, Juvenile Delinquents, and Adult Offenders in Chicago*. Chicago: University of Chicago Press.

Shaw, C. R. and McKay, H. D. 1942: *Juvenile Delinquency and Urban Areas: A Study of Rates of Delinquents in Relation to Differential Characteristics of Local Communities in American Cities*. Chicago: University of Chicago Press.

Sheail, J. 1981: *Rural Conservation in Inter-War Britain*. Oxford: Oxford University Press.

Sheail, J. 1995: John Dower, National Parks, and Town and Country Planning in Britain. *Planning Perspectives*, 10, 1–16.

Sherrard, T. D. (ed.) 1968: *Social Welfare and Social Problems*. New York: Columbia University Press.

Short, J. R., Fleming, S. and Witt, S. J. G. 1986: *Housebuilding, Planning and Community Action: The Production and Negotiation of the Built Environment*. London: Routledge and Kegan Paul.

Shostak, L. and Lock, D. 1984: The Need for New Settlements in the South East. *The Planner*, 70/11, 9–13.

Shvidovsky, O. A. (ed.) 1970: Building in the USSR, 1917–1932. *Architectural Design*, 40, 71–107.

Sidenbladh, G. 1965: Stockholm: A Planned City. *Scientific American*, 213/3, 107–18.

Sidenbladh, G. 1968: Stockholm: A Planned City. In: (Scientific American), *Cities: their Origin, Growth and Human Impact*, 75–87. New York: Knopf.

Sidenbladh, G. 1969: Debat om samhällsplanering hösten – 68. *Plan*, 23, 16–19.

Sidenbladh, G. 1977: Idedebatt och praxis i efterkrigstidens Samhällsplanering. *Plan*, 31, 196–202.

Sidenbladh, G. 1981: *Planering för Stockholm 1923–1958*. Uppsala: Almqvist and Wiksell. [Monografier Utgivna av Stockholms Kommunalförvaltning 22:V3.]

Sies, M. C. 1997: Paradise Retained: An Analysis of Persistence in Planned, Exclusive Suburbs, 1880–1980. *Planning Perspectives*, 12, 165–92.

Sigurdson, J. 1975: Rural Industrialization in China: Approaches and Results. *World Development*, 3, 527–38.

Simmance, A. J. F. 1974: Urbanization in Zambia. *Journal of Administration Overseas*, 13, 498–509.

Simmie, J. (ed.) 1994: *Planning London*. London: UCL Press.

Simon, E. D. et al. 1937a: *Moscow in the Making*. London: Longmans.

Simon, E. D. 1937b: Town Planning: Moscow or Manchester. *Journal of the Town Planning Institute*, 23, 381–89.

Simon, R. and Hookham, M. 1954: Moscow. In: Robson, W. A. and Regan, D. E. (eds.) *Great Cities of the World*, 383–41. Third edition. 2 vols. London: George Allen and Unwin.

Simpson, M. 1985: *Thomas Adams and the Modern Planning Movement: Britain, Canada and the United States, 1900–1940*. London: Mansell.

Simpson, M. A. 1976: Two Traditions of American Planning: Olmsted and Burnham. *Town Planning Review*, 47, 174–9.

Sinclair, R. 1937: *Metropolitan Man: The Future of the English*. London: George Allen and Unwin.

Sinha, P. 1978: *Calcutta in Urban History*. Calcutta: Firma K. M. Private Ltd.

Sit, V. F. S. 1978: Hong Kong's Approach to the Development of Small Manufacturing Enterprises. *U.N. Economic and Social Council, Small Industry Bulletin for Asia and the Pacific*, 15, 89–98.

Sjöström, J. 1975: The Form and Design of Housing. In: Heineman, H. -E. (ed.) *New Towns for Old: Housing and Services in Sweden*, 104–27. Stockholm: The Swedish Institute.

Skilleter, K. J. 1993: The Role of Public Utility Societies in Early British Town Planning and Housing Reform, 1901–36. *Planning Perspectives*, 8, 125–65.

Smith, A. E. 1925: Seeing a State Whole. *The Survey*, 54, 158–60.

Smith, D. H. 1933: *The Industries of Greater London*. London: P. S. King.

Smith, G. 1928: A Town for the Motor Age. *Survey*, 59, 694–8.

Smith, M. P. (ed.) 1991: *Breaking Chains: Social Movements and Collective Action. (Comparative Urban and Community Research*, 3). Brunswick: Transaction.

Smith, R. 1974: Multi-Dwelling Building in Scotland, 1750–1950; A Study Based on Housing in the Clyde Valley. In: Sutcliffe, A. (ed.) *Multi-Storey Living: The British Working-Class Experience*, 207–43. London: Croom Helm.

Smout, M. A. H. 1977: The Townscape. In Kay, G. and Smout, M. A. H. (eds.), 26–40.

Snell, B. C. 1974: *American Ground Transportation: A Proposal for restructuring the Automobile*,

Truck, Bus, and Rail Industries. (Subcommittee on Antitrust and Monopoly, Committee on the Judiciary, US Senate). Washington, DC: Government Printing Office.

Sociological Society, Cities Committee 1919: Towards the Third Alternative: I. The Civic School of Applied Sociology. *Sociological Review*, 11, 62–5.

Soja, E., Morales, R. and Wolff, G. 1983: Urban Restructuring: An Analysis of Social and Spatial Change in Los Angeles. *Economic Geography*, 59, 195–230.

Sommer, J. W. 1976: The Internal Structure of African Cities. In: Knight, C. G. and Newman, J. L. (eds.) *Contemporary Africa: Geography and Change*, 306–20. Englewood Cliffs: Prentice Hall.

Soria y Pug, A. 1968: *Arturo Soria y la ciudad lineal*. Madrid: Revista de Occidente.

Southall, A. 1967: Kampala-Mengo. In: Miner, H. (ed.) *The City in Modern Africa*, 297–332. London: Pall Mall Press.

Southall, A. 1971: The Impact of Imperialism Upon urban Development in Africa. In: Turner, V. (ed.) *Colonialism in Africa 1870–1960*, vol. 3. *Profiles of Change: African Society and Colonial Rule*, 216–55. Cambridge: Cambridge University Press.

Southall, A. 1973: *Urban Anthropology: Cross-Cultural Studies of Urbanization*. New York: Oxford University Press.

Southall, A. W. 1966: The Growth of Urban Society. In: Diamond, S. and Burke, F. G. (eds.) *The Transformation of East Africa: Studies in Political Anthropology*, 463–92. New York: Basic Books.

Spann, E. K. 1996: *Designing Modern America: The Regional Planning Association of America and its Members*. Columbus, OH: Ohio State University Press.

Spear, A. H. 1967: *Black Chicago: The Making of a Negro Ghetto, 1890–1920*. Chicago: University of Chicago Press.

Speer, A. 1970: *Inside the Third Reich*. London: Weidenfeld and Nicolson.

Spencer, J. E. and Thomas, W. L. 1948/9: The Hill Stations and Summer Resorts of the Orient. *Geographical Review*, 38, 637–51; 39, 671.

Spengler, J. J. 1967: Africa and the Theory of Optimum City Size. In: Miner, H. (ed.) *The City in Modern Africa*, 55–89. London: Pall Mall Press.

Spengler, O. 1934: *The Decline of the West*. London: George Allen and Unwin.

Stamp, G. 1982: New Delhi. In: Lutyens, E. *Lutyens: The Work of the English Architect Sir Edwin Lutyens (1869–1944)*, 33–43. London: Arts Council of Great Britain.

Stamp, L. D. 1962: *The Land of Britain: Its Use and Misuse*. London: Longman.

Starkie, D. 1982: *The Motorway Age: Road and Traffic Policies in Post-War Britain*. Oxford: Pergamon.

Starr, K. 1990: *Material Dreams: Southern California through the 1920's*. New York: Oxford University Press.

Starr, S. F. 1971: Writings from the 1960's on the Modern Movement in Russia. *Journal of the Society of American Architectural Historians*, 30, 170–8.

Starr, S. F. 1976: The Revival and Schism of Urban Planning in Twentieth-Century Russia. In: Hamm, M. F. (ed.) *The City in Russian History*, 222–42. Lexington: University of Kentucky Press.

Starr, S. F. 1977: L'Urbanisme utopique pendant la révolution culturelle Soviétique. *Annales: Économies, Sociéties, Civilisations*, 32, 87–105.

Stave, B. M. (ed.) 1981: *Modern Industrial Cities: History, Policy, and Survival*. Beverly Hills: Sage.

Stedman Jones, G. 1971: *Outcast London: A Study in the Relationship between Classes in Victorian Society*. Oxford: Oxford University Press.

Stein, C. 1958: *Toward New Towns for America*. Liverpool: Liverpool University Press.

Stein, C. S. 1925: Dinosaur Cities. *The Survey*, 54, 134–8.

Steinberg, S. 1981: *The Ethnic Myth: Race, Ethnicity, and Class in America*. New York: Atheneum.

Stern, R. A. M. 1986: *Pride of Place: Building the American Dream*. Boston: Houghton Mifflin.

Stern, R. A. M. and Massingale, J. M. (eds.) 1981: The Anglo American Suburb. *Architectural Design*, 50/10 and 11, entire double issue.

Sternlieb, G., Hughes, J. W. and Hughes, C. O. 1982: *Demographic Trends and Economic Reality: Planning and Markets in the 80s*. New Brunswick: Center for Urban Policy Research.

Sternlieb, G. and Listokin, D. 1981: *New Tools for Economic Development: The Enterprise Zone, Development Bank, and RFC*. Piscataway, NJ: Center for Urban Policy Research, Rutgers University.

Stewart, J. Q. 1947: Empirical Mathematical Rules Concerning the Distribution and Equilibrium of Population. *Geographical Review*, 37, 461–85.

Stewart, J. Q. 1956: The Development of Social Physics. *American Journal of Physics*, 18, 239–53.

Stewart, J. Q. 1959: Physics of Population Distribution. *Journal of Regional Science*, 1, 99–123.

Stewart, J. Q. and Warntz, W. 1958: Macrogeography and Social Science. *Geographical Review*, 48, 167–84.

Stewman, S. and Tarr, J. A. 1982: Four Decades of Public–Private Partnerships in Pittsburgh. In: Fosler, R. S. and Berger, R. A. (eds.) *Public–Private Partnership in American Cities: Seven Case Studies*, 59–128. Lexington, Mass.: Lexington Books.

Stilgoe, J. R. 1989: *Borderland: Origins of the American Suburb, 1820–1939*. New Haven: Yale University Press.

Stockholm, Information Board 1972: *Kista, Husby, Akala: A Digest for Planners, Politicians and Critics*. Stockholm: The Board.

Stockholm, Stadsplanekontor 1952: *Generalplan för Stockholm*. Stockholm: Stockholms Stads Stadsplanekontor.

Stockholm, Stadsplanekontorets Tjänsteutlåtande 1947: *Angående Ny Stadsplan för Nedre Norrmalm avigivet den 31 Maj 1946*. Stockholm: K. L. Beckmans Boktrycken. [Stadskollegiets Utlåtenden och Memorial, supplement no. 60].

Stoddart, D. R. 1986: *On Geography: and its History*. Oxford: Basil Blackwell.

Stöhr, W. B. 1981: Development from Below: The Bottom-up and Periphery-Inward Development Paradigm. In: Stöhr, W. B. and Taylor, D. R. F. (eds.) *Development from Above or Below? The Dialectics of Regional Planning in Developing Countries*, 39–72. Chichester: John Wiley.

Stöhr, W. B. and Taylor, D. R. F. (eds.), 1981: *Development from Above or Below? The Dialectics of Regional Planning in Developing Countries*. Chichester: John Wiley.

Stokes, C. J. 1962: A Theory of Slums. *Land Economics*, 38, 187–97.

Stone, P. A. 1959: The Economics of Housing and Urban Development. *Journal of the Royal Statistical Society, A*, 122, 417–76.

Stone, P. A. 1961: The Impact of Urban Development on the Use of Land and other Resources. *Journal of the Town Planning Institute*, 47, 128–34.

Stone, P. A. 1963: *Housing, Town Development, Land and Costs*. London: Estates Gazette.

Storper, M. 2001: The Poverty of Radical Theory Today: From the False Promises of Marxism to the Mirage of the Cultural Turn. *International Journal of Urban and Regional Research*, 25, 155–79.

Strauss, A. L. 1908: *The American City: A Sourcebook of Urban Imagery*. London: Allen Lane.

Stren, R. 1972: Urban Policy in Africa: A Political Analysis. *African Studies Review*, 15, 489–516.

Strömdahl, J. 1969: Vem planerar du för samhällsplanerare? *Plan*, 23, 26–8.

Strong, A. L. 1971: *Planned Urban Environments: Sweden, Finland, Israel, the Netherlands, France*. Baltimore: Johns Hopkins University Press.

Strong, A. L. 1979: *Land Banking: European Reality, American Prospect*. Baltimore: Johns Hopkins University Press.

Sussman, C. (ed.) 1976: *Planning the Fourth Migration: The Neglected Vision of the Regional Planning Association of America*. Cambridge, Mass.: MIT Press.

Sussman, E. 1989: Introduction. In: Sussman, E. (ed.), *On the Passage of a Few People through a Rather Brief Moment in Time: The Situationist International 1957–1972*, 1–15. Cambridge, Mass.: MIT Press.

Sutcliffe, A. 1970: *The Autumn of Central Paris: The Defeat of Town Planning 1850–1970*. London: Edward Arnold.

Sutcliffe, A. (ed.) 1974a: *Multi-Storey Living: The British Working-Class Experience*. London: Croom Helm.

Sutcliffe, A. 1974b: A Century of Flats in Birmingham, 1875–1973. In: Sutcliffe, A. (ed.) *Multi-Storey Living: The British Working-Class Experience*, 181–206. London: Croom Helm.

Sutcliffe, A. 1977: A Vision of Utopia: Optimistic Foundations of Le Corbusier's Doctrine d'Urbanisme. In: Walden, R. (ed.) *The Open Hand: Essays on Le Corbusier*, 216–43. Cambridge, Mass.: MIT Press.

Sutcliffe, A. 1979: Environmental Control and Planning in European Capitals 1850–1914: London, Paris and Berlin. In: Hammarström, I. and Hall, T. (eds.) *Growth and Transformation of the Modern City: The Stockholm Conference September 1978*, 71–88. Stockholm: Swedish Council for Building Research.

Sutcliffe, A. (ed.) 1984: *Metropolis 1890–1940*. London: Mansell.

Sutcliffe, A. 1990: From Town–Country to Town Planning: Changing Perspectives in the British Garden City Movement, 1899–1914. *Planning Perspectives*, 5, 271–83.

Sutcliffe, A. 1993: *Paris: An Architectural History*. New Haven: Yale University Press.

Svetlichny, B. 1960: Les Villes d'avenir. *Recherches Internationales*, 20–1, 208–29.

Swenarton, M., 1981: *Homes Fit for Heroes: The Politics and Architecture of Early State Housing in Britain*. London: Heinemann.

Swenarton, M. 1985: Sellier and Unwin. *Planning History Bulletin*, 7/2, 50–7.

Tabb, W. K. and Sawers, L. (eds.) 1978: *Marxism and the Metropolis: New Perspectives in Urban Political Economy*. New York: Oxford University Press.

Tabb, W. K. and Sawers, L. 1984: *Marxism and the Metropolis: New Perspectives in Urban Political Economy*. Second Edition. New York: Oxford University Press.

Tahmankar, D. V. 1970: *Sardar Patel*. London: Allen and Unwin.

Taneja, K. L. 1971: *Morphology of Indian Cities*. Varanasi: National Geographic Society of India.

Taper, B. 1983: Charles Abrams: Lover of Cities. In: Krueckeberg, D. A. (ed.) *The American Planner: Biographies and Recollections*, 366–95. New York and London: Methuen.

Tarn, J. N. 1973: *Five Per Cent Philanthropy: An Account of Housing in Urban Areas between 1840 and 1914*. Cambridge: Cambridge University Press.

Taylor, N. 1998: *Urban Planning Theory since 1945*. London: Sage.

Taylor, N. 1999: Anglo-American Town Planning Theory since 1945: Three Significant Developments but No Paradigm Shifts. *Planning Perspectives*, 14, 327–46.

Taylor, R. R. 1974: *The World in Stone: The Role of Architecture in the National Socialist Ideology*. Berkeley: University of California Press.

Teaford, J. C. 1984: *The Unheralded Triumph: City Government in America, 1870–1900*. Baltimore: Johns Hopkins University Press.

Teitz, M. B. 1974: Toward a Responsive Planning Methodology, In: Godschalk, D. R. (ed.) *Planning in America: Learning from Turbulence*, 86–110. Washington, DC: American Institute of Planners.

Teran, F. de. 1978: *Planeamiento urbano en la España contemporanea: Historia de un processo imposible*. Barcelona: Gustavo Gili.

Tewdwr-Jones, M. 1999: Reasserting Town Planning: Challenging the Representation and Image of the Planning Profession. In: Allmendinger, P. and Chapman, M. (eds.), 123–49.

Thernstrom, S. 1973: *The Other Bostonians: Poverty and Progress in the American Metropolis 1880–1970*. Cambridge, Mass.: Harvard University Press.

Thernstrom, S. and Sennett, R. (eds.) 1969: *Nineteenth-Century Cities: Essays in the New Urban History*. (Yale Studies of the City, 1.) New Haven: Yale University Press.

Thienel, I. 1973: *Städtewachstum im Industrialisierungsprozess der 19. Jahrhundert: der Berliner Beispiel*. Berlin: de Gruyter.

Thies, J. 1978: Hitler's European Building Programme. *Journal of Contemporary History*, 13, 413–31.

Thomas, D. 1970: *London's Green Belt*. London: Faber and Faber.

Thomas, M. J. 1978: City Planning in Soviet Russia (1917–1932) *Geoforum*, 9, 269–77.

Thomas, W. H. 1901: *The American Negro: What He Was, What He Is, and What He May Become*. New York: Macmillan.

Thomas, W. I. and Znaniecki, F. N. 1927 (1918): *The Polish Peasant in Europe and America*. 2 vols. New York: Knopf.

Thompson, F. M. L. (ed.) 1982: *The Rise of Suburbia*. Leicester: Leicester University Press.

Thompson, J. B. and Held, D. 1982: *Habermas: Critical Debates*. Cambridge, Mass.: MIT Press.

Thompson, R. 1975: City Planning in China. *World Development*, 3, 595–606.

Thompson, W. S. 1947: *Population: The Growth of Metropolitan Districts in the United States: 1900–1940*. (US Department of Commerce, Bureau of the Census.) Washington: Government Printing Office.

Thompson-Fawcett, M. 1998: Leon Krier and the Organic Revival within Urban Policy and Practice. *Planning Perspectives*, 13, 167–94.

Thomson, J. 1880: *The City of Dreadful Night, and Other Poems*. London: Reeves and Turner.

Thorne, D. C. 1972: *Suburbia*. London: Macgibbon and Kee.

Thorne, R. 1980: *Covent Garden Market: Its History and Restoration*. London: Architectural Press.

Thornley, A. 1991: *Urban Planning under Thatcherism: The Challenge of the Market*. London: Routledge.

Thornton White, L. W., Silberman, L. and Anderson, P. R. 1948: *Nairobi: Master Plan for a Colonial Capital. A Report Prepared for the Municipal Council of Nairobi*. London: HMSO.

Thrasher, F. M. 1926: The Gang as a Symptom of Community Disorganization. *Journal of Applied Sociology*, 11, 3–20.

Thünen, J. H. von. 1966: *Von Thünen's Isolated State*. Translated by C. M. Wartenberg, edited by P. Hall. Oxford: Pergamon Press.

Tilton, T. 1991: *The Political Theory of Swedish Social Democracy: Through the Welfare State to Socialism*. Oxford: Oxford University Press.

Titmuss, R. M. 1950: *Problems of Social Policy*. (History of the Second World War, United Kingdom Civil Series.) London: HMSO and Longmans, Green.

Tobe, E. 1977: Kommunal planering 1947–77. *Plan*, 31, 206–9.

Tobin, G. A. 1976: Suburbanization and the Development of Motor Transportation: Transportation Technology and the Suburbanization Process. In: Schwartz, B. (ed.) *The Changing Face of the Suburbs*, 95–111. Chicago: University of Chicago Press.

Toll, S. I. 1969: *Zoned American*. New York: Grossman.

Tomlinson, S. 1983: *Ethnic Minorities in British Schools: A Review of the Literature, 1960–82*. London: Heinemann Education.

Topalov, C. 1993: The City as *Terra Incognita*: Charles Booth's Poverty Survey and the People of London, 1886–1891. *Planning Perspectives*, 8, 395–425.

Towers, G. 1973: City Planning in China. *Journal of the Royal Town Planning Institute*, 59, 125–7.

Treves, A. 1980: The Anti-Urban Policy of Fascism and a Century of Resistance to Industrial Urbanization in Italy. *International Journal of Urban and Regional Research*, 4, 470–84.

Tripp, H. A. 1938: *Road Traffic and its Control*. London: Edward Arnold.

Tripp, H. A. 1942: *Town Planning and Road Traffic*. London: Edward Arnold.

Tuck, M. and Southgate, P. 1981: *Ethnic Minorities, Crime and Policing: A Survey of the Experiences of West Indians and Whites* (Home Office Research Study, 70). London: HMSO.

Tugwell, R. G. and Banfield, E. C. 1950: Grass Roots Democracy – Myth or Reality? (Review of Selznick, P., 1949), *Public Administration Review*, 10, 47–55.

Tunnard, C. 1953: *The City of Man*. London: Architectural Press.

Tunnard, C. 1968: *The Modern American City*. Princeton: Van Nostrand.

Tunnard, C. and Reed, H. H. 1955: *American Skyline: The Growth and Form of our Cities and Towns*. Boston: Houghton Mifflin.

Turner, J. F. C. 1963: Village Artisan's Self-Built House. *Architectural Design*, 33, 361–2.

Turner, J. F. C. 1965: Limas Barriadas and Corralones: Suburbs versus Slums. *Ekistics*, 19, 152–5.

Turner, J. F. C. 1967: Barriers and Channels for Housing Development in Modernising Countries. *Journal of the American Institute of Planners*, 33, 167–81.

Turner, J. F. C. 1968a: *Uncontrolled Urban Settlement: Problems and Policies.* (International Social Development Reviews, 1: Urbanization: Development Policies and Planning.) New York: United Nations.

Turner, J. F. C. 1968b. The Squatter Settlement: Architecture that Works. *Architectural Design*, 38, 355–60.

Turner, J. F. C. 1969: Uncontrolled Urban Settlement: Problems and Policies. In: Breese, G. (ed.) *The City in Newly Developing Countries: Readings on Urbanism and Urbanization*, 507–35. Englewood Cliffs: Prentice Hall.

Turner, J. F. C., 1970: Barriers and Channels for Housing Development in Modernizing Countries. In: Mangin, W. (P.) (ed.) *Peasants in Cities: Readings in the Anthropology of Urbanization*, 1–19. Boston: Houghton Mifflin.

Turner, J. C. 1971: Barriers and Channels for Housing Development in Modernizing Countries. In: Lewis, D. N. (ed.) *The Growth of Cities*, 70–83. (Architects' Year Book, XIII.) London: Elek Books.

Turner, J. F. C. 1972a: The Reeducation of a Professional. In: Turner, J. F. C. and Fichter, R. (eds.) *Freedom to Build: Dweller Control of the Housing Process*, 122–47. New York: Macmillan.

Turner, J. F. C. 1972b: Housing as a Verb. In: Turner, J. F. C. and Fichter, R. (eds.) *Freedom to Build: Dweller Control of the Housing Process*, 148–75. New York: Macmillan.

Turner, J. F. C. 1976: *Housing by People: Towards Autonomy in Building Environments.* London: Marion Boyars.

Turner, J. F. C. 1982: Issues in Self-Help and Self-Managed Housing. In: Ward, P. M. (ed.) *Self-Help Housing: A Critique*, 99–113. London: Mansell.

Turner, J. F. C. and Fichter, R. (eds.) 1972: *Freedom to Build: Dweller Control of the Housing Process.* New York: Macmillan.

Turner, J. F. C. and Roberts, B. 1975: The Self-Help Society. In: Wilsher, P. and Righter, R. (eds.) *The Exploding Cities*, 126–37. London: André Deutsch.

Turner, J. F. C., Turner, C. and Crooke, P. 1963: Conclusions (to special section, Dwelling Resources in South America). *Architectural Design*, 33, 389–93.

Turner, R. (ed.) 1962: *India's Urban Future.* Berkeley: University of California Press.

Turner, V. (ed.) 1971: *Colonialism in Africa 1870–1960*, vol. 3. *Profiles of Change: African Society and Colonial Rule.* Cambridge: Cambridge University Press.

Tuttle, W. M., Jr. 1970: *Race Riot: Chicago in the Red Summer of 1919.* New York: Atheneum.

Tyler, W. R. 1939: The Neighbourhood Unit Principle in Town Planning. *Town Planning Review*, 18, 174–86.

Tym, R. and Partners 1984: *Monitoring Enterprise Zones: Year Three Report.* London: Roger Tym and Partners.

Tyrwhitt, J. (ed.) 1947: *Patrick Geddes in India.* London: Lund Humphries.

US Department of Housing and Urban Development 1986: *State-Designated Enterprise Zones: Ten Case Studies.* Washington: HUD.

US Housing and Home Finance Agency 1966: *The Housing of Relocated Families: Summary of a Census Bureau Survey.* In: Wilson, J. Q. (ed.) *Urban Renewal: The Record and the Controversy*, 336–52. Cambridge, Mass.: MIT Press.

US Library of Congress, Congressional Research Service 1973: *The Central City Problem and Urban Renewal Policy.* Washington, DC: Government Printing Office.

US National Advisory Committee on Civil Disorders 1968: *Report*. New York: Dutton.

US National Resources Committee 1935: *Regional Factors in National Planning and Development*. Washington, DC: US Government Printing Office.

US National Resources Planning Board 1937: *Our Cities: Their Role in the National Economy*. Washington, DC: Government Printing Office.

Uhlig, G. 1977: Stadtplanung in den Weimarer Republik: sozialistische Reformaspekte. In: Neue Gesellschaft für Bildende Kunst: *Wem gehört die Welt? Kunst und Gesellschaft in der Weimare Republik*, 50–71. Berlin: Neue Gesellschaft für Bildende Kunst.

Unikel, L. 1982: Regional Development Policies in Mexico. In: Gilbert, A.(ed.) *Urbanization in Contemporary Latin America: Critical Approaches to the Analysis of Urban Issues*, 263–78. Chichester: John Wiley.

Unwin, R. 1902: *Cottage Plans and Common Sense* (Fabian Tract no. 109). London: The Fabian Society.

Unwin, R. 1912: *Nothing Gained by Overcrowding!: How the Garden City Type of Development May Benefit both Owner and Occupier*. London: P. S. King.

Unwin, R. 1920 (1911): *Town Planning in Practice: An Introduction to the Art of Designing Cities and Suburbs*. London: T. Fisher Unwin.

Unwin, R. 1921: Distribution. *Journal of the Town Planning Institute*, 7, 37–45.

Unwin, R. 1930: Regional Planning with Special Reference to the Greater London Regional Plan. *Journal of the Royal Institute of British Architects*, 37, 183–93.

Urban Land Institute, Research Division 1980: *UDAG Partnerships: Nine Case Studies*. Washington, DC: Urban Land Institute.

Valladares, L. do P. 1978: Working the System: Squatter Response to the Resettlement in Rio de Janeiro. *International Journal of Urban and Regional Research*, 2, 12–25.

Van Rooijen, M. 1990: Garden City versus Green Town: The Case of Amsterdam 1910–1935. *Planning Perspectives*, 5, 285–93.

Van Velsen, J. 1975: Urban Squatters: Problem or Solution. In: Parkin, D. J. (ed.) *Town and Country in East and Central Africa*, 294–307. London: Oxford University Press (for International African Institute).

Van Zwanenberg, R. M. A. and King, A. 1975: *An Economic History of Kenya and Uganda: 1800–1970*. London: Macmillan.

Vance, J. E., Jr. 1964: *Geography and Urban Evolution in the San Francisco Bay Area*. Berkeley: Institute of Governmental Studies.

Vandervelde, E. 1903: *L'Exode rural et le retour aux champs*. Paris: Felix Alcan.

Venturi, R., Brown, D. S. and Izenour, S. 1972: *Learning from Las Vegas*. Cambridge, Mass.: MIT Press.

Veronesi, G. 1948: *Tony Garnier*. Milano: Il Balcone.

Ville de Suresnes 1998: *Idées de cité-jardins: L'Exemplarité de Suresnes*. Suresnes: Ville de Suresnes.

Vogel, I. 1959: *Bottrop: eine Bergbaustadt in der Emscherzone des Ruhrgebietes* (Forschungen zur Deutschen Landeskunde, 114). Remagen: Bundesanstalt für Landeskunde.

Voigt, P. 1901: *Grundrente und Wohnungsfrage in Berlin und seinen Vororten*, part 1. Jena: Gustav Fischer.

Voigt, W. 1989: The Garden City as Eugenic Utopia. *Planning Perspectives*, 4, 295–312.

Wachs, M. 1984: Autos, Transit, and the Spread of Los Angeles: The 1920s. *Journal of the American Planning Association*, 5, 297–310.

Wachs, M. and Crawford, M. (eds.) 1992: *The Car and the City: The Automobile, the Built Environment, and Daily Urban Life.* Ann Arbor: University of Michigan Press.

Wade, R. C. 1968: Urbanization. In: Woodward, C. V. (ed.) *The Comparative Approach to American History*, 187–205. New York: Basic Books.

Walden, R. (ed.) 1977: *The Open Hand: Essays on Le Corbusier.* Cambridge, Mass., MIT Press.

Walker, R. A. 1950: *The Planning Function in Urban Government.* (Social Science Committee, University of Chicago, Social Science Studies, 34.) Chicago: University of Chicago Press.

Wallman, S. (ed.) 1979: *Ethnicity at Work.* London: Macmillan.

Wallman, S. 1984: *Eight London Households.* London: Tavistock.

Wallman, S. et al. 1982: *Living in South London: Perspectives on Battersea 1971–1981.* Aldershot: Gower.

Walters, A. A. 1976: *The Outer Limits and Beyond.* (Discussion Paper no. 12). London: Foundation for Business Responsibilities.

Walters, A. A. 1979: *Costs and Scale of Bus Services.* (World Bank Staff Working Paper no. 325). Washington, DC: World Bank.

Walton, J. and Masotti, L. (eds.) 1976: *The City in Comparative Perspective.* New York: Wiley.

Wang, G. (ed.) 1964: *Malaysia: A Survey.* London: Pall Mall Press.

Wannop, U. 1986: Regional Fulfilment: Planning into Administration in the Clyde Valley 1944–84. *Planning Perspectives*, 1, 207–29.

Ward, C. (ed.) 1973a: *Vandalism.* London: Architectural Press.

Ward, C. 1973b: *Anarchy in Action.* London: Allen and Unwin.

Ward, C. 1976: *Housing: An Anarchist Approach.* London: Freedom Press.

Ward, D. 1971: *Cities and Immigrants.* New York: Oxford University Press.

Ward, D. and Zunz, O. (eds.) 1992: *The Landscape of Modernity: Essays on New York City, 1900–1940.* New York: Russell Sage Foundation.

Ward, P. M. (ed.) 1982: *Self-Help Housing: A Critique.* London: Mansell.

Ward, P. M. 1976: The Squatter Settlement as Slum or Housing Solution: The Evidence from Mexico City. *Land Economics*, 52, 330–46.

Ward, R. 1986: London: The Emerging Docklands City. *Built Environment*, 12, 117–27.

Ward, S. V. 1990: The Garden City Tradition Re-examined. *Planning Perspectives*, 5, 257–69.

Ward, S. V. (ed.) 1992a: *The Garden City: Past, Present and Future.* London: Spon.

Ward, S. V. 1992b: The Garden City Introduced. In: Ward, S. V. (ed.) *The Garden City: Past, Present and Future*, 1–27. London: Spon.

Ward, S. V. 1994: *Planning and Urban Change.* London: Paul Chapman.

Ward, S. V. 1998: *Selling Places: The Marketing and Promotion of Towns and Cities 1850–2000.* London: Spon.

Ward, S. V. 2000a: Practice: The Tony Garnier Urban Museum, Lyon, France. *Planning History*, 22/2, 29–35.

Ward, S. V. 2000b: Re-Examining the International Diffusion of Planning. In: Freestone, R. (ed.) *Urban Planning in a Changing World: The Twentieth Century Experience*, 40–60. London: Spon.

Warner, S. B. Jr. 1972: *The Urban Wilderness: A History of the American City.* New York: Harper and Row.

Warren, H. and Davidge, W. R. (eds.) 1930: *Decentralisation of Population and Industry: A New Principle of Town Planning.* London: P. S. King.

Watanabe, S. -I. J. 1980: Garden City Japanese-Style: The Case of the Den-en-Toshi Company Ltd., 1918–28. In: Cherry, G. E. (ed.) *Shaping an Urban World*, 129–43. London: Mansell.

Watanabe, S. -I. 1992: The Japanese Garden City. In: Ward, S. V. (ed.) *The Garden City: Past, Present and Future*, 69–87. London: Spon.

Wates, N. 1982a: Community Architecture is Here to Stay. *Architects Journal*, 175/23, 42–4.

Wates, N. 1982b: The Liverpool Breakthrough: or Public Sector Housing Phase 2. *Architects Journal*, 176/36, 51–8.

Weaver, C. 1981: Development Theory and the regional Question: A Critique of spatial Planning and its Detractors. In: Stöhr, W. B. and Taylor, D. R. F. (eds.) *Development from Above or Below? The Dialectics of Regional Planning in Developing Countries*, 73–106. Chichester: John Wiley.

Weaver, C. 1984a: *Regional Development and the Local Community: Planning, Politics and Social Context.* London: Wiley.

Weaver, C. 1984b: Tugwell on Morningside Heights: A Review Article. *Town Planning Review*, 55, 228–36.

Weaver, R. C. 1964: *The Urban Complex: Human Values in Urban Life.* Garden City, New York: Doubleday.

Weaver, R. C. 1966: *Dilemmas of Urban America.* Cambridge, Mass.: Harvard University Press.

Weaver, R. C. 1967. The Urban Complex. In: Bellush, J. and Hausknecht, M. (eds.) *Urban Renewal: People, Politics and Planning*, 90–101. Garden City: Anchor.

Webb, B. 1926: *My Apprenticeship.* London: Longmans Green.

Webber, M. M. 1963: Order in Diversity: Community without Propinquity. In: Wingo, L., Jr. (ed.) *Cities and Space: The Future Use of Urban Land*, 23–54. Baltimore: Johns Hopkins University Press.

Webber, M. M. (ed.) 1964a: *Explorations into Urban Structure.* Philadelphia: University of Pennsylvania Press.

Webber, M. M. 1964b: The Urban Place and the Nonplace Urban Realm. In: Webber, M. M. (ed.) *Explorations into Urban Structure*, 79–153. Philadelphia: University of Pennsylvania Press.

Webber, M. M. 1968/9: Planning in an Environment of Change. *Town Planning Review*, 39, 179–95, 277–95.

Webber, M. M. 1976: *The BART Experience – What Have We Learned?* Berkeley: University of California, Institute of Urban and Regional Development and Institute of Transportation Studies. (Monograph no. 26).

Weber, A. 1929: *Alfred Weber's Theory of the Location of Industries.* Translated by C. J. Friedrich. Chicago: University of Chicago Press.

Weber, M. 1966: *The City.* London: Collier-Macmillan.

Weimer, D. R. (ed.) 1962: *City and Country in America.* New York: Appleton-Century-Crofts.

Weis, D. 1951: *Die Grossstadt Essen: Die Siedlings-, Verkehrs- und Wirtschaftliche Entwicklung des heutigen Stadtgebietes von der Stiftsgrundung bis zur Gegenwart.* (Bonner Geographische Abhandlungen, 7). Bonn: Geographische Institut.

Weiss, M. A. 1980: The Origins and Legacy of Urban Renewal. In: Clavel, P., Forester, J. and Goldsmith, W. W. (eds.) *Urban and Regional Planning in an Age of Austerity*, 53–80. New York: Pergamon.

Weiss, M. A. 1990: Developing and Financing the "Garden Metropolis": Urban Planning and Housing Policy in Twentieth-Century America. *Planning Perspectives*, 5, 307–19.

Weiss, M. A. 1992: Density and Intervention: New York's Planning Traditions. In: Ward, D. and Zunz, O. (eds.) *The Landscape of Modernity: Essays on New York City, 1900–1940*, 46–75. New York: Russell Sage Foundation.

Welfeld, I. H., Muth, R. M., Wehner, H. G., Jr. and Weicher, J. C. 1974: *Perspectives on Housing and Urban Renewal*. (American Enterprise Institute Perspectives II.) New York: Praeger.

Wells, H. G. 1902: *Anticipations of the Reaction of Mechanical and Scientific Progress upon Human Life and Thought*. London: Chapman and Hall.

Werner, F. 1976: *Stadtplanung Berlin: Theorie und Realität*. Teil 1: *1900–1960*. Berlin: Verlag Kiepert.

Western, J. 1984: Autonomous and Directed Cultural Change: South African Urbanization. In: Agnew, J., Mercer, J., and Sopher, D. E. (eds.) *The City in Cultural Context*, 205–36. Boston: Allen and Unwin.

Westman, T. 1962: Cityregleringens Fortsättning. *Arkitektur*, 62, 288–97.

Westman, T. 1967: Cityreglering – nu. *Arkitektur*, 67, 348–9.

White, L. T., III 1971: Shanghai's Polity in Cultural Revolution. In: Lewis, J. W. (ed.) *The City in Communist China*, 325–70. Stanford, CA: Stanford University Press.

White, M. G. and White, L. 1962: *The Intellectual versus the City: From Thomas Jefferson to Frank Lloyd Wright*. Cambridge, Mass.: Harvard University Press. and The MIT Press.

White, P. M. 1979: *Urban Planning in Britain and the Soviet Union: A Comparative Analysis*. (CURS Research Memorandum, 70). Birmingham: University, *Centre for Urban and Regional Studies*.

Whyte, W. H. 1956: *The Organization Man*. New York: Simon and Schuster.

Whyte, W. H. 1958: Urban Sprawl. In: Editors of *Fortune* (ed.) *The Exploding Metropolis*, 115–39. Garden City, New York: Doubleday Anchor.

Wibberley, G. P. 1959: *Agriculture and Urban Growth*. London: Michael Joseph.

Wiebenson, D. 1969: *Tony Garnier and the Cité Industrielle*. London: Studio Vista.

Wiedenhoeft, R. 1985: *Berlin's Housing Revolution*. Ann Arbor: UMI Research Press.

Wiener, N. 1948: *Cybernetics*. Cambridge, Mass.: MIT Press.

Wigglesworth, J. M. 1971: The Development of New Towns. In: Dwyer, D.J. (ed.) *Asian Urbanization: A Hong Kong Casebook*, 48–69. Hong Kong: Hong Kong University Press.

Wildavsky, A. 1973: If Planning Is Everything, Maybe It's Nothing. *Policy Sciences*, 4, 127–53.

Wilde, A. (ed.) 1937: Famous Women Demand Planning for Health and Beauty. *Town and Country Planning*, 5, 132–5.

Wilde, A. (ed.) 1938: Wanted – A National Plan for Town and Countryside. *Town and Country Planning*, 6, 24–30.

William-Olsson, W. 1961: *Stockholm: Structure and Development*. Stockholm: Almqvist and Wiksell.

Williams, F. B. 1916: Public Control of Private Real Estate. In: Nolen, J. (ed.) *City*

Planning: A Series of Papers Presenting the Essential Elements of a City Plan, 48–87. New York: D. Appleton.

Williams, F. B. 1922: *The Law of City Planning and Zoning*. New York: Macmillan.

Williams, S. 1992: The Coming of the Groundscrapers. In: Budd, L. and Whimster, S. *Global Finance and Urban Living: A Study of Metropolitan Change*, 246–59. London: Routledge.

Williams-Ellis, C. 1928: *England and the Octopus*. London: Geoffrey Bles.

Williams-Ellis, C. 1933: What's the Use? In: Council for the Preservation of Rural England: "Penn Country" Branch: *The Penn Country of Buckinghamshire*, 103–86. London: CPRE.

Williams-Ellis, C. (ed.) 1937: *Britain and the Beast*. London: J. M. Dent.

Wilsher, P. and Righter, R. (eds.), 1975: *The Exploding Cities*. London: André Deutsch.

Wilson, J. Q. (ed.) 1966: *Urban Renewal: The Record and the Controversy*. Cambridge, Mass.: MIT Press.

Wilson, W. H. 1974: *Coming of Age in Urban America, 1915–1945*. New York: John Wiley.

Wilson, W. H. 1983: Moses and Skylarks. In: Krueckeberg, D. A. (ed.) *Introduction to Planning History in the United States*, 88–121. New Brunswick, New Jersey: Rutgers University, Center for Urban Policy Research.

Wilson, W. H. 1989: *The City Beautiful Movement*. Baltimore: Johns Hopkins University Press.

Wilson, W. J. 1978: *The Declining Significance of Race: Blacks and Changing American Institutions*. Chicago: University of Chicago Press.

Wilson, W. J. 1987: *The Truly Disadvantaged: The Inner City, the Underclass, and Public Policy*. Chicago: University of Chicago Press.

Wilson, W. J. 1996: *When Work Disappears: The World of the New Urban Poor*. New York: Knopf.

Wingo, L., Jr. (ed.) 1963: *Cities and Space: The Future Use of Urban Land*. Baltimore: Johns Hopkins University Press.

Witherspoon, R. 1982: *Codevelopment: City Rebuilding by Business and Government*. Washington: Urban Land Institute.

Wohl, A. S. (ed.) 1970: *The Bitter Cry of Outcast London*. Leicester: Leicester University Press.

Wohl, A. S. (ed.) 1977: *The Eternal Slum: Housing and Social Policy in Victorian London*. London: Edward Arnold.

Wohl, A. S. 1983: *Endangered Lives: Public Health in Victorian Britain*. London: J. M. Dent.

Wohlin, H. 1969: Plandemokrati. *Plan*, 23, 20–6.

Wohlin, H. 1977: Arvet. *Plan*, 31, 261–7.

Wollen, P. 1989: Bitter Victory: The Art and Politics of the Situationist International. In: Sussman, E. (ed.), *On the Passage of a Few People through a Rather Brief Moment in Time: The Situationist International 1957–1972*, 20–61. Cambridge, Mass.: MIT Press.

Wolters, R. 1978: *Stadtmitte Berlin: Stadtbaulich Entwicklungsphasen von den Anfängen bis zur Gegenwart*. Tübingen: Wasmuth.

Wood, R. C. 1959: *Suburbia: Its People and their Politics*. Boston: Houghton Mifflin.

Wood, S. E. and Heller, A. E. 1962: *California Going, Going . . .* Sacramento: California Tomorrow.

Woodcock, G. 1962: *Anarchism: A History of Liberation Ideas and Movements.* Cleveland and New York: Meridan Books.

Woods, R. A. 1914: The Neighborhood in Social Reconstruction. *Publications of the American Sociological Society*, 8, 14–28.

Woodward, C. V. (ed.) 1968: *The Comparative Approach to American History.* New York: Basic Books.

Woolf, P. J. 1987: "Le Caprice du Prince" – The Problem of the Bastille Opera. *Planning Perspectives*, 2, 53–69.

Wright, F. L. 1916: Plan by Frank Lloyd Wright. In: Yeomans, A. (ed.) *City Residential Land Development: Studies in Planning*, 96–102. Chicago: University of Chicago Press.

Wright, F. L. 1945: *When Democracy Builds.* Chicago: University of Chicago Press.

Wright, G. 1981: *Building the Dream: A Social History of Housing in America.* Cambridge, Mass.: MIT Press.

Wright, H. 1925: The Road to Good Houses. *The Survey*, 54, 165–8, 189.

Wright, H. 1935: *Rehousing Urban America.* New York: Columbia University Press.

Wrigley, R. A. 1983: The Plan of Chicago. In: Krueckeberg, D. A. (ed.) *Introduction to Planning History in the United States*, 58–72. New Brunswick, New Jersey: Rutgers University, Center for Urban Policy Research.

Wu, C. T. and Ip, D. F. 1981: China: Rural Development – Alternating Combinations of Top-Down and Bottom-Up Strategies. In: Stöhr, W. B. and Taylor, D. R. F. (eds.) *Development from Above or Below? The Dialectics of Regional Planning in Developing Countries*, 155–82. Chichester: John Wiley.

Wu, Y. L. 1967: *The Spatial Economy of Communist China: A Study on Industrial Location and Transportation.* New York: Praeger.

Wynn, M. (ed.) 1984a: *Planning and Urban Growth in Southern Europe.* London: Mansell.

Wynn, M. 1984b: Spain. In: Wynn, M. (ed.) *Planning and Urban Growth in Southern Europe*, 111–63. London: Mansell.

Wynn, M. (ed.) 1984c: *Housing in Europe.* London: Croom Helm.

Yago, G. 1984: *The Decline of Transit: Urban Transportation in German and US Cities, 1900–1970.* Cambridge: Cambridge University Press.

Yazaki, T. 1973: The History of Urbanization in Japan. In: Southall, A. (ed.) *Urban Anthropology: Cross-Cultural Studies of Urbanization*, 139–61. New York: Oxford University Press.

Yelling, J. A. 1986: *Slums and Slum Clearance in Victorian London.* London: Allen & Unwin.

Yelling, J. A. 1989: The Origins of British Redevelopment Areas. *Planning Perspectives*, 3, 282–96.

Yelling, J. A. 1992: *Slums and Redevelopment: Policy and Practice in England, 1918–1945, with Particular Reference to London.* London: University College Press.

Yelling, J. A. 1994: Expensive Land, Subsidies and Mixed Development in London, 1943–56. *Planning Perspectives*, 9, 139–52.

Yelling, J. 1999a: The Development of Residential Urban Renewal Policies in England: Planning for Modernization in the 1960s. *Planning Perspectives*, 14, 1–18.

Yelling, J. A. 1999b: Residents' Reactions to Post-War Slum Clearance in England. *Planning History*, 21/3, 5–12.

Yeomans, A. B. (ed.) 1916: *City Residential Land Development: Studies in Planning.* Chicago: University of Chicago Press.

Young, K. and Mason, C. (eds.) 1983: *Urban Economic Development: New Roles and Relationships.* London: Macmillan.

Young, M. and Willmott, P. 1957: *Family and Kinship in East London.* London: Routledge and Kegan Paul.

Young, T. 1934: *Becontree and Dagenham: The Story of The Growth of a Housing Estate.* A Report made for the Pilgrim Trust. London: Becontree Social Survey Committee.

Zimmer, B. 1966: The Small Businessman and Location. In: Wilson, J. Q. (ed.) *Urban Renewal: The Record and the Controversy*, 380–403. Cambridge, Mass.: MIT Press.

Zipf, G. K. 1949: *Human Behavior and the Principle of Least Effort.* Cambridge, Mass.: Addison-Wesley.

Zorbaugh, H. W. 1929: *The Gold Coast and the Slum: A Sociological Study of Chicago's Near North Side.* Chicago: University of Chicago Press.

Zukin, S. 1992: The City as a Landscape of Power: London and New York as Global Financial Capitals. In: Budd, L. and Whimster, S. *Global Finance and Urban Living: A Study of Metropolitan Change*, 195–223. London: Routledge.

Zwerling, S. 1974: *Mass Transit and the Politics of Technology: A Study of BART and the San Francisco Bay Area.* New York: Praeger.

現代名著譯叢

明日城市：二十世紀城市規劃設計的思想史

2017年12月初版　　　　　　　　　　　　　　　　定價：新臺幣1200元
2023年5月初版第三刷
有著作權・翻印必究
Printed in Taiwan.

科技部經典譯注計畫

| 著　　　者 | Peter Hall |
| 譯 注 者 | 吳　綱　立 |

出　版　者	聯 經 出 版 事 業 股 份 有 限 公 司	副總編輯	陳　逸　華
地　　　址	新北市汐止區大同路一段369號1樓	總 編 輯	涂　豐　恩
叢書主編電話	(0 2) 8 6 9 2 5 5 8 8 轉 5 3 0 5	總 經 理	陳　芝　宇
台北聯經書房	台 北 市 新 生 南 路 三 段 9 4 號	社　　長	羅　國　俊
電　　　話	(0 2) 2 3 6 2 0 3 0 8	發 行 人	林　載　爵
郵 政 劃 撥 帳 戶	第 0 1 0 0 5 5 9 - 3 號
郵 撥 電 話	(0 2) 2 3 6 2 0 3 0 8
印　刷　者	世 和 印 製 企 業 有 限 公 司
總　經　銷	聯 合 發 行 股 份 有 限 公 司
發　行　所	新北市新店區寶橋路235巷6弄6號2F
電　　　話	(0 2) 2 9 1 7 8 0 2 2

行政院新聞局出版事業登記證局版臺業字第0130號

本書如有缺頁，破損，倒裝請寄回台北聯經書房更換。　　ISBN　978-957-08-5041-3 (精裝)
聯經網址 http://www.linkingbooks.com.tw
電子信箱 e-mail:linking@udngroup.com

國家圖書館出版品預行編目資料

明日城市：二十世紀城市規劃設計的思想史/
Peter Hall著．吳綱立譯注．初版．新北市．聯經．2017年
12月（民106年）．784面．17×23公分（現代名著譯叢）
ISBN　978-957-08-5041-3（精裝）
［2023年5月初版第三刷］

1.都市計畫　2.歷史　3.二十世紀

545.14　　　　　　　　　　　　　　　　106021261